한국독립운동의 시대인식 연구

한 상 도 韓相禱

건국대학교 사학과 교수

주요 저서

한국독립운동과 중국군관학교(문학과지성사, 1994)
한국독립운동과 국제환경(한울, 2000)
중국혁명 속의 한국독립운동(집문당, 2004)
대륙에 남긴 꿈: 김원봉의 항일역정과 삶(독립기념관 한국독립운동사연구소, 2006)
대한민국임시정부사 II(독립기념관 한국독립운동사연구소, 2008)

한국독립운동의 시대인식 연구   값 36,000원

2011년 10월 01일 초판 인쇄
2011년 10월 10일 초판 발행

저   자 : 한상도
발 행 인 : 한정희
발 행 처 : 경인문화사
편   집 : 신학태
서울특별시 마포구 마포동 324 - 3
전화 : 718 - 4831~2, 팩스 : 703 - 9711
E-mail : kyunginp@chol.com
홈페이지 : www.kyunginp.co.kr
www.mkstudy.net
등록번호 : 제10 - 18호(1973. 11. 8)

ISBN : 978-89-499-0809-0 93910
ⓒ 2011, Kyung-in Publishing Co, Printed in Korea
* 파본 및 훼손된 책은 교환해 드립니다.

한국독립운동의 시대인식 연구

한 상 도

景仁文化社

책머리에

한 인간이 살아가면서 맞닥뜨리는 시대조건과 사회환경은 그 사람의 삶을 규정할 뿐 아니라, 인생관에도 영향을 미친다. 그러기에 자신이 살고 있는 시대를 어떻게 생각하느냐 하는 문제는 삶에 대한 가치평가와도 상관이 있다. 살 만하다고 여기는 사람이 있을 것이며, 바뀌어야 할 것이 많다고 분노하는 이도 적지않을 것이다.

더욱이 자유와 기회가 박탈당하는 억압적인 체제에 순응해야 한다면, 자신을 옥죄는 굴레에 맞서 싸우려 할 것이다. 그 억압이 가족·사회·국가·민족에게까지 미치면, 분노는 폭발점에 이르게 되고, 그 다음에는 순종을 강요하는 현실을 극복하기 위한 방도를 찾아 나서게 된다. 지금보다 나은 내일을 맞이할 수 있다면, 자신을 희생할 수 있다고 생각하기 때문이다.

독립운동가들 역시 일제침략이라는 위기를 타개하기 위해 자신이 처한 시대상황을 예의주시하고, 현실 타개와 상관관계가 있는 국제정세의 추이를 주시하였다. 그 결과 엄정한 자기성찰은 항일독립운동의 둥지로써 중국대륙이 갖는 의미와 중일전쟁·태평양전쟁의 전황이 한인독립운동의 진로 설정에도 중요한 요소임을 알아차리게끔 이끌었다. 그리고는 자신이 나아가야 할 방향에 대해 고민하였는데, 이 같은 접근은 투철한 현실인식 위에서 가능한 일이었다.

지난 몇 해 동안 저자는 독립운동가들의 시대인식을 통해, 한인독립운동이 20세기 전반기 세계사의 흐름과 국제정치 환경의 변화에 조응하려 노력하였음을 밝히고자 하였다. 이 책에 실린 글들이 그 결실이다. 부족한 부분이 많은 글이지만, 흩어져 사라져버리는 것에 대한 안타까움에서 이 책에 담기에 이르렀다. 경인문화사 신학태 편집장과 한정희 사장님께 감사드린다.

'나도 머지않아 늙을' 것이라는 천칙天則을 미처 깨닫기도 전에, 어느 새 '지천명知天命'을 훌쩍 넘기고, '이순耳順'을 바라보기에 이르렀다. 공 자가 "깨달음을 얻지 못하면 분발하여 밥 먹는 것도 잊으며, 깨달음을 얻는 즐거움에 빠지면 근심도 잊은 채, 장차 늙음이 다가올 것도 알지 못한다發憤忘食 樂以忘憂 不知老之將至"라고 했다던가?

'나'와 '남'의 관계에서 '우리' 사이가 되는 데에는 결코 짧지 않은 시 간이 흘러야 하는 법이고, 만남과 이별을 반복하면서 성숙해지는 것인지 는 모르겠지만, 방기중 선배가 훌쩍 떠나버렸다는 전화를 받고, 베이징 의 한 귀퉁이에 혼자 버려진 듯 했던 기억은 여태껏 아픔으로 남아 있다.

이제는 누구를 만나고, 헤어진다는 상상조차 두렵다. 이별은 아픈 것이 고, 그 기억은 쉽게 지워지지 않는 법이다. 기억을 간직한 채 잊고 살아야 한다는 것은 더더욱 힘든 일이다. 어쩌다 이별이 기억을 통해 부활할지 모르겠지만, 인연이란 내 마음대로 끊고 이을 수 있는 것이 아닐게다.

되돌아보면, 한국근현대사에는 결코 흐릿하지 않은 족적을 남겼음에도 불구하고 주변부를 맴돌다가, 분단의 그림자 속에 묻혀버린 인물들이 적 지 않다. 유자명, 김성숙, 손두환, 박건웅, 김두봉 그리고 김원봉 등 등 …

그들의 고단했던 삶을 수습하는 일은 남겨진 자들의 몫일 것이다. 반 세기가 지나도록 팽개쳐 있는 그들의 존재감을 되살려 드리고 싶었다. 부족한 이 책을 그 분들께 바친다.

2011년 10월
한 상 도

목 차

총설
독립운동가들의 자기 성찰과 현실인식

1. 한국근대사 인식과 자기 성찰

독립운동가들에게 있어서, 한국근대사는 국권 피탈의 원인을 제공한 시기였기에, 반성하고 극복해야 할 대상이었다. 아울러 전근대 신분제 사회를 극복하고, 근대사회로의 이행을 이루어야 하는 시기이기도 하였다.

따라서 항일독립운동은 일제 침략으로 인해 왜곡된 근대사회로의 발전 흐름을 정상화시키기 위한 몸부림이기도 하였다. 그러기에 독립운동가들은 국권 피탈의 교훈과 반성의 토대 위에서, 항일열정을 북돋우며 전열을 가다듬어 갔다.

국권 상실의 원인으로 내재적·자생적인 사회경제 발전의 부재와 자본주의세력의 침탈을 꼽고 있는 논리에 따르면, 한국사회의 근대화를 주도하려 한 부르주아지계급은 '양반 귀족' 출신이었기 때문에, 근본적인 제약을 안고 있었다[1]고 설명하였다.

국권 상실에 이르는 과정에 대해서는, 국권피탈의 '화禍'는 "갑오甲午(1894년)에 배태되어, 갑진甲辰(1904년) 러일전쟁에서 이루어졌다"[2]고 하였다. 청일전쟁 및 러일전쟁에서 일본의 승리를 화근으로 이해하고 있는 것이다.

그리고 근대민족운동의 주요 발전단계는 갑신정변 → 동학농민운동 → 독립협회 활동 → 의병운동 → 3·1운동 → 6·10만세운동 → 광주학생운동으로 파악하였다. 먼저 갑신정변甲申政變은 쇄국정책으로 일관하던 중화사대주의 집단을 타도하고, 개방체제의 새로운 국가체제를 수립하기 위한 '혁명'이었고,[3] "구혁경신革舊更新의 신독립국가 건설운동"[4]이

---

1) 李貞浩,「現段階朝鮮社會和朝鮮革命運動」(一)『朝鮮義勇隊通訊』18기(1939. 7. 11), 3~4쪽.
2)「27週 國恥紀念 宣言」(1937. 8. 29),『素昻先生文集』上, 257쪽.
3)「各國革命運動史要」二,『震光』2·3호 합간, 9쪽.

었다고 하였다.

반면에 수립 초기 임정의 식자그룹은 "친일당이 친청·친러 양당을 제거하고 소위 혁신革新을 하루아침에 실행하려 한 음모"로써, 갑신정변이 실패한 결과, 일본과 중국의 충돌이 현저해졌으며, 일본이 한국에 을사조약 체결을 요구하기에 이르렀다고[5] 파악하였다. 갑신정변이 외세의 개입을 초래한 계기가 되었고, 나아가 국권피탈의 원인이 된 것으로 이해하는 셈이다.

다음으로, 동학농민운동東學農民運動을 '한국 최초의 혁명운동' "한국 역사 상 드문 첫 번째 민중혁명운동"으로 자리매김한 글에서 '동학당' '갑오 동학당'으로 지칭하고 있음[6]은 농민대중의 역할과 역사성에 대한 이해가 충분치 못하였음을 드러냈다.

'갑오 동학의 난'으로 지칭한 대한민국임시정부大韓民國臨時政府(이하 '임정')에서 간행한 사료집에서는, "일본이 중국과 충돌할 빌미를 얻기 위하여 잠시 동학당을 이용한 것에 불과"[7]하다고 기술함으로써, 동학농민운동의 역사성을 애써 외면하고, 일본이 군사적으로 개입하는 빌미를 제공한 것으로 이해하였다.

한편 의병운동義兵運動은 '반일 무장투쟁의 출발'로 설정되었다. 조선민족혁명당의 한 당원은 "의병은 현재의 의용군義勇軍 혹은 민중유격대民衆遊擊隊이며, 민중 자신이 적에 대항하는 자위적 무장조직"이라고 정의하면서, "한국군대 해산 후 … 일부는 의병을 조직하였다. 이것이 바로 조선의병의 기원이며, 또한 조선혁명 군사운동의 시초이다"[8]고 회고

---

4) 申岳, 「朝鮮問題講話」『朝鮮義勇隊通訊』 12기(1939. 5. 21), 7쪽.
5) 대한민국임시정부 사료편찬위원회 편, 『韓日關係史料集』(이하 『사료집』) 1~4(1919), 국사편찬위원회, 1968, 『韓國獨立運動史』 자료 4, 임정편 Ⅳ, 31~32쪽.
6) 野民, 「韓國國內革命運動略史」『韓國靑年』 1권 3기(1941. 6. 10), 24~25쪽.
7) 『사료집』 1, 앞의 책, 32쪽.
8) 民山, 「朝鮮革命軍事運動之回顧與展望」『朝鮮民族戰線』 2기(1938. 4. 25), 13쪽.

하였다.

3·1운동에 대한 인식을 살펴보면, 김성숙金星淑은 3·1운동이 반일 민족운동의 성격 전환을 가져온 분수령 역할을 하여, 종래 '지사志士'중심의 운동이 대중 속으로 확산되었고, 특히 사회주의운동의 발생 및 발전, 그리고 노동자·농민 대중 및 청년학생의 반제反帝·반봉건反封建 투쟁이 확대되어, 민족운동의 기초가 광대한 대중투쟁 위에 설정되었다고 하였다.[9]

또 1940년 충칭重慶[10]에서 거행된 3·1운동 기념대회에서 김두봉金枓奉은 "3·1운동 이전 조선혁명의 대상은 국내의 부패한 통치자에 반대하는 것이었으나," "3·1운동 이후 조선의 민족혁명은 전세계 피압박민족의 독립해방 쟁취의 일환으로 변하였다"고 평가하였다.[11]

그리고 3·1운동에 이르러 마련된 '조선민족해방운동의 민중적 기초'는 6·10운동으로 이어졌고,[12] 광주학생운동光州學生運動 또한 3·1운동 및 6·10운동의 연장선상에서 이해하였다. 광주학생운동이 "3·1운동과 6·10운동을 계승하여 폭발한 조선학생운동의 위대한 함성이며, 3대 전민족 반일혁명운동의 하나"[13]였다는 것이다.

---

9) 奎光, 「朝鮮民族反日革命總力量問題」 『朝鮮民族戰線』 5·6기 합간(1938. 6. 25), 4쪽.
10) 이 책에서 중국어를 표기함에 있어서는, 다음의 두 가지 원칙을 따르고자 하였다. 첫째, 지명·인명은 중국발음에 가까운 한국어로 표기하고, 한자를 병기하였다. 상하이[上海], 랴오닝성[遼寧省], 장제스[蔣介石] 등의 형태이다. 둘째, 지명이 포함된 기구·조직·단체 등은 한글발음으로 표기하고, 한자를 병기하였다. 상해한인청년당(上海韓人靑年黨), 요녕민중자위군(遼寧民衆自衛軍), 연길부도윤(延吉府道尹) 등의 형태이다. 인용문의 경우에는, 인용자료에서 표기한대로 따랐다.
11) 「朝鮮獨立運動21周年紀念大會」 『新華日報』 1940년 3월 2일.
12) 李達, 「三十年的朝鮮民族解放運動」, 『朝鮮義勇隊通訊』 제18기(1939. 7. 11), 5쪽.
13) 達, 「紀念光州學生運動」, 『朝鮮義勇隊』 제38기(1940. 11. 15), 2쪽.

2. 중국동북지역에 대한 강역 의식

대체로 독립운동가들은 중국동북지역('만주')을 우리민족의 역사적 활동무대로 인식하였다. 그러기에 '만주滿洲'는 "우리 옛 조상들이 피·땀 흘려 개척하였던 우리의 구강舊疆이오, 철권철각鐵拳鐵脚으로 휘검치마揮劍馳馬하여 중원中原의 대국大局을 압도하던 우리 옛 위인들의 활무대活舞臺"14)였다.

한 독립운동가는 "중국 동삼성東三省은 100만 명의 우리 동포가 거주하는 곳이다. 그 중에서도 지린성吉林省과 랴오닝성遼寧省에 많이 거주하고 있지만, 장백산長白山(백두산)을 경계로 하여, 동쪽을 북간도北間島라고 부르고, 서쪽을 서간도西間島로 칭한다"15)고 하였다.

그리하여 "만주는 역사적·지리적·국제적 관계에서 봐서, 우리 조선혁명운동과 깊은 연쇄적인 인연이 있는" 곳으로 이해가 발전하였고, "만주는 우리선열의 혁명적 선혈鮮血로 물든 곳이다. 그 화려한 피로써 갈고 닦은 역사적 사실은 우리 혁명운동에 막대한 의의를 갖고 있다. 보라! 만주의 황야·산악·강변을 불문하고, 우리 先烈이 흘린 피의 흔적이 없는 곳이 없다"16)는 대목에 이르면, 한인독립운동의 근거지로 받아들이고 있음을 확인할 수 있다.

1920년대 독립군 활동에 참여하였던 독립운동가의 "원래 만주는 풍기가 미개하고, 도적이 많아 치안이 확립되지 못했으나, 원체 땅이 넓고 기름져서 농산과 각종 물산이 풍부한 까닭에 도처에 토착 민심이 각박치

---

14) 白潭,「祝全滿統一」『獨立新聞』181호(1925. 2. 21) 1면.
15) 一記者,「西間島 초기 이주와 新興學校 시대 회고기」『韓民』3호(1936. 5. 25), 社會問題資料硏究會 편, 1976, 『思想情勢視察報告集』3, 京都: 東洋文化社, 176~177쪽.
16) 學,「滿洲消息」(1935. 12. 30),『民族革命』창간호(1936. 1. 20), 26쪽(『미주국민회자료집』21 재수록).

않았다"[17]고 독립군 활동의 경제적·사회적 기반으로서 이 지역의 가치를 평가하였다.

이 같은 이해를 바탕으로, 이 지역의 항일투쟁 역량은 관내지역 독립운동세력이 갖추지 못한 무장투쟁 역량을 보완할 수 있는 대안으로 기대하였다. "우리들 투사는 총동원하여 만주로 가서 총과 대포를 잡지 않으면 아니된다. 날로 증가하고 있는 200만 민중 속으로 들어가서 그들을 조직화하고 훈련시켜, 때가 되면 총동원할 수 있는 준비를 하지 않으면 아니된다"[18]는 것이다.

더불어 교육·산업의 진흥을 통한 병참기지兵站基地로서도 기대감이 컸다. 그러기에 "만주는 토지가 비옥하며, 천산물天産物이 무진장으로 쌓여 있다. 또한 수 천리 무인지경의 삼림지·황야가 있다. 그래서 쫓김을 받은 우리에게는 하늘이 준비하여 준 복지福地"[19]이며, "남북만의 옥야준봉沃野峻峰은 우리의 산업 상 이익과 활동상 편의를 득하기에 천부天賦한 복지福地"[20]와 같은 존재로 인식되었다.

여기에 덧붙여 동북지역이 갖는 최대의 이점은 '정치적 망명처'가 될 수 있다는 점이었다. "절대적 자유의 동경이 더 갈급渴急"[21]하다고 할 만큼, 일제 식민통치에 대한 거부감 등 정치적 자유의 향유라는 측면에서, 그 돌파구 노릇을 하였다.

한 걸음 나아가 국제정치의 측면에서, 지정학적 조건을 주목하는 인식으로 발전하였다. "바로 눈앞에 다가와 있는 제2차 세계대전의 폭발물을 한정없이 매장하고 있는 장소"[22]라는 평가이다. 동아시아 지배를 위

---

17) 趙擎韓, 1979, 『白岡回顧錄』, 한국종교협의회, 98쪽.
18) 學, 「滿洲消息」『民族革命』 창간호(1936. 1. 20), 28쪽.
19) 道玄生, 「滿洲事情」『獨立新聞』 193호(1926. 10. 3), 6~7면.
20) 白潭, 「祝全滿統一」『獨立新聞』 181호(1925. 2. 21) 1면.
21) 위와 같음.
22) 學, 「滿洲消息」『民族革命』 창간호(1936. 1. 20), 28쪽.

한 전략적 요충지로써 중국동북지역을 차지하기 위한 일본·소련·미국 등의 각축 사실을 인지하고 있었던 것이다.

3. 국제정세 인식

3·1운동 직후 서울에서 발간된『자유신종보自由晨鍾報』의 내용을 살펴 보면, 미국·일본의 정치상황 등 국제정세와 관련한 내용이 적지 않은 비 중을 차지하고 있다. 이는 제작과 배포에 참여한 그룹의 국제정세에 대 한 관심을 대변한다.

이 같은 국제정세에 대한 관심과 인식은 만주사변→중일전쟁→제2차 세계대전→태평양전쟁으로 이어지는 국제정치 상황의 변화에 발맞추어 심화되었다. 1940년대에 접어들어 일제 패망에 대한 전망이 가시화되면 서, 독립운동가들의 국제정세 인식은 한층 날카로워졌다.

일본 메이지대학[明治大學]에서 법학을 공부하다가 임정에 참여한 다 음, 1920년대 중반에는 중국 황포군관학교黃埔軍官學校 교장 부속실에서 근무한 바 있는 손두환孫斗煥은 태평양전쟁을 일본이 태평양 상에서 주 인이 되려는 기도인 동시에, 영·미가 일본의 세력을 억제하고, 태평양 상의 세력 균형을 유지하려 하는 전쟁으로 파악하였다.[23]

"제2차 세계대전 후 조선이 즉각으로 독립을 할 수 있느냐 없느냐 하 는 문제"[24]는 "임시의정원 및 임정의 대처 능력에 달려 있다"는 그의 발언은 임정의 리더십 여부가 전후 한민족의 운명과 직결될 것이라는 염 려였다.

또 "한국이 일본에 망한 것은 일본이 강하기보다는 한국이 약한 때문

---

23) 손두환,「태평양전쟁과 한국의 독립」『獨立』1943년 10월 6일.
24)「의정원회의록」(1945년 5월 1일), 대한민국국회도서관 편, 1974,『대한민국임시 정부의정원문서』(이하『의정원문서』), 512쪽.

이다. 한국의 국제호위설國際護衛說이 나는 것은 영·미 국가가 불공한 것
보다도 한국인의 역량이 정당하게 표현되지 못한 때문"[25]이므로, "우리
자신의 역량을 단결하여 외래정세에 잘 대응해야 하며," "우리가 자치
능력이 있다는 것을 행동으로 보여야 한다"고 주장하였다.[26] '자국의 이
익'이라는 차원에서 현실 국제정치를 파악한 것으로, 우리민족의 장래는
우리민족 스스로의 역량에 달려 있다는 인식이었다.

한편 조선민족해방동맹의 박건웅朴建雄은 일제말기 연합국의 한반도
처리 문제에 대처하는 원칙으로서 '자존과 공존의 원칙'을 제시하였다.
"한국민족은 자신의 생존과 발전을 요구할 뿐만 아니라, 세계의 모든 민
족국가와 공동으로 생존하고, 공동으로 발전하려고 하는 것이다. 이것이
바로 우리나라 대외관계의 기본입장과 원칙이다"라고 하였다.[27]

그런데 이러한 입장은 국제 냉전체제의 본질을 제대로 이해하지 못한
이상주의적 측면으로 비칠 수도 있었다. 신탁통치 결정 사실이 전해졌을
때, 그는 "루즈벨트가 참여하였는데 조선을 먹자고는 말이 아니 되었을
것입니다. 뿐만 아니라 소련의 국책이 약소를 돕는 것입니다"[28]라는 반
응을 보였는데, 미·소의 한반도정책의 본질을 간과하였다고 할 수 밖에
없을 것이다.

4. 중국정부에 대한 기대와 좌절

태평양전쟁 발발 이후 중국국민당정부中國國民黨政府(이하 '중국정부')는
전후 한반도 문제에 적극적인 관심을 보이기 시작하였다. 일본이 패배하

---

25) 손두환, 「태평양전쟁과 한국의 독립」『獨立』 1943년 10월 6일.
26) 「의정원회의록」(1945년 4월 11일), 『의정원문서』, 405쪽.
27) 박건웅, 「우리나라 대외관계의 기본원칙을 논함」『독립신문』 2호(1944. 8. 15),
    『독립운동사자료집』 8, 75～79쪽.
28) 『의정원문서』, 434쪽

면, 중국은 동아시아에서 주도적인 지위를 회복할 수 있으리라는 기대감
이 팽배해졌다. 중국의 목표는 한반도를 중국의 압도적인 영향력 아래
두는 것이었다. 이를 위해 임정에 대한 지지를 표명하면서, 한인세력의
통합을 적극 추진하였다.

한인세력도 중국정부의 방침을 인지하고, 경계심을 늦추지 않았다.
1943년 11월 15일 오후 임시의정원 회의에서 "미국대사 측의 이야기를
들어 보아도, 우리가 중국에 매이면 도와줄 수 없다고 합니다"[29]라고 한
문일민文逸民 의원의 발언은 임정세력의 반발 강도를 보여준다. 임정 주
석인 김구金九가 "(중국정부의) 각 기관들은 서로 임시정부의 명의를 쓰지
않으며, 공개적으로 왕래하지 아니하는"[30] 상황을 거론한 데에는, 중국
정부에 대한 서운함과 분노가 배어 있다.

1943년 10월 중순 임시의정원 회의에서 채택된 '대표단의 구미歐美
파견' 제의안[31]처럼, 중국정부의 독점적인 영향력에 대비하려는 자구책
차원에서 모색된 방안은 미국 및 소련과의 관계 개선을 통해 임정에 대
한 국제적 승인을 확보하는 것이었다.

특히 일제 패망 이후 동북아시아 국제질서 변화를 주도할 국가로 미
국을 지목하였다. 1940년 6월 초 '미국국민들에게 보내는' 편지에서, 김
구는 미국을 "인도와 정의를 위하여, 약자를 도와주기 위하여," "제2의
정의의 십자군을 영도할 강대국가" "정의의 십자군을 조직할 양심과 열
정을 구비하고 있는" 국가로 표현하였다.[32] 그리하여 미국 측에, 중국이
나 소련이 한국에 대한 영향력을 독점하려는 기도를 막기 위해서라도,

---

29) 『의정원문서』, 362쪽.
30) 김구, 「한국임시정부와 중국은 도의상 응당 의무를 이행하여야 한다」(1940년),
    2004, 『白凡 金九先生 言論集』(상), 나남출판, 116쪽.
31) 『의정원문서』, 596쪽.
32) 김구, 「중국의 영용한 항전을 위하여 미국 친우들에게 호소한다」『백범 김구선생
    언론집』(상), 108·111쪽.

미국이 임정을 승인해야 한다는 암시를 보냈다. 그러나 이를 임정 승인
으로까지 연결시키기에는 역부족이었다.[33]

　　미국은 연합국간의 합의에 의한 '공동정책' 방식을 전후 한반도 문제
의 처리 방안으로 상정하고 있었기에, 특정한 강대국이 한반도 문제를
독단으로 처리하는 것을 막고자 하였다. 그래서 임정 '불승인' 정책으로
일관하였던 것이다. 결국 미국에 대한 기대감은 깨져버렸고, 임정이 의
지할 데는 중국정부 밖에 없었다.

5. 시대인식의 진화

1) 아나키즘을 통한 자아 실현

　　충주에서 농민의 아들로 태어나 농학자가 되려 했던 유자명柳子明, 항
일독립운동에 발을 내딛고 나서, 그는 농학자가 아닌 아나키스트의 길을
걸어갔다. 묵묵히 자연의 섭리를 따르고, 계절의 깨우침을 기다리는 농
부처럼, 그는 늘 시골학교 선생님같은 모습으로 한·중 연대의 현장에 있
었다.

　　유자명의 관심이 아나키즘으로 기울게 되는 데에는 크로포트킨의 저
작이 큰 몫을 하였다. "끄로뽀뜨낀의 「상호부조론」은 침략을 반대하는
근거로 된다고 나는 생각하였다"[34]고 하였다.

　　그는 크로포트킨의 『한 혁명가의 회억』의 영향이 컸다고 하였다. 또
일본어로 번역된 러시아 소설 『처녀지』『아버지와 아들』『새 폭군』과
『부활』『전쟁과 평화』를 읽고,[35] 아나키즘에 대한 이해의 폭이 넓어졌

---

33) 정용욱·박진희, 2000, 「해방전후 미국 대한정책의 변화와 임정의 대응」『역사와
　　현실』 37, 213쪽.
34) 독립기념관 한국독립운동사연구소 편, 1999, 『유자명 수기: 한 혁명자의 회억록』,
　　한국독립운동사자료총서 제14집, 71~72쪽.

다고 했다.

아나키즘의 기본원리로는 '상호부조相互扶助'와 '자유연합自由聯合'을 꼽는다. 일반적으로 '상호부조론'이라 함은 상호부조적 습관을 가장 많이 발달시킨 종種(또는 種族)들이 가장 번성했으며, 진보할 수 있었다는 요지인데, 인간사회 역시 상호부조에 따른 '자유연합'의 상태가 최선이라는 주장이다.[36]

그런데 유자명이 상호부조론을 적극 수용한 사실의 정신적 토양으로써, 한국사회의 전통적인 공동체 의식 및 관습과도 연관지어 생각해 볼 수 있다. 두레·향약·계·품앗이와 같은 공동체적 유제는 상부상조의 정신을 바탕으로 삼고 있다. 그가 한국인의 의식 속에 흐르는 상부상조相扶相助 의식을 아나키즘의 상호부조론과 통하는 것으로 받아들였을 수도 있다.

이회영李會榮이 "나의 사고와 방책이 현대적인 사상적 견지에서 볼 때, 무정부주의자無政府主義者들이 주장하는 것과 상통되니까 그럴 뿐이지, 지금이 옳고 어제가 잘못되었음을 깨닫는 식으로, 본래는 딴 것이었던 내가 새로이 방향을 바꾸어 무정부주의자가 된 것은 아니"[37]라고 한 것은 아나키스트로서 행동철학을 유교적 교양에서 구하고 있음을 의미한다.

신채호申采浩 또한 "책에서 얻은 이론으로 아나키스트가 되었던 것이 아니고, 자신의 인간적 요구에 의한 것"[38]이라고 하였듯이, 유교적 소양을 간직한 채 아나키스트로 전환하였음을 밝혔다.

이렇게 본다면, 농촌에서의 성장 배경, 대가족 또는 부락 단위의 공동 협업을 통한 생산과 경작의 농사경험이 있는 유자명 역시 상호부조론에 적극 공감할 수 있었을 것이다.

또 아나키스트들이 염원한 '자유연합사회自由聯合社會'란 개인의 자유

---

35)『유자명 수기: 한 혁명자의 회억록』, 74쪽.
36) 오장환, 1998,『한국 아나키즘운동사 연구』, 국학자료원, 34쪽.
37) 李乙奎, 1963,『是也金宗鎭先生傳』, 韓興印刷所, 42쪽.
38)『自由聯合新聞』제36호(1929. 6. 1).

의지에 따른 연합에 의해, 모든 인간이 자유롭게 살아가는 이상사회理想社會를 의미하였다. 유자명 역시 여타 아나키스트들처럼 자유의지에서 비롯되는 자유연합 원리를 공통분모로 하여, 중국인 아나키스트들과 교유하고, 또 이상촌 건설을 목표로 중국농촌사회로 들어가, 중국농민들과 더불어 생활할 수 있었을 것이다.

2) 공산주의에 대한 성찰

1930년대 중반이후 중국관내지역中國關內地域에서 활동하던 대부분의 한인공산주의자들은 중국 화북·동북지역으로 둥지를 옮겼으나, 김성숙·박건웅 등은 조선민족해방동맹朝鮮民族解放同盟을 결성하고, '반공'을 이념적 기반으로 한 중국정부 통치구역에 남아, 자신이 추구하는 공산주의 노선을 견지하려 하였다. 이는 조선민족해방동맹이 지향한 공산주의노선이 중국공산당을 포함한 '정통' 공산주의 노선과 차이가 있었음을 의미한다.

김성숙이 자신을 찾아 온 젊은 광복군에게, 근대민족국가 건설의 계급적 기반은 '무산대중無産大衆'에 설정되어야 하지만, 새로 수립될 국가는 계급투쟁이나 폭력혁명에 의해서는 아니 될 것이라고 한 사실과, "내가 진짜 빨갱이라면 왜 충칭[重慶]에 남아 임시정부의 국무위원으로 있겠어요? 나도 연안에 가려면 얼마든지 갈 수 있어요"[39]라는 항변에는 그가 그리던 공산주의의 모습이 투영되어 있다.

그는 노농계급이 참여한 계급전선이 아닌, 전민족이 참여한 단결된 모습의 반일통일전선을 결성하는 일이 한인공산주의들의 임무라고 생각했다. 또 협동전선의 형태로는 '혁명정당'을 상정하였다. 그리고 '심각한 이론투쟁'을 거쳐 정확한 '혁명적 이론'을 도출하고, 이에 기반하여 정

---

39) 金俊燁, 1989, 『長征』 2, 나남, 449쪽.

확한 '혁명적 실천'에 옮겨져야 한다[40]고 주장하였다. 이는 공산주의자들이 주장하는 '프롤레타리아 계급혁명'과는 구별되는 것이었다.

또 그는 자신을 중국공산당의 영향력으로부터 독립된 '조선공산당원'으로 의식하였고, 또 그렇게 행동하고 싶어했다. 그가 중국공산당 항일 근거지로 이동한 한빈韓斌·김학무金學武 등을 '종파주의자·기회주의자'로 비난하고 있는 사실[41]이 이를 뒷받침한다.

우파 민족주의자의 입장에서 보면, 그는 분명히 공산주의자였다. 반면에 '진짜' 공산주의자가 보면, 그는 '사이비'이다. 혼돈스럽지만 그가 "현단계 조선공산주의자의 엄숙한 역사적 사명이 바로 민족해방투쟁과 민주공화국 건설 사업에 최대의 충성과 정력을 공헌하는 데 있다"[42]고 한 대목에 이르면, 독립운동가 및 혁명가로서 그의 정체성은 한층 명확해진다. 그가 되찾아 세우고자 한 국가는 '인민공화국'이 아닌, '민주공화국'이었다.

이 같은 천명은 "현단계 조선혁명의 기본강령은 일본제국주의를 타도하고 조선에 진정한 민주공화국을 건립하자는 것이다. … 이 강령은 조선공산주의자들이 무조직적으로 고호高號하던 '사회주의혁명' 구호 내지 '공농工農소비에트정권' 구호와는 완전히 구별"되는 것이었다.[43]

6. 민족문화 계승 의식

1) 세계사적 보편성에 기반한 개별성

민족을 '인류 역사 발전의 소산'으로 파악하는 글에서는 "민족은 봉

---

40) 「復刊辭: 1942년을 마즈면서」 『新朝鮮』 5, 1쪽.
41) 위와 같음.
42) 「임시정부 옹호선언」 『新朝鮮』 5, 2쪽.
43) 「조선민족해방동맹 재건 선언」 『新朝鮮』 5, 6쪽.

건계급이나 자본가계급도 아니요, 인류생활 역사의 발전과정 중에서 강고하게 침점된 실제의 조직"으로서, "민족의 발전 단계가 변하여도, 민족의 본질이 변화하는 것은 아니"[44]라고 하였다. 일제의 억압 하에 있더라도, 우리민족의 정체성이 상실되거나 훼손되는 것이 아님을 역설하고 있다.

그리고 일제의 식민 지배를 받고 있는 '차별적 특수성'을 내포하고 있음에도 불구하고, "인류사회의 일원적 법칙에 제약받는 다른 모든 민족과 동일한 궤도에서 발전하지 않으면 아니"[45] 된다고 인식하였다.

그래서 "민족은 타민족과의 상대적 관련을 가지면서도, 그 민족 자신의 특수성을 또한 갖고 있다"고 한 것이고, "모든 문화의 결과가 절대성 또는 개인의 독자성을 갖고 남아날 수 없고, 언제든지 상대적"[46]이라고 하였던 것이다. 인류사회 발전과정이라는 보편성과, 이와 부합하는 개별 민족으로서의 독자성이 함께 갖추어져야 함을 지적하고 있다.

그러기에 "우리 민족의 차별적 특수성이 세계적 보편법칙에 의해 제약되어 있음을 인식하지 않으면 아니"되리라는 전제 하에, "조선민족의 차별적 변동 과정을 명확하게 파악하여, 공식적이 아닌, 인류사회 발전의 일반법칙의 척도로써" 우리민족에 주어진 역사적 조건을 검측해야 한다[47]는 대목에 이르면, 비록 일제의 지배하에 있지만, 우리민족의 생장이 세계사적 보편성에 기반하고 있다는 자부심마저 느낄 수 있다.

---

44) 「大黨組織問題」『震光』4호(1934. 5. 25), 9~10쪽. 조소앙의 설명에 따르면, 민족은 역사 발전의 소산이며, 역사의 변화 과정에서도 본질을 잃지 않는다. 또한 그는 민족이 '봉건주의적 시대 → 봉건계급의 통치시대와 자본주의적 통치시대 → 자본계급의 통치시대 → 자결·평등주의적 통치시대로 발전한다고 파악하였다.
45) 石生, 「우리 운동의 새 출발과 민족혁명당의 창립」『民族革命』창간호(1936. 1. 20), 『思想情勢視察報告集』3, 54쪽.
46) 南實, 「우리 運動은 웨 進展이 없는가」『韓靑』제1권 3기(1936. 10. 27), 23~24쪽).
47) 石生, 위의 글, 54~55쪽.

2) 독립운동의 정신적 기반으로서 민족문화

민족의 형성 요소로써 '문화'를 중시하는 인식은 항일투쟁의 역경을 헤쳐 나갈 수 있는 자의식自意識으로 발전하였다. "일본은 고래로 상무국尙武國이오, 한국은 우문국右文國이라. 이번 독립운동도 한인은 문자와 언어를 가지고 정의와 이론으로 해결을 구하거늘, 일본은 오직 무력에 의존하였다"[48]는 문화적 우월감은 한·일 양 민족의 비교우위 논리로 이어졌다.

그리하여 양국은 한민족이 '스승'이고, 일본민족이 '제자'인 관계였고, 중세에 이르러서는 일본민족의 침략적 야심과 일본민족에 대한 한민족의 경멸이 적대 상태를 유지하였다는 것이다.[49]

문화적 역량을 민족 간의 우열을 가늠하는 기준으로 꼽고 있는 셈인데, 여기에는 일본의 군사적 침략에 짓밟힌 한국근대사의 질곡을 정신적이고 관념적인 가치로써 극복하려는 의지가 엿보인다. 김구는 "고유문화를 발양하며, 독립·자유·평등의 새로운 한국을 건립"하는 데에서 한국독립운동의 근본의의를 찾을 수 있다[50]고 의미 부여한 바 있었다.

한 독립운동가는 민족문화의 중요성을 제창하면서, "혁명의식을 선동·환기시키고, 사상과 이론을 발전시켜 민중의 문화수준을 제고시킴으로써, 한국의 독립 완성을 단축하고, 보다 용이하게 만들 수 있을 것"[51]이라는 기대감을 표시하였다. 민족문화를 독립운동의 구심점으로 삼음으로써, 독립운동의 역량을 강화할 수 있으리라는 설명이다.

일제의 민족문화말살 및 민족동화 정책 실시는 민족 생존에 대한 위

---

48) 「民族及國民性의 差異」『사료집』 1, 앞의 책, 71쪽.
49) 위와 같음.
50) 金九, 「韓國獨立與東亞和平」『韓民』 1기 1호(1940. 3. 1), 7쪽.
51) 金炎, 「空谷傳聲」『韓靑』 제2권 1기(1937. 1), 23쪽. 같은 글에서 그는 "민족의식을 격발시키고 강화시키기 위하여 우리의 문화를 제창하고, 문학의 필요를 느끼는 것"이라고 하였다. 그에 따르면, 민족문화의 제창을 통하여 민족의식을 격발·강화시킬 수 있으며, 강렬한 민족의식은 곧 독립운동의 원동력이며 출발점이 된다.

기의식을 유발하였고, 그 결과로써 민족의식에 대한 인식과 민족문화 보
존에 대한 애착이 강화되었다. 그리고 이는 독립운동세력의 일체감 증대
로 이어졌다고 할 수 있다.

임정옹호세력이었던 한국국민당韓國國民黨의 선전지에 실린 글에서는
민족문화를 근대민족운동의 기반 및 저력으로 파악하면서, 문화를 민족
전체의 개별적 혹은 집단적 노력의 결실로 이해하였다.[52]

또 "한 민족의 고유문화는 그 민족의 생존 상 가장 필요한 조건"이라
고 강조한 다른 필자는 민족의 멸망을 구하려면, 그 민족의 고유문화가
몰락하는 것을 막아야 한다고 주장했다. 민족의 고유문화는 민족의 '생
존 상 가장 필요한 조건'인데, 유태인은 세계 각국에서 정치·경제적인
영향력을 보유하고 있지만, 공통의 문화를 상실했기 때문에, 개별민족으
로서의 자격을 상실하였다는 것이다.[53]

반면에 아일랜드와 폴란드인들이 유랑 처지였음에도 불구하고, 300여
년 동안 투쟁할 수 있었던 배경은 "간난艱難한 환경 속에서 갖은 고초를
다 겪어가면서도 꾸준히 노력하여 문화적으로 자신을 향상시키기에 게
으르지 않았"고, "문화적 정수를 종합하여 위대한 힘을 발휘할 수 있었"
기 때문[54]이라고 평가하였다. 민족적 위기를 극복하고, 생존·번영을 위
해서 민족문화의 지속적인 보존과 전승이 중요하다는 지적이다.

3) 세계문화의 일원으로서 민족문화

이는 김구金九를 통해 그 요체에 접근할 수 있다. "오직 사랑의 문화,
평화의 문화로 우리 스스로 잘 살고 인류 전체가 의좋게 살도록 하는

---

52) 南實, 「우리 運動은 웨 進展이 없는가」 『韓青』 제1권 3기(1936. 10. 27), 22쪽.
53) 元突吾, 「民族聯合戰線과 組織方法에 대한 管見」 『韓青』 제2권 3기(1937. 3), 22·24쪽.
54) 南實, 「우리 運動은 웨 進展이 없는가」 『韓青』 제1권 3기, 24쪽.

일을 하자는 것이다." "문화文化의 힘은 우리 자신을 행복하게 하고, 나아가서는 남에게 행복을 주겠기 때문이다." "인류가 현재에 불행한 근본 이유는 인의仁義가 부족하고, 자비慈悲가 부족하고, 사랑이 부족한 때문이다. … 인류의 이 정신을 배양하는 것은 오직 문화이다. 나는 우리나라가 … 높고 새로운 문화의 근원이 되고, 목표가 되고, 모범이 되기를 원한다"55)는 '나의 소원'에서 천명된 바는 민족문화가 세계문화와 더불어 발전할 수 있어야 한다는 지향점을 제시한 것이었다.

우파 민족주의를 표방하였던 한국독립당韓國獨立黨은 민족문화의 재건을 민족국가 완성의 관건으로 설정하고, "종縱으로 민족의 고유문화를 순화·양양하고, 횡橫으로 세계문화와 회통융화會通融和함으로써" 민족문화를 건설해야 한다고 했다.56)

또 다른 인물은 각 민족의 문화가 최고수준에 이를 때, 비로소 전세계 민족의 참된 통일과 '세계대동世界大同'이 실현될 수 있으리라고 전망하였다.57) 세계문화의 일원으로서 민족문화의 가치를 의식하고 있었던 것이다.

이와 더불어 대표적인 좌파 민족주의 독립운동단체였던 조선민족혁명당朝鮮民族革命黨의 민족문화 재건론은 "조선의 새 문화는 반드시 민족·민주적 문화라야 할 것이다. 다시 말하면, 우리민족 고유의 문화전통을 계승하는 동시에, 세계 각국의 진보한 민주 건설에 적응"되어야 한다58)고 했다. 전통문화를 계승하는 토대 위에서 세계적으로 보편화된 진보문화를 수용해야 한다는 요지이다.

---

55) 김구, 「나의 소원」 『白凡逸志』(백범학술원총서 ②, 2002, 나남출판), 436·443~444쪽).
56) 『日刊藝術通信』 1946년 11월 9일.
57) 夢嚴, 「鬪爭과 眞理」 『韓靑』 제1권 5기(1936. 12. 15), 24쪽.
58) 『일간예술통신』 1946년 11월 7일.

7. 중간파의 국가건설 구상

"극좌極左나 극우極右는 결코 조선朝鮮을 영도領導하는 정신이 아니다"[59]는 박건웅의 표현처럼, 일제패망기에서 해방정국기에 걸쳐 독자적인 입지를 확충하기 위해 고심했던 중간파中間派의 정치사상은 식민잔재 청산, 좌우합작론, 외세의 영향력을 배제한 자주적인 민족국가 건설론으로 요약된다.

그리고 국가건설운동의 주력으로는 중소기업가·자영농민·상인·소시민 등의 애국적 자산계급과 무산계급을 꼽았다.[60] 자신이 중심이 된 좌우합작左右合作을 통해 자주독립국가의 건설이 이루어져야 한다는 믿음을 가졌으며, 스스로 좌우합작의 견인세력을 자임하였다.

또 모스크바 삼상회의三相會議 결정에 기반한 임시정부의 수립을 통해 주체적인 정치공간을 확충함으로써, 나아가 신탁통치 문제도 해결될 수 있으리라는 기대감을 가졌다. 신탁통치 찬성과 미·소 양군의 철수라는 이율배반적인 주장이 이를 뒷받침한다. 때문에 이들은 중간파의 단결을 통해, 미소공동위원회美蘇共同委員會의 성공을 도와야 한다고 생각하였다.[61]

1946년 12월 11일 정오 남조선과도입법의원南朝鮮過渡立法議院 개원식에서 김규식金奎植 의장은 "결코 미주둔군 사령장관이나 미군정의 자문기관으로 행사할 것은 아니며, 또 미군정을 연장시키기 위한 것도 아니다." "우리의 일은 우리의 손으로 하며, 우리에게 대한 법령 제정도 우리의 손으로 하고, 우리의 운명을 우리로서 자정自定하는 데 매진할 것이다"라고 천명하였다.[62] 미·소 양군의 진주라는 현실을 수용하는 전제

59) 『남조선과도입법의원 속기록』 28(1947. 3. 3), 7쪽.
60) 『中外新報』 1946년 12월 5일.
61) 『中外新報』 1947년 4월 19일.

위에서 -최선이 불가능하면, 차선의 방책을 찾아- 자주국가를 건설하는 방안을 찾으려 한 것으로 이해할 수 있다.

여기에서 중간파의 국가건설론의 실체를 발견할 수 있는 것이다. 즉 이들이 표방한 '친미친소親美親蘇' 혹은 '비미비소非美非蘇'의 국제관은 '민족의 이익'을 최우선으로 한다는 전제 위에서, 호혜적互惠的인 국제관계를 추구한 것으로 해석될 수 있다.[63] 이 같은 국제인식은 자주독립을 밑받침할 민족역량의 결집이 불가능한 상황에서 불가피한 선택이었다. 이러한 논리 위에서, 미군정체제 참여를 통한 중간파의 자주국가 건설 모색은 자기모순이 아닌 현실적·실용적 방안으로서 이해될 수 있는 것이다.

또 이들은 사회경제 구조로 사회민주주의社會民主主義 체제를 염두에 둔 것으로 평가된다. 그리하여 유상몰수·유상분배의 토지개혁, 대기업과 대생산기관의 국유화國有化 및 중소기업의 사유화私有化라는 상호보완적인 제도 구축을 통해 동질성을 전제로 한 민족사회의 건설이 가능하리라고 전망하였던 것이다.[64]

하지만 냉전체제하 미·소의 대립이라는 새로운 국제질서에 봉착하면서, '반파시즘 국제통일전선'으로 대변되는 1930·40년대 국제정치환경을 배경으로 하였던 중간파의 국가건설론은 그 효용가치를 상실해 버렸던 것이다.

---

62) 『남조선과도입법의원 속기록』 2, 2쪽.

63) 김성숙은 "친소반미의 독립도 반대하고, 친미반소의 독립도 반대"하고, "미국과 소련에 대해 평등하게 대해야 한다"고 주장했다(이정식 대담, 김학준 편집·해설, 1988, 『혁명가들의 항일회상』, 민음사, 133쪽).

64) 중간파들은 미군정 및 우익세력과의 합의 과정을 거쳐 지주제를 타파하고, 중소농민을 중핵으로 하는 사회민주주의 농업체제의 토지개혁을 달성코자 하였던 것으로 평가된다(홍성찬, 1993, 「일제하 이순탁의 농업론과 해방정국 입법의원의 토지개혁법안」 『경제이론과 한국경제』, 박영사, 158쪽).

이상에서는 중국대륙을 무대로 남의 나라 혁명의 성공을 통해 자기나라의 독립과 자기민족의 해방을 이루고자 했던 독립운동가들의 시대인식時代認識에 대해 살펴보았다.

국권피탈로 인해 비뚤어진 한국근대사에 대한 반성적인 이해, 독립운동의 주요무대로서 '중국'이라는 단어에 묻어나는 중압감, 국내진공전을 위한 대본영으로서 만주지역에 대한 기대감, 우승열패의 원리로 펼쳐지는 국제정세에 대한 초조감, 분배의 공정성이 지켜지는 민족국가를 세우고자 했던 국가건설 구상, 그리고 그 민족국가는 세계문화의 일원으로서 개방적인 민족문화를 새로 창조하리라는 희망 섞인 기대 등이 그러하였다. 이 같은 시대인식과 역사의식은 대한민국의 헌법 정신에 구현되어 있고, 매년 맞이하는 3·1절과 광복절 기념식을 통해 확인되고 있다.

제1장

항일투쟁기의 역사의식과 시대인식

한국근대사의 이해와 반성

중국동북지역에 대한 인식과 평가

『자유신종보』를 통해 보는 3·1운동 직후의 시대의식

한국근대사의 이해와 반성

머리말

일제 침략기 독립운동단체가 발표한 선언서에는 근대민족운동의 진로에 대한 고뇌가 배어 있고, 시대와 역사에 대한 인식이 깔려 있었다. 광복과 해방을 향한 열정에는 민족의식·역사의식·시대의식이 흐르고 있었으며, 이는 독립운동의 역사성을 밑받침하는 정신적 기반이었다.

독립운동세력의 한국근대사 인식이라 함은 그들이 맞닥뜨렸던 일제 침략과 이에 맞섰던 경험의 소산이기도 하다. 역사인식은 이들의 투쟁양식과 관련이 있었으며, 넓게는 한국근대사의 한 축으로 자리한 독립운동사의 가치 평가와도 상관이 있다.

올바른 현실인식의 기초 위에서 미래에 대한 준비와 조망도 가능해지리라는 기대를 전제할 경우, 우리는 이 글을 통해 한국근대사의 역사적 조건을 내면화해 간 항일독립운동의 또 다른 일면을 들춰 볼 수도 있을 것이다.

이 글에서는 수립 직후 대한민국임시정부(이하 '임정')에서 편찬한 『한일관계사료집』 등 독립운동단체의 간행물을 주대상으로 삼아, 중국관내지역에서 활동한 독립운동세력의 한국근대사에 대한 이해의 일단을 살펴보기로 하겠다.[1]

◇ 이 글은 「중국 관내지역 독립운동세력의 한국근대사 이해 일단」(『한국근현대사연구』 36, 2006. 3. 31)을 보완한 내용이다.

중국관내지역을 검토대상으로 한 이유는 이 지역에서 전개된 독립운동이 중국 항일전쟁이라는 환경조건에 대처하며, 한인독립운동의 개별성을 반영하고 있기 때문이다. 또 논지의 압축을 위해, 검토 대상을 개항에서 국권 피탈에 이르는 시기로 한정하였다.

'친임정'과 '반임정'의 입장으로 대별할 수 있는 이 지역 독립운동세력의 한국근대사 인식을 대비적으로 검토하는 작업은 국권 상실에 이르는 과거사에 대한 반추만이 아니라, 이들의 항일운동노선과 민족국가 건설 구상에 대한 이해에도 보탬을 줄 것이다. 또한 이는 근대 한국사회를 여는 선도자 역할을 한 독립운동세력의 역사관과 지적 체계를 살필 수 있는 기회가 될 수 있을 것이며, 나아가 독립운동사의 지성사적 측면에도 근접할 수 있는 여지를 제공할 것이다.

하지만 분석대상이 한정되고, 관련자료가 충분치 못해, 독립운동세력의 역사인식을 종합적으로 파악하는 데는 미흡한 것이 사실이다. 이러한 제약을 보완하고 논지를 명확하게 하기 위하여, 세력별·계열별 간에 존재한 상호 차이점을 염두에 두면서, 근대사상을 대비적으로 추출하는 데 역점을 두고자 하였다.

또 독립운동가 중에서도 신채호나 박은식과 같은 학자가 아닌, 항일운동 현장의 땀내음이 짙은 '전업적인' 투쟁가로 한정하였다.[2]

---

1) 이 글과 관련한 연구성과로는, 한시준, 1986, 「조소앙의 역사인식」『韓國史硏究』 55와 한상도, 1999, 「독립운동세력의 3·1운동 인식과 계승의식」『한국독립운동사연구』 13을 꼽을 수 있다.
2) 분석대상으로서 조소앙의 저술이 빈번하게 등장함은 이 글의 제약으로 지적될 수 있을 것이다.

1. 근대 민족주의에 대한 자각

1) 근대의 개념에 대한 이해

'근대近代'에 대한 이해는 '민족' '국가' '혁명'을 설명하는 내용 속에 엿보이는데, 종족과 구별되는 '민족', 국민국가를 지향하는 '국가', 그리고 소수의 지배계급이 통치하는 전근대 사회체제를 극복하기 위한 역사 발전의 과정으로써 '혁명'이라는 수단을 염두에 두었다. 이 같은 시대인식과 역사의식은 근대민족운동이 전근대사회의 민란民亂이나 반란反亂과는 구분되는 것임을 뒷받침하고 있다.

(1) 근대사회의 주체로서 민족

독립운동세력은 근대사회의 주체를 '민족民族'으로 설정하였다. 먼저 민족을 "역사상 형성된 공동 언어·공동 영토·공동 경제생활, 아울러 공통된 문화에서 공통된 심리구조를 표시하는 고정집단"[3]으로 개념화한 한국국민당청년단韓國國民黨靑年團 기관지의 표현이 눈에 띠는데, 이는 사전적 정의에서 크게 벗어나지 않는다.

다음으로 민족을 '인류 역사 발전의 소산'으로 파악하는 조소앙의 글에 따르면, "민족은 봉건 계급이나 자본가 계급도 아니요, 인류생활 역사의 발전과정 중에서 강고하게 침점된 실제의 조직"으로서, "민족의 발전 단계가 변하여도, 민족의 본질이 변화하는 것은 아니"[4]라고 하였다.

---

3) 夢巖, 「鬪爭과 眞理」(續)『韓靑』 2권 1기(1937. 1), 29쪽. (이하 원사료의 내용을 인용함에 있어서는, 원래의 뜻을 손상시키지 않는 범위 안에서, 현대적 표현으로 다듬었다).

4) 「大黨組織問題」『震光』 4호(1934. 5. 25), 9~10쪽. "다만 민족의 발전을 이끈 민족국가의 제도와 조직이 변화하고, 그 제도와 조직의 인도권을 획득한 통치계급이 교체되었을 뿐"이라고 한 조소앙의 설명에 따르면, 민족은 역사 발전의 소산이며, 역사의 변화 과정에서도 본질을 잃지 않는다. 또한 그는 민족이 '봉건주

이는 민족의 생성 조건으로써 인류사회 발전의 보편성을 의식하였음을 알려준다. 동시에 일제 식민통치 하에 있더라도 우리민족의 정체성은 상실되거나 훼손되는 것이 아님을 역설한 것이다.

우리 민족이 일제의 식민지배를 받고 있다는 '차별적 특수성'을 내포하고 있음에도 불구하고, "인류사회의 일원적 법칙에 제약받는 다른 모든 민족과 동일한 궤도에서 발전하지 않으면 아니되는"5) 것이라는 조선민족혁명당 기관지 상의 인식은 민족의 성립조건으로써 인류사회 발전 과정이라는 보편성과 이와 부합하는 개별민족으로서의 독자성을 함께 상정하였음을 알려준다.

또한 "우리 민족의 차별적 특수성이 세계적 보편법칙에 의해 제약되어 있음을 인식하지 않으면 아니"된다고 하였다. 맑스주의에 입각한 사회발전 단계론을 "보통법칙의 차별적인 내포성을 몰각하고, 비현실적인 주관적 관념 형식에 칩거하여, 사실의 구상성을 기계적으로 제어하려는" 오류를 범한 '공식주의사상'으로 비판하고 있는 것이다. 나아가 "조선민족의 차별적 변동 과정을 명확하게 파악하여, 공식적이 아닌, 인류사회 발전의 일반법칙의 척도로써" 우리민족에 주어진 역사적 조건을 검측해야 한다6)고 하였다. 이렇듯 세계사적 보편성에 기반한 민족 발전의 개별성을 의식하고 있었다.

이러한 이해의 연장선상에서 주목되는 것으로 '민족의 힘'을 강조한 한국국민당 기관지의 글이 있다. "끝없는 인류전쟁터 안에서 민족적 독립과 생존을 획득하기 위하여" '민족의 힘'을 기르지 않으면 아니된다고

의적 시대 → 봉건계급의 통치시대와 자본주의적 통치시대 → 자본계급의 통치 시대 → 자결·평등주의적 통치시대로 발전한다고 파악하였다.

5) 石生, 「우리 운동의 새 출발과 민족혁명당의 창립」, 『民族革命』 창간호(1936. 1. 20), 社會問題資料硏究會 편, 1976, 『思想情勢視察報告集』 3, 京都: 東洋文化社, 54쪽.

6) 石生, 위의 글, 54~55쪽.

한 주장이 그것이다. 여기에서는 민족의 힘을 기르고 강하게 하는 방안으로, 첫째, 민족자존 및 독립의식을 배양하고, 아울러 노력과 분투로써 이를 획득해야 한다. 둘째, 우리민족의 혈통을 보존해야 한다. 셋째, 전 민족이 조직화하고 단결해야 한다. 넷째, 우리민족의 독자적인 문화를 건설해야 한다. 다섯째, 모든 특권사상를 배격하고 민족적 고유정신인 민주주의로써 건설과 조직의 기본가치를 삼아야 한다. 여섯째, 건강한 신체와 건전한 정신을 갖고 닦는다. 일곱째, 과학적 기능과 기술을 연마함으로써 민족 부흥의 길을 추구해야 한다고 제안하였다.[7]

한편 조소앙은 민족의 역량에 따른 민족의 우열을 평가함에 있어서, 문화적 능력을 주목하였다. 그는 "다수한 종족 중에서 무력과 문화 정도가 비교적 우월한 한 종족을 중심으로 통일운동이 발생되어," '일종의 새로운 인류적人類的 집권執權'으로서 '민족'이 형성되었다고 하였다. "한 개의 종족이 중심이 되어 다수의 종족이 민족으로 결성할 때에 중요한 동력이 문화와 무력임은 사실이나, 양자의 경중을 다시 비교하면, 일시적인 무력보다 유구한 문화가 더욱 중요한 동력이 되는 것"[8]이라는 설명이다.

이처럼 민족의 형성 요소로써 문화를 중시하는 인식은 항일투쟁의 역경을 헤쳐 나갈 수 있는 자의식自意識으로 발전하였다. "일본은 고래로 상무국尙武國이오, 한국은 우문국右文國이라. 이번 독립운동도 한인은 문자와 언어를 가지고 정의와 이론으로 해결을 구하거늘, 일본은 오직 무력에 의존하였다"[9]는 문화적 우월감은 한·일 양 민족의 비교우위 논리

---

7) 白頭山人, 「民族力 建設에 대한 나의 意見」(來稿), 『韓民』 3(1936. 5. 24), 『思想情勢視察報告集』 3, 183~184쪽.
8) 「民族問題硏究」 『震光』 2·3호 합간(1934. 3. 25), 4~5쪽.
9) 「民族及國民性의 差異」, 大韓民國臨時政府 史料編纂委員會 編, 1919, 『韓日關係史料集』(이하 『사료집』) 1~4, 국사편찬위원회, 1968, 『韓國獨立運動史』 자료 4, 임정편 IV, 71쪽. 같은 글, 72쪽에서는, "韓族이 문화 흡수·소화 능력과 창조력의 점에서 일본족보다 우수하다고 자신하였다. 일본인이 한국땅에 들어와 기관지와 관리의 입을 통해 자기가 세계의 일등국이요, 일본족이 한족보다 우수한 지

로 이어졌다.

그리하여 양국의 관계는 한민족이 '스승'이고, 일본민족이 '제자'인 관계였고, 중세에 이르러서는 항시 일본민족의 침략적 야심과 일본민족에 대한 한민족의 경멸과 적대 상태를 유지하였다는 것이다. 이에 따르면, 예로부터 일본민족은 한국과 중국의 해안지역을 침략·살육하였으며, 아시아에서 일어난 민족적 대전쟁의 대부분은 일본이 주동한 결과였다[10]는 것이다.

이상의 민족에 대한 설명을 통해 보면, 민족은 계급에 우선하는 가치였고, 외세의 침략으로부터 자주를 지키기 위해서는 민족의 역량을 갖추어야 한다고 생각하였다. 또 문화적 역량을 민족 간의 우열을 가늠하는 기준으로 꼽았는데, 이에는 일본의 군사적 침략에 짓밟힌 한국근대사의 정치적·군사적 측면의 열세를 정신적이고 관념적인 가치로써 극복하려 하는 의욕이 엿보인다.

(2) 민족의 외연으로서 국가

'국가國家'의 존재를 어떻게 받아들였는가 하는 것은 일제 패망 후 되찾아 건설할 민족국가의 형태와도 연관이 있었다. 조선시대 전제왕조專制王朝나, 대한제국과 같은 입헌군주제立憲君主制였는지, 아니면 민주공화제民主共和制나 사회·공산주의社會共產主義 체제를 구상하였는지, 독립운동의 이념적 지평과도 일정한 관련이 있었다. '국가'의 의미를 주체적으로 고민한 사실은 독립운동이 저항적 민족주의운동의 차원을 넘어서서, 근대민족국가 건설운동의 일환이었음을 의미한다.

도자라고 자긍할 때마다, 한족은 억제하기 어려운 불쾌감과 모욕과 반항을 느꼈다. … 한족은 비록 지금 그들이 일본족에게 억압되었더라도, 그들이 일본족보다 우수함을 자신한다. 한족의 일본족에 대한 공포는 오직 무기의 공포이다"라고 하였다.
10) 「民族及民族性의 差異」『사료집』1, 71쪽.

국가 성립의 요건으로는 첫째, 종족 및 민족사회에 있어서 정복행동 혹은 그것에 저항하기 위한 행동의 통일과 지도의 필요성. 둘째, 종족·민족사회 내부에서의 계급투쟁으로 인한 원심력과 공공이익이라는 구심력을 서로 조화·통제하기 위한 권력조직의 필요성을 꼽았다. 그리고 "민족은 종족의 공통성에 의해 결합 통일된 인류의 집단이지만, 국가는 민족 내외의 차별과 대립으로 인하여 조직된 계급적 권력이다." "민족은 각 계급을 포용한 문화적 존재이지만, 국가는 한 계급이 다른 계급을 통치하기 위한 통치적 존재"라고 민족과 국가의 관계를 정의하였다.[11]

이어서 한국국민당의 당원은 "한 민족·한 국가가 생존하는 원동력은 하늘로부터 떨어진 것이 아니고, 다른 사람이 주는 것도 아니다. 오직 자신의 분투에 의한 것"[12]이라고 함으로써, 국가와 민족의 존망은 스스로의 역량과 노력 여부에 달려 있다고 지적하였다.

(3) 근대사회의 동력으로써 혁명

1936년 7월 1일 한국국민당청년단은 창립선언에서 "혁명革命은 반항이고, 투쟁이다. 고로 혁명은 철권鐵拳과 열혈熱血을 요구한다"[13]고 하였

---

11) 「民族問題硏究」, 앞의 책, 4~7쪽. 그리하여 국가의 흥망은 대외전쟁의 승패나 대내의 계급분화보다는 민족성의 우열과 적합한 제도의 존재 여부에 달려 있다고 파악함으로써, 일제 식민지하 우리민족의 해방과 독립의 관건이 민족 스스로의 역량과 분발에 달려있음을 환기시켰다. 또 국가기관이 민족사회의 발전을 저해할 때에는 "그 민족 중의 진보계급이 국가기구의 변혁과 권력집행자의 교체를 요구한다. 그러므로 국가 발생 이후 모든 주의의 혁명운동은 민족발전의 한 과정적 운동인 것이다"라고 하였다.

12) 白頭山人, 앞의 글, 181쪽.

13) 『思想情勢視察報告集』 3, 38쪽. 같은 한국국민당청년단의 한 단원은 "혁명은 전투이다. 현지 정세에 적합한 전술과 전략이 있어야 한다. 정확한 작전계획을 세워야 한다. 자신의 문제는 자신의 주관적 이해를 본위로 하고, 실제의 수요가 무엇인지를 파악해야 한다"고 하였다[夢巖, 「鬪爭과 眞理」 『韓靑』 1권 5기(1936. 12. 15), 24쪽].

고, 1940년 5월 충칭重慶에서 창당된 한국독립당韓國獨立黨은 "혁명적 수
단이라 함은 절대 비타협적인 바, 이것은 유혈流血을 의미하는 것이다.
개량적·타협적·상의적商議的·자치적 등 불철저한 것은 혁명적 수단이라
할 수 없다"[14]고 선언하였다. 혁명을 철권과 열혈로 대변되는 무력과 희
생을 수단으로 한 비타협적 투쟁으로 정의하고 있는 셈이다.

"적을 박멸하는 데에는 혁명적 수단이 있을 뿐이다. 우리들은 적에게
구걸하여 조국을 광복할 수도 없고, 적에게 청원하여 생존권을 획득할
수도 없다. 그렇기 때문에 혁명적 수단으로써 적을 박멸하고, 정치·경
제·교육의 균등을 기초로 하는 민주공화의 완전한 독립국가를 건설하지
않으면 행복한 생활을 할 수 없다"[15]고 한 한국국민당 선전지의 표현
또한 같은 맥락에서 이해된다.

혁명의 요소로는 하늘이 부여한 요소로써 객관적 정세와 인위적 요소
로써 조직과 훈련을 꼽은 한 인물은 두 요소가 합해져야 혁명이 성공할
수 있으리라고 진단하였다. 또한 혁명에는 강인함·인내·배고픔·분투·희
생이 절대적으로 요구되며, 훈련은 혁명의 생명선이 되는 관건이었다.[16]

혁명의 대상은 "반드시 역사적 원인과 뒤섞인 병의 원인은 내부에 있
는 것이다. 여기에 외래의 특수적 조건이 더해져 뒤끓음으로써, 거대한
사나운 괴물로 변하여, 비로소 혁명의 대상으로 불려지게 된다"[17]고 하
였다. 민족 내부의 모순에 대한 자각의 필요성을 강조하고 있는 셈이다.

이어지는 조소앙의 글에서, 혁명은 "일정한 주의에 호응하는 집단이
폭력으로써 대립되는 통치계급의 모든 기관을 전복하고, 표방하는 주의
로써 새 통치기관을 설치하는 정치운동"이었다. 따라서 "주의와 정강이

---

14) 「韓國獨立黨黨義解釋」, 三均學會 편, 1979, 『素昂先生文集』上, 212쪽.

15) 「창간사」 『韓民』 1호(1936. 3. 15), 『思想情勢視察報告集』 3, 148쪽.

16) 李光濟, 「혁명 요소와 기본적 정책」 『民族革命』 3호(1936. 7. 1), 『思想情勢視察
報告集』 3, 363·364·367쪽.

17) 「韓國之現狀及其革命趨勢」 『素昂先生文集』上, 60쪽.

없는 정권 쟁탈은 혁명선에서 거부되고, 집단적 폭력이 아닌 산만한 평화운동도 혁명권 내에 들지 못한다. 대립하는 통치계급의 일부분을 개량한 정변政變도 혁명의 범위에 넣지 못하고, 새로 통치기관을 시설하려는 예정에 없는 부속적인 개조改造도 혁명 두 자에 부합하지 못하는"[18] 것이라고, 범위를 한정지었다.

정치적 이념과 노선이 결여된 '정권 쟁탈전'이나 지배층의 교체만을 의미하는 '정변' 그리고 체제의 근본적인 변혁에 미치지 못하는 '개조'는 혁명의 범주에 포함될 수 없었다. 혁명은 확고한 이념과 철학적 가치관에 의해 밑받침됨으로써 비로소 성립 조건을 갖추게 된다는 것이다.

한편 "적 일본에서 분리하여 민족국가의 독립을 성취함이 목적이기 때문"에 "우리는 독립운동에 있고, 혁명운동에 있지 않다"는 일각의 주장에 대해, "그 집단의 주의·정강 여하를 물을 것뿐이요, 혁명이나 독립의 용어에 형식적 집착을 가리지 말아야 할 것"이며, "혁명도 그 목적과 수단에 일관된 표현이 가능하나, 무조건 '독립' 두 자만을 표시하면 부대설명을 필요로 하게 듯하다"[19]고 한 견해는 한국근대사 상에서 차지하는 독립운동의 위상과도 관련이 있을 것이다.

목적과 수단에 대한 인식과 준비가 불충분한 저항적 투쟁 차원을 넘어서서, 이념적·사상적 주의와 정강을 갖춤으로써, 비로소 독립운동의 성격과 진로를 명확하게 설정할 수 있으리라는 의미로 해석된다.

그런데 '독립운동이냐 혁명운동이냐' 하는 논의는 독립운동세력의 이

---

18) 「各國革命運動史要」 一, 『震光』 1호(1934. 1. 25), 6쪽. 그의 혁명관은 이민족의 지배로부터 벗어나 민족의 독립을 실현하기 위해서는 민족혁명이 필수적이라는 입장에서 비롯되었다. 이러한 이해에서 고려시대 노비의 난을 '노예혁명'으로 평가하였고, 우리민족의 혁명역량을 역사적으로 입증하려 하였다. 그는 노비의 난을 민족 전체의 평등과 행복을 실천하려는 '혁명운동'으로 의미를 부여하였는데, 이러한 역사의식은 민족 내부의 친화와 단결 그리고 계층간의 동질성을 지향하는 것이었다(한시준, 앞의 글, 115~116쪽 참조).
19) 「各國革命運動史要」 一, 앞의 책, 7~8쪽.

넘적 분화와도 관련이 있었다. 대체로 우파세력은 '독립운동獨立運動'을, 좌파세력은 '혁명운동革命運動'을 선호하였는데, 여기에는 근대민족운동관의 편차가 반영되어 있었다. 일반적으로 우파세력은 반외세·반일운동을 통해 국권을 되찾아 한민족국가韓民族國家를 건설하려는 자주적 측면에 비중을 두었다. 반면에 좌파세력은 반제국·반자본주의 계급혁명을 통해 사회주의체제의 신국가를 건설하는 것을 목표로 설정하였다고 할 수 있다. 따라서 '독립'과 '혁명'이라는 호칭의 상이함에는 근대민족운동세력 간의 역사관과 국가건설론의 차이가 반영되어 있다고 하겠다.

혁명의 주체에 관한 인식의 일단을 살필 수 있는 것으로, 조소앙은 황족·귀족·신벌紳閥의 지식계급에서 민중·청년·남녀 학생을 거쳐 노동계급에 이르게 됨에 따라 "비로소 성공을 거두었다." 그리고 혁명조직도 처음에는 "산만하였으나, 자유연합·중앙집권을 거쳐 장차 유기적 조직의 완성과 혁명의 실행기에 들어가려 하고 있다"[20]고 설명하였다.

혁명의 변천 과정에 대해서는 "복수를 거쳐 설욕·국권회복·반일독립의 민족주의·계급해방을 거쳐, 이미 민족혁명과 경제화의 혁명운동이 동시에 진행되고 있다"고 평가하였다. 또 국제관계에 있어서도 "구미·중국·러시아에 의존하였으나, 이미 피압박민족 연합에 들어갔으며," 민족국가 건설에 관한 구상도 "민주입헌의 신앙을 계승하여, 현재는 한국의 신사회주의적 계획에 적합한 경향을 띠고 있다"고 주장하였다.[21]

1932년의 시점에서, 한국혁명의 주체가 부르주아 상층으로부터 '노동계급'으로 옮겨짐에 따라 "비로소 성공을 거두었다"고 할 만큼, 민족주의 이론을 다듬어가고 있던 조소앙의 역사인식은 '한국의 신사회주의적 계획'을 구상하는 단계에까지 나아가 있었던 것이다. 이에 따르면, 19세기 후반기에 시작된 근대민족운동은 민족혁명과 경제혁명이 동일하게

---

20)「韓國之現狀及其革命趨勢」『素昂先生文集』上, 73쪽.
21) 위와 같음.

요구되는 단계와 세계 피압박민족과의 연합단계로까지 발전하였는 바, 그는 이를 '신사회주의新社會主義' 즉 사회민주주의社會民主主義적인 경향으로 평가하였다.

혁명의 과제로는 경제 문제 곧, '토지문제'가 우선적으로 꼽혔던 것같다. "한국의 혁명 문제는 곧 토지 문제이다"는 인식에서는 "민족해방운동의 핵심은 곧 토지 문제"가 되었다. 이는 '광범한 혁명역량'으로서 농민대중을 흡인하는 관건이 되는 것이며,[22] 농민 해방을 위한 '토지문제'의 해결이 민족협동전선의 건설을 위한 핵심사항의 하나이기 때문이라는 것이다.[23] 그리하여

> 볼세비키 강권독재와 국가를 부인하는 극단의 자유연맹주의를 모두 반대한다. 또 자본주의의 독소가 숙청되지 못한 민족주의도 거절하려 한다. 한국의 정세로 보아, 현단계에서는 오직 가장 진보된 아무 위험이 없는(혹은 비교적) 좌익 민족주의로써 민족운동의 중심사상을 삼고, 85%나 되는 농민을 위한 토지 문제의 공정한 해결을 약속하는 정당을 나는 무조건 옹호하려 한다.[24]

는 한국국민당청년단 선전 기관지의 내용은 1930년대 후반기 중국관내지역 독립운동세력의 혁명관의 일단을 보여준다.

우파 민족주의세력의 핵심 역할을 한 한국국민당 청년단체의 기관지에 실린 위의 글의 논리를 살펴보면, 이들의 사회혁명관과 역사인식이 상당히 진보적이었음을 알 수 있게 한다. 아울러 1930년대 전반기 이 지역 협동전선운동의 결실로서 조선민족혁명당이 창당되는 1930년대 중반 이후로는 우파 민족주의세력인 한국국민당이나 재건 한국독립당·조선혁명당·조선민족혁명당 등 좌파 민족주의세력의 선전 간행물에 실린 글의 논지는 1930년대 국제정세에 대한 이해를 바탕으로 반제·반봉건에

---

22) 夢巖, 「鬪爭과 眞理」(續) 『韓靑』 2권 1기(1937. 1), 32쪽.
23) 晶鏡, 「民族聯合戰線의 組織과 領導問題」 『韓靑』 2권 1기, 20쪽.
24) 野火, 「侵略陣線의 구체화」 『韓靑』 2권 2기(1937. 2), 25쪽.

입각한 진보적인 민족·사회혁명관을 피력하고 있었던 공통점이 발견된다. 이러한 사실은 당시 한인세력 일반이 1930년대 세계정세를 '파시스트진영 대 반파시스트진영 간의 대결'로 파악하고 있었던 상황을 감안하면, 특별히 이상한 일도 아니다.

그런 면에서 "혁명은 결국 대다수의 의식주 문제, 즉 경제 문제의 곤란을 해결하는 데 있다고 생각한다. 경제 문제에 중심을 두지 않는 정당은 이미 그 존재의 이유를 상실한 것"이라는 조선민족혁명당원의 표현[25]은 이들이 상정한 혁명의 궁극적인 목표가 생존권의 확보 수단으로써 경제 문제의 해결에 있었음을 말해 준다.

2) 민족의식의 정형화

(1) 민족의식의 발현체로서 국호

독립운동세력의 가슴 속에 내면화되어 있던 민족의식은 '국호'를 통해 외재화되었다고 할 수 있다. 먼저 '한국韓國'과 '조선朝鮮'으로 대별되는 국호는 어감의 차이를 넘어서서, 역사관과 혁명관의 일단을 드러낸 것이었다. 먼저 한국국민당 기관지의 설명을 참조해 보기로 한다.

> 한국의 '한'은 '하나[一]' '크다[大]'라는 뜻이고, 한의 근본은 '군세다[桓]'으로, 밝다[光, 明]는 뜻이다. 조선의 '조'는 '좋다[好]' '숭고하다'는 뜻이고, '선'은 '품격' '자태'라는 뜻이다.
> 1910년 일제가 한국을 병합한 후, 한국인들의 독립국가사상을 없애기 위해 '한국'을 사용치 못하게 하고, 대신 '조선'을 새로 식민지의 이름으로 사용하였다. … 이로써 조선은 국가의 이름이 되지 못하고, 일개 '노예들이 사는 신지옥'의 이름이 되고 말았다.
> '한국'과 '조선'은 모두 한민족 국가의 이름이다. '조선'은 더욱이 최근 이

---

25) 「우리들의 희망은 무엇인가?」『우리들의 길』 2기(1936. 8. 10), 『思想情勢視察報告集』 3, 279쪽. 이 설명은 이 글의 필자가 사회경제적 관점에서 1930년대 중반의 식민지 한국사회와 우리민족의 역사적 조건에 접근하고 있음을 알려준다.

조 500년간 사용해 왔고, 또한 왜적이 한국을 강점한 이래 30년 간 강제로 사용케 해 왔다. 고로 금일의 일반민중은 말을 할 때 조선을 많이 쓸 뿐 아니라, 혁명동지들도 습관적으로 '조선'을 늘상 사용하고 있다. 그러나 오늘날 '조선'은 이미 일개 국가를 대표할 수 없다. 따라서 다수의 의식이 있는 혁명군중들은 '조선' 두 글자를 그다지 좋아하지 않는다.[26]

위의 설명에 의하면, '한국'은 한인들의 '독립국가 사상'이 깃들어 있는 이름인데, 일제가 사용을 금지하고 대신 '조선'을 사용토록 강요하였다. 그 결과 '조선'이 일제 식민지의 명칭이 되어버렸기 때문에, '조선'이라는 호칭을 쓰지 않는 것이 좋겠다고 권고하였다.

의도적이었든 무의식적이었든 간에, '한국'과 '조선'의 호칭에는 역사관과 혁명관이 함축되어 있었기에, 두 명칭에는 근대민족의식이 정형화되어 가는 발전 과정으로서의 의미가 함축되어 있는 것이다. 이하 두 호칭에 내포되어 있는 의미와 의도 등에 대해 살펴 보기로 하겠다.

먼저 위의 인용문과 같은 논지로 '한국'이라는 명칭의 사용을 주장하는 글에서는 첫째, 『삼국유사三國遺事』에 "예전에 환국桓國이 있었다"는 내용이 있는데, '환국'과 '한국'은 같은 말로써, 한韓은 '하나' '한울' '크다'라는 의미가 있어 민족 및 국가의 호칭으로 적합하며, 환桓도 '광명'이라는 뜻으로 광명이세光明理世로의 계승도 이로부터 시작된 점, 둘째, 삼한三韓의 영역과 문화가 독자적인 가치를 지녔으며, 한漢 나라가 서북지역을 점령하였으나, 삼한의 여러 나라는 독립을 유지하였던 점, 셋째, 1897년 '대한'을 국호로 정하고, 열국과 평등외교를 시작하였음은 우리 민족의 국가적 인격을 표현한 것이라는 점, 넷째, 3·1운동 후 수립된 임정이 '대한민국大韓民國'을 국호로 결정한 점 등을 꼽았다.[27]

마찬가지로 한국독립당은 「당강 해석 초안」에서, 일본제국주의가 한

---

26) 「韓國與朝鮮」 『韓民』 1기 1호(1940. 3. 1), 19쪽.
27) 「黨綱解釋草案」 『素昂先生文集』 上, 226쪽.

국을 강점하고, 한국 혹은 대한의 국호를 없애는데 전력을 다하여, 금속문자·액자·서적·신문 내지는 모든 언어에 이르기까지 '한국'이라는 두 글자를 엄격하게 금지하였다. 이는 "국가의 인격에 사형을 집행하고, 일개 지방을 가리키는 명칭으로써 '조선'이라는 두 글자를 강제로 사용케" 하는 것으로써, "한인은 이족의 망국행동에 대한 반항으로 조선을 거절하고, 한국을 주장"한 것이라고 하였다.[28]

그리고 '조선'은 이성계가 고려를 멸망시킨 뒤, 명으로부터 허락받은 국호로써, 이는 자발적으로 노예행위를 개시한 국치사國恥史의 하나이다. 또 "중국사서中國史書의 연燕나라 사람 위만衛滿이 조선의 왕을 칭하여, 대부분의 '한韓'인 국호는 이후 전해지지 않컨만, 오직 조선만을 선전하였음은 우리민족의 오점이다"고 설명하였다. '조선'이라는 명칭을 부정적으로 해석하고 있는 셈이다.[29]

또 임정 국무위원을 역임한 조경한趙擎韓은 두 호칭에 내포되어 있는 의미에 대해, 첫째, 일제가 우리의 국권을 빼앗은 후, 대한제국이라는 명칭을 버리고 "이전 쇄국주의로 고립을 면치 못하였을 때 사용한" '조선'으로 고쳤다. 둘째, 공산주의자들이 '조선'이라는 명칭을 사용하는데, 이는 "세계가 모두 공산주의로 개조되어 유일한 큰 기구가 생기기 전에는 다른 주의·국가들과 구별하기 위한 과도적인 형태"로써, "한국'이란 이름은 제국주의의 체취가 있으므로" '조선'으로 부른다. 셋째, 중국인들은 일반적으로 우리를 우대하여 말할 경우에는 '한궈런[韓國人]', 좀 얕잡

---

28) 일제하 한국인을 가리키는 '조센진[朝鮮人]'이라는 호칭에는 경멸과 모욕의 의미가 내포되어 있었고, 지금도 일본인들이 일반적으로 사용하는 조선반도·조선전쟁·조선사 등의 호칭에는 하나의 국가나 민족으로서의 독립적인 주체를 가리키는 의미가 아니라, 지리적 의미의 뉘앙스가 짙다. 이에는 한국인과 한국사를 지방 및 지역의 차원으로 좁혀, 하나의 전체로서 독립된 객체가 아닌 부분적인 개념으로 축소시키려는 의도가 깔려 있는 것으로 유추된다.

29) 「黨綱解釋草案」, 앞의 책, 225쪽.

아 홀대할 경우에는 '차오시엔런[朝鮮人]', 아주 멸시하여 모욕적으로 말할 경우는 '까오리런[高麗人]', 심한 욕설은 '까오리방즈[高麗帮子]'로 부른다고 설명하였다.[30]

1920년대 후반기 중국동북지역에서의 좌우 이데올로기 갈등을 체험하였고, 우리민족과 국가에 대한 중국인들의 지칭에 함축되어 있는 우월의식 등을 간파하고 있는 독립운동가의 설명은 두 호칭의 차이에는 정치적 의도가 깔려 있었음을 말해 준다. 이러한 측면에 대해 좀 더 부연해 보겠다.

우선 '한국'은 대한민국임시정부라는 명칭의 예처럼, 민주공화제의 국가체제를 함축하였다고 할 수 있다. 이는 조선왕조까지의 전제 왕권정치나 대한제국의 입헌군주제를 부정하고, '국민이 곧 주인'이 되는 근대 시민사회의 건설을 지향하였다. 우파세력은 대체로 '한국'이라는 호칭을 사용하였다.

반면에 '조선'은 조선왕조가 아닌 단군조선檀君朝鮮에서의 '조선'을 상정한 것으로 유추된다. 최초의 민족국가인 단군조선을 상정함으로써 ― 우리민족이 주체가 된 민족국가로서의 정체성에 뿌리를 둔 ― 중세적 질서를 뛰어넘는 새로운 근대국가로서의 상징성을 표방하였으리라는 이해가 가능할 듯하다.[31]

아울러 '한국'을 대한제국大韓帝國의 약칭으로 해석하고, '황제가 다스

---

30) 趙擎韓, 1979, 『白岡回顧錄』, 한국종교협의회, 254쪽.
31) 이러한 유추와 관련하여, 조동걸 교수는 '조선'에 함축되어 있는 의미를 "고려 때 비로소 민족의식이 부상하는 것을 확인할 수 있다. 즉 三國史記·三國遺事·帝王韻紀에 단계적으로 민족의식이 고조되고 있다. 그런 가운데 고구려·백제·신라의 3국을 넘어서서, 그 이전에 가장 먼저 건국한 나라로 '조선'이 있었다는 데 착안하였다. 바로 그것이 민족을 대표한다는 인식을 갖게 됐다. 그에 맞게 古朝鮮의 서울인 平壤에 檀君祠堂을 짓고, 民族文字를 만들고, 圓丘壇에서 天祭를 올리며, 民族國家의 기상을 높였다"고 해석하였다(조동걸, 2003, 「'국호'·'국기'·'국가'·'국화'는 언제 어떻게 만드는가」『한국근현대사연구』 27, 190쪽).

리는 나라'에 대한 반대의 표현으로써 '조선'을 택하였으리라는 개연성
도 상정해 볼 수 있다.[32] 대체로 좌파 민족주의세력 및 사회·공산주의
진영이 '조선'이라는 호칭을 선호한 사실도 이 같은 설명을 뒷받침해 줄
수 있을 것이다.[33]

　이렇듯 '한국'과 '조선'이라는 호칭의 이면에는 한·중·일 세 민족 간
의 상극적인 역사인식을 비롯하여, 한인독립운동 진영 내부에 존재하였
던 이념적·계급적 편차와 광복 후 민족국가 형태에 대한 구상 등이 개재
되어 있었던 것이다.

(2) 민족 단결의 상징으로서 태극기

'태극기太極旗'는 민족의식을 표출하는 방법의 하나로 역할하였다.

　　3월 1일 오전 6시 경부터 상해시내 한인이 거주하는 집에는 부활한 태극
국기가 날리기 시작하였다. 한인이 가장 많이 거류하는 프랑스조계租界 명덕
리明德里·보강리寶康里 및 하비로霞飛路 일대에는 여기저기 태극기가 날린다.
혹 개인으로 중국인의 2층을 빌어 있는 이들도 다 국기를 달아 이 날을 경축
하였다. 아마 프랑스조계만 하여도 4·50은 될 것이니, 상해 시내에 이렇게 대
한의 국기가 날린 것은 이번이 처음이라.[34]
　　오늘은 삼일절이다. 우리네의 큰 경축일이다. 아침 6시에 일어나서 조반을
해먹고는 모든 준비를 해가지고 근처 집 교포식구들과 같이, 경축식에 참석하

---

32) 대한제국의 호칭에 대해서는 "大韓의 大는 '大淸'이나 '大日本'과 격을 맞춘 대
　　칭이고, 韓에 의미가 있는데, 그것은 열국의 침략을 극복하고 중흥을 달성한다는
　　기원을 담고 있는 이름이다. 고조선이 衛滿의 침략으로 멸망할 뻔 했는데, 準王이
　　익산에서 韓을 일으켜, 마한·진한·변한의 三韓을 건국하여 망할 뻔한 조선을 계
　　승·중흥시켰다는 三韓正統說에 근거한 이름으로 독립의 의지와 중흥의 기원이
　　담겨져 있다"고 의미를 부여하였다(조동걸, 위의 글, 190～191쪽).
33) 이들은 '한국'을 대한민국임시정부나 대한제국의 약칭으로 해석하고, 보수 양반계
　　급이나 부르주아지 계급의 리더십을 부정하는 의미로써 '조선'을 사용한 듯하다.
　　이 경우 조선에는 '프롤레타리아 계급의 주도'라는 뜻이 함축되어 있었다.
34) 「上海의 3·1節」『獨立新聞』50호(1920년 3월 4일) 1면.

기 위해서 강 건너 중경시 실험극장으로 찾아갔다.

　　장소는 옹기종기 단장하였는데, 문 앞에는 커다란 태극국기와 청천백일기 靑天白日旗가 문간에 교차되어 있었고, 실내로 들어가 보니 정면에 커다란 태극국기가 걸려 있었으며, 사방 벽에는 의미 깊은 표어들이 붙여져 있었다. 내빈도 많이 참석했고, 식장에는 주인과 내빈이 아울러 근 삼백 명이나 모여 엄숙히 식을 지냈다.

　　식을 끝내고 우리 교포들을 정부청사로 가서 점심을 맛나게 먹고, 오후 세시에 집으로 돌아왔다. 이곳 중국땅에서 삼일절을 또 다시 한번 지냈다.[35)]

　　수립 초기 임정의 기반이었던 상하이 한인사회와 일제 말기 충칭 한인사회의 3·1절 기념 축하 광경을 전하는 위 기사는 국외 한인사회에 충만해 있던 ― 애국심의 표상으로써 ― 태극기의 가치를 전한다. 태극기는 각기 신봉하는 주의와 주장을 뛰어넘어, 한인 개개인이 근대민족운동의 주체임을 다짐하는 의지의 표현매체로 기능하였던 것이다.

　　1919년 11월 상해한인청년단上海韓人靑年團이 주최한 개천절 기념식에서, 김두봉金枓奉은 "태극의 푸른색과 붉은색은 즉 자유와 평등, 힘과 사랑을 표시한다. 이 양자는 우리민족의 전통적 국민성이다. 힘 있는 곳에 자유가 있고, 사랑이 있는 곳에 평등이 있다. 양자는 서로 함께하고 떨어질 수 없는 것이므로 원내의 곡선으로 서로 껴안도록 하니라. 이러한 자유와 평등의 양대 이상을 기초로 삼은 우리민족의 영광은 세계 사방에 퍼져야 할 것이다. 4괘卦는 이를 나타냄"[36)]이라고 하였다.

　　대표적인 '학자풍'의 독립운동가였던 그의 설명은 태극기가 빼앗긴 나라를 되찾을 수 있는 힘과, 조국 및 민족 사랑의 원천으로서 역할하였음을 의미한다. 또 태극의 푸른색과 붉은색이 상징하는 자유自由와 평등平等은 항일민족운동 뿐 만 아니라, 해방 후 건설할 근대민족국가의 이상이며 원칙이 될 것이다. 그런 의미에서 태극기는 자유와 평등을 기본가

---

35) 양우조·최선화 지음, 김현주 정리, 1999, 『제시의 일기』, 혜윰, 156~157쪽.
36) 「太極旗新說」『獨立新聞』 32호(1919년 12월 25일) 4면.

치로 삼는 근대시민사회를 만들고자 하는 민족국가 건설운동의 이념이
자 상징으로서 자리매김되고 있는 것이다.

　29주년 국치일國恥日을 맞이하여, 1942년 8월 26일 충칭에서 임정 법
무부장 박찬익朴贊翊은 중국정부에 태극기를 게양해 주도록 요청하였
다.[37] 일제의 패망과 광복에 대한 전망이 가능해지면서 태극기는 다시
한번 우리민족의 표상으로서 클로즈업된 것이다. '국기가 곧 국가'를 상
징하였기에, 태극기 게양을 요청한 사실에는 임정 승인을 요구하는 의미
가 함축되어 있었다.[38]

　1942년 6월 29일 임정 국무위원회에서 「국기양식 일치안國旗樣式一致
案」을 의결하여, 태극기의 제작법·크기·게양법 등을 규범화한 사실은
국기로서 태극기의 위상이 법제화되었음을 알리는 것인 동시에, 국가의
상징으로서 국기를 가진 정부임을 천명한 것으로 이해될 수 있다.[39]

　임정을 중심으로 한 독립운동세력의 태극기에 대한 의미 부여에서 한
걸음 나아가, 임정과 경쟁관계에 있던 조선의용군朝鮮義勇軍 대원의 회상
을 통해, 태극기가 전민족적인 대표성을 확보하였음을 알 수 있게 된다.

　　뤄양洛陽에 머무는 동안, 시안西安 한국광복군 제2지대로 방문단 하나를
　파견하였는데, 나도 그 구성원의 하나였다. 통일전선 결성의 가능성을 타진하
　기 위한 것이었다. 광복군의 영사에 10여 일간 머물면서 우리는 아침마다 국

---

37) 추헌수 편, 1971,『資料韓國獨立運動』1, 연세대출판부, 537쪽.
38) '국기'로서 태극기가 갖는 의미는 1940년 8월 29일 미국 로스엔젤레스 시청의 태
　　극기 게양 행사에서 드라마틱하게 펼쳐졌다. 당시 신문보도에 따르면, 이를 "28개
　　동맹국의 한국임시정부 승인의 비롯"으로 받아들인 한인들은 "懸旗式을 보기 위
　　해" 일 주일 전부터 가게 문을 닫고 로스엔젤레스에 와서 태극기 게양식을 기다
　　렸고, 게양식 행사 후에는 "시가행진이 거행되었다. 미국 육군군악대는 악기를 들
　　고, 기수는 깃발을 펼치며, 한·중·필 경위대는 대오를 정제하고 총을 집고 섰고,
　　한인 남녀 평민부대가 … 행렬을 지어 있는 것이 마치 전선으로 출발하는 장사와
　　같았다"고 하였다(『新韓民報』1942년 9월 3일).
39) 한시준 편, 1999,『대한민국임시정부 법령집』, 국가보훈처, 316~317쪽.

기 게양식에 참렬을 해야 하였다. 올리는 기는 물론 태극기다.

한데 나는 좌익화를 하면서부터 심리적으로 자연 이 태극기와 거리가 멀어졌었다. 낙후한 봉건적 상징으로 생각이 들어서였다. 내가 바라는 것은 참신한 기－붉은 기였다. 중국사람들이 일장기를 '고약기膏藥旗'라고 하고, 또 우리 태극기를 '팔괘기八卦旗'라고 할 적마다 나는 기분이 상했다. 책을 잡힐 만하다는 생각이 들어서였다.

그러나 막상 게양되는 태극기를 향해 숙연히 거수경례를 할 때, 내 마음은 저도 모르게 설레었다. 그것은 틀림없는 민족독립의 상징이었기 때문이었다. 광복군의 국기 게양대 밑에서 이와 같이 모순된 감정에 사로잡힌 것은 나 하나만이 아니었을 것이다.

이러저러한 곡절을 거친 끝에 조선의용군도 마침내 태극기를 정식으로 군의 기치로 삼고, 그리고 찍어내는 인쇄물같은 데다도 꼭꼭 태극기를 쌍으로 모시게 됐다.[40]

이렇듯 태극기는 파벌적 경쟁 관계, 이념 및 노선의 차이를 뛰어 넘어, 한 민족으로서의 정체성과 동질의식을 확인시켜 주는 가치로 역할하였던 것이다.

3·1운동 때나 임정 및 독립군이 태극기를 사용하였고, 옌안[延安]의 조선독립동맹朝鮮獨立同盟 및 조선의용군이 태극기를 사용하였고, 해방 후 북한에서도 북한정권이 출범하기 전까지 태극기를 사용하였는데, 이는 태극기가 항일독립운동 과정을 통해, 국민적·민족적 합의 절차를 거쳤음을 뒷받침한다.[41]

2. 한국근대사에 대한 이해와 반성

1) 근대민족운동의 발전 과정에 대한 이해

한국근대사는 국권 피탈의 원인을 제공한 시기였기에, 반성하고 극복

---

40) 김학철, 1995, 『최후의 분대장』, 문학과지성사, 235~236쪽.
41) 조동걸, 앞의 글, 192쪽.

해야 할 대상으로서의 측면과 함께, 전근대 신분제 사회를 타파하고 근대
사회로의 이행을 시도하였던 내재적 발전의 시기라는 또 다른 측면을 아
우르고 있다. 따라서 항일독립운동은 일제 침략으로 인해 좌절되고 왜곡
된 근대사회로의 발전 흐름을 정상화시키고자 한 몸부림이기도 하였다.

그리하여 갑신정변·동학농민운동·독립협회 활동·의병운동을 근대민
족운동의 생성과 발전의 주요 단계로 파악하였고, 근대민족운동의 발전
이라는 입장에서 한국근대사의 체계화를 시도하였다.

(1) 독립운동의 시발, 갑신정변

먼저 갑신정변甲申政變에 대한 이해를 살펴보면, 조소앙趙素昻은 갑신
정변을 '갑신혁명'으로, 김옥균 등 주도집단을 '갑신독립당'으로 지칭하
였다. 그리고 "동방혁명의 개막이며, 한국독립운동의 발인發靭"[42]으로
정의하였다. 그의 설명에 따르면, 서구세력의 침략에 직면하여 쇄국정책
으로 일관하던 중화사대주의 집단을 타도하고, 개방체제의 새로운 국가
체제를 수립하기 위한 '혁명'이었다.

이와 함께 "조선 말기 부패한 봉건적 정치제도를 타도하고, 새로운 제
도를 건설하기 위해" '상층계급의 선진분자' 등에 의해 결행되었다[43]는
한국청년전지공작대韓國靑年戰地工作隊 기관지의 평가와, "혁구경신革舊更
新의 신독립국가 건설운동"[44]이라고 평가한 조선의용대朝鮮義勇隊 대원
의 견해 또한 갑신정변을 '혁명적'인 것으로 파악하고 있음을 보여준다.

---

42) 「各國革命運動史要」二, 『震光』 2·3호 합간, 9쪽. 그는 갑신정변이 "내정을 개
   혁하고 주권을 확립할 계획으로 폭력을 쓴 정권탈취 운동"이었다. 서구문화의 조
   수가 동아시아를 뒤덮어 버리는 시기였음에도 불구하고, 치자계급과 지식계급은
   '頑固事大' 4자로써 구호를 삼고, '斥洋斥倭 閉門自守'만을 고집하였다. 이를 전
   복하고 신정권을 세우기 위하여 활동한 '투사'들이 갑신혁명의 중심인물이었다고
   평가하였다(같은 글, 11~12쪽).
43) 野民, 「韓國國內革命運動略史」 『韓國靑年』 1권 4기(1941. 9. 1), 13쪽.
44) 申岳, 「朝鮮問題講話」 『朝鮮義勇隊通訊』 12기(1939. 5. 21), 7쪽.

그런데 주도집단이 정변의 성공을 위해 외세를 끌어들였던 사실에 대해서는, "일개 민족의 자체 위에 침릉侵凌하는 타민족의 세력이나 혹은 이에 영합 굴복하는 통치군統治群의 뿌리를 뽑기 위해 부득이 또 다른 배경을 구하는 것은 혁명사 상 없지 않는 방책이라" 하였다. 갑신정변 주도집단이 일본세력을 끌어들인 사실을 '혁명의 성공을 위한' 불가항력적인 조처로 이해하고 있다.[45]

조소앙이 일본군의 출병을 요청한 갑신정변 주도집단의 행위를 불가피하였던 것으로 옹호하고 있음은 의아스러운 느낌을 갖게 한다. 자주와 독립이라는 원칙과 명분을 중시하였던 우파 민족주의세력의 이론가인 그의 설명이고 보면, 이에는 갑신정변 주도집단에 대한 배려와 변명의 뉘앙스가 느껴진다. 자신을 포함한 우파 민족주의세력의 뿌리로서 개화파-갑신정변 주도집단-를 상정하였던 정황을 고려한다면, 그의 이해를 수긍하지 못할 바는 아니다.

즉 "원동의 국면은 이로부터 다난하게 되었다. 한국의 혁명은 이로부터 지속적으로 일어나기 시작하였다"[46]고 함으로써, 갑신정변을 근대민족운동의 출발점으로 평가하였다. 즉 그는 "한국독립당의 유래는 오래되어, 갑신혁명 시 김옥균·서광범·홍영식·박영효 등 소장벌열파小壯閥閱派들이 구성 조직하였다"고 기록하고, 국권피탈 후에는 "이승만·이상설·이동녕·안창호·양기탁 등 평민계급이 그 흐름을 이어 갔다"[47]고 강조하였다. 1930년이래 중국관내지역 우파 민족주의세력의 결집체로서 임정의 '여당' 역할을 수행해 온 한국독립당의 연원을 갑신정변의 주도

---

45)「各國革命運動史要」二, 앞의 책, 14쪽. 같은 글에서 "갑신 수 년 전의 한국의 주권이 국제적으로 동요되어 국가의 수립을 확립하기에는 단독으로 발전되기 어렵고, 오직 隣國의 일종 후원을 이용하지 않고는 침입된 인국의 세력을 배제할 수 없었던 것이 당시 정세의 약점이었다"고 함으로써, 일본세력을 끌어들인 '開化黨'의 행동을 국제정세에서 기인한 불가피한 사실로 평가하였다.

46)「甲申 獨立黨 六十週年 紀念에 臨하여」『素昂先生文集』上, 190쪽.

47)「韓國獨立黨之近象」『素昂先生文集』上, 105쪽.

세력에 설정하였다.

갑신정변의 반봉건 자주 개혁정신을 높이 평가하고, 근대민족운동의 주도력이 기득권세력 내부에서 자기혁신을 주도하였던 개화파들의 리더십으로부터 한말 애국계몽운동의 주도세력인 선각적 시민계층으로 옮겨간 것으로 이해하고 있는 셈이다.[48]

이와 맥을 같이하는 예로 신규식申圭植의 경우를 꼽을 수 있다. 그는 "김옥균이 처음 정치의 개혁을 부르짖어 드디어 난당亂黨이라는 악명을 무릅쓰게 되었으니," "김옥균·홍영식 등은 모두 명문의 빛나는 족속으로 명예가 넘치어 부귀쯤은 얼마든지 쉽게 얻어질 수 있는 것이었거늘, 왜 모험을 하여 악명을 들어가면서까지 그런 일을 하였을 것이냐"[49]고 하였다. '명문족속名門族屬'의 일원으로서 기득권에 연연하지 않고, 자신의 희생을 담보로 개방과 개혁의 첫단추를 끼운 개화파의 역사성을 평가하고 있는 것이다.

반면에 수립 초기 임정의 식자그룹은 갑신정변에 대해 비판적인 시각을 가졌던 것으로 드러난다. 이들은 갑신정변은 "친일당親日黨이 친청·친러 양당을 제거하고 소위 혁신을 하루아침에 실행하려 한 음모"로 파악하고, 갑신정변이 실패한 결과, 일본과 중국의 충돌이 현저해졌으며, 일본이 한국에 을사조약 체결을 요구하기에 이르렀다고 평가하였다.[50]

갑신정변의 실패 원인으로는 "역량의 단박單薄과 조직 및 수단의 부족으로 인한" "인랑입실引狼入室의 화근을 계절戒絶"하지 못하였던 사실,[51] 즉 일본의 침략에 대한 대비가 부재하였음을 지적하였다. 개화파의 혁명

---

48) 이 글에서의 '한국독립당'은 독립운동세력 일반을 지칭하는 개념으로 해석될 수도 있겠고, 또 조소앙 자신이 주도적인 위치에 있던 '상해' 한국독립당을 가리킬 수도 있겠는데, 전자의 뜻으로 받아들이는 것이 적합할 듯하다.
49) 신규식, 1971, 『韓國魂』, 보신각, 42쪽.
50) 『사료집』 1, 앞의 책, 31~32쪽.
51) 「甲申 獨立黨 六十週年 紀念에 臨하여」, 앞의 책, 191쪽.

역량 미비와 일본에 지원을 요청한 판단의 오류 및 일제의 침략 의도에 대해 대비하지 못하였다는 것이다. 이를 통해 외세의존적인 일면을 질타하고, 주체적인 사고의 확립을 강조하였다.

여기에 이르면, 수립 초기 친임정 그룹은 갑신정변의 실패 원인을 부각하는 등 부정적인 입장을 보이고 있음에 반해, 1930년대에 들어서는 한국독립당이나 조선민족혁명당을 불문하고 갑신정변의 역사성을 적극적으로 평가한 것으로 정리된다. 모순되는 듯한 두 인식의 차이는 어디에서 비롯되는 것일까?

모름지기 수립 초기 임정세력은 개화파의 한계와 갑신정변의 실패를 '반면교사反面敎師'로 삼아, 임정의 진로 및 임정 참여세력의 각오 등을 염두에 두는 전제 위에서, 유념해야 할 교훈으로써 갑신정변에 접근하였다고 하겠다. 반면에 1930년대 독립운동정당獨立運動政黨을 중심으로 한 긍정적인 평가는 '갑신 독립당' '개화 독립당' 등의 지칭에도 함축되어 있듯이, 전근대사회를 해체하고 새로운 근대민족국가 건설의 주체를 자임한 독립운동정당의 역사관이 반영된 결과로 이해된다.[52] 갑신정변 주도집단을 '새로운 근대적 정치주체'로 자리매김함으로써, 자신들의 정체성과 위상을 확인하고자 하였을 것이다.

(2) 민중운동의 시작, 동학농민운동

다음으로, '동학당 혁명운동' '갑오 동학당 란' 등으로 불리운 동학농민운동東學農民運動에 대한 이해 내용을 살펴보면, '한국 최초의 혁명운동' "한국역사 상 드문 첫 번째 민중혁명운동"으로 자리매김한 글에서는 "30만 이상의 농민이 자발적으로 궐기하여 정부에 반항하고, 외래세력

---

52) 이 같은 이해는 3·1운동을 '미완의 실패'로 평가한 다음, 실패의 원인 및 배경에 대한 분석을 통하여, 3·1운동 이후 근대민족운동의 합법칙성을 설명하는 한편, 그 연장선 상에서 자신의 독립운동 노선과 신념을 정당화하려 하였던 사실과 같은 맥락에서 이해된다(한상도, 앞의 글, 321~324쪽).

에 반항한 전통의 동방 고유문화를 지키려" 하였던 동학농민운동은 "의
병운동과 3·1운동 등에서도 상당한 역량을 발휘하였다"고 평가하였
다.[53] 그러나 주체를 '동학당' '갑오 동학당'으로 지칭하고 있음은 농민
대중의 역할과 역사성에 대한 이해가 충분치 못하였음을 내비치고 있다.

시대적 배경으로는 토지제도의 겸병, 조세부과의 문란, 부역의 불공
평, 토적의 횡행, 관리의 탐학, 사족의 타락, 외세의 침입 등의 구조적
모순으로 인해 "걷잡을 수 없는 동란動亂의 조수潮水가 시기를 기다렸"다
고 하였듯이,[54] 조선후기의 정치·사회적 혼란과 민중의 도탄을 꼽았다.

그리고 "종교의 구각舊殼을 벗지 못하고, 주문과 잡술雜術로써 군중을
휘동하는 도구로 삼고, 예언과 비기秘技로써 혁명군의 우직한 심리를 고
동코자 한 것은" "혁명의 본질상 있을 수 없는 오계誤計였다." "정부가
공공연하게 만청관군滿淸官軍의 힘을 빌려오게 되어, 필경 혁명군의 개선
을 보지 못하게 되었으니, 이는 민족사 상에 하나의 오점이 되었다"[55]고
한 비판적인 지적은 혁명사상으로서 동학에 대해 부정적인 입장을 보여
준다. 농민군의 비조직성과 청을 끌어들인 조선정부의 외세의존적인 대
응은 실패 원인으로 꼽혔다.

'갑오 동학의 난'으로 지칭한 『사료집』에서는 동학농민운동의 목적이
"일본인과 외국인의 세력을 일소하고 가혹한 정치를 배제"하는 데 있었
다. 하지만 실상은 "일본이 중국과 충돌할 빌미를 얻기 위하여 잠시 동
학당을 이용한 것에 불과한"[56] 것이었다고 기술함으로써, 일제의 군사

---

53) 野民, 「韓國國內革命運動略史」 『韓國靑年』 1권 3기(1941. 6. 10), 24~25쪽. 같
   은 취지에서 또 다른 인물은 "봉건적 색채를 띠었으나, 한국 유사이래 첫 번째
   혁명폭동"이었다(申岳, 앞의 글, 7쪽)고 하였다.
54) 「各國革命運動史要」 一, 앞의 책, 8쪽.
55) 위의 글, 9쪽.
56) 『사료집』 1, 앞의 책, 32쪽. 이어서 동학농민운동이 청일전쟁으로 비화하였고, 청
   일전쟁의 와중에 일본이 한국을 병탐하려는 야심에서 '내정개혁안'을 강요하였으
   나, 구미 열강이 일본의 영토 확장을 허용할 것인지에 대한 확신이 서지 않아,

적 개입을 중시하고 반외세·반일운동의 측면을 강조하였다.

(3) 반일 무장투쟁의 시발, 의병운동

한편 의병운동義兵運動은 '반일 무장투쟁의 출발'로 설정되었다. 조선민족혁명당의 한 당원은 "의병은 현재의 의용군義勇軍 혹은 민중유격대民衆遊擊隊이며, 민중 자신이 적에 대항하는 자위적 무장조직"이라고 정의하면서, "한국군대 해산 후 … 일부는 의병을 조직하였다. 이것이 바로 조선의병의 기원이며, 또한 조선혁명 군사운동의 시초이다. 조선혁명 군사운동은 의병운동으로부터 시작되어 현재에 이르렀다"[57]고 회고하였다.

이에 따르면, 1907년 8월 1일 구한국군대 해산 이후 가속화된 한국군대 병사의 의병부대 합류와 이로 인한 의병운동의 성격 전환, 즉 유생 주도체제에서 한국군대 출신 장교 및 평민의병장 주도체제로의 개편과, 거족적인 반일투쟁으로의 발전 사실을 일제하 무장투쟁의 연원으로 설정하였다.

『사료집』에서는 민비시해와 단발령을 계기로 촉발된 을미의병乙未義兵을 평가하였다. "황상皇上(고종)이 형식상이나마 다시 정사를 돌보게 되었다는 기별이 일정 부분 의병부대의 분격을 가라앉히는 데 효과가 있었다"[58]고 하였다. 이렇듯 유생 지도부의 리더십 하에 전개되었던 의병운동의 한계를 제대로 인식하지 못한 제약도 엿보인다. 반면에 독립협회운동에 대해서는, "근본적으로 한국을 개조하려" 하였으며, "비로소 신기운이 오며, 비로소 상서러운 구름이 덮인 듯하였다"고 평가하였다.[59]

"한국을 명의상 독립국으로 두기로 하였다"고 기술하였다(같은 책, 35쪽).

57) 民山, 「朝鮮革命軍事運動之回顧與展望」『朝鮮民族戰線』 2기(1938. 4. 25), 13쪽. 같은 맥락에서, 『사료집』 1 45쪽에서도 군대 해산 "이후로 각지 의병이 끊어지지 아니하였다"고 하였다.

58) 『사료집』 1, 앞의 책, 38쪽.

같은 시기에 전개된 을미의병과 독립협회운동에 대한 상반되는 이해
는 『사료집』 편찬을 주도한 근대고등교육을 받은 자강운동세력의 역사
인식을 반영한다. 즉 독립협회운동→애국계몽운동→자강운동으로 계통
화시킬 수 있는 부르주아운동의 관점에서는 동학농민운동이나 의병운동
과 같은 민중운동 성격의 범주는 비효율적이고 몰시대적인 움직임으로
비쳤던 것이다. 근대 엘리트들의 주도와 지도에 의해 항일민족운동이 전
개되어야 하리라는 소명의식과 자부심의 한 표현이었다고 할 수 있을 것
이다.

(4) 3·1운동의 부활, 6·10운동

독립운동세력은 "3·1운동에 이르러 비로소 조선민족해방운동의 민중
적 기초가 마련되었고," 이 민중적 기초는 6·10운동으로 계승된 것으로
이해하였다. "3·1운동 이후 배출된 무수한 신흥 혁명지도자들은 조선민
족해방운동 노선이 민족자결주의에 있지 않고, 일본제국주의 타도를 근
본으로 삼아 조선의 독립을 완성하는 데 있음"을 인식하였다. 그리하여
6·10운동은 3·1운동의 정신을 계승한 거족적 반일투쟁으로 평가되었
다.[60]

같은 필자는 6·10운동의 직접적인 원인으로 청년학생들의 '애국열정'
을 꼽고, 그 추동력은 당시 한국민족운동의 필연적인 발전을 보여주는
것이었고, 6·10운동은 조선민족해방투쟁의 신단계이며, "시대의 획을
긋는 혁명운동이었다"고 자리매김하였다.[61]

한국국민당은 1936년 6월 10일 발표한 「6·10운동을 기념하자」는 문
건에서 "3·1운동에서 일시 쇠퇴한 한국민중의 혁명적 기염은 다시 폭발

---

59) 위의 책, 39쪽.
60) 李達, 「三十年的朝鮮民族解放運動」, 『朝鮮義勇隊通訊』 제18기(1939. 7. 11), 5
   쪽.
61) 達, 「紀念朝鮮'六十運動'」 『朝鮮義勇隊』 35기(1940. 6), 1쪽.

하는 기회를 맞게 되었으니," "이것이 즉 6·10운동이었다." "6·10운동은 3·1운동의 계속이었다. 그 위력과 지구성은 3·1운동보다 못했지만, 그 정신만은 일치했다"고 설명하였다.[62]

같은 맥락에서 진보적인 어느 작자는 "6·10운동은 3·1운동에 비해 확실히 큰 진보가 있었다." "이번의 대시위는 비록 그 범위가 3·1투쟁만큼 광대하지는 않았지만, 조직적이고 준비된 것이었다." "3·4년에 걸쳐 노동자·농민의 비정치적 경제투쟁 및 민족혁명단체 활동이 완전히 침체된 후, 조선민중은 하나의 새로운 시기 – 정치투쟁의 신시기로 진입하였다. 확정된 정강과 부분적 요구를 담은 구호는 확실히 한 발자국 전진한 것이다"고 해석하였다.[63] 즉 3·1운동 이후 대중투쟁의 성장을 토대로 6·10운동의 사회적 조건이 성숙되었던 것으로 설명하고 있는 것이다.

⑸ 3·1운동 및 6·10운동의 계승 발전, 광주학생운동

광주학생운동光州學生運動 또한 대체로 3·1운동 및 6·10운동의 연장선상에서 이해되었다. 조선민족혁명당과 조선의용대 지도부의 한 사람은 광주학생운동이 "3·1운동과 6·10운동을 계승하여 폭발한 조선학생운동의 위대한 함성이며, 3대 전민족 반일혁명운동의 하나이다." "광주학생운동의 직접적인 원인은 당연히 청년학생의 민족감정과 애국열정이 격발된 것이지만, 이러한 직접적인 원인 외에도 그 기본동력은 당시 조선혁명운동의 필연적 발전이었고, 조선혁명운동의 신단계였다"는 요지로 그 의미를 규정하였다.[64]

조소앙은 임정·의열단·ML파 조선공산당활동, 러시아혁명일 기념활동, 태평양회의의 한인대표 참석거부, 조선어사전편찬회 발기 사실 등이

---

62) 『思想情勢視察報告集』 3, 213쪽.
63) 「6·10운동에 대한 평가」 『向導』 1926년 6월 23일, 『深厚的友誼』, 260쪽.
64) 達, 「紀念光州學生運動」 『朝鮮義勇隊』 제38기(1940. 11. 15), 2쪽.

동아·조선·중외일보 등 한글신문을 통하여 적극 선전됨으로써, 민족의
식이 크게 고양되었으며, 혁명의식을 환기시켰다고 지적한 다음, 이러한
상황을 배경으로 청년학생층이 중심이 되어 전국적으로 확산되었다고
평가하였다.[65]

한·일 양국 학생간의 충돌을 시발점으로 한 광주학생운동이 전국적
으로 확산되어, 거족적 반일민족운동의 단계로 진전하는 데 밑받침이 된
것은 3·1운동과 6·10운동으로 이어지며 성장해 온 전민적 대중운동의
역량이었던 것이다.

(6) 근대민족운동의 발전 단계

근대민족운동의 생성과 발전에 대한 이해는 근대민족운동의 발전단
계론으로 정리되었다. 이는 역사인식의 수준을 반영하는 것인 동시에,
독립운동이 과거에 대한 반성의 토대 위에서 미래를 준비하고자 하는 역
사의식에 의해 밑받침되었음을 알려준다.

일제 말기 충칭 임정의 여당이었던 한국독립당은 1940년 5월 9일의
창당선언문에서 임오군란 및 갑신정변 이래의 근대민족운동을 '민족독
립운동의 계몽기' '반일독립기' '민주독립운동기'로 나누었다.[66]

이 구분은 이듬해 '제1차 전당대표대회 선언'으로 보다 구체화되었다.
'민족독립운동의 계몽기'는 반청反淸 독립운동(甲申~丙申, 1884~1896)·대
외 주권확립운동(丙申~癸卯, 1896~1903)·대내 민주운동(독립협회 활동기)로
세분되었고, '반일 독립운동기'는 의병운동 및 주권회복 운동기(甲辰·乙
巳~庚戌·辛亥, 1904·5~1910·11)·국내외 혁명역량 잠양시기潛陽時期(辛亥·壬
子, 1911·12)로 구분하였다. 그리고 대중폭동과 독립군혈전 고조기(己未~
己巳, 1919~1929)로부터 심균주의三均主義 주창 시기까지(己巳~辛巳, 1929~

---

65) 「韓國之現狀及其革命趨勢」 『素昻先生文集』 上, 77쪽,
66) 「韓國獨立黨創立紀念宣言」 『素昻先生文集』 上, 265쪽.

1941)를 '반일 민주독립운동 초기'로 설정하였다.[67] 이러한 인식의 연장
선상에서는, 1941년 이후 일제패망과 민족국가 건설 단계까지는 '반일
민주독립운동 후기'로 상정될 수 있을 것이다.[68]

한국독립당韓國獨立黨은 1945년 8월 28일 발표한 「제5차 임시대표대
회 선언」에서도, 근대민족운동은 "왜적을 박멸하고 건국의 완전한 주권
을 쟁취하려는 민족정신의 표현이었으며," "갑신혁명·갑오경장·의병의
유격전·독립협회·대한자강회·신민회·대한협회 등의 반일 구국운동과
3·1대혁명 등이 대표적 운동"이었다. "발전 과정에 있어서 비록 객관적
정세로 인하여 그 환절環節의 대소가 불일不一하고, 형태가 부동不同하였
지만, 금일까지 꾸준히 생장 발전해 왔으며," "최후의 환절이 곧 한국독
립당"[69]이라고 함으로써, 한국독립당을 근대민족운동세력의 정통으로
자리 매김하였다.

한편 조선민족혁명당朝鮮民族革命黨 측의 인식을 살펴보면, 조직부장
등을 역임한 한 간부는 동학농민운동을 '조선혁명운동의 시작'으로 설정
하고, 一. 혁명운동의 고양: 초기의 혁명운동(1894~1919), 二. 도수혁명운
동徒手革命運動의 폭발: 3·1대혁명운동(1919), 三. 운동의 질량이 합법운동

---

67) 『光復』 1권 5·6기 합간(1941. 8. 20), 6쪽. 또 조소앙은 3·1운동 이전의 근대사를
'혁명운동'이라는 관점에서 체계화하였다. 제1기: 皇族革命(1863년 흥선군의 집
권), 제2기: 閔閔革命(1884년 김옥균 등 귀족청년들의 排滿獨立과 내정개혁), 제3
기: 平民革命(1894년 전봉준의 동학농민운동), 제4기: 民權運動(1896년 서재필의
독립협회 활동), 제5기: 排日獨立運動(1919년 손병희의 3·1운동)로 구분된다(「韓
國之現狀及其革命趨勢」, 앞의 책, 70~71쪽).
68) 이러한 구분과 관련하여 조소앙은「한국독립운동일람표」에서 [1] 민족운동 계몽시
기 (22년간, 1882~1903) (一) 반청 독립운동시기 (14년간, 1882~1894) (二) 독
립협회시기 (대러시아 9년간, 1895~1903), [2] 반일 독립운동시기 (15년간, 190
4~1918) (一) 의병운동시기 (8년간, 1904~1911) (二) 잠양시기 (7년간, 1912~
1918), [3] 반일 독립운동시기 (27년간, 1919~1945) (一) 무장활동시기 (11년간,
1919~1929) (二) 삼균주의 시기 (16년간, 1930~1945)로 구분하였다(『素昻先生文
集』 上, 464~467쪽).
69) 『資料韓國獨立運動』 2, 171쪽.

으로 변경(1920~1930), 四. 합법운동에서 지하운동으로 이행(1930이후)의 네 단계로 구분하였다.[70] 3·1운동을 근대민족운동 발전의 전환점으로 파악하고, 1920년대의 대중투쟁을 거쳐, 1930년대 적색 농민·노동운동으로 이어진 것으로 흐름을 잡고 있다.

다른 당원은 특히 무장투쟁의 발전 과정을 망국 전후로부터 1919년 3·1운동에 이르는 '1단계', 3·1운동부터 1931년 9월 18일 만주사변에 이르는 '2단계', 9·18사변부터 1938년 초반까지를 '3단계'로 설정하였다.[71]

여기에서는 중일전쟁中日戰爭을 별도의 구분 기준으로 설정하지 않았음이 눈에 띠는데, 이는 1930년대 중국관내지역 독립운동에 대한 인식의 일단으로 해석할 수 있다. 9·18사변 후 조선혁명군사정치간부학교朝鮮革命軍事政治幹部學校와 조선민족혁명당을 모체로 독자적인 활동역량을 키워왔던 - 그 결과로서 조선의용대가 창건되는 - 그룹의 입장에서 보면, 중일전쟁이 한인독립운동의 성격이나 흐름에 직접적인 영향을 끼친 것으로 생각되지 않았던 듯싶다. 이런 면에서 이 분류에는 한인독립운동 중심의 주관적인 관점과 자신감이 투영되어 있다고 하겠다.

지금까지 살폈듯이, 1930·40년대 중국지역 독립운동세력을 대표하는 두 당의 근대민족운동의 계기적 발전과정에 대한 인식에는 두 당의 정체성 및 당원들의 혁명관·역사관의 차이점이 엿보인다. 우파 민족주의세력을 대표하는 한국독립당은 부르주아 민족상층의 주도력을 중시하며,

---

70) 李貞浩, 「現段階朝鮮社會和朝鮮革命運動」 四·五, 『朝鮮義勇隊通訊』 22기(1939.
8. 21), 45쪽 및 같은 책, 23기(1939. 9. 1), 48쪽.

71) 民山, 「朝鮮革命軍事運動之回顧與展望」 『朝鮮民族戰線』 2기(1938. 4. 25), 13쪽. 楊民山은 조선의용대 간부를 거쳐, 일제 말기에는 조선의용군 간부로 활동하는 인물이다. 1938년 초에 쓴 글이기에, 9·18사변 이후를 통시대적으로 파악하고 있지만, 이후 그가 다시 무장투쟁활동 단계를 구분하였다면, 1938년 10월 10일 조선의용대 창건이 또 하나의 구분점으로 설정되었을 것이다. 그럴 경우 조선의용대 창건 이후는 '4단계'로 설정되었을 것이고, 1941년 조선의용대의 화북 이동 이후를 별도의 '5단계'로 상정하였을지도 모르겠다.

이들에 의해 주도된 독립운동 사실을 큰 줄기로 하여 계기적으로 발전해 온 것으로 계통화하였다.

반면에 좌파 민족주의세력을 대표하는 조선민족혁명당은 노동자·농민·학생 등 대중운동세력의 주도력에 의한 '아래로부터의' 혁명역량을 근대민족운동의 발전동력으로 꼽고 있다. 그리하여 동학농민운동을 시발점으로 한 민중·민족운동은 '맨손으로 치른 혁명'으로서 3·1운동으로 이어졌고, 1920년대 노동자·농민·학생층의 주도에 의한 대중투쟁 단계를 거쳐, 1930년대 일제의 민족말살정책에 직면하여 비합법 지하운동으로 전환된 것으로 계통화하였다.

이처럼 두 당의 이해에는 독립운동세력의 정체성이 반영되어 있으며, 계급적 기반에도 편차를 드러내고 있다. 이 같은 역사인식을 바탕으로 하여, 부르주아세력의 이익을 대변하는 우파 정당과 민중세력의 이익을 대변하고자 하는 좌파 정당이 경쟁하는 양상을 띠었던 것이다.

2) 국권 피탈의 교훈과 반성

(1) 국치일에 대한 소회

먼저 일제 침략과 국권 상실에 대한 이해를 살펴보면, 러일전쟁 개전 직후인 1904년 2월 23일 한일의정서韓日議定書의 체결로 "우리의 주권은 거의 남은 바가 없는" 상황이 도래하였으며, 1905년 11월 17일 을사늑약乙巳勒約 조인 이후에는 "경찰이나 농상부 기타 각 기관의 어디든지 일본인이 지배인·고문으로 아니 가 있는 곳이 없게 되었다." "일본은 한국을 통째로 삼키려 하였다. 한국의 국민성이라고는 털끝 하나만치라도 남기려 하지 아니하였다"고 고발하였다.[72]

---

72) 「伊藤의 統監時代」, 『사료집』 1, 앞의 책, 43쪽. 아울러 "동양척식주식회사의 설립을 계기로 驛土·宮土·屯土의 대부분이 일본인의 소유가 되었고, 의식과 가옥을 잃은 한국인이 수십 만에 이르렀다"고 분석하였다(같은 책, 46쪽).

그리고 합병 후에는 "정치상은 말할 것도 없고, 교육·종교·경제·사회 각 방면에 압박과 구속을 아니 받은 곳이 없다. 한국인은 정치적으로 어떠한 권리와 자유가 없었으며, 교육에 있어서는 차별적이고 저급한 수준에 만족하지 않을 수 없었으며, 심지어 양심의 자유·생활의 자유까지도 유린당하였다"73)고 일제 식민통치하 우리민족의 처지를 폭로하였다. 때문에 국치일國恥日은 비통함과 함께, 교훈과 반성의 시각으로 다가왔다. 다음의 기사 내용은 국치일을 맞는 심정을 전해준다.

> 경술년庚戌年 8월 29일, 반만 년의 자유민의 역사가 단절되고 사기와 무력으로 2천만 신성한 민족이 일본의 노예로 된 날. 우리 부여민족에게 생활의 방법과 문자와 도덕과 제도를 수受하야 혈거준동穴居蠢動하던 야만의 역域을 탈脱한 은혜를 항상 원수로써 보報하기를 국시國是로 하는 일본의 최후요, 또 최철저한 보은報恩을 감행한 날.74)
> 우리가 이 날을 조弔하고, 이 날을 곡哭한지 무릇 몇 해였으며, 또 장차 몇 회를 계속할까. 첫 번째 해에는 두 번째 해가 돌아오기 전에 이 날의 부끄러움을 씻으려 하였고, 두 번째 해로부터 열한 번째 해까지 이 날을 당할 때마다, 이를 기약하고 이를 맹서하였으나, 상담嘗膽의 노勞는 그 때가 아직 유여有餘하되, 회계會稽의 치욕은 그 설욕을 미수未遂하여, 이제 또 다시 열두 번째 해가 돌아오고, 이어 열세 번째 해를 시작하게 되었도다.75)

---

73) 「合倂後의 施政一般」『사료집』 1, 앞의 책, 51쪽.
74) 「國恥 第九回를 哭함」『獨立新聞』 3호(1919. 8. 29).
75) 「國恥·毋忘日」『獨立新聞』 138호(1922. 8. 29). 매년 8월 29일 거행되는 국치일 기념행사는 국내외 한인사회에서 거족적으로 치러졌다. 일례로 1919년 서간도에서 거행된 기념행사의 정경을 떠올려 본다. "거기(서간도)서는 내일(8월 29일) 밤에 모두 학교운동장에 다 모인다. 동네에서 단체로 찰떡하고 김치해서 나누어 먹고, 간단한 식도 하고 연극도 한다. 경술년 국치일을 잊지말자는 내용인데, 나는 그 연극을 보고 울었다. 국치일 노래도 목이 터져라 불렀다. 그 가사가 조금 생각난다: 경술년 추팔월 이십구일은/조국의 운명이 다 한 날이니,/가슴을 치고 통곡하여라./자유의 새 運이 온다"(허은, 1995, 『아직도 내 귀엔 서간도 바람소리가』, 정우사, 75~76쪽).

8월 29일은 역사관과 혁명관의 상이함을 불문하고, 다함께 국권 피탈을 초래한 한국근대사의 과오를 반성하고, 일제 타도의 결의를 재확인하는 순간이었다. "치욕을 알게 되면 피로써 죽엄을 할 수 있고, 치욕을 갚으려면 피로써 씻어야 할 것이다. 치욕을 잊어버린 자는 피가 식었을 뿐만 아니라, 피가 없는 것이다." "치욕을 알만한 피는 여러 선열들이 이미 뿌리고 가셨다. 치욕을 씻기 위해 흘려야 할 피는 후사자後死者들의 책임인 것이다"[76]라는 신규식의 다짐은 국치일을 맞이하는 각오를 잘 보여준다.

"국가가 없는 인민은 소·말이나 개·돼지에 지나지 않는다." "그들이 망하는 날이 바로 우리들이 부활하는 날이다"라는, 1936년 8월 29일의 「제26회 국치일에 즈음하여」라는 임정 기념사와,[77] 또 조선민족혁명당 중앙집행위원장 명의로 발표된 글 중의 "우리민족이 해마다 기념하는 공치共恥·공한共恨·공분共憤·공서共誓의 날"[78]이라는 표현은 이를 확인해 준다.

또 한국국민당이 "우리가 8·29의 치욕을 씻지 못하는 날은 과거의 영화도 진흙 속에 묻힌 구슬처럼 다시 빛을 낼 수 없는 것이다. 현재의 투쟁도 분화구를 찾지 못하는 용암처럼 그 위력을 세상에 드러내지 못하고 있는 것이다"[79]라고 한 것도 국치일을 자성의 계기로 받아들였음을 뒷

---

76) 신규식, 앞의 책, 39·41쪽.
77) 『思想情勢視察報告集』 3, 394쪽.
78) "국치를 슬퍼하기보다는, 자기 자신이 노력한 성과가 우리 혁명운동에 어느 정도 공헌하였는가를 검토하고, 자기 자신의 착오에 대한 심각한 각오와 반성이 부족한 것을 슬퍼하며, 모든 심력을 기울여 민족혁명전선을 확대 강화시키려는 실천적 투쟁의 전개를 결심하는 데에 오늘을 기념하는 의의가 있는 것이다"(「第26週年 國恥紀念 宣言」(1936. 8. 29), 『思想情勢視察報告集』 3, 416~418쪽)라는 내용은 국치기념일을 반성과 각오를 다지는 기회로 받아들였음을 알려준다.
79) 「國恥日에 臨하여」(1936. 8. 29), 『思想情勢視察報告集』 3, 398쪽. 같은 맥락에서 한국국민당은 1937년 8월 29일의 「國恥紀念宣言」에서도 "과연 나는 한국혁명을 위하여 얼마만한 성의를 갖고 있는가? 한국혁명을 위하여 매일 몇 시간이나

받침한다.

이렇듯 이 날은 슬퍼하고 분노만을 삭히는 날이 아니었다. 조국광복·민족해방의 결의를 새롭게 하고, 대단결을 도모하는 순간이었다. 1944년 8월 29일 오후 1시 충칭에서 거행된 '국치 34주년 대한민국임시정부 기념식'은 좋은 예가 된다. 충칭重慶 거주 한인들이 모두 참석한 연합기념식에서는 한인세력의 단결을 다짐하고, 연합국의 임정 승인을 요구하였다.

이들은 "더욱 빨리 민족적 치욕을 씻기 위하여, 그리고 어서 빨리 우리의 혁명 임무를 완성하기 위하여," 첫째, 계급·당파와 주의·신앙을 불문하고 임시정부 깃발 아래 통일한다. 둘째, 임시정부 영도 하에서 각종 반일투쟁을 실행하며, 대일 무장투쟁을 적극 전개한다. 셋째, 동맹국의 일원으로서 지위를 쟁취하여, 반파시스트 전쟁에 있어서의 임무를 수행한다. 넷째, 각 계급·각 당파는 독립을 완성하기 위해 단결 합작하는 것은 말할 것도 없고, 민주·행복의 신국가를 건설하기 위하여 영원토록 단결 합작해야 한다는 선언문을 발표하였다. 한국독립당·조선민족혁명당·조선민족해방동맹·조선무정부주의자총연맹의 연명으로 발표된 이 선언문은[80] 국치일의 기념행사가 모든 독립운동세력이 참여하는 '대통합의 장'에서 한 걸음 나아가 민족협동전선운동의 일환으로 기능하였음을 확인시켜 준다.

1942년 조선민족전선연맹朝鮮民族戰線聯盟의 선언문은 일제 말기 '통합임정' 체제 내에서 야당 역할을 하고 있던 좌파 민족주의세력의 역사인식을 보여준다. 이들은 국권피탈의 원인으로, 구왕조의 부패·무능한 위정자들의 당파투쟁과 외척환관의 살육과 알력이 국가의 정치·경제·문화

연구하는 바가 있는가? 한국혁명을 위하여 얼마만한 공헌을 하였으며, 또 공헌할 자신이 있는가를 자문자답해 보자. … 자신을 엄밀히 검토한 결과로써, 우리가 참되게 각오하는 바가 있다면 … 우리의 나아갈 길은 새로 결정될 것이다"(『國民報』 1937년 10월 20일)라고 하였다.

80) 「朝鮮國恥 三十四周年 韓國臨時政府 開會紀念」, 『新華日報』 1944년 8월 29일.

를 문란하게 만들었던 사실, 위정자들이 친러·친일·친미·친청으로 나뉘어 상권욕국喪權辱國의 행위를 자행하였던 사실, 완고우매한 위정자들이 개혁에 반대하고 쇄국정책을 고집하였던 사실, 인민의 언론·결사의 자유를 더욱 억압함으로써, 인민의 자유역량을 발휘하지 못하게 하였으며, 경제시책에는 관심이 없었을 뿐만 아니라 무거운 세금을 부과하여 인민을 삭탈함으로써 국부의 기초를 상실하기에 이르렀던 사실[81] 등을 지적함으로써, 조선왕조 집권세력의 부패·무능과 함께, 새로운 역사 발전의 주체로서 시민계급의 성장을 가로막았다고 비판하였다.[82]

(2) 국권 상실의 원인에 대한 파악

한 진보적 독립운동가는 국권 상실의 원인을 "봉건적 토지국유제와 정교합일政敎合一의 봉건적 전제세력이 상업적 자유·발전을 저지한 데"에서 찾으려 하였다. 그에 의하면, "조선의 신흥 부르주아지는 양반귀족 출신으로부터 나왔기 때문에, 그들은 봉건제도에 반항한 것이 아니라, 오히려 봉건사회의 지지자였다." 결국 "역사를 추동하는 위대한 임무는 농민대중의 몸 위로 떨어지지 않을 수 없었다." 그러나 "외래 침략세력 -자본주의가 조선의 봉건적인 폐문주의閉門主義의 미몽 속에서 잠자는 것은 허락하지 않았고, 급격하게 닫힌 문을 부수기에 이르"렀다. "조선의 낙후된 자연경제는 선진적 자본주의 경제정책의 시초가 되는 동시에, 망국의 시작이 되었던 것이다."[83]

---

81) 朝鮮民族戰線聯盟,「朝鮮 八二九 第三十二周年 國恥紀念 宣言」, 潘石英 主編, 『深厚的友誼』, 北京: 世界知識出版社, 1993, 280~283쪽.

82) '일본제국주의의 적극적인 침략 음모'라는 외부적 원인과, 각 당파의 정권 쟁탈전이 "늑대를 방으로 끌어들인 꼴이 되었으며", 정부의 유약·무능함과 매국역적 등을 내부적 원인으로 지적한 것[李達,「八二九紀念日 感言」『朝鮮義勇隊通訊』 22기(1939. 8. 21), 1쪽]도 같은 맥락에서 이해된다.

83) 李貞浩,「現段階朝鮮社會和朝鮮革命運動」(一), 『朝鮮義勇隊通訊』18기(1939. 7. 11), 3~4쪽.

국권 상실의 원인으로 내재적·자생적인 사회경제 발전의 부재와 자본주의세력의 침탈을 꼽고 있다. 그에 따르면, 개화파를 포함하여 한국사회의 근대화를 주도하려 한 부르주아지계급은 '양반귀족' 출신이라는 기득권 세력에 계급기반을 두었기 때문에, 근대사회 수립을 향한 '위로부터의' 리더십은 근본적인 제약을 내포하고 있었다. 때문에 근대사회 건설을 위한 역량은 농민대중의 힘에 의한 '아래로부터의' 추동력을 그 기반으로 삼지 않을 수 없었다는 논리이다.

강제로 개항한 이래 국권을 상실하기에 이르는 과정에 대해서는, 국권피탈의 '화禍'는 "갑오甲午(1894년)에 배태되어, 갑진甲辰(1904년) 러일전쟁에서 이루어졌다"고 하였다. 청일전쟁 및 러일전쟁에서 일본의 승리가 한국침략의 화근이 된 것으로 이해하고 있는 것이다.[84] 또 "을미년乙未年(1895년)에서 계유년癸卯年(1903년)에 이르는 10년 동안은 한국혁명운동의 가장 중요한 기회였다. 그러나 안으로는 대다수 민중의 자각적 혁명의식이 없었다. 밖으로는 일본제국주의자의 고압적인 간섭이 발생함에 따라 혁명이 성공하지 못하였고, 오히려 이민족에 의해 멸망당하였다"[85]고 파악하였다.

청일전쟁淸日戰爭에서의 일본의 승리를 청의 종주권宗主權에서 벗어날 수 있는 기회로 활용할 수 있었음에도 불구하고, 내외여건이 성숙되지 못하였기 때문에, 자주·자립에 실패한 것으로 평가하고 있다.

위기는 기회였던 셈이다. 위기 앞에 무릎을 꿇든지 아니면 위기를 극복하여 새로운 출발의 계기로 삼든지, 선택은 그 시대를 살았던 인간의 능력과 상관이 있는 문제였던 것이다.

또 "일본의 한국침략은 대륙침략 정책의 제1보였다. ⋯ 한국이 망한 후 20년이 지나 만주는 일본에 점령되었다. 내몽고·화북도 역시 일본에

---

84) 「27週 國恥紀念 宣言」(1937. 8. 29), 『素昻先生文集』 上, 257쪽.
85) 「韓國之現狀及其革命趨勢」『素昻先生文集』 上, 60쪽.

점령되어 있다. 일본이 대륙을 점유하려는 목적은 태평양 및 세계의 패권을 칭하는 데 있다." "한국의 패망이 이미 세계평화에 영향을 준 것이 적지 않지만, 한국의 혁명 부흥도 역시 당연히 장래의 제2차 대전에 있어서 중요한 지위를 차지할 것이다"라고 전망한 글[86]은 한국의 국권 상실과 회복이 세계사의 흐름과도 밀접한 관련이 있음을 지적하였다. 1936년 8월의 시점에서 제2차 세계대전의 발발을 예견하고 있음은 국제 정세에 대한 안목을 보여준다.

(3) 식민지 한국사회의 성격에 대한 평가

다음으로 일제 식민통치하 한국사회의 성격을 어떻게 파악하였는지 살펴보자. 이는 사회·경제적 관점에서 한국사의 발전 과정을 인식하고 있음을 알려주는 것이기도 하다.

일본제국주의의 침략으로 인해, 한국의 민족경제는 근대자본주의 단계를 밟기도 전에 이식자본지移植資本地가 되어버렸고, "외래자본의 질곡으로 인해, 정상적으로 발전하지 못하고, 원래 모습만 부숴져 버렸다"[87]고 한 진단은 자본주의 사회로의 이행이라고 하는 근대사회의 성립 요건을 숙지하고 있었음을 알려준다. 사회발전론의 입장에서, 한국사회의 발전과정과 일제의 침략이 갖는 상관관계를 놓치지 않았다고 하겠다.

이들은 식민지 한국사회의 모순을 전근대적인 토지소유 관계에서 찾으려 하였고, 토지를 매개로 한 봉건적 신분제 사회체제의 해체와 일제 식민지배에 기인한 기형적인 자본주의 체제의 타파가 국권 회복과 더불어 근대민족운동의 주요 과제였음을 절감하였다.

일제 식민지하 한국사회의 성격에 대해서는, 대체로 '반봉건사회半封

---

86) 「비통한 8월이 또 왔다」, 『獨立公論』 2기(1936. 8. 25), 南京: 獨立公論社, 『思想情勢視察報告集』 3, 420~421쪽.
87) 石生, 앞의 글, 59쪽.

建社會'로 인식하는 공감대가 형성되었다. 조선민족전선연맹의 이론가인 김성숙金星淑의 견해에 따르면, 일제하 한국사회는 봉건적 농업국가였고, 일본 침략자본으로 인해 강제적인 자본주의화 과정을 겪었다. 그 결과 반봉건적인 사회구조 하에서는 현대 노동계급이 증대하고, 중소 자산계급은 몰락해 가며, 광대한 농민대중은 무제한적으로 착취당하기에 이르렀다.[88]

조선민족전선연맹의 이론가인 유자명柳子明은 식민지 한국사회를 "제국주의와 식민지간에 존재하는 경제적인 주종관계主從關係"로 파악하였다. "종주국宗主國의 식량문제를 해결하고, 공업원료를 제공하며, 잉여생산물을 상품으로써 소화해야 하는 것은 일반적으로 식민지가 받아들여야 할 경제적 임무"임을 전제한 그는 '일본인 본위' 정책 하에서, 조선에서 일시 '산미증산계획정책'과 '농업증산계획정책'이 실시되었고, "일본 금융자본의 모세근毛細根과 망상맥網狀脈이 보편적으로 조선의 모든 구석구석에까지 파급되어, 조선농민들의 피와 살을 긁어내어 자신들의 배를 채웠다"고 분석하였다.

그리고 "일본 공업이 식민지로 진출해 나가는 하나의 과정에서 나타난" 한국의 "공업이 발전하는 단계에 도달하게"된 원인으로써, 첫째, 일본이 대륙침략전쟁에서 한국을 '병참기지兵站基地'로 삼았기 때문에, 한국의 공업은 만주사변滿洲事變을 전후로, 주로 군수공업이 발전하였다. 둘째, 한국의 지하에는 풍부한 광산물이 많이 매장되어 있는데, 전쟁시기에는 광산물의 수요가 증대하였다.

셋째, 한국의 하천은 급류가 많기 때문에 수력발전소를 건설하는 데 매우 편리한데, 이는 현대 공업 발전에 좋은 토대를 마련해 주었다. 넷째, 대륙과의 무역이 편리하다. 한국의 철도망은 상당한 수준에 도달해

---

88) 奎光, 「朝鮮民族反日革命總力量問題」『朝鮮民族戰線』5·6기 합간(1938. 6. 25), 5쪽.

있기 때문에, 짧은 시간 내에 기차를 이용하여 화물을 직접 중국 내륙과 소련 경내로 수송할 수 있다. 다섯째, 본국 내 일본의 금융은 이미 포화 상태에 이르렀기 때문에, 자본가들은 새로운 길을 개척하여 자신의 기업을 확대하려 하고 있다는 사실을 꼽았다.

이러한 정황 하에서, "조선은 그들에게 있어서 신대륙이 아닐 수 없는 것이다. 조선의 원료와 조선의 노동자들을 이용하게 되면, 원료비와 수송비를 절약하게 되고, 임금을 매우 싼 값으로 활용할 수 있게 되며, 무역 방면에서도 편리함이 많기 때문이다. 이와같은 유리한 조건하에서 조선의 공업은 장족의 발전을 가져왔"다는 것이 그의 설명이다.[89]

유자명은 이른바 '식민지 근대화론植民地近代化論'의 논리와는 반대되는 관점에서, 식민지 시기 '한국공업 발전'의 본질적인 측면에 접근하였다. 한국인에 대한 억압과 수탈을 담보로 하여 추진된 식민지 한국사회의 공업 발전 정책은 일본제국주의 침략정책을 뒷받침하는 병참기지화 정책의 소산에 지나지 않았음을 간파하고 있었던 것이다.

그리고 한 조선의용대 대원은 일제하 한국사회를 "봉건경제와 자본주의경제가 융합되어 죽으려 해도 빨리 죽지 못하고, 살려고 해도 자유롭게 생장할 수 없는" 식민지적 반봉건사회半封建社會로 규정하였다. 한국 사회는 일본제국주의 독점의 원료 공급지·투자시장·상품판매시장·대륙 침략의 근거지·염가 노동력의 착취지 및 식량 공급지이며, 한국경제는 일본인 침략자본의 압박 하에서 합리적으로 발전할 가능성이 없다고 전망하였다. 일제가 이 같은 경제적 착취와 정치적 압박을 더욱 강화함으로써, 한국민족의 나아갈 바를 반항과 굶어죽는 길 중의 하나로 규정해 버렸다는 것이다.[90]

---

89) 柳子明, 「敵人總動員中朝鮮的産業動態」 『反侵略』 1939년 12월호, 18쪽, 유자명 자료집 간행위원회 편, 2006, 『유자명 자료집』 1, 충주시·충주MBC, 116~118쪽.
90) 李貞浩, 「現段階朝鮮社會和朝鮮革命運動」 (三), 『朝鮮義勇隊通訊』 21기(1939. 8. 11), 5쪽. 그는 일제의 토지조사사업을 통한 토지소유 관계의 변화를 주목하여

식민지 한국사회의 성격에 대한 위의 설명에는 근대 사회과학에 관한 인식의 틀이 마련되고 있음이 엿보인다. 이들의 진보적인 역사관과 혁명관은 회귀적이고 폐쇄적인 민족주의로부터 미래지향적이고 열린 민족주의로 나아갈 수 있으리라는 기대감마저 갖게 한다.

맺음말

일제하 독립운동가들과 독립운동단체는 3·1절·개천절開天節 그리고 국치일國恥日 등을 맞이하여, 항일투쟁관과 근대민족운동론이 반영된 기념문건을 발표하였다. 그리고 글 속에는 그들의 역사관과 인식이 반영되어 있었다.

거기에서는 한민족의 미래와 근대민족국가의 모습을 그리고 있었고, 이들이 제시한 독립운동의 방향은 중세적 질서를 해체하고, 인간의 평등과 자유를 지향하는 세계근대사의 보편성과 맥락을 같이하였다. 그들은 무너진 왕조를 다시 세우기 위해서가 아니라, 근대시민사회를 건설하기 위해 자신의 삶을 바쳤다. 그리고 험난한 항일역정 과정에서 이들의 염원을 떠받쳐준 가치가 바로 민족사에 대한 자긍심과 사명감이었다.

민족民族은 역사발전의 소산으로 파악되는, 역사의 변화 과정에서도 본질을 잃지 않는 것이라는 믿음이 있었다. 비록 우리민족이 일본의 식민지배하에 있지만, 우리의 민족문화民族文化가 일본문화보다 뛰어나기

"토지 개편은 조선인민의 행복을 위한 것이 아니라, 일본제국주의의 번영을 위한 것이다." 그리하여 "종래의 세습적인 토지 소유관계를 철폐하고, 토지를 신분관계로부터 분리시켜 자유롭게 매매·약탈할 수 있게 한 다음, 최후로 조선농민을 저임 노동력의 무산농민 지위로 전락시키려 하였다. 때문에 토지개혁 후 농민들은 봉건적 토지 속박으로부터 자유롭게 되었으나, 이 자유는 재차 토지개혁자의 수중으로 들어가는 것에 지나지 않았다"(李貞浩, 「現段階朝鮮社會和朝鮮革命運動」(二), 『朝鮮義勇隊通訊』 19·20 합간, 1939. 8. 1, 2쪽)고 설명하였다.

때문에 일제 통치를 물리칠 수 있다는 자의식을 가졌고, 이는 항일운동의 역경을 이겨 나갈 수 있는 정신적 위안이었다.

또 국가國家는 일정한 영토 범위 안에 거주하는 국민을 정치적 통일과 단합력으로 결집시킴으로써 성립하는 것으로 정의되었다. 이들이 국가의 존재에 대해 고민한 사실은 독립운동이 저항적 민족주의 차원에 머물지 않고, 근대민족국가 건설을 지향한 장정長征이었음을 의미한다. 아울러 국가의 상징으로서 태극기太極旗는 조국과 민족 사랑의 원천이었고, 파벌적 경쟁관계나 이념·노선의 차이를 뛰어넘어 같은 민족으로서 정체성과 동질성을 확인시켜 주는 가치였다.

근대사에 대한 보다 진취적이고 진보적인 인식을 보여주는 것이 혁명관革命觀이었다. 이들은 단순한 정권 쟁탈전이나 정변·개조는 혁명이 될 수 없으며, 확고한 이념적·사상적 지표를 갖추고, 체제의 근본적인 변혁을 시도하는 것만이 혁명이 될 수 있다고 믿었다. 혁명의 과제로는 '토지소유 문제'를 최우선적으로 인식하였으며, 혁명의 주도력도 부르주아 계급으로부터 점차 '노농대중勞農大衆'으로 옮겨가리라고 전망하였다.

한국근대사에 대한 이해에 있어서는 각 세력의 계급관·혁명관 등에 따라 편차가 있었다. 을미의병乙未義兵을 '반일 무장투쟁의 출발점'으로 꼽는 데에는 이론이 없었다. 그러나 갑신정변에 대한 평가에서는 뉘앙스의 차이가 있었다. 갑신정변甲申政變을 '한국독립운동의 시작'으로 평가하였지만, 갑신정변의 실패 원인에 대한 분석을 통해 반면교사로서의 반성과 교훈을 이끌어내려 하였다.

특히 임정 옹호세력을 자임한 한국독립당은 개화파를 '갑신 독립당'으로 지칭하며, 자신의 연원으로 삼았다. 이러한 엘리트주의적 입장은 임정 및 한국독립당의 우파 민족주의세력과 견제·경쟁관계에 있던 조선민족혁명당 등 좌파 민족주의세력이 '대중투쟁 역량'을 중시하였던 사실과 대비된다.

『한일관계사료집』에서, 동학농민운동東學農民運動의 역사성을 소극적·부정적으로 평가하고 있음은 독립협회운동→애국계몽운동→자강운동으로 이어지는 부르주아지 민족운동세력의 역사인식을 반영하는 동시에, 안창호와 신한청년당을 축으로 운영되던 수립 직후 임정참여 그룹의 한국근대사 인식을 보여주었다.

동경 유학 등을 통해 서구 민주주의 소양을 갖추고 새로운 민족상층 엘리트를 자임하였던 이들의 안목에서는 동학 농민대중이나 농민 의병대중, 그리고 봉건적인 정부관료들은 전근대적인 구각을 미처 벗어던지지 못한 존재로 인식되었을 것이고, 이들에 대한 낮은 평가만큼 자신들의 역사적 소임이나 책무를 무겁게 느꼈을 것이다. 이러한 사고는 한국독립당과 임정 옹호세력을 중심으로 한 우파 민족주의세력으로 계승·발전되었다.

반면에 좌파 민족주의세력은 임정 중심세력의 역사인식에 동의하지 않았다. 이들은 농민·노동자·학생을 주력으로 한 대중운동大衆運動의 흐름을 적극적으로 해석하고, 스스로 그 선도자를 자임하였다.

상치되는 역사인식은 독립운동세력의 다양하고 풍부한 역사인식을 반영하고 있지만, 출신지역 등을 기반으로 한 독립운동진영 내부의 분파 현상과 맞물려 단결과 통합에 부정적인 요소로 기능하였음도 사실이었다.

중국동북지역에 대한 인식과 평가

머리말

일제 침략기 중국 관내지역과 동북지역은 해외독립운동의 주무대로 역할하였다.[1] 하지만 두 지역은 지리적으로 멀리 떨어져 있고, 성 단위로 독립적인 중국의 지방체계 및 일제의 감시 등으로 인해, 상호 연계관계가 없었던 것으로 이해되어 왔다.

그러나 상하이上海에서 발간된 임정 기관지 『독립신문』이 동북지역[2] 한인사회와 독립군 활동에 대한 기사를 꾸준히 보도하였고, 정의부 독판 이상룡이 임정 국무령으로 초빙되었던 사실 등은 관내지역 독립운동세력이 갖고 있던 동북지역 독립운동에 대한 기대감과 연대의식의 일단을 보여준다.

특히 1931년 만주사변을 계기로, 종래 동북지역에서 활동하던 한국독립군과 조선혁명군의 일부세력이 관내지역으로 이동하여, 임정 옹호세력의 대열에 합류하였다. 이후 두 지역 독립운동세력 간에는 내왕이 시도되고, 상호 연대의식도 강화되었다.

◇ 이 글은 「중국 관내지역 독립운동세력의 동북지역 독립운동 인식」(『한국민족운동사연구』 57, 2008. 12. 30)을 보완한 내용이다.

1) '關內地域'은 河北省의 山海關 서쪽, 四川省의 康定 동쪽, 甘肅省의 嘉峪關 동쪽 지역을 가리킨다. 또 산해관을 경계로 관내지역과 '關外地域' 혹은 '東北地域'으로 나누기도 한다.

2) 이 글의 서술 과정에서는 주로 '동북지역'으로 표기하였으나, 문맥의 흐름에 따라서는 '만주' 또는 '재만' 등의 표현도 함께 썼다. 원 자료의 표현은 그대로 따랐다.

임정 활동에 합류한 한국독립군 출신들은 꾸준히 동북지역과의 연대를 유지하기 위해 노력하였으며, 조선민족혁명당(이하 '민족혁명당')이 조선혁명군을 '당군'으로 인식하였던 사실, 그리고 민족혁명당 내부에서 동북지역으로 이동하여 무장투쟁을 전개하자는 주장이 제기된 사실 등은 관내지역 독립운동세력이 갖고 있던 동북지역에 대한 기대감을 보여주는 사례라 할 것이다.

조선의용군의 경우 보다 적극적인 양상을 띠었으나, 이는 중국공산당 및 팔로군의 동북지역 전략 등과 관련하여 살펴야 하겠기에,[3] 이 글에서는 다루지 않았다. 그 결과 임정을 중심으로 한국독립당과 민족혁명당의 입장을 중심으로 검토할 수 밖에 없었는데, 이는 이용할 수 있는 자료가 대부분 두 당과 관련되기 때문이다. 두 당이 관내지역 민족주의 우파 및 좌파세력을 대표할 수 있다는 측면에서, 이들의 독립운동노선 및 항일투쟁 방략 등에 대한 대비적인 검토에도 보탬이 될 것이다.

1. 항일독립운동의 근거지로서 지리적 연고의식

먼저 독립운동가들은 동북지역을 우리민족의 역사적 활동무대로 받아들였다. 그러기에 '만주滿洲'는 "우리 옛 조상들이 피·땀 흘려 개척하였던 우리의 구강舊疆이오, 철권철각鐵拳鐵脚으로 휘검치마揮劍馳馬하여 중원中原의 대국大局을 압도하던 우리 옛 위인들의 활무대活舞臺"[4]로서, 우리민족의 생장·발달과 필연적인 관계가 있는 지역이었다.

그런데 "서간도西間島라는 일대 지방은 청조淸朝의 발상지로서, 수백년간 봉금封禁되었던 용도龍圖[처음에는 백두산 서남 산맥의 基×를 지칭함이었으

---

3) 이에 대해서는 염인호, 1997,「解放前後 獨立同盟 北滿特委의 활동과 東北基地論」『國史館論叢』77, 국사편찬위원회를 대표적인 연구성과로 꼽을 수 있다.
4) 白潭,「祝全滿統一」『獨立新聞』181호(1925. 2. 21) 1면.

나, 그 후 사금관査禁官의 호도糊塗로 그 산맥의 천 여리 사이의 대간大幹을 총칭하게
되었다]의 지역"5)이라는 표현을 보면, 동북지역이 청淸의 영역이었음을
인지하고 있다.

그러나 "만주는 역사적·지리적·국제적 관계에서 봐서, 우리 조선혁명
운동과 깊은 연쇄적인 인연이 있는" 곳으로 이해가 발전하였고, "만주는
우리선열의 혁명적 선혈鮮血로 물든 곳이다. 그 화려한 피로써 갈고 닦은
역사적 사실은 우리 혁명운동에 막대한 의의를 갖고 있다. 보라! 만주의
황야·산악·강변을 불문하고, 우리 선열이 흘린 피의 흔적이 없는 곳이
없다"6)는 대목에 이르면, 한인사회 및 한인독립운동의 근거지로 받아들
이고 있다.

이는 국권피탈 이래 1910년대 재만 독립군의 활동 사실을 가리키는
것으로, 그 연속선상에서 1920년대 독립운동의 근거지로서 당위성을 확
보하기에 이른다. 보다 구체적인 예로써 수립 직후 임정에 참여한 인물
들의 인식을 살필 수 있다.

이들은 중국동북지역을 독립운동(혹은 혁명운동)의 '근거지' '활동지'
'책원지' '활동무대'로 여겼다. 이러한 이해를 뒷받침하는 역사적 조건으
로는 국내와의 지역적 근접성 및 연결성, 다수의 한인이 거주하고 있는
현실, 그 결과로서 한인사회가 독립운동세력의 병참기지 및 병력공급원
으로서 역할할 수 있는 여건 등이 지적되었다.

민족혁명당의 기관지인 『앞길』 4호~14호에서는 「혁명성지革命聖地
순례巡禮: 간도間島 신흥학교新興學校 회상回想」글을 11차례 연재하였다.
'혁명성지' '천여 명 조선건아가 복수의 검劍을 갈던 곳'7)이라는 부제가

---

5) 「革命聖地巡禮: 間島新興學校回憶」(三), 『앞길』 6호(1937. 4. 5), 2면, 도산안창
　　호선생기념사업회·도산학회 편, 2005, 『미주국민회자료집』 21, 경인문화사, 재수록.
6) 學, 「滿洲消息」(1935. 12. 30), 『民族革命』창간호(1936. 1. 20), 26쪽, 『미주국민
　　회자료집』 21 재수록.
7) 「革命聖地巡禮: 間島新興學校回憶」(三), 『앞길』 6호(1937. 4. 5), 2면.

암시하듯이, 동북지역은 독립운동의 근거지·책원지로 인식되었다.

> 시베리아와 남북만주는 우리 독립당의 천연적 근거지根據地요, 활동지活動
> 地요, 책원지策源地라 함은 누구나 다 다반茶飯과 같이 아는 바이며, 만구동응
> 萬口同應으로 말하는 바이라. 그러면 지양地壤이 내지內地와 연육連陸하여 교통
> 이 편리하므로, 지칭하는 것만이 아니요, 그곳에 우리의 동포로 거주하는 이
> 가 2백만에 달하였으니, 우리의 독립당이 접족接足하기 용이하고, 의식을 의
> 탁함에 편리하고, 기타 각양이 거주동포의 힘을 시뢰是賴함으로 시베리아 및
> 남북만주는 우리 활동자의 천정지天定地라 하나니[8]

라고 한 논설이 해외독립운동의 주무대로서 동북지역이 갖추고 있는 조
건을 잘 지적하였다.

덧붙여 1920년대 독립군 활동에 참여하였던 독립운동가의 "원래 만
주는 풍기가 미개하고, 도적이 많아 치안이 확립되지 못했으나, 원체 땅
이 넓고 기름져서 농산과 각종 물산이 풍부한 까닭에 도처에 토착 민심
이 각박치 않았다"[9]는 평가 역시 독립군 활동의 경제적·사회적 기반으
로서 동북지역의 역할을 잘 지적하였다. "만주는 지리상으로나 역사상
으로 보아, 우리사업의 적당한 활무대이며, 혁명운동의 중요한 책원이
요, 근거이다"[10]라는 표현 또한 같은 요지이다.

독립운동의 근거지로서 중국동북지역에 대한 평가는 임시의정원 회
의에서도 공개적으로 거론되었다. "우리의 거사는 내지에서는 못 하지
요, 외지동포가 거주하는 곳 중에는 만주가 제일 합당한 지점이라." "동
포가 다수 교거僑居하는 만주, 더욱 지리·역사 행동상 핍절逼切한 관계가
있는 만주를 놓고는 거의 불가능할지요."라는 1920년 3월 30일 임시의정
원 회의에서 윤기섭尹琦燮 의원이 제안한 「군사에 관한 건의안」[11]의 내

---

 8) 白頭山生,「獨立黨과 滿洲策」『獨立新聞』163호(1923. 9. 1), 1면.
 9) 趙擎韓, 1979,『白岡回顧錄』, 한국종교협의회, 98쪽.
10) 道玄生,「滿洲事情」『獨立新聞』193호(1926. 10. 3), 6~7면.

용이 대표적이다. 재만 한인사회가 항일운동의 인적 토대가 될 수 있으리라는 기대감의 표현이다.

이 같은 바탕에서, 동북지역을 무대로 한 한인의 항일투쟁 역량은 관내지역 독립운동세력이 갖지 못한 무장투쟁 역량을 보완할 수 있는 대안으로 평가되었다.

> 우리들은 현재 만주에서 계속하고 있는 운동을 한층 확대·강화하지 않으면 아니된다. 이것을 확대·강화하는 데에는 우리들 투사는 총동원하여 만주로 가서 총과 대포를 잡지 않으면 아니된다. 날로 증가하고 있는 200만 민중 속으로 들어가서 그들을 조직화하고 훈련시켜, 때가 되면 총동원할 수 있는 준비를 하지 않으면 아니된다.
> 또 후방에 있는 일반동지 및 민중에게는 이 운동에 대한 물질적·정신적으로 충분하게 후원해야 한다. 그들을 위해 선전·외교활동을 전개해야 하고, 또 국내 각지의 동지와 민중의 성의있는 성원이 뒤따라야 한다[12]

는 것이다. 동북지역의 200만 한인사회를 인적·물적 토대로 삼고, 1910~20년대 무장투쟁의 경험과 교훈을 무기로, 일제와의 결전決戰에 대비해야 할 것이며, 국내외 전민족도 이를 지원하고 성원해야 한다는 요지이다. 중국동북지역을 항일독립운동의 승부를 가늠하는 '결전장'으로 상정하고 있다.

"3·1운동 후 수많은 용사들이 폭탄과 목제권총으로 적의 경계망을 돌파하여 국내로 잠입하여, 적의 시설을 파괴하고, 적을 죽이고, 그 조직에 따라 만주에 흩어져 있는 동포들을 일일이 혁명적 기치旗幟 아래로 끌어안고, 혁명적 사상을 고취하여 민중적 단결과 훈련에 노력하는 동시에, 적 일본제국주의의 만몽침략滿蒙侵略 정책에 얼마나 웅장한 저항과 타격

---

11) 대한민국국회도서관 편, 1974, 『大韓民國臨時政府議政院文書』(이하 『의정원문서』), 92·94쪽.
12) 學, 「滿洲消息」『民族革命』 창간호(1936. 1. 20), 28쪽.

을 주었던가?"[13]라는 내용 또한 이를 뒷받침한다.

무장투쟁의 측면과 함께, 교육·산업의 진흥을 통한 병참기지로서도 기대감이 컸다. 그러기에 "만주는 토지가 비옥하며, 천산물天産物이 무진장으로 쌓여 있다. 또한 수 천리 무인지경의 삼림지·황야가 있다. 그래서 쫓김을 받은 우리에게는 하늘이 준비하여 준 복지福地"[14]이며, "남북만의 옥야준봉沃野峻峰은 우리의 산업 상 이익과 활동상 편의를 득하기에 천부天賦한 복지"[15]와 같은 존재로 인식되었다.

울창한 산림이 일본군의 공격으로부터 은신처 노릇을 해 줄 것이며, 각종 자원이 풍부하기에 경제적 기반 노릇을 할 수 있으리라는 기대이다. 더불어 동북지역이 갖는 최대의 이점은 '정치적 망명처'가 될 수 있다는 점이었다. "우리는 적에게 구축을 당하는 것보다도, 원수놈의 꼴이 안전眼前에 보기 싫어서 만주땅을 찾아 불원천리 도래한 것이며, 생활의 의식을 요구하는 것보다도, 절대적 자유의 동경이 더 갈급渴急"하다고 할만큼, 일제식민통치에 대한 강한 거부감과 저항의식 등 정치적 자유를 향유할 권리라는 측면에서, 동북지역은 그 돌파구가 될 수 있었다.[16]

일제기관에서 '안곡춘安谷春(安鳳生)'[17]으로 추정하는 필자가 쓴 글 역시 항일독립운동의 근거지로서 동북지역에 대한 인식을 보여준다.

---

13) 學, 「滿洲消息」『民族革命』창간호(1936. 1. 20), 26쪽.

14) 道女生, 「滿洲事情」『獨立新聞』193호(1926. 10. 3) 6~7면.

15) 白潭, 「祝全滿統一」『獨立新聞』181호(1925. 2. 21) 1면. "檀祖의 靈神이 感應하여 자기의 古疆인 백두산 서북쪽 산기슭에 沃野가 廣闊하니"(白頭山生, 「獨立黨과 滿洲策」『獨立新聞』163호(1923. 9. 1) 1면)라는 표현 또한 같음 맥락에서 이해될 수 있다.

16) 白潭, 「祝全滿統一」『獨立新聞』181호(1925. 2. 21) 1면.

17) 安谷春은 安椿生의 다른 이름이다. 그는 安莊根(안중근의사 첫째 큰아버지의 둘째아들)의 아들로, 김구가 운영한 한인군관학교 교육을 거쳐, 한국국민당과 한국독립당, 그리고 한국광복군에서 활동하였던 대한민국정부 수립 후, 육군사관학교 교장·광복회 회장·독립기념관 관장 등을 역임하였다.

중국 동삼성東三省은 100만 명의 우리 동포가 거주하는 곳이다. 그 중에서
도 지린성[吉林省]과 랴오닝성[遼寧省]에 많이 거주하고 있지만, 장백산長白山을
경계로 하여 동쪽을 북간도北間島라고 부르고, 서쪽을 서간도西間島로 칭한다.

북간도로 우리동포가 이주한 년대는 비교적 최근이지만, 서간도는 경술년
庚戌年 이전에는 300리里에 1호戶, 500리에 1호밖에 없었던 곳이지만, 그 후
급속히 증가하여 금일에는 조선과 같은 정도의 느낌이 들 정도로 우리동포가
많이 거주하는 곳이 되었다.

그리하여 황야는 우리동포의 손으로 개척되었고, 이곳으로 이주한 동포
중에는 본국에서 적에게 쫓겨나와 국권 광복을 위해 노력하는 자가 태반이다.
우리나라를 적에게 빼앗긴 후에, 적의 치하에서는 하루도 살기를 원하지 않
아, 이곳으로 탈출해 와서 복국운동復國運動을 일으키려는 자가 대부분을 차
지한다.

그리하여 기미운동己未運動 이후 이곳을 토대로 하여 각종 운동을 맹렬히
진행하였지만, 장래 우리들의 모든 활동을 벌일 곳도 역시 이 땅이다."[18]

그에게 있어서, 동북지역은 지리적으로 한반도와 인접해 있고, 한인
사회가 형성되어 있을 뿐 아니라, 일제 식민통치를 거부하여 국내를 탈
출해 온 독립운동가들의 집결지로서 '장래 우리들의 모든 활동', 즉 독
립과 해방의 분수령이 될 독립운동의 근거지로 인식되었던 것이다.

항일독립운동 차원의 인식은 국제정치 측면에서 지정학적 조건을 주
목하는 시선으로 발전하였다. 예컨대 "만주는 우리들과 역사적 관계에
서 또는 우리동포의 인구수나, 현재 우리 동포의 일부가 영용한 투쟁을
계속하고 있는 사실이나, 만주와 우리조선은 겨우 두만·압록강을 경계
로 수 천리 인접한 순치脣齒의 지리상의 관계나, 세계 제국주의의 각축
초점, 특히 바로 눈앞에 다가와 있는 제2차 세계대전의 폭발물을 한정없
이 매장하고 있는 장소라는 관계 등으로 미루어 보더라도, 만주는 우리
들의 투쟁장소·활동무대로 수긍이 간다"[19]고 하였다.

---

18) 一記者, 「西間島 초기 이주와 新興學校 시대 회고기」 『韓民』 3호(1936. 5. 25),
　　社會問題資料研究會 편, 1976, 『思想情勢視察報告集』 3, 京都: 東洋文化社,
　　176～177쪽.

국제정치환경의 측면까지 염두에 두며, 강한 연고의식을 드러내고 있음이 감지된다. 동아시아 지배의 전략적 요충지인 동북지역을 차지하기 위한 일본·소련·미국 등 제국주의국가 간의 각축 사실을 인지하고 있었던 것이다.

2. 한인사회 및 독립군 활동에 대한 기대감

1) 임정의 통치범주로서 한인사회

수립 직후 임정은 각종 법률과 규정을 마련하여, 정부로서의 형식요건을 갖추어 나갔다. 그러나 임정의 통치범주 설정이라는 측면에서, 동북지역과 관련되는 내용은 적극적으로 마련되지 않았다.[20]

「대한민국임시의정원법」(1919. 4. 25)에서는, '중령中領' 즉 중국지역 거주 교민을 대표하는 의원으로 3명이 배정되었다.[21] 그런데 이해 말 시행령으로 발표된 '내무부령 제4호' 「임시의정원의원 임시선거 방법」(1919. 12. 23)에서는 중국지역을 서간도와 북간도 두 개 구區로 나누어, 각 3명씩 선출키로 하였다.[22]

수립 직후인 4월 25일의 시점에서는 선거구를 관내지역과 동북지역을 구분하지 않고, '중국영토'라는 포괄적인 표현을 쓰다가, 한성·러

---

19) 學, 「滿洲消息」, 『民族革命』 창간호(1936. 1. 20), 28쪽.
20) 정부로서 통치범주 설정과 관련하여, 임정의 의지를 반영하는 성문적 근거라고 할 수 있는 「임시연통제」(1919. 7. 20)·「임시지방교통사무국장정」(1919. 8. 20)·「임시지방연통제」(1919. 12. 1)·「대한민국육군임시군제」(1919. 12. 18)·「임시군사주비단제」(1919. 12. 18)·「대한민국육군임시군제」(1919. 12. 18) 등에도, 만주지역 독립운동(단체 및 정황)에 대한 구체적인 언급은 없다.
21) 한시준 편, 1999, 『大韓民國臨時政府法令集』, 국가보훈처, 360쪽.
22) 國務院 庶務局, 『大韓民國臨時政府公報』10(대한민국 2년 1월 20일), 독립기념관 한국독립운동사연구소 편, 2004, 『대한민국임시정부공보』(한국독립운동사자료총서 19집), 33쪽. 참고로 러시아지역도 4개 區에서 6인을 뽑기로 하였다.

시아령·상하이 임정이 통합·출범한 직후인 12월에 이르면 중국지역을 대표하는 의원의 수효가 3명에서 6명으로 증가하였으며, 선거구 또한 서·북간도로 세분화되었다. 8개월 사이에 동북지역의 한인사회와 독립 운동진영에 대한 관심과 평가가 진전되었음을 뜻한다.

또 1919년 12월 18일 자로 제정된 「대한민국 육군 임시군구제大韓民 國陸軍臨時軍區制」 제1조에서는, 군구제의 실시 목적이 '독립군 편제'에 있다고 밝히고, 하얼빈이남·지린성[吉林省] 부근·펑티엔성[奉天省] 일원을 '서간도군구', 옌지부[延吉府] 일대를 '북간도군구'로 설정하였다.23)

이 같은 성문적·선언적 조처는 임시의정원 회의에서 구체적으로 논의되었다. 1920년 3월 3일 열린 임시의정원 회의에서 윤기섭은 군사에 관한 건의안을 제안하였는데, "모든 군사기관을 만주에 설치케 하고자 함이니, 군무부 전체를 옮기기는 어려운 점이 있겠는 고로, 4국局과 그외 중요한 기관을 옮기자"24)는 요지였다. 무장투쟁노선에 대한 강조, 재만 독립군에 대한 기대감과 함께, 임정의 통치대상으로서 재만 한인사회에 대한 인식을 엿볼 수 있다.

그런데 수립 직후 임정의 골격을 갖추는 과제를 책임지고 있던 중심 인물들은 동북지역 독립운동세력에 대한 배려나, 이들과의 연대를 적극적으로 추진하지 못한 데 대해 곤혹스러워 하였다.

"내 개인의 의사나 군인 양성과 신흥학교 구제책을 성심으로 진력하려 하는 바이다. 그러나 현금現今 정부의 재정이 지출을 실행치 못하거니와, 경제력이 발전되는 대로 곧 실행하리라"25)라는 안창호安昌浩의 토로가 이 같은 정황을 암시한다.

덧붙여, 1920년 신년 축하회에서 "서북간도의 장사더러 묻노니, 네가

---

23) 『大韓民國臨時政府法令集』, 190쪽.
24) 『의정원문서』, 92쪽.
25) 「안창호일기」 1920년 1월 20일, 朱耀翰 편, 1963, 『安島山全書』, 삼중당, 629쪽.

능히 독력獨力으로 일본을 당하겠느냐. 진실로 네가 일본과 싸우려거든 합하라. 정부의 무력함을 비웃거니와, 합하면 저희 정부는 유력하리라"[26]라고 한 그의 연설 또한 같은 맥락에서 이해될 수 있다.

한편 '북간도지역에서 활동하는' 인물이 보내온 '통신'의 내용을 살펴보면, 임정에 대한 재만 독립운동진영의 신뢰와 함께, 임정의 권위를 짐작할 수 있다.

> 북간도 11개 각 단체들이 서로 양보하기를 원하지 않고, 서로 복종하기를 바라지 않으나, 만구일성萬口一聲으로 부르짖는 바, 우리 단團은 임시정부에는 무조건 복종한다 하오며, 또한 우리 단은 임시정부 명령 아래에는 집중 또는 귀일한다고 합니다.
>
> 이로 미루어 현재 우리의 통일책을 생각컨대, 우리가 네 단, 내 단 할 것 없이, 단의 사업을 다 같이 우리 임시정부에 바칩시다 하는 말보다 유력한 말이 없을지오, 네 의견 내 의견 서로 고집할 것 없이, 2천만의 의견을 총집합하여 우리 임시정부에 드립시다 하는 제의만큼 유력한 의안이 없다 하나이다.
>
> 우리의 금일에는 여하한 어느 단의 명의라도 정부 이상의 신임을 얻기 불가능하지오, 어느 개인끼리 따로 새로 무엇을 한다 할지라도 정부보다 나은 신념을 인민에게 주기는 절대 불가능하올시다.
>
> 그러므로 우리의 미래 광복 계획에 대하여 군사는 어느 지방에서 출동하며, 외교는 어느 나라에 주중注重한다 할지라도, 명의는 반드시 '대한민국임시정부' 8자라야 일이 될지오, 독립이 완성될지오, 민족이 통일되겠사오니, 정부에 당국하신 여러 각하는 임대책중任大責重하심을 더욱 양해하옵소서.[27]

다소 의례적이고 과장된 표현일 수도 있겠지만, 개별단체의 활동과 실적을 임정의 공로로 돌리고, 전민족의 의사통일을 임정에 맡기자는 표현은 가히 '복종의 서약'이라 할 만하다. 그리고 임정의 존재를 군사활동 및 외교활동의 성과를 일궈 낼 수 있는 관건으로 파악하였고, 나아가

---

26) 『獨立新聞』35호(1920. 1. 8) 1면.
27) 大韓民國臨時政府 國務院 庶務局,『大韓民國臨時政府公報』14(대한민국 2년 4월 1일), 앞의 책, 55~56쪽.

한인세력의 통일과 독립을 달성하기 위한 구심점으로 평가하고 있음은 임정의 지도력에 대한 기대를 반증한다.

한편 1920년 12월 1일 '총리 이동휘李東輝' 명의로 발표된 국무원포고 제3호 「간도동포에게」에서는 재만 한인사회와 독립군단체를 임정이 보호하고 다스려야 할 '국민'으로 인식하였다.

> 바람 차고 눈 쌓인 만주의 벌판에 말할 수 없는 고초를 당하시는 동포 제위의 정경을 생각할 때에, 본직 등은 2천만 국민으로 더불어 피눈물이 솟음을 금치 못하오나, 이것도 사랑하는 조국을 위하여 그리함이니, 충용하신 동포제위는 이러한 경우에 처할수록 응당 더욱이 애국의 피를 끓이고 무도한 적국을 향하여 한 번 더 죽기로써 자응을 결단할 새 결심을 발하실 줄 믿나이다.
> …
> 독립혈전獨立血戰에 용장한 선봉이 되신 충의로운 간도間島 100만의 동포여, 2천만의 형제자매와 그네의 임시정부는 일심하여 제위의 뒤를 따르나니, 행여나 일시의 고초에 낙심하심이 있을세라. 옛 조상의 크신 정신을 돌아보고, 앞날 천만대 자손의 자유와 복락福樂을 내다보아 더욱 분발하고 더욱 인내하소서.[28]

국내에 거주하는 '2천만 국민'의 이름으로 '백만 재만 한인'을 임정이 보호해야 할 대상으로 규정하고 있다. 통치대상으로서 '국민'은 정부로서 임정의 존재가치를 뒷받침하는 필수조건이기에 '국민' 즉 재만 한인사회는 최우선적인 관심의 대상이 되었다. 『독립신문』에서 재만 한인사회의 상황을 상세히 보도하고 있음은 이 같은 사실을 뒷받침한다.

아울러 임정은 독립신문사의 지국支局 및 분국分局 설치를 통해 중국 각지의 한인사회 및 독립운동세력과의 연계관계를 구축하려 하였던 것 같다.[29] 이 경우 『독립신문』은 임정이 중국지역에 광범위하게 분포되어

---

28) 『獨立新聞』 1921년 1월 15일.
29) 1920년대 후반의 사실이지만, "南北滿 및 기타 중요지대에 본사 支局·分局 및 特約通信員을 설치코자 하오니, 공인된 독립운동기관 혹은 개인의 有意者는 본

있는 한인사회를 대상으로 지도력을 확보·유지해 나갈 수 있는 관건과
같은 역할을 하였다.

『독립신문』에 실린 동북지방 한인독립운동과 관련한 내용은 대체로,
첫째, 봉오동鳳梧桐·청산리전투青山里戰鬪 등 독립군의 대일전투 상황,[30]
독립군 부대의 국내진공작전 상황,[31] 둘째, 독립운동단체의 결성 과정·
주요인물·의결사항,[32] 셋째, 한인의 이주 경과, 한인사회의 형성, 학교
등 단체 설립, 생활 모습, 부일배의 동향,[33] 넷째, 독립군 및 한인사회에
대한 중국지방정부 및 일제의 탄압정책,[34] '간도참변間島慘變' 등 한인들
의 피해 상황,[35] 다섯째, 주요 사건 및 사실에 대한 분석·평가 및 향후
나아갈 방향[36] 등으로 분류할 수 있다.

이들 기사는 단독제목으로 다뤄지거나, '간도통신間(墾)島通信' '만주통
신滿洲通信' '길림통신吉林通信' '관전통신寬甸通信' '집안통신輯安通信' '홍
경통신興京通信' '장백통신長白通信' '안동통신安東通信' '봉천통신奉天通信'
'하얼빈통신哈爾濱通信' '중동통신中東通信' '남만통신南滿通信' '북만통신北

사로 문의하시오"라는 196호(1927. 11. 3) '廣告'는 이 같은 개연성을 뒷받침한다.
30) '獨立軍 連戰連勝', 86호(1920. 6. 24), 1면 ; '統義府員의 殉國', 167호(1927. 12.
5) 3면 등.
31) '永山 敵駐在所 襲擊 詳報', 162호(1923. 7. 21) 2면 ; '江界 文玉面 戰報', 175호
(1924. 5. 3) 2면 등.
32) '大韓獨立團의 略歷', 101호(1921. 4. 2) 1면 ; '大韓統義府의 第1回 中央議會
經過', 156호(1923. 3. 1) 4면 등.
33) '在外 各地方 狀況'(一)(二), 147호(1922. 11. 30) 1면 및 149호(1922. 12. 23) 3면 ;
'墾島의 敎育熱', 148호(1922. 12. 13) 3면 ; '北間島居留 同胞 蹶起', 156호
(1923. 3. 1) 2면 ; '義勇隊員의 活動', 152호(1923. 1. 17) 2면 등.
34) '敵의 在滿韓人策', 76호(1920. 5. 15) 3면 ; '西間島 玉石河 慘變', 151호(1923.
1. 10) 2면 ; '我中 兩軍의 衝突', 162호(1923. 7. 21) 4면 등.
35) '西北間島 同胞의 慘狀 血報', 87호(1920. 12. 18) 2면 ; '墾北來信', 92호(1921.
1. 27) 3면 등.
36) '봄뫼, 南滿統一會와 및 그 後援隊에 對하야', 130호(1922. 6. 24) 3면 ; '赤星,
統義府의 變貌와 그後 經過를 聞하고', 148호(1922. 12. 13) 2면 등.

滿通信'·'북간도통신北間島通信'·'북육통신北陸通信'·'군정서통신軍政署通信'
등의 발신인 명의로 자세히 보도되었다.

기사 중에서 지명·인명·단체명을 구체적으로 명시하고 있고, 그 내용
이 사실적인 것으로 미루어 보면, 임정이 일정한 정보 수집망을 확보하
고 있었을 개연성도 적지않다.

독자적인 무장투쟁 역량을 갖추지 못한 임정의 입장에서 보면, 재만
한인사회와 독립군의 존재는 '독립운동 총영도기관'으로서 임정의 취약
한 위상을 보완하고, 군사활동을 뒷받침해 주는 대안이 될 수 있었을 것
이다.

다음으로 재만 독립운동세력의 '통일' 문제에 대한 독립신문의 분석
과 비판을 통해, 임정의 우려와 기대감에 접근해 보겠다. 임시대통령 이
승만 탄핵 이후 정의부正義府 독판督辦 이상룡李相龍을 국무령으로 초치하
였던 사실과도 연관이 있는 논설은 정의부의 성립을 축하하면서, 재만
독립운동세력의 분열상을 비판하였다.[37]

이 글에서는 분열의 원인으로 '전습傳習의 파당적 고질'·'신·구사상의
충돌'·'신·구인물의 결렬'·'사당私黨의 암규暗糾'·'상대세력에 대한 견제'
등을 꼽았다. 그리고는 단결과 통일은 "순전이 민중을 본위로 하여, 산
업발전과 지식개발을 장려·실행하고, 확실한 민중의 기초 위에" 설 때,
비로소 가능하리라고 조언하였다.[38]

---

37) "과거 수십 년간에 일개의 원만한 규칙적 통일이 없었고, 4處에 색다른 旗幟를
   병립하여 互相間 地盤 쟁탈로 是事하여 왔고, 有時로 몇 개 단체의 형식적 통일
   이 있었으나, 會合된지 불과 며칠 만에 自毁相殘으로 해산되어 장구한 역사적 통
   일이 없었도다. 그리하여 수십 년이래 滿洲 일원에 우국지사의 비분강개한 눈물
   도 많이 뿌렸으며, 빈약한 민족의 적지 않은 금전도 많이 散盡하였도다. 그러나
   금일까지 완전한 조직체의 통일을 보지 못하고, 인습적 사회의 암담함 속에서 冤
   仰한 동지의 희생자만 적지 않았도다"[白潭, 「祝全滿統一」 『獨立新聞』 181호
   (1925. 2. 21) 1면].
38) 白潭, 「祝全滿統一」 『獨立新聞』 181호(1925. 2. 21) 1면.

또 다른 필자도 "모든 것이 분열적이고, 당파적이고, 한 둘 개인을 중심삼은 운동이었다. 그러므로 진정한 혁명투쟁보다 자기의 지반권리地盤權利를 위한 당파전이 더 심하였고, 일반민중-농민-에게 대해서는 꿈에도 생각지 않았다. 이래서 일반농민은 혁명이란 의식조차 모르고, 그저 피동적·기계적으로 있었으며, 몇몇 개인의 사욕을 채우는 이용품이 되고만" '신산辛酸한 인상'만을 남겨 놓았다[39]고 허탈감을 감추지 않았다.

3부의 성립과 이어지는 갈등과 상쟁의 시기였던 1920년대 중반 재만 독립운동진영의 정황을 꿰뚫고 있다. 지리적으로 멀리 떨어져 있음에도 불구하고, 중국동북지역 한인독립운동진영에 대해 깊은 통찰력과 분석능력을 갖추고 있었던 것이다. 이 같은 사실은 임정의 관심과 애착을 대변하고 있다.

단지 1920년대 중반이래 만주사변에 이르기 까지는 임정의 운영 상황이 취약하였고, 독립신문의 간행도 중단되었기에, 동북지역의 한인사회 및 독립운동진영에 대한 관심을 살필 수 있는 자료가 부족한 점이 아쉽다.

2) 무장투쟁에 대한 신뢰

1930년대 초반 동북지역에 대한 관심을 보여주는 자료로, 난징南京이 활동근거지였던 한국혁명당韓國革命黨의 기관지에서는 만주사변 후 이청천李青天이 이끄는 한국독립군과 리두[李杜]·딩차오[丁超]·펑잔하이[馮占海]·왕즈웨이[王之維]·카오펑린[考鳳林]·우이청[吳義成]·야오전산[姚振山] 등 중국인 반만항일反滿抗日 부대의 한·중 연대활동 사실[40]을 다루었다. 또 같은 시기 임정 여당 노릇을 하던 한국독립당韓國獨立黨의 선전잡지는

---

39) 道玄生,「滿洲事情」『獨立新聞』194호(1926. 10. 13) 7~8면.
40)「韓國獨立軍與中國義勇軍聯合抗日記實(東北通信)」『革命公論』창간호, 南京: 革命公論社, 1933. 7. 1.

동삼성 방면에서 한국독립당('한인독립운동세력 일반'을 가리킴, 필자)이
적극적으로 활동하고, 조직을 엄밀하게 하고 있다고 한다.
　　한국독립운동 투사 김동삼金東三·현익철玄益哲 양씨가 적에게 체포되어,
경성지방법원에서 열린 공판에서, 적敵 검사는 김동삼에게 무기, 현익철에게
7년을 논고하였다고 한다.
　　장춘長春에 있는 한국00당 특무대원의 활동이 갈수록 맹렬한데, 이창림李
昌林·박춘산朴春山 두 사람이 체포당한 사실이나, 폭탄 50개를 압수당한 사실
로도 그 정황을 알 수 있다. 최근에는 장춘역에서 어떤 이가 적 만주국滿洲國
대사인 무토[武藤]에게 폭탄을 던져, 환영 나온 괴뢰 만주국 총리 정샤오쉬[鄭
孝胥]가 중상을 입었다고 한다.[41]

라고, 만주사변 직후 동북지역 한인독립운동의 정황을 전하고 있다. 이
들에 대한 기대감은 독립군들이 난징으로 이동해 왔을 때 보다 극적으로
표현되었다. 재만 조선혁명당에서 파견한 김학규金學奎가 난징에 도착하
였을 때, '각 단체 대표'들이 그를 위해 환영회를 열었다.

　　김학규는 자신이 환대받은 배경으로 "만주의 실력단체인 동시에, 직
접 왜적과 총검을 들고 피를 흘리며 투쟁하고 있는 조선혁명당 및 조선
혁명군의 대표"라는 점과, '조선혁명당 대표'가 참여함으로써 한국대일
전선통일동맹韓國對日戰線統一同盟 결성의 가능성이 높아진 점 등을 꼽고
있다.

　　더불어 "만주동지들의 고투에 대하여 경의를 표할 뿐 만 아니라, 감격
의 눈물을 흘리지 않을 수 없었"다는 표현[42]에서는 난징지역 독립운동
진영의 기대와 동경을 짐작할 수 있다.

　　임정의 기대감이 적극적으로 표출되는 계기는 1937년 7월 7일 발발
한 중일전쟁中日戰爭이었다. 임정에서는 군사위원회軍事委員會를 설치하고
군사특파단軍事特派團을 조직하는 등 군사활동 준비를 본격화한 다음, 10

---

41) 「重要消息」『韓聲』3호(1933. 11), 韓國獨立黨廣州支部, 31쪽, 『미주국민회자료
　　집』 21 재수록.
42) 金學奎, 1988, 「白波自敍傳」『한국독립운동사연구』 2, 591~592쪽.

월 25일 '국무위원' 명의로 「포고문」[43]을 발표하여 전시체제로의 돌입을 천명하는 한편, 국내외 전민족의 대일전 참여를 촉구하였다.

중일전쟁을 '중국의 생사존망을 결정할 싸움'으로 규정하고, "이 싸움은 반드시 짧은 시일에 끝을 맺지 못할 것이 더욱 환하며, 이 정형이 뻗어 나아가는 동안, 단순한 중·일 두 나라의 싸움이 아니오, 자연 여러 나라가 달라붙어 제2차 세계대전이 참으로 어우러질 것이다"라고 함으로써, 중일전쟁이 제2차 세계대전으로 확대될 것임을 예측하였다.

따라서 무장투쟁 역량을 갖추는 일이 급선무임을 지적한 다음, 정식 군대를 편성키로 하였다. 그리하여 '속성과'를 설치하여 수백 명의 초급 장교를 훈련시키는 한편, '비밀한 공작'을 추진키로 하였다. 무장투쟁과 의열투쟁을 염두에 두고 있는 것이다.

이어지는 "우리의 싸움터는 만주이다. 그곳에 있는 것을 수습하며 새것을 모으는 등, 이런 일도 적은 일이 아니다. 여기에 소요되는 비용도 상당히 많다"는 대목은 한인사회 및 독립군세력의 대오를 정비하고 무기를 확보하는 등, 무장투쟁을 위한 세부적인 검토와 논의가 진행되었음을 시사한다. 또한 항일독립운동을 시기별·단계별로 구분하여 살핀 글에서는

　　　기미년 3월 1일부터 … 정축년丁丑年(1937년) 7월 7일 노구교사건蘆溝橋事件까지 무릇 19년간을 우리 '독립전쟁의 제4기'라 하겠다. 그 때에는 국내근거지를 벌써 방기放棄하고, 동삼성을 군사근거지로 하여 두만강·압록강 연안에서 광범한 유격전을 부단히 개시하였다.[44]

라고 하여, 3·1운동 이래 중일전쟁 발발 시기까지를 '독립전쟁의 제4기'로 규정하고, 동북지역에서 전개된 무장투쟁을 독립운동사의 주류로 설

---

43) 『新韓民報』 1937년 12월 2일.
44) 「宣佈文」(대한민국 21년 12월 21일), 임시정부 비서국 발행, 『대한민국임시정부
　　공보』 65호(대한민국 22년 2월 1일), 앞의 책, 181쪽.

정하고 있다.

한편 임정은 동북지역 한인사회를 인적기반으로 삼고, 여기에 미주지
역 한인사회의 재정적 지원을 결합함으로써, 무장투쟁이 원활하게 가동
될 수 있으리라고 믿었다. '임시정부 국무위원' 연명으로 발표된

> 우리의 운동이 과거 35년 이래로부터 부단히 노력한 결과, 국내 전체민중
> 으로 하여금 독립의 역사적 사명과 혁명 최고조기의 긍지를 실현하기에 적당
> 한 모든 요소를 구비하게 되었다. … 두 가지 인소因素 중 하나는 동삼성 재
> 류 혁명민중들의 20년 혈전이 그것이며, 또 하나는 미주美洲 각지의 동포들의
> 20여 년간 끊임없는 경제적 피와 땀의 희생적 후원이 그것이다. 피 흘린 전쟁
> 과 땀 묻은 돈의 합작이 있었기 때문에 과거의 성적을 만들어 냈다.[45]

는 평가가 그러한데, '동삼성 재류 혁명민중의' '피 흘린 전쟁'과 미주
각지 동포들의' '땀 묻은 돈'이 독립운동을 통해 거둔 성과의 밑거름이
되었다는 설명이다.

무장투쟁 역량의 바탕으로써 동북지역에 대한 관심과 가치 평가는 광
복군에 이르러서도 재확인되었다. 「한국광복군 편련계획 대강韓國光復軍
編練計劃大綱」에서는 광복군의 충원을 위해서는 첫째, 동북방면으로부터
관내지역으로 들어와, 화북 각지에 분포되어 있는 한국독립군의 옛 군대
중에서 초모한다. 둘째, 한국 국내와 동북지방 각지에 있는 장정들에게
비밀히 군령을 내려, 그들로 하여금 응모하도록 한다는 '광복군 모집방
안'을 마련하였다.[46]

충칭重慶이라는 중국서부 변방지역에 있던 임정으로서는 광복군의 인
적 수요를 충당하는 방안으로 동북·화북지역의 한인을 주목하지 않을
수 없었다. 특히 1920·30년대 재만 독립군 활동에 참여한 바 있는 한인

---

45) 「宣佈文」(대한민국 21년 12월 21일), 위의 책, 183쪽.
46) 中央硏究院 近代史硏究所 편, 1988, 『國民政府與韓國獨立運動史料』, 臺北, 236~
    237쪽.

들은 광복군의 대일투쟁 역량을 강화시켜줄 존재였다.[47)

임정의 핵심인물인 차리석車利錫의 인식 또한 같은 맥락에서 접근하고 있다. 그는 광복군 창건의 역사적 연원을 설명하는 글에서, 청산리전투 승전의 주역인 서로군정서西路軍政署와 북로군정서北路軍政署가 "임시정부와는 밀접한 관계였다"고 밝히고, "임시정부가 각지에 흩어져 있는 우리 무장대오를 수습·정리하고, 이울러 새로 병력을 모집하여 국군을 건립"하기에 이르렀다고 하였다.[48) 재만 독립군을 광복군의 뿌리로 상정하고 있음이 확인된다.

관내지역 독립운동진영의 동북지역 무장투쟁에 대한 지향은 1930년 대 후반기 민족혁명당 내부에서 제기된 이른바 '동북노선東北路線'으로도 재차 확인되었다. 1938년 5월 19일부터 3일 간 장시성[江西省] 장링[江陵] 에서는 민족혁명당 제3차 임시전당대표대회가 개최될 예정이었다.

5월 17일 장링에 있는 특별훈련반特別訓練班을 찾은 김원봉은 졸업일 이 5월 24일로 결정되었음을 통보하면서, 곧 개최될 제3차 임시전당대 표대회에서 '졸업 후 활동방침' '당의 통일문제'에 대한 졸업생들의 의 견을 개진토록 지시하였다. 졸업생들은 전체토의를 거쳐 '만주로의 진출 및 동북항일의용군東北抗日義勇軍과의 연합'과 '점진적인 당의 단결 강화' 를 다수 의견으로 채택한 다음, 대표 10명을 선출하였다.[49)

---

47) 이와 같이 동북지역 무장투쟁 역량에 대한 기대감은 "만주에 있는 독립군대를 우리가 통수하여야겠는데, 그보다도 도리어 그들이 우리 이곳 사람을 민족의 죄인으로 볼 것입니다"(『의정원문서』, 360쪽)라는 1943년 11월 15일 오후. 임시의정원 회의에서 姜弘周 의원의 탄식조 발언에서도 짐작된다.

48) 車利錫, 1999,「韓國臨時政府二十四年間奮鬪史要」『韓國獨立運動史料: 楊宇朝 篇』, 국가보훈처, 433~434쪽.

49) "그날 밤 회의에서 金學武는 전원 북상해서 解放區로 들어갈 것을 강력히 주장하 였다. "이런 가짜 항일전선에서 계속 머물러서 우리의 아까운 청춘을 허송한다는 것은 수치스러운 일입니다!"하고 김학무는 동지들에게 호소하듯 한 손을 앞으로 내밀고 엄숙한 얼굴들을 둘러보며 격앙해서 부르짖는 것이었다. … 그래 이것도 항전입니까? 그래 이것도 혁명입니까? 우리는 팔짱을 끼고 앉아서 적이 제풀로

회의에서는 첫째, 전체 항일운동세력과의 연대를 강화하기 위해 민족혁명당의 투쟁역량을 '동북만주'로 발전시키며, 무장투쟁 노선을 채택할 것. 둘째, 중국국민당정부(이하 '중국정부') 관할 항일전선에의 분산 배치에 반대하고, 중국정부 소속이 아닌 민족혁명당 당군黨軍으로서의 독자적인 위상을 확보할 것 등을 의결하였다.[50]

물론 여기에는 최창익崔昌益으로 대표되는 당내 좌파세력의 당권 도전이라는 측면도 개제되어 있지만, 본질은 - 나중에 조선의용대 대원이 되는 - 젊은 졸업생들이 중국군을 도와 선전·심리전이나 일본군 포로 심문 등에 종사하는 소극적인 활동이 아니라, 일본군과 적극적인 무장투쟁을 벌이자고 주장하였다는 사실이다.

'동북노선'을 둘러싼 갈등은 결국 당내 좌파세력의 이탈로 이어졌고,[51] 이는 민족혁명당 내의 권력구도 변화 뿐 아니라, 일제말기 중국관내지역 한인독립운동 전체구도와도 연관이 있을 만큼, 파장이 컸다.

3) 재만 독립군과의 연대의식

무장투쟁 역량에 대한 기대감은 독립군에 대한 신뢰로 이어졌고, 다시 이들과의 연대의식으로 발전하였다. 민족혁명당이 특히 적극적이었다. 의열투쟁이라는 실천적 투쟁양식을 견지해 온 의열단과, 경박호전투鏡泊湖戰鬪·대전자령전투大甸子嶺戰鬪 및 동북항일의용군과의 한·중 연합

거꾸러지기를 기다릴 수는 없습니다. 우리는 우리의 손으로 적들을 쓸어내뜨려야 합니다. 동지들, 나는 내일 당장 大洪山에다 사람을 보내서 요청할 것을 주장합니다"(이정식·한홍구 엮음, 1986, 『항전별곡』, 거름, 149쪽)라는 金學鐵 선생의 회고는 동북지역으로의 진출을 염원하였던 졸업생들의 분위기를 전해준다.

50) 高等法院 檢事局 思想部 편, 1940.3, 『思想彙報』22, 159~161쪽.

51) 결국 민족혁명당을 탈당한 당내 좌파세력은 朝鮮靑年戰時服務團→朝鮮靑年前衛同盟을 결성하여 좌파세력으로서의 정치적 성향을 분명히 한 다음, 1941년 상반기 黃河를 건너 화북지역의 중국공산당 항일근거지로 들어가, 朝鮮義勇隊華北支隊→朝鮮義勇軍으로 개편된다.

전투 경험을 가진 한국독립군을 주축으로, 무장투쟁 노선을 지향하였던 재만 조선혁명당의 일부인물이 연합하여 출범한 민족혁명당이었기에, 이들의 동북지역 한인사회와 독립군에 대한 관심은 각별하였다.

1935년 8월 1일 열린 중앙상무위원회 제3차 회의에서는, ××××(중국난징, 필자)은 '책원지策源地'로, ××(만주, 필자)는 '활동지活動地'로, 국내는 '최후결전지最後決戰地'로 하여 적절히 진행한다. 동북지역에 있는 무장대오를 '민족혁명군民族革命軍'으로 개편하여, 이를 강화·확대한다[52]는 등의 군사활동 방침을 마련하였다.

제2차 세계대전의 발발을 전망하면서, 국제 반파시즘·반일전선에 참여하기 위한 무장대오를 조직하고, 중국정부의 수도인 난징[南京]을 중앙거점으로 하며, 동북지역을 주된 활동무대로 삼아, 국내로 진입하여 최종승부를 겨룬다는 요지였다.

이를 위해 재만 조선혁명군朝鮮革命軍을 당군인 '민족혁명군'으로 편입함으로써, 동북지역의 무장투쟁세력과 관내지역의 민족혁명당이 연합전선을 결성하여, 이를 구심점으로 국외독립운동세력을 결집하고, 항일투쟁의 역량을 극대화한다는 것이다.

"화북·만주지역을 활동무대로 하여 반만·반일군과 연계 혹은 합동하여, 반만항일의 무장적 군사활동을 하는 일면, 각지에서 조선청년의 군사훈련에 임할"[53] 것이라는 군사부장 이청천의 언급 역시 동북지역 반일세력과의 연대를 통해, 이들의 무장투쟁 역량을 수용하겠다는 의지를 내비치고 있다.[54]

민족혁명당의 관심은 기관지 및 선전지 등을 통해서도 표현되었다. 『민족혁명당 당보』 1호에 실린 '동북 항일 반만운동 동정'을 살펴보면,

---

52) 『民族革命黨黨報』 1호(1935. 10. 1), 『思想情勢視察報告集』 2, 144쪽.
53) 內務省警報局 편, 1936, 『社會運動の狀況』 8, 東京: 三一書房(1972), 1571쪽.
54) 강만길, 1991, 『조선민족혁명당과 통일전선』, 화평사, 97~103쪽 참조.

　　1931년 9월 18일 일본제국주의의 돌연한 만주침략으로 시작된 동북민중
의 항일 반만주국 운동의 정세는 세월의 흐름과 함께 그 운동이 맹렬함을 더
하고 있다. 적이 상심하여 미친 듯이 날뛰지만, 그들은 초지일관 매진하고 있
다. 이 운동에는 수백 수천의 우리 조선혁명세력도 가담하고 있다. 매일 평균
3회 이상조선총독부 경무국 발표 발생하는 반일·만 전적을 일일이 기록하기
는 곤란하기 때문에, 여기에서는 9월 상·중순경의 대략만을 표로 만들어서,
그 위대한 투쟁의 전면을 살펴보려고 한다

고 한 다음, 주요 현縣 단위로 반만항일군反滿抗日軍의 부대명과 병력·일
본군의 상황 등을 '항일 반만군의 전투 상황표'로 작성하였다.55) 동북지
역 독립운동의 동향에 대한 일상적인 관심과 정세 파악을 위한 소통 채
널이 없다면 불가능한 일일 것이다.

　　"최근 만주로부터 온 동지의 얘기에 의하면"이라는 전제 하에, "조선
의 혁명동지여! 나아가자, 우리의 활동지역인 만주로! 조직하자, 그 곳의
100만 군중을! 그래서 강도일본의 군사적 심장을 부숴버리자"라고 끝맺
는 글에서는

　　지금 조선독립군이 부대를 편성하여 다수 활약하고 있는 지역은 동만[東
滿] 각지, 즉 미산[密山]·후린[虎林]·화디엔[樺甸]·판스[磐石]·어무[額穆]·둔화[敦
化]·안투[安圖]·푸쑹[撫松]·몽장[濛江]·진추안[金川]·훼이난[輝南]·하이룽[海龍]·
류허[柳河]·칭위앤[淸源] 등의 지방과, '민족혁명당 第1집단군(전 朝鮮革命軍)'의
역사적 근거지인 랴오닝성[遼寧省] 동변도東邊道 각 현 등지이다. 이들 각지의
독립군은 모두 병영兵營을 갖고, 서로 연락과 지원을 긴밀히 하고 있다.
　　과거에는 다소 이론과 정책에 차이가 있었지만, 그들은 최근에 이르러서
는 같은 원수와 싸우면서 완전히 같은 길을 걷게 되었다. 그들은 중국항일군
과도 서로 밀접한 연결을 유지하며 공방전을 함께 하고 있다. 중국민중도 자
신의 항일군을 대하듯이 조선독립군을 깊이 이해하고 동정하고 있다56)

─────────

55) 『思想情勢視察報告集』 2, 139~140쪽. 『民族革命黨黨報』에서는 '東北抗日反滿
　　運動情勢' '反日滿軍의 活動' '反日滿運動' '反日滿軍의 鬪爭狀況\' '在滿抗日
　　義勇軍의 鬪爭狀況' '滿洲抗日軍活動' '滿洲消息' 등의 제목으로, 동북지역의
　　反滿抗日鬪爭 상황을 전하고 있다.

고 전하였다. 1935년 제7차 코민테른대회에서 이른바 '반파시즘 국제연
대' 노선이 채택되고, 이를 토대로 동북지역의 반만항일운동도 동북항일
연군東北抗日聯軍을 주축으로 재편성되던 시점에서, 동북지역 각지를 무
대로 활동 중인 한인 무장세력들의 연고지 및 활동범위를 구체적으로 파
악하고 있음이 눈길을 끈다.

민족혁명당이 반파시즘 국제통일전선 노선에 적극 공감하고, 같은 맥
락에서 한인세력의 통일전선운동을 주도하였던 사실로 미루어 볼 경우,
동북지역 항일투쟁역량에 대한 점검 의도와 목적을 짐작할 수 있다.

이외에도 1930년대 중반 민족혁명당에서 파악하고 있던 정보 중에서,
동북지역의 한인독립운동과 연관이 있는 주요 내용으로는 다음의 것들
이 눈길을 끈다.

> 일본이 만주를 점령한 후, 만주의 반일운동은 수적으로는 감소하고 있다
> 고 하지만, 질적인 면에서는 커다란 증진을 보이고 있다. 취산무정聚散無定이
> 었던 활동양식과 오합지졸과 같았던 조직은 점차 체계 있는 조직과 계획 있
> 는 전투방법을 사용하고 있다. …
> 이들 만주의 반일운동세력 중에는 우리민족의 혁명세력이 대량으로 섞여
> 있음을 기억하는 동시에, 반일군 중에는 아직 재만한교在滿韓僑를 적으로 여
> 기는 불상사도 적지않은 사실을 등한시할 수 없다.
> 이는 같은 상대를 가진 한·중 양측의 반일부대가 아직 보편적인 연락관계
> 를 완성하지 못하였기 때문이다. 우리의 재만운동在滿運動의 금후과제는 양측
> 의 반일세력이 유기적인 연락관계를 긴밀하게 하는 일이다.57)

한인과 중국인의 민족적·문화적 차이, 특히 일제주구日帝走狗 노릇을
하는 일부 한인들로 인한 악감정, 한·중 반일세력 간의 연락망 구축 등
이 장차 한·중 연합 공동항일을 위해 극복해야 할 과제로 지적되었다.

---

56) 洲人, 「일본제국주의 심장의 폭탄」 『우리들의 길』 3·4기 合刊('國恥紀念號',
  1936. 8. 29), 『思想情勢視察報告集』 3, 285~289쪽.
57) 『民族革命黨黨報』 2호(1935. 10. 18), 『思想情勢視察報告集』 2, 157쪽.

또 다른 글에서는 한·중 연합 공동항일의 전과를 소개하였다.

> 이 달의 재만 한·중 항일군사투쟁은 11일 새벽 환런현桓仁縣 화원花園지방
> 에서 우리당의 동지 김활석金活石이 이끄는 우리당의 당군黨軍과 중국의군中
> 國義軍으로 구성된 연합부대가 적의 이와나가岩永·미야오宮尾·누쿠시나溫品
> 등의 연합부대와 16시간에 걸쳐 대격전을 벌인 것을 필두로 하여, 둘째날 유
> 수하柳水河에서 인민혁명군과 동만 일본경찰대원의 접전, 같은 달 압록강 건
> 너 린런현臨仁縣에서 항일군 1대와 적의 삼림경찰대 40명의 교전, 같은 날 샤
> 옌현岬巖縣 제4구 도두하道頭河 부근에서 항일군과 괴뢰 만주국 경찰대의 교
> 전 등이 알려지고 있다.[58]

한·중 연합항일 사실을 구체적으로 전하고 있다. 그런데 위의 글에서
말하는 "우리당의 동지 김활석이 이끄는 우리당의 당군"이라 함은 조선
혁명군과 총사령인 김활석을 가리킨다. 민족혁명당 창당 시, 조선혁명군
은 '당군'으로 편제되었고, 총사령인 김활석은 민족혁명당의 중앙집행위
원으로 선임되었다. 김활석은 재만 조선혁명당의 계승을 표방한 민족혁
명당의 군사지휘관 자격으로 활동하고 있는 셈이다.[59] 더불어 한 민족
혁명당원의 조선혁명군에 대한 설명도 보탬이 된다. 먼저 "소위 '9·18'
만주사변이 일어나서 오늘에 이르기까지 풍기운용風起雲湧의 형세로써
각지에서 봉기하고 있는 중국항일군과 합작·연결하여, 북으로 남으로
놀랄만한 전적을 나타내고 있는 것은 … 내외 신문잡지에 끊임없이 기
재된 사실만 하더라도 추세를 살피기에 충분하다"고 한 다음, 만주사변
후 이 지역에서 전개된 한인독립운동의 정황을 정리하였다.

이어서 "만주에 있는 책임 있는 모某 동지가 보내온 통신에 기초하였
다"[60]는 전제 하에, "조선혁명군은 이미 지난 7월 민족혁명당 창립 때

---

58) 『民族革命黨黨報』 5호(1935. 12. 25), 『思想情勢視察報告集』 2, 340쪽.
59) 장세윤, 2005, 『중국동북지역 민족운동과 한국현대사』, 명지사, 244~245쪽.
60) 學, 「滿洲消息」 『民族革命』 창간호(1936. 1. 20), 27쪽.

참가하여 하나가 된 조선혁명당의 영도 하에 있는 일부 군사기관이다. 즉 현재는 본 민족혁명당의 일부 군사기관"[61]이라고 하며, 조선혁명군과의 일체감을 확인하고 있다.

또 1936년 4월 15일자로 발간된 『민족혁명民族革命』 2호는 조선혁명군 지도부인 양하산梁荷山(전 총사령)·양세봉梁世奉(총사령)·장명도張明道(第2路 司令)·안송安松(제1로사령부 참모)·전응두田應斗(제1로사령부 副官長)·김광욱金光旭(제1로사령부 副官長)·정봉길鄭鳳吉(동 제3중대 第1대장)·전응옥全應玉(동 제4중대 부관)·엽경산葉景山(총사령 연락위원) 등 30여 명의 사망 사실과, 김득해金得海(제3로사령부 참모장)의 체포 소식을 전하며, 이들의 약력을 실었다.[62]

또 조선혁명군의 활동이 "험악한 난국에서도 일반동지들의 필사적인 노력과 백절불굴의 항쟁의 대가로서 長足의 진전과 상상외의 성과를 얻"었고, "재래의 양적 표면운동에서 현하 질적 이면운동에로, 또 산만하고 무계획한 운동에서 과학적이고 조직적인 운동에로 활발한 보무步武를 가지고 있다"고 평가하는 글은

> 만주와 같이 ×국이 어설프고, 강적의 창림탄우槍林彈雨 속에서 백척간두百尺竿頭의 최후의 일전을 시도하고 있는 것인 만큼 거의 무처무적無處無敵이오, 무일부전無日不戰임이 사실이니, 그와 같이 장기적인 지구전을 계속하는 데 어찌 다소의 희생이 없기를 바랄 수 있느냐?[63]

고 함으로써, 자기희생을 담보로 하는 무장투쟁의 가치를 적극적으로 해석하였다. 이처럼 민족혁명당은 동북지역 독립운동의 정황을 꾸준히 보도하였고, '민족혁명당의 당군'으로서 조선혁명군과의 관계를 강조하였다. 동북지역에 대한 일제의 지배체제가 확고해지고, 중국정부마저 통치

---

61) 위와 같음.
62) 「最近 滿洲에서 戰死殉義된 同志들의 略歷」, 『民族革命』 제2호(1936. 4. 15)(『미주국민회자료집』 21, 660〜679쪽에 재수록), 35쪽.
63) 위와 같음.

권을 포기한 상황에서, 조선혁명군과의 연대의식을 버리지 않고 있는 것이다.

이와 함께 1939년 10월 15일 스추안성[四川省] 치장[綦江]에서 개회한 임시의정원 회의에서 차리석 정부위원의 '정무보고'에서는 "작년(1938) 창사長沙에 있을 때, 군사책임자가 친히 동북지역에 가서 그곳의 실정도 고찰하고 군사시설에 대한 계획도 실시하여 보려 하였으나, 이 역시 여러 가지 관계로 인하여 실행치 못 하였"[64]다고 하였다. 이는 임정이 군사활동의 책임자를 파견하여, 동북지역 독립운동세력과의 연대를 도모하려 하였음을 일러준다.

그런데 관내지역 독립운동세력이 동북지역 독립운동에 관심과 기대감을 가졌고, 나아가 연대의식을 확인하고자 하였던 논리의 이면에는 독자적인 무장투쟁 역량을 확충하고 있지 못한 지정학적인 제약을 극복하기 위한 자구적 노력의 의미도 함축되어 있었다고 하겠다. 아울러 이는 일제 침략세력을 물리치고 광복과 해방에 도달할 수 있는 효율적인 독립운동방략으로써 무장투쟁의 가치가 중시되었음을 뒷받침한다.

3. 중국동북지역을 대상으로 한 군사·특무활동

1) 김구의 항일특무활동

김구의 동북지역 독립군에 대한 기대와 신뢰는 재만 한국독립군의 교관 및 대원들을 관내지역으로 이동시켜, 한인특별반韓人特別班의 교관 및 입교생으로 초빙코자 한 사실로도 읽혀진다.

윤봉길의거 이후 중국정부의 지원으로 중국육군군관학교 낙양분교洛

---

64) 「임시의정원회의 제31회」(1939. 10~12), 국사편찬위원회 편, 2005, 『대한민국임시정부자료집』2(임시의정원 I), 305쪽.

陽分校 내에 한인특별반이 설치되었다.[65] 1932년 하반기부터 김구는 3·
4차례 밀사를 파견하여, 이청천 및 한국독립군과의 연계를 시도하였
고,[66] 그 결과 만주사변 이래 무장활동이 난관에 처해 있던 한국독립군
총사령 이청천과 간부들을 한인특별반의 교관으로 초빙하고, 대원들을
입교생으로 수용하였다.[67]

　　1934년 2월부터 시작된 교육훈련을 거쳐, 1935년 4월 9일 수료한 졸
업생들에게는 만주지역에 파견되어 반만 항일운동단체와 연락하여 일본
군과 만주국의 군사시설 및 침략기관을 정찰한다는 등[68]의 임무가 주어
졌다.

　　졸업생들에게 일제 관동군 및 만주국 군대와의 투쟁이 부과된 사실은
한인특별반 운영을 주도한 김구·이청천 등의 항일투쟁 전략의 일면을
보여주는 예이다. 1933년 2월 '화북사변華北事變' 이래 일제의 침략이 동
북지역에서 화북지역으로 남하하고 있던 시점에서, 이들의 동북지역 침
투전략에는 일제의 관내지역 침략의 배후지라 할 동북지역 공략을 통해,
일제의 남하속도를 제어하고자 하는 전술적인 계산도 감안되었을 터이
다. 한인특별반의 설치와 운영이 중국정부의 지원 하에 가능하였던 사실
로도 이 같은 추론은 개연성이 크다.

　　김구의 동북지역을 지향한 항일투쟁 전략은 한인특별반에 입교시킬

65) 이에 대해서는 한상도, 1994, 「김구의 한인군관학교 운영과 그 입교생」『한국독
　　립운동과 중국군관학교』, 문학과지성사 참조.
66) 池憲模, 1949,『靑天將軍의 革命鬪爭史』, 삼성출판사, 157쪽. 해외 한인신문 보
　　도에 의하면, 1932년 9월 김구는 재만 한국독립당 및 한국독립군과의 접촉 사명
　　을 띤 7개 組를 만주에 파견하여, 이청천 측과의 연합을 시도하였다(『新韓民報』
　　1932년 9월 22일).
67) 이에 대해서는 한상도, 2000, 「재만 한국독립당과 한국독립군의 관내지역 이동」
　　『한국독립운동과 국제환경』, 한울 참조.
68) 「吉林ヲ中心トスル南京軍官學校生徒募集事件取調槪要」(1935. 6. 6), 機密 第
　　695號, 한상도, 『한국독립운동과 중국군관학교』, 320쪽 참조.

목적으로 모집한 청년들의 출신지역을 통해서도 확인된다. 1935년 10월 경, 김구의 청년대원 수용소인 학생훈련소學生訓練所에 수용 중인 28명 가운데에서 12명이 동북지역 출신이었다. 절반에 가까운 인원이 동북지역에 연고가 있었다.[69]

이로 미루어 보면, 김구가 동북지역에 모집원을 파견하였으며, 주요 지역에는 상시적으로 소통되는 고정연락망이 가동되었으리라는 추정이 가능해진다. 그 개연성은 만주 은진중학恩眞中學 출신인 왕위지王偉志[본명: 宋夢奎] 및 나철羅哲[본명: 羅士行]의 입소경위로도 뒷받침된다.

왕위지는 북간도 명동촌明東村 출신으로, 은진중학 3학년에 재학 중이던 1935년 4월 관내지역으로 갔다. '민족시인' 윤동주尹東柱의 고종사촌인 송몽규가 관내지역에 온 목적은 한인특별반에 입교하기 위해서였다. 그리고 그의 결심에는 당시 은진중학 교사였던 명희조明熙朝의 역할이 컸던 것으로 파악된다.[70]

김구가 가동한 입교생 모집조직망의 존재는 나철의 입소경위에 의해 한층 확연해진다. 그는 송몽규의 은진중학 2년 선배이기도 하다. 그 역시 은진중학 교사인 명희조의 감화를 받고, 1935년 4월 북간도를 출발하였다. 여행 목적을 '중국사범학교 입학'으로 위장한 그는 텐진[天津]에서 이웅李雄이란 인물과 접선하여 난징에 가서 현철진玄哲晉이란 인물과 만날 것을 지시받았다. 지난[濟南]·쉬저우[徐州]를 경유하여 난징에 도착한 그는 현철진을 통해 학생훈련소에 수용되었다.[71]

그런데 왕위지와 나철이 동북지역을 출발하여 난징의 김구진영에 도착하기 까지 경과를 보면, 김구는 명희조로 대표되는 재만 한인사회 내에 조직망을 확보하고 있었으며, 동북지역에서 난징에 이르기까지의 중

---

69) 『思想情勢視察報告集』 2, 387~390쪽.
70) 송우혜, 1989, 『윤동주평전』, 열음사, 123~128쪽.
71) 위의 책, 128~130쪽 참조.

간요충지역에 연락망 내지는 거점을 가동하고 있었음이 암시된다.

1930년대 중반 일제의 중국 화북지역 점령 및 만주국에 대한 장악력 강화 등으로 인해, 동북지역을 지향하였던 김구의 구상은 실현되지 못하였다. 하지만 임정 운영의 중추적 인물이었던 그가 동북지역 한인사회가 갖고 있는 무장투쟁에 필요한 인적기반의 잠재력을 중시하였음은 주목되어야 할 것이다.

김구의 동북지역에 대한 애착은 일제 패망 후 이 지역에 광복군을 재건하려 한 시도로 또 한번 모습을 드러냈다. 1947년 하반기에서 이듬해 2월까지 남한만의 단독정부 수립이 기정사실화되어 가던 미군정기 상황에서, 김구는 동북지역에 남아 있는 임정기관 및 인물들과 연계하여, '장변지구 민주자위군長邊地區民主自衛軍'이라는 명칭의 광복군 재건 방안을 적극화하였다.

'동아시아 반공군'을 지향한 이 계획은 1948년 2월 "미국의 군사지원 하에 만주에서 중국정부와 합작하여 공산당세력을 격멸하기를 희망한다"는 김구의 발언과 함께 소멸되었다.[72]

이미 미·소 대립의 냉전체제가 고착화되었고, 중국대륙에서 중국공산당의 승리가 현실로 나타나던 상황에서, 김구의 발언은 관련국가들로부터 견제와 냉소를 받았을 것이다. 하지만 이는 독립운동시기 김구를 비롯한 임정세력이 동북지역의 전략적 가치를 적극 평가하였던 사실의 연장선상에서 이해될만한 것이었다.

2) 의열단과 조선민족혁명당의 거점 확보 시도

1931년 10월 의열단義烈團은 제5차 임시대표대회를 소집하여, 국내외 정세를 검토하고, 1932년 7월 19일에는 중국정부 삼민주의역행사三民主

---

72) 이에 대해서는 정병준, 2008, 「해방 후 백범김구의 건군 구상과 광복군의 활동」
『백범과 민족운동 연구』 6, 162~164쪽 참조.

義力行社 산하 민족운동위원회民族運動委員會에 「중·한 합작에 관한 건의
안」[73]을 제출하여, 일제의 대륙침략의 정치적·경제적 배경과 목적 및
국제정세를 분석하고, 일제의 동북지역 및 몽고지역 침략에 대처하기 위
해서는 한·중 연대의 반만 항일투쟁이 필요하다고 건의하였다.

그 요지는 첫째, 중국이 '완전히 독립'하고 한국이 일본의 굴레로부터
벗어나기 위해서는 일본제국주의를 타도하지 않으면 안 된다. 공동운명
의 견지에서도, 양 민족의 공동 대일전선 결성이 필요하다. 둘째, 한반도
가 일본의 식민지인 상태에서, 중국은 결코 만주와 몽고를 되찾을 수 없
다. 즉 '한국독립'과 '만몽회복滿蒙回復'은 불가분의 상대적인 문제이다.
따라서 지리적 견지에서도 양국의 대일 공동전선 결성이 필요하다.

셋째, 일본제국주의의 전복은 역사적 필연이며, '평민적 신일본'의 탄
생과 맞물려 있다. 이는 중국의 완전한 독립과 한국이 일본의 지배로부
터 벗어나는 것과 함께, 동양의 영구평화를 이루기 위한 하나의 과정이
다. 따라서 일본제국주의가 공동의 적이라는 점에서, 두 나라는 일본의
좌익세력과 연대하고 이들을 지원하는 공동전선을 결성할 필요가 있
다[74]는 내용이었다.

그리고 합작 방안으로 한국·일본·중국 세 방면에서의 활동계획을 제
시하였는데, 중국에서의 활동계획은 동북지역을 되찾기 위한 군사활동
에 초점이 맞추어졌다. 요지는 첫째, 베이징[北京]의 항일구국회抗日救國會
독립지대 사령으로 임명된 김국빈金國賓을 러허지역[熱河地域]에 파견하
여, 부대를 편성해서 열하 및 요서 지방에서 활동하는 중국구국군中國救
國軍과 합작하여, 열하지역에 대한 경계를 강화한다. 아울러 한교의용군
韓僑義勇軍으로 제3총대를 조직하여 동북의용군東北義勇軍의 전력을 보강

---

73) 朝鮮總督府警務局, 1934, 『軍官學校事件ノ眞相』, 한홍구·이재화 편, 1988, 『韓
    國民族解放運動史資料叢書』 3, 京沆文化社, 441~469쪽.
74) 「軍官學校事件ノ眞相」, 위의 책, 441~443쪽.

한다. 둘째, 지린성[吉林省] 동남부에 있는 제1·2총대를 3개월 이내에 1 사師 2단團 이상의 병력으로 확충한다. 또 특별 제4총대를 편성하여, 한 교혁명군韓僑革命軍으로 양성한다. 셋째, 만철滿鐵 및 안봉선安奉線 일대를 무대로 편의대便衣隊 또는 별동대別動隊를 편성하여, 관동군關東軍의 군 사·정치 활동을 교란·파괴한다는 것이었다.[75]

만주사변으로 본격화된 일제의 동북지역 침략을 계기로 의열단은 침 체 국면을 벗어나고 있었다. 또 일본과의 전면전을 회피하고 있던 중국 정부는 한인독립운동세력을 지원하여, 이들로 하여금 일제의 동북지역 침략을 저지토록 하는 방안을 긍정적으로 받아들이고 있었다.

양측의 구상이 합치되었고, 일차적으로 대일전에 필요한 군사간부 양 성에 착수하였다. 그리하여 조선혁명군사정치간부학교朝鮮革命軍事政治幹 部學校[이하 '간부학교']가 설립되기에 이르렀던 것이다.[76] 간부학교 설립의 주된 목적은 '만주국 탈환'이었고, 졸업 후 "재만 반일단체와 제휴하여, 일본제국주의를 타도"할 수 있는 '청년투사'를 양성하는 것이었다.[77]

1932년 10월 20일 거행된 1기생 입교식에서 김원봉金元鳳 교장은 "중·한 민족은 절대적으로 제휴하여, 동삼성을 탈환함으로써, 조선의 독 립을 달성해야 하는 바, 이 목적 하에 제군은 본교에서 열심히 기술을 습득하고, 학습을 연마하여 장래의 발전을 기약하라"[78]고 당부하였다. 중국동북지역을 되찾는 일이 한반도 수복의 첩경으로 평가되고 있다.

이와 함께 1기 졸업생의 임무는 동북지역에 의열단지부를 설치하여 항일특무활동의 기반을 확보하고, 노동자·농민·학생층을 대상으로 사상 통일·실력양성에 진력하여, 이들을 향후 활동의 주력으로 삼는 것 등이

---

75) 「軍官學校事件 ノ 眞相」, 앞의 책, 448쪽.
76) 이에 대해서는 한상도, 「김원봉의 조선혁명군사정치간부학교 운영(1934~35)과
   그 입교생」 『한국독립운동과 중국군관학교』 참조.
77) 「軍官學校事件 ノ 眞相」, 앞의 책, 145~146쪽.
78) 「軍官學校事件 ノ 眞相」, 앞의 책, 148~149쪽.

었다.[79]

그리고 2기 졸업생에게는 동북지역과 국내를 무대로 '민족주의자 및 사상운동자(공산)가 합동한 민족단일당民族單一黨' 형태의 전진대戰進隊를 결성하는[80] 임무가 부과되었다. 그리고는 이를 중심으로 국내 및 동북지역 독립운동세력을 통일시킨 다음, 의열단이 '최고 지휘기관'으로서 리더십을 발휘한다는 방안이었다.

이어서 간부학교 졸업생의 동북지역 파견 계획은 관내지역 독립운동에서 차지하는 동북지역의 전략적 중요성을 알려준다. 이는 만주지역이 무장투쟁의 주된 무대이며, 국내진입작전의 교두보가 될 수 있기 때문이었다.

그러면 간부학교 졸업생의 활동에 대해 살펴보겠다. 입교 전 국민부國民府에서 활동한 바 있는 2기생 송문욱宋文旭의 사명은 의열단과 국민부의 연대 가능성을 조사하며, 국민부와 기타 한인독립운동단체의 연대 상황을 파악하는 것이었다.[81]

3기생 중에는 동북지역 출신이 많았는데, 이들은 의열단의 민족혁명당 합류에 반대하였다. 그 배경이나 이유는 파악되지 않지만, 결국 의열단 지도부는 이들을 동북지역으로 돌려보냈다고 한다.[82]

민족혁명당에 입당함으로써 관내지역이라는 테두리 안에 안주하는 것을 거부하고, 동북지역에서의 무장투쟁에 합류하기를 주장하였고, 그 귀결로써 동북지역으로 되돌아가기로 결정하였으리라고 유추해 볼 뿐이다.

1936년 3월 상순에는 김일룡金一龍·윤여복尹汝福·박태양朴泰陽·마자초

---

79) 「軍官學校事件ノ眞相」, 앞의 책, 185~186쪽. 입학식장 및 졸업식장이 '東三省 奪還' '東三省에서 日本帝國主義 驅逐' 등의 표어로 장식된 사실은 동북지역에 대한 관심이 지속적으로 환기되었음을 알려준다.
80) 「軍官學校事件ノ眞相」, 앞의 책, 229~230쪽.
81) 「軍官學校事件ノ眞相」, 앞의 책, 322~329쪽 참조.
82) 『思想彙報』 7(1936. 6), 157쪽.

馬子超·이무李武·장은충張恩忠·이종환李鐘煥·황상여黃相如·염응택閻應澤 등을 톈진·베이징·상하이 등지에 파견하였다.[83]

같은 달 하순에는 민족혁명당 당무부원 7~8명과 군사부원 7명을 수 개 조組로 나누어, 화북지방을 경유하여 동북지역으로 파견하였다. 이들 중 최병권崔炳權·고수봉高秀峯·한원무韓元武·복재혁濮在赫의 4명은 간도間島·톈진·베이징·국내 등지에서 검거되었고, 2차로 파견한 7~8명 중 홍종민洪鐘民·박태양朴泰陽·윤여복尹汝福·박원교朴煖敎 등 4명은 보정공안국保定公安局에 체포되었다. 나머지는 목적지에 잠입한 것으로 파악되었다.[84]

현재 알려진 사실은 일제정보기관에 포착된 극히 일부 내용에 국한하만 것이지만, 이를 통해 보더라도 민족혁명당 창당을 전후하여 동북지역으로의 밀파가 적극 시도되었음을 알 수 있다. 이는 앞의 전진대의 성격과 역할을 통해서도 짐작되듯이, 민족혁명당이 국내외 독립운동세력의 협동전선을 표방하였고, 또 항일투쟁의 총영도기관을 자임하였던 사실과 연관지어 이해될 수 있을 것이다.

이외 1936년 9월 초순에는 중국동북군벌의 최고지도자인 장쉐량[張學良]에게 자금 지원을 요청하기 위해, "그와 친교가 있는 이청천李靑天·현인철玄仁鐵을 샨시성[陝西省] 시안[西安]의 장쉐량에게 파견하는 한편, 일부 간부들은 중국구국회中國救國會 측과도 교섭했다"고 한다.[85]

민족혁명당 내부에서 의열단계열과 한국독립군계열 간의 주도권 다툼이 가시화되던 상황을 배경으로, 중국동북지역에 연고가 있는 한국독립군 출신들이 동북지역 군벌세력의 지도자인 장쉐량에게 지원을 요청하고 있음은, 관내지역 독립운동 구도에서 차지하고 있는 동북지역의 중

---

83) 『思想情勢視察報告集』 3, 5쪽.
84) 『社會運動の狀況』 8(1936), 1571쪽.
85) 『思想情勢視察報告集』 5, 6쪽.

량감을 새삼 일깨워 준다.

지금까지 살폈듯이, 1930년대 중국관내지역 한인독립운동 과정에서는 동북지역을 활동무대로 상정한 군사활동이 중요하게 다루어졌는데, 이는 이들의 동북지역에 대한 전략적 판단을 반영하였다. 국내진입작전을 위한 전초기지로서의 전략적 가치 등, 항일투쟁의 현실적 수요라는 측면에서 동북지역 무장투쟁세력의 역량에 큰 기대감을 가졌고, 나아가 이들과의 연대 방안을 적극 모색하였던 것이다.

맺음말

이상에서 일제침략기 중국관내지역에서 활동한 독립운동세력의 동북지역 및 그 곳에서 전개된 독립운동에 대한 인식을 살펴보았다. 먼저『독립신문獨立新聞』의 내용을 보면, 수립 직후 임정활동에 참여한 인물들은 동북지역을 독립운동의 '근거지' '활동지' '책원지' '활동무대'로 여겼다.

그 역사적 배경으로는 국내와의 지역적 근접성·연결성, 다수의 한인이 거주하고 있는 현실, 그 결과로서 한인사회가 독립운동세력의 병참기지 및 병력공급원으로 역할할 수 있는 여건 등이 지적되었다.

다음으로 '만주'는 "우리 옛 조상들이 피땀 흘려 개척하였던 우리의 구강舊疆이오, 철권철각鐵拳鐵脚으로 휘검치마揮劍馳馬하여, 중원의 대국을 압도하던 우리 옛 위인들의 활동무대"로서, 우리민족의 생장발달과도 떼어 놓을 수 없는 필연적인 관계를 맺고 있는 곳으로 평가되었다.

수립직후 임정은 각종 규정을 명문화함으로써, 정부로서의 형식요건을 갖추는 데 진력하였다. 그러나 임정의 통치범주로써 중국동북지역과 관련한 규정은 적극적으로 반영되지 못하였다. 하지만 임정의 기관지인『독립신문』의 지면에 동북지역을 무대로 한 독립운동과 한인에 관한 내용이 적지 아니 보도되고 있음은, 임정의 동북지역 독립운동에 대한 관심과 기대감을 반영한다.

독립운동에 필수적인 무장투쟁 역량을 갖추지 못한 상황에서, 재만 독립군의 존재는 '독립운동 총영도기관'으로서 임정의 취약한 위상을 보완하고, 군사활동을 뒷받침해 줄 수 있는 유일한 대안이었을 것이다. 그리고 보도되는 지명·인명·단체명의 구체성과 사실적인 서술로 미루어 보면, 임정이 동북지역 한인사회에 일정한 정보 수집망을 확보하고 있었음을 뒷받침한다.

임정의 동북지역 독립운동에 대한 공식적인 입장이 재천명되는 계기는 1937년 7월 7일 발발한 중일전쟁이었다. 이들은 중일전쟁을 '광복과 해방의 호기'로 파악하고, 재만 한인사회를 독립전쟁의 인적·재정적 기반으로 상정하였다.

한편 조선민족혁명당은 임정보다 더 강렬한 연대의식을 표방하였다. 의열투쟁이라는 실천적인 투쟁양식을 견지해 왔던 의열단, 경박호전투·대전자령전투 및 동북항일의용군과의 한·중 연합전투 경험을 가진 재만 한국독립군을 주축으로 하고, 재만 조선혁명당의 일부인사 등, 무장투쟁노선을 견지·지향하던 세력의 연합체 성격을 표방하였던 민족혁명당이 동북지역 한인사회와 독립군의 존재를 주목한 것은 필연적이라 할 것이다.

창당 시 조선혁명군朝鮮革命軍은 '당군黨軍'으로 편제되었고, 총사령 김활석金活石은 민족혁명당의 중앙집행위원에 선임되었다. 따라서 김활석은 재만 조선혁명당의 계승을 표방한 민족혁명당의 군사지휘관으로서 활동하게 되었다.

또 1935년 8월 1일 소집된 중앙집행위원회 제3차 회의에서는 "만주에 현존하는 무장대오는 민족혁명군民族革命軍으로 개편하여, 이를 지지·강화·확대한다"고 결정함으로써, 중국동북지방을 무대로 활동하는 조선혁명군 등 한인무장부대의 존재가치를 평가하고, 이를 민족혁명당의 항일역량과 접목시킨다는 방침을 밝혔다.

이와 함께 선전·기관지를 통해 동북지역 독립운동의 정황을 꾸준히 보도하고, '민족혁명당의 당군'으로서 조선혁명군의 위상을 재확인해 갔다.

한편 동북지역에 대한 지향은 1938년에 이르러 권력투쟁의 양상을 띠며 표출되었다. 이른바 '동북노선'을 둘러싼 갈등이었다. 결국 이는 민족혁명당의 권력구도 뿐 아니라, 일제말기 관내지역 한인독립운동진영의 재편성으로까지 이어졌는데, '동북지역에서의 무장투쟁'이라는 주장에 실려 있는 폭발력을 반영한다고 하겠다.

아울러 1930년대 중국관내지역 한인독립운동세력이 동북지역 독립운동에 대해 큰 관심과 기대감을 가졌고, 나아가 이들과 연대관계를 맺으려 한 논리에는 독자적인 무장투쟁 역량을 갖출 수 없는 지정학적인 제약을 극복하고자 하는 자구적인 노력의 의미도 함축되어 있다고 하겠다. 이러한 사실은 독립운동방략으로써 무장투쟁의 가치가 중시되었음을 알려준다.

또한 1920년대 독립군 활동의 계승자를 자임하고, 동북지역 한인사회의 존재를 재확인함으로써, 관내 및 동북지역을 망라한 한인독립운동의 선도기관으로서 지도력을 발휘하려는 의지도 개재되어 있었다고 하겠다.

끝으로 추후 동북지역의 독립운동세력의 관내지역 독립운동에 대한 이해와 인식을 살피는 연구작업이 보태진다면, 중국대륙을 무대로 전개되었던 한인독립운동의 성격도 한층 풍부해질 수 있을 것이다.

『자유신종보』를 통해 보는 3·1운동 직후의 시대의식

머리말

3·1운동 직후 한국사회에는 향후 진로로써 '독립'과 '자치'라는 상반된 선택이 과제로 주어졌다. 고양된 민족의식을 기반으로 항일독립의 길을 확대해 나가고자 하는 세력과, 일제 식민 지배를 현실로 받아들이고, 이에 순응하는 '자치'와 '타협'의 길을 선호하는 세력으로 분화되기 시작하였다.

양자 간에 벌어진 논쟁의 귀추는 피식민지 민족의 삶의 모습을 규정지을 수 있으리만치, 중차대한 선택의 여지였다. 이 시기에 간행된 각종 지하신문은 전자에 대한 후자의 공세적인 비판의 장으로써 역할하였다.

이 글에서 다루고자 하는 『자유신종보自由晨鍾報』는 3·1운동 직후 학생계 및 불교계 독립운동진영에서 간행한 '지하신문'이라고 할 수 있다.[1] 근년에 이르러 『조선독립신문』을 비롯한 지하신문을 모은 자료집[2]이 제공됨으로써, 이 시기 한국사회와 독립운동계의 동향을 구체적으로

◇ 이 글은 「3·1운동 직후 ≪自由晨鍾報≫ 간행을 통해 본 국내 독립운동계의 동향」(『한국근현대사연구』 52, 2010. 3)을 보완한 내용이다.

1) 3·1운동 직후 간행된 지하신문에 대해서는 이현주, 2003, 「3·1운동기 서울에 배포된 전단과 정치적 영향: 3·1운동 독립선언서와 격문을 중심으로」『인하사학』 10 및 박찬승, 2008, 「3·1운동기 지하신문의 발간경위와 기사내용」『한국학논집』 44, 한양대 한국학연구소가 참조된다.

2) 국가보훈처 영인, 2002, 『3·1운동 독립선언서와 격문』.

파악하는 데 큰 도움을 주었다.

하지만 자유신종보는 2009년 8월 서울의 진관사에서 처음으로 그 모습을 드러냈다. 물론 일제 정보자료나 관련인물의 회상 등에 편린이 부분적으로 등장하기는 하였으나, 그 존재가치나 기사내용, 제작 및 배포에 참여한 인물 등에 대한 구체적인 접근이 이루어지지는 못하였다.

따라서 간행 시기, 간행을 주도한 인물과 그들의 시대인식 및 활동범주 등을 살피는 일은 3·1운동 직후 한국사회와 독립운동계의 동향을 파악하기 위한 미시적 연구 작업의 일환이 될 수 있을 것이다.[3]

특히 이 글에서는 당시 지하신문의 기사 중에서 미국사회나 일본정계의 동향을 비롯한 국제정세에 관한 내용이 적지 않은 점에 착안하여, 식민통치 하 한국사회라는 통제된 환경에서 학생층과 독립운동 진영이 어떻게 이들 소식에 접근할 수 있었는지에 대해서도 살펴보기로 하겠다.

2. 간행 시기 및 지역

2009년 8월 10일 진관사津寬寺에서 발견된 『자유신종보』의 내용을 살펴보면, 다음과 같다.

호수	간행 시기		기사 제목
4호	1919. 8. ○(추정)	社說	
		外報	宣敎社會의 陳情(華盛頓發 我政府公報) / 日本政府 危機 漸至(東京電) / 職工의 示威行列(京都電) / 白一生氏의 片紙(續)
7호	1919. 9. 19	社說	血의 史
		內外報	敵亦戰爭準備乎 / 헌 개 꼬리 三年 묻어도 黃毛가 아니됨 / 詐欺中에도 眞言이 庸乎 / 政府改造案(上海公報) /

---

3) 3·1운동 직후 국내 독립운동계의 동향과 관련한 연구성과로는 박걸순, 1988, 「3·1운동기 국내 비밀결사운동에 대한 시론」『한국독립운동사연구』2 및 장석흥, 1993, 「1920년대 초 국내 비밀결사의 성격」『한국독립운동사연구』7 등이 있다.

			我國體의 聲明(桑港通信) / 社告
12호	1919. 10. 6	社說	
		內外報	卑吝한 趙漢 / 韓國獨立 祝賀宴會(米國通信) / 各國代表者 態度(巴里通信) / 大統領制의 憲法 發佈(上海通信) / 我代表 選定(政府公文) / 詞調

전체기사는 19건인데, 사설社說 3건, 사고社告와 사조詞調 2건, 일본의 정치상황에 관한 기사 3건, 임정과 미국·국제연맹 관련기사 5건 임정의 파리강화회의 대표 파견 관련기사 3건, 임정 활동과 관련한 기사 2건, 국내정황 등 1건으로 분류할 수 있다. 국제정세와 임정의 활동상황에 대한 깊은 관심을 비치고 있다.

이는 '사설'과 '사고社告'류類 5건을 제외한 14건 가운데에서, 9건이 '워싱턴발發' '동경전東京電' '경도전京都電' '상해공보上海公報' '상항통신桑港通信('桑港'은 샌프란시스코)' '미국통신米國通信' '파리통신巴里通信' '상해통신上海通信' '정부공문政府公文'에 근거하고 있음을 밝히고 있는 사실로도 뒷받침된다. 신문 제작에 참여한 인물들의 - 3·1운동 직후 국제정치의 변화 과정을 예의주시하였던 - 식견과 안목의 수준을 알려준다고 하겠다.

1) 간행 시기

3월 1일 우리의 시위운동이 개시한 후로, 일본의 만폭蠻暴한 행동과 우리 민족대의民族大義의 아我 한국기독교도의 참상에 대하여 미국 외국선교회의 본부로서 상세한 정황을 미국의회 상원에 제출하였더니, 7월 하순에 상원의원 모리스 씨의 동의로 접수하여, 수십 매에 이르는 장문의 진정서는 비상한 동정열정同情熱情 중에 낭독되었으며, 결국 극단極端 원조하기로 가결하였더라.[4]

위 4호 기사의 내용으로 미루어 보면, 4호가 '1919년 7월 하순' 이후

---

4) 「宣敎社會의 陳情」『自由晨鍾報』4호.

에 발간되었음을 확인할 수 있다. 그리고 7호의 간행 시기가 '9월 19일'
인 점을 감안하면, 50여 일8월 초 ~ 9월 19일 동안에 세 차례5·6·7호
간행되었음을 알 수 있다. "내부의 확장과 외부의 활동을 민활하게 하고
자 일시 휴간하였다"5)는 내용은 7호의 간행이 예정보다 지체되었음을
뜻한다.

또 12호가 10월 6일에 간행되었으므로, 8·9·10·11호는 9월 19일부
터 10월 5일 사이16일에 간행된 셈인데, 보름 정도의 짧은 기간 안에
네 차례 간행된 것이다. 이로 보면, 정기적으로 간행되지는 않았음을 알
수 있다.

이와 관련하여, 유기원柳基元이 박민오朴玟悟로부터, 1919년 6월 초순
부터 10월 28일까지 "조선인은 조선독립운동에 찬동하고 상호 협력하여
조선독립의 목적을 달성하여야 한다"는 취지를 적은 제1호 내지 제16호
의 제목으로 초고草稿를 받았으며, 같은 기간 내에 매회 50매 내지 400매
정도를 경성부京城府 종로통鐘路通 6정목 52번지 임낙빈任洛彬의 집에서 비
밀리에 등사기를 사용하여 인쇄하였다6)는 기록이 많은 도움을 준다.

이에 근거하면, 자유신종보는 1호에서 16호까지 간행되었으며, 발행
기간은 1919년 6월 초순~10월 28일 사이로 유추할 수 있다.

2) 발간 지역과 중심인물

4~10월 사이에 김해룡金海龍은 수하동水下洞 보통학교에서 이 학교 사환
서대순徐大順을 시켜 『혁신공보革新公報』 3천매를 등사하여, 독립운동을 찬동·
원조할 것을 호소하였으며, 6월 초순~10월 28일 사이에 유기원은 박민오로
부터 『자유신종보』 1~16호의 원고를 받아, 종로에서 매호 50~4백매씩을 등
사, 군중에게 배포하였다.7)

---

5) 「社告」, 『自由晨鍾報』 7호.
6) 「유기원 판결문」,('국가기록원 포탈 독립운동관련 판결문 컬렉션' 관리번호
   CJA0000417).

는 관련인물의 진술에 근거하면, 서울에서 간행되었다. 또 임정에서 간행한『독립신문獨立新聞』에서도 국내 소식을 전하는 기사 중에서 "『혁신공보』·『자유신종보』두 신문도 발각되어, 모든 기구 등을 빼앗겼"[8]다고 하여,『자유신종보』가 국내에서 간행되었음을 전하였다.

국가기록원 소장 경성지방법원 판결문에 따르면, 위 인용문에 등장하는 유기원은 "군중 5,000여명과 '조선독립 만세'를 부르고『자유민보自由民報』라는 인쇄물을 반포하였으며,『자유신종보』라는 문서를 등사 인쇄하는 등, 치안을 방해한 자"였다. 판결문에 열거되어 있는 그의 '범죄 사실'을 살펴보면,

> 첫째, 조선독립시위운동을 하기 위한 목적을 달성하고자, 같은 날(3월 1일) 경성부 종로 2정목 탑골공원 앞에서 이 운동을 하기 위하여 모여 든 군중 5천여 명과 함께 '조선독립만세'를 창화唱和으로 인하여 치안을 방해하였다.
>
> 둘째, 같은 해 4월 상순 전부터 잘 알고 지내던 최석인崔碩寅이란 자로부터『자유민보』라는 제목으로 '조선인은 서로 협력하여 조선독립을 이루어야만 한다.'는 뜻을 기재한 인쇄물 5매를 받고, 그 내용을 알고도 동일 경성부 계동桂洞 민가에 투입, 반포함으로 인하여, 치안을 방해하였다.
>
> 셋째, 동창생인 박민오란 자로부터, 동년 6월 초순부터 10월 28일까지 "조선인은 조선독립운동에 찬동하고 상호 협력하여 조선독립의 목적을 달성하여야 한다"는 취지를 적은『자유신종보』제1호 내지 제16호의 제목으로 문서 초고를 받았으며, 또 그 범의를 계속하여 위의 기간 내에 매회 50매 내지 400매 정도를 경성부 종로통 6정목丁目 52번지 임낙빈의 집에서 비밀리에 등사기를 사용하여 인쇄하였는데, 위의 사실은 피고가 당 법정에서 증거물과 같이 시인한 사실이다.[9]

---

7)「徐大順 경성지방법원 판결문」(1920. 1. 15) 및「柳基元 경성지방법원 판결문」
   (1919. 7. 26), 독립운동사편찬위원회, 1971,『독립운동사』2권, 삼일운동사(상),
   독립유공자사업기금운용위원회, 127쪽 재인용.
8)「敵의 暴虐日增」『獨立新聞』1920년 1월 1일.
9)「유기원 판결문」('국가기록원 포탈 독립운동관련 판결문 컬렉션' 관리번호
   CJA0000417).

라고 하였다. 자유신종보의 내용이 독립을 위한 우리민족의 결집과 단결
을 고취하고 있음을 전하는 동시에, 인쇄 장소는 서울시내 종로 6정목
52번지 소재 임낙빈의 집이었고, 분량은 50~400매 정도였던 것으로 밝
혀졌다. 또 중앙학교中央學校 동창생인 유기원과 박민오[10]가 제작과 배
부를 주도하였음을 알려준다.

박민오는 통도사通道寺 출신 승려이었기에, 서울 불교중앙학림佛敎中央
學林에서 수학하였던 승려출신 독립운동가들과 친밀하였다. 그래서 3·1
운동 직전 한용운韓龍雲이 소집한 비밀회합에도 참여하였다. 이로 보면
박민오를 매개로 중앙학림 출신과 중앙학교 출신간의 교류 및 연계활동
의 가능성이 상정될 수 있다. 즉 박민오는 중앙학교와 불교계를 아우르
며 활동한 인물로 파악된다.[11]

이와는 달리, 배재고등보통학교培材高等普通學校 3학년인 박세영朴世永
과 송영宋影이, "자주독립사상을 내용으로 한 등사판 신문" 『자유신종보』
를 6호까지 발간하였다[12]는 회고도 있다. 박세영[13]은 어떤 글에서는
"지하에서 독립신문, 자유신종보를 발행하는 데, 흔연히 참여했다"[14]고
하고, 또 다른 글에서는 "독립신문의 일종인 자유신종보"[15]라고도 했다.

---

10) 박민오는 당시 중앙학교 4학년 급장이며, 승려 신분이었는데(李淑, 2008, 「竹槎
回顧錄」 『中央百年史』, 중앙교우회, 213~214쪽), 「유기원 판결문」에는 유기원
과 박민오를 '동창생' 관계라고 하였다.

11) 유기원·박민오와 관련하여, 조언해 주신 경북대 김주현 교수께 감사드린다.

12) 염무웅, 2008, 『분화와 심화 어둠 속의 풍경들』, 민음사, 117쪽.

13) 朴世永(1902~1989)은 시인으로. 경기도 고양 출신이다. 1917년 培材高等普通學
校에 입학하였다. 송영과 『새누리』라는 문예윤독잡지를 발행하였다. 이후 사회주
의 문화단체인 '焰群社 동인들과 교유하고, 카프(KAPF) 회원으로 활동하였다. 해
방 후에는 조선문학가동맹 간부 등으로 활동하다가, 1946년 6월 월북 후에는 북
한의 '애국가' 가사를 지었으며, 북한정권에서 문학·예술 부문의 간부로 활동하였
다(한만수, 『그들의 문학과 생애: 박세영』, 한길사, 2007 참조).

14) 박세영, 1962.7, 「내가 걸어온 문학의 길」, 조선작가동맹 중앙위원회 편, 『조선문
학』, 북한: 문예출판사, 108쪽, 한만수, 앞의 책, 39쪽 재인용.

15) 박세영, 1990, 「인민을 위하여 복무하고저」, 한설야·이기영 외, 『나의 인간수업,

그리고 송영16)은 '독립신문'이라고 했다.17) "독립신문의 일종인 자유신종보"라는 박세영의 진술이 - 단정하기는 어렵지만 - 가장 구체적인 진술로 여겨진다는 평가를 받고 있다.18) 그런데 이 신문의 제작과 관련한 송영의 회고가 당시의 상황을 박진감 있게 묘사하고 있다.

> 그 때 세영의 집에서 세영과 나, 그리고 몇몇 애국소년은 비밀 프린트로 독립신문을 발간하였다. 낮에는 등사판을 기름 먹인 종이에 싸서, 우물 속에 감추어 두고, 깊은 밤 뒷방 속에서 우리들이 원고를 만들고, 등사지에 쓰고, 인쇄를 하고, 그리고 동트기 전에 어두운 거리로 나가 집집에 송포하였다.
> 언제인가 세영과 나는 프린트한 신문 한 뭉치씩 품속에 품고, 어두운 뒷골목길로 나갔다가, 형사 놈과 맞부딪쳤다. 형사 놈은 우리를 붙잡고 몸을 수색하였다. 실로 아슬아슬하였었다. 그러나 세영은 대담하게 먼저 웃가슴을 내밀고 뒤져보라고 태연하게 말했다.
> 형사 놈은 우리들이 나이가 어린데다가 그 태도까지 태연한 것을 보고, 안심을 하였다. 그럴 때를 타서 세영은 형사 놈의 아랫배를 박아질렀다. 형사 놈은 외마디 소리를 치고, 그 자리에 꼬꾸라졌다. 이래서 우리들은 무사하였다.19)

이로 보면, 자유신종보의 제작과 배포에는 유기원과 박민오로 대표되

문학수업』, 인동, 132쪽, 한만수, 앞의 책, 40쪽 재인용.

16) 宋影(1903~1979)은 소설가·극작가로, 본명은 宋武鉉이며, 宋東陽·鶯峯山人 등의 필명을 사용하였다. 서울 출생으로, 1917년 배재고등보통학교에 입학하여 1919년 중퇴하였다. 焰群社의 동인으로 활동하며, 카프 회원으로 활동하였다. 광복 직후 李箕永·韓雪野 등과 '조선프롤레타리아예술연맹'을 결성하였고, 1946년 6월 월북하여, 북한정권에서 문학·예술 부문의 간부로 활동하였다.

17) 송영, 「자서전에 없는 이야기」『조선문학』, 99쪽. 한만수, 앞의 책, 39쪽 재인용. 한만수는 처음에는 '독립신문'이라는 제호로 발간하다가, 나중에 '자유신종보'로 바꾸었을 가능성이 있다고 보았다. 같은 이름의 지하발간물이 너무 많음을 알게 되자, 제호를 바꾸었을 수도 있다는 것이다. 실제로 3·1운동 직후에는 100여 종의 지하신문이 발행되었는데, 그중에서 가장 많은 제호가 바로 '독립신문'이었다 (한만수, 같은 책, 225쪽 참조).

18) 한만수, 앞의 책, 40쪽.

19) 송영, 「자서전에 없는 이야기」『조선문학』, 102쪽, 한만수, 앞의 책, 39쪽 재인용.

는 '중앙학교 학생그룹'과, 박세영과 송영으로 대표되는 '배재고등보통
학교 학생그룹'이 공동으로 참여하였을 개연성이 암시된다. 6호까지 제
작은 배재그룹이 담당하였고, 7호부터는 중앙그룹이 맡았을 가능성이
높다. "내부의 확장과 외부의 활동을 민활하게 하고자 일시 휴간하였
다"[20]는 7호의 「사고社告」 내용이 이러한 추정을 가능케 한다.

3) 『혁신공보』와의 관련성

대동단大同團의 '의친왕義親王 이강李堈의 상하이[上海]로의 탈출' 시도
사실을 다룬 독립신문의 "속쇄판速刷板으로 된 혁신공보·자유신종보 두
신문도 발각되어, 모든 기구 등을 빼앗겼"[21]다는 기사는 혁신공보와 자
유신종보의 관련성을 시사하고 있다. 『매일신보每日申報』의 "『대동신보大
同新報』라는 것을 대대적으로 인쇄하게 되었고, 그 외에 철필판으로 혁신
공보와 자유신종보를 인쇄·배포한 바"[22]라는 기사도 마찬가지이다.[23]

두 신문의 관련성은 "1919년 4~10월 사이에 김해룡은 수하동 보통
학교에서 이 학교 사환 서대순을 시켜 『혁신공보』 3천매를 등사하여, 독
립운동을 찬동·원조할 것을 호소하였으며, 6월 초순~10월 28일 사이에
유기원은 박민오로부터 자유신종보 제1~16호의 원고를 받아 종로에서
매호 50~4백 매씩을 등사, 군중에게 배포하였다"[24]는 또 다른 기록으

---

20) 「社告」, 『自由晨鍾報』 7호.

21) 「敵의 暴虐日增」 『獨立新聞』 1920년 1월 1일.

22) 「불온문서 전부 압수」 『每日申報』 1919년 11월 30일.

23) 『독립신문』과 『매일신보』의 두 기사를 비교해 보면, 독립신문이 매일신보의 내용
을 참조하여 작성되었을 개연성이 시사된다. 매일신보의 간행일이 1919년 11월
30일이고, 독립신문의 간행일이 이로부터 1달여 지난 시점인 사실 또한 이를 뒷
받침한다. 이는 상하이의 독립신문사가 국내에서 간행된 총독부 기관지인 『매일
신보』를 구독하였고, 記事源으로도 활용하였음을 의미한다.

24) 독립운동사편찬위원회, 1971, 『독립운동사』 2권, 3·1운동사(상), 독립유공자사업기
금운용위원회, 127쪽. 이와 관련하여, "4월 12일 깊은 밤, 보성고등보통학교에 『혁

로도 뒷받침된다.

『혁신공보』의 제작 간행에 관해서는 두 가지 사실이 알려진다. 먼저 1919년 7월이래, 서울에서 불교중앙학림 출신인 김법린·김상헌·박민용·김상호 등이 공동으로 제작·발간하였다[25]는 회고가 있다.

또 "혁신공보를 발행한 혐의로 본년 5월 이래로 수색하던" 중앙학교 졸업생 유기원이 "본년(1919년) 5월에 이르러 중앙학교 생도 유연화柳淵和·최석실崔碩實 등이 주모가 되어 인쇄 철필하던 『자유민보』를 인계하여, 혁신공보라 개칭하고," 한경익韓景翼 등과 공모하여 제작하였다는 신문기사[26]가 있다. 중앙학교 학생들에 의해 간행되었음을 알 수 있다. 혁신공보의 제작·배포에 불교중앙학림과 중앙학교 학생그룹이 함께 참여하고 있었던 것이다.

요컨대, 『자유신종보』는 중앙학교와 배재고보 학생그룹이, 『혁신공보』는 불교중앙학림과 중앙학교 학생그룹이 제작과 배포를 주도하였다. 중앙학교·불교중앙학림·배재고보로 밝혀지는 수 개의 학생그룹이 서로 연계·협조하여 여러 종류의 지하신문地下新聞을 제작하였음이 밝혀진다.[27]

다음으로, 기사내용을 통해 두 신문의 관련성을 살펴보겠다. 현재 내

신공보』라는 불온인쇄물 36매를 투입한 자가 있었다"는 일제 정보자료도 있다[「騷擾事件ニ關スル民情彙報」第20報(1919. 5. 17), 姜德相, 1967, 『現代史資料』25(朝鮮 I), 東京: みすず書房, 398쪽].

25) 김상호, 「한국불교항일투쟁회고록」『대한불교』, 1964. 8. 23 ; 김광식, 2007, 『민족불교의 이상과 현실』, 도피안사, 95쪽 재인용. 독립운동사편찬위원회, 1977, 『독립운동사』8권, 독립유공자사업기금운용위원회, 883쪽에 따르면, 불교계의 3·1운동을 주도하였던 중앙학림 학생 중에서 상하이로 밀항한 신상완·백성욱·김법린·김대용·김상헌 등을 제외한 나머지 학생들은 백초월을 중심으로, 중앙학림 내에 韓國民團本部를 결성하였고, 『革新公報』는 그 기관지로서 발행되었다고 한다.

26) 「불온문서 전부 압수」『每日申報』1919년 11월 30일.

27) 생각을 좀 더 확장해 보면, 이들 개별 학교단위의 학생운동그룹을 총괄적으로 이끄는 상부조직의 존재 가능성도 상정해 볼 수 있는데, 이에 관해서는 별도의 작업이 요구된다.

용을 파악할 수 있는 신문기사가 극히 제약적이지만, 일례로『혁신공보』
34호1919년 8월 12일 간행는 크게 '안 총장 취임식 연설'28) '독립승인
[華盛屯發]'29) '미국정부의 분발'30) '쇄도하는 변호사의 자치운동 실패는
심히 자미있다'31)라는 네 개의 기사로 구성되었다. 미국의 동향과 상하
이 임정에 대한 두드러진 관심을 느낄 수 있다. 그리고 이는 자유신종보
의 내용과 유사한 측면이 많다.32)

물론 극히 소량의 내용만을 비교대상으로 삼는 데에는 한계가 있겠지
만, 두 신문 공통적으로 미국정계의 한국관련 소식 등에 큰 관심을 갖고
있음을 알 수 있다. 이는 당시 지하신문의 제작에 참여한 독립운동그룹
의 국제정세에 대한 관심을 반영하는 사실인 동시에, 다양한 경로를 통
해 국제정세 소식에 접하고 있었음을 전한다.

이와 함께,『자유신종보』의 간행 및 배부와 관련하여, 대동단의 관련
성을 시사하는 기록이 있다. "대동단의 기관지인『대동신보』가 적에게
발각됨은 이미 보도하였거니와, 이는 활판인쇄로, 그 선전의 힘이 비상
하여, 적의 가장 두려워함이 되었다 하며, 이와 동시에 속쇄판으로 된
『혁신공보』·『자유신종보』두 신문도 발각되어, 모든 기구 등을 빼앗
겼"33)다는『독립신문』의 기사는,『대동신보』와『혁신공보』·『자유신종
보』의 관련성을 염두에 두고 있다.

---

28) 6월 28일의 임정 내무총장 겸 국무총리 서리 취임 시, 安昌浩의 연설 내용.
29) "미국 상원의원 뫼쓰내씨는 일본이 한국에 대하여 행한 폭행사건 50종○ 議院에
   보고하였는데, 여론이 비등하다더라."
30) "미국 국내 각 州에서는 韓國獨立應援會가 대활동을 하는 중이라 하여, 미국동방
   맬지니아주에서는 이미 한국독립을 승인하고 각국 大使에게 此를 통지하였다더
   라."
31) 박승빈 등 자치론자들이 일본 외상 등을 방문하여 自治를 청원한 사실을 전하는
   내용.
32) 지하신문의 경우, 어느 한 신문이 소식을 전하면, 다른 신문들이 이를 轉載하는
   경우도 적지 않았던 것 같다.
33) 「敵의 暴虐日增」『獨立新聞』1920년 1월 1일.

또『대동신보』간행을 주도한 정남용鄭南用이 "『혁신공보』와『자유신종보』등의 지하문서와 격문을 인쇄·밀송했다"고 하였다.[34] 그는 "휘문의숙徽文義塾 출신으로 이종욱李鍾郁을 숭배하여 승려가 되었다"[35]는 인물로, 대동단이 의친왕 이강을 상하이로 탈출시키려 한 모의에도 참가하였다. 정남용이 체포될 때,『혁신공보』『신부인』『독립』등이 증거물로 압수되었는데, 정남용은 이를 이종욱으로 부터 받았으며, 선언문은 상하이에서 보내왔다고 진술하였다.[36] 이는 적어도『자유신종보』와『혁신공보』의 배포에 대동단 단원도 참가하였음을 뜻한다.

대동단과『자유신종보』·『혁신공보』간행그룹 간의 관련성은 보다 구체적으로 밝혀져야 하겠지만, 이는 3·1운동 직후 국내 독립운동 진영 - 특히 학생그룹의 활동이 비밀결사로서 불가피한 '개별 약진'의 형태를 띠면서도, 한 걸음 나아가 활발한 연계·연대 관계 하에서 가동되었음을 짐작케 한다.

2. 기사 내용 분석

1) '자치론' 비판

제군은 돌연히 소위 '자치운동自治運動'을 진행하여, 조국의 공적公敵을 친우親友로 악수하고, 동포의 구서仇讐를 양명良明으로 사思하여, 오천년 국가의 운명과 이천만 동포의 생사의 대문제를 자가自家의 세력부식에서 이용코저 하며, 일신一身의 이해타산의 재材에 공供코자 하니, 제군은 한복한관韓服韓冠의 왜종倭種이며, 한산한지韓山韓地에 왜종倭種이니 …

한토韓土에 일남일녀一男一女도 제군의 적敵이며, 한산韓山의 일초일목一草一木도 제군의 적이니, 오등吾等은 독립의 구鉤와 자유의 총銃을 위선爲先 정의

---

34) 신복룡, 2003,『大同團實記』, 선인, 100쪽.
35) 국사편찬위원회 편, 1988,『한민족독립운동사자료집』5(大同團事件 Ⅰ), 219쪽.
36)『한민족독립운동사자료집』6(大同團事件 2), 140·181쪽.

正義에 적인 두국병민蠹國病民의 악마인 제군의 정상頂上에 시試코자 하노라[37]

라는 기사는 이 신문을 만든 '신종보사晨鍾報社'의 지향과 참여인물들의
시국관·민족운동관을 잘 보여준다. 이는 3·1운동 직후 사회 일각에서
대두된 자치론自治論에 대한 고발의 성격을 띤 것으로써, 자치론 주창자
들을 가리켜, 한국 의복과 관대를 착용하고 있지만, 그 본성은 '왜종倭種'
으로서, 한국 땅에 사는 일본인일 뿐이라고 비판하였다.

같은 글의 끝부분에서는 최강崔岡·박병철朴炳喆·정응설鄭應卨·채기두
蔡基斗·고희준高喜俊·유문환兪文桓·심우섭沈禹燮·이기찬李基燦·박승빈朴勝
彬·여희정尹熙貞을 자치론자로 지목하였는데, '직업적인 친일분자'로 평
가받을 만한 이들은 3·1운동의 여진이 채 가시기 전에, 자치운동에 적극
적으로 나섰다.

1919년 8월 이들은 자치론을 주장하는 「의견서」를 조선총독부에 제
출하여, 조선은 조선인으로 하여금 다스리게 할 것, 빠른 시일 내에 조선
에 '조선의회朝鮮議會'를 설치할 것, 일본인 총독의 감독 하에 '조선정부
朝鮮政府'를 설치할 것 등을 요구하였다.[38] 이들의 면모를 살펴보면 대체
로 다음과 같다.

최강은 애국계몽운동기 헌정연구회와 대한자강회 활동에 참여하였고,
제국신문사 사장을 역임하였다. 천도교단의 지도자로도 활동하였고, 대
한제국정부 군부의 참서관으로도 재직하였다.[39] 박병철은 부일단체인

37) 「社說」,『自由晨鍾報』4호.
38) 박찬승, 1997,『한국근대정치사상사연구』, 역사비평사, 310쪽. 1919년 11월 16일
에도 고희준·정응설·채기두 등은 다시 명월관에 모여 언론·집회·출판·결사의 자
유를 허락해달라는 요지의 請願書를 작성하여, 조선총독에게 제출키로 결의하는
[「고희준 일파의 청원서 제출에 관한 건」, 高警제32777호(1919. 11. 18), 대한민
국국회도서관 편, 1978,『한국민족운동사료: 3·1운동편』其二, 534쪽] 등, 일제
식민통치에 대한 순응을 전제로 한 타협적인 입장을 노골화하였다.
39) 최기영, 1997,『한국근대계몽운동연구』, 일조각, 160·163·165·166·192쪽 참조.

조선소작인상조회 대표 자격으로 1924년 1월 결성된 각파유지연맹에 발기인으로 참가하였다.[40]

채기두는 일본 명치대학을 졸업하였고(1909), 애국계몽운동기 헌정연구회 사무원과 일진회 평의원으로 활동하였다. 1924년 조선소작인상조회 대표 자격으로, 각파유지연맹에 발기인으로 참가하였다.[41] 고희준은 동광회 대표 자격으로 1924년 1월 결성된 각파유지연맹에 발기인으로 참여하였다.[42]

심우섭은 1915년 매일신보 기자로 입사한 후, '자치청원' 활동의 중심인물이 되었으며, 1920년대 이후에는 계명구락부 활동에 주력하였다.[43] 계명구락부는 '조선의 문화 증진'을 표방하며, 중심사업으로 한글 연구·습속개량·지적수양을 내걸었다.[44] 1920년대 초 자치운동을 전개한 중심인물의 다수는 계명구락부 소속으로 '조선문화의 보급'을 주장하였다.

이기찬은 계명구락부 회원으로 활동한 변호사였다.[45] "이번의 소요를 당국이 미연에 방지하지 못한 것은 평소 언론의 자유를 압박하고, 생각을 표현할 수 없게 하였기 때문이다. 지금이라도 언론의 자유를 인정한다면 불평을 가진 자는 시정의 결함을 기탄없이 발표할 것이고, 통치상 (이를) 참고할만한 것이 많을 것이다. 이번 사건도 당국이 민의의 귀추를 살피고, 이에 대한 대응책을 마련하였으면 미연에 방지할 수 있었을 것이다"[46]라고 피력한 '3·1운동 및 조선총독부 制令에 대한 감상'은 자

---

40) 「일제하 친일단체 및 기관 소속 주요 인명록」, 반민족문제연구소 엮음, 1993, 『친일파 99인』 3, 돌베개, 267쪽.
41) 최기영, 앞의 책, 160·166·168쪽 및 「일제하 친일단체 및 기관 소속 주요 인명록」, 앞의 책, 267쪽.
42) 「일제하 친일단체 및 기관 소속 주요 인명록」, 앞의 책, 267쪽.
43) 이지원, 2007, 『한국근대문화사상사연구』, 혜안, 246~247쪽.
44) 위의 책, 242~243쪽.
45) 위의 책, 242쪽.

치론자들의 입장을 잘 대변한다.

박승빈은 변호사로, 보성전문학교 교장을 지냈으며, 계명구락부 평의
장과 총무이사로도 활동하였다. 1924년 1월 중순 최린·이종린·김성수·
송진우 등과 '타협적인 자치운동'을 위한 정치결사 조직 문제를 협의하
는 등, 자치운동의 중심적 역할을 한 것으로 드러난다.[47]

3·1운동 후 자치론을 주장하고 나선 이들은 대체로 국권피탈 전 애국
계몽운동에 참여하였고, 일제 식민지배 하에서는 사회지도층으로 변신
한 이력의 소유자였다. 이들은 문명개화론文明開化論의 입장에서 현실 수
긍 내지는 타협이라는 전제 위에서, 식민지 피지배민족의 앞날을 고민하
였다고 하겠다.

하지만 3·1운동의 좌절을 겪은 직후 현실모색의 한 방편으로 구상되
었을 이들의 자치론은 시간의 흐름과 함께 식민지배체제와의 타협을 통
한 굴종의 길을 걷게 되고, 결국 항일민족주의 대오에서 이탈하기에 이르
는데, 3·1운동의 열기가 유지되던 1919년 중반『자유신종보』제작에 참여
한 항일민족운동계열의 입장에서 볼 때, 자치론자들은 반민족적 기회주
의자에 불과한 존재로서, 타도해야 할 대상으로 지목될 수 밖에 없었다.

3·1운동의 영향으로 분화된 민족주의계열의 갈래가 현실수용의 전제
위에서 입론된 '자율의 공간'을 택한 자치론의 입장과 독립과 해방이라
는 원칙과 이상을 택한 저항적 민족주의의 편차가 자유신종보 기사에서
드러나고 있었던 것이다.

이러한 자치론에 대한 비판과 경계는 3·1운동 직후 독립운동계 일반
의 합의를 그 배경으로 하였다.[48] 같은 시기에 간행된 지하신문으로서,

---

46) 「騷擾事件ニ關スル民情彙報」(第7報), 1919. 4. 23, 『現代史資料』25, 398쪽.
47) 이지원, 앞의 책, 242~247쪽 및 박찬승, 앞의 책, 310쪽.
48) 일례로, 3월 하순경, 중앙학교 4년생인 崔碩寅·柳淵和 등은 '朝鮮國民自由團' 명
    의로 "근래 조선인 有志者 사이에서, 조선인에게 출판·언론의 자유를 주고, 조선
    에 대하여 식민지 이름을 삭제하고, 帝國議會에 보내는 代議士를 선출케 하여,

자유신종보 간행과도 밀접한 관계가 있는 것으로 유추되는 혁신공보에서도 자치론자의 행적에 대한 강한 고발과 비판 기사[49]를 싣고 있다.

한편 위의 자치론 비판 사설은 고원훈高元勳 등이 조선총독부에 의견서를 제출한 데 대한 고발의 성격이 짙은데, 4호의 간행시기가 '7월 하순 이후'인 점을 감안하면, 4호의 간행 시점이 자치를 요구하는 「의견서」가 제출된 직후였을 개연성이 크다고 하겠다.

2) 투쟁의식의 고취

①슬프다, 과거의 혈血의 사史는 비록 개선군凱旋軍이 있었으나, 한반도韓半島가 약한 혈의 사요, 과거의 혈의 사는 비록 순국사殉國士가 있었으나, 한반도가 사死한 혈의 사로다. … 차시차추此時此秋에 한반도는 여하한 혈의 사를 작作코자 하는가.

　용맹할지어다, '워싱턴'의 혈을 불가불 네게 주사할 것이요, 분발할지어다, OOO의 혈을 불가불 네게 주사할 것이로다. … 이때에 너는 다만 유진무

헌병제도를 폐지할 것을 요구하여 이것이 채택되는 것으로, 만족하려는 자가 있다. 그러나 우리들은 이들의 말에 현혹됨이 없이, 단연코 이 기회에 조선을 일본 통치 하에서 떠나 완전한 독립국이 되게 하지 않으면 안 된다. 이를 위하여 우리는 최후의 1인에 이르기까지 분투할 각오를 하지 않으면 안 된다"는 내용의 등사판 전단을 인쇄하여, 동대문 부근 인가에 투입·배포하였다(독립운동사편찬위원회 편, 1972, 『독립운동사자료집』 5, 3·1운동 재판기록, 242~243쪽).

49) "朴勝彬 등 7인은 內로 동포에게 阿諛를 구하고, 外로는 敵에게 一方을 助하는 다시 奸計로써, 적의 外首를 방문하고 自治를 운동하니 彼(일본외상, 필자)曰 "君等이 何로 인하여 내방하였는고?" 朴等이 왈 "朝鮮時事 선후책에 관하여 一計를 진술코자 來하였노라." 相(일본외상)왈 "然則 君等은 在鮮의 정치가乎아, 曰 非也라, 非정치가인즉, 君等은 최고정치를 심의할 자격이 無하니 速退하라." 朴等이 原(原敬, 필자)수상 소개를 更請커늘, 필요가 亦無하여 거절함으로, 退하여 忽恥를 不勝하고 末路에 更히 日本社會黨 領相에게 면회를 청한 즉, 氏曰 "전한민족은 독립운동에 庶幾 성공을 奏하였는데, 어찌 自治를 운동하는O, 陋笑로, 何故로 對面하리요, 거절하였으므로 O詐懷奸한 彼等의 7인은 牛皮로 낯을 싸고 환국하였다 하니, 요런 놈들은 回石에 상당히 處置를 하여야 하겠소"(「殺到한 辯護士의 自治運動 失敗는 심히 자미있다」 『革新公報』 34호, 1919. 8. 12).

퇴유진무退有進無退할 것이며, 이때에 너는 다만 백절불굴百折不屈할 것이요, 네가 요
구하는 붉은 혈이 공급에 부족할까 근심일지어다. 청년 한반도의 혈이 부
족하면 노인 한반도의 혈을 공급할 것이요, 노인 한반도의 혈이 부족하면
강보襁褓 한반도의 혈을 공급할지어다.[50]

과거의 역사에서, 투쟁은 희생을 전제로 한 '피의 역사'였지만, 3·1운
동 시점에서의 항일투쟁은 앞으로 나갈 뿐으로 후퇴는 없으며, 백절불굴
의 기세로 전개되고 있다는 주장이다. 그리고 청년에서부터 노인에 이르
기까지, 전민족이 희생할 각오가 필요하다는 요지이다.

②경성 수하정 조정윤趙鼎允이란 자는 자기재산을 독립단에 청구할까 기우杞
憂하여, 피彼 총감부總監部 번역관 와다나베渡邊鷹次郎에 현금 4만 8천원을
급여給與하고, 재산과 생명을 보호하여 달라 의탁依託하고나무 지고 불에
들어가는, 차此가 노현露現될까 염려하여, 각 신문기자를 결탁소대結托召待
비루鄙陋한 기자記者 하였다 하니, 인면수심人面獸心이 아닌가. 일로써 국가민족을 위
하였으면 참보호가 목전目前에 현현現現하리라고 세평世評이 … 또 우리의 각
신문이 적문賊門에 입入하면 일일이 파출소로 가져간다고!![51]

위의 글에서는 3·1운동 직후 독립정신을 고양하는 지하신문이나 각
종 문건류가 자신의 집에 투입되면, 이를 일일이 파출소에 신고할 정도
로, 총독부 권력에 기생하는 부일배附日輩의 구차한 삶의 모습을 고발하
고 있다.

③금후 세계민족과 공히 충분한 자유를 공향共享함을 분언賁言함에 준준準準하여
도, 우리 독립은 기정의 사실됨에 불구하고, 치한정사적痴漢情死的 광태狂態
를 임행任行함은 진眞히 골髓에 각할 난념難念의 통분憤痛이므로,
    서간도에 또한 일부 아我 의군義軍은 금기수旣 피彼와 교봉交鋒된 듯하니,
아我 내지內地에 재在한 형제자매는 갱更히 퇴탁退托을 하고, 관당지무觀當之

---

50) 「血의 史」, 『自由晨鍾報』 7호.
51) 「卑吝한 趙漢」, 『自由晨鍾報』 12호.

無하여 만심일치萬心—致로 음陰에와 양陽에로 피인彼人의 정政을 거절하고, 피인彼人의 물품비매物品非買하고, 피인彼人과 거래를 단절함이 의당宜當하거늘,

불행히 상尙히 외축畏縮의 상태에 재在하여 의사를 은휘隱諱하는 자도 유有하고, 도시에 일시 폐시閉市를 현실現實하고도 정당한 의사를 표시치 못하고 망설妄說로 피인彼人에게 무한한 회멸侮蔑을 자취自取하는 자도 유有하고, 소위 '유식계급有識階級'으로 자처하는 자 등은 항상 피彼 정政을 감수하는 ○상象을 여與하여, 피彼로 하여금 우농愚弄을 상용케 하며, 그외 유산계급은 우右히 냉정한 태도를 지持하여 타사아생他死我生의 치痴○ 중에서 도일度日하니,

억憶라! 군배君輩의 력力을 뢰賴하여 사사事의 성부成否를 점占코자 함은 아니로되, 화복존멸禍福存滅을 공共히 하는 같은 민족으로, 어떤 이는 생명과 재산을 희생함을 부석不惜하고, 어떤 이는 위오신불위危吾身不爲하고 손아재불위損我財不爲하나뇨."52)

이 글에서는 항일과 독립의 의지가 식어가고, 일제 식민지배에 순응해 가는 국내 상황을 은유적으로 지적하며, 각성과 분투를 촉구하고 있다. 즉 일제의 지배를 거부하고, 일본제품을 사지 말고, 일본인과의 거래를 단절하는 것이 마땅함에도 불구하고, 스스로 위축되어 자신의 의사를 드러내지 못하며, 경제활동에 제약을 받음에도 불구하고, 정당한 의사를 표현하지 못할 뿐 아니라, 심지어 일본인의 모멸을 자처하는 자들도 있고, 유산계급은 동포들의 고통이나 식민지 억압 상황과 상관없이, '남이야 죽든 말든, 자신만 살겠다'는 모습을 보이고 있다고 개탄하는 내용이다.

3) 일본제국주의에 대한 냉소적인 고발

①"일본은 국내정형의 공황이 날로 심함에 인하여, 반대당인 헌정회憲政會는 현 내각을 경질할 취의趣意로 도쿄東京를 시작으로 전국각지에 현 정부 공격연설을 개시할 터인데, 지난 14일에 동경에서 개시하였더라"53)

---

52) 「社說」『自由晨鍾報』 12호.

②"일본 교토[京都]의 전기직공 4·5백 명은 일제히 동시파업하고, 지난 12일에 일대 시위행렬을 거행하여, 시내를 순회하였는데, 전도前途에 다소 ○○을 면키 어렵다더라."[54]

③"소위 신임총독이 주야고심晝夜苦心하여 우리의 목적을 장해코자 관제개혁이니 무엇이니 하여 가지고, 명문明文은 커녕 만족蠻族으로 퇴화退化케 하기 제일착에 공동묘지 철폐를 ○하였다 하니, 아무리 왜인이기로, 어찌 그리 몰지식하고 얼마나 주권을 집執할가"[55]

④"본월 15일 일본 『보지신문報知新聞』을 거據한 즉, 강화위원講和委員 소노 이사오[壯野勇]가 귀국하여 환영회에서 연설하였는데, 그 ○에 왈曰, 파리강화회의에서 조선대표의 세력이 굉대宏大하고, 또한 민족자결주의民族自決主義는 종차從此 철저하게 실행된다 하였더라."[56]

이상의 기사에는 일제의 정치·사회적 상황의 허구를 냉소적으로 전하고 있는데, 정황을 구체적으로 보도하고 있음은 이 신문의 제작에 참여한 인물들이 당시 일본신문의 보도기사 등에 깊은 관심을 갖고, 정보를 수집·분석하였음을 뒷받침한다.

4) 국제사회의 관심과 지원에 대한 기대감

①"3월 1일 우리의 시위운동이 개시한 후로, 일본의 만폭蠻暴한 행동과 우리 민족대의民族大義의 아我 한국기독교도의 참상에 대하여 미국 외국선교회의 본부로서 상세한 정황을 미국의회 상원에 제출하였더니, 7월 하순에 상원의원 모리스 씨의 동의로 접수하여, 수십 매에 달하는 장문의 진정서는 비상非常한 동정열정同情熱情 중에 낭독되었으며, 결국 극단極端 원조援助하기로 가결可決하였더라."[57]

이 또한 일제의 식민지배하 한국의 상황에 대한 국제사회의 관심과

---

53)「日本政府 危機漸至」,『自由晨鍾報』4호.
54)「職工의 示威行列」,『自由晨鍾報』4호.
55)「힌 개 꼬리 삼년 못어도 黃毛가 아니됨」,『自由晨鍾報』7호.
56)「詐欺中에도 眞言이 庸乎」,『自由晨鍾報』7호.
57)「宣敎社會의 陳情」,『自由晨鍾報』4호.

동향을 주목하였음을 알려준다. 이는 국제사회의 동정과 우호적인 반향을 전함으로써, 한국인의 독립 열망이 식지 않고, 용기 또한 꺾이지 않도록 하기 위함이었을 것이다.

5) 미주지역 한인사회에 대한 기대감

①"미국 전경全境에 생회원生會員을 대모집하기로 결정이라 하오며, 이 회의 회계원은 미국 철도회사 부사장이라 하오며, 이 회원 중에 미국내 2천여 종 신문잡지를 주관하는 위원 되는 사람이 있다 한다. 서徐박사와 말하기를, 한국에 대한 호好한 저술著述을 하여주면, 2천여 종 신문잡지에 출판케 하자 하였는데, 서 박사가 본 사무소에 서기 박영로朴永魯씨의 필기로 송서送書하기를, 이 때에 미국인의 대여론과 동정을 득하게 되었는 즉, 원동과 내지에서 독립시위운동만 계속 진행하면, 대사大事를 필성必成할지니, 원동에 인원을 파송하여 이와 같은 미국 동정의 형편을 설명하여, 내지운동內地運動을 계속케 하라고 하였더이다"[58]

일제 식민지배 하에 있는 한국인에 우호적인 입장을 가진 미국 내 ─ 명칭을 알 수 없는 ─ 모 단체의 동향을 소개하는 글로써, 이 단체가 서재필徐載弼 박사에게 "한국에 보탬이 될 만한 글을 써주면, 미국 내 신문과 잡지에 게재해 주겠다"는 제안을 하였고, 이에 대해 서재필 역시 "그렇게 되면 미국인의 동정과 지원을 기대할 수 있게 될 것이므로, 대표를 파견해서 한국 내에서 독립시위운동을 적극 전개하도록 독려할 것을 권고하였다"는 요지이다.

②"미국 필라델피아에서 한국독립 축하연회 때에 각국 신사들이 공참共參하여 만세를 부르고, 한·미 국기를 교차하여 건립하니, 만국국기를 교게交揭 중 한국 태극기를 열게列揭하였더라."[59]

---

58) 「白一生氏의 片紙續」, 『自由晨鍾報』 4호.
59) 「韓國獨立祝賀宴會」, 『自由晨鍾報』 12호.

미국사회에서 여러 나라 사람들이 참석한, 3·1운동 축하·기념 파티가 열렸는데, 한국의 독립을 축원하는 만세 소리가 드높고, 각국 국기와 함께 태극기가 식장을 장식한 모습은 3·1운동의 열기를 되살리고, 한국인의 독립에 대한 열정을 고양시키기에 적합하였을 것이다.

6) 임시정부에 대한 관심과 성원

① "증왕曾往에 한성漢城 즉 경성京城에 발포한 임시정부의 각원과 상해에서 조직한 각원에 인원이 부동함으로 양諒○는 바인데, 국무총리대리 안창호安昌浩씨는 한성에서 발포한 인원으로 정부를 개조할 ○○을 의정원에 제출하여 금주 의회를 통과하였으며, 미구에 이 안이 성립됨을 수隨하여, 완전한 정부가 건설되리라 하는데"[60]

② "대통령 이승만李承晚 박사와 재파리 강화회의 대표 김규식金奎植씨는 9월 1일에 세계열강에 대하여 아국은 공화국임을 성명하며, 또 금반 총독부의 관제개혁은 ○바, 양국에 영원한 복리가 아님을 진술하였다."[61]

③ "파리강화회의 때에 각국대표들이 한국특파대사 김규식씨를 청요請邀하여, 한국을 위하여 원조할 뜻을 각기 발언하였다더라"[62]

④ "상해임시정부는 4월 국내에서 발포하였던 각원으로 다시 개조하고, 상하이上海에서 조직하였던 총리제의 헌법을 폐지하고, 새로 대통령제의 헌법을 발포하였다더라"[63]

⑤ "연맹회의에 참석할 대표는 이 대통령과 서 박사와 김규식 대사로 선정하였다더라"[64]

3·1운동 직후 임정 상황을 전하는 내용이 많은 사실은 임정에 대한 기대감을 반영하는 동시에, 당시 국내 독립운동 진영과 상하이에 있는 임정의 연계관계가 활발하였음을 전한다.

---

60) 「政府改造案」『自由晨鍾報』7호.
61) 「我國體의 聲明」『自由晨鍾報』7호.
62) 「各國代表者態度」『自由晨鍾報』12호.
63) 「大統領制의 憲法發佈」『自由晨鍾報』12호.
64) 「我代表選定」『自由晨鍾報』12호.

특히 파리강화회의와 한국대표단에 관한 관심이 강조되고 있는데, 이는 당시 한국사회 일반의 현상이었다. 『조선독립신문』 등 지하신문에서도 파리강화회의 관련 기사가 많이 다루어졌다.[65] 이에 대해 일제 정보자료에서는 "(파리강화회의와 관련한)신문기사를 본 불령선인不逞鮮人들은 크게 자각하는 경향이 있다"[66]고 평가하였다.

기사 중에 미국·일본의 정치상황과 상하이 임정 등 국제정치에 관한 내용이 상대적으로 높은 비중을 차지하고 있음을 알 수 있다. 이는 자유신종보의 제작과 배포에 참여한 학생그룹의 국제정세에 대한 관심도를 대변한다. 이들은 한국의 독립은 우리민족과 일제와의 문제에 국한되는 것이 아니라, 국제정치 즉, 세계사적 차원에서 접근되어야 할 과제임을 인식하고 있었던 것이다.

3. 독립운동 진영의 국제정세 파악 경로

자유신종보의 기사 가운데에서, 임정과 관련한 소식이 비중 있게 다루어지고 있음은 임정의 상황을 파악할 수 있는 채널이 확보되어 있었을 개연성을 풍긴다. 상하이에서 수집된 국제정세 관련 자료가 연통제聯通制나 특파원特派員 등을 통해 국내로 전해졌고, 이것이 『자유신종보』의 기사로 이용되었으리라는 추정이다. 이럴 경우, 임정 국내파견원과 『자유신종보』 관련인물 간의 연계 가능성도 상정해 볼 수 있다.[67]

---

65) 일례로 『朝鮮獨立新聞』 5호에서는 "일본이 조선에 시행한 폭정 26개 조의 긴 논문 및 일반 부속서류를 첨부하여, 파리강화회의에 송달 편의를 미국영사에게 위탁하였다"는 기사를, 6호에서는 "조선민족 대표자는 파리에 도착하여 무사히 원만한 독립운동을 행함에 대하여, 외국인이 칭찬하는 치사는 이번 독립운동이 유력함을 공인한 것으로써, 일본에게 낙심하게 만들었다"는 기사를 실었다.
66) 「騷擾事件에 관한 民情彙報」(第15報), 騷密 제1578호, 1919. 5. 4, 『現代史資料』 25, 413쪽.

이 같은 추정은 상하이 독립운동진영과 국내 독립운동진영 간의 연계 사실을 추적한 일제 정보자료로도 뒷받침된다. 4월 17일 서울 팔판동에서 발견된『자유민보自由民報』15호에는 "지난 8일 상해에서 우리 임시정부를 조직하여 세계에 선포하였다"는 '상해발上海發' 기사가 실렸다.[68] 이는 4월 10일 상하이에서 임시의정원臨時議政院이 결성된 사실을 알고 있었음을 의미한다. 미처 1주일이 지나지 않은 빠른 시기에 상하이 독립운동진영의 정황이 국내에 알려져 있었던 것이다.

"경성의 불령선인은 비밀결사를 조직하여 상해 임시정부와 성식聲息을 통하고, 독립운동에 분주하고 있다." "또 상해로부터 조선 내에 밀송하는 불온문서는 경성 남대문통 5정목 공성상회共盛商會라는 운송점에서 처리하고 있다"는 평안북도경찰국 제3부의 조사자료[69]와 "상해 방면으로부터도 수종의 인쇄물이 들어와서, 인심을 동요케 하던 바"라는 기사[70]도 두 지역 독립운동 진영 간의 접촉의 정도를 짐작케 한다.

나중의 일이지만, "상해에서 발행되는 한문 배일잡지排日雜誌『천고天鼓』제1권 제3호가 최근 선내에서 발견되었는데, 파고다공원에서의 독립선언 당시의 광경 및 손병희孫秉熙·양근환梁槿煥 등의 초상을 게재하"[71] 였다는 일제 정보자료 역시 상하이와 서울 독립운동진영 간의 소통 사실을 함축하고 있다.

상하이 독립운동 진영에서 발간한 잡지가 서울에서 발견되었고, 만세

67) 1920년 5월 6일자 일제 정보자료에 따르면, 자유신종보 제작과 간행의 중심역할을 하였던 朴玫悟는 上海에 있었다(「不逞僧侶檢擧의 件」, 高警 제12574호, 1979,『한국민족운동사료: 3·1운동편』其三, 590쪽).
68) 『3·1운동 독립선언서와 격문』, 245쪽.
69) 「독립운동자 검거의 건」, 高警 제31100호(1919. 11. 1),『한국민족운동사료: 3·1운동편』其二, 489쪽.
70) 「불온문서 전부 압수」,『每日申報』1919년 11월 30일.
71) 「상해에서 발견한 배일잡지」, 高警 제18637호(1921. 6. 7),『한국민족운동사료: 3·1운동편』其一, 479쪽.

시위운동의 실상을 전하는 사진이 실린 사실로 미루어 보면, 양 지역 간의 소통이 적극적이었고, 국제정세도 이 같은 경로를 통해 국내 독립운동계에 전달될 수 있었을 것이다.

한 걸음 나아가, 미국 내에서 벌어지고 있는 한국관련 소식과 일본정계의 정황 등 국제정세와, 상하이 임정 활동에 대한 정보가 어떤 경로와 방식으로 국내로 들어와 기사화될 수 있었는지에 대해 접근해보겠다.

당시 뉴스의 전파 경로로는 첫째가 전보電報인데, 이는 당일로 연락이 가능하였다. 상하이와 샌프란시스코·워싱턴 사이에 많이 사용되었던 방법이다. 국내의 경우에는 검열 때문에 이 방법이 쉽지는 않았지만, 암호로 연락을 하는 사례는 있었다. 둘째는 인편人便을 통한 뉴스 전달이다. 상해-서울 간에 이러한 경로가 많았던 것으로 추정된다. 선편을 이용한다면, 1주일 안에 소식 전달이 가능했을 것으로 보인다. 셋째로는 외신 보도를 보고 아는 방법인데, 주로 일본에서 간행되는 신문을 통해 정보를 얻었다.[72]

3·1운동 직후 발간된 지하신문의 많은 기사가 당시의 여론과 소문으로 떠도는 이야기를 근거로 하였기에,[73] 진실성과 구체성에 있어서는 한계를 안고 있다. 하지만 소문의 실마리나 진원지는 어떤 형태로든지 국외의 정보원情報源과 연관이 있었음은 분명하다 할 것이다.

먼저 소식의 출처로 등장하는 '워싱턴발發' '동경전東京電' '경도전京都電' '상해공보上海公報' '상항통신桑港通信' '미국통신米國通信' '파리통신巴里通信' '상해통신上海通信' '정부공문政府公文' 등은 무엇을 의미하는 것일까?

'워싱턴발' '도쿄전' '교토전' '샌프란시스코통신' '미국통신' '파리통신' '상하이통신' 등 다소 추상적인 출처의 기사는 국내에서 취득이 가

---

72) 국외 소식이 국내에 전달되는 경위에 대해 가르침을 주신 포항공대 고정휴 교수께 감사드린다.
73) 박찬승, 앞의 글, 250쪽.

능하였던 영어·일본어 신문에 근거한 것으로 여겨진다. 반면에 '워싱턴
발發 아我 정부공보政府公報' '정부공문政府公文'은 비록 소문이나 전언 형
태일지라도 출전이 임정과 밀접한 관계가 있음을 암시하고자 하는 의미
로 사용되었을 것으로 추정된다.

그런데 '워싱턴발 아정부공보'(제4호)라 할 때, 우선적으로 생각해 볼
수 있는 것이 '대한민국 특파 구미주차 한국위원회大韓民國特派歐美駐箚韓
國委員會'(약칭 구미위원부)이다. 이 기구의 공식 출범일이 1919년 8월 25일
이었고, 구미위원부통신歐美委員部通信이 발행되기 시작한 시기는 9월 중
순 이후이다. 따라서 시간상으로『자유신종보』4호(8월 ○일 간행) 발행인
들이 구미위원부통신을 직접 볼 수는 없었다.『신한민보(新韓民報)』나『독
립신문獨立新聞』에서 우리 정부의 권위와 뉴스의 신빙성을 높이기 위해
임의로 사용했던 '워싱턴발 아 정부공보'를 그대로 인용했을 가능성이
높다.[74)

참고로 미국에서 발간되던『신한민보』나 구미위원부통신과 같은 문
건들이 국내로 직접 들어오는 데에는 최소한 한 달여의 시간이 소요되었
다. 선편으로 태평양을 건너야 하기 때문이다. 따라서 워싱턴의 이승만
과 상하이의 임정 사이의 주요 연락은 주로 전보를 통해 이루어졌다.[75)
전보를 통해 소식이 도착하면, 임정에서는 이를『독립신문』에 게재했고,
이 소식이 인편을 통해 국내에 전달되었다.[76)

다음으로 신문을 통한 정보 입수의 가능성이다. 이 경우 국내에 거주

---

74) 당시 워싱턴에서는 상해 임정의 수반인 李承晩의 선전활동이 활발하게 전개되고
    있었기 때문에, 그의 활동에 공식성을 부여할 필요가 있었을 것이다.
75) "華盛頓에서 상해의 소위 대한임시정부에 달한 전보(1919. 9. 25)에 의하면" "임
    시정부는 … 10월 7일 華盛頓發 전보에 접하고"(조선군사령부,「선내외 일반의
    상황」, 朝特報 제73호(1919. 11. 8),『한국민족운동사료: 3·1운동편』其二, 517·
    519쪽)라는 일제 정보자료가 이를 뒷받침한다.
76) 미주지역의 한인독립운동 상황은 워싱턴·샌프란시스코·호놀룰루와 상해 간의 전
    보문을 통해 신속히 전달되며, 이것이 국내로 전달되는 경로가 일반적이었다.

하는 외국인을 독자로 하는 외국신문(주로 영어와 일어)을 통한 경우를 상정
해 볼 수 있다.[77] "근래 한인관리 및 기타 한인으로서 각종 신문을 구독
하고, (파리)강화회의에 관한 기사에 주의하는 자가 많은 경향이었다."[78]
"최근 신문·통신 등에 의해 제국이 그 요구를 관철했다는 보도가 전
해"[79]진다는 기사처럼, 주한 미국인이나 일본인이 구독하는 미국과 일
본에서 간행된 신문기사의 내용이 한인들에게 전달될 수 있을 것이다.

일제 자료에 의하면, 3·1운동 직후 국내거주 외국인은 모두 19,110명
으로, 이 중에서 중국인이 17,967명으로 제일 많았고, 미국인 709명, 영
국인 238명, 프랑스인 81명, 독일인 51명, 러시아인 17명, 이탈리아인
11명, 노르웨이인 11명, 그리스인 9명으로 추산되었다. 이들의 직업은
선교사·광업가·상인·관리(및 그들의 가족) 등으로, 선교사가 제일 많았는데
(남 260여명, 여 140여명) 선교사는 미국인이 최다수였다고 한다.[80]

주지하다시피 미국인 선교사 중에는 만세시위에 동정적인 입장을 갖
고, 적극적으로 협조한 인물들이 많았다. "소요 당시 만약 재류외인在留
外人 중의 혹자가 분명 군집群集을 지휘·선동하였다 하며, 이는 아주 법
에 상용相容치 못할 행위"[81]라는 조선총독부 외사과장의 담화나, "이번

---

77) 3·1운동 시기 국내에는 총독부 기관지인 每日申報(한글)와 영어판으로 서울 프레
스(The Seoul Press)·코리아 미션필드(The Korean Mission Field), 일어판으로는 京
城日報(서울)·京城新報(서울)·朝鮮新聞(서울)·釜山日報(부산)·朝鮮民報(대구)·
湖南日報(대전)·木浦新報(목포)·鴨江日報(신의주)·平壤每日新聞(평양)·元山每日
新聞(원산) 등 18종이 간행되었다고 한다(차배근·오진환·정진석·이광재·임준수·
신인섭, 2000, 『우리신문 100년』, 현암사, 88쪽 ; 한원영, 2008, 『한국신문전사』,
푸른사상, 203·206쪽 ; 홍순일·정진석·박창석, 2003, 『한국영어신문사』, 커뮤니
케이션북스, 88·126쪽 참조).
78) 「騷擾事件에 관한 民情彙報」(第16報), 騷密 제1731호, 1919. 5. 6, 『한국민족운
동사료: 3·1운동편』 其三, 482쪽.
79) 「騷擾事件에 관한 民情彙報」(第17報), 騷密 제2040호, 1919. 5. 10, 『한국민족운
동사료: 3·1운동편』 其三, 490~491쪽.
80) 朝鮮總督府, 「騷擾事件報告」1919. 4. 20, 『現代史資料』 26(朝鮮Ⅱ), 481쪽.
81) 「騷擾와 外人 關係에 就하야」 『每日申報』 1919년 3월 19일.

조선 불령지도不逞之徒가 기도한 이면에 모국某國 선교사 선동이 있다는 풍설이 일반에 높음은 우리가 심히 유감으로 생각하는 바이라"[82]는 조선총독부 선전기관지의 사설이 이를 반증한다.

일제 식민지배 하 한국인에 대한 연민과 동정심을 가졌던 미국인 선교사들을 통해 국제정세에 관한 소식 등이 - 기독교 신자인 - 학생층을 중심으로 독립운동 진영에 전달되었으리라는 유추는 무리한 상상이 아니다.

평양경찰서에서 모펫Samuel Austin Moffet 등 선교사의 가택을 수색하고, 조선독립신문 등을 압수한 사건이나, 대구검사국에서 미국인 선교사의 가택을 수색한 사건[83] 등이 역설적으로 이 같은 추정을 뒷받침한다. "소요사건이 발생한 이후에 미국 여러 신문의 전보와 통신 중에 조선사건에 대하여 엄청나게 허풍을 떨"[84]고 있다는 기사 역시 미국사회의 관심을 촉발한 재한 선교사의 역할을 암시하고 있으며, 이는 선교사들의 역할과 영향이 적지 않았음을 의미한다.

이러한 상황 하에서 미션계 학교에 다니는 학생층을 중심으로 해서 3·1운동 전후 독립운동의 리더그룹은 선교사들로부터 국제정세에 관한 정보를 취득할 수 있었고, 또 선교사들이 구독하는 영어·일본어 신문·잡지 등의 열람 또한 가능하였을 것이다. 이러한 경로를 통해 국제정세에 관한 내용이 지하신문의 주요내용으로 기사화될 수 있었던 것이다.

이와 함께 상해 임정이나 국외 독립운동 진영으로부터 국내로 들어오는 신문을 통한 경우를 상정할 수 있다. "임시정부에서 외국신문을 매수

---

82) 「社說: 宣敎師에게 望함」『每日申報』1919년 3월 28일.
83) 『每日申報』1919년 4월 12일. 1919년 4월 10일 밤 미국인 선교사 노블 외 6명은 미국총영사관을 방문하여, "우리 미국선교사는 특히 주의하여, 집안에는 일체의 관계서류 등을 두지 말고, 기타 모든 일에 유의할 것"이라고 말하였다(「騷擾事件에 관한 民情彙報」(第1報), 騷密 제125호, 1919. 4. 16, 『現代史資料』 25, 387쪽)는 일제기관의 자료도 선교사들의 역할을 뒷받침한다.
84) 「米國新聞의 허풍」『每日申報』1919년 4월 19일.

하고 있는데, '상해차이나프레스' 및 '상해차이나타임스'에 월 300위앤
圓을 지불하나, '데일리뉴스'에 대한 보수액은 불명하다."[85] "(평안북도지
사 전보에 의하면)상해 임시정부는 조선 내에 배포할 목적으로써 『독립신문』
2만 매를 목제상자에 넣어 상품으로 가장하여, 안동현安東縣 영국인이 경
영하는 이륭양행怡隆洋行으로 발송했다"[86]라는 기사처럼, 상해 임정에서
구득한 신문이 독립신문과 함께 국내로 들어올 수 있었을 것이다.

또 1910년대의 경우, 미국에서 간행한 『신한민보新韓民報』가 국내에도
몰래 배포되었는데, 그 경로는 미국에서 상하이의 동제사同濟社로 보내
면, 다시 이를 안동현의 박광朴洸·백세빈白世彬이라는 인물에게 보냈고,
이후 국내와 만주지역에 배포되었다. 1915년 2월 4일 이후에는 미주의
대한인국민회大韓人國民會 원동위원遠東委員인 지린성吉林省 거주 박공열朴
公烈이라는 인물을 통해 국내와 만주지역에 배포되었다는 것이다.[87] 이
와 함께 베이징·톈진·만주지역의 한인단체 또는 독립운동단체에서 간행
하는 신문(대부분 소형 등사판)이 비밀리에 국내에 배포되었다는 연구성과도
제시되었다.[88]

덧붙여 중국의 주요 도시(즉 상하이, 베이징 등)와 일본의 주요 도시(도쿄,
요코하마 등)에서 발행되는 신문과 잡지(주로 선교사들이 발간하는 영자신문과 잡
지)에 실린 외신보도들이 국내로 전파되는 경로를 생각해 볼 수 있다. 현
재 우리가 생각하는 것보다는 뉴스의 전파경로가 다양하였으며, 비교적

---

85) 「朝鮮獨立運動에 관한 上海情報」, 驪密 제2730호, 1919. 5. 6, 『한국민족운동사
    료: 3·1운동편』 其三, 512쪽.
86) 「독립신문 배포 기획」, 高警 제1878호, 1920. 1. 24, 『한국민족운동사료: 3·1운동
    편』 其三, 544쪽.
87) 차배근 외, 앞의 책, 93쪽. 국사편찬위원회 포탈〉한국사데이터베이스〉국내외항
    일운동문서〉해외항일운동자료〉不逞團關係雜件: 朝鮮人의部 - 在歐美(2) 및 在
    滿洲의部(3)(6)(13) 등에서 박광·백세빈·박공열에 관한 문건자료(이미지)를 볼 수
    있다.
88) 차배근 외, 앞의 책, 125쪽.

신속하게 이루어진 것으로 짐작된다.

끝으로 편지를 매개로 하는 경우도 있었다. "미국에서는 조선독립 사건에 대하여 각 신문 각 잡지에 일반으로 게재되어 찬양이 자자하다고 조선거주 미국인 모씨의 영양令孃은 그 부친에게 서신을 송부하였더라"[89]는 한 지하신문의 내용처럼, 개인서신을 이용한 경우는 적발될 가능성이 적으므로, 사신私信을 통해 국제정세가 국내에 전해지는 경우도 적지 않았을 것이다.

이상에서는 주로 뉴스의 전달매체를 중심으로 살펴보았는데, 이와 함께 일본유학생들의 역할도 컸을 것으로 짐작된다. 이들이 여름·겨울방학을 이용하여 귀국할 때, 휴대하고 오는 일본의 주요 신문·잡지 등의 내용도 좋은 기사자료가 될 수 있었을 것이다.

맺음말

이상에서 3·1운동 직후 간행된 지하신문의 하나인 『자유신종보』의 간행과, 이를 통해서 1919년 중·하반기 국내 독립운동계의 동향을 살펴보았다.

먼저 『자유신종보』(4·7·12호)의 내용은 첫째, 3·1운동 직후 대두된 이른바 '자치론自治論'에 대한 비판, 둘째, 항일 투쟁의식의 고취, 셋째, 일본제국주의에 대한 냉소적인 고발, 넷째, 국제사회의 관심과 지원에 대한 기대감, 다섯째, 미국사회의 지원에 대한 기대감, 여섯째, 상해 임정에 대한 관심과 성원으로 이루어져 있다.

간행 시기 및 호수와 관련해서는 2009년 8월 10일에 발굴된 4호가 1919년 7월 하순 이후에 발간되었음을 확인할 수 있었고, 7호의 간행

---

89) 『自由民報』 15호, 『3·1운동 독립선언서와 격문』, 249쪽.

시기가 '9월 19일'인 점을 감안하면, 50여 일(8월 초~9월 19일) 동안에 세 차례(5·6·7호) 간행되었음을 알 수 있다. 또 12호가 10월 6일에 간행되었으므로, 8·9·10·11호는 9월 19일부터 10월 5일 사이(16일)에 간행되었는데, 보름 정도의 짧은 기간 안에 네 차례 간행된 셈이다. 이로 보면, 정기적으로 간행되지는 않았음을 알 수 있다.

그리고 발간·배포를 주도한 중앙학교 학생인 유기원柳基元과 박민오朴玟悟의 진술로 미루어 보면, 1919년 6월 초순부터 본격적인 제작 간행 작업이 시작되어, 10월 28일 사이에 1호에서 16호까지 간행된 것으로 확인된다.

이와 함께 배재고등보통학교 3학년인 박세영朴世永과 송영宋影이, "자주독립사상을 내용으로 한 등사판 신문"『자유신종보』를 6호까지 발간하였다는 기록 등을 종합하면, 자유신종보의 제작과 배포에는 유기원과 박민오로 대표되는 '중앙학교 학생그룹'과, 박세영과 송영으로 대표되는 '배재고등보통학교 학생그룹'이 공동으로 참여하였을 개연성이 암시되고 있다. 6호까지 제작은 배재고보 그룹이 담당하였고, 7호부터는 중앙학교 그룹이 맡았을 가능성이 높다.

『자유신종보』의 제작·배포 과정에서는 『혁신공보』와의 공조 가능성이 높게 시사되는데, 혁신공보는 불교중앙학림과 중앙학교 학생그룹이 제작과 배포를 주도한 것으로 짐작된다. 이로 보면, 중앙학교中央學校·불교중앙학림佛敎中央學林·배재고보培材高普로 밝혀지는 수 개의 학생그룹이 서로 연계·협조하여 여러 종류의 지하신문을 제작하였을 개연성이 강하게 시사된다. 생각을 좀 더 확장해 보면, 이들 개별 학교단위의 학생운동 그룹을 총괄적으로 이끄는 상부조직의 존재 가능성도 상정해 볼 수 있을 것이다. 『혁신공보革新公報』와의 관련성과 더불어, 대동단大同團과의 연관성도 암시되고 있으나, 이에 대해서는 추후 진전된 사실이 밝혀지기를 기대한다.

또 기사 중에 파리강화회의를 비롯한 국제정세 관련 내용이 적지않게 실린 사실을 통해, 3·1운동 직후 학생계의 국제정세에 대한 관심이 컸음을 엿볼 수 있었다. 그리고 신문기사의 출전으로써 국제정세에 관한 소식은 상하이로부터 들어온 임정 기관지『독립신문』이나 미주 대한인국민회가 발행한『신한민보新韓民報』를 비롯하여, 재한 미국인 선교사를 포함한 외국인들이 구독한 외국어 신문을 통하였거나, 일부는 외국인들로부터 직접 전해 들었을 것으로 짐작하였다. 이와 함께 미주 한인사회에서 전보문 형태로 상해 임정 및 독립운동 진영에 보내온 소식이 다시 국내로 전해져, 신문기사화한 경우도 떠올려 볼 수 있다.

제2장

제2차 세계대전기의 국제정세 인식

대한민국임시정부 주도집단의 중국관
진보적 민족주의자 김성숙의 임정 참여와 정치사상의 진화

대한민국임시정부 주도집단의 중국관

머리말

태평양전쟁의 전황이 미국에 유리해지면서, 전후 동아시아 질서 재편성을 염두에 둔 미국의 중국국민당정부(이하 '중국정부')에 대한 배려도 가시화되었다. 항일전쟁에 대한 자신감이 증대되는 상황을 배경으로 하여, 중국정부의 임정 및 한인독립운동세력에 대한 관점에도 변화의 조짐이 엿보였다. 이에 조응하여, 임정 및 한인진영의 중국에 대한 인식 또한 종래와는 다른 모습을 띠기 시작하였다.

"중국 항전이 승리할 때에 약소민족은 마땅히 그를 도와서 철저한 해방을 얻기를 도모하여, 자유평등의 경지에 이르러야 한다고 저는 굳건히 믿습니다."[1) "중국의 항전이 승리를 거두면 한국의 독립도 이루어집니다. 때문에 중국을 지원해 주는 것은 간접적으로 한국을 지원해 주는 셈이기도 합니다"[2)는 언급은 중국지역을 무대로 활동한 독립운동세력이 갖고 있던 일반적인 중국관을 대변한다고 할 수 있겠다.

중국이 항일전쟁에서 승리하는 것이 한국의 해방과 독립을 가져다 줄

◇ 이 글은 「광복 직전 김구와 대한민국임시정부 세력의 중국 인식」(『백범과 민족운동 연구』 4, 2006. 6. 1)을 보완한 내용이다.

1) 김구, 「중국민중에 고함: 한국국민당 지도자가 중국민중들에게 드리는 편지」, 重慶『新蜀報』1938년 11월 25일자, 2005, 『白凡 金九先生의 편지』, 나남출판, 51～52쪽.

2) 김구, 「중국의 영용한 항전을 위하여 미국친우들에게 호소한다」, 2004, 『白凡 金九先生 言論集』(상), 나남출판, 113쪽.

보증이었던 것이다. 하지만 「한국광복군 활동 9개 기준」으로 대표되듯
이, 한인독립운동세력을 향한 통제의 고삐가 당겨지면서, 중국정부를 바
라보는 한인독립운동가들의 눈길에도 변화가 일어났다.

'한·중 연합 공동항일' 구호 하에 행보를 같이 해 왔던 양자의 관계에
도 국제정치의 논리가 적용되었고, 동북아시아 반침략·반파시즘 국제연
대에도 틈새가 엿보였다. 어느새 '혁명의 시대'는 가고, '정치의 시대'가
다가오고 있었다.

이 글에서는 광복 직전 중국정부의 전후 한반도 정책을 배경으로 재
조정되는 임정 및 한인진영의 중국에 대한 인식의 일단에 접근하고자 한
다.[3] 이는 동북아시아 국제질서의 '새 판 짜기'의 탐색장이기도 하였던
광복 직전 반일 국제연대라는 틀 안에서 고찰되어야 할 명제인 동시에,
21세기 한·중 관계와 동북아시아사의 내일을 전망해 볼 수 있는 단초를
제공할 수도 있을 것이다.

1. 중국정부의 공세적인 접근

1941년 12월 태평양전쟁太平洋戰爭 발발을 계기로, 미국이 대일전략의
측면에서 중국항일전쟁에 대한 지원을 강화하는 단계로 진전되었다. 중

---

3) 광복 직전 임정과 독립운동세력의 동향에 관한 연구성과로는 염인호, 1992, 「해
  방 전후 민족혁명당의 민족통일전선운동」『역사연구』창간호, 구로역사연구소 ;
  한시준, 1995, 「1940년대 전반기의민족통일전선운동」『대한민국임시정부의 좌우
  합작운동』, 한울 ; 염인호, 「1940년대 재중국 한인좌파의 임시정부 참여: 조선민
  족혁명당의 사례를 중심으로」, 한국근현대사학회 편, 1999, 『대한민국임시정부
  수립 80주년 기념 논문집』(하), 국가보훈처 ; 정병준, 「해방 직전 임시정부의 민
  족통일전선운동」『대한민국임시정부 수립 80주년 기념 논문집』(하) ; 신용하,
  2004, 「광복 직전 한국민족독립운동과 민족연합전선(1943~1945)」『백범과 민족
  운동 연구』2, 백범학술원 등이 있다.

국의 민족주의는 자신감을 되찾았고, 외부를 향해 영향력을 발양하려는
욕구마저 느끼기에 이르렀다. "그 중에는 전후의 월남·버마·인도·태국
및 한국에 관련된 문제가 있었으며, 중국은 확실한 아시아 민족해방운동
의 영도자의 지위에 서게 되었다."[4] "그러므로 감정상 한국의 독립문제
는 중국이 아시아대국으로서 주연하는 책임이 되었다"는[5] 기술은 중국
인들의 한국관을 잘 설명하였다.

일제의 패망이 어느 정도 예견되던 1940년대에 접어들면서, 중국은
한반도에 대한 과거의 지배권 회복을 최대 목표로 설정하고, 여의치 않
을 경우 최소목표로서 전후 한반도에서 경쟁관계에 있게 될 소련의 영향
력을 억제 혹은 제거한다는 입장이었다.[6] 이는 한반도가 중국의 안보에
필수적이라는 전통적인 관점에서 비롯되었다.

태평양전쟁 발발 이후 중국정부는 전후 한반도 문제에 적극적인 관심
을 보이기 시작하였다. 일본이 미국과 전쟁을 시작함으로써 결국 일본은
패배할 것이며, 그 결과로써 중국은 과거 동아시아에서 누렸던 주도적인
지위를 회복할 수 있을 것이라는 기대감이 팽배해졌다.

아울러 중국의 정책은 미국의 한반도에 대한 입장 및 소련의 한반도
정책과도 연관이 있었다. 미국은 지리적·인종적인 이유로 한국이 중국
에게 직접적인 관심사인 점을 강조하고, 중국의 판단을 방해하지 않을
것이라는 점을 분명히 하고 있었다.[7] 이러한 미국의 입장은 중국으로
하여금 전후 한국 및 한인독립운동세력 처리 문제에 대한 주도적인 영향
력 행사에 대한 욕구를 강화시키는 결과로 이어졌을 것이다.

특히 독일이 항복한 이후, 중국은 소련이 한반도에 영향력을 행사할
개연성을 우려하였다. 중국과 미국은 소련영토 내에 수 십 만의 한인이

---

4) 胡春惠 저, 辛勝夏 역, 1978, 『中國 안의 韓國獨立運動』, 단국대출판부, 264쪽.
5) 위의 책, 264쪽.
6) 구대열, 1995, 『한국 국제관계사 연구』 2, 역사비평사, 86쪽.
7) 「국무장관이 Gauss에게」(1942년 4월 23일), 구대열, 위의 책, 43쪽.

거주하고 있으며, 소련이 일본과의 교전 시 이들로써 한인무장부대를 편성하여 한반도에 투입시킬 것으로 예상하였다. 이러한 개연성은 중국의 전후 한반도에서의 이익과 배치되는 것이었으므로, 이러한 상황 하에서 중국정부는 임정을 비롯하여 자신의 영향력 하에 있는 한인독립운동세력을 통합하여 조직화해 둘 필요성을 느꼈다. 이런 측면에서 임정의 존재가 전후 한반도에서 중국의 이익을 대변해 줄 수 있는 담보물로 비쳤을 것이다.

중국정부의 속내와 관련하여, 지적하지 않을 수 없는 사실 중의 하나가 중국정부의 '입맛'이라는 프리즘을 통해 한국관련 정보가 여과되고 각색되었을 소지가 크다는 점이다. 충칭의 미국대사관은 임정요원들을 직접 만나기도 하지만, 상당부분이 중국 외교부나 중국 측 인사들과의 접촉을 통해 정보를 얻었으며, 이를 더욱 신뢰하는 경향이 있었다. 영국은 임정 인사들과 접촉한 기록조차 남기지 않았다.

중국정부는 한국에 관한 정보를 그들에게 유리하게 해석하여 함께 제공하였다. 중국정부는 한인세력의 분열상만이 아니라 일본이 한국인을 종속적인 위치에서만 일하도록 교육시켰기 때문에, 독립국을 경영할 만한 능력을 갖추지 못했다는 등, 한국인이 독립할 수 있는 능력을 결여하고 있다고 선전하였다.[8]

하지만 중국정부의 입장은 카이로 선언으로 일단 저지된다. 카이로 선언에서 표명된 '적절한 과정'을 거쳐 한국을 독립시킨다는 내용이나, 최종적으로 전후 한반도에 대한 4대국 신탁통치信託統治 실시가 결정된 사실은 중국정부 입장에서 보면, 한반도에 대한 전통적인 영향력이 상실되어 갔음을 의미한다.

카이로 회담의 한국관련 조항은 일차적으로는 '한국의 독립'에 관해 미국이 구상해 온 일반원칙을 선언한 것이었다고 할 수 있지만, 미국이

---

8) 구대열, 위의 책, 113쪽.

결과적으로 전후 한반도에 대한 중국의 야심을 저지했다는 점 또한 간과할 수 없다.[9] 이후 연합국에 의한 공동통치 방식으로써 신탁통치안信託統治案이 유력해지면서, 중국은 자신의 영향력만 확보된다면 기꺼이 국제신탁통치에 협조하려 하였다.[10]

중국정부는 겉으로 드러난 태도와 달리, 일찌감치 한국에 대한 국제신탁통치 문제에 동의를 표시하였고, 이를 전후 한반도에 대한 발언권을 확보하고 임정을 자신의 곁에 묶어두기 위한 수단으로 이용하였다.[11]

요컨대 중국의 목표는 어떤 형태로든지 한반도를 중국의 압도적인 영향력 아래 두면서, 특히 소련의 팽창적 영향력을 배제하는 것이었다. 이를 위해서는 우선 한국이 해방 후 즉각 독립되지 않는 것이 바람직하였다. 한국문제에 관한 논의가 장기화된다면, 미·영 양국이 한국문제 해결에 있어 중국의 입장을 존중할 것인만큼, 중국이 개입할 수 있는 기회는 많아질 것이고, 중국의 한반도 정책의 목표 또한 점진적으로 달성될 수 있을 것이라는 판단이었다고 하겠다.

1945년 11월 4일 충칭重慶에서 열린 임정요인의 귀국 환송연회에서, 우티에청[吳鐵城] 중국국민당 비서장의 연설은 중국정부의 바램을 잘 함축하였다.

> 한·중 두 나라의 관계는 그야말로 친밀하여 수족과 같았으며, 3천여 년의 역사교류를 거쳐 중·한 양국은 혈통에서나 문화·사상·신앙과 도덕적 관념, 심지어는 풍속과 습관에서까지도 서로 융합되고 교차되어 거의 다른 바 없이 되었으니, 중·한 두 민족은 한 개 민족에서 갈라져 나온 두 개 민족과 유사하다고 말할 수 있을 것입니다. …
> 중·한 양국은 형제의 나라이기 때문에, 국제관계에서도 두 바퀴가 서로

---

9) 구대열, 위의 책, 126쪽.
10) 정용욱, 2004, 『해방 전후 미국의 대한 정책』, 서울대출판부, 43쪽.
11) 정용욱, 「태평양전쟁기 임시정부의 대미외교」 『대한민국임시정부 수립 80주년 기념 논문집』 (하), 280쪽.

의지하듯이, 입술과 이가 서로 의지하듯이, 슬픔과 기쁨을 같이 할 수 있으며, 이해와 득실을 같이 할 수 있었던 것입니다. …

　과거에도 한국이 외적의 침입을 맞을 때면 서슴없이 팔을 걷어붙이고 나서서, 도움이 되어줄 수 있었던 것입니다. 명나라 때와 청나라 말 갑오전쟁 시기에 한국을 원조한 일은 바로 그 생생한 예라고 할 수 있읍니다. … 갑오중일전쟁甲午中日戰爭 역시 일본이 한국을 삼키려 하는 것을 중국이 보고만 있지 않으려 하여 일어난 것입니다. …

　귀 임시정부는 "중국혁명이 성공하는 날이 바로 한국독립이 실현되는 날이다"라고 인정해 왔습니다. … (귀국한 후에는, 필자) 다시 나라를 부흥시키고 곧추세우는 일을 잘 하여 … 중국과 장기적 우호·합작관계를 맺어 공동으로 일본이 다시 일어나는 것을 방지하고, 공동으로 동아시아의 영원한 평화를 위해 노력하리라는 것을 믿어 의심치 않습니다.[12]

　다음으로 중국정부의 한반도 정책은 동아시아정책과도 직접적인 관련이 있었다. 중일전쟁 이후 중국정부는 국민당 조직부장 주쟈화[朱家驊] 책임 하에 '변방민족 문제邊方民族問題'를 담당하는 위원회와,[13] 군사위원회의 부설로 '원조 동방각민족혁명 공작회의援助東方各民族革命工作會議'라는 기구를[14] 운영하였던 것같다.

　중국정부는 군정부장 겸 참모총장 허잉친[何應欽], 국민당 조직부장 주쟈화, 중앙당 비서장 우티에청의 3인 위원회로 하여금 한국문제를 관리토록 하였다. 주중 미국대사 고스(Gauss)는 이를 "국민당정권이 한국문제를 전통적인 중화중심주의中華中心主義적인 인물들에게 맡기고, 또 이를 변방문제의 하나로 취급하였음을 시사한다"고 평가하였다. 그런데 이들 3자 간의 협조 조정 기능이 부재하였고, 3인은 결코 한 자리에 모이지 않고 의견의 일치를 보이지 않았으며, 임정이 자기와 단독으로 거래할

---

12) 『白凡 金九先生의 편지』, 264~268쪽.
13) 「Gauss가 국무장관에게」(1942년 12월 11일, 1944년 5월 15일 및 6월 29일), 구대열, 앞의 책, 104·105·117쪽.
14) 「金九가 朱家驊에게」(1941년 5월 26일) 및 「朱家驊가 金九에게」(1941년 5월 30일), 국사편찬위원회 편, 1994, 『한국독립운동사』 자료 26, 임정편, 58~59쪽.

것을 촉구하였다. 그 결과 임정은 이들 3인 간의 불화에서 희생양이 되지 않을 수 없었다고 분석하였다.[15]

이에 주변 아시아국가들은 중국의 정책을 중화중심적 민족주의의 표현이며, 종전 후 어떤 형태로든 과거의 영향력을 회복하려는 의도로 간주하면서, 심각한 우려를 갖기에 이른다.[16]

1944년에 들어 유럽에서의 전쟁이 종결의 기미를 보이고, 소련의 동아시아 문제 개입이 우려되자, 중국정부는 임정에 대한 강력한 지지를 표명하기 시작하였다. 이와 아울러 '보조금 지급 중단' 등 강제적인 수단을 동원하여 한인세력 간의 통합을 적극 추진하였다. 중국정부의 통합 요구는 임정인사들이 모욕감을 느낄 정도로 강압적이었으나, 단합이라는 명분이 너무 자명하였기 때문에, 이를 수용할 수 밖에 없었다고 한다.[17]

중국정부의 한인 지원이 임정 및 한국독립당韓國獨立黨 중심으로 전개되던 1944년 초반의 시점에서 작성된 한 문서에서는 "일부 인사는 여타 한인세력에게 도움을 줌으로써, 한국독립당의 오만한 심리를 경고하고, 앞으로 매진할 수 있도록 자극을 주자고 하였다"고 기록하였다.[18] 단편적인 사실이지만, 이는 중국정부가 한인세력을 통제하기 위해 '이이제이以夷制夷' 방법을 구사하였음을 시사한다.[19]

---

15) 주 14)와 같음.
16) 東方文化協會·中韓文化協會·中越文化協會·中緬文化協會 등은 이러한 관점에서 결성된 것으로 이해할 수 있다.
17) 「Gauss가 국무장관에게」(1944. 5. 15), 구대열, 앞의 책, 117쪽.
18) 「中央秘書處가 重慶 上淸花園에서 소집한 會商韓國問題會議記錄」(1944년 3월 27일), 中國國民黨黨史會 소장, 호춘혜, 앞의 책, 244쪽.
19) 대체로 軍事委員會와 黃埔同學會의 군부가 김원봉과 조선민족혁명당계열을, C·C派와 中央黨組織部를 중심으로 한 당 측은 김구와 한국독립당계열을 지원하였다. 그리고 이러한 시스템의 작동 과정에서는 중국측 내부의 세력다툼이 적지않이 반영되었다. 이같은 Divide & Rule 형태가 중국정부의 일관된 한인문제 접근 방식이었다고 하겠다.

2. 임정 주도집단의 중국 인식과 자구적인 대응

한편 한인들도 중국정부의 방침을 숙지하고, 경계심을 늦추지 않았다. 일례로 1942년 2월 임정 외무부장 조소앙趙素昻과 Gauss 대사의 대담에서, 미국대사가 중국정부의 임정 승인 여부를 확인하려 하자, 조소앙은 중국정부가 임정을 승인하지 않으려는 배경으로써 일제 패망 후 한국을 중국의 종주권宗主權 아래 두려는 중국의 욕망을 지적하였다. 같은 미국 무성 자료에는, 이후 한인들은 "중국이 임정을 승인하지 않는 구실로 한인세력간의 분열을 이용하고 있다"고 비난한 사실을 기록하였다.[20]

유사한 경우로, 임정의 대표적인 중국통인 민필호閔弼鎬는 "한국임시정부가 현재 단결되지 않는 것은 그 정부의 병폐라고만 할 수 없다. … 또 임시정부가 단결되지 않는 현상은 중국에도 책임이 있다. 중국은 본정부와 교섭하는 외에, 다른 각 당파와도 상대하고 있다"고 지적하였다.[21]

중국정부가 진정으로 한국의 독립을 원했다면, 특별히 한인독립운동의 분열상을 강조할 필요가 없었을 것이다. 더구나 한인독립단체들 간의 분열상은 상당 부분 중국에 의해 조종되었으며, 이는 중국정부에 의해 과장되어서 미국·영국 등 연합국들에 전달되었음도 사실로 들어났다. 즉 중국정부는 한국민의 독립 노력을 지원한다고 천명하면서도, 한인독립운동세력의 분열을 내세워 한국이 독립국이 될 수 있는 능력을 보유하고 있지 못하다고 적극 선전함으로써, 연합국들이 한국의 '즉각 독립'이라는 결정을 내릴 가능성을 제거하려 하였다는 의구심을 떨쳐버릴 수 없다.

중국정부가 취한 한인정책의 본질이 적극적으로 관철된 예는 「한국

<hr/>

20) 「Gauss가 국무장관에게」(1942년 2월 12일 및 11월 25일), 구대열, 앞의 책, 101쪽.
21) 「中國援助政策에 關한 意見」, 秋憲樹 편, 1971, 『資料韓國獨立運動』 1, 연세대 출판부, 694쪽.

광복군 활동 9개 기준[韓國光復軍行動9個準繩]」에서 발견할 수 있다. 그 서
문에서 밝혔듯이, "극동에서 항일통일전선 형성에 지도적인 사명을 수
행한다는 취지에서," 한국광복군韓國光復軍의 지휘권을 장악하였다.

1942년 11월 23일 충칭 미국대사관의 초청으로 미국대사를 만난 조
소앙 외무부장의 표현대로, 중국정부는 광복군의 독자적인 조직을 허용
함으로써, 또 하나의 팔로군八路軍을 만들려하지 않았다. 또 광복군의 교
육 훈련에 있어서도, 삼민주의三民主義를 한국민족운동의 '기본 정치철
학'으로 공식화할 것을 요구하였다.[22]

조소앙 등에 앞서 11월 18일 '조선민족혁명당 총서기' 및 '광복군 부
사령' 자격으로 미국대사관에 초청받은 김원봉金元鳳도 "중국이 자신들
의 정치적 목적을 위하여 한국독립운동을 이용하려 한다"고 비판하며,
중국정부가 임정에 대한 자금 지원을 빌미로 삼민주의의 채택을 강요하
고 있다고 허탈해 하였다.[23]

물론 임정은 이에 강력히 반발하였다. 임정 선전부장 엄항섭嚴恒燮을 만
난 고스 대사가 미 국무장관에게 보낸 보고서 중의 "임정은 이제 힘들었
던 중국의 속박에서 벗어나려 하고 있다. 필요하다면 그들은 정부를 워싱
턴으로 옮기려는 의도도 갖고 있다"[24]는 내용도 그러한 정황을 뒷받침한
다. 이는 광복군에 대해 중국의 정치이념을 주입시킴으로써, 중국정부로
부터의 이탈을 방지하는 한편, 나아가 아시아 주변지역에 대한 중국의 영
향력 회복을 기도한 중화주의의 한 표현으로 해석될 만한 것이었다.[25]

광복 직전 임정을 축으로 한 독립운동세력의 중국에 대한 인식의 일
단은 임시의정원 의원으로 활동하며, 광복 직전 충칭 임정 내 진보적 민
족주의자의 한 사람으로 꼽힐만한 인물인 손두환孫斗煥의 중국관中國觀을

---

22) 「Gauss가 국무장관에게」(1942년 11월 25일), 구대열, 앞의 책, 102~103쪽.
23) 위와 같음.
24) 고정휴, 2004, 『이승만과 한국독립운동』, 연세대출판부, 488쪽.
25) 「Gauss가 국무장관에게」(1944년 6월 29일), 구대열, 앞의 책, 104쪽.

통해 이해의 폭을 확장할 수 있다.

> 한국(대일항전, 필자)의 성공은 중국항전의 승리를 촉진시킬 뿐 만아니라, 중
> 국의 영원한 안전을 보장할 것이다. 그러므로 중국이 한국독립을 원조하는 것
> 은 단순히 인간의 도의 문제만이 아니라, 자신의 이해와 직결되는 것이다. 이
> 는 즉 중국의 한국독립운동에 대한 책임으로써 여타 국가와 다른 점이다.[26]

그는 한국의 해방과 중국의 항일전쟁 승리를 불가분의 관계로 파악하
였다. 때문에 중국의 한인독립운동 지원은 곧 중국의 해방을 위한 관건
關鍵이 되는 것이라고 지적하며, 한·중 관계의 특수성을 감안하여 중국
측이 대한방침을 재고해 주도록 촉구하였다.

중국정부가 한국광복군의 지휘권을 장악한 「한국광복군 활동 9개 기준」
의 폐지를 요구하는 임시의정원의 논의 과정에서,

> 중국은 우리를 도와준다고 했는데, 사실은 간섭을 받고 있습니다. … 중국
> 사람이 돈을 쓰며 도와주는 것은 이렇게 함으로써 한국혁명을 촉진 강화하는
> 것이오, 자기네의 항전목적과 완전히 일치된다는 것에서요, 이런 목적이 없다
> 면 도와주지 않을 것입니다. … 우리가 일본제국주의에 타격을 줄 것을 바라
> 고 도와주는 것이니, …
> 9항 준승을 고치지 않으려는 것은 우리의 가치를 인정치 않는 것이오, 우
> 리에게 일본제국주의를 타도하는 힘이 있다는 것만을 보이면, 열 번이라도 9
> 항 준승은 고쳐 줄 것이다. … 우리에게 강한 결심이 있다는 것을 필사의 결
> 심으로 보이려면, 아무리 무력과 강한 힘으로 누르려 해도 금하지 않는 것을
> 보여야 됩니다. 이렇게 말하면 나를 반중파反中派라고 하지만, 사실은 이렇게
> 해야 중국에도 이익이 있으므로, 이 말은 중국을 위하여 하는 말입니다. …
> 국제적으로 우리의 독립을 주장하려면 우리의 정치적 가치·정치적 능력, 민
> 족적으로 살았다는 기백을 보여야 됩니다.[27]

---

26) 孫斗煥, 「泛論韓國問題(計劃大綱)」『資料韓國獨立運動』 2, 445쪽. 이 문건은
  1944년 4월 11일자로, 중국국민당 중앙집행위원회에 제출하기 위해 작성되었다.
27) 「의정원 회의록」(1943년 11월 15일), 대한민국 국회도서관 편, 1974, 『大韓民國
  臨時政府議政院文書』(이하 『의정원문서』), 365～366쪽.

그는 중국정부의 한인독립운동 지원의 요체를 꿰뚫고 있었다. 그는
중국 측이 "종래 한국독립운동에 대해 비록 강 건너 불 보듯이 하지는
않았지만, 적극적인 정책으로 이를 추동하지도 않았다. … 중국 동지들
이 만일 지난날의 태도를 고치지 않는다면, 재중 한인독립운동은 영원히
발전의 날이 없을 것이며, 중국도 한국문제에 있어서 또한 엄중한 실패
에 직면할 것이다." 또 "중국 당국은 두 손을 나누어 양당을 도우니, 지
금과 같이 함은 비록 그 뜻은 좋지만, 그 결과(한인세력의 분열을 가리킴, 필자)
를 조장함과 다를 바 없다"고 다소 감정적인 표현을 서슴치 않았다.[28]

손두환의 지적은 냉혹한 국제질서를 배경으로 한 것이었다. 제2차 대
전말기 국제질서의 재편성 과정을 배경으로, 전세계는 거대한 변화를 맞
이하고 있으며, 인류의 명운을 다시 결정할 이번 전쟁은 머지않아 종결
될 것이라는 전망 하에서, 우리 자신의 역량을 단결하여 외래정세에 잘
대응해야 하며, "우리가 자치 능력이 있다는 것을 행동으로 보여야 한
다"고 주장하였던 것이다.[29]

그는 일침을 주저하지 않았다. 중국의 지도자들은 한국인의 자존심과
신념을 훼손시키는 언동을 삼가야 한다. 이러한 언동은 한인들로 하여금
중국에 대해 회의와 실망을 갖게 만들 것이며, 이는 일제로 하여금 한국
인을 속이는 구실을 제공하게 될 것이라는 논리는 9개기준 폐지를 요구
하는 한인진영의 바램을 잘 대변하였을 것이다.

중국 측에서 보면, 서운함마저 느낄 수 있었을 손두환의 거침없는 중
국관은 반제 국제연대를 통해 민족주의의 외연을 확대하고자 기원하였
던 약소국가 민족운동세력의 분노를 대변하는 것이었을지도 모른다.

요컨대 손두환은 중국을 반일 국제연대의 대상으로 파악하면서도,
한·중연대의 관건은 한인 스스로의 자구적이고 자주적인 자세와 노력에

28) 孫斗煥, 「泛論韓國問題(計劃大綱)」, 앞의 책, 445·448쪽.
29) 「의정원회의록」(1945년 4월 11일), 『의정원문서』, 405쪽.

달려 있다고 갈파하였다. 그는 자신의 정체성을 잃지 않으면서도, 진취적·개방적이고 포용력 있는 민족주의상民族主義像을 그리고 있었던 것이다. 특히 그가 한인독립운동의 독자성과 정체성을 강조한 사실은 중국정부의 간섭과 지원 이면에 감추어져 있는 중화주의의 욕망을 고발하는 외침이었을지도 모른다.

임정은 중국에 대한 경계심을 늦추지 않았다. 특히 광복군의 활동을 제약한 소위 '행동준승'에 대해서는 파벌에 관계없이 중국 측의 의도를 강력히 비판하였다. 중국이 '행동준승'을 담보로 일제패망 후 한국 상황을 장악할 수 있을 것이기 때문에, 이는 완전한 독립을 포기해야 할 것이라는 의미로 해석되었다.[30]

"중국이 백년의 치욕을 세설洗雪하는 금일에, 우리에게 이와 같은 가혹한 조건을 접수케 한다면, 이는 우리민족으로서 만대의 치욕을 가하는 동시에, 이폭제폭以暴制暴으로 화약을 자탄自呑하는 우준愚蠢한 행동인지라"[31] '행동준승'의 취소를 요구하는 임시의정원 의원 최동오·엄항섭·유자명·박건웅·이정호·김재호 등 13명의 「제의안」(1942년 10월 28일자)이나, 1943년 11월 15일 오후 임시의정원 회의에서 "미국대사측의 이야기를 들어 보아도, 우리가 중국에 매이면 도와줄 수 없다고 합니다"[32]라고 한 문일민文逸民 의원의 발언은 임정세력의 반발과 저항의 강도를 보여준다.

중국정부의 광복군 통제와 장악 의도에 대한 경계는 행동준승 폐지 후에도 지속되었다. '행동준승'을 폐지하고, 그 대안으로 중국정부가 제안한 '한국광복군훈련반의 설치' 계획에 대해, 임정에서는 "소위 한국광복군훈련반 계획의 개요는 우리 독립자유의 정신에 위배되고, 한·중 합

---

30) 「육군정보과에서 국무장관에게」(1943년 1월 12일), 구대열, 앞의 책, 111쪽.
31) 『의정원문서』, 586쪽.
32) 『의정원문서』, 362쪽.

작 상에 방해가 되므로, 대한민국 26년(1944년) 5월 26일 국무회의에서 (광복군)총사령에게 명령하여, 이를 거부케 하기로 결의"[33]하였다는 「군무부 공작 보고서」의 내용이 이러한 정황을 알려준다.

또 다른 사실로, 조소앙은 여러 차례에 걸쳐 미국 대사에게, 중국이 약속한 재정적 지원은 제공하지 않으면서, 전후 한국을 과거의 속국으로 되돌리려는 야심을 드러냈다고 비난하였다. 그는 삼민주의를 한국민족 운동의 이념으로 설정하라는 중국정부의 요구에 대해 단호한 입장을 취하였다.

> 우리에게 삼민주의三民主義를 신봉하라고 하는데, 이는 우리들로 하여금 귀국의 속국屬國이 되라는 것이 아니겠습니까. 우리는 독립을 위해서 임정과 광복군을 조직하였습니다. 그런데 우리에게 삼민주의를 실천하라고 한다면, 국민들에게 무어라 설명해야 되겠습니까. … 만약 우리가 독립 후에도 다른 나라의 보호를 받아야 한다면, 우리가 힘들게 무슨 일을 하겠습니까. … 우리는 속국의 지위를 벗어나기 위하여, 혁명을 일으키려 하고, 독립을 요구하는 것입니다. 만약 다시 되돌아가 원상을 회복한다면, 또한 중국의 속국으로 변하는 것이니, 이것은 독립의 취지와 서로 위배되는 것이 아닙니까.[34]

위의 인용문은 광복군 2지대장 이범석李範奭이 중국군사위원회에서 파견된 윈청푸[尹呈輔] 광복군 참모장에게 제기한 항의 내용인데, 이는 삼민주의의 강요에 가위눌린 한인세력 일반의 인식을 잘 대변하였다.

또 다른 예로, 1943년 11월 16일 임시의정원 회의에서 군무부 차장 윤기섭尹琦燮은 "중국사람들의 뇌腦 즉, 요인들의 뇌 가운데 있기를, 한국이 독립하는 것은 좋고, 한국의 독립은 중국의 일부분이다. 그래서 지금

---

33)『의정원문서』, 823쪽.
34) 中國國民黨中央委員會 黨史委員會 편, 1992,『尹呈輔先生訪問記錄』, 臺北: 近代中國出版社, 52~53쪽, 같은 책에 의하면, 이범석의 항의를 전해들은 중국군사위원회 侯成처장은 "저들은 조금도 말을 듣지 않는데, 그렇다면 우리가 돈을 헛쓰고 있는 것 아니오"라고 반문하였다고 한다.

중국이 우리에게 군권軍權을 침해하는 것까지 감행하고 있다. … 그네들이 암만 영토 야심이 없다고 하지만, 지금 우리 광복군에 대한 태도를 보면 그렇게 생각되는가? … 다른 열국列國 사람들이 너희는 중국의 노예군奴隸 軍인데, 무슨 원조를 하겠는가"라고 비아냥거릴 것이라면서, 차라리 한국 광복군의 명의를 취소하는 편이 나을 것이라고 분통을 터뜨렸다.[35]

한인들의 우려는 일제패망에 대한 전망이 가능해지고, 열강의 전후 한반도정책이 신탁통치안으로 밝혀지면서, 흡사 공포감같은 것으로 변하였다. 중국주재 미국대사관 참사관(Vincent)은, 한인세력이 카이로 선언의 '적절한 과정'을 거쳐 한국을 독립시킨다는 내용에 크게 반발한 이유를 분석하면서, 절대적 독립의 요구와 함께, "적절한 과정이라는 용어를 해방 후 중국의 종주권 복귀를 의미하는 것으로 받아들였기" 때문이라고 지적하였다.[36]

3. 김구의 중국 인식

중·한 양국은 수천 년간의 선린으로 성실과 신뢰로 서로 대하여 간극이나 오해가 없었다. 그것은 현대 국가 간에 이해관계에 의하여 우의가 전이되는 거짓 교제방식과는 완전히 다르다. 양국 사이에는 일방적으로 행사하는 권위도 없으며, 강박으로 일방을 전복한 사실도 없다. 완전히 예의친목의 관념을 가지고, 두 민족의 길고 오랜 우의를 유지하고 있어, 국가 간 교섭의 역사상 실로 특수하고 빛나는 광채를 내고 있다. …
중·한 양국은 모두 세계의 일원으로 양국 혁명은 모두 세계혁명을 떠날 수 없으며, 특히 협력하여 공동의 적을 물리쳐야 하는 동일한 진영에 서 있어, 불가분의 관계를 갖고 있다. … 중국과 한국은 인접하여 있고, 수천 년간의 왕래가 있었지만, 일부 중국동지들은 한인들의 실제상황을 아직 소홀히 하고 있어, 사상경향이 어떠하고, 민족의식이 강한지 약한지, 그리고 기타 경

---

35) 『의정원문서』, 370쪽.
36) 「Vincent가 미국무장관에게」(1943년 3월 17일), 구대열, 앞의 책, 114쪽.

제·문화·교육 등 일체 상황에 대하여 상세히 모르고 있다.[37]

> 중국정부에 소속되어 있는 각 기관들은 시종 임시정부의 명의를 쓰지 않으며, 공개적으로 왕래하지 아니하는데, 7·7항전 이전에는 왜국과의 교섭에서 분쟁이 우려될 수 있지만, 항전이 시작된 후에도 의식관계儀式關係라 하여, 정부의 명의를 쓰지 않고 있다. …
> 한국은 현재 반침략 민주주의 국가집단 중의 일원이며, 공통으로 왜적의 침략을 격퇴하는 전선에서 실제로 중요한 위치를 차지하고 있다. 중국정부와 각계 동지들은 이 관계를 잘 알아야 한다. 중국정부는 한국임시정부를 성의껏 부축하고 도와주어야 하며, 대신 널리 소개하고 선전하여 국제적으로 반침략 국가들의 주의를 불러일으켜 하루 빨리 국제회의 대오에 참가케 해야 한다.[38]

위의 인용문은 일제 말기 김구金九의 중국관에 근접할 수 있는 실마리를 제공한다. '대한민국임시정부 주석'이라는 한인독립운동세력의 대표성을 띤 위치에 있었기에, 그의 발언에는 정치적이고 수사적인 표현이 함축될 수 밖에 없었을 것이다. 중국대륙을 무대로, 중국정부의 지원과 보호에 의존할 수 밖에 없는 상황에서 중국정부를 상대로 한 언급에서 자신의 견해를 솔직히 표현할 수도 없는 고충이 있었을 것이다.

이러한 개연성을 전제로 하더라도, 위의 두 인용문에서는 그가 중국에 대해 품고 있던 소회의 일단은 더듬어 볼 수 있을 것같다. 전통적인 두 나라·두 민족 간의 우의를 치하하고 밀접한 관계를 언급한 부분은 외교적 수사修辭로 돌린다 하더라도, "일부 중국동지들은 한인들의 실제 상황을 아직 소홀히 하고 있어"라고 한 부분이나, "(중국정부의) 각 기관들은 서로 임시정부의 명의를 쓰지 않으며, 공개적으로 왕래하지 아니하

---

37) 「중한 합작에 관한 나의 견해」(1940년 8월 25일), 2004, 『白凡金九先生言論集』 상, 나남출판, 101~102쪽.
38) 「한국임시정부와 중국은 도의상 응당 의무를 이행하여야 한다」(1940년), 위의 책, 116쪽.

는" 상황을 거론한 데에는, 중국정부의 홀대나 경시에 대한 서운함과 분노가 배어 있다.

그리고 이 같은 지적은 '대한민국임시정부 주석'의 자격으로서는 쉽게 내뱉을 수 있는 언사가 아님을 염두에 둘 때, 중국정부와 임정 간에는 또 다른 긴장관계도 흐르고 있었음을 상상할 수 있겠다.

김구의 언급에는 1940년의 시점에서 요구되는 '중국정부와 임정의 관계'라는 국제적 관계가 깔려 있었던 것이다. 모름지기 중일전쟁 이후 이른바 '파시즘세력과 반파시즘세력'의 대결 구도 형성과 함께, 국제적 항일전선에 있어서 중국의 비중 또한 높아졌다. 이러한 상황을 배경으로 하여, 중국은 '자국중심'의 전쟁 이데올로기를 구축해 갔고, 종래의 한·중관계도 변화를 요구받기에 이르렀다. 한·중 연합의 공동항일 구도에도 국제정치의 영향력이 파급되었던 것이다.

이럴 경우, 중국정부를 바라보는 한인독립운동진영의 눈길이 불안과 의구심으로 가득찬 긴장된 모습이었을 것임은 쉽게 공감이 간다. 더욱이 1943년 11월 카이로 선언 이후 태평양전쟁의 전황이 일본의 패배로 귀결될 개연성이 높아지고, 이에 수반하여 전후 한반도 처리문제에 대한 강대국 간의 암중모색이 속도를 더함에 따라, 임정과 한인독립운동세력의 움직임도 종래의 그것과는 다른 국면으로 나아가고자 하였다.

1945년 4월 11일 개최된 제38회 임시의정원 회의에서, "오늘은 우리가 유리한 조건으로 대승리로 들어가는 반면에, 왜놈은 막다른 골목에 든 때이다. 비록 우리 힘으로가 아니라, 남이 하여 준 것이나, 또한 기뻐 아니할 수 없는 것이다. 지금 이때는 남을 믿을 때가 아니니, 우리는 자력갱생自力更生의 길로 나아가야 한다"[39]고 한 김구의 치사가 이러한 정황을 함축하고 있다.

그리고 이 같은 임정과 독립운동세력의 자구적 모색에 대한 반향으로

---

39) 『의정원문서』, 400∼401쪽.

써, 중국정부의 한인독립운동에 대한 정책도 전후 한반도에 대한 이해관계의 측면으로 초점이 옮겨지게 되면서, 임정과 독립운동진영의 근심도 깊어 갔다.

4. 중국 의존으로부터 탈피 모색

과거에 있어서, 우리운동이 외교대상을 중국에만 주중主重한 것이 사실이며, 또 그의 결과도 여하한 것을 잘 아는 바이다. 이번 전쟁 중 더욱 원동 방면에 있어서, 영·미가 중축中軸이 되고 있는 것이 사실이므로, 우리는 반드시 영·소·미 당국과 민간을 대상으로 하고, 외교를 착수하는 것이 필요하다.

제1착으로 미국 조야朝野의 주시를 끌고 여론화시키기 위하여, 정치·군사·선전 등의 전문인재를 망라하여 대표단을 조직 파견하기를 제의한다.[40]

1943년 10월 14일자로 양우조·조시원·민필호·안훈·신환 의원이 제안하여, 임시의정원 회의에서 채택된 위의 '대표단의 구미 파견' 제의안은 임정이 광복 직전 국제정세의 흐름에 민감하게 대응하며, 향후 진로 설정에 고심하였음을 보여준다.

중국정부의 독점적인 영향력에 대비하려는 자구책 차원에서 모색된 방안은 미국 및 소련과의 관계 개선을 통해 임정에 대한 국제적 승인을 확보하는 것이었다. 그러나 주미외교위원장 이승만이 주도한 외교활동의 역풍이 충칭으로 파급되는[41] 등, 미·소와 직접적인 외교통로를 개설

---

40) 『의정원문서』, 596쪽.
41) 일례로 이승만 주미외교위원장은 '얄타밀약설'을 둘러싸고, 충칭 임정과의 사전 교감이 없이 미·소 양국을 비난하는 성명을 수 차례 발표함으로써, 임정의 입장을

코자 하는 시도는 용이한 일이 아니었다. 이승만의 반소·반공 캠페인은 임정에 대한 소련의 반감만을 증폭시켰다. 소련과의 연대가 불투명해진 상황에서, 임정의 대미 의존은 한층 강화되었다.

태평양전쟁 발발 직전 한국독립당 중앙집행위원회는 "중일전쟁으로 말미암아 구렁에 빠진 왜적은 공황 중에서 신경이 착란되어 다시 태평양 위에서 최후발악을 하려 한다. 이것을 막기 위하여 미국은 최선을 다하고 있고, 기타 반침략국가들도 그 뒤를 이어 왜적으로 하여금 반드시 저희 4도島로 돌아가도록 해야 한다"[42]고 파악하였다. 이 같은 판단은 제2차 세계대전기 국제정치의 주도세력으로서 미국의 존재를 인식하고 있었음을 알려준다.

김구가 미주 한인사회에 대해 재정 지원을 요청하는 편지의 내용도 이 같은 정황을 뒷받침해 준다.

> 우리가 지닌 수단을 통해 우리의 힘으로 무엇인가를 해야 한다고 생각합니다. … 어떤 일이 있더라도 우리는 적의 군사조직 및 병력, 그들의 군사기밀 등에 대항한 사보타주를 수행해서 연합군에게 우리의 위대한 존재를 알려야 합니다. … 저는 제2의 윤봉길 역할을 해서라도 가치 있는 정보를 연합군에게 제공할 것입니다. … 이 일을 수행하기 위한 재정적 원조를 요청합니다. … 저는 세계를 깜짝 놀라게 할 충격적 활동을 벌여, 결국 여론을 우리에게 유리하게 돌려놓을 수 있으리라 믿습니다.[43]

임정은 일제 패망 이후 동북아시아 국제질서 변화의 주도세력으로 미국을 주목하였다. 1940년 6월 초 '미국국민들에게 보내는' 편지에서, 김구는 미국을 "인도와 정의를 위하여, 약자를 도와주기 위하여," "제2의

곤혹스럽게 만들었다(정병준, 앞의 글, 560쪽).

42) 「韓國獨立黨 第1期 第9次 中央執行委員會 宣言」(1941년 11월 28일), 노경채, 1996, 『한국독립당 연구』, 신서원, 332쪽.

43) 「김구가 林成雨에게 보낸 편지」(1943년 2월 2일), 『白凡 金九先生의 편지』, 166쪽.

정의의 십자군을 영도할 강대국가" "정의의 십자군을 조직할 양심과 열정을 구비하고 있는" 국가로 표현하였다.[44] 외교적 수사의 측면을 감안하더라도, 이는 임정이 직면해 있던 국제 역학관계 속에서 미국이 차지하는 비중을 중시하였음을 뒷받침하는 대목이라 하겠다.

그리하여 미국 측과 교섭할 때마다, 중국이나 소련이 한국에 대한 영향력을 독점하려는 기도를 막기 위해서라도 미국이 임정을 승인해야 한다는 암시를 보냈다. 그 결과 OSS와 광복군의 공동작전을 성사시키는 등 미국과의 부분적인 연대에는 도달하였으나, 이를 임정 승인으로까지 연결시키기에는 역부족이었다.[45]

태평양전쟁기 임정이 친미親美 외교노선을 강화하는 방향으로 가닥을 잡은 사실은 당시 국제정세에 대한 판단의 결과였다. 태평양지역에서 군사적으로 일본을 압도할 수 있는 실력을 가진 국가는 미국뿐이었기 때문에, 적극적인 친미 자세로써 미국정부에 대해 독립운동에 필요한 군사 및 외교적 지원을 요청하였던 것이다.[46]

1942년 2월 25일 김구 주석이 루스벨트 대통령에게, 임정이 '국내외 한국혁명 역량의 총집결체'로서 중국과 함께 항일전쟁을 계속해 왔음을 상기시키면서, 임정의 승인과 지원을 요청한 사실[47]이나, 미국과의 군사적 합작을 강화하기 위해, 1945년 5월 1일 김구 주석과 조소앙 외교부장이 미군 총사령부로 찾아 가 "미군 측에서 군사상의 필요로 한국 측의 협조가 필요하면, 중국군사위원회를 거칠 필요가 없이, 한국광복군총사령부와 직접 교섭해 줄" 것을 요청하는 영문서류를 전달한 사실[48]은, 중

44) 김구, 「중국의 영용한 항전을 위하여 미국 친우들에게 호소한다」 『白凡 金九先生 言論集』 (상), 111·108쪽.
45) 정용욱·박진희, 2000, 「해방전후 미국 대한정책의 변화와 임정의 대응」 『역사와 현실』 37, 213쪽.
46) 이호재, 1994, 『한국인의 국제정치관』, 법문사, 333쪽.
47) 「致美國大統領」(1941년 2월 25일), 三均學會 편, 1979, 『素昻先生文集』 상, 횃불사, 478~481쪽.

국정부와의 관계 악화도 불사할 각오로, 미국과의 관계 진전을 통해 '연합국의 일원'으로서 참전할 기회를 찾고자 노심초사하였음을 알려준다.

하지만 1945년 4월 샌프란시스코 강화회의 참석을 위해 김규식金奎植 부주석·조소앙 외교부장·정환범鄭桓範 주석고문 등이 중국외교부에 여권 발급을 신청하였을 때, 중국외교부 차장 우궈전[吳國楨]이 "현재 한국정부는 아직 승인받지 못하였기에 초청을 받지 못하였으며, 미국대사관역시 한국임시정부에 통지하여 말하길, 중국외교부가 여권을 발급한다면, 미국대사관도 비자 발급을 진행하겠다"[49]고 언급하였던 사실에서도 알 수 있듯이, 미국은 임정과 직접적이고 적극적인 관계를 맺어야 할 필요성을 느끼지 않고 있었다.

카이로 선언 이후, 미국은 연합국간의 합의에 의한 '공동정책' 방식을 전후 한반도 문제의 처리 방안으로 상정하였다. 그리하여 특정한 강대국이 한반도 문제를 독단으로 처리하는 것을 막고자 하였다.[50] 미국의 구상에 있어서 한반도 문제는 주요 관심사가 아니었던 것이다.

그러기에 임정의 미국을 상대로 한 외교활동은 소기의 성과를 거두지 못하였고, 미국에 대한 기대감도 여지없이 깨져버렸다. '금의환향의 꿈'이 서서히 사라져 가는 상황에서, 임정이 의지할 데는 다시 중국정부 밖에 없었다.[51]

---

48) 『資料韓國獨立運動』 1, 432~433쪽.

49) 위의 책, 435~436쪽.

50) 그리하여 미국은 임정에 대해 '불승인' 정책으로 일관하였다. 그들의 공식적인 설명에 따르면, 첫째, 미국은 樞軸國의 점령 하에 있는 나라들의 망명정부나 임시정부는 승인하지 않는다는 원칙을 세웠고, 둘째, 임정은 한국민을 대표하는 '정부'가 아니라, 경쟁적인 '한인그룹들' 중 하나에 지나지 않으며, 국내와의 연결 또한 불투명하다고 평가하였다(고정휴, 앞의 책, 492쪽).

51) 金九 주석이 蔣介石 위원장에게 보낸 1945년 9월 26일자 편지에서, "귀당이 미국의 동의를 받아 형식과 명의에 상관없이 충칭에 있는 저의 당 동인들을 비행기로 입국할 수 있게 도와주시길 바랍니다. … 귀당에서 미국정부와 협상하여서 적어도 저의 임시정부를 비공식적인 '혁명적 過渡政權'으로라도 인정하여, 국내로 보

요컨대 열강이 한국문제에 대해 미온적인 상황에서, 중국만이 보호와 지원을 제공하였기 때문에, 임정의 입장에서는 중국정부에 의존하는 외의 다른 방안을 찾기 어려웠던 것이다. 이와 더불어 역사적·지리적 관계가 깊은 양 민족이 연합하여 한국을 독립시켜야 한다는 명분론도 중요한 것이었기에,[52] 중국정부의 지원과 영향력으로부터 벗어나고자 하는 시도도 근본적으로 한계가 있을 수 밖에 없었던 것이다.

맺음말

광복 직전 연합국의 전후 한반도 처리 방안으로써 신탁통치 실시 방안이 무게를 더해감에 따라, 임정의 외교활동에도 변화의 조짐이 엿보였다. 종래의 중국 일변도의 외교정책에서 연합국 −그 중에서도 미국− 을 상대로 한 외교적 노력이 적극화되었다. 임정은 연합국의 일원으로서 대일전투에 참전할 수 있는 길을 모색하였는데, 이는 일제 패망 후 한반도 처리 문제에서 소외되지 않기 위한 자구책의 성격을 띠었다.

그 결과 중국정부의 한반도에 대한 영향력 확대 및 임정 장악 의도를 경계하게 되고, 종래의 중국에 대한 인식과 평가에도 파장이 일기 시작하였다. 이에 수반하여, 중국정부의 임정에 대한 방침도 경화되었다. 「한국광복군활동 9개기준」의 예에서 알 수 있듯이, 임정과 한인독립운동세력에 대한 통제와 간섭이 강화되었고, 실질적인 종속화 작업으로 이어졌다. 이는 또 다시 한인독립운동진영의 반발과 비판을 야기하는 악순환을 낳았다.

이에 임정을 중심으로 한 충청지역 독립운동세력은 중국에 의존해 온

내주도록" 해 달라는 요청에는(『白凡 金九先生의 편지』, 252쪽) 강대국의 체스게임을 지켜봐야 하는 약소국 지도자의 쓰라림이 배어 있다.
52) 추헌수, 1989, 『대한민국임시정부사』, 한국독립운동사연구소, 123쪽.

상황을 탈피하려는 의도와 함께, 광복 직전 국제정세에 적극 동참하기 위한 작업의 일환으로써 대미외교에 역점을 두기 시작하였던 것이다.

하지만 미국의 한반도 처리 방안은 중국 및 일본정책의 테두리 안에서 검토되는 부차적이고 부수적인 차원에 국한되었다. 때문에 미국을 대상으로 한 임정의 외교정책은 한계를 극복하기 어려웠다. 끝내 임정이 중국정부로부터의 홀로서기에 실패하고, 귀국 문제를 포함한 광복 직후의 현안을 중국정부를 통해 해결하려 할 수 밖에 없었던 배경에는 이와 같은 국제정치 현실이 가로놓여 있었던 것이다.

진보적 민족주의자 김성숙의 임정 참여와 정치사상의 진화

머리말

중일전쟁 후 김성숙金星淑은 조선민족전선연맹과 조선의용대 지도부의 일원으로 활동하였다. 하지만 조선의용대 주력의 중국공산당 관할구역으로의 이동, 태평양전쟁 발발, 중국국민당정부(이하 '중국정부')의 한인세력 재편성 시도 등으로 이어진 정치환경의 변화는 그로 하여금 임정에 합류토록 이끌었다.

충칭 임정 시기는 그가 은둔자적인 베일을 벗어던지고 한인독립운동 무대에 적극 나선 때였다. 다소 냉소적인 시선으로 봐 온 임정[1]에 참여키로 결정한 사실은 그의 정세판단 능력과 변화에 대한 적응력이 뒷받침됨으로써 가능한 일이었다. 혁명가에서 정치가로 거듭 태어나야 하는 시점을 제대로 판단하였다고 할 수 있다. 그가 '공산주의노선'을 지향하는 조선민족해방동맹의 간판을 유지한 채, '반공노선'을 표방하는 임정을

◇ 이 글은 「중경임정 시기 김성숙의 활동과 정치사상」(『한국근현대사연구』 44, 2008. 3. 31)을 보완한 내용이다.

1) "이런 사람들(임정요인들) 기가 막히거든요, 고루하기가 짝이 없고, 아직도 양반상놈을 굉장히 가리고"(이정식 대담, 「金星淑 회고록: 韓國現代史, 중도좌파의 비극적 종말」『新東亞』1988년 8월호, 364쪽), "임정 지도층에는 완고한 전근대적 사고방식이 깊은 뿌리를 박고 있어, 임정은 극보수적 반일집단이란 지목을 받게 되었다"(金星淑, 「嗚呼! 臨政 30年만에 解散하다」『月刊中央』1968년 8월호, 87쪽)는 다소 냉소적이기 조차 한 평가는 그의 임정에 대한 관점을 반영한다.

중심으로 한 한인세력의 단결을 주장한 것은 아이러니였다.

　그런데 조선민족해방동맹의 운신은 독립운동시기 한국공산주의운동
의 일면을 보여주는 것이었다. 중국관내지역에서 활동하던 대부분의 한
인공산주의자들은 중국화북·동북지역으로 둥지를 옮겼으나, '반공'을
이념적 기반으로 한 중국정부 통치구역에 남아 자신이 추구하는 공산주
의노선을 견지하려 하였다. 그들의 정치역정이 순탄하지 않으리라는 것
은 쉽게 상상할 수 있는 일이었다.[2)]

　모순과 조화가 뒤엉켜 스스로를 옥죄었고, 후일 냉전체제와 분단시
대에 직면하여서는 파탄의 길로 들어서고 말았던 김성숙의 정치역정은
한국현대사의 경직성과 독단을 함축하고 있다. 세기가 바뀌고 패러다
임도 변해버린 21세기 초두의 한국현대사는 김성숙의 존재가치와 그
가 지향하였던 '한국혁명'의 이상과 좌절을 되짚어 보도록 요구하고
있다.[3)]

　이 글에서는 충칭 임정에 참여한 이후 그의 국제정치환경에 대한 판
단, 공산주의 관점, 독립운동노선의 변화 등을 살펴보고자 한다. 이는 진
보적 독립운동가의 개인사를 연구하는 작업일 뿐 아니라, 한국현대사의

---

2) 이 같은 사실은 적어도 중국정부의 관점에서 볼 때 조선민족해방동맹이 중국공산
　당이나 코민테른과 직접적인 관련이 없었음을 의미한다. 이 점이 조선민족해방동
　맹의 중국정부 통치구역내 활동을 가능케 하였던 요인이었을 것이다. 이는 조선
　민족해방동맹이 지향한 공산주의노선이 중국공산당을 비롯한 '정통' 공산주의와
　차이가 있었음을 뒷받침한다.

3) 김성숙의 독립운동을 포함한 생애에 관해서는 金星淑 본인의 회고기록인 「嗚呼!
　臨政 30年만에 解散하다」『月刊中央』1968년 8월호와, 이정식 대담, 「金星淑
　회고록: 韓國現代史, 중도좌파의 비극적 종말」『新東亞』1988년 8월호, 이정식
　면담, 김학준 편집해설, 1988, 「金星淑」『혁명가들의 항일회상: 김성숙·장건상·
　정화암·이강훈의 독립투쟁』, 민음사, 29~156쪽이 있고, 평전 성격의 연구성과로
　는 金在明, 「金星淑선생의 墓碑銘」『政經文化』1985년 10월호와 김재명, 2003,
　「김성숙: 민족해방과 통일을 위해 바친 자의 묘비명」『한국현대사의 비극: 중간
　파의 이상과 좌절』, 선인, 11~50쪽이 있다.

한 부분을 차지하였던 진보적 민족주의 및 혁신적 정치노선을 탐색하는 작업이 될 것이다.

1. 임정 합류와 활동

1) 임정 합류 시기와 배경

조선민족전선연맹朝鮮民族戰線聯盟 및 조선의용대朝鮮義勇隊와 함께 창사[長沙]→우한[武漢]→궤이린[桂林] 등지를 무대로 활동하던 그가 충칭重慶으로 무대를 옮긴 시기는 늦게 잡아도 '1940년 봄 이전'으로 추정된다.[4]

임정과 한국독립당 그룹이 창사→광저우[廣州]→류저우[柳州]를 거쳐 충칭 외곽의 치장[綦江]에 도착한 시점이 1939년 4월 말이었다. 이후 임정요인들은 충칭과 치장을 오가며 활동하였으며, 1940년 11월 초 치장에 있던 임정가족들은 모두 충칭으로 옮겼다.[5]

이와 함께 1939년 8월말부터 치장에서 개최된 한국혁명운동 통일7단체회의韓國革命運動統一7團體會議(이하 '7당통일회의')에, 그가 '조선민족해방동맹 대표' 자격으로 참석한 사실[6]로 미루어 보면, 늦어도 1939년 여름 무렵에는 이미 치장에 머물렀을 개연성이 크다.

좀 더 좁혀 보면, 1939년 5월 중국정부의 권고를 배경으로 김구와 김원봉이 「동지·동포 제군에게 보내는 공개통신」을 발표한 것을 계기로, 김성숙도 임정옹호세력이 집결해 있는 치장에 왔을 것으로 유추된다. 그

---

4) 이 같은 추정은 그가 주도하였던 『朝鮮義勇隊通訊』33기의 간행지역이 桂林이었고, 34기가 重慶에서 간행된 사실에 근거한다.
5) 양우조·최선화 지음, 김현주 정리, 1999, 『제시의 일기』, 혜윰, 1999, 83·143쪽.
6) 「綦江韓國7黨統一會議經過報告書」, 中央硏究院 近代史硏究所 편, 1989, 『國民政府與韓國獨立運動史料』, 臺北, 20~22쪽.

리고 나서 1939년 말 7당통일회의가 결렬되고, 이듬해 5월 '통합'한국독
립당이 창당되는 시기를 전후하여 충칭으로 옮겼을 것으로 짐작된다.

이어서 1941년 1월 환남사변晥南事變을 신호탄으로 중국정부의 반공
노선이 강화되었고, 이해에는 독일·이탈리아·일본의 '추축동맹체제樞軸
同盟體制'와 미·영·소 3국의 '연합국체제聯合國體制' 간의 대결이 전면화
되었다. 또 이해 여름에 이르면 조선의용대 주력의 중국공산당 항일근거
지로의 이동이 완료되었다. 이 같은 급박한 상황 변화를 배경으로 1941
년 11월 1일 「조선민족해방동맹 재건 선언」이 발표되었다.

조선민족해방동맹의 재건 선언은 국제정세 및 한인독립운동의 환경
변화에 대한 자구적 노력의 표현이었던 셈이고, 대응방안의 결론은 임정
활동에 합류하여 새로운 진로를 모색하는 방안이었다. 그 시점은 대체로
1941년 여름에서 가을 사이였을 것이다. 즉 향후 중국정부 관할구역에
서의 활동을 위해서는 공산주의에 대한 입장 및 태도의 정리가 필요하다
는 인식에 이르렀고, 그 결과로써 임정 참여가 결정된 것이다.

이 같은 상황에서 1941년 12월 태평양전쟁의 발발을 계기로, 충칭의
한인독립운동진영은 또한번 굴절을 겪는다. 한인세력들은 대일전에 적
극 참여하여 연합국의 일원으로서 국제적 지위를 확보함으로써, 전후 한
반도 문제 처리과정에 참여할 수 있는 발판을 마련해야 한다는 판단에
이르렀다. 그리고 이를 위해서는 임정을 중심으로 한인세력의 단결된 모
습을 보여주어야 했다.

통일된 임정의 구성과 임정에 대한 국제적 승인을 확보하는 일이 필
수적인 과제가 되었다. 임정에 비판적이던 세력도 임정의 권위를 인정하
고, 함께 단결해야 하는 국면에 직면한 것이다.

"금일의 세계는 침략과 반침략의 두 개 진영으로 분립되었다. 우리 민
족의 가장 긴급하고 중요한 임무가 바로 전민족의 총단결이다. 금일에
우리는 이 단결 임무를 수행하지 못하는 한에는, 우방 원조의 취득, 무장

혁명군의 건립 및 기타 어떠한 임무의 수행도 생각할 수 없는 일이다"[7])
는 그의 통찰은 한국독립운동의 틀을 반파시즘 국제통일전선의 차원으
로 확대하고, 이 국제정치 체제에 적극 가담하여 국제통일전선 동맹세력
의 일원으로 항일전쟁을 승리로 이끌어야 한다는 논리이다.[8])

김성숙은 임정에 참여하기로 결정한 과정을 "나는 임시정부를 새로이
강화할 결심을 했습니다. 그래서 해외에 있는 모든 정치세력은 임정에
집중하라는 구호를 내세우고 내가 나섰지. 나부터 솔선해서 임정에 가담
할 것을 주장하고 나섰지"[9])라고 하였다. 임정의 역량 및 위상 강화 필요
성과 중요성을 절실히 인식했다는 얘기이다.

이어서 그는 "내가 김원봉이 하고 굉장히 싸움을 해가지고 조선민족
혁명당을 임정에 가담시켰지요"[10])라고 회고하였다. 그의 말대로, 김성
숙이 조선민족혁명당계열의 임정 합류 결정에도 적극 나섰을 개연성은
적지않다. 중일전쟁 이래 조선의용대 활동을 연결고리로, 김원봉과 김성
숙이 동반자 관계를 유지해 왔던 사실 등으로 미루어 보더라도, 김성숙

---

7)「임시정부 옹호선언」『新朝鮮』5(1942. 1. 1), 2쪽 ; 1999, 『韓國獨立運動史料:
　　楊宇朝篇』, 국가보훈처 수록. 조선민족해방동맹의 기관지인 『新朝鮮』(新朝鮮社
　　발행, 통신처: 重慶南岸大佛段 57號)에 실린 글을 모두 김성숙이 쓴 것으로 단
　　정할 수는 없다. 하지만 그의 다른 글씨(예컨대, 일제패망 직후 귀국 이전 시기,
　　충칭에서 여타 임정요인들과 함께 쓴 '爲建設自由幸福之新國家而奮鬪' 휘호)와
　　비교해 보면, '新朝鮮'이라는 題號는 김성숙의 필체이다. 이와 함께 조선민족해
　　방동맹의 이론적 체계화 및 논리화 작업은 김성숙의 몫이었고, 그가 이 단체 활동
　　의 주도적인 역할을 하였다. 따라서 『新朝鮮』에 실린 글에는 필자가 명기되어 있
　　지 않지만, 대부분 그가 쓴 것으로 추정된다. 설혹 그렇지 않더라도 이들 글이 김
　　성숙의 혁명관 내지는 정치사상을 반영하는 것으로 평가해도 무방할 것이다.
8) 이러한 그의 국제정세 판단은 "지난해에는 英獨 및 英蘇戰爭을 樞紐로 하여 전
　　세계 반파시즘 통일전선이 완성되었고, 중국항전이 승리적으로 진전되었고, 美日
　　戰爭이 폭발되었고, 그 영향 하에서 우리 혁명운동이 공전으로 고조되었다"는 표
　　현으로도 뒷받침된다(「復刊辭: 1942년을 마즈면서」『新朝鮮』5, 1쪽).
9) 이정식 면담, 김학준 편집해설, 1988, 『혁명가들의 항일회상: 김성숙·장건상·정화
　　암·이강훈의 독립투쟁』, 민음사, 107쪽.
10)『혁명가들의 항일회상』, 107쪽.

이 김원봉에게 임정 합류를 강력히 권고하였을 것으로 유추된다.

1942년 4월 20일의 제28차 국무회의에서, 임정은 조선의용대와 광복
군의 통합을 결의하였다.[11] 이와 함께 5월 15일 중국정부 군사위원회軍
事委員會는 조선의용대의 광복군 합류를 명령하고, 김원봉金元鳳을 광복군
부사령에 임명하였다.[12] 이해 7월 조선의용대는 해체를 선언하고, 광복
군 제1지대로 개편되었다.

1942년 8월 4일 소집된 제35차 국무회의에서는 임시의정원 의원 선
거규정을 개정하여,[13] 조선민족혁명당 등 좌파 민족주의세력의 임정 참
여 길을 열어 놓았고, 10월 24일 개원한 제34회 임시의정원 회의에서는
김원봉·김상덕金尙德·최석순崔錫淳 등 10명의 조선민족혁명당원과 유자
명柳子明(조선혁명자연맹)·유림柳林(조선무정부주의자연맹)·김재호金在浩(조선민족
해방동맹)·박건웅朴建雄(조선민족해방동맹)·손두환孫斗煥(한국독립당통일동지회) 등
이 의정원의원에 뽑혔다.[14] 이와 함께 임정 국무위원으로 김규식金奎植
(선전부장)·유동열柳東說(교통부장)·장건상張建相(학무부장)·황학수黃學秀(생계부
장) 등이 선임되었다.[15] 이로써 중국정부 관할구역 내 한인세력의 통일
전선운동은 결실을 맺었다.

임정 합류를 결정하기에 이른 그의 속내를 들여다보자. "무슨 당黨이
무엇을 한다고 하지만, 권위로 보든지, 영향으로 보든지 국내의 대중 일
반에 대한 영향으로 보든지, 그래도 임정밖에 없거든. 임정이 계속해서
일본하고 대립해서 싸워 왔고, 그러니까 임정을 중심해서 좌우간 모여야
겠다. 그래도 임정을 중심해서 모이기가 쉽다. 당을 같이 하는 것이라면

---

11) 추헌수 편, 1973, 『資料韓國獨立運動』 3, 연세대출판부, 112쪽.
12) 국사편찬위원회 편, 1968, 『韓國獨立運動史』 자료 3, 임정편 III, 296쪽.
13) 대한민국국회도서관 편, 1974, 『大韓民國臨時政府議政院文書』(이하 『의정원문
   서』), 769쪽.
14) 『의정원문서』』, 698~703, 755~756쪽.
15) 독립운동사편찬위원회, 1974, 『독립운동사』 4, 981~982쪽.

모르겠지만, 정부를 같이 하자는 것이니까 쉽다, 이렇게 생각했지"[16]라고 구술하였다.

그는 열강들의 국제질서 재편 논의가 진행되던 태평양전쟁기 국제정세를 꿰뚫고 있었다. 중국정부 및 연합국들이 대일전의 차원에서 임정과 한인세력의 추이를 주시하고 있는 상황에서, 분파적이고 부분적인 모습을 띨 수 밖에 없는 단체 중심의 세력구도가 갖는 한계를 깨닫고 있었다.

당을 유지한 채 정부 명의 아래로 모든 세력이 참여하는 형태의 통일전선이었던 것이다. 각 세력의 정체성을 유지하며 연립정부 체제 안에서 경쟁과 협동을 통해 자신들의 정치적 영향력을 확보해 나가자는 복안이 엿보인다.

임정을 구심점으로 한인세력이 단결하는 길만이 국제 반파시즘 통일전선 체제와 대일 연합국체제에 부응할 수 있는 선택이라고 판단하였던 것이다. 때문에 조롱거리가 될지도 모를 위험을 무릅쓰고 임정 참여를 결정하였고, 한걸음 나아가 당시 좌파 민족주의세력의 중심이었던 조선민족혁명당의 임정 합류를 위해서도 적극 노력하였던 것이다.

이러한 사실은 그의 국제정치 상황에 대한 통찰 능력을 일러주는 것이고, 투쟁 일변도의 혁명가가 아닌, 상황을 예견하고 준비할 줄 아는 정치가로서의 면모를 보여주는 것이라 하겠다.

"어떻든 임정이 독립운동자들 사이에서의 타협의 바탕 위에 확고히 섰다면, 해방이 된 뒤에라도 연합국들을 상대로 협상을 잘 해보는 것이었는데"[17]라는 아쉬움 속에는, 이와 같은 국제정세 인식과 성찰이 담겨있다. 김성숙과 조선민족해방동맹에 비판적인 인물의 회고도 같은 맥락에서 이해된다.

---

16) 『혁명가들의 항일회상』, 113쪽.
17) 『혁명가들의 항일회상』, 126쪽.

중국정부의 주영대사 궈타이치[郭泰祺]씨가 이해 9월에 귀국하여, 자기네 정부에 극렬하게 건의하기를, "이번 대전에서 영국 런던에서는 각국 26개 유망정부를 모두 포섭하여 승인하고 우대하는데, 우리는 앙앙대국盎盎大國으로서 한국유망정부韓國流亡政府 하나를 24년 동안이나 톡톡히 우대도 승인도 없이, 그대로 방치하여 둔다는 것은 국제적으로 절대한 수치이니, 과거를 혁신하여, 사실승인부터 하되, 금년 쌍십절雙十節 국경일에 실행합시다"라고 주장하여, 중국정부에서 만장일치로 채납 결의되었다. 그래서 사전통지를 우리 임시정부에 보내왔다. …

이 사실이 더한층 적색분자赤色分子들의 가슴을 설레이게 했던 모양이다. 이들의 정책 변경아래, 약삭빠른 해방동맹 김성숙·박건웅이 '정부 협조'를 맹서로 표현하고 행동에 옮겼으며[18]

라는 대목이 그러하다. 임정 승인에 옹색한 모습을 보여 왔던 중국정부가 국제정세의 흐름과 '자국의 이익'이라는 관점에서 임정 승인을 고려하게 된 사실이 김성숙이 임정 참여를 결정하게 된 배경의 하나로 작용하였다는 설명이다.

이는 김성숙이 열강의 동태와 국제정세의 추이를 예의주시하며, 자신과 조선민족해방동맹의 진로를 모색하였음을 의미한다. 임정옹호세력의 한 사람이었던 인물의 위 회고는 역설적으로 김성숙의 정세 판단 안목과 사고의 유연성을 일러주고 있는 셈이다.

2) 임정 참여와 활동

먼저 임정에서 김성숙이 맡았던 직책을 살펴보겠다. 1942년 1월 22일 국무회의에서는 "선전위원회 주임의 천거에 의하여" 김규광·김윤택·박건웅·호건을 선전위원으로 뽑았고,[19] 1월 26일 국무회의에서는 "내무부장의 천거로" '3·1절 기념주비위원'으로 차리석·윤기섭·엄항섭·최석

---

18) 趙擎韓, 1979, 『白岡回顧錄』, 한국종교협의회, 322~323쪽.
19) 임시정부 비서처 발행, 『大韓民國臨時政府公報』 74호, 독립기념관 한국독립운동사연구소, 2004, 『大韓民國臨時政府公報』(한국독립운동사자료총서 19집), 216쪽.

순·김규광·김관오·박건웅·안원생을 선임하였다.[20] 이어서 주비위원회
는 윤기섭을 주석으로 선출하고, 총무조·의식조·선전조의 3개 조를 편
성하였는데, 그는 선전조 주임에 선임되었다.[21]

이와 함께 1943년 2월 3일 국무회의에서는 그의 아내인 두쥔훼이[杜
君慧]를 외무부 부원으로 선임하였다. 이어서 3월 30일 "신관제에 따라"
두두쥔훼이는 외무부 과원이 되었다.[22]

1943년 3월 4일 국무회의는 "내무부장의 추천에 의하여" 그를 내무
부 차장에 임명하였고, 4월 10일 국무회의에서는 조소앙·신익희·엄항
섭·김상덕·손두환 등과 함께 선전부 선전위원에 선임하였다.[23]

1944년 4월 20일 개회한 제36회 임시의정원의 회의 기간 중, 4월 24
일 임시정부 국무위원 선거에서 김성숙은 이시영·조성환·황학수·조완
구·차리석·장건상·박찬익·조소앙·성주식·김붕준·유림·김원봉 등과 함
께 국무위원에 당선되었다.[24]

그런데 1942년 1월 22일에서 43년 3월 사이, 그와 함께 임정의 직책
을 맡은 인물들을 보면, 대부분 친임정親臨政 성향으로 분류되는 인물이
고, 박건웅과 호건胡建은 김성숙과 같은 조선민족해방동맹원이고, 손두
환도 이 시기에는 '조선민족해방동맹 소속'으로 분류되었다.[25] 이로 보
면 김성숙과 조선민족해방동맹의 임정 합류는 비교적 순탄하게 이루어
졌던 것 같다.

합류 후 임정의 역학구조 안에서 그의 위상은 어느 정도 보장되었던
것 같다. 1944년 1월 한국독립당과 조선민족혁명당의 임정 주도권 경쟁

---

20) 『大韓民國臨時政府公報』74호, 위의 책, 216쪽.
21) 『大韓民國臨時政府公報』74호, 위의 책, 217쪽.
22) 『大韓民國臨時政府公報』77호, 위의 책, 231~232쪽.
23) 『大韓民國臨時政府公報』77호, 위의 책, 231·233쪽.
24) 『大韓民國臨時政府公報』81호, 위의 책, 248쪽.
25) 警務局保安課 편, 『特高月報』1943년 1월분, 93쪽 '附表'.

이 권력투쟁 양상을 띠던 상황에서,[26] 양당이 임시의정원의 "선거방식
이 어떠하든지 간에 조완구·박찬익·유동열·김원봉·김성숙은 선거에 영
향을 받지 않고 당연히 국무위원이 된다"[27]는 데 합의하였다. 상호 견제
관계에 있는 양당이 김성숙을 임정 국무위원 후보로 선출키로 양해하였
음을 알려준다. 이는 그의 인격에 대한 믿음을 반영하는 동시에, 그의
정치적 위상을 뒷받침한다.

그의 임정활동 가운데에서 쟁점이 될 만한 사실이 이승만 주미외교위
원부 위원장의 외교활동에 대한 비판이다.

　　중국정부의 주선으로 유엔 창립총회에서 한국임시정부를 옵서버 자격으
　로 초청하게 되었다는 것이다. … 임정은 재미 중이던 이승만 씨를 단장으로
　선임하여 총회에 참석하도록 하였다. 유엔총회가 끝난 후, 중국대표단의 한
　사람인 동비우董必武씨의 보고에 의하면, 이승만 씨는 임정대표로 참석하여,
　맹렬한 반소활동反蘇活動을 벌였다는 것이다. …
　　실제에 있어서, 모로토프를 단장으로 한 소련대표단은 임정에 대해서 아
　무 악의나 적의를 가진 바 없었는데, 이 소위 '반소전단反蘇傳單'이 살포된 후
　로는 그 태도를 일변하여, 임정은 중국국민당의 주구인 반소 특무기관이라고
　지적하고, 유엔총회를 파괴하려는 반동적 행동이라고 규정하였다 한다. … 임
　정은 비록 옵서버 자격이라도 유엔총회에 참가하게 된 것을 크게 다행한 일
　로 생각했던 것인데, 이것이 이승만 씨의 맹목적 반소활동에 의해서 산산이
　부서지고 말았다.
　　필자는 이 사태의 중대성을 절감하고, 즉시 조소앙·김원봉·장건상 제씨와
　상의하고, 김구주석에게 임정 국무위원회의 즉각 소집을 요청하였다. 이 회의
　에서 필자는 다음 세 가지 문제를 제기하였다.
　1. 이승만 씨를 주미외교위원회장으로 부터 면직할 것.
　2. 정부는 이승만 씨의 맹목적 활동에 관해서 미·소 정부에 대해서 적당한 해
　　명과 사과를 할 것.
　3. 정부는 해외 각지에 산재한 각종 반일혁명단체의 대표자를 소집하여, 비상

---

26) 손세일, 「한국민족주의의 두 유형: 이승만과 김구」 (68), 『월간조선』 2007년 11월
　　호, 659~664쪽 참조.
27) 추헌수 편, 1972, 『資料韓國獨立運動』 1, 연세대출판부, 352쪽.

민족대표자대회를 조직하고, 이 대회에서 의정원을 확대 개조하고, 국무위원회를 개선하여 임정을 미주·만주·시베리아 등지에 산재한 반일 혁명대중의 기반 위에 수립하도록 할 것.

이 국무위원회의에서 다수표결에 의하여 이승만 씨의 면직은 처리되었으나, 다른 2·3항에 대하여는 장시간 논의 끝에도 결말을 못보고 말았다. 필자는 이에 분개하여 국무위원의 사퇴서를 김구주석에게 제출하고, 충청시에서 수 십 리 밖에 있는 판시磻溪라는 별장지대로 이주하여 잠시 피서와 휴양을 가졌다.[28]

이승만李承晩의 반소·반공활동이 국제사회에서 임정의 활동 여지를 좁혔고, 나아가 국제 반파시즘 통일전선 및 대일 연합국체제의 일원이 되고자 하는 임정의 외교활동에도 장애가 되었다는 지적이다.

위의 내용은 1945년 말 귀국 이래 집권세력에 의해 견제·핍박받으며 인내와 저항의 정치역정을 걸어왔던 그가 1968년에 한 회고이다. 따라서 증언 내용에 주관적인 관점이나 감정 등이 개재되어 있을 개연성도 있다. 실제로 임정이나 이승만과 관련한 여타 자료에서도 위의 증언을 뒷받침할 수 있는 자료가 발견되지 않는다. 이승만의 반소·반공활동은 확인되지만, 그의 주장대로 이승만은 이 일로 인해 임정 주미외교위원장직을 박탈당하지는 않았다.

샌프란시스코회의(1945년 4월 25일~6월 26일)에서의 이승만의 반소·반공활동 소식을 듣고, 김성숙이 국무회의에서 이승만을 신랄하게 비판하였을 것임은 짐작이 가는 바이다. 하지만 그가 제안한 이승만 면직 제안은 통과되지 않았다. 태평양전쟁 말기에도 임정운영의 주도권을 쥐고 있던 김구와 조소앙은 이승만에 대한 신임의 끈을 놓지 못하였다. 현실적으로 대미외교에서 이승만을 대체할만한 인물을 찾을 수 없었다.[29]

---

28) 金星淑, 「嗚呼! 臨政 30年만에 解散하다」, 87~89쪽.
29) 이 회고의 배경이 되는 샌프란시스코회의와 한인독립운동진영의 동향에 대해서는 고정휴, 「샌프란시스코회의(1945)와 얄타밀약설: 이승만의 반소·반공노선과 관련하여」, 연세대학교 국학연구원 편, 2003, 『미주 한인의 민족운동』(미주 한인 이민

위의 사실은 임정 내에서 그의 활동이 순탄치 못하였을 것임을 암시한다. 이승만 주미외교위원부 위원장의 활동에 대한 의존도와 기대감이 높았던 임정 지도부와의 소통 또한 수월치 않았을 것임 또한 쉽게 상상이 간다. 그것은 다가올 미래에 대한 전망 및 예견 능력을 포함한 세계관의 차이와도 연관이 있었을 것이다.

2. 한·중 연대활동

1942년 10월 11일 상오 충칭시방송국 건물에서는 순커[孫科]·우티에청[吳鐵城]·바이충시[白崇禧]·왕총훼이[王寵惠]·펑위상[馮玉祥]·저우루[鄒魯]·장다오판[張道藩] 등 중국정부 인물과 임정의 김구·조소앙·이청천·김원봉 등 400여 명이 참석한 가운데, 중한문화협회中韓文化協會 성립대회가 열렸다.

중·한 양국의 국가 연주로 시작하여, 전사장병戰死將兵 및 한국역사에 대한 묵념, 순커 행정원장의 개회사, 스투더[司徒德]의 경과보고, 중국정부 사회부 대표 정페이즈[曾沛滋]의 훈사, 조소앙·펑위상·아이와스[艾瓦斯, 미국중국지원회 충칭분회 책임자]의 연설에 이어서, 회장會章과 대회선언을 채택하였다. 위요우런[于右任]·궈머루[郭沫若]·저우언라이[周恩來]·조소앙·이승만·서재필 등을 명예이사로, 우티에청·주자화·박찬익·김규식·김원봉·김성숙·유자명 등이 이사에, 왕스지에[王世杰]·마차오쥔[馬超俊, 이상 중국측]·최동오·박건웅(이상 한국측)은 감사에 선임되었다.[30] 10월 17일의 제1차 이사·감사회의에서 김성숙은 선전조 부주임에 선임되었다.[31]

100주년 기념논집), 혜안, 287~316쪽 참조.
30) 成都『中央日報』1942년 10월 12일, 楊昭全等編, 1987, 『關內地區朝鮮人反日獨立運動資料匯編』下, 潘陽: 遼寧民族出版社, 1589~1590쪽.
31) 『新華日報』 1942년 10월 18일, 『關內地區朝鮮人反日獨立運動資料匯編』下, 1591쪽).

그런데 중국측 참여인물은 당과 정부의 유력인물일 뿐만 아니라, 군사위원회軍事委員會·중앙조사통계국中央調査統計局·삼민주의청년단三民主義靑年團·국제문제연구소國際問題硏究所 등 중국정부의 주요 포스트에 있는 인물들이다.[32] 이러한 인물구성으로 미루어 보면, 중한문화협회가 단순한 문화활동단체가 아닌 정치적 색채가 강한 기구였음을 알 수 있겠다.

'혁명사진' 전시회와 '3·1독립기념' 강연회(1943년 2월 28일),[33] '대한민국임시정부수립 25주년기념' 강연회(4월 11일),[34] '전쟁 후에 있어서의 한국독립문제' 좌담회(5월 9일),[35] '대한민국임시정부 승인' 좌담회(9월 22일)[36] 등의 행사가 이같은 중한문화협회의 성격을 뒷받침한다.

이외 김성숙이 참여한 단체로 한국구제총회韓國救濟總會가 눈에 띤다. 1945년 3월 15일 중앙문화운동위원회 문화회당文化會堂에서 창립대회가 열렸다. 안정근安定根을 회장으로, 김병연·한시대·손두환·이충모·두군혜 등을 이사로, 유동열·김붕준·김성숙 등을 감사로 선임하였다.[37]

임원 중에는 충칭에 거주하지 않는 김병연·한시대·곽림대·변준호·현

32) 이들의 항일전쟁 기간의 주요 직책을 살펴보면 다음과 같다. 吳鐵城: 국민당 해외부장·비서장, 朱家驊: 국민당 비서장·조직부장·中央調査統計局 국장, 三民主義靑年團 중앙단부 서기장. 王世杰: 軍事委員會 참사실 주임, 정치부 지도위원. 馬超俊: 국민당 중앙정치위원회 위원·조직부 부부장, 국민정부 사회부 부부장. 徐恩曾: 국민당 중앙조사통계국 부국장. 梁寒操: 군사위원회 정치부 부부장, 삼민주의청년단 중앙간사회 상무간사. 王崑崙: 中國民主革命同盟 발기인. 吳煥章: 삼민주의청년단 흑룡강성지단 대표. 龔德柏: 國際問題硏究所 주임비서. 許孝炎: 『國民新報』(영자신문)·상하이 『中央日報』·하북 『民國日報』사장. 胡秋原: 국방최고위원회비서, 『祖國』『民主政治』잡지 발행인 등.
33) 長沙 『大公報』 1943년 3월 1일, 『關內地區朝鮮人反日獨立運動資料匯編』 下, 1593~1594쪽 및 『新華日報』 1943년 3월 1일, 같은 책, 1207~1208쪽.
34) 重慶 『大公報』 1943년 4월 12일, 위의 책, 1593~1594쪽
35) 『獨立新聞』(중경판) 창간호, 1943. 6. 1, 독립운동사편찬위원회, 1974, 『독립운동사자료집』 8, 21~26쪽.
36) 重慶 『大公報』 1944년 9월 23일, 『關內地區朝鮮人反日獨立運動資料匯編』 下, 1602쪽.
37) 『독립』 1945년 5월 2일.

순·전경무·민찬호·김원용·김강·김호 등 미주 한인사회의 주요인물들과, 최창익·무정·김두봉 등 중국공산당 관할구역에서 활동 중인 조선독립동맹의 주요인물들이 대거 포함되어 있다. 정치선전의 측면이 짙다는 느낌이다.

참여인물의 면모를 보더라도, 임정활동과 직접적인 관련이 있는 인물이 아닌 '제3당파' 인물이 대다수임을 알 수 있다. 이는 그가 임정운영의 주류로 분류되지 못하고, 군소당파 그룹의 일원이었음을 뒷받침한다. 한인진영의 원로그룹으로 대접받았던 것으로 짐작된다.

이상에서 살핀 중한문화협회·한국구제총회 등을 매개로 한 한·중 연대활동 과정에서는 광저우廣州 중산대학中山大學 출신의 학력, 조선민족전선연맹과 조선의용대 활동의 중심인물로서 중국정부 요로와 맺은 인간관계, 『조선민족전선朝鮮民族戰線』 및 『조선의용대통신朝鮮義勇隊通訊』 간행을 매개로 쌓인 중국측 인사들과의 知面,[38] 사회과학과 국제정치에 정통한 진보적 지식인으로서의 교양 등이 그의 입장과 위상을 뒷받침하였을 것이다.

그런데 그의 한·중 연대활동 과정에서는 아내 두쥔훼이의 존재를 빼놓을 수 없다. 1920년대 중후반 중산대학 재학 시절 만난 "상해의 어떤 부유한 중국인 집안의 예쁜 딸"[39]이라는 두군혜는 "등영초鄧穎超라고 주은래 마누라하고도 굉장히 가깝고 서로 친해요. 그렇게 되니까 이러저러해서 곽말약하고 서로 친하게 되고, … 그런 관계로 해서 차차 주은래하고 알게 되고, 주은래를 알게 돼서 동필무董必武를 알게 되고 그랬지

---

38) "周恩來하고 굉장히 깊은 관계가 있어요, 廣東에서부터 어떻게 돼가지고 南京에서도 上海 와서도 그렇게 됐지요. … 주은래하고 우리가 늘 접촉을 했지요." "내가 董必武나 주은래를 통해 소련과 임시정부와의 관계를 상당히 좋게 만들었거든요"(이정식 대담, 「金星淑 회고록: 韓國現代史, 중도좌파의 비극적 종말」, 363·366쪽).

39) 金俊燁, 1989, 『長征』 2, 나남, 451쪽.

요"[40]라는 김성숙 본인의 회고에서도 암시되듯이, 김성숙이 중국정부 및 중국공산당측 인물과의 교류에 있어서, 중국인 아내의 그림자는 컸다. 다음의 자료는 두췬훼이의 면모를 짐작하는 데 도움을 준다.

> 먼저 여러분에게 알리고 싶은 말씀은 나는 조선의 딸입니다. 그러나 조선 민족의 해방을 위하여 투쟁하는 가장 우수한 조선의 자녀들로 더불어 20년 동안이나 일관되게 환란을 같이 하고, 생사를 같이 하고 있습니다. … 여러 가지 중대하고 긴박한 일 가운데에서, 가장 긴박하게 준비하고 실행하여야 할 일이 혁명자를 후원하는 일이라고 생각합니다. …
>
> 애국부인회의 주최로서 각 부녀단체와 유력한 개인을 총망라하여 '부녀계 혁명자후원회婦女界革命者後援會'를 조직하여야 할 것이라고 생각하고 주장합니다. 혁명자후원회를 조직하여 먼저 각지에 있는 조선동포들을 향하여 피난동포 구조의연금 모집운동을 대규모로 진행합시다. … 혁명자 후원에 관한 일은 결코 우리민족 내부에서만 할 일이 아닙니다. 반드시 전세계 양심있는 인류, 특히 중·소·미·영 등 동맹 각국의 인민들에게, 더욱이 동정심이 많은 부녀들을 향하여 '조선혁명자를 원조하여 달라'고 크게 소리쳐서 요구하여야 합니다. …
>
> 동정과 원조를 받는 유력한 방법으로 먼저 조선혁명자 후원, 전시 조선아동 보육, 난민 구제 등을 목적으로 하고, 동맹국 부녀들과 연합하여 자선 성질의 단체를 조직하고, 같이 활동하는 것이 제일 좋습니다. …
>
> 우선 우리 重慶에 있는 조선부녀들은 중경에 있는 중국부녀들과 연합하여 중한부녀친목회中韓婦女親睦會 혹 중한부녀호조회中韓婦女互助會 같은 단체를 조직하고, 조선혁명자 후원에 관한 일을 하루바삐 시작하도록 노력하기 바랍니다.[41]

위의 글은 당시 충칭 한인사회 최대의 여성단체였던 한국애국부인회韓國愛國婦人會(1943년 1월 23일 결성)의 선전·기관지에 실린 두췬훼이의 글이다. 그녀는 한국애국부인회의 중앙집행위원 9인 중의 한 사람이었다.[42] 중국

---

40) 이정식 대담, 「金星淑 회고록: 韓國現代史, 중도좌파의 비극적 종말」, 363쪽.
41) 중경 두군혜, 「해외 조선부녀 동포들에게: 혁명자 후원 사업을 하자」 『독립』 1945년 7월 11일. 이 글은 『부녀의 새 길』에 실렸던 글을 옮겨 실은 것이다.
42) 『新華日報』 1943년 2월 2일.

어 구사 능력이 떨어지는 한인간부들이 중국정부나 민간사회단체 등을 상
대로 하는 활동 과정에서, 그녀의 역할은 결코 가볍지 않았을 것이다.

한위건韓偉健과 장수옌[張秀岩], 정률성鄭律成과 딩쉬에송[丁雪松] 부부의
경우처럼, 김성숙과 두쥔훼이 부부 또한 진보적 지식인의 풍모를 가진
조선인 청년과 열정적이고 총명한 중국인 처녀의 혁명동지로서의 만남
이었다. 김성숙이 이국땅에서 항일역정을 헤쳐 나감에 있어서, 중국인
아내 두쥔훼이의 존재는 그를 지켜주는 울타리였고, 보듬어 안아주는 위
안이 되었을 것이다.

여기에서 일제 패망과 함께 김성숙의 가족이 맞닥뜨린 이산離散의 시
간으로 되돌아 가보겠다. 모두 해방과 광복의 기쁨에 들떠있던 시간이
이들 가족에게는 생이별의 순간이었다.

> 1945년 11월 5일 규광奎光 동지는 임시정부와 함께 충칭을 떠나 조선으로
> 돌아갔습니다. 당시 저에게는 자식이 셋 있었습니다. 큰 아들 두감杜鉗은 15살
> 이고, 둘째 두건杜鍵은 12살이며, 셋째 두련杜鏈은 두 살 두 달이었습니다.
> 12월 말에서 46년 1월 초 사이에, 두건이 복막염에 걸려 입원치료를 하였
> 습니다. … 당시 충칭은 백색테러가 창궐하고 있었습니다. 저는 몇몇 동지의
> 자식들과 저의 자식 셋을 데리고 상하이로 다시 돌아왔습니다. 당시 상하이에
> 아는 사람이 비록 있기는 하였지만, 안주하기 까지는 시간이 걸렸습니다.
> 네 식구에 젖먹이 아기까지 있었고, 더구나 금방 큰 병을 앓고 나서 아직
> 원기를 완전히 회복하지 못하고 있던 건鍵이가, 또다시 늑막염에 걸려 입원하
> 게 되었기 때문입니다. 입원비용이 얼마나 비싼지 겨우겨우 돈을 돌려대며 유
> 지하였습니다. 큰 아이와 작은 아이인 감鉗과 련鏈 두 아이는 상하이 거리를
> 헤매며 먹을 것을 조금씩 사 먹고는, 밤이 되면 남몰래 사명병원四明病院 병실
> 로 들어와 밤을 지새곤 하였습니다.[43]

---

43) 「杜君慧가 柳子明에게 보낸 편지」, 유자명 자료집 간행위원회 편, 2006, 『유자명
자료집』 1(독립운동편), 충주시·충주MBC, 161~162쪽. 일제 패망 직후 귀국을
기다리던 시기, 중국정부에서 작성한 「國臨時政府職員曁眷屬僑民成册」에 따르
면, 당시 부인 두군혜는 41세, 두감 16세, 두건 11세, 두련 3세였다.

느닷없이 들이닥친 종전終戰, 해방解放 그리고 김성숙의 귀국, 남편과 아버지를 떠나보내고 중국 해방전쟁解放戰爭의 소용돌이 속에 내 팽개쳐진 네 가족이 헤쳐나간 중국현대사의 격랑을 떠올린다.

주지하다시피 1945년 12월 1일 임정요인 제2진의 일원으로 귀국한 이후, 김성숙의 정치역정은 한국현대사에 남겨진 진보노선의 상처투성이로 대변된다. 같은 시기 대륙에 남겨진 아내와 세 자녀의 삶 또한 남편·아버지의 길과 크게 다르지 않았다. "역사 속의 영웅열사, 현대의 혁명전사들이 생전과 사후에 종종 좌절과 박해를 받는 일은 일을 당하는 것을 보면서, 함께 한바탕 울지 않을 수 없습니다."[44] 1980년 당시 베이징에 거주하던 두쥔훼이의 회한悔恨이 묻어나는 편지 내용이다.

3. 독립운동 방략 및 정치사상

1) 공산주의관의 진화와 독립운동방략

1945년 2월 하순에서 4월 말 사이의 어느 날, 광복군 대원 김준엽金俊燁이 "꼬불꼬불한 중경의 언덕 뒷골목에 있는" 김성숙의 집[45]을 간신히 찾아갔을 때, 김성숙은 박건웅과 함께 "대나무로 만든 조그마한 집에서 자취생활을 하고 있었다." "중경에서의 소문은 그들이 진짜 빨갱이라는 것이었다. 이것은 김원봉보다 훨씬 좌경했다는 뜻이다. 숨을 헐떡이며 집을 찾으니, 김성숙 선생은 천만 뜻밖의 방문으로 여기면서, 여간 놀라고도 기뻐하지 않았다.

---

44) 「杜君慧가 柳子明에게 보낸 편지」(1980년 9월 25일), 2006, 『유자명 자료집』 1 (독립운동편), 충주시·충주MBC, 163쪽.

45) 1942(?)년 5월 15일자로 추정되는 김성숙이 朱家驊 중국정부 비서장에게 보낸 서신(臺北 國史館 소장자료)에 의하면, 그의 거주지 주소가 '鐵路孔外永淸新路37號末家'로 되어 있다.

그때 그는 49세였지만, 머리카락이 없는 넓은 대머리가 되어 나이보다는 훨씬 늙어 보였다." "날보고 빨갱이라고 하는데, 나를 찾아와도 김 동지는 괜찮겠소?" "내가 진짜 빨갱이라면 왜 중경에 남아 임시정부의 국무위원으로 있겠어요? 나도 연안延安에 가려면 얼마든지 갈 수 있어요"라고 하며, 자신이 겪어 온 이야기를 들려주었다.[46]

> 그는 국내의 절대다수가 무산대중無産大衆인데, 그들의 지지 없이 어떻게 나라를 운영할 수 있겠는가 하면서도, 계급투쟁階級鬪爭이나 폭력혁명暴力革命은 반대한다고 하였고, 또 나라의 독립獨立이 까마득한데, 언제 건국建國 후의 일을 생각하겠는가, 우선 모든 사람이 힘을 합쳐 일본제국주의의 노예가 되어 있는 동족들을 해방시키는 것이 급선무라고 열띤 어조로 이야기하는 것이었다. 그의 외관으로 보면, 승려와 같은 인상이지만, 말문이 열리니까 대단히 열정적이었다.[47]

근대민족국가 건설의 계급적 기반은 '무산대중'에 설정되어야 하지만, 새로 수립될 국가는 계급투쟁이나 폭력혁명에 의해서는 아니 될 것이며, "내가 진짜 빨갱이라면 왜 중경에 남아 임시정부의 국무위원으로 있겠어요? 나도 연안에 가려면 얼마든지 갈 수 있어요"라는 항변에는 그가 받아들이고 있던 공산주의의 모습이 투영되어 있다.

그가 '조선공산주의자에게 부여된 임무'로 첫째, "조선민족이 총단결하여 반일통일전선을 공고하게 하고 확대하는 것, 둘째, 모든 조선공산주의자가 통일·단결하여 조선무산계급의 혁명정당을 건립·확대하는 것"이라고 언급하는 내용[48]이 공산주의자로서 그의 정체성을 확인해 준다.

그는 노농계급이 참여한 계급전선階級戰線이 아닌, 전민족이 참여한 단결된 모습의 반일통일전선을 결성하는 일이 한인공산주의들의 임무라

---

46) 金俊燁, 1989, 『長征』 2, 나남, 449쪽.
47) 『長征』 2, 451쪽.
48) 「復刊辭: 1942년을 마즈면서」 『新朝鮮』 5, 1쪽.

고 생각하였다.[49] 또 협동전선의 형태로써 '혁명정당革命政黨'을 상정하
였다. 그리고 '심각한 이론투쟁'을 거쳐 정확한 '혁명적 이론'을 도출하
고, 이에 기반하여 정확한 '혁명적 실천'에 옮겨져야 한다[50]고 주장하였
다. 이는 공산주의자들이 주장하는 '프롤레타리아 계급혁명'과는 구별되
는 것이었다.

또 자신을 포함한 공산주의운동단체로서 조선민족해방동맹에 부과된
긴급임무로 '종파주의 및 기회주의'를 극복·청산하는 일을 꼽고 있다.
그는 1941년 상반기 중국공산당 관할구역으로 이동해 버린 조선청년전
위동맹朝鮮青年前衛同盟 소속의 한인공산주의자그룹을 종파주의자宗派主義
者 및 기회주의자機會主義者로 낙인찍었다.[51] 그는 이들과의 차별화를 통
해 '공산주의자로서의 길'을 모색하였다.

그는 자신을 중국공산당의 영향력으로부터 독립된 '조선공산당원朝鮮
共產黨員'으로 의식하였고, 또 그렇게 행동하고 싶어했던 것 같다. 그가
중국공산당 항일근거지로 이동한 한빈韓斌·김학무金學武 등을 '종파주의
자·기회주의자'로 비난하고 있는 사실이 이를 뒷받침한다.

그는 조선민족혁명당과 조선청년전위동맹 내부의 분열 상황을 가리
켜 "당시야말로 관내關內 소위 '공산주의자의 종파적 활동'의 전성시기
였다. 각파는 조선의용대의 각 구대·분대를 활동근거로 하고, 서로 자파
가 진정한 공산주의자라고 과약誇耀하는 반면에, 다른 파는 '비주의자非

---

49) 이와 관련하여서는 「조선민족해방동맹 재건 선언」에서도 "전체민족은 계급 혹은
　　당파를 불문하고, 오직 反日民主를 최고원칙으로 한 일정한 행동강령 하에 총집
　　결하여 일본제국주의에 대한 전투적 행동과 朝鮮民主共和國에 관한 건설적 행동
　　을 통일하자는 것이다. 이 통일전선정책은 종래(조선공산당 해체 후)조선공산주
　　의자들이 무조직적으로 제출하는 오직 工農階級의 반일 혁명성만 인정하고, 기타
　　각 사회계급의 반일 혁명성을 근본적으로 부정하는 정책적 관점과는 완전히 구별
　　되는 것"이라고 선을 그었다.
50) 「復刊辭: 1942년을 마즈면서」『新朝鮮』5, 1쪽.
51) 위와 같음.

主義者'라고 지적하고, 심하게는 '트로츠키파'라고 무함誣陷하였다. 이와 같은 공전중유空前曾有의 종파적 분열 상태는 다만 조선사회운동 역사의 부끄러운 오욕이 될 뿐 만 아니라, 목전의 전민족 통일전선운동에 대해서 막대한 해독을 주고 있다." "조선민족해방투쟁동맹 중앙부에 종파주의 및 기회주의 지도와 공산주의 지도가 강하게 대립되어 필경 분열되고, 최후에는 해체를 선고하지 아니할 수 없게 되었다"[52]고 비판하였다.

1938년 10월 조선의용대 창건 등의 과정에서, 김성숙은 조선청년전위동맹측과 동지적 관계를 유지해 왔고, 1939년 하반기 '7당 통일회의'에서는 보조를 같이 하였다. 나아가 중국정부의 반공정책을 의식하지 않을 수 없는 상황임에도 불구하고, 조선민족해방동맹과 조선청년전위동맹의 합당체로 조선민족해방투쟁동맹朝鮮民族解放鬪爭同盟을 출범시켜, 중국관내지역 한인공산주의자들의 정체성을 과시하고자 하였다.

그럼에도 불구하고 조선청년전위동맹측이 중국공산당 항일근거지로 들어가 버린 사실은 한인공산주의자로서의 '자주성'을 소중히 여겨온 김성숙에게 큰 충격과 분노를 안겨 주었을 것이다. 이와 같은 전위동맹 측에 대한 배신감과 유리하게 전개되지 않는 현실상황 등이 그의 결정을 임정 합류 쪽으로 이끌었을 것이다.

우파 민족주의자의 입장에서 보면, 그는 분명히 공산주의자였다. 반면에 '진짜' 공산주의자가 보면, 그는 '사이비'이다. 혼돈스럽지만 그가 "현단계 조선공산주의자의 엄숙한 역사적 사명이 바로 민족해방투쟁과 민주공화국 건설 사업에 최대의 충성과 정력을 공헌하는 데 있다"[53]고

---

52) 「조선민족해방동맹 재건 선언」(1941. 11. 11), 『新朝鮮』 5, 8~9쪽. 같은 글에는 "그들에게는 전체 혁명운동에 관한 정책, 일정한 주장이 없다. 그들은 어제 공산주의단체를 조직하였다가, 오늘에는 표변하여 群衆團體로 改頭換面하고"있다는 표현도 눈에 띤다.

53) 「임시정부 옹호선언」, 『新朝鮮』 5, 2쪽. 이 같은 천명은 "현단계 조선혁명의 기본 강령은 일본제국주의를 타도하고 조선에 진정한 民主共和國을 건립하자는 것이

한 대목에 이르면, 독립운동가 및 혁명가로서 그의 정체성은 한층 명확해진다. 그가 되찾아 세우고자 한 국가는 '인민공화국'이 아닌, '민주공화국'이었다.

"김성숙, 박건웅, 김재호·신정완 부부 등 불과 10여 명으로 구성된 조선민족해방동맹은 중경에서 유일하게 공산주의를 표방하는 단체였다. 사실 대부분의 좌파인사들은 이들을 오히려 기회주의자이며 분파분자分派分子라고 몰아세우기도 했었다"[54]라는 '여자독립군'의 증언이 공산주의자로서 그의 정체성을 뒷받침한다. 굳이 말하자면, '민족적'이라는 관형사를 붙인 공산주의자라는 표현이 적합할 듯싶다.[55]

이 같은 평가는 김성숙의 체취를 기억하고 있는 한 독립운동가의 회고로도 뒷받침된다.

> [조선민족해방동맹은, 필자] 중국에 있는 공산주의자 김규광·박건웅 등이 중심이 되어 조직한 것으로, 제3 인터내셔널과의 유기적 조직관계에 있지는 않았지만, 제3 인터내셔널의 정치노선을 실천함을 목적으로 하고 있었다.
> 그러나 그들은 당시의 조선은 반봉건적 식민지국가로서 전민족이 이민족의 압박을 받고 있기 때문에, 2단계의 조선혁명은 민족주의 민족해방운동이요, 사회혁명이나 계급혁명이 아니라고 했다. 이러한 기본관점에서 각 당파는 연합 통일전선을 펴야 한다고 주장하였다. …
> 그리고 전민족 총단결을 주장하면서, 모든 반일혁명역량을 임시정부에 집

다. … 이 강령은 조선공산주의자들이 무조직적으로 高號하던 '사회주의혁명' 구호 내지 '工農소비에트정권' 구호와는 완전히 구별된다"는 「조선민족해방맹 재건 선언」(『新朝鮮』 5, 6쪽)과도 맥락을 같이 한다.
54) 鄭靖和, 1987, 『여자 독립군 정정화의 낮은 목소리: 녹두꽃』, 미완, 162쪽.
55) 일례로 "최창익·한빈·김창만·김학무 등이 … 延安으로 들어 가려고 하는데, 나는 반대를 했지만, 소용이 없거든요. … 연안에 가서 이 사람들이 임시정부하고 대립이 되는 어떤 정치단체를 만들려고 애를 썼어요. 나는 그것을 절대 반대했거든요. 이것은 우리나라 혁명운동을 분열시키는 것이다. 이것은 항일전쟁에서 안 된다는 것을 내가 周恩來한테 몇 번 얘기했습니다"(이정식 대담, 「金星淑 회고록: 韓國現代史, 중도좌파의 비극적 종말」, 363~364쪽)라는 그의 소신이 이 같은 평가를 가능하게 할 것이다.

중하고 임시정부의 영도 하에 통일해야 한다고 주장했다. 아울러 첫째, 임시
정부, 둘째, 반일민주강령, 셋째, 태극기, 넷째, 임시정부의 조선혁명 노선배
지지를 통하여, 전민족의 총단결을 확보해야 한다고 주장했다.

　　맹원 수는 그리 많지 않았으나, 사상적으로 정치적으로 급진적인 성격을
띠고 있으면서, 각 당파간의 통일·합작운동에 중요한 역할을 하고 있었다.[56]

는 표현이 그러하다. 즉 주변사람들의 눈에 비친 김성숙의 모습은 공산
주의자로 분류될 정도의 진보적인 정치이념과 혁명관을 가졌다. 하지만
태평양전쟁시기 열강의 국제전략이 한반도의 운명을 결정짓는 주요변수
가 될 것이기에, 국제정치환경을 고려한 대응책이 긴요하다고 생각하였
다. 그러기에 한민족의 자주성을 확립하고 민족국가를 건설하기 위해서
는 임정을 구심점으로 한 한인세력의 단결이 최우선시 되어야 한다는 전
략적 사고의 소유자였던 것이다.

　더불어 "가장 진보된 사회계급 내지 전인류의 이익을 대표하는 가장
진보된 인류사상 및 정치세력의 한 지류로서 벌써 30년의 역사를 가진
조선 사회주의세력을 홀시하고서는 금일의 조선민족의 총단결을 도저히
생각할 수 없는 일이다"[57]는 평가는 그가 열린 마음을 가진 진보적인
'주의자'였음을 말해준다.

　민족주의세력과의 합작을 주장하면서도, 사회주의세력을 '가장 진보
된 정치세력'으로 평가하고 있음은 일견 혼란스러움으로 비칠 수도 있겠
지만, 그의 세계관의 한 부분을 드러낸 것이었다. 계급독재의 공산주의
사회 건설을 주장하는 정통 공산주의노선에는 동조할 수 없지만, 반봉건
의 진보적인 한국사회 건설을 추구하는 진보적 변혁이념으로서 사회주
의에 대해서는 연대의식과 연민을 느끼고 있었던 것이다.

---

56) 安炳武, 1988, 『七佛寺의 따오기』, 범우사, 138쪽.
57) 「임시정부 옹호선언」, 『新朝鮮』 5, 3쪽.

2) 임정 중심의 통일전선론

"좌우가 임시정부를 중심으로 항전을 해야 한다. 민족연정民族聯政을 먼저 해야 한다"[58]는 임시의정원에서의 발언은 그가 내세웠던 임정을 구심점으로 한 독립운동세력의 단결 주장 논리를 압축적으로 보여준다.

태평양전쟁 발발 직후인 1942년 초의 시점에서, 그는 임정을 구심점으로 한 독립운동세력의 단결을 강조하였다. "전민족 총단결의 방법으로써 모든 반일 혁명역량을 임시정부로 총집중하고, 모든 반일 혁명활동을 임시정부 영도 아래로 총통일하기로 주장"[59]하였다.

일제 말기 중국관내지역 한인세력의 단결과 통일을 이끌 지도기관으로서 임정의 리더십을 인정하고 있다. 여기에서 그와 조선민족해방동맹의 임정에 대한 입장과 평가를 살펴보자.

> 임시정부는 위대한 3·1운동의 역사적 산물로서, 조선혁명운동의 주류와 전통을 대표하는 전민족의 최고지도기관이다. … 성립 당시에 안으로 전민족의 단결과 활동의 중심이 되고, 밖으로 국제교섭과 우군합작의 대표자로서 명실상부하에 자유한국의 임시정부로 출범하였다. … 민족혁명정부의 체제와 우수한 민주주의 조직의 원칙을 계속 견지하고 발전해 왔다. …
> 임시정부는 우리혁명운동 상에 있어서, 확실한 영도지위와 광영한 역사전통을 가지고 있다. … 금일의 임시정부는 다시 한번 민족단결과 밖으로는 우방연락의 중심이 되어가고 있는 것이 엄연한 사실이다. …
> 임시정부에 대해 회의·불신임 내지 본의 아닌 훼방과 반대의 행위를 범하게 되는 일체의 기회주의 경향과 각종 종파주의자의 기도를 절대 반대한다. … 임시정부가 전민일치의 권위 있는 혁명정부임과, 조선민족의 일치단결이 희망 있는 우수민족임을 중외에 선양하기를 희망하는 가장 성의 있고 간절한 권고를 제출한다. …
> 중국당국에서는 즉각으로 임시정부를 정식으로 승인하고, 적극적으로 공동분투하기를 희망한다.[60]

---

58) 이정식 대담, 「金星淑 회고록: 韓國現代史, 중도좌파의 비극적 종말」, 363쪽.
59) 「임시정부 옹호선언」 『新朝鮮』 5, 2쪽.
60) 「임시정부 옹호선언」 『新朝鮮』 5, 2~4쪽.

임정을 한국독립운동의 주된 흐름과 전통을 대표하는 '전민족의 최고 기관'으로서, 또 '확실한 지도기관'으로서의 지위를 확보하고 있는 '전민족이 모두 인정하는 권위있는 정부'로 자리매김하고 있다.[61]

1930년대 말 이전 시기, 임정에 대해 냉소적이고 비판적인 입장이었던 조선민족해방동맹과 그 지도자로서 김성숙에게 '사고의 대전환'이 일어난 것이다. 그의 한 발 앞서 내다보는 현실분석의 능력과 앞날에 대한 통찰력이 읽혀진다.

그가 임정을 '3·1운동의 역사적 산물'로 평가하고 있음에 덧붙여, 3·1운동에 대한 인식과 평가를 살펴보면, 그는 3·1운동을 '근대민족운동의 분기점'으로 설정하고, "3·1운동 이전 조선혁명운동은" "봉건적 색채를 농후하게 띠었으며, 주요한 운동의 지도정신이 막연한 충군애국주의忠君愛國主義와 추상적인 정의공리주의正義公利主義였다." 그러나 "3·1운동 이후 조선혁명운동은 내용 및 형식상 특별하고 비약적으로 발전하였다. 먼저 운동계에서 소위 이론투쟁이 생겨났다." "이러한 논쟁 속에서 점차 종래의 막연한 충군애국주의가 청산됨으로써, 사상계의 정화와 통일이 형성되었다. 동시에 현대적 혁명정당과 정책이 생겨나서 운동의 지도방침이 되었다"고 분석하였다.[62]

이어서 3·1운동의 결과, 이후 민족운동이 첫째, 종래 '지사志士'중심의 운동이 대중 속으로 확산되었고, 특히 사회주의운동의 발생 및 발전, 그리고 공농대중工農大衆 및 청년학생의 반제·반봉건투쟁이 확대되어, 운동의 기초를 광대한 대중투쟁 위에 설정할 수 있었던 점. 둘째, 이론투

---

61) 같음 맥락에서, 광복군에 대해서도 "한국광복군의 성립은 우리민족의 혁명외교상 일대 수확인 동시에, 군사통일상 가장 유리한 존재임을 인식하고, 현존하는 모든 활동부대 및 모든 군사혁명청년을 광복군에로 집중"시킬 것을 주장하였다(「조선민족해방동맹 재건 선언」, 『新朝鮮』 5, 9쪽).

62) 金奎光, 「3·1運動以後朝鮮革命運動的新發展」, 『朝鮮義勇隊通訊』 5기(1939. 2), 7쪽.

쟁이 적극 전개되어, 종래의 막연한 충군애국주의 및 일체의 부정확한 정치견해가 청산되었을 뿐만 아니라, 동시에 현대적 민주주의 및 사회주의 사상을 흡수하여 정확한 혁명이론을 건립하기 시작하였던 점. 셋째, 종래의 분산적이고, 자연발생적이거나 종파주의적인 혁명단체를 부단히 도태 취소시키고, 현대적 혁명정당을 건립하기 시작한 점 등에서, 크게 발전하였다고 평가하였다. 또 3·1운동 이후 혁명운동의 주요한 특징으로 '사회주의운동과 민족주의운동의 대립적 발전'을 지적함으로써, 3·1운동이 반일민족운동의 성격 전환을 가져온 분수령 역할을 하였다는 논리를 펼쳤다.[63]

다음으로 임정을 중심으로 한 통일전선론의 내용에 접근해 보겠다. 실례로, 종전 후 연합국이 한국에 신탁통치 실시를 고려한다는 소식이 충칭 한인사회에 알려지자, 1943년 5월 10일 오후 2시 한인단체들이 망라한 '재중 자유한인대회'가 개최되었다. 300여 명의 한인이 모였고, 주석단으로 홍진洪震·김붕준金朋濬·김성숙·유림柳林·김순애金淳愛·한지성韓志成 6인이 선출되었다.

그리하여 ①「한국 각 혁명단체가 공동 주최한 재중국 자유한인 대회의 선언문」, ②「각 동맹국 영수들에게 보내는 전문」, ③「대회 결의안」, ④「각 지방 동지와 동포들에게 보내는 공개서신」을 채택하였다.[64]

이들 글은 '일시적인 국제감호國際監護'에 반대하며, '우리국가의 완전한 독립'을 요구하며, 한국은 마땅히 독립이 되어야 한다. 한국민족은 마땅히 자유민이 되어야 한다. 우리들은 완전 독립을 요구한다. 소위 '국제감호'나 혹은 그 밖의 어떠한 형식의 외래 간섭도 반대한다. 혁명진영을

---

63) 奎光, 「朝鮮民族反日革命總力量問題」, 『朝鮮民族戰線』 5·6기 합간(1938. 6. 25), 4쪽.
64) ①~③은 '한국독립당·조선민족혁명당·조선민족해방동맹·조선무정부주의자총연맹·한국애국부인회·한국청년회' 명의로 발표되었고, ④는 '홍진·김붕준·김성숙·유월파·김순애·한지성' 연명으로 발표되었다.

새롭게 정리하여 자력갱생의 길을 향해서 매진하자. 전후의 완전독립을 쟁취하기 위하여, 또한 조속히 임시정부의 국제적 합법지위를 쟁취하기 위하여 계속 노력한다고 결의하였다.[65]

그런데 주석단 6인은 임정의 주류와는 일정한 거리를 둔 인물들이었다.[66] 이 대회가 종전 후 한반도에 신탁통치를 실시한다는 연합국의 구상에 반대하는 충칭 거주 한인세력의 단결된 모습을 대내외에 과시하는 데 목적이 있었던 점을 감안할 경우, 그가 임정을 중심으로 한인세력의 단결을 위해 노력하였음을 알려준다.

이러한 모습은 중국정부를 상대로 한 외교활동에서도 확인된다. 1943년 초 당시 중국정부의 한인독립운동세력에 대한 재정지원은 한국독립당·조선민족혁명당 등을 중심으로 한 당파를 대상으로 하여 개별적으로 지급되었다. 이 같은 지원 방식에 대해 조선민족해방동맹 명의로 작성된 의견서에서는 "지금의 분배 방법에 대해서는 동의하기 어렵다. 우리는 일관되게 당파외교를 반대하고, 민족단일외교를 주창해 왔고, 지원 역시 우리 전민족의 대표인 임시정부를 대상으로 해 주도록 주장하였다. 지금처럼 당에 지원하는 것은 우리들 모두에게 이익이 되지 않을 뿐 아니라, 당파간의 투쟁을 더욱 조장할 뿐"이라고 지적하였다.[67]

위의 의견서 내용은 임정을 지원창구로 단일화함으로써, 한인세력의 분파를 방지해야 하리라는 제안이다. 그러나 그가 지적한 내용으로 미루어 보면, 중국정부 측이 한인세력을 분리시켜 개별적으로 상대·관리함으로써 한인세력에 대한 영향력을 극대화하고 통제력을 행사하고 있음

---

65) 『獨立新聞』(중경판) 1943년 6월 1일 ; 국사편찬위원회 편, 2005, 『대한민국임시정부자료집』 별책 1에 수록.

66) 당시 홍진과 김붕준은 한국독립당내에서 비주류로 분류될 수 있었고, 김순애와 한지성은 조선민족혁명당원이었으며, 유림은 조선무정부주의자연맹의 대표 격이었다.

67) 「朝鮮民族解放同盟對我分配借款之意見」(1943. 2. 17), 重慶市公安局 政情丑政字 第85號, 重慶市檔案館 소장자료.

을 알 수 있다. 이러한 상황이 중국정부에 대한 한인세력 간의 충성 경쟁을 초래하기에 이르렀고, 나아가 한인세력 간의 반목을 야기하는 악순환 구조를 초래하고 있음을 비판하고 있다.

물론 위의 의견에는 군소정당으로서의 상대적 열세를 보완하려는 정치적 의도도 깔려 있을 것이다. 하지만 중국정부의 분할·조종 형태의 지원방식에 숨겨져 있는 정치적 비수를 간파하고, 임정을 구심점으로 한 단결을 통해 한인세력의 역량과 위상을 제고해야 함을 강조하고 있음은 평가되어야 할 것이다.

그의 임정을 중심으로 한 통일과 단결의 논리를 설명해 주는 사실로, '임정과 임시의정원 성립 26주년 기념일'이기도 하였던 1945년 4월 11일 개회한 제38차 임시의정원 회의에서의 발언을 소개할 수 있다.

> 나는 먼저 '민주'와 '단결' 4자로 이 날[임정과 임시의정원 성립 26주년 기념일, 발표자]을 기념하며 … 우리는 너무 민족 스스로 실망하지 맙시다. 우리는 동방의 어느 나라보다도 낙후하지 않았습니다. 진보된 민주주의를 우리는 접수하여 온 것입니다. 지나간 모든 운동이 다 우수한 진보적인 민주주의의 기초 위에서 된 것입니다.
>
> 임시의정원과 정부가 다 민주주의 사상의 기초 위에서 된 것입니다. 그러나 파시스트의 강압에 민주주의가 매몰되어 발양 확대되지 못한 것입니다. 그러나 지금 민주주의가 또 나오게 되었습니다. 우리 자체로 보면 진보입니다. … 그러나 그것은 우리 스스로가 움직인 것이 아니고, 남의 홍수에 끌리어 이만큼 발전된 것입니다. 이것은 너무나 정상적이지 못한 모습입니다.
>
> 나는 희망합니다. 지금은 더욱 자각하지 않으면 안 될 시간입니다. 국제정세는 날로 전진하는데 우리는 서 있다면 정부는 참으로 위기에 처합니다. 그러니 남은 비행기를 타지만, 우리는 달음박질이라도 하자는 것입니다.
>
> 일본은 이번에 꼭 망합니다. … 이 급박한 시기를 돌파하고 나가자면, … 오직 단결이 필요합니다. 단결이 모든 것을 해결할 수 있을 것입니다. 우리가 단결만 하면 됩니다.
>
> 그러면 어떻게 단결해야 하는가? 과거에는 정부는 상자에 넣어 놓고, 당만 통일하자는 것이었습니다. 지금은 정부로 통일하지 않으면 아니 되겠습니다.

지금 정부에 통일·단결 아니 된 것은 없습니다. 중경에서는 통일이 되었습니다. 오직 화북·미주와 통일이 되지 않았습니다. … [제가] 희망함은, 이번에는 전체 독립운동자가 다 권리와 의무를 갖도록 하자는 것입니다. 그리하여 임시 정부를 민중의 기초 위에 세우도록 하자는 것입니다.[68]

"국제정세는 날로 전진하는데, 우리는 서 있다"는 자성의 소리와 함께, 일제의 멸망을 예견하면서, "이 급박한 시기를 돌파하고 나가기" 위해서는 단결이 급선무인 바, 이는 독립운동정당 차원의 통합이 아닌, 정부의 대표성을 가진 임정을 구심점으로 통일해야 한다는 요지이다. "임정이 독립운동자들 사이에서의 타협의 바탕 위에 확고히 섰다면, 해방이 된 뒤에라도 연합국들을 상대로 협상을 잘 해 보는 것이었는데"[69]라는 안타까움 또한 같은 맥락이다.

모든 독립운동세력이 단결하고 통일한 기구로서 임정이 '민중의 기초' 위에 독립운동의 총영도기관으로서, 한민족을 대표하는 정부로서, 위상을 확보해야 한다는 생각이었다. 그렇게 함으로써 비로소 국제열강의 전후 한반도 처리 과정에서도 임정이 제목소리를 낼 수 있을 것이고, 우리민족의 운명도 열강의 이해관계로부터 벗어날 수 있을 것이라는 주장이다. 임정의 확대개편을 통해 우려되는 극한적인 좌우 대립을 지양하고, 진정한 민족통일을 꾀하자는 그의 의지가 엿보인다.[70]

그가 강조하는 단결과 통일의 필요성을 뒷받침해 주는 또다른 예로써, 4월 28일 상오 국무위원 자격으로 행한 임시의정원 회의에서의 발언이 참고된다. 중국정부로부터 받은 지원금의 배분 문제를 놓고 손두환·이해명 의원 간에 설전이 벌어지자, 그는

---

68) 『의정원문서』, 406~407쪽. 현재의 어법과 표현에 맞도록 약간 고쳐 적었다.
69) 『혁명가들의 항일회상』, 126쪽.
70) 金在明, 「金星淑선생의 墓碑銘」, 438쪽.

그것 가지고 사흘을 두고 50여 의원이 자꾸 떠드니, 자꾸 이렇게만 나간
다면 창피한 일입니다. … 이러한 현상이 나타나는 것은 모두 우리 자신의
문제입니다. 그것은 일을 하지 못한 것이 원인이고, 또 근본적으로 통일하지
못한 까닭입니다. … 그러니 먼저 통일하는 것이 좋은 해결방법이라 할 것입
니다. … [그 문제에 대해서는] 다시 더 토론하지 맙시다.[71]

라고 힐난하였다.

나아가 임정 및 임시의정원의 문호개방을 둘러싸고, 대립과 갈등이
격화되어, 임시의정원 회의가 교착 상태에 빠지자, 자신의 국무위원직
사퇴를 내걸고, "이는 긴급관두緊急關頭의 상황입니다. 결국은 (의정원의)문
이 닫히게 되는 것입니다. 방법이 없습니다. 그런데 의회가 닫히고 나면
앞으로 좋지 못한 일이 생길 것은 잘 아는 사실입니다. 그런데 지금 연
기하고, 좀 더 노력해 본다면, 조금 희망이 있을 것이지만, 폐회가 되면
다 끝나는 것입니다"[72]라고, 파국을 막기 위해 노심초사하였다.

그러나 일제 패망과 함께 냉전체제가 도래하면서 임정의 위상은 난관
에 부딪혔고, 임정을 중심으로 유지되어 온 통일전선도 붕괴 상황에 직
면하였다. 각 당파는 독자적인 건국구상을 제시하기에 이르렀고, 김성숙
도 자신의 목소리를 높이기 시작하였다.

> [귀국을 위해 충칭을 떠나] 상해에서 체류하는 동안 모 호텔 회의실에서
> 김규식 부주석의 주지 하에 국무위원회를 개최하고, 입국문제와 입국 후 행동
> 방침 문제를 토의하였다. … 이 회의에서 필자는 다음과 같은 세 가지 행동방
> 침 문제를 제출하고, 그 실행을 촉구하였다.
> 첫째, 임정은 비록 개인 자격으로 입국하기로 되었으나, 미군정이 용인하
> 는 한도 내에서 정치활동을 할 것인데, 국내에서 극좌·극우파의 대립 항쟁하
> 는 사태에 임하여 임정은 어느 파에도 편향함이 없이 초연한 입장을 취하여
> 양파의 대립을 해소시키며 다 같이 포섭하도록 노력할 것.

---

71) 『의정원문서』, 500쪽.
72) 『의정원문서』, 517쪽.

둘째, 입국 즉시 전국 각 정당·사회단체 대표자와 각 지방 반일민주인사
를 소집하여, 비상국민대표대회를 가져 임정은 이 대회에서 30여 년간 지켜
온 임정헌법과 국호와 연호를 채택하는 조건 하에서 임시의정원의 정원을 확
대 개선하는 동시에, 명실상부한 한국민주정부를 재조직할 것.

셋째, 미·소 에 대해서는 평등한 원칙 하에서 외교관계를 수립할 것"[73]

이른바 '입국 전 약법約法 3장'으로도 불리는 김성숙의 제안은 1943년
9월 3일 임정이 발표한 「임시정부 당면대책」에 바탕을 둔 것으로, 특히
6항의 내용[74]을 구체화한 것이었다.[75]

그는 임정이 "어느 파에도 편향함이 없이, 초연한 입장을 취하여," 정
파 간의 대립과 갈등을 조정·해소하는 역할을 수행하도록 주문하였다.
또 그렇게 함으로써, 임정의 권위와 지위도 확보할 수 있으리라는 고언
이었다.

비상국민대표대회의 소집 문제를 임정의 법통성을 계승·확대하는 차
원에서 접근함으로써, 임정의 대표성을 부정하는 조선민족혁명당 등의
주장과는 거리를 두었다. 또 향후 신생 독립국가로서 국제정치의 파트너
로서 미국과 소련을 대등하게 평가하고, 양측 모두와 외교관계를 수립해
야 한다는 주장은 그의 정치사상의 진면목을 보여주는 것이었다.

냉전체제의 국제적 역학관계를 간파하고, '국가와 민족의 이익'을 최
우선시 해야 한다는 현실적·실용적인 입장이 읽혀진다. 이는 해방정국
기 중간파의 정치노선에 근접하는 것이었다.

---

73) 金星淑, 「嗚呼! 臨政 30年만에 解散하다」, 91~92쪽. 그런데 이 내용은 김성숙의
    증언 이외에는 확인되지 않는다.
74) "국외임무의 結束과 국내임무의 전개 등이 서로 접속·교체되는 기간 내에는 과도
    조치가 필요하다. 장차 全國的 普通選擧에 의거하여 正式民主政權이 수립되기
    전에는 임시로 국내의 過渡政權을 수립하여야 하므로, 국내외 각 계층·혁명당과·
    종교집단·지방 대표 및 저명한 각 民主領袖會議를 열어 臨時政權을 조직하도록
    적극 노력한다"는 요지였다.
75) 金在明, 「金星淑선생의 墓碑銘」, 438~439쪽.

맺음말

일제의 항복 소식을 듣고 그는 "경악과 황홀한 정신으로 … 미친 사람 모양으로 '한국독립만세'를 고창하면서 날뛰었다"고 할 만큼 기뻐하였다. 그러나 "정신을 가다듬어 숙소로 돌아와 곰곰이 생각해 보니 가슴이 터지도록 기쁨과 슬픔이 북받쳐 오름을 어찌할 수가 없었다. … 일본이 패망하고 민족해방의 꿈이 실현되게 되었으니, 이 얼마나 기쁜 일이냐. 그러나 30여 년간 온갖 고난을 겪어가며 반일 독립투쟁에 헌신한 임정의 앞길, 전민족이 함께 걸어 나가야 할 앞길은 먹구름 같은 외세에 가로막혀 캄캄하게 되었으니, 이 얼마나 슬픈 일이냐"[76]라는 탄식이 기쁨을 뒤덮어 버렸다.

광복군 국내정진대 훈련 과정을 수료한 광복군 대원들을 격려하기 위해 시안[西安]에 와 있던 중 일제의 항복 소식을 듣고 "희소식이라기보다 하늘이 무너지고 땅이 갈라지는 느낌이었다"[77]는 김구의 술회나, '공허감과 참괴한' 생각으로 가득 찼을 뿐이었다[78]는 김원봉의 회상처럼, 해방을 맞이하는 김성숙의 소회 또한 이들과 크게 다르지 않았던 것이다.

돌이켜 보건대, 1938년 여름 중국 스추안성四川省 치장綦江에서 개최된 '한국혁명운동통일7단체회의' 시기를 전환점으로, 충칭重慶의 임정체제에 합류한 그는 한인세력 일각으로부터 '공산주의자'라는 질시를 받으면서도, 임정을 중심으로 한 한인세력의 단결과 통일의 필요성을 주장하였고, 스스로 임정 참여의 길을 선택하였다.

그는 열강들의 국제질서 재편 논의가 진행되던 태평양전쟁기 국제정세를 꿰뚫었다. 중국정부 및 연합국들이 대일전의 차원에서 임정과 한인

---

76) 金星淑, 「嗚呼! 臨政 30年만에 解散하다」, 89〜90쪽.
77) 김구, 『백범일지』(백범학술원판, 2002, 나남출판), 407쪽.
78) 『獨立新報』 1946년 8월 11일.

세력의 추이를 주시하고 있는 상황에서, 분파적이고 부분적인 모습을 띨 수 밖에 없는 단체 중심의 세력구도가 갖는 한계를 깨닫고 있었다.

각 세력의 정체성을 유지하며 연립정부 체제 안에서 경쟁과 협동을 통해 자신들의 정치적 영향력을 확보해 나가자는 복안이었다. 임정을 구심점으로 한인세력이 단결하는 길만이 국제 반파시즘 통일전선 체제와 대일 연합국체제에 부응할 수 있는 선택이라고 판단하였던 것이다.

그는 임정을 한국독립운동의 주된 흐름과 전통을 대표하는 '전민족의 최고기관'으로서, 또 '확실한 지도기관'으로서의 지위를 확보하고 있는 '전민족이 모두 인정하는 권위있는 정부'로 자리매김하였다.

그렇게 함으로써 비로소 국제열강의 전후 한반도 처리 과정에서도 임정이 제목소리를 낼 수 있을 것이고, 우리민족의 운명도 열강의 이해관계로부터 벗어날 수 있다는 것이 그의 주장이었다. 이와 함께 임정의 확대개편을 통해 우려되는 극한적인 좌우 대립을 지양하고, 독립운동세력의 통일을 꾀하자는 의지도 엿보였다.

이같은 그의 결정은 제2차 세계대전기 '반파시스트 국제통일전선'을 매개로 구축된 연합국체제에서 전후 한반도 처리 문제까지 논의되던 국제정세에 직면하여, 한인세력이 택해야 하는 현실적 대응방안이었다.

분산적이고 갈등적인 모습마저 띠었던 독립운동정당 단위의 한인세력을 임정이라는 정부 단위의 대통합으로 묶어냄으로써, 한인세력의 통합체로서 임정이 전후 국제질서 재편성 과정에 참여할 수 있도록 힘을 모아주어야 한다는 요지였다.

이 같은 논리는 1920년대 중반 중산대학 입학과 '광주기의廣州起義'에의 주도적인 참여, 1930년대 중국정부를 파트너로 한 조선민족전선연맹 및 조선의용대 활동 등을 통해 단련되고 다듬어진 그의 정치사상에서 비롯되었다고 하겠다.

다음으로, 그와 공산주의의 관계를 살펴보면, 그는 1941년 상반기 중국공산당 관할구역으로 이동해 버린 조선청년전위동맹을 중심으로 한 한인공산주의자그룹을 종파주의자 및 기회주의자로 낙인찍었다. 그는 이들과의 차별화를 통해, '공산주의자'로서 자신의 길을 모색하였다. 그는 자신을 중국공산당의 영향력으로부터 독립된 '조선공산당원'으로 의식하였고, 또 그렇게 행동하고 싶어 했던 것 같다.

그러나 그의 주장과 포부는 - 때로는 수구적으로 비치기도 하는 보수적인 - 다수의 무기력함에 묻혀 버렸고, 한 진보적 민족주의자의 전망과 예견은 '진짜 빨갱이' '기회주의자' '분파분자'라는 낙인에 쓰러질 수밖에 없었다.

그것은 김성숙 한 사람의 좌절에 국한되지 않고, 이데올로기의 벽을 뛰어넘어 꿈과 이상을 쫓았던 진보적 민족주의 노선의 파탄을 의미하는 것이었다.

제3장

이상과 현실을 넘나 든 시대인식

손두환의 민족주의 탐색과 민족운동관

머리말

일제하 중국국민당정부(이하 '중국정부') 관할지역에서 활동한 독립운동 가들 중에는 중국군에 복무하면서, 한인독립운동에 직·간접적으로 참여 하였던 인물이 있었다. 얼핏 김홍일·이범석·최용덕·채원개·손두환·김 철남 등의 이름이 떠오른다.

이 글에서 살피고자 하는 손두환孫斗煥은 1919년 4월 임정에 참여한 이래, 1920년대 중반에는 광저우에서 황포군관학교 교장실 부관으로 근 무하였고, 1930년대에는 난징의 중국중앙육군군관학교에서 일본어교관 으로 근무한 이력을 갖고 있다. 그가 중국군을 떠나 한인독립운동 진영으 로 되돌아오는 계기가 된 것은 1937년 7월 중일전쟁 발발이었고, 이후 1942년 10월 임시의정원 의원에 선임됨으로써 임정활동에 복귀하였다.

그는 1919년 임시의정원 의원으로 출발하여 소독단·시사책진회 활동 을 거쳐, 중국군에 복무하면서 유월한국혁명동지회·남경한족회·조선민 족전선연맹 활동에 참여하였고, 통합임정의 의정원의원이 된 후에도 한 국독립당통일동지회·조선민족혁명당·신한민주당 당원으로 활동하였다. 해방정국에서는 근로인민당과 민족자주연맹에 참여하였으며, 1948년 4 월 남북협상 시 월북하여 북한정권에 참여하였다.

◇ 이 글은 「손두환의 항일민족주의 탐색과 민족운동관」(『한국민족운동사연구』36, 2003. 9. 30)을 보완한 내용이다.

그가 참여하였던 단체를 일별하면, 민족주의 좌파 내지는 중간노선을 지향하고 있음이 눈에 띤다. 이는 그가 모색하였던 근대민족주의와 민족운동관을 암시한다. 특히 그의 항일역정을 특징짓는 사실은 재중 한인독립운동을 둘러싼 국제환경의 본체 속에서 독립운동의 진로를 탐색하면서, 자신의 민족운동관을 다듬어 갔다는 점이다.

그의 초기 민족운동관은 수립직후 임정을 무대로 한 독립운동세력의 진보적 민족운동론의 일면을 보여주고 있다는 점에서도 그 의미가 적지 않다 할 것이다. 아울러 그의 반제·반침략 국제연대의식은 일제하 항일 민족운동론에서 쉽게 발견되는 고립적·폐쇄적인 민족주의 관념을 뛰어 넘고 있다는 점에서, 세계화라는 명제 앞에서 불안해하는 현대 한국민족주의의 입장에서도 반추해 볼만한 가치가 충분하다고 하겠다.

1. 임정 참여와 민족운동관의 형성

1) 임정 참여와 1920년대 전반기 활동

1895년 6월 6일 손두환은 출생하였다.[1] 황해도 은율군 장연면長連面 동부리東部里 1062번지에서 태어났고, 별명은 소공笑公이었다. 장연공립보통학교 졸업 후 경성보통학교 및 안악 양산학교陽山學校를 중퇴하였다. 조선총독부 시행 판임대관判任大官 시험에 합격하기도 하였다. 1916년 일본으로 건너가 메이지대학[明治大學] 법과에 입학하였다. 1919년 4월

---

1) 일제자료에 따르면, 신장이 173cm 정도(5尺 7寸)라고 하며, 가족상황은 부친: 孫昌濂(1925년 당시 75세), 모친: 李仁丁(53세), 처: 金相雲(34세), 장남: 基宗(10세), 장녀: 基周(5세), 동생: 昌煥이었다. 1919년 12월 현재 주소지는 프랑스租界 寶昌路 2호이고, 1923년 9월 현재의 주소지는 프랑스조계 天子台路 368호이었다(日本外務省 亞細亞局 第2課, 『要視察人名簿: 朝鮮總督府調』(1925), 국가보훈처 편, 1996, 『大韓民國臨時政府關聯 要視察人名簿』, 52쪽).

25일 나가사키[長崎]에서 상하이[上海]로 밀항, 독립운동에 투신하였다. 일제 정보자료는 그가 "국권회복을 도모하기 위하여" 상하이로 건너갔다고 적었다.[2]

그의 임정 활동은 1919년 4월 30일 개원한 제4회 임시의정원 회의에서 '황해도 의원'에 선임되면서 시작되었다. 청원법률심사위원으로도 선임되었고, 이날 회의에서 그는 「대한민국임시정부 장정章程」의 통과를 동의하였다.[3] 5월 13일에는 한위건韓偉健 등 5명과 함께 한성·노령·상해 임시정부의 통합을 촉구하는 결의안을 제안하였다. "한 나라에 국회가 양립치 못할 것이므로 급히 통일할 필요가 있다"는 한위건의 설명에 이어, 그는 "상해에 설립된 의정원은 정부와 밀접한 관계가 있으며, 이를 분립하기 어려운 즉, 다른 곳에 설립된 의회를 속히 본 상해의 임시의정원으로 통일토록 하자"고 제의하였다.[4]

각지 임시정부의 의회 기능을 상하이에 있는 임시의정원으로 통일하자는 견해가 곧 상하이 임정에 대한 지지 입장으로 해석될 수 있겠는가 하는 이의가 제기될 수는 있겠지만, 수립직후 임정의 법통 논의 과정에서, 상하이 임정으로의 통합을 주장하였던 것이다.

7월 7일 회의에서 법제위원회 위원으로 선임되었으나,[5] 8월 18일 개원한 제6회 회기 중 임시의정원 의원직에서 해임되었다.[6] 해임 사유는 파악되지 않지만, 같은 시기 독립신문에 기고한 글의 문맥으로 미루어 보면, 임시의정원에 대해 비판적이었다.

---

2) 국가보훈처 편, 위의 책, 53쪽. 그런데 朝鮮總督府 편, 『國外二於ケル容疑朝鮮人名簿』(1934. 7), 194쪽에서는 "惡友의 사주에 의해" 상하이로 밀항하였다고 적었다.
3) 대한민국국회도서관 편, 1974, 『大韓民國臨時政府議政院文書』(이하 『의정원문서』), 45~46쪽.
4) 『의정원문서』, 49~50쪽.
5) 『의정원문서』, 51쪽.
6) 『의정원문서』, 59쪽.

　　민주국民主國이 민주국이 되는 까닭은 국가의 주권이 인민人民에게 있기 때문이다. 인민이 국가 최고의사의 주체되는 점이 민주국의 특색이니, 이를 실현하기 위하여 인민의 의사의 집합체 즉 전체의사를 요구하며, 이 전체의사를 만들어 내려면 자연히 일의 순서를 좇아 대표의사를 모아야 할 것이니, 이로써 대의제도代議制度가 생기고, 의회議會가 생긴 것이라. 고로 의회는 민주국 적어도 입헌국立憲國에는 없어서는 아니 될 기관이다.

　　그러므로 우리 대한민국도 민국인 이상에는 국회國會가 없어서는 아니 될 것이나, 그러나 우리의 지금사정으로 능히 완전한 국가처럼 여러 기관을 갖추고 모든 시정을 공론에 결정할 수 있겠는가. 기밀을 실행함이 오직 우리가 지켜야 할 바이다. … 기밀은 하나부터 열까지 실행 전에 폭로되고, 일이란 일은 적은 것으로부터 큰 것까지 진보가 부진하니, … 우리의 비밀을 무의식적으로 세상에 폭로시키는 자도 의정원이요, 어귀의 논쟁과 문자의 토론으로 사업의 진보를 방해하는 자도 의정원이라 하노라.

　　여론과 중의가 다 귀하고 중함이 아님은 아니나, 지금 우리 형편에는 채용키 어려울 뿐 만아니라, 다수의 의견이라고 반드시 정곡을 득한 것이 아니오, 소수의 의견이라고 반드시 사리에 위반되는 것은 아니건만, 우매한 다수의견으로 명철한 소수의견을 압박하다가 대업을 그르친 예는 우리가 천고의 역사를 펴다가 왕왕 뜨거운 눈물을 떨어뜨리는 페이지에 기록되어 있다. … 아무리 귀하고 편한 물건이오 제도일지라도, 그 때가 아니면 소용이 없는지라. 과연 대의제도가 선미善美한 것이 아님은 아니지만, 비밀을 요하는 지금 우리의 형편으로는 자못 여름철의 수달껍질로 만든 속옷이나 여름철에 마포적삼과 같아, 사용하면 무익할 뿐 아니라 오히려 해독이 된다고 하겠다.

　　전단독재專斷獨裁가 가악한 제도이나, 기민한 일의 처리를 요하는 혁명이나 광복시대에는 최적한 제도이므로 … 우리의 일이 일탐日探에게 탐지되고 마땅히 해야 할 수단을 주저함이 소위 '여론'이니, '중의衆意'니 하는 시대착오 하에서 발생하는 현상이 아닌가.[7]

　　1920년대 초반 임정이 처한 주객관적 조건 하에서 임시의정원은 민주주의 대의정치의 구현기관으로서 구실을 다하지 못하였으며, 오히려 독립운동의 장애가 되기도 한다고 지적함으로써, 임시의정원의 존재 및 운

---

7) 孫斗煥, 「時局에 對한 所懷」『獨立新聞』1919년 9월 25일.

영에 대해 회의적인 의사를 표시하였다. 또 혁명·투쟁의 시기에는 '전단
독재'가 필요하다는 말에는 임정이나 임시의정원 나아가 한인독립운동을
이끌어 나갈 리더십의 확립을 강조하는 함의가 깔려 있다고 하겠다.

미루어 보건대, 그는 실천 및 실용적 측면을 중시하는 유형의 인물이
었을 것이다. 다소 급한 성격이었을 그의 눈에 비친 임시의정원의 모습
은 실망스러운 것이었고, 수립 초기 임정의 실태에 대해서도 갑갑함 같
은 것을 느꼈던 것 같다. 이러한 유추는 독립공채獨立公債 발행을 통한
독립운동자금 조달 계획에 대한 지적에서도 잘 드러난다.

> 공채公債는 우리의 유일한 재원財源이어늘, 발행하기로 결정한지 어느덧
> 수삼 개월을 경과하되, 한 폭의 채권을 보지 못하니 당국의 태만을 간과하기
> 어렵도다. … 불량한 무리가 국내에 잠행하여 정부를 빙자하고 금전을 편취하
> 는 사실이 일단을 가히 엿볼 수 있다. 이 어찌 재무부에서 마땅한 조치를 하지
> 못한 탓이 아니리오. … 우리나라의 소위 '위사자爲事者(실은 爲我者)'는 단결의
> 필요성을 알지 못하거나, 또는 알고도 행하지 아니하는 폐단이 있으니.[8]

라는 내용이 그것이다.

그는 수립 직후 임정의 체제 확립 과정에서 적극적으로 활동하였다.
1920년 1월이래 그는 당시 임정활동을 주도하던 안창호安昌浩와의 긴밀
한 협의 하에, 임정의 군사·선전활동의 기반을 마련하는데 진력하였
다.[9] 또 2월 21일자로 임정 군법국장에 임명되었으며,[10] 1924년 9월에

---

8) 孫斗煥, 「時局에 對한 所懷」(二), 『獨立新聞』 1919년 9월 27일.
9) 이 시기 손두환의 활동은 「安昌浩日記」, 朱耀翰 편, 1963, 『安島山全書』 하, 삼
   중당, 626~646쪽이 참조된다. 그리고 鄭仁果가 손두환을 임정 외무부 비서장으
   로 추천한 사실, 안창호가 그에게 흥사단 입단을 권유한 사실, 1920년 6월 일부
   한인청년들에 의한 내무부 습격 및 폭력사건 발생 시 안창호가 그에게 사건의 수
   습을 지시한 사실(같은 책, 641·651·734쪽) 등은 그의 능력이 평가받았음을 뒷받
   침한다.
10) 『獨立新聞』 1920년 4월 8일.

는 상해대한인교민단上海大韓人僑民團 의사원에 선임되었고,[11] 같은 해 말
에는 임정 내무부 경무국장에 임명되었다.[12]

임정활동과 관련하여 주목되는 사실은 1919년 임정 수립 후 소독단消
毒團이라는 임정 외곽단체를 조직한 사실이다. "사회의 부정자를 소독한
다"고 표방한 비밀결사로서, 손두환이 단장이었고, 단원은 20여 명을 헤
아렸다. 단원 중에는 평안도와 황해도 출신이 많았다. 일제자료에 "1920
년 봄 철혈단鐵血團에 패배하였다"는 기록이 있는데, 이는 소독단의 성격
을 이해하는 데 보탬을 준다. 일제자료는 철혈단이 "과격주의이며 현 임
시정부의 무능을 공격하고, 여력이 있으면 파괴하려고 한다"고 분석하
였다.[13]

그를 비롯한 대다수 단원이 황해도 출신인 점, 철혈단과의 갈등 사실
등은 소독단이 임정옹호단체였음을 뒷받침한다. 이처럼 그는 초기 임정
의 체제 확립 과정에서 중추적인 역할을 수행하였다고 할 수 있겠다.

이상의 임정활동과 함께, 상하이지역 독립운동의 범주 안에서 그의
활동을 살펴보면 대체로 다음과 같다. 1919년 11월 29일 오후 민단사무
소에서는 '제3회 국민대회'가 개최되었다. 당시 일본정부 초청으로 일본
을 방문 중인 여운형呂運亨 일행에 대한 논의가 주의제였다.[14]

그는 선포위원 및 수금위원의 한 사람으로 선출되었다. 여운형 일행
에 대한 비판적이 여론이 우세한 가운데, 그는 "일인日人과 상종한다 하
여 적이라 하면, 일본에 간 우리학생과 일인과 인거隣居하는 내지동포內
地同胞는 다 적이 될 것"[15]이라고 하였다. 상대적으로 유연하고 진보적

---

11) 在上海日本總領事館警察部第二課 편,『朝鮮民族運動年鑑』1924년 9월 8일조.
12) 국가보훈처 편, 앞의 책, 55쪽. 그의 경무국장 임명은 당시 김구가 내무총장직에
    있었던 사실과 연관지워 이해할 수도 있을 것같다. 김구와 손두환의 관계에 대해
    서는 뒤에서 살펴본다.
13) 대한민국국회도서관 편, 1976,『韓國民族運動史料: 中國篇』, 213쪽.
14)『獨立新聞』1919년 12월 2일.
15)『獨立新聞』1919년 12월 25일.

인 사고의 일단을 보여주는 사례라 하겠다.

1920년 2월 8일 밤에는 동경유학생 출신 인물들이 '2·8독립선언 1주
년 기념' 행사를 개최하였다. 애국가를 합창한 다음, 그는 "작년 오늘 우
리들이 10년의 원한을 씻기 위하여 일어난 비통한 거사를 기념함은 기
쁨을 금치 못하는 바이다. 그러나 아직 국토를 회복치 못하고, 이곳에서
이 기념을 행함은 심히 슬픈 일이다"[16]라는 요지의 연설을 하였다. 이날
회의에서는 상해유일학우구락부上海留日學友俱樂部의 조직을 결의하였다.
4월 5일 밤 제2회 강연회에서, 그는 '사회주의'라는 제목의 강연을 하였
다.[17]

이 무렵 그는 사회주의사상 및 사회주의운동에 대한 자신의 견해를
적극 피력하였다.[18] 그가 "목하 독일어를 공부하고 있는 것 같다"[19]는
1922년에 작성된 일제보고서 또한 그의 사회주의에 대한 관심을 암시하
고 있다. 메이지대학 법과 출신인 그의 '독일어 공부'는 독일어로 쓰인
사회과학 서적을 읽기 위함이었을 것이다.

이와 함께 그는 시사책진회時事策進會 활동에서도 주도적인 역할을 하
였다.[20] 1922년 7월 조직된 이 단체는 구심적인 역할을 상실해 가는 임
정의 위상과 한인진영의 분열 등을 극복하기 위한 합의를 이끌어내려 하
였다. 이로 미루어 보면, 국민대표회의 소집이 적극 추진되던 1922년 중
반 무렵까지 그는 임정에 대해 강한 애착심이나 미련을 느꼈던 것 같다.

하지만 그는 국민대표회의 개회 직후인 1923년 1월 6일, 김동식金東
植·김용원金庸源과 함께 한단邯鄲 소재 섬서제1군강무당陝西第1軍講武堂 입

---

16) 『獨立新聞』 1920년 2월 12일.
17) 『獨立新聞』 1920년 4월 3일.
18) 그는 『독립신문』 1920년 5월 20일자에 「社會主義者의 韓日戰爭觀」을 발표하였
    고, 1920년 5월 29일부터 6월 17일 사이에 「社會主義研究」 1~5를 게재하였다.
19) 국가보훈처 편, 앞의 책, 53쪽.
20) 『獨立新聞』 1920년 5월 29일.

학을 위해 상하이를 출발하였다. 당시 한단강무당에는 한인 10 수명이
재학 중이었는데, 장승조張承祚가 부관부 서기로 근무하였으며, 유태열柳
泰烈 등의 입교생은 한국노병회韓國勞兵會에서 파견하였고, 최준崔濬이라
는 인물이 주선하였다고 한다.[21]

　그런데 그의 한단강무당 입교에 한국노병회를 중심으로 한 연계관계
가 암시되고 있는 점은 주목할 만하다. 주지하다시피 한국노병회는 김구
가 주도하던 임정옹호단체였다.

　이는 그와 김구金九의 인간관계로 이해가 가능하다. 1907년 그는 황해
도 장연의 봉양학교鳳陽學校에서 공부하였는데, 그의 스승이 김구였다.

　　내가 장연읍의 봉양학교[예수교에서 설립, 후에 진명進明으로 개칭]에 근
　무할 대, 두환은 초립둥이였는데, 그 부친 손창렴孫昌濂이 늦게 얻은 아들이라
　애지중지하여, 그 부모와 연로한 어른은 물론 그곳 군수까지도 두환으로부터
　하대를 들었고, 존대어를 들어본 사람이 없었다.
　　황해·평안도에는 특히 지방풍습으로 성년이 되기까지 부모에게는 '해라'
　하는 습속이 있어서, 그 주습을 개량하려고 시도하던 때였다. 두환을 살살 꾀
　여 학교에 입학케 한 후에, 어느 날 수신시간修身時間에 학생 중에서 아직 부
　모나 웃어른에게 '해라'하는 이가 있으면 손을 들라고 명하고 학생들 자리를
　보니, 몇몇 손든 학생 가운데 두환이도 있었다.
　　수업을 마치고 두환을 별실로 불렀다. "아직 젖 먹는 유아는 부모나 웃어
　른에게 경어를 사용치 못한대도 탓할 수 없지만, 너와 같이 어른된 표로 상투
　도 틀고 초립도 쓰고서 부모와 윗어른에게 공대할 줄을 모르면서 부끄러운
　줄을 모르느냐?"
　　두환이 물었다. "그러면 언제부터 공대를 하오리까?" "잘못인 줄 아는 때
　부터니라." 이튿날 아침에 문 앞에서 '김구 선생님'을 부르는 이가 있었다. 나
　가 보니, 손창렴 의관議官이었다. 하인에게 백미를 한 짐 지우고 와서 문안에
　들여놓고 얼굴에 희색이 가득한데, 너무 기뻐서 말의 순서도 차리지 못하는
　것이었다. "우리 두환이 놈이 어제 저녁에 학교에서 돌아와서 내게 공대를 하
　고, 제 모친에게는 전과 같이 해라를 하더니, 깜짝 놀라며 '에구 잘못했습니

---

21) 국가보훈처 편, 앞의 책, 54쪽.

다'하고 말을 고치며, 선생님의 교훈이라고 합디다. 선생님 진지 많이 잡수시고 그놈 잘 교훈하여 주십시오, 밥맛 좋은 쌀이 들어와서 좀 가져왔습니다." 나도 마음에 기뻐서 웃었다.[22]

이렇듯 손두환 소년에게 김구 선생님의 가르침은 절대적인 가치였다.[23] "두환은 사람됨이 총명도 하거니와, 우리의 망국의 한을 같이 느낄 줄을 알았다"[24]는 김구의 손두환에 대한 기억만큼이나, 그 역시 김구에 대한 믿음을 간직하였을 터이며, 추억의 공유는 두 사람 사이의 신뢰와 의지를 담보해 주었을 것이다.

한단강무당 입교를 포함하여 초기 임정활동 과정에서는 김구의 보증과 도움이 컸을 것이다. 물론 그가 임정의 군법국장·경무국장 등을 역임한 사실에도 김구와의 인연이 개재되어 있었을 것이다.

그런데 국민대표회의國民代表會議 소집을 위해 진력해 왔던 그가 정작 국민대표회의가 소집되자, 새로운 항일진로를 찾아 나선 사실은 임정과 독립운동진영에 대한 실망이 반영된 것으로 이해될 수 있을 것이다.

후일 그는 국민대표회의를 "대동통일大同統一을 이루기에 가장 좋은 일대 기회"였다고 아쉬워하며, "이승만이 이 회의를 마치 군주君主가 자가自家의 사직社稷을 전복하려는 혁명당의 회의를 원수 시 하듯이 하여, 자기는 감히 이 회의에 출두치 못하고 백방으로 이 회을 방해하기만 하였"고, 그 결과로써 "임시정부는 거의 자멸하기에 이르렀다"고 썼다.[25]

이로 미루어 보면, 국민대표회의를 계기로 표출된 독립운동세력간의 갈등에 대한 실망감도 그가 임정을 주무대로 한 상하이지역 독립운동계

---

22) 김구, 『白凡逸志』(백범학술원총서 ②), 2002, 나남출판), 226~227쪽.
23) 같은 시기 손두환의 상투머리를 잘라 준 이도 김구였다(위의 책, 227쪽). 『대한매일신보』 1907년 11월 26일자의 '子削父哭' 기사는 손두환의 부친 손창렴이 통곡했다고 전한다.
24) 위의 책, 228쪽.
25) 笑公, 「李承晩君의게 一言을 與하노라」 『獨立新聞』 1925년 3월 31일, 3면.

와 거리를 둔 배경의 하나였을 것으로 유추된다.

한단강무당을 나온 뒤에는 일시 베이징北京에 체재하였다가, 1923년 5월 26일 김동식·이승춘李承春과 함께 상하이로 돌아왔다. 이로 보면, 그의 한단강무당 재학기간은 3개월 정도였던 셈인데, 속성과 혹은 예비반 과정을 수료하였을 것으로 짐작된다.

이후 그는 의열단義烈團 활동에 참여하였다. 이 시기 일제자료에서 그의 이름 앞에 '의열단원'이라는 관형사가 붙었다. 그는 '총기 및 탄약 밀수입' 사명을 띤 윤 모 를 일본 오사카大阪에 파견하였으며, 50여 명의 단원이 그의 지휘를 받았다고 한다.[26]

또 1924년 11월 12일자 동생에게 보낸 편지에서는, 이해 9월경부터 프랑스조계 하비로霞飛路 222호에서 "모 영국인과 함께 양과자가게를 경영하고 있다"고 밝혔다.[27] 사소한 일상사이겠지만, 영국인과의 동업 사실은 당시 일반한인의 사고나 삶과는 다소 차이가 있는 모습이었다.

이는 그의 세계관의 일면을 보여주는 것으로 해석할 수 있는 여지를 제공한다. 사회주의노선에 입각한 독립운동의 방향을 모색하던 그로서는, 국제도시 상하이에서 영국인과의 동업이 어색한 일이 아니었을 것이다. 한인으로서의 일상적인 삶의 궤적을 벗어던지고픈 자기변혁을 위한 시도였을 수도 있다. 그렇다면 일본 유학이나, 상하이행 사실도 나름대로 '자유의지의 구현' 과정이었을 것이다. 중국군 입대를 결정한 사실도 이 연장선상에서 이해될 수 있을 것이다.

이와 함께 임시대통령 이승만李承晩의 고압적인 개성과 외교·선전활동 노선 등에 대한 실망과 반감 또한 그가 새로운 항일진로를 추구하는 배경이 되었을 것으로 유추된다. 1925년 임시대통령 탄핵문제가 제기되

---

26) 1924년 6월에 작성된 일제자료는 그가 "의열단원으로서 여러 곳을 배회하여, 부친에게 어떠한 생활의 보탬도 제공하지 못하기 때문에, 부친은 나이가 많음에도 불구하고 노동 등을 하고 있다"고 기록하였다(국가보훈처 편, 앞의 책, 54쪽).
27) 국가보훈처 편, 앞의 책, 54쪽.

었을 때, 그는 선봉에 섰다. 그는 이승만의 임시대통령 선임은 당시의 인심이 윌슨 미대통령의 14개 조항 원칙에 심취하여, 베르사이유회담을 흡사 억강부약抑强扶弱하는 '정의적 신神의 회의'로 오인하였고, 그 결과 이승만을 '정치적 위인'으로 오판한 결과였다고 비판하였다. 구미위원부 설치 또한 "후일 이승만이 대통령 지위를 상실한 후 별개의 정부를 조직 하려는 반역적 행동의 맹아"라고 비난하였다.[28]

이승만 임시대통령의 독단적인 리더십에 강한 거부감을 표시하는 그 의 모습은 사회주의사상에서 자신의 민족운동론을 찾고자 하였던 면모 와 함께, 반권위적인 일면으로 이해된다.

2) 민족운동론과 반제 국제연대 구상

(1) 민족운동의 의미와 국제연대 구상

먼저 그는 민족운동을 '민족적 독립운동'으로 정의한 다음, 독립운동 은 이민족의 통치를 물리치고 자국의 주권을 회복하고자 하는 '민족주의 적·국가주의적 운동'으로 설명하였다. 그에 따르면, 독립운동은 이민족 의 통치로부터 민족의 자주권을 되찾는 것이 급선무였으므로, 되찾은 후 건설할 국가의 형태는 부차적인 문제로 일단 유보되었다.

때문에 대한제국의 회복을 목표로 하는 '황국주의적皇國主義的 광복운 동', 부르주아적 민주국가의 건설을 목적으로 하는 '신사주의적紳士主義 的 혁명운동', 공산주의를 실현하기 위해 군국적 자본주의국가에 대항하 는 '무산계급의 혁명운동'을 독립운동의 범주에 포괄할 수 있다는 것이 었다.

하지만 그는 "설명의 편의를 위하여"라는 간단한 단서 하에, '무산계 급의 혁명운동'을 독립운동의 범주에서 제외시켰다.[29] 그는 독립운동을

---

28) 笑公, 「李承晩君의게 一言을 與하노라」, 『獨立新聞』 1925년 3월 31일, 2면.
29) 이어지는 설명에서, 사회혁명을 자본주의사회를 전복시키고 공산주의사회를 건설

"이족異族의 통치를 벗어나 민족고유의 자주권을 회복하여 국제적 자주적 국가를 건설하려는 피압박민족의 정치적 투쟁"이라고 설명을 마무리하였다.[30]

그는 직접적이고 적극적인 방법을 동원한 파괴활동과 무장투쟁을 항일운동 방략의 골간으로 꼽았다. 때문에 그는 당시 독립운동진영 일각에서 중시하였던 외교·선전활동 노선에 대해 회의적이었다.

> 내부의 실력이 없는 외교는 그 성공이 공空하다. 설혹 어떠한 외부적 동기로 일시 성공한 것처럼 보이는 때가 있을 것이나, 내부의 실력이 없으면 결국은 공空으로 돌아가고 만다. 우리의 갑오독립甲午獨立은 족히 이를 증명함에 넉넉하다.

고 비판한 다음, "행동에 고려가 없는 선전은 공담空談에 불과"하며, "적의 무도無道를 선전하기보다 적의 무도한 정치적 시설을 파괴하는 것이 필요하다"고 역설하였다.[31] 또 "군사행동은 우리의 운동에 있어서 무엇보다도 긴요한 제일의 행동이다"라고 함으로써, 무장투쟁을 주요 독립운동방략으로 제시하였다. 그는 민족의 운명은 스스로의 희생과 분투에 의해 쟁취되는 것이지, 강대국에 의해 주어지는 것이 아니라고 지적하였다. 그리하여

> 우리의 독립은 미국이나 소련이나 프랑스·영국 기타 어느 국가가 떠다 줄 것도 아니다. 또한 일본이 염가로 내어놓을 것도 아니다. 오직 우리의 귀한 피로 많은 값을 내고야 비로소 얻을 수 있는 고귀한 유일무이의 보배이다. 그

하려는 투쟁으로 정의하고 있듯이, 그는 '무산계급의 혁명운동'을 독립운동이 아닌 계급운동으로 파악하였던 것 같다. 이와 함께 이 조처는 그가 임정의 실무적·중추적 역할을 수행하던 입장에서, 임정 상층부의 반공·보수적 사고를 고려한 흔적으로도 유추할 수 있을 듯하다.

30) 이상 笑公, 「民族運動과 社會革命」『獨立新聞』1925년 11월 1일, 4면.
31) 笑公, 「李承晚君의게 一言을 與하노라」『獨立新聞』1925년 3월 31일, 2면.

런고로 우리는 독립을 얻으려면 먼저 이와 같은 귀중한 피를 다량으로 모아
야 하겠다. 즉 독립전쟁에 사용할 군인을 많이 양성하여야 하겠다.

라고 설명한 것처럼, 국제사회의 냉혹한 현실을 배경으로 독립 쟁취의
관건인 독립전쟁獨立戰爭에 소요될 군인 양성의 필요성을 강조하였다. 그
리하여 '군인의 정신'을 함양하며, '군인의 지식'을 제고시키며, 규율있
고 질서있는 지휘체계를 확립하고, 군수품을 준비하는데 전력을 다하는
것이 "계획있고 예산있고 계통있고 질서있는 착실한" 독립전쟁을 실천
하는 길이라고 강조하였다.[32]

다음으로 그가 민족운동 방안으로 중시한 반제反帝 국제연대 노선에 대
해 살펴보면, 먼저 3·1운동을 "세계민족의 인격시장에서 우리민족의 가치
를 폭등하게 한 그날"[33]로 평가하였듯이, 그는 한국근대민족운동을 세계
사적 변천이라는 큰 틀에서 파악하려 하였다. 그는 항일민족운동의 국제
적 보편성 측면에 관심을 갖고 있었다. 항일민족운동의 외연을 제국주의
침략과 피압박민족의 저항이라는 국제적 관계의 범주로 확대함으로써, 항
일민족운동의 나아갈 바로써 국제연대의 중요성을 주목하였던 듯싶다.

손두환이 제시한 '국제평등주의國際平等主義'와 '영구평화주의永久平和
主義'라는 표현을 통해, 그의 국제연대의식에의 접근이 가능할 것 같다.
그는 제1차 세계대전의 결실인 국제연맹을 국제평등주의 및 영구평화주
의의 실현을 위한 첫걸음으로 기대하였다.[34] 물론 국제연맹이 불안전하
고, 평화에 대한 보장 능력이 결여된 한계가 있었지만, 그에게 있어서
국제평등주의와 영구평화주의는 새로운 국제질서 수립을 위한 중심가치
였던 것이다.

그렇다면 그는 국제연대의 상대로 어느 나라를 상정하였을까? 우선

32) 위와 같음.
33) 孫斗煥, 「元年을 送함」『獨立新聞』1920년 1월 10일, 2면.
34) 위와 같음.

그는 국제연대 대상의 전제로써 한국독립운동을 도와줄 수 있는 국가로 한정하였다. 그는 타국에 대한 원조 제공도 자국의 이해관계에서 결정되는 것이므로, "정의나 인도와 같은 추상적인 물건을 위하여" 지원을 결정하는 것은 아니라는 국제질서의 냉혹한 현실을 직시하고 있었다. 그는 "우리와 마찬가지로 동일한 일본이라는 강국의 압박을 가장 절실히 당하고 있는" 중국, "우리와 같은 처지에 있는" 세계 각 약소민족, "침략적 자본주의 및 제국주의를 적으로 하는 관계상, 우리에게 원조를 제공할 필요가 있는" 소련 및 코민테른을 국제연대의 대상으로 상정하였다.[35]

이러한 반제 국제연대 의식을 배경으로, 1920년대 초반 풍미하던 사회주의에 대한 관심을 통해, 진보적 민족주의운동관을 정립해 갔다.

(2) 반제 국제연대의 연결고리로써 사회주의 접근

> 중국의 사회주의자여 오라, 일본의 사회주의자여 오라, 우리와 손을 잡고 제군의 적인 우리의 적인 일본제국주의를 전복하자. 그리하여 사회주의적 한국·사회주의적 중국·사회주의적 일본을 건설하자, 사회주의적 동양을 건설하자, 그리한 후에 사회주의적 세계를 건설하자.[36]

한·중·일 세 나라 사회주의세력의 단결을 통해 일본제국주의를 타도하고, 사회주의 국가와 세계를 건설하자는 그의 주장은 그의 민족운동관이 피압박민족의 반제국주의투쟁의 주체로서 사회주의세력의 국제연대를 통한 항일민족운동의 완성과 근대민족국가 건설을 지향하였음을 뜻하였다.

1920년 4월 5일 저녁 거행된 유일학우구락부 주최 「사회주의에 대하여」라는 강연에서, 그는 사회주의가 정치적으로는 민주주의를 지향하며,

---

35) 笑公, 「李承晚君의게 一言을 與하노라」, 『獨立新聞』 1925년 3월 31일, 4면.
36) 孫斗煥, 「社會主義者의 韓日戰爭觀」, 『獨立新聞』 1920년 5월 22일.

경제적으로는 생산의 공유·공영과 분배의 평균을 요구한다. 사회주의가 주창하는 '노동전제勞動專制'는 자유와 평등에 도달하는 도정途程일 뿐으로, 노동전제의 영속을 의미하는 것은 아니라고 설명하였다. 또 국제적 침략주의는 자본주의 발달로 인한 산업경쟁의 결과이며, 일본의 침략주의에 저항한다는 견지에서 보면, 우리민족의 독립운동도 국제적 사회주의운동의 일환이며, 세계의 노동계급과 사회주의자들이 우리민족의 독립운동을 동정한다고 이해하였다.[37]

그에 의하면, 사회주의자는 평화와 자유·평등을 요구하며, 이들이 요구하는 평화는 침략자·정복자의 요구하는 굴욕적·고식적 평화가 아닌, 자유·평등을 전제로 한 영구적 평화였다.[38]

사회주의의 기본이념으로서 자유와 평등을 중시한 그의 관점은 다른 자료에서도 확인된다. 1920년 2월 하순 안창호로부터 흥사단興士團 입단 권유를 받은 그는 흥사단이 표방하는 '건전한 인격' 형성의 근본은 "공산주의公產主義를 실시하여 국민의 생활을 평균케 함에 있는" 것으로 이해한다고 대답하였다.[39]

그러면서 사회주의자들이 자신의 활동목표를 평화로 설정하면서, 전쟁을 주장하는 것은 모순이 아니냐는 지적에 대해서는 "이 모순을 낳은 자는 현대사회의 기초인 제국주의다, 침략주의다, 자본주의다. 이 모순을 해결할 자는 미래사회의 기초인 국제주의國際主義다, 협동주의協同主義다, 사회주의社會主義이다"라고 하였다.

또 모순 해결의 방법으로 '각 민족의 자주, 제민족의 호상부조互相扶

---

37) 『獨立新聞』 1920년 4월 8일.
38) 孫斗煥, 「社會主義者의 韓日戰爭觀」 『獨立新聞』 1920년 5월 22일.
39) 「안창호일기」, 앞의 책, 651쪽. 당시 그가 "자본주의사회를 기반으로 삼아 사회주의사회의 건설이 가능하다"고 인식하였던 사실 등으로 미루어 보아, '公產主義'는 '共產主義'의 개념으로 이해되어도 무방할 듯하다. 이는 당시 혹은 후일 기록과정에서의 오류일 개연성도 있다.

助'를 통한 '세계개조世界改造'이며, "그 민족의 행복은 민족자주民族自主
에서만 구할 것이오, 영구한 평화는 제민족의 호상부조로만 기대할" 수
있다고 하였다.

자본주의 생산력을 바탕으로 한 제국주의 침략에 대항하는 약소민족
의 국제연대에 기반한 저항과 투쟁은 민족자주와 상호부조의 측면에서
정당하다는 설명이었다.

그의 견해에 따르면, 인류사회가 사회주의적인 모습으로 개조되기 위
해서는 전쟁의 수단이 필요한 것이지만, 전쟁은 자위적인 것으로써 침략
적인 것이 아니며, 자유·공평·정의에 벗어나지 않는 것이어야 하였다.
동시에 사회주의자는 침략자의 침략을 불허할 뿐 아니라 피침략자의 침
략도 허락하지 않아야 하는 것이었다.

따라서 우리민족의 자유와 행복을 얻기 위해서는 어떤 수단을 택하든
지 옳은 것이며, 평화적 수단으로 자유와 독립을 얻을 수 없다면, 무력
수단도 불가피한 것이라고 강조하였다.[40]

그는 사회주의혁명社會主義革命을 통해 제국주의 타도와 자주적인 민
족국가 수립이라는 근대민족운동의 과제 달성이 가능하리라고 이해하였
다. 그리고 그는 '신사회'인 사회주의사회의 건설은 '구사회'인 자본주의
사회를 모태로 실현될 수 있다고 생각하였다. 그는 현실의 모순을 미래
변혁의 모태로 파악하였던 것이다.[41]

다음으로 그는 사회혁명을 '사회개조의 혁명' 즉 "사회조직의 개조를
목적으로 하는 정치적·경제적 투쟁"으로 정의하였다. 그리고 모든 유형

---

40) 孫斗煥, 「社會主義者의 韓日戰爭觀」 『獨立新聞』 1920년 5월 22일.
41) 이러한 측면은 "사회주의사회의 실현될 조건은 벌써 자본주의사회의 모태 내에서
    장성하였다"(「社會主義硏究」 二, 『獨立新聞』 1920년 6월 1일) "고등한 신생산
    관계는 그 물질적 조건이 이미 구사회 내에서 발달된 후가 아니면, 단정코 출현하
    지 못한다"(「社會主義硏究」 五, 『獨立新聞』 1920년 6월 17일)는 그의 설명 가운
    데에서도 엿보인다.

의 혁명운동은 '맑스주의'에서 비롯되는 것으로써, 복잡한 과도기적 현
상을 띤다고 진단한 다음, 사회혁명을 자본주의제도의 사회조직을 파괴
하고, 비자본주의제도의 신 사회 조직을 건설하려는 피압박계급의 정치
적·경제적·정신적 투쟁으로 정리하였다.[42]

　또 사회개조를 위해서는 경제조직과 정치조직을 개조하는 방법이 있
는데, 정치조직은 경제조직의 변동에 수반하여 개조되는 것이므로, 피압
박계급의 사회혁명은 항상 사회·경제조직의 개조를 목적으로 하는 정치
적 운동이 된다는 것이다.

　아울러 사회혁명은 '피압박계급의 정권획득 시기'와 '사회조직의 개
조를 실행하는 시기'의 두 단계로 나뉘어 진행되어야 한다고 생각하였
다. 그리고 사회혁명의 완성은 단순한 정권의 획득이 아닌, '정신적 형
태' 즉 종교·철학·도덕·예술 등 정신적 문화의 개력을 이룸으로써 비로
소 가능해지는 것이라고 부연하였다.

　끝으로 그는 민족운동과 사회혁명의 상관관계에 대해 설명하며, 민족
운동은 민족적 각오와 국가적 적개심에 의해 지배되는 데 반해, 사회혁
명은 계급적 각오와 평등적 정의 관념의 지배를 받는다고 하였다. 그의
논리에 의하면

　　　민족운동民族運動은 타민족의 군국주의 내지 자본주의적 약탈을 부인하지
　　만은, 그 민족 자체의 군국주의 내지 자본주의적 발전의 부인을 보장할 수 없
　　는 운동이오. 사회혁명社會革命은 타계급의 약탈을 폐제廢除하는 동시에, 그
　　계급 즉 현재의 피약탈계급인 무산계급 자체의 장래 약탈을 부인하는 운동이
　　다. 환언하면 일체의 계급을 철폐하려는 운동 - 비록 무산계급의 독재를 시인
　　하지만은, 오직 일시적·과도적으로만 시인하는 운동이다.

라는 것으로써, 민족운동가는 '독립'이라는 가치아래에서는 공산주의에

---

42) 이상 笑公, 「民族運動과 社會革命」『獨立新聞』 1925년 11월 1일, 4면.

속한 자이건, 혹은 자본주의 및 기타 어떠한 주의에 속한 자임을 불문하
는 것임에 반해, 사회혁명가 내지 사회운동가는 "신봉하는 주의만을 표
준으로 하여 구성되고", "민족이나 국가를 불문한다"고 구분하였다. 그
렇기에

> 민족운동을 기준으로 관찰하면, 적인 민족 중에서는 일개의 동지도 발견
> 할 수 없는 동시에, 자기민족 중에서는 일체를 포용 - 물론 적에게 매수된
> 매국노를 제외除하고 - 할 수 있고, 사회혁명을 기준으로 관찰하면, 동족 중에
> 서도 대적對敵을 발견할 수 있는 동시에, 모든 다른 민족 중에서도 동지를 얻
> 을 수 있는 것이다. 그런고로 민족운동의 대적은 정복국가이고, 사회혁명의
> 대적은 약탈계급이다. 환언하면 민족운동의 대적은 군국주의軍國主義이오, 사
> 회혁명의 대적은 자본주의資本主義이다.

라는 설명이 가능해지는 것이다.[43] 그에게 있어서, 민족운동은 정복과
피정복의 관점에서 군국주의·제국주의국가에 대항하는 정치적 운동이
오, 사회혁명 즉 사회주의혁명은 자본주의사회의 변혁운동으로써 부르
주아지계급에 대항한 프롤레타리아계급의 경제적 투쟁이 되는 것이다.

　그런데 1920년대 초 그의 사회주의관은 당시 임정의 성격 및 한인독
립운동의 정황을 배경으로 이해되어야 할 것이다. 1919년 4월 수립시기
로부터 1921년 초 이동휘의 국무총리 사임에 이르기까지, 임정은 좌우
합작의 통일전선 성격이 강하였다.

　때문에 이 시기 그의 사회주의 논리는 메이지대학 수학 과정에서 습
득한 진보적 사회과학지식 뿐 아니라, 한인독립운동의 진로 모색의 측면
을 반영하고 있음을 헤아려야 할 것이다. 그리고 사회주의 몰두에 함축
되어 있는 그의 진보적 사고와 보편적인 세계관은 이후 중국국민혁명과
항일전쟁의 소용돌이 속에서 한인독립운동과 자신의 진로를 설정하는

---

43) 이상 笑公, 「民族運動과 社會革命」(續), 『獨立新聞』 1925년 11월 11일, 4면.

밑받침으로 기능하였다.

미루어 보면, 그는 이상추구형의 혁명가 타입이기보다는, 현실조건에 대한 과학적 탐구를 통해 미래의 나아갈 바를 추구하는 현실주의자로 분류될 수 있는 유형의 인물이었던 것 같다.

2. 중국군 복무와 민족운동관의 확장

1) 중국군 복무와 1920년대 후반기 활동

일제자료에 의하면, 손두환은 "광동정부에 들어가 군관학교에서 공부하고, 육군 보병소좌로 승진하였다"[44]고 한다. 여기서 말하는 '광동정부廣東政府'는 중국국민당정부中國國民黨政府를 가리키며, '군관학교'라 함은 황포군관학교黃埔軍官學校를 일컫는다. 그의 황포군관학교 입교 시기는 명확하지 않지만, 앞에서 보았듯이, 1924년 말에 그가 임정 내무부 경무국장에 임명되었고, 후술하듯이 1926년 봄에는 황포군관학교 교장실에 근무하고 있었던 사실로 미루어 보면, 1925년의 어느 시점에 입교한 것으로 유추할 수 있다.

그런데 그는 앞에서 살폈듯이, 1925년 3월 31일자 독립신문에 이승만 임시대통령의 탄핵 사유를 밝히는 장문의 논설을 게재하였고, 11월에도 두 차례에 걸쳐 자신의 민족운동관을 반영하는 사회과학 논설을 전개하였다. 이는 이 시기 그가 광저우에 머물면서도, 임정을 중심으로 하는 상하이지역 한인독립운동 진영과 적극적인 관계를 유지하였음을 짐작케 한다.

그의 입교 시기는 황포군관학교 2기 내지는 3기생에 해당되는데, 당시 입교생들의 재학기간이 수개월에 지나지 않았던 사실로 미루어 보면, 그의 황포군관학교 입교 개연성은 크다고 할 수 있다. 하지만 황포군관

---

44) 조선총독부 편, 앞의 책, 194쪽.

학교 졸업생 명부나 여타 관련자료에서 그와 관련된 사실이 확인되지 않는 점 등을 종합해 볼 때, 그는 입오생入伍生이나 교육훈련 과정 중 발탁되었을 가능성도 떠올려 볼 수 있다. 일본 메이지대학 법과 출신의 학력과 임정 군법국장 등의 이력을 소유한 젊고 진보적인 캐릭터와 능력을 바탕으로, 황포군관학교 장제스[蔣介石] 교장실에서 근무하는 행운을 잡을 수 있었을 것이다.

이와 함께 이 시기 그의 활동으로써 주목되는 것이 동방피압박민족연합회東方被壓迫民族聯合會 활동 참여이다. 1925년 7월 광저우에서는 중국·한국·월남·인도·대만의 혁명가들이 동방피압박민족연합회가 결성되어, 아시아 피압박민족의 반제국·민족해방을 고양하였다. 그는 강세우姜世宇·왕산이王山而와 함께 집행위원으로 참여하였다.[45] 1925년 11월 22일 동방피압박민족연합회가 주최하는 '국민혁명을 지지하는 세계 각지의 화교대표' 환영대회가 광동성농민협회에서 개최되었는데, 이 자리에서 그는 인도인 지리사스[忌厘沙士], 베트남인 딩지민[丁濟民]과 함께 연설하였다.[46] 당시 그의 위상을 짐작할 수 있는 대목이다.

이 같은 정황을 배경으로, 의열단원의 황포군관학교 입교에는 광동지역 한인독립운동의 주요 인물이었던[47] 그의 역할이 컸던 것으로 평가된다. 1926년 봄 김원봉金元鳳과 김성숙金星淑은 손두환을 통해, 장제스 교장을 방문하여 황포군관학교 입교 및 학비면제 승락을 받았다.[48] 김원봉 등 다수의 의열단원이 입교한 4기 시절 교장실 부관 겸 교관으로 재직하였[49]던 그의 존재는 한인의 황포군관학교 입교경위를 살펴보는 데

45) 水野直樹, 1992, 「東方被壓迫民族連合會(1925~1927)について」『中國國民革命の研究』, 京都大學人文科學研究所, 317쪽.
46) 「被壓迫民族歡迎華僑大會」『工人之路』1925년 11월 24일자, 水野直樹, 위의 글, 323쪽에서 재인용.
47) 당시 일제정보자료에서는 그를 '廣東居住 不逞鮮人 首領'으로 평가하였다(慶尙北道警察部, 1934, 『高等警察要史』, 107쪽).
48) 李鍾範, 1970, 『義烈團副將李鍾岩傳』, 光復會, 255쪽.

소중한 단서를 제공한다.

그가 '장제스의 신뢰'[50] 및 "국민정부군 간부와 아는 사이인 것을 기화로"[51] 진보적 사고를 강화하고 있던 의열단원의 황포군관학교 입교를 적극 지원하였을 개연성은 높다. 당시 상하이주재 프랑스 총영사관은 "손두환은 장제스의 부관을 지냈는데 … 그의 영향력으로 장제스는 황포군관학교에 점점 많은 한인학생의 입학을 허락하였다"고 평가하였다.[52]

이와 함께 주목되는 사실은 광동지역의 유력한 독립운동단체인 유월한국혁명동지회留粤韓國革命同志會의 역할이다. 1926년 상반기 김원봉·손두환·오성륜吳成崙·김산金山·김성숙 등이 조직하였으며, 핵심인물은 손두환·김성숙이었다고 한다.[53] 황포군관학교에 입교 중이던 한인교관 및 입교생들이 주요 회원이었는데, 단원의 대다수는 의열단원이기도 하였다.

유월한국혁명동지회는 한인의 황포군관학교와 중산대학中山大學 입교에 공헌하였을 뿐 아니라, 이들 학교에 재학 중인 한인입교생들과 연계하여 항일운동의 기반을 조성하는 한편, 한·중 연합의 기틀을 조성하였다. 특히 광동지역 한인독립운동 진영의 유력한 인물로 평가받던[54] 그

49) 秋憲樹 편, 1972, 『資料韓國獨立運動』 1, 연세대출판부, 322쪽.
50) 警務局保安課, 「在外不逞鮮人ノ狀況」, 朝鮮總督府警務局 편, 1984, 『朝鮮の治安狀況: 昭和 2年版』, 東京: 不二出版에 재수록.
51) 坪江汕二, 1959, 『朝鮮民族獨立運動秘史』, 東京: 日刊勞動通信社, 97쪽.
52) 국사편찬위원회 편, 『한국독립운동사』 자료 20, 임정편 Ⅴ, 1991, 88쪽.
   이와 관련하여, 또다른 일제자료도 "손두환은 蔣介石과 잘 아는 사이임을 기화로 조선혁명에 있어 軍務에 복무시킬 목적으로 다수의 한인청년을 불러 모아, 한때 同地(광동) 각급학교에 재학하는 자가 수백 명을 헤아렸고, 장개석의 수하에 있는 군대양성소인 黃埔軍官學校 한인 졸업생이 38명에 달하였다"고 적었다(朝鮮總督府警務局 편, 『最近に於ける朝鮮治安狀況: 昭和 8년』(復刻, 1966), 東京: 嚴南堂書店, 246쪽).
53) 警務局保安課, 「在外不逞鮮人ノ狀況」, 앞의 책.
54) 일제자료는 "광동에 있는 손두환은 종래 이 지역 한인의 우두머리를 차지하였다"고 적었다(「在外不逞鮮人ノ狀況」, 앞의 책).

는 교장 장제스의 지근거리에 있었던 사실을 연결고리로 삼아, 한인의
황포군관학교 입교와 중산대학 입교 등에 적극적인 역할을 수행하였던
것이다. 이렇듯 그는 유월한국혁명동지회라는 유력한 단체의 중심인물
로서, 중국정부의 권력 중심부에서 한인독립운동의 리더십을 발휘하였
던 것이다.

그의 활동역량은 여운형과 함께 광저우지역 한인공산주의세력의 연
합체 조직을 주도한 사실로도 뒷받침된다. 1926년 1월 20일경 광저우를
방문한 여운형은 손두환 등과 함께 일크츠크·상해파 한인공산당원 및
코민테른 계통의 중국인단체를 망라하여 비밀결사 CY사社를 결성하였
다. 회장에 여운형, 감사에 손두환·김철남·박영권朴永權이 선임되었고,
상당수의 중국공산당원도 참여하였다고 한다.[55] 이는 제1차 국공합작시
기 그의 항일역정을 이해하는 단서가 될 수 있다.

이어서 그는 1927년 3월 '모스크바대학'[56] 입학을 위해 모스크바로
갔다가, 수개월 후 상하이로 귀환하였다. 그는 광저우로 가서, 황포군관
학교 교관 근무가 내정되었다고 하였다.[57]

일제자료의 분석에 따르면, 그의 모스크바행은 장제스의 지시로, 그
가 "장제스의 반공정책에 반대 입장을 표명함에 따라, 모스크바로 추방
당한" 것이라 하였다. 반면에 그는 상하이에서 "내가 광동으로 가서, 일
반 국민당원들을 이해시킬 수 있다고 확신한다"고 호언하였는데, 일제

---

55) 신주백 편, 1989, 『日本外務省特殊調査文書』 28, 高麗書林 영인, 240~241쪽.
'CY'는 Communist Youth의 약자로, 共靑(공산청년회) 조직을 가리킨다.
56) 이 자료에서 말하는 '모스크바대학'은 다른 자료에서 '모스크바 中山大學' 등으
로도 등장하는데, 제1차 국공합작시기 모스크바에 개설된 중국국민당 및 중국공
산당 당원을 대상으로 한 교육과정을 가리킨다.
57) 1927년 봄 황포군관학교에 도착한 蔡元凱는 기술주임 교관인 한인 楊林의 영접
을 받았고, 5기생 第1學生總隊 부대장에 임명되었다. 그는 楊林·崔秋海(崔庸健,
필자)과 함께 교본부 부관인 손두환·김철남 등의 재직 사실을 회고하였다(채원개,
1962, 「나의 一生記」, 원고본, 60~61쪽).

기관은 그가 종래의 신임을 회복할 수 있을지 의문시된다고 하였다.[58]

이로 미루어 보면, 그는 중국정부의 공산당 탄압에 비판적인 입장이었을 것이고, CY사 조직 사실의 예처럼, 이 시기 그는 친공적 성향을 강하게 띠었다. 따라서 그의 모스크바행은 중국정부의 문책성·보호차원의 격리 조처로 이해될 수 있을 듯하다. 하지만 모스크바 체류가 일시적이었던 사실로 미루어 보아, 장제스 위원장의 신임을 잃거나 중국정부 요로와의 관계는 단절되지 않았던 것 같다.

그와 중국 측의 관계를 암시하는 사실로, 1938년 5월 당시 그의 장남 손기주孫基周(基宗의 착오일 듯하다. 필자)는 "장제스의 자가용 비행기 기관사로서, 장과 함께 행동하고" 있는 것으로 파악되었다.[59] 1930년대 말 중국공군 참모처장을 역임한 뤄잉더[羅英德]의 회고에 따르면, 아들 손기종은 최용덕崔用德의 소개로 장제스 위원장의 전용기 기계정비원으로 추천되었고, "총통은 그 사람이 한국사람인 것을 알게 되자, 그 한국인을 꼭 써야 되겠다 하여," 전용기를 관리하게 되었다고 한다.[60]

2) 1930년대 활동과 한인독립운동 진영으로의 귀환

그가 중국정부의 수도 난징[南京]에 정착한 시기는 불분명하지만, 일제자료에 의하면, 1934년 7월 경 그는 난징 본창가本廠街 10호에 거주하였으며, '군관학교 교관'으로 재직하였다.[61] 일제기관의 파악처럼, 그는

---

58) 「在外不逞鮮人ノ狀況」, 앞의 책.

59) 『特高外事月報』 1938년 5월분, 129쪽.

60) 羅英德, 「중국에서의 한국공군」, 한국정신문화연구원 편, 1983, 『한국독립운동사 자료집: 중국인사 증언』, 박영사, 51~52쪽. 장제스 위원장이 손기종을 "꼭 써야 되겠다"고 한 대목에 이르면, 손기종이 이전 자신의 부관을 지낸 손두환의 아들이라는 사실을 알았을 개연이 암시된다. 참고로 1940년 봄 손기종이 雲南省 昆明 彌勒寺村에 주둔한 미군항공대에 근무하였음을 알려주는 사진이 『백범회보』 2010년 여름호, 35쪽에 실려 있다.

61) 조선총독부, 앞의 책, 194쪽.

난징 소재 중국중앙육군군관학교의 '일본어교관'으로 재직하였다.[62]

그의 중앙육군군관학교 근무 사실은 재중 한인독립운동사 상에서도 다소 특이한 사실로 분류될 수 있다. 한인으로서 중국정부 권력기반 중의 하나인 중앙육군군관학교의 교관이 된다는 것은 쉽게 상상되는 일이 아니다. 아마도 일본 메이지대학 법과 출신으로서 일본에 대한 분석력, 진보적인 사회과학지식, 중국정부의 최고지도자이며 중앙육군군관학교 장제스 교장의 신임 등이 그 배경이 되었을 것이다.

그가 1930년대 난징지역을 무대로 한 한인독립운동에 등장하는 시기는 1935년 이후로 확인된다. 1931년 9월 만주사변을 계기로 적극화된 한인독립운동의 흐름이 한국대일전선통일동맹韓國對日戰線統一同盟 결성 → 조선민족혁명당 및 한국국민당 결성을 거쳐, 1935년 말에 이르면 난징을 포함한 중국정부 관할구역 내에서 전개된 한인독립운동의 양상은 김구와 김원봉을 중심으로 한 민족주의 우파세력과 민족주의 좌파세력의 양립국면을 띠게 된다.[63] 이러한 상황을 배경으로, 일제기관 자료에 그에 대한 정보가 등장하기 시작한다.

일본총영사관을 비롯한 일제의 한인독립운동세력에 대한 감시와 정보수집 활동 등이 엄중하였던 상황 하에서, 중국중앙육군군관학교의 일본어교관 신분인 그가 공개적·공식적으로 한인독립운동에 참여한다는 것은 용이한 일이 아니었을 것이다. 하지만 그는 중국중앙육군군관학교에 근무하면도 한인독립운동과 직·간접적인 관계를 맺고 있었다.[64]

일례로 1934·5년 무렵 김구는 뤄양[洛陽]의 중국육군군관학교 분교

---

62) 社會問題資料研究會 편, 『思想情勢視察報告集』 9, 京都: 東洋文化社, 111·135 쪽 및 內務省警保局 편, 1936, 『社會運動の狀況』 8, 東京: 三一書房, 1972, 1592쪽.

63) 한상도, 2000, 『한국독립운동과 국제환경』, 한울, 394쪽.

64) 1935년 10월에 조사한 일제자료 「要視察人·要注意人 名簿(朝鮮人之部)」에서는, 손두환을 '민족주의'로 분류하였다(『思想情勢視察報告集』 2, 241쪽).

내에 한인특별반韓人特別班을 운영하며, 난징을 무대로 한국특무대독립군
韓國特務隊獨立軍과 학생훈련소學生訓練所라는 조직을 가동하여 중국중앙육
군군관학교 입교생 모집활동을 전개하는 등, 자신의 독립운동 기반을 강
화하고 있었다.

백찬기白贊基라는 인물이 김구의 특무조직체계를 통해 중앙육군군관
학교 11기생으로 입교하는 과정을 살펴보면, 그가 김구의 청년단원 모집
체계의 일원으로 활동하였음이 드러난다.[65]

백찬기는 '남경중앙대학교 학비면제 입학'이라는 잡지광고[66]를 보고,
1934년 4월 15일 부산을 출발하였다. 상하이행 배 안에서 한국특무대독
립군 학생부 책임자인 노태연盧泰然의 조카 노영호盧榮昊를 만남으로써,
그의 중국행은 전기를 맞았다. 두 사람은 상하이에 도착 즉시 입교생 모
집활동의 중간연락처인 난징 성내 덩푸로[鄧府路] 통칭리[同慶里] 14호로
갔다. 다시 그는 손두환을 통해 류예가[柳葉街] 56호 소재 노태연에게 인
도되었고, 1934년 10월 그는 중앙육군군관학교 11기로 입학하였다.[67]
손두환이 김구 특무조직의 일원으로서 모집인물의 중간경유지 역할을
하였음이 확인되는 것이다.

1933년경부터 1937년 중일전쟁 발발 시까지 중국정부의 수도인 난징
은 중국관내지역뿐 만아니라 미주를 포괄하는 해외 한인독립운동 진영
의 중심무대였다. 공개적으로 확인되지는 않지만, 남경한족회南京韓族會
활동에 있어서 그의 역할 또한 주목되어야 한다.

---

65) 1936년 7월 1일·10일자로 작성된 일제자료와, 1937년 12월 현재 상황을 정리한
    일제자료에서는, 손두환을 '韓國國民黨(金九派)'로 분류하였다(『思想情勢視察報
    告集』3, 12·443쪽, 『思想情勢視察報告集』9, 111쪽).
66) 開闢社 別乾坤部, 『別乾坤』1933년 1월호, 58쪽에, '在南京 申基彦' 명의로 중
    국 각급학교 유학에 관한 광고가 실렸다.
67) 한상도, 1994, 『한국독립운동과 중국군관학교』, 문학과지성사, 346~347쪽.

중일전쟁이 전면적으로 전개되자, 민족혁명당·조선민족해방운동자동맹·
조선혁명자연맹의 대표들은 난징에 모여, 통일전선 결성에 대한 논의를 전개
하였다. 남경한족회 회원인 손건孫建[손두환, 필자]·김철남金鐵男·이연호李然浩 3
인은 어느 단체에도 속하지 않는 '개인 자격'으로 각 단체 사이를 주선하여
통일을 성사시키기 위해 노력하였다. 그 결과, 세 사람은 연명으로 선언을 발
표하고, 통일에 대한 간담회를 소집하였다.

그리하여 난징 함락 직전의 긴장감 속에서, 각 단체 대표 15인이 모여 토
론한 결과, 조선민족전선통일촉성회朝鮮民族戰線統一促成會를 조직하고 통일을
위하여 노력할 것이라는 선언을 발표하기에 이르렀다. 수일 후 남경한족회도
전체대회를 소집하고 재중국조선민족항일동맹在中國朝鮮民族抗日同盟을 발기하
였고, 두 단체는 다시 조선독립운동자동맹朝鮮獨立運動者同盟으로 통합하였
다.[68]

조선민족전선연맹朝鮮民族戰線聯盟의 중심인물인 유자명柳子明의 위 회
고는, 손두환이 중일전쟁 직후 김구를 중심으로 한 민족주의 우파세력과
김원봉을 중심으로 한 민족주의 좌파세력의 연합을 위해 중재자 역할을
했음을 알려준다.[69]

조선독립운동자동맹은 12월 초 한커우漢口에서 결성된 조선민족전선
연맹의 기반으로 구실하였다.[70] 1938년 1월 중순 조선민족전선연맹측
은 왕군실王君實과 손두환을 창사長沙에 파견, 민족주의 우파세력의 통일
전선인 한국광복운동단체연합회韓國光復運動團體聯合會 측과 통합을 타진
하였다. 두 사람은 이동녕·김구·이청천·조소앙·현익철 등을 방문하고

---

68)『朝鮮民族戰線』창간호 (1938. 4. 10), 4~5쪽.

69) 손두환의 역할에 대한 이해에 보탬이 될 수 있는 사실로써, 1938년 6월 25일자로
작성된 일제자료는, 손두환이 "민족혁명당에 호의를 갖고 있지만, 김구파와도 황
해도파로서 깊은 친교를 갖고 있다"고 분석하였다(『思想情勢視察報告集』9, 135
쪽).

70) 손두환의 조선민족전선연맹 참여와 관련하여, 일제자료는 "혁명단체에 직접 관련
이 없는 손두환·김철남·이연호·柳興湜(유자명, 필자) 등을 합류시켜, 대대적인 명
칭을 내걸고 통일의 외형을 갖춘 것같다"고 분석하였다(內務省警報局保安課 편,
『特高外事月報』1938년 6월분, 100쪽).

조선민족전선연맹 측과의 협동전선 건립에 관한 의견을 교환하였으나, 합의에 도달하지는 못하였다.[71]

위의 사실을 통해서 유추해 볼 수 있는 개연성은 그가 지연·학연이라는 연고관계의 측면에서는 김구와 가까웠으나, 혁명관이나 정치사상 등 의식면에서는 조선민족혁명당의 인물들과 공유하는 부분이 많았으리라는 점이다.[72]

이처럼 합치되기 어려워 보이는 두 개의 가치기준이 그의 민족주의 탐구의 근저에 흐르고 있었을 것이다. 이를 중간파 인물들이 갖고 있는 개성의 일단을 반영하는 것으로 파악할 수도 있겠지만, 이성과 감성의 골 사이에 서있었던 한 민족주의자의 고뇌였을지도 모른다.

이후 손두환의 활동은 구체적으로 파악되지 않지만, 그는 조선민족전선연맹과 한국광복운동단체연합회의 양립구도를 띤 1930년대 후반기 중국정부 관할구역 내 한인독립운동의 정황 하에서, '제3의 길'을 택하였던 것으로 유추된다.

그는 임정을 비롯한 한인독립운동세력이 중일전쟁의 전란을 피해 난징[南京]을 떠나 창사[長沙]→류저우[柳州]→광저우[廣州]→치장[綦江]을 거쳐 중국정부의 전시수도인 충칭[重慶]으로 이동하는 상황을 배경으로, 조선민족전선연맹과도 별도의 독자적인 항일행로를 모색하였던 것으로 짐작된다.

1939년 4·5월 경 그는 청두[成都]에 있었음이 확인된다. 그는 김중문 金仲文(金奎植)·김순애金淳愛 등 11명과 함께 조선민족혁명당 성도구당부成

---

71) 『朝鮮民族戰線』 창간호, 6쪽.
72) 1940년 成都에서 일본군의 폭격으로 노모와 자부들을 잃고 자신을 찾아온 손두환에게, 김구는 "너의 가족생활은 내가 부담해 줄 터이니 안심하고, 복수를 위해 분투하기 바란다. 主義와 思想이 판이하니, 네가 나에게 오기는 바라지 않는다. 八路軍으로 가도 좋다. 왜적을 많이 죽여라"고 하였다고 한다(손세일, 「손세일의 비교 평전: 이승만과 김구」 『월간조선』 2007년 5월호, 568쪽).

都區黨部(서기: 金文)을 통해, 조선의용대에 위로금을 보냈다. 그런데 이 기사에서는 김규식·김진일金震一·이영무李英茂·김순애·김윤택金允澤·김문金文 등은 '동지'라는 호칭을 붙인 반면에, 손두환과 최창석崔滄石(崔用德, 중국공군 재직)·가오위링[高毓靈]에게는 '선생'이라는 호칭을 사용하였다.[73] 당시 그가 민족혁명당에 우호적인 입장이었음을 알 수 있다.

1940년 8월에 작성된 일제자료는, 그가 김철남 등과 조선민족해방운동자동맹朝鮮民族解放運動者同盟을 조직하여 "김구·김원봉 양파의 단일 합동에 반대하는 일파를 규합하여 세력을 신장하려 하고 있다"고 분석하였다.[74] 또 다른 자료에서는 그의 소속단체를 '한국독립당통일동지회韓國獨立黨統一同志會'로 파악하였다.[75]

그는 한국독립당이나 조선민족혁명당과 거리를 둔 별도의 '광복을 향한 길'에 서 있었던 셈이다. 중국정부와의 제휴를 배경으로 한 김구·김원봉의 권위를 거부하는 '반란의 길'을 택하였던 것으로 이해하고 싶다.

그의 항일행로를 이해하는 데 중요한 시사점을 제공하는 한 사실이 있다. 1940년 (하반기) 청두에서 충칭에 와서 김구를 만나, 일시 한국독립당 당적을 갖게 된 그는 "김구가 중국당국으로부터 광복군 조직의 인준을 얻을 때에 반공할 것을 약속했는데, 이를 매국매족이라고 매도했다"가, 한국독립당에서 제명되었다고 한다.[76]

김구와의 인간관계에 국한시켜 들여다보면, 그의 행동은 '배은망덕'에 가깝게 비친다. 하지만 이는 그가 광복군의 지휘권 귀속 문제 등을 놓고, 임정의 위상 뿐 아니라 한인독립운동의 정체성 문제 등을 염두에

---

73) 『朝鮮義勇隊通信』13기(1939. 5. 21), 10~11쪽.
74) 內務省警報局保安課 편, 『特高月報』1940년 8월분, 167쪽. 1942년 8월에 작성된「在支不逞鮮人團體組織系統表」에서도, 그는 '조선민족해방운동자동맹' 소속으로 분류되어 있다(『特高月報』1943년 1월분, 93쪽「附表」).
75) 『資料韓國獨立運動』1, 321~322쪽.
76) 손세일, 앞의 글, 569쪽.

두고 자신의 판단을 견지하였음을 시사하고 있다.

　어쨌든 이를 계기로 김구와 결별한 것 같은데,[77] 이는 현실적인 정치적 역학관계에 구애받지 않고, 자신의 소신과 가치관을 유지하려 하였던 노력으로도 해석될 여지가 있다. 그러면서 그는 한인독립운동의 무대 전면으로 서서히 다가서고 있었다.

　1942년 10월 24일 개회한 제34차 임시의정원 회의에서, 김원봉·유자명·박건웅 등 '반임정 세력'의 대표적 인물들과 함께 임시의정원 의원에 선임되어, 임정활동에 합류하였다.[78] 1941년 말 태평양전쟁 발발과 조선의용대 주력의 중국공산당 관할구역 이동 등 일련의 상황을 배경으로, 일제멸망과 한국해방의 기대감 또한 점증되면서 중국관내지역 한인독립운동은 김구와 임정을 구심점으로 하는 구도로 재편되었다. 이러한 정황에서 그는 임정 참여를 통해 자신의 활동공간을 확보코자 하였던 것이다.

　1943년 2월 조선혁명자연맹·조선민족해방동맹·한국독립당통일동지회는 조선민족혁명당과 통합하였다. 이로써 민족혁명당은 임정의 여당격인 한국독립당에 필적할만한 야당으로서의 위용을 갖추게 되었는데, 그는 민족혁명당의 중앙집행위원회 5인 상무위원의 한 사람으로 선임되었다.[79]

---

77) 김구와 손두환 두 사람의 관계를 헤아릴 수 있는 자료는 달리 발견되지 않지만, 정치적 측면의 갈등 양상을 인간적인 친소관계 소멸 등으로까지 확대하여 추론하기는 무리일 것이다.

78) 『의정원문서』, 769쪽. 손두환과 金鐵男은 10월 26일 新到議員資格審査委員(李象萬·李光濟·嚴恒燮)에 의하여 신임의원(황해도선거구 선출의원)으로 결정되었다. 그러나 당선증서를 제출치 않아, 10월 30일에 이르러 신임의원 자격을 획득하였다(같은 책, 274·280쪽).

79) 『資料韓國獨立運動』 2, 215쪽.

3. 임정 합류와 민족운동관의 심화

1) 임시의정원 활동

이후 그는 민족혁명당 선전부장·임정 선전부 선전위원 등을 겸하며,[80] 활발한 임시의정원 활동을 펼쳤다. 1945년 2월에는 한국독립당과 민족혁명당에서 이탈한 인물들이 결성한 신한민주당新韓民主黨의 중앙집 행위원에 선임되었다.[81] 임시의정원 의원으로서의 주요 활동사실을 살펴보면 다음과 같다.[82]

1942년 10월 29일 왕통·한지성·김원봉·송욱동과 함께 의원선거법 제정안을 제의하였고,[83] 1943년 10월 12일에는 이정호·김상덕·김원봉과 함께 임정승인 및 독립운동에 대한 원조 획득을 목적으로 중국·미국·영국·소련에 상주대표 파견을 제안하였다. 같은 날 전체 해외교민의 호적등록제 실시를 제의하기도 하였다.[84]

10월 14일에는 미주본토와 하와이·쿠바·멕시코 및 중국 화북·화중·화서지역의 한인사회에 '임시정부 세포조직' 설치를 제안하였다.[85] 1943년 11월 29일에는 민족혁명당소속 의원들과 함께, 모든 외교 사무는 임정 외교부를 통해 집행하며, 단체나 개인은 극력 이에 협조함으로써, 임

---

80) 『資料韓國獨立運動』 2, 246·313쪽. 일례로 1943년 3월 21일 손두환은 '조선민족 혁명당 중앙선전부장' 자격으로 重慶 沙磁區에서 열린 학술강연회에서 「韓國社 會의 特殊性과 韓國革命」이라는 주제의 강연을 하였다(石源華 편저, 1995, 『韓 國獨立運動與中國』, 上海人民出版社, 420쪽).

81) 『資料韓國獨立運動』 2, 191쪽.

82) 1943년 10월 6일 조선민족혁명당 미주지부가 로스앤젤레스에서 창간한 『독립』 1945년 10월 3일자에서는 손두환을 "의정원에서 말 잘 하기로 유명"하다고 소개 현하였다.

83) 『의정원문서』, 589쪽.

84) 『의정원문서』, 592쪽.

85) 『의정원문서』, 596쪽.

정의 외교활동을 확대 강화하자는 긴급제의안을 제출하였다.[86]

1944년 10월에는 최동오·조소앙·유림·강홍주 의원과 함께 건국강령수개위원建國綱領修改委員에 선임되었다. 그러난 그는 10월 26일부터 12월 10일까지 계속된 네 차례의 회의에 모두 불참하였다. 그 이유는 파악되지 않지만, 나름대로 자신의 이론과 주장을 갖고 있었고, 임시의정원회의 과정에서 적극적으로 논전에 참여하였던 그가 건국강령을 검토·개정하는 중요한 작업에 한 차례도 참석하지 않았음은 의아함마저 불러일으킨다.

회의기간 동안 와병 중이었거나, 타지역을 여행하였을 개연성도 있지만, 임정 지도부 및 한국독립당 측에 대한 반대·비판의 표현으로 유추된다.[87] 그의 의정원 활동과 관련하여, 당시 한국독립당의 '원내당단주임院內黨團主任'으로 활동하였던 인물의 증언이 주목된다.

> 좌익측(주로 民革)의 진두 지휘자는 손두환이란 얼간 적색분자赤色分子인데, 종래 근성이 교학잔인驕虐殘忍한 위인으로서 일생을 낭만향락浪漫享樂에 빠져 있다가, 갑자기 시국변천에 날랜 감촉을 가지고, 적색으로 자처하고 정계에 투입하여 궤변패설詭辯悖說로 가는 곳마다 도란파괴搗亂破壞만 일삼는 자이다.
> 첫 번째는 백범 옹에 와 있다가 추방을 당하고, 다음에는 김원봉단체에 붙어 원내의 싸움두목으로 나서서 발악적 행동을 자행하였다. 그 뒤에 김원봉에게도 결국 증오와 배격을 받아 가위 사면초가에 빠져 버렸다. …
> 각종 안건에 따라 대공투쟁對共鬪爭이 벌어질 때 번번이 손 씨와의 교봉交鋒이 극렬하였다. 그저 평범한 문제에도 반드시 괴이한 변론을 전개하여 시간을 연장시키며, 도당徒黨과 합세하여 평지풍파를 일으키다가, 결국 불리할 경우에는 욕설을 퍼부으며, 퇴장전술로 대응하는 게 손 씨며, 그들의 상투적 전략이었다.[88]

---

86) 『의정원문서』, 598쪽.
87) 『의정원문서』, 388~390쪽. 건국강령수개위원회 회의록에도 그의 불참 사유를 '無故缺席'으로 기록하였다.
88) 趙擎韓, 1979, 『白岡回顧錄』, 한국종교협의회, 328~329쪽.

다분히 감정적이고, 가히 인신공격적인 표현이라 할만하다. 임시의정
원을 무대로 펼쳐졌던 임정 여당(한국독립당)과 야당(민족혁명당) 간의 갈등
의 정도를 짐작케 하는 대목이다. 그를 '적색분자'로 표현하듯이, 증언자
의 성향이 보수적·반공적이고 직선적인 기질의 소유자였기에, 그의 가
치기준으로 여과된 비판과 평가에는 배타적·주관적이고 냉소적인 감정
이 짙게 배어 있음을 감안해야 할 듯하다.

한국독립당을 중심으로 한 보수·노장세력과 민족혁명당을 중심으로
한 진보·소장세력 간의 경쟁과 대립체제 하에 운영되었던 임시의정원의
구도를 배경으로 하여, 남달리 개성이 강하였던 - 손두환과 조경한 -
두 사람이 지금의 '국회 여야원내총무'에 비견할 수 있는 상극적인 입장
에서 맞닥뜨렸다는 정황까지 염두에 두면, 위의 회고는 역설적으로 그가
자신의 정치적 견해를 적극적으로 표현하며 관철시키고자 진력하였음을
시사한다. 그러기에 그는 임정의 권위에 승복하려 하지 않았고, 임정여
당 역할을 하였던 한국독립당의 보수적인 인물들에 대해 비판적인 입장
이었다고 할 수 있을 것이다.[89]

일제의 항복 소식이 전해진 1945년 8월 13일에는 민족혁명당소속 의
원들과 함께, 임시의정원의 권한을 장차 성립될 전국통일적 임시의회에
이양하고, 임시의정원의 직권을 정지시킬 것을 요구하였다. 8월 23일에
는 민족혁명당 및 신한민주당소속 의원들과 연명으로 '간수내각看守內閣'
의 조직을 제안하였다.[90]

일제패망 직후 그의 임정에 대한 평가는 "광복 전에는 광복운동자가
대행하지만, 광복만 하면 그 주권은 벌써 인민에게 있는 것이다"[91]라는

---

89) "손 군의 각박한 지적에 부닥친 조소앙 외무부장은 … 좀 거북한 표정이었다"는
   기사(「중경 조선정치계 종횡관」,『독립』 1945년 10월 3일)는 이와 같은 측면을 뒷
   받침해 준다.
90) 『의정원문서』, 610쪽.
91) 「의정원회의록」(1945년 8월 22일),『의정원문서』, 568쪽.

표현으로 대변된다. "우리 임시정부는 국내인민에게 정권을 행사해 본 적이 없습니다." "이 정부를 조선에 가지고 들어가자는 것은 즉 내란을 일으키자는 위험한 정책입니다. … 조선에서 일어나는 정권이 있다면 그대로 복종할 것뿐입니다"[92]라는 발언의 진의는 정치적 이해관계에 연연하지 않고 임정의 한계를 비판해 온 직설적인 성격의 일단을 보여주는 것이겠지만, 임시의정원 의원 신분인 자기 스스로를 부정하는 모순으로 비치기도 한다.

이는 일제말기 임정을 구심점으로 통일전선을 형성하였던 독립운동 세력이 해방정국기 새로운 정치환경에 직면하여, 정권 쟁탈을 겨냥한 경쟁관계로 변모해 가고 있었음을 알려준다. 임정이 망명정부 자격으로 귀국하여 해방된 한민족국가의 새로운 집권정부가 되리라는 가정은 자신을 포함한 임정야당세력의 몰락을 의미하는 것으로 받아 들였을지도 모를 일이다.

2) 반일 국제연대 의식 및 국제정세 인식

그는 태평양전쟁을 일본이 영·미 세력을 태평양 상에서 쫓아내고, 자신이 주인이 되려고 기도하는 것인 동시에, 영·미가 날로 증가하는 일본의 세력을 억제하고, 태평양 상의 세력 균형을 유지하려는 전쟁이라고 정의하였다.[93]

"일본이 감히 태평양의 주인이 되려고 금차의 전쟁을 발표한 것은 일본의 침략 역량이 성장된 때문"이라고 평가한 다음에, 이 같은 일본의 침략역량은 한국과 만주 지배에서 비롯된 것이라고 하였다. 따라서 일본제국주의 침략역량의 배양지라고 할 수 있는 한국과 만주를 해방시키는 일이 곧 일본제국주의를 붕괴시키는 결과가 된다고 하였다.[94]

---

92) 「의정원회의록」(1945년 8월 17일), 『의정원문서』, 551쪽.
93) 손두환, 「태평양전쟁과 한국의 독립」, 『獨立』 1943년 10월 6일.

이 같은 태평양전쟁에 대한 인식을 기반으로, 그가 염두에 둔 반일 국제연대의 일차적인 대상은 중국이었는데, 그의 중국관中國觀은 호혜원 칙互惠原則에서 비롯되었다.

> 한국(대일항전, 필자)의 성공은 중국항전의 승리를 촉진시킬 뿐 만 아니라, 중국의 영원한 안전을 보장할 것이다. 그러므로 중국이 한국독립을 원조하는 것은 단순히 인간의 도의 문제만이 아니라, 자신의 이해와 직결되는 것이다. 이는 즉 중국의 한국독립운동에 대한 책임으로써 여타 국가와 다른 점이 다.[95]

그는 한국의 해방과 중국의 항일전쟁 승리를 불가분의 관계로 파악하였다. 때문에 중국의 한인독립운동 지원은 곧 중국의 해방을 위한 관건關鍵이 되는 것이라고 지적하며, 한·중관계의 특수성에 기반하여 임정승인 및 한인세력에 대한 지원을 강력하게 촉구하였다.

중국정부의 한국광복군 지휘권 장악을 규정한 「한국광복군 활동 9개 기준[韓國光復軍行動9個準繩]」의 폐지를 요구하는 임시의정원의 논의 과정에서, 그는 중국정부의 강압과 구속이 본질적으로 임정을 포함한 한인독립운동 진영의 역량이 미흡한 데에서 비롯되었다고 지적하면서, '9개 기준'의 폐지 요구는 곧 독립을 요구하는 강한 정신을 보여주는 것이라고 하였다.

"우리에게 일본제국주의를 타도하는 힘이 있다는 것만을 보이면, 열 번이라도 9항 준승을 고쳐 줄 것이다"라는 격정적인 표현에는 중국군

---

94) 그는 "태평양전쟁=중일전쟁은 두 말 할 것 없이 그 결정적 원인이 일본이 한국을 삼킨데 있다." "태평양전쟁의 화근은 33년 한국이 망한 때에 씨를 뿌렸으며, 미래 태평양 상의 화평은 금후 한국이 독립하는 때에 비로소 보전될 것임은 의심할 여지가 없는 논리적 귀결이며, 진실한 사실"이라고 하였다(손두환, 「태평양전쟁과 한국의 독립」, 『獨立』 1943년 10월 6일).

95) 孫斗煥, 「泛論韓國問題(計劃大綱)」, 『資料韓國獨立運動』 2, 445쪽. 이 문건은 1944년 4월 11일자로, 중국국민당 중앙집행위원회에 제출하기 위해 작성되었다.

생활 등을 통해 체득한 중국정부 한인정책의 본질과 한인세력의 제약한
계 등에 대한 자성적인 의미 등이 함축되어 있었을지도 모르겠다.

> 중국은 우리를 도와준다고 했는데, 사실은 간섭을 받고 있습니다. … 중국
> 사람이 돈을 쓰며 도와주는 것은 이렇게 함으로써 한국혁명을 촉진 강화하는
> 것이오, 자기네의 항전목적과 완전히 일치된다는 것에서요, 이런 목적이 없다
> 면 도와주지 않을 것입니다. … 우리가 일본제국주의에 타격을 줄 것을 바라
> 고 도와주는 것이니, …
> 9항준승을 고치지 않으려는 것은 우리의 가치를 인정치 않는 것이오, 우
> 리에게 일본제국주의를 타도하는 힘이 있다는 것만을 보이면, 열 번이라도 9
> 항준승은 고쳐 줄 것이다. … 우리에게 강한 결심이 있다는 것을 필사의 결심
> 으로 보이려면, 아무리 무력과 강한 힘으로 누르려 해도 금하지 않는 것을 보
> 여야 됩니다.
> 이렇게 말하면 나를 반중파反中派라고 하지만, 사실은 이렇게 해야 중국에
> 도 이익이 있으므로, 이 말은 중국을 위하여 하는 말입니다. … 국제적으로
> 우리의 독립을 주장하려면, 우리의 정치적 가치·정치적 능력, 민족적으로 살
> 았다는 기백을 보여야 됩니다.[96]

그는 중국정부의 한인독립운동 지원의 요체를 꿰뚫고 있었다. 그는
중국이 "종래 한국독립운동에 대해 비록 강 건너 불 보듯이 하지는 않았
지만, 적극적인 정책으로 이를 추동하지도 않았다. … 중국동지들이 만
일 지난날의 태도를 고치지 않는다면, 재중 한인독립운동은 영원히 발전
의 날이 없을 것이며, 중국도 한국문제에 있어서 또한 엄중한 실패에 직
면할 것이다."

또 "중국당국은 두 손을 나누어 양당을 도우니, 지금과 같이 함은 비
록 그 뜻은 좋지만, 그 결과(한인세력의 분열을 가리킴, 필자)를 조장함과 다를
바 없다"고 다소 감정적인 표현을 서슴치 않았다.[97]

---

96) 「의정원회의록」(1943년 11월 15일), 『의정원문서』, 365~366쪽.
97) 孫斗煥, 「泛論韓國問題(計劃大綱)」, 앞의 책, 445·448쪽.

그의 지적은 냉혹한 국제질서를 배경으로 한 것이었다. 제2차 대전말기 국제질서의 재편성 과정을 배경으로, "전세계는 거대한 변화를 맞이하고 있으며, 인류의 명운을 다시 결정할 이번 전쟁은 머지않아 종결될" 것이라는 전망 하에서, "우리 자신의 역량을 단결하여 외래정세에 잘 대응해야 하며," "우리가 자치 능력이 있다는 것을 행동으로 보여야 한다"고 주장하였던 것이다.[98]

그는 일침을 주저하지 않았다. 중국의 지도자들은 한국인의 자존심과 신념을 훼손시키는 언동을 삼가야 한다. 이러한 언동은 한인들로 하여금 중국에 대해 회의와 실망을 갖게 만들 것이며, 이는 일제로 하여금 한국인을 속이는 구실을 제공하게 될[99] 것이라는 논리는 '9개 기준'의 폐지를 요구하는 한인진영의 속내를 잘 대변하였을 것이다.

그의 중국관은 이렇듯 변해 있었다. 1920년대 중반 이래 중국정부의 핵심에 근접한 거리에 머물렀으며, 한·중 연대 형성에 일조를 한 그였기에, 그의 중국관의 변화를 눈여겨보게 된다.

스스로를 '반중파'로 지칭하며, 한인세력의 단결을 바탕으로 한 자주적 능력의 과시를 주문한 것은, 현실과 실리의 관점에서 힘의 논리가 국제질서의 기본가치라는 사실에 기반하여, 한인독립운동세력이 단결을 통해 항일투쟁 및 자주적인 민족국가건설 능력을 배양해야 하는 필요성을 지적하고 있었다. 중국 측에서 보면, 서운함마저 느낄 수 있었을 그의 거침없는 중국관은 반제 국제연대를 통해 민족주의의 외연을 확대하고자 기원하였던 약소민족 민족운동세력의 분노를 대변하는 것이었을지도 모른다.

그리하여 그는 리더십의 재창출을 위해 임정의 개편을 요구하였다. 독립운동세력으로 하여금 "임정에 관심을 갖도록" 해야 하며, 이는 임정

---

98) 「의정원회의록」(1945년 4월 11일), 『의정원문서』, 405쪽.
99) 孫斗煥, 「泛論韓國問題(計劃大綱)」, 앞의 책, 447쪽.

의 명운을 개척하고, 독립운동의 추진을 위해서도 요긴한 사안이라는 것이다.[100] "독립운동에 관한 계획이 없다. 그래 가지고 어떻게 총영도하겠는가, 근본정책이 세워졌어야지요"[101]라는 질책은 "객관으로 아니 될 것을 주관으로 생각하는 것은 꿈입니다"[102]라는 힐난으로 이어졌다.

아마도 그는 당시 임정 지도부의 안목과 리더십에 대한 깊은 회의와 의구심을 갖고 있었던 듯하다. 그러기에 그의 발언에는 도발적인 표현들이 많았다. 1945년 4월 15일 개회한 제36차 임시의정원 회의에서는

> 벌써 지난 해 8월 23일 중국으로부터, 광복군의 통수권을 넘긴다는 공문이 왔는데도 불구하고, 오늘날까지 광복군사령부 집 위에는 아직도 태극기가 달리지 못하고, 광복군 사령이하 장관과 병사의 모자에는 의연히 중국군 휘장인 청천백일靑天白日이 붙어 있다.[103]

고 지적하였는데, 이에 대해 조소앙趙素昻 외교부장과 조성환曹成煥 군무부장이 재정 궁핍을 이유로 궁색하게 답변하자, "한 번 연회에 쓰는 돈이 수만 원씩 되는 것을 누구나 다 아는 사실"이라며, 이는 곤궁한 재정의 문제가 아니라, '의식意識 문제이며, 정신精神 문제'라고 질타하였다.[104]

그가 그리고 있던 민족의 자주자존의 모습을 짐작케 한다. 중국정부의 임정 및 한인세력에 대한 시각 등을 경계하고 있던 그의 눈에 비친 위와 같은 모습은 감내하기 어려운 현실이었을 것이다.

다음으로 단편적인 사실을 토대로, 국제정세에 대한 인식이 어떠했는지 살펴보기로 하겠다. "대전 후 조선이 즉각으로 독립을 할 수 있느냐 없느냐 하는 문제"[105]는 임시의정원 및 임정의 대처 능력에 달려 있다

---

100) 「의정원회의록」(1943년 11월 12일), 『의정원문서』, 354쪽.
101) 「의정원회의록」(1945년 4월 17일), 『의정원문서』, 426쪽.
102) 「의정원회의록」(1945년 4월 21일), 『의정원문서』, 471쪽.
103) 「중경 조선정치계 종횡관」『독립』1945년 10월 3일.
104) 위와 같음.

는 그의 발언은 임정이 미·소 냉전체제의 소용돌이에 휩싸일 개연성을
지적하고 있고, 동시에 임정의 리더십 부재가 전후 한반도 및 한민족의
운명과 직결될 것이라는 우려를 드러내고 있다.

> 우리 정부가 (독립운동세력으로 하여금, 필자) 다 옹호 지지하게 하지 못하면,
> 다른 지방에 딴 정부가 생길 염려가 있다. 그 가능성은 아라사俄羅斯(소련, 필자)
> 에 제일 가능성이 있다. … 만일 그렇게 된다면, 소련은 소련 안에 있는 그
> 정권을 도우려 할 것이고, 미국과 중국은 여기 있는 정부를 지지하려고 할 것
> 이다. 그러면 그 영향이 내지內地(국내, 필자)에 미쳐, 우리 조선사람끼리 잔혹한
> 싸움이 일어날 것이다. 그 결과는 조선문제를 두 사람이 같이 간섭하게 될 것
> 이다. 그러므로 우리는 위임통치의 위험성이 있다.[106]

제2차 세계대전기 미국이 임정불승인의 명분으로 내걸었던 소련 령내
한인세력의 존재와 임정의 상관관계 등을 간파하고 있었음을 시사하는
발언이다.

특히 "소·중·미 세 나라에 대해서 물론 평등 외교정책이겠으나, …
지금 외교로 보면, 중국과 미국에 대한 외교 보고는 있으나, 소련에 대한
것은 없으니, 거기 대하여는 어떠한 외교를 하고 있는지 알고 싶습니
다"[107]라는 소련에 대한 관심은 이미 1920년대 초반에 보여주었던 사회
주의에 대한 적극적인 탐구와, 소련을 국제연대의 대상으로 지목하였던
사실을 연상시킨다.

그리고 이와 같은 전후 한반도에 부과될 국제적 환경의 일원으로서
소련에 대한 의식은 -중국에 대한 의지와 기대감과 함께 가졌던 경계
심 등과 더불어- 그의 국제정세 인식의 단면을 보여주는 것이었다. 이
는 제2차 세계대전기 국제정치 현실의 메커니즘을 꿰뚫는 바탕 위에서,

---

105) 「의정원회의록」(1945년 5월 1일), 『의정원문서』, 512쪽.
106) 「의정원회의록」(1945년 5월 1일), 『의정원문서』, 512쪽.
107) 「의정원회의록」(1945년 4월 17일), 『의정원문서』, 432쪽.

민족의 이익을 최우선 시하는 국제정치관을 반영한다고 하겠다.

또 1945년 4월 15일의 임시의정원 회의에서 루즈벨트 미 대통령의 서거에 대해 애도의 뜻을 표시하는 형식과 관련한 논의 과정에서, 안훈 安勳(조경한) 의원이 그간 임시의정원에서 직접 외교에 관한 사안을 다룬 적이 없기 때문에, 조의 표시의 형식 및 관례에 대해 살펴보아야 하리라는 요지의 발언을 하자, 그는 이는 정치적으로 고려할 문제로써, "국가 사업에 좋으냐, 아니 좋으냐의 문제"라고 발언하였다.[108)

이익과 효과의 유무가 형식과 절차에 우선해야 한다는 의미로 이해될 수 있을 것이다. "외교나 선전은 일종의 정치적 예술이다"[109)라고 하였던 그는 일제패망기 충칭 한인독립운동진영의 여타 독립운동가들과는 구분되는 현실적이고 실용적인 정치 감각과 인식을 가졌다고 평가할 수 있을 듯하다.

> 우리의 조국은 목하 중·미 양국, 그리고 불원 소련의 원조 하에서 해방될 것이다. … 이 세 나라의 군대가 동시 혹은 선후로 우리 조국에 진입한다면, 이 세 나라 사이에는 한국문제로 인하여 모종의 갈등이 생길 위험이 있다.
>
> 그때에 만일 이 세 나라에 거주하는 한인 사이에 단결이 되지 않았다면, 우리민족은 2개 혹은 3개로 분열되어, 서로 싸울 위험이 있다. 그 결과는 전후 조선은 상당한 시기의 혼란을 가져올 것이며, 그 만큼 우리 독립의 시기는 늦게 될 것이다.
>
> 그러나 3국내에 거주하는 우리가 잘 단결한다면, 한국문제를 중심으로 일어날 가능이 있는 3국간의 모순은 자연 조화될 것이다. 우리는 국제간의 모순을 이용하려는 구시대의 방법을 이용해서는 안 된다. 우리는 국제간의 모순을 사전에 방지하여 조화시키는 정책을 ○○○○. 오직 그것이 우리민족의 행복이 될 것이며, 세계평화를 유지하는 데 도움이 될 것이다.[110)

---

108) 「의정원회의록」(1945년 4월 15일), 『의정원문서』, 412∼413쪽.
109) 「중경 조선정치계 종횡관」 『독립』 1945년 10월 10일.
110) 「중경 조선정치계 종횡관」 『독립』 1945년 10월 24일.

현실 국제정치의 측면과 이익의 차원에서 접근하고 있는 것이다. 그러면서도 그의 국제정세 인식의 중심가치는 우리민족 자신에게 설정되었다.

> 한국은 벌써 고립적으로 성장할 수 있는 한국이 아니요, 국제적 환경 중에서 생장하는 한국이다. … 한국문제는 국제문제를 떠나서 존재하는 것이 아니라, 국제문제의 한 고리로써 존재하는 것이다.
> 그러나 한국문제를 해결하는 것도 한국사람 외에 다른 어떠한 사람에게 있는 것이 아니다. 한국사람 자기의 수중에 있는 것이다. 한국이 일본에 망한 것은 일본이 강하기보다는 한국이 약한 때문이다. 한국의 국제호위설이 나는 것은 영미 국가가 불공한 것보다도 한국인의 역량이 정당하게 표현되지 못한 때문이다.[111]

자기반성의 의미마저 함축하고 있는 듯한 그의 말에는 소아적 민족주의 인식을 넘어서서, 국제질서라고 하는 보편적 조건에 적응하려는 열린 사고가 필요한 것이며, 민족문제 해결의 주체로서 우리민족 스스로의 역량을 강화하는 일과 책무의식이 요구된다는 지적이었다.

그렇기 때문에 모든 한인세력을 망라하기 위한 임정의 문호개방이 필요하다고 주장하였다. 즉 임정이 충칭만이 아닌, 미주·소련지역과 중국 화북지역의 한인세력까지 포괄할 것을 주문하였다.[112]

그리고 그 실천방안으로써, 중국·미국·소련 등지에 거주하는 한인대표를 망라하는 '한국혁명자대표대회韓國革命者代表大會'를 소집하고, 이 기구로 하여금 임정을 접수하여 관리토록 하거나, 새로운 영도기구로서 '한국혁명최고위원회韓國革命最高委員會'를 구성한다는 복안을 갖고 있었다.

---

111) 손두환, 「태평양전쟁과 한국의 독립」, 『獨立』 1943년 10월 6일.
112) 그가 말하는 미주·소련·중국 화북지역의 한인세력이라 함은, 대한인국민회·대한인동지회 등 미국본토 및 하와이지역의 한인단체, 소련령 하바로프스크에 있던 東北抗日聯軍 소속 한인빨치산그룹, 陝西省 延安의 중국공산당 항일근거지에서 활동하던 朝鮮獨立同盟과 朝鮮義勇軍을 가리키는 것으로 이해할 수 있다.

이 기구가 임정에 대신하여 한국민족의 대표 자격으로 국제관계와 대외활동을 관장토록 하는 대신에, 임정을 포함한 여타 단체와 개인의 대표성은 박탈하자는 요지였다.[113] 물론 여기에는 임정 야당으로서 공세적인 측면도 깃들여 있겠지만, 그의 논리에는 임정의 리더십에 대한 우려가 반영되어 있었다고 하겠다.

4. 해방정국기 활동과 중간노선

그가 귀국한 시기는 정확히 밝혀지지 않는다. 다만 1945년 11월 23일과 12월 1일 두 차례에 걸쳐 임정요인그룹이 환국하고, 여타 충칭의 한인들은 대체로 1946년 초반에 귀국하였는데, 그도 상하이에서 선편으로 돌아왔을 것이다.

일제 패망 직후 귀국을 기다리던 시점에 작성된 중국정부 자료에 기록된 그의 가족상황은 '아들: 기평基平(10살), 딸: 기례基禮(7살)·기련基蓮(12살), 부인: 김영수金英洙(44살)'[114]이다.

손두환의 일생에 대해 조사하고 있는 이선자 선생에 따르면, 1916년경에 결혼한 김상운과의 사이에 기종(장남), 기주(장녀)를 두었는데,[115] 1930년 처 김상운과 장녀 기주가 병으로 사망하였다. 이 후 얼마 안 되어 김영수와 재혼하여, 다시 1남 2녀를 두었다는 것이다. 재혼 시 큰 아들 손기종은 아버지의 슬하를 떠났고, 이후 장제스[蔣介石] 위원장의 비행기 기계사機械師로 일하였다. 임정가족들이 귀국하던 시기 그는 충칭에 없었기 때문에, 위의 중국정부 자료에 그의 이름이 등장하지 않는 것이라고 한다. 손두환의 후손들은 지금 쿤밍[昆明]에 살고 있다고 한

---

113) 孫斗煥, 「泛論韓國問題(計劃大綱)」, 앞의 책, 445쪽.
114) 「韓國臨時政府職員暨眷屬僑民成冊」
115) 주 1) 참조.

다.[116)

해방정국기 그의 정치활동의 둥지는 근로인민당과 민족자주연맹으로 대표된다. 1946년 봄 미소공동위원회 재개를 앞둔 시점에서, 여운형은 남로당과 결별하고 근로인민당勤勞人民黨을 창당하였다. 근로인민당의 창당은 여운형의 정치좌표가 좌익에서 중간파 노선으로 이동하였음을 의미하였다.[117) 4월 12일 발표한 중앙준비위원 38명 가운데에서 손두환의 이름이 확인된다.[118)

근로인민당은 미·소 양국에 대한 공정·불편한 정책, 민족통일을 기초로 한 신흥국가, 봉건적 생산관계의 철저한 소탕과 개인적 창의를 허용하는 민주주의적 신경제체제 수립을 기본 정치노선으로 표방하였다.

5월 24일의 창립대회에서 여운형·백남운·장건상·김성숙 등이 중앙위원에 선임되었고, 그는 중앙감찰위원장에 선임되었다.[119) 또 미소공위 대책위원회 위원으로도 뽑혔는데, 당시 근로인민당이 미소공동위원회에 큰 기대를 걸고 있었던 사실로 미루어 보면, 이는 그가 근로인민당 운영의 중심인물의 한 사람이었음을 뒷받침한다.[120)

이해 6월 좌우합작위원회 위원에 선임되었고,[121) 여운형과 함께 근로

---

116) 중요한 사실을 알려준 重慶大韓民國臨時政府舊址陳列館의 李鮮子 부관장께 감사드린다.

117) 도진순, 1997, 『한국민족주의와 남북관계』, 서울대출판부, 172쪽.

118) 『朝鮮日報』1947년 4월 13일, 국사편찬위원회 편, 『자료대한민국사』4, 546쪽. 그는 준비위원회의 감사부 책임자로 임명되었다(같은 책, 554쪽).

119) 『中外新報』1947년 5월 27일, 심지연, 1991, 『인민당연구』, 경남대학교 극동문제연구소, 165쪽.

120) 여운형은 「근로인민당의 탄생과 금후의 사업」이라는 제목의 방송연설에서, 李英·白南雲·張建相·李如星·金星淑·李林洙 등과 함께 孫斗煥의 이름을 거명하며, "(이들과)함께 근로인민의 선두에서 공복의 책무를 다할 수 있으리라고 자신하는 바입니다"(『中外新報』1947년 6월 21일, 심지연, 위의 책, 356쪽)라고 하였다.

121) 宋南憲, 1985, 『解放三年史』Ⅱ, 까치, 443쪽.

인민당 대표로서, 중간파가 결성한 미소공동위원회 대책기구인 시국대
책협의회時局對策協議會에도 참가하였다.[122]

　　1948년에 들어, 유엔에서 남한만의 단독선거 실시를 결정하는 등, 분
단이 가시화되는 상황을 배경으로, 그는 김성숙과 함께 근로인민당 대표
자격으로, 미·소 양군의 철수와 자주독립정부의 수립을 주장하는 정당
협의회政黨協議會에 참여하였다.[123]

　　근로인민당은 신탁통치가 불가피성한 것으로 인식하였고, 토지개혁안
으로서 무상몰수·무상분배와 계획경제를 통한 주요산업의 국유화를 주장
하였고, 또 남북한의 '민주주의 정당 및 사회단체' 대표의 '공동협의체'
구성을 제의하기도 하였다.[124] 이와 같은 근로인민당의 정치노선은 기본
적으로 해방정국기 중간파의 국가건설론과 궤도를 같이하는 것이었다.

　　다음으로 민족자주연맹民族自主聯盟 활동을 살펴보면, 12월 20일 결성
대회에서 그는 홍명희·이극로·원세훈·윤기섭 등과 함께 정치위원에 선
임되었다.[125] 1947년 하반기 한국문제가 유엔으로 이관된 상황에서, 민
족자주연맹은 분단을 저지하고 자주적인 민족국가를 건설하겠다고 표방
한 중간세력의 결집체였다. 1948년 4월 15일 민족자주연맹은 남북협상
南北協商(全朝鮮諸政黨社會團體代表者連席會議) 대표 18명을 선출하였고, 4월
21일 그는 김규식 등 민족자주연맹 대표들과 함께 종로경찰서 차량의
에스코트를 받으며 북행길에 올랐다. 정오경 개성을 통과하였고, 건국실
천양성소 청년과 경비대원들의 환송을 받으며 38선을 넘었다. 이후 여현
礪峴과 남천南川을 거쳐, 22일 오전 6시경 특별열차편으로 평양平壤에 도
착하였다.[126]

---

122) 『東亞日報』 1947년 6월 25일, 『자료대한민국사』 4, 905쪽.
123) 『京鄕新聞』 1948년 2월 24일, 『자료대한민국사』 6, 370쪽.
124) 『獨立新報』 1947년 5월 3일.
125) 『서울신문』 1947년 12월 30일, 『자료대한민국사』 5, 912쪽.
126) 송남헌, 앞의 책, 556쪽.

남북협상 기간 동안 그의 행적은 알려지지 않고, 5월 4일 김구와 김규식 등 60여 명의 대표들은 평양을 출발하여 개성에서 일박한 다음, 5월 5일 다시 38선을 넘어 서울로 돌아왔다. 하지만 신문기사는 "이극로·장건상·손두환 각 씨는 개인사정으로 평양에 당분간 체류할 것이라 한다"[127]고 보도하였다. 이후 장건상張建相은 월남하였지만, 그는 끝내 서울로 돌아오지 않았다.

민족자주연맹 감찰위원회 보고에 의하면, 그는 7월 중순부터 8월 초순에 걸쳐 비밀리에 실시된 북한 최고인민회의 남한지역 대의원 선거에 관여하였다.[128] 이해 9월 그는 조선민주주의인민공화국 최고인민회의 제1기 대의원代議員에 선출되었다. 이후 북한에서의 행적은 확인되지 않는데, 1956년 5월 24·25일 양일간 개최된 조국통일민주주의전선祖國統一民主主義戰線 중앙위원회 확대회의 참석자 명단에서 그의 이름이 발견되는 정도이다.[129]

맺음말

그는 일본 메이지대학 법과에서 공부하던 중, 1919년 초 상해로 망명하여 임정에 참여하였다. 이후 임시의정원 의원·군법국장·경무국장 등을 역임하며, 수립 초기 임정의 군사·선전활동 부문의 기반을 갖추는 데 기여하였다.

1920년대 초반 『독립신문』에 게재된 그의 글들을 살펴보면, 세계정세·국제관계·이데올로기·혁명 등의 주제에 대해 상대적으로 폭넓고 진보적인 입장을 표명하고 있음을 발견할 수 있다.

---

127) 『서울신문』 1948년 5월 6·7일 ; 1974, 『자료대한민국사』 7, 21쪽.
128) 『朝鮮中央日報』 1948년 8월 11일.
129) 김광운, 1995, 『통일독립의 현대사』, 지성사, 365쪽.

그러나 1923년 초 국민대표회의 소집을 계기로 임정과는 거리를 유지하며 자신의 항일진로를 모색하였다. 그는 한인독립운동을 둘러싸고 있는 국제적 조건을 객관적으로 인식하고, 이에 능동적·적극적으로 대처함으로써, 독립운동의 진로에 보탬이 되는 길을 찾고자 하였다. 그는 중국군 복무라는 우회로를 통해, 한인독립운동의 지름길을 찾으려 하였다.

그는 장제스 황포군관학교 교장의 부관으로 근무하며, 1920년대 중·후반기 재중 한인독립운동에서 주요한 역할을 수행하였다. 의열단원을 비롯한 적지않은 한인이 그의 도움으로 황포군관학교에 입학하였다고 한다. 만주사변 이후 1930년대에는 중국중앙육군군관학교에서 일본어 교관으로 근무하며, 중국정부 수도 난징[南京]을 무대로 한 한인독립운동에도 합류하였다.

1937년 7월에 시작된 중일전쟁은 그가 한인독립운동진영으로 되돌아오는 계기가 되었다. 그는 민족주의 우파세력의 중심인물인 김구와는 사제관계의 인연이 있었고, 민족주의 좌파세력과는 이념적 공감대를 갖고 있었다. 이러한 상황을 배경으로, 그는 1930년대 후반기 중국관내지역 협동전선운동 과정에서 중재·견인 역할을 담당하면서도, 스스로는 좌우파세력의 각축 현장에서 비껴 서고자 애썼던 것 같다. 그는 한국독립당이나 조선민족혁명당의 흡인력과는 거리를 두고 자신이 추구하는 항일역정을 헤쳐 나가고자 하였다.

1941년 말 미국과 일본의 개전을 계기로, 대한민국임시정부에 대해 비판적이었던 세력들이 임정에 합류하기에 이르렀다. 1942년 10월 말 임시의정원 의원에 선임된 이래, 야당의원으로서 적극적으로 활동하였다. 그는 임정 정책 및 노선 등에 분석적으로 접근하였고, 지도부에 대해서는 엄정한 질책과 비판을 가하였는데, 이는 일본 메이지대학 수학과 중국군 복무 등을 통해 체험하고 습득한 국제정세 인식 및 사회과학 지식 체계에서 도출되었다고 평가할 수 있을 것이다.

또 장개석 황포군관학교 교장의 지근거리에 있었고, 중국중앙육군군관학교 교관을 재직한 사실 등으로 미루어 보면, 일제말기 한인독립운동 진영과 중국정부의 관계에서 적극적인 역할을 할 수도 있었을 터인데 하는 아쉬움을 갖게 된다. 이는 한인독립운동의 환경 변화에서 찾아야 할 듯하다.

1941년 조선의용대의 화북지역으로 이동을 계기로 민족주의 좌파세력의 운신폭이 좁아졌고, 설상가상으로 중국정부의 반공노선이 강화되면서, 한국독립당을 중심으로 한 우파세력의 위상이 상대적으로 강화되기에 이르렀다. 이 같은 상황을 배경으로, 중국정부를 상대로 한 그의 활동여지도 크게 제약받을 수 밖에 없었을 것이다.

다시 말해 1920년대 초·중반 그는 사회주의혁명의 국제연대를 통한 한국사회의 해방을 지향하였으나, 중국 국공합작의 결렬과 사회주의세력의 민족협동전선 이탈 등 상황변화에 맞닥뜨리면서, 그의 민족운동관도 점차 중간파적인 모습으로 바뀌어 갔다.

그러나 1930년대 후반 중일전쟁 이후 중국정부의 반공노선 강화, 우파세력의 임정 주도권 확보라는 현실에 직면하여서는, 이상주의적이기까지 하였던 민족운동관도 벽에 부딪히기에 이르렀다. 이러한 그의 항일 역정은 중간파의 한계를 보여주는 것이기도 하였다.

다음으로 그의 항일민족운동관을 살펴보면, 1919년 수립직후 임정에 참여하였는데, 이 시기 그는 사회주의 이론을 반제국주의 국제연대 논리의 기반으로 삼아, 자신의 민족주의 체계를 다듬어 갔다. 1920년대 초반 임정의 통일전선적 성격이 반영된 결과이기도 하였다고도 할 수 있다.

그의 설명에 따르면, 한인독립운동은 국제사회주의운동의 일환이며, 세계노동계급과 사회주의세력의 지지와 동정을 확보해야 하였다. 또 제국주의·침략주의·자본주의로 대표될 바깥으로부터의 위협은 한인세력 내부의 '민족자주'와 '상호부조'를 통해 극복되어야 할 과제였다.

중국을 반제 국제연대의 상대로 꼽았던 그의 중국관은 일제말기 '한국 광복군 활동 9개 기준' 강요에 직면하여서는 '반중자주反中自主' 논리로 바뀌었다. 이는 중국근대사의 현장에서, 중국정부의 한인독립운동정책 및 중국인들의 한국관 등을 직접 체험하면서, 그의 중국관이 단련되었기 때문에 가능한 사실이었다. 그리고 그 과정에서 '중·한 우호中韓友誼'의 구호에 함축되어 있는 국제정치적 의미를 깨닫기에 이르렀을 것이다.

그는 중국정부의 지원이 중국항일전쟁의 전략적 측면에서 고려되는 것이기 때문에, 대중 외교활동의 관건으로써 한인세력의 자구적인 노력이 중요하다고 생각하였다. 그래서 일제 패망과 종전 후 한반도에 드리워질 국제정치의 역학관계까지 염두에 둔 강력하고 새로운 리더십의 창출을 강조하였는데, 그는 임정의 문호 개방을 통해 중국 화북지역 뿐만 아니라 미주·소련·에서 활동하는 한인세력을 포용하도록 촉구하였다.

요컨대 중국을 반일 국제연대의 대상으로 파악하면서도, 한·중 연대의 관건은 한인 스스로의 자구적이고 자주적인 노력에 달려 있다고 갈파하였다. 우리민족 스스로의 정체성을 잃지 않으면서도, 진취적·개방적이고 포용력을 갖춘 민족주의의 모습을 그리고 있었던 것이다.

김두봉의 항일역정과 인생유전

머리말

김두봉金枓奉은 근대 우리말과 우리글의 체계화에 이바지한 학자이며, 일본제국주의의 침략에 직면하여 책을 덮고 항일독립운동의 최전선에 선 독립운동가였다. 해방 후에는 북한정권에 참여하여 김일성체제 수립에 기여하였으나, 끝내 토사구팽당한 불운의 정치가이기도 하였다. 1946년 11월 18일 오후 평양 김일성종합대학 총장실에서 그와 인터뷰한 기자의 글에는 다음과 같은 내용이 있다.

> 손수 기자의 연필을 빼앗아 메모하는 종이에 '가'자 '아'자를 적으며 설명해 주시는 것이다. 입가에 거품까지 소량 띄우면서 혁명가 김두봉은 완전히 한글학자 『깁더조선말본』의 저자 김두봉의 면목으로만 집중 육박한다. 그러나 함축 있게 반짝거리는 두 눈, 진리에의 열애 때문에 오랜 춘풍춘우를 간난한 이국땅에 놓아두고 돌아오신 이 쉰 여덟 노동포의 눈을 기자는 신기로운 것을 대하듯 오래 응시하기 싫지 않았다.[1]

북조선임시인민위원회 부위원장과 북조선노동당 위원장이라는 북한정권의 2인자 자리에 있으면서도, 우리글에 대한 열정을 감추지 못하던

◇ 이 글은 「김두봉의 항일역정과 인생유전」(『인문과학논총』 39, 건국대 인문과학연구소, 2003. 6. 20)을 보완한 내용이다.

1) 「會見記: 金枓奉先生과의 六分間」『民聲』 1947년 2월호, 34~35쪽, 심지연, 1993, 『金枓奉研究: 잊혀진 革命家의 肖像』, 인간사랑, 474쪽.

그의 모습을 떠올리면 순진함과 치기마저 느끼게 된다. 그의 학문에 대한 외곬 열정과 원칙의 견지는 고루하고 고지식한 모습으로마저 비쳤다.

"그 사람은 조금 뭘 연구하려면 한 곳으로 머리를 쓰는 경향이 있었지."2) "아주 고루하다고 느낄 정도였어요, 고루한 민족주의자였습니다. 그는 성격도 아주 고지식했지요, 어디서 하나를 빼면 다른 데 꼭 하나를 메꾸는, 자기류의 사고방식에 얽매어 있는 그런 사람이지요, 학자라는 게 원래 그렇지 않아요? 천성이 학자지요."3) "언제나 학구에 몰두하여 세상 돌아가는 것도 제대로 모른다는 평을 듣고 있는 사람이었다. 그는 생각에 잠겨 길을 걷다가, 전신주에 이마를 부딪치는 일도 있었다 한다."4) 그를 지켜보았던 인물들의 증언은 그의 캐릭터를 이해하는 데 도움을 준다.

그런 그가 '영도자 김일성 수상의 가장 친근하고 진실한 전우'로서 김일성정권의 확립을 위해 역사의 뒤안길로 사라져 간 모습을 되돌아 보다 보면, 그를 고지식한 선비로 내버려 두지 않은 한국근현대사의 파란이 짓궂다는 생각마저 든다.

이 글의 주제와 관련되는 선행작업으로는 그의 한글연구에 관한 논문5)과 함께, 그의 일생을 다룬 전기적인 성과가 제시되었지만,6) 그의 항일역정에 대한 접근은 상대적으로 소극적이었다. 이 글에서는 1920년대 초반의 고려공산당 활동, 1920년대 후반 공산주의자들과의 개방적인

---

2) 「金星淑의 회상」, 이정식 면담, 김학준 편집·해설, 1988,『혁명가들의 항일회상: 김성숙·장건상·정화암·이강훈의 독립투쟁』, 민음사, 110쪽.
3) 「鄭華岩의 회상」, 위의 책, 290쪽.
4) 鄭靖和, 1987,『녹두꽃: 여자독립군 정정화의 낮은 목소리』, 미완, 167쪽.
5) 김두봉의 한글 연구에 대한 연구 성과로는 김차균, 1989, 「김두봉의 우리말 소리 연구에 대한 국어학사적 고찰」『한힌샘연구』 2, 한글학회 ; 남기심, 「≪조선어문법(주시경)≫과 ≪깁더조선말본(김두봉)≫의 '씨'에 대환 비교 검토」, 같은 책 ; 김승곤, 「≪조선말본≫과 ≪깁더조선말본≫의 비교 분석」, 같은 책 등이 있다.
6) 심지연, 앞의 책이 대표적이다.

관계, 1930년대 조선민족혁명당 활동, 1940년대 화북조선독립동맹 활동
으로 이어지는 항일역정과, 북한정권의 희생양으로 막을 내리는 김두봉
의 인생유전을 더듬어 보고자 한다.

이는 김두봉이라는 한 인물의 개인사뿐 만아니라, 자주적인 근대사를
펼쳐 나가지 못한 식민지시대 지식인의 고뇌와 좌절, 나아가 한국현대사
의 일그러진 자화상을 반추해 보는 작업이기도 할 것이다.

1. 우리말과 글, 우리 역사 지킴이

그의 호는 백연白淵이고, 1889년 3월 17일 경상남도 동래군 기장읍의
한 농가에서 태어났다. 여섯 살 되던 1894년 갑오농민전쟁이 일어났고,
이듬해 10월 8일 일본 낭인들이 궁중에 난입하여 민비를 살해하였다. 전
국에서 반일의병이 일어났고, 일본의 무자비한 의병토벌은 반일감정을
불러 일으켰으며, 김두봉도 일본에 대한 적개심에 불탔다.

17살 때까지 부친으로부터 한문을 배웠고, 1908년 서울로 올라와 기
호학교畿湖學校를 거쳐 배재학교培材學校에서 근대학문을 배웠다. 재학 중
대동청년단大東靑年團이라는 비밀단체 활동에 참여하였다가, 자퇴하였다.
이후 최남선이 주도하는 조선광문회朝鮮光文會에서 편집 일을 맡았으며,
대종교大倧敎 활동에도 참여하였다.[7)

일제에 의해 주권이 유린되는 과정을 목격하면서 성장한 그는 주권을
되찾기 위해서는 힘을 양성해야 한다는 사실을 깨달았고, 말과 글이 살
아 있는 민족은 독립을 되찾을 수 있으며, 민족의식 또한 말살되지 않을
것이라는 신념을 갖게 되었다.

1913년경부터 그는 주시경周時經의 지도를 받으며, 한글연구에 몰두

---

7) 심지연, 앞의 책, 37~39쪽 참조.

하였다. 1914년 주시경의 사망은 그가 한글연구에 대한 사명감이나 책
무감을 느끼게 되는 계기였다. 1916년『조선말본』을 간행하였는데, 이
책은 그때까지 한글연구서 중 문법학설에 관해서는 "가장 깊고 넓게 연
구된"[8] 책으로 평가받았다.

1917년 28살에 결혼하였으며, 보성·휘문·중앙고등보통학교 등에서
우리말을 가르쳤다. 이 시기 그는 조선물산장려계朝鮮物産獎勵契에 가입하
여 국산품 애용 등을 통한 경제자립운동을 펼쳤으나, 결국 이로 인해 교
직을 떠나야 했다. 이후에도 무허가 한글강습소를 차려, 한글을 가르치
면서 반일애국사상의 주입에 진력하였다.

3·1운동 참가 후 상하이[上海]로 망명하였다. 이후 임정 임시의정원
의원을 지내기도 하였으나, 주로『독립신문獨立新聞』제작과 역사자료 편
찬 작업에 종사하였다.

임시사료편찬회臨時史料編纂會는 1919년 9월『한일관계사료집韓日關係
史料集』4권을 편찬하였는데, 함께 일하였던 이광수李光洙는 "우리 위원
중에서 가장 말이 없고 얌전하고 학자적인 이는 김두봉이었다"[9]고 회고
하였다. 한때 상해파 고려공산당 활동에 참여하였고, 공산주의를 표방한
『정보』의 주필로도 활동하였다. 의열단과도 관련을 맺었지만,[10] 그는
한인교육과 한글연구에 열정을 바쳤다.

1922년에는『조선말본』을 보완한『깁더조선말본』을 출판하였다. 중
국에서의 출판이었기에 한글활자가 없어서 자모字母를 새로 만들고 또
활자를 주조하는 등 많은 고생 끝에 나온 노작이었다. 그는 "인쇄를 부
탁할 곳이 없어서, 남의 땅에 힘없이 있는 처지인데도, 할 수 없이 임시
로 동모銅模도 장만하고 활자도 만들며, 그나마 부속품까지 설비하느라

8) 金允經, 1946,『朝鮮文字及語學史』, 東國文化社, 538쪽.
9) 이광수,「나의 告白」, 1964,『李光洙全集』13, 삼중당, 243쪽.
10) 국가보훈처 편, 1996,『대한민국임시정부 관련 要視察人名簿(1925)』, 293쪽.

하여, 생판 억지 일을 한 까닭에 인쇄가 변변치 못한 가운데" 출판하기
에 이르렀다[11]고 토로하였다.

그러나 상하이에 있는 한인들은 이 책에 별다른 관심을 표시하지 않
았다. 임정의 기관지인 독립신문에도 수차례 광고를 게재하였으나,[12] 당
시 상하이의 한인들은 그의 책을 읽고 앉았을 만큼 사치스러운 삶을 꾸
리지 못하였다. 그는 웃음을 잃고 부인에게 화풀이를 했고, 남이 보기
민망할 정도로 잔소리를 하였다고 한다.[13] 하지만 국내에서는 반응이
좋아, 1930년 동아일보사로부터 공로표창을 받기도 하였다.

그는 대한교육회大韓敎育會에서 한인교포들을 상대로 교육계몽활동을 벌
였으며, 인성학교仁成學校에서 한글 창제의 유래와 문법 등을 가르쳤다.[14]
1924년에는 상해한인교민단上海韓人僑民團 학무위원장에 선임되었다.

이 시기 그가 쓴 최준례崔遵禮의 묘비명墓碑銘을 통해, 그가 연구하고
구상한 한글의 모습을 짐작할 수 있다. 1924년 1월 1일 돌아간 최준례는
김구金九의 아내이며, 인仁과 신信 두 아들의 어머니였다. 김두봉은 그녀
의 무덤 앞에 세운 비석에 "ㄹㄹㄴㄴ해 ㄷ달 ㅊㅈ날 남, 대한민국 ㅂ
해 ㄱ달 ㄱ날 죽음, 최준례 묻엄, 남편 김구 세움"이라고 썼다. 연월일을
한글 닿소리로 새긴 것인데, 자음의 순서와 맞추어보면 "단기 4222년 3
월 19일에 태어나, 대한민국 6년 1월 1일에 죽었다"는 뜻이 된다.

---

11) 김두봉, 1934, 『깁더조선말본』, 匯東書館, 2쪽. 당시 김두봉의 이웃에 살았던 우
   승규의 회고에 따르면, 출판비용은 김두봉과 동향인 朴春泉이라는 인물이 上海로
   올 때 갖고 온 2,000원으로 충당하였다고 한다(禹昇圭, 1978, 「怒甲移乙의 '左
   傾'」『나절로漫筆』, 탐구당, 13쪽)
12) 『獨立新聞』 123호 3면(1922. 4. 15), 127호 4면(1922. 5. 27), 129호 3면(1922.
   6. 14), 130호 4면(1922. 6. 24).
13) 禹昇圭, 앞의 글, 14쪽.
14) 일제자료에 근거하면, 그는 인성학교에서 교사(1923. 8~)·시간강사(1924. 3~)·
   교장(1928. 11~, 1930, 1933) 등으로 재직하였으며, 인성학교내 예비강습소(1924
   년 6월 설치, 9월초 高等補習學院으로 개명)에서 국어·국사를 가르쳤다(孫科志,
   2001, 『上海韓人社會史: 1910~1945』, 한울, 171쪽).

김광주金光洲는 어린이들을 가르치는 김두봉의 모습을 다음과 같이 회
상하였다.

> 당시의 김두봉 씨는 정말 한교 어린이들에게 한글을 가르쳐주기 위해서
> 태어난 사람이라 해도 과언이 아닐 만큼 주야로 침식을 저버리고 육영의 길
> 에 몰두했던 한글학자요 역사학자였다. … 한 마디로 골샌님이었다. … 이마
> 에는 노상 내 천川 자를 그리고 언제나 아래층 대청 한구석 책상에 쭈그리고
> 앉아서 어린아이 딱지장 같은 데다가 한글어휘를 한 마디씩 써가지고 한 장
> 한 장 들여다보며 말을 고르고 말을 다듬고 하는 것이 그의 생활의 전부였
> 다.15)

이 사이에도 우리말 사전 편찬 작업에 몰두한 결과, 30여만 개의 우리
말 어휘를 정리하였다. 1929년 8월 우리말 사전의 편찬이 중단된 것을
안타깝게 여기고 있던 이윤재李允宰가 상하이로 김두봉을 찾아왔다.

이윤재의 안부인사에 "내지內地(국내)에 계신 분들이 고생이지, 여기 있
는 나야 이렇게 자유로 지내니, 고생될 것이 뭐 있습니까"라고 겸사謙辭
로 응답한 그는 상하이에 있는 한인에 대한 민족교육의 중요성을 지적하
며, "상해에 거류하는 우리나라 사람들이 천여 명이나 됩니다. 아이들만
해도 수백 명이 되는데, 아이들을 중국사람의 소학교에 보내면 중국의
교육을 받게 되므로 모국말을 다 잊어버리고 중국말만 하게 됩니다. 어
찌 조선사람의 구실을 할 수 있습니까. 이러한 관계로 해서 더욱 학교에
힘을 쓰지 아니할 수 없게 됩니다"라고 목소리를 높였다.16)

---

15) 金光洲,「上海時節回想記」上,『世代』1965년 12월호, 256~257쪽.
16) 李允宰,「한글大家 金枓奉씨 訪問記」『別乾坤』4권 7호, 1929. 12, 15~16쪽.
일제자료에 근거하면, 李克魯·申明均·李重乾 등이 "표준적인 조선어사전의 편찬
을 계획하고," 김두봉을 그 책임자로 초빙하기 위하여 이윤재를 파견하였다고 한
다(「朝鮮語學會豫審終決決定文」, 조선총독부 함흥지방법원, 1944. 9. 30, 건국대
학교 한국고유문화연구소·국어국문학회 편, 1971,『문호』6·7합집, 313쪽).

2. 책을 던지고, 항일투쟁의 대오 속으로

언제나 민족혼을 일깨워 주었다. 국조 단군國祖檀君을 숭배했고, 또 말 끝마다 반만년의 국사國史를 일러주기도 했다. 그는 저서를 하면서도, 거 류민단에서 세운 인성학교仁成學校에서 교편을 잡고 있었다. 물론 우리말 의 담임교사였다. 어디로 보나 학자님과 훈장님의 타입이요, 골샌님의 티가 전신에 흘렀던 그가 아니던가. 그나 그뿐인가, 그는 국사학자인 백 암白巖(朴殷植)선생을 누구보다 존경했다. 두말할 것도 없이 애국정신이나 독립노선에서 의지가 상통된 때문이었을 것이다. 그리고 좌익경향이 있 는 사람들과는 애초 상종도 않았던 그다.[17]

영락없는 샌님이요, 학자였던 그였지만, 민족의 숙명적인 삶을 외면 한 채, 책 속에서 자신의 삶을 찾을 수만은 없었다. 책장을 덮고, 항일투 쟁의 대오 속에 자신을 던져야 하는 숙명을 피하려 하지 않았다.

그는 임정 활동에는 참여하지 않았지만, 독립운동세력의 통합운동에 는 적극 참여하였던 것으로 파악된다. 1927년에 접어들면 '전민족적 독 립당'의 결성을 표방한 민족유일당운동이 본격화된다. 그는 한국유일독 립당 상해촉성회韓國唯一獨立黨上海促成會의 이사로 참여한 것을 필두로, 이해 11월 상하이에서 조직된 한국독립당관내촉성회연합회韓國獨立黨關 內促成會聯合會의 상무집행위원으로 활동하였다.[18]

1930년 1월 상하이에서 창당된 한국독립당韓國獨立黨에서 그는 당의· 당강 기초작업에도 참여하였으며, 비서장·이사 등의 직책을 맡았다. 또 기관지『진광震光』발행의 중심역할을 맡았다.[19] 윤봉길의거 직후 안창 호가 일제에 체포된 후에는, 안창호와 함께 추진해 왔던 독립운동세력의

---

17) 禹昇圭, 앞의 글, 14~15쪽.
18) 대한민국국회도서관 편, 1974,『韓國民族運動史料: 中國篇』, 619쪽.
19) 국사편찬위원회 편, 1973,『韓國獨立運動史』자료 3, 임정편 Ⅲ, 559쪽.

통일운동을 계승하여, 1932년 10월 한국대일전선통일동맹韓國對日戰線統
一同盟의 결성에 주도적인 역할을 수행하였다.

일제말기 국내 '콤그룹'의 대표 자격으로 옌안延安에 파견되었다가 일
제패망 후 귀국한 김태준金台俊이 김두봉을 "안창호의 지도하에 단군교
檀君敎에도 종사한 일이 있는 이론가"로 소개할 만큼,[20] 안창호安昌浩와
밀접한 관련이 있었던 것 같다.[21]

그는 한국대일전선통일동맹의 중앙집행위원 등으로 활동하며, 임정
지지세력과 반대세력을 포함한 모든 독립운동세력을 망라한 새로운 독
립운동의 구심체를 만들고자 하였다. 비록 일부 임정지지 세력이 불참하
였지만, '대독립당' 결성 노력은 조선민족혁명당朝鮮民族革命黨의 창당으
로 결실 맺었다.

그는 '외삼촌과 조카' 사이로 알려지기도 하는[22] 김원봉을 도와 민족
혁명당의 중앙집행위원·조직부장·남경지부장 등 핵심적 역할을 수행하
였다. 또 이 시기 그는 의열단이 운영한 조선혁명군사정치간부학교朝鮮
革命軍事政治幹部學校 교관으로서 제3기 입교생에게 한글·한국역사·한국
지리를 가르쳤다.[23]

1930년대 중반 재중 한인독립운동 진영이 김구와 김원봉을 구심점으
로 재편성되는 시점에서, 그가 김원봉 진영에 가담한 사실은 이 지역 독
립운동의 구도에 있어서도 적지않은 의미를 함축하였다. 장·노년층 중

---

20) 전국농민조합총연맹 서기부 편, 1946, 『全國農民組合聯盟結成大會會議錄』, 조
   선정판사, 16쪽.
21) 상해촉성회 해체 후 김두봉은 안창호와 함께 各派革命理論比較硏究會를 조직하
   여, 1932년 안창호가 체포될 때까지 함께 활동하였다(徐丙坤, 1946.3, 「白淵 金
   枓奉 主席의 鬪爭史」 『新天地』 제1권 제2호, 206쪽)는 기술에 근거할 경우, 한국
   대일전선통일동맹은 각파혁명이론비교연구회의 후신 내지는 계승체로 볼 수 있을
   것이다.
22) 『혁명가들의 항일회상』, 106쪽.
23) 한상도, 1994, 『한국독립운동과 중국군관학교』, 문학과지성사, 274쪽.

심의 임정옹호세력과 경쟁관계에 있던 민족혁명당이 청년층을 주요 구
성원으로 한 사실을 배경으로, 그가 '장로長老' 역할을 맡아줌으로써, 민
족혁명당의 당력 제고에 기여할 수 있었을 것이다.

1937년 7월 7일 중일전쟁이 터지자, 김두봉은 중국국민당정부(이하 '중
국정부')의 임시수도인 충칭重慶으로 이동하였다.[24] 충칭에서의 생활 모습
은 구체적으로 추적할 수 없지만, 1940년 상반기 조선의용대朝鮮義勇隊의
'화북이동華北移動'을 계기로 중국정부의 지원이 김구와 한국독립당으로
쏠리고, 김원봉과 조선민족혁명당의 입지가 약화되는 상황과 피곤한 가
족사 등을 배경으로, 차츰 신경질적이고 우울한 모습으로 변해갔다. 그
리고 그런 자신의 모습에 그는 더욱 괴로워하였을 것이다. 결국 그는 둘
째딸 상엽尙燁을 김원봉의 수양딸로 남겨두고, 큰딸 해엽海燁을 데리고
충칭을 떠나 팔로군八路軍의 항일근거지인 옌안[延安]으로 향하였다.

당시 옌안에서는 중국공산당의 신임이 두터운 무정武亭이 중국정부
관할구역에서 이동해 온 조선의용대원을 중심으로, 중국공산당 항일군
정대학抗日軍政大學 졸업생을 비롯한 한인청년을 규합하고 있었다. 그리
하여 1941년 1월 10일 산시성山西省 진동남晉東南에서는 화북조선청년연
합회華北朝鮮靑年聯合會(이하 '청년연합회')가 결성되었다. 그가 팔로군 전방총
사령부가 있는 진동남을 거쳐 옌안에 도착한 때는 1942년 4월이었다.[25]

7월 10일 청년연합회는 제2차 대표대회에서 화북조선독립동맹華北朝鮮
獨立同盟(이하 '독립동맹')으로, 조선의용대 화북지대를 조선의용군 화북지대
朝鮮義勇軍華北支隊로 개칭하였다. 그가 독립동맹의 주석으로 추대되었다.

> 김두봉은 원래 완고한 국수주의자國粹主義者였다. 이러한 국수주의적 기질
> 은 조선역사에 대한 깊은 탐구에서 비롯되는 것으로, 그는 조선적인 것은 무

---

24) 일제정보자료에 의하면, 1938년 9월 이전 그는 자녀 두 명과 함께 중경에 거주하
   고 있었다(內務省警保局保安課 편, 『特高月報』 1938년 9월분, 111~112쪽).
25) 『解放日報』(중국공산당 기관지) 1942년 5월 12일.

엇보다 사랑하고 자랑하고 싶은 민족애에 사로잡혀 있었다. 또한 어려서부터
한문을 배워 조선의 모든 고전을 숙독했는데, 이것이 그로 하여금 철저한 국
수주의자로 만든 것이었다. 한문을 통해 고전을 섭렵한 그는 역사학의 현대적
인 방법론과는 접할 기회가 없었기에 종래의 역사관념을 그대로 계승하여 배
달민족倍達民族으로서 조선인의 긍지를 가지는 국수주의자가 된 것이다.[26]

라고 평가되는 그가 어린 딸을 데리고 "벙어리 행세를 하며"[27] 중국공
산당의 항일근거지로 들어 간 배경에 대해서는 몇 가지 견해가 제기되고
있다. 첫째, 중국정부 관할구역을 떠날 수 없는 김원봉이 조선의용대 화
북지대 등에 대한 자신의 지도력을 유지하기 위해 김두봉의 화북행을 지
원하였다는 것이다.[28] 이는 김두봉이 딸 상엽을 김원봉에게 의탁하여
충칭에 남겨두고 간 사실[29] 등으로도 뒷받침된다.

둘째, 유물사관과 공산주의에 대한 연구 과정에서, '새로운 진리'를
발견하여 국수주의를 버리고 공산주의자가 되었다는 것이다.[30] 셋째, 중
국공산당의 초빙에 의한 것이라는 주장이다. 즉 중국공산당이 중국정부
및 임정의 관계 등을 염두에 두면서, 독립동맹의 상징적 인물로서 그를
옌안으로 모셔왔다는 것이다.

중국공산당 측은 충칭에 있는 김원봉의 리더십이 태항산太行山의 조선
의용군에게 미치는 것을 차단시킨다는 전제하에서, 한인독립운동의 대
표성을 과시할 수 있는 상징적 인물을 옹립하려 하였던 것 같다. 이 같
은 배경에서 시선이 김두봉에게 모아졌다고 할 수 있다. 조선민족혁명당
및 조선의용대·조선민족전선연맹 출신 청년연합회 성원들의 역량을 중
국공산당의 지휘체제 아래로 집결시키고, 또 이들의 반발 혹은 갈등을

---

26) 金午星, 1946,「金枓奉論」『指導者群像』, 대성출판사, 51쪽.
27) 위의 글, 53쪽.
28) 염인호, 2001, 『조선의용군의 독립운동』, 나남, 222쪽.
29) 김준엽, 1991, 『長征』 2, 나남, 443쪽.
30) 김오성, 앞의 글, 51~52쪽.

제어하고 무마시킬 수 있는 리더십을 갖춘 인물이 필요하였을 것이다.

이와 같은 관점에서 김원봉과 친밀하면서도 중국국민당이나 한국독립당과의 관계는 상대적으로 약하고, 정치적 주관 및 파벌성 등도 무난하며, 한글학자로서의 명성도 높은 김두봉의 캐릭터는 중국공산당 측의 선호에 부합될 수 있었을 것이다.[31]

넷째, 임정 요인들의 홀대가 그를 좌경화시켰다는 견해도 있다. 완고한 임시정부 요인들이 포용력이 부족하였으며, 만일 임정요인들이 아량을 베풀었더라면 옌안으로 가지 않았으리라는 것이다.[32] 충칭 한인독립운동 진영의 폐쇄성이 그로 하여금 공산주의로 기울게 했으며, 이에 덧붙여 그의 '의지박약'도 일정 부분 작용했다는 것이다.

김성숙金星淑이 그를 가리켜 "국수주의에 가까운 사람인데, … 임시정부 늙은 영감들한테 그만 다 싫증을 내지 않을 수 없게 되었거든 … 고루하기가 짝이 없고, 아직도 양반과 상놈을 굉장히 가리고 있고 … 그러니 김두봉 그 사람이 반발하게 생겼지, 그런 판에 젊은 사람들이 김두봉을 자꾸 떠받들었거든, 그만 거기에 솔깃해져서 연안으로 가버렸지"라는 평은 이러한 유추를 뒷받침한다.[33]

다섯째, 이 같은 개연성과 함께, 그의 가족관계에서 야기된 마음의 상처도 간과할 수 없을 것 같다. 전하는 이야기에 따르면, 아내의 어긋난 애정행각, 과년한 딸의 자유분방함 등은 그의 청교도적인 인생관에 상처를 입혔을 것이고, 자괴감에 괴로워하던 그에게 다가온 중국공산당의 '모시기 공작'이 옌안행을 결심하는 주요 계기가 되었으리라는[34] 유추

---

31) 한상도, 2002, 「화북조선독립동맹과 중국공산당」 『역사학보』 174, 131쪽. 이와 관련해서는 "延安에서 白淵에게 밀사를 보내 그를 위한 한글연구소를 차려 주겠다고 유혹했다. 그에게 연구소를 차려주고, 비서도 딸려준다는 제안을 했으니, 그 제안에 백연이 그만 혹했을 가능성도 있을 법하다"는 회고가 있다(『녹두꽃』, 167쪽).

32) 禹昇圭, 앞의 글, 15쪽.

33) 『혁명가들의 항일회상』, 109쪽.

34) "그의 부인은 … 걱실걱실하게 생긴데다가 음성마저 남자같고 수다스러웠으며,

에 무게가 실릴 수 있을 것이다.

또 이는 독립동맹이 공산주의자들만의 단체가 아니라는 의도도 있었을 것으로 분석된다. 한글학자로서 그리고 민족주의자로서 명성이 높은 그를 내세움으로써, 독립동맹과 조선의용군의 한인대원들이 공산주의자가 아니라는 것이 입증될 수 있기 때문이었다.[35]

김두봉 자신도 "독립동맹 맹원들은 물론 모두 공산당원이 되었을 것이라고 하지만은, 이것은 그 진상을 모르고 하는 말이다"[36]라고 하였듯이, 독립동맹은 독립운동에 뜻을 두고 있는 사람이면 모두 받아들였다.

독립동맹은 '혁명투사' 양성기관으로 옌안·태항산·산동山東·화중華中 등지에 조선혁명군정학교朝鮮革命軍政學校를 설치하였는데, 연안의 군정학교는 1945년 2월 5일 정식 개교하였고, 그가 교장 직을 겸하였다.[37] 조선혁명군정학교는 일본군을 탈출한 한인사병 및 각지에서 모집한 한인청년을 조선의용군으로 재편성하는 교육과정이었다. 그는 기회가 있을 때마다, "이 세상에서 가장 아름다운 말이 조선말"[38]이라고 강조하였다.

　… 젊은 청년들과 마장도 잘 하고 바람을 피워서 화제에 오르기도 했"다(김광주, 앞의 글, 257쪽)는 회상이나, "한마디로 활량입니다. 이 사람 저 사람 이렇게 복잡한 현상이 있고, 그래서 근본적으로 부부생활에 서로 불만이 늘 있어서, 나중에는 서로 분리하게 되는 정도까지 갔었거든요"(『혁명가들의 항일회상』, 290쪽)라는 정화암의 증언과 함께, "또 하나의 풍문은 그의 딸 상엽에 대한 염문을 피하기 위해서 였다"는 기록(『녹두꽃』, 167쪽) 등이 이러한 추정을 보강해 줄 수 있을 것이다.

35) 심지연, 앞의 책, 75~76쪽.
36) 『現代日報』 1946년 3월 25일.
37) 『解放日報』 1945년 2월 10일. 군정학교의 주요 간부를 살펴 보면, 교장: 김두봉, 부교장 겸 조직교육과장: 朴一禹, 부교장 겸 대장: 朴孝三, 조직교육과 부과장: 朱春吉·許貞淑·鄭律成, 총무과장: 朱德海였다. 그런데 조선의용군 출신의 증언에 의하면, 학교 운영은 박일우가 장악하였고, 교장 김두봉은 상징적인 위치에 있었다고 한다. 이는 중국공산당이 김두봉·최창익·한빈·이춘암 등 중국정부 관할지구에서 이동해 온 인물들을 독립동맹 및 조선의용군의 실질적인 지휘체계에서 배제시키려 한 흔적과 연관이 있다(염인호, 앞의 책, 304~305쪽).
38) 「동포작가 김학철의 연변통신」, 『전망』 1990년 9월호, 심지연, 앞의 책, 79쪽에서

일본이 연합국에 항복의사를 밝혔다는 소식이 옌안에 알려진 때는 1945년 8월 11일 오후 5시 무렵이었다고 한다. 자신의 손으로 일제를 섬멸시키지 못하였다는 착잡한 감정에 사로잡히기도 했지만, 모두 운동장으로 뛰어나와 소리를 지르고 얼싸안았다.

해가 지자 이들은 햇불로 운동장을 밝혔다. 의용군행진곡義勇軍行進曲이 시작되었다. 힘껏 노래를 부르다가 김두봉이 나타나자 갑자기 정숙해졌다. 그는 층계 위로 올라갔다. 의용군 대원 중 한 명이 "우리의 영도자 김두봉 주석 만세"를 외치자, 우렁찬 박수소리가 끊이질 않았다. 박수소리가 끝나기를 기다린 다음, 그는 상기되고 흥분된 어조로 다음과 같이 연설하였다.

> 오늘 같은 기쁜 소식을 들음에도 불구하고 우리들은 온몸 온정신으로 이것을 맞이하지 못하는 마음이 한편에 있습니다. 이 마음은 아마도 우리들을 그렇게 착취하고 압박하고 우리 동지들을 학살한 우리들의 원수를 우리 손으로 무찌르지 못하고 외국의 힘을 빌어 타도되었다는 것, 우리들이 가진 힘을 다하여 베려온 총과 칼로써 최후의 일전을 할 기회를 놓치게 되었다는 것, 이것이 아마도 우리들이 갖는 바 섭섭함일겝니다.
>
> 싸움은 이제부터입니다. 그 싸움이 비록 총과 칼로써 하는 그런 것이 아니라 할지라도, 조선의 참된 행복을 위한 지리하고도 힘찬 싸움이 시작됩니다. 밖으로는 새로운 제국주의 침략에 대한 싸움, 안으로는 인민의 이익을 위한 싸움이 되어야 합니다.[39]

물론 김두봉 등은 일제패망에 대한 전망이 가시화되는 가운데, 충칭의 김구 및 국내의 건국동맹 등과 연계에 적극적인 관심을 표시하기도 하였지만,[40] 일제패망과 함께 이들은 중공 및 팔로군과 더불어 북상하

재인용.

39) 『現代日報』 1946년 9월 14일.

40) 일례로 1941년 7월 당시 조선의용대 화북지대 간부인 金學武가 충칭의 임정을 찾아가, 김구에게 "자신들을 지도해 달라"고 요청하였고, 이때 김구는 유보적인

였다. 8월 14일 조선의용군사령부朝鮮義勇軍司令部는 '조국을 향한 진격'
준비를 명령하였다. 그러나 철도 사정이 여의치 않아, 4700리나 되는 먼
길을 걸어야 하였다.

11월 2일 펑티엔奉天(현재의 瀋陽)의 전 정거장인 신쥐역新居站에 다다랐
고,[41] 11월 중순경에 이르면, 조선의용군의 숫자는 8만 여명으로 늘어
났다.[42] 이처럼 대규모의 병력이 무장을 갖춘 채 귀국할 태세를 갖추자,
소련군은 당황하여 이들의 이동을 중단시켰고, 조선의용군은 더 이상 전
진하지 못하였다.

11월 말 선발대 1500 여명이 신의주에 도착하였을 때, 예기치 못했던
일이 발생하였다. 그날 밤 소련군과 김일성金日成 휘하의 보안부대에 의
해 무장을 해제당한 것이다. 소련은 중국공산당의 영향력이 북한에 미치
는 것을 원하지 않았다. 김일성을 중심으로 한 체제 구축 계획에 지장을
초래할 것으로 우려하였던 것이다. 조선의용군은 다시 압록강을 건너 중

태도를 취하였다. 김구는 일제패망 직전 이에 대한 응답으로 張建相을 옌안에 파
견하였다고 한다(「조선의용군 간부 金剛증언」, 1998년 7월 14일, 중국 山西省 太
原市, 김강선생 자택, 염인호, 앞의 책, 224～225쪽에서 재인용). 장건상은 김구주
석의 특사 자격으로 옌안에 도착하여 김두봉을 만났고, 임정과 독립동맹의 통일
전선 결성을 위해 김두봉이 충칭으로 출발키로 하였으나, 일제패망을 무산되었다
(『혁명가들의 항일회상』, 210쪽).
1945년 1월 충칭의 金元鳳은 옌안의 김두봉에게 서신을 보내 독립동맹의 민족혁
명당 화북지부로의 개편을 제의하였다. 이에 대한 회답으로 武亭이 김원봉에게
옌안행을 요청하였고, 김원봉은 "임정활동에 치력하기 위해 갈 수 없다"고 회신
하였다(秋憲樹 편, 1973, 『資料韓國獨立運動』2, 연세대출판부, 239쪽).
서울의 共産主義者協議會에서는 독립동맹과 국내 군사대책 문제의 협의를 위해
1944년 11월 金台俊을 延安으로 파견하였다(김태준, 「延安行」一, 『문학』1946년
7월호, 433～439쪽, 염인호, 앞의 책, 305쪽 재인용). 또 1944년 말 建國同盟에서
파견한 李永善·李相日은 베이징에서 武亭이 보낸 연락원과 만나, 건국동맹과 독
립동맹의 연결을 약속하였다고 한다(이만규, 1946, 『여운형선생투쟁사』, 민주문화
사, 172쪽).
41) 『現代日報』1946년 8월 19일.
42) 『自由新聞』1946년 2월 17일.

국 땅으로 철수해야 하는 처지가 되었다.

김두봉은 "기대하던 우군에게 무슨 연유였든지 일시 무장해제까지 당했다가 도로 출국하게 되었다"[43]고 언급하였는데, 이 과정에서 그는 국제관계의 냉혹함을 경험하였을 것이다. "정부 없는 민족에 군대가 있을 수 없다"[44]는 소련군의 주장에 직면한 독립동맹은 일부 간부만 귀국할 수 있었다.

귀국 길에 14살짜리 딸 해엽은 함께 왔으나, 충칭에 남겨둔 12살짜리 상엽은 데려오지 못하였다. 헤어진 처 역시 연락이 끊긴 채 중국에 남아 있었다. 가족을 돌볼 틈도 없이 독립운동에 헌신했던 그가 겪은 고뇌는 해방의 기쁨과 겹쳐버렸다.

3. 민족운동관과 근대사 인식

이어서 일제하 독립운동시기 그가 구상하였던 민족운동관과 한국근대사에 대한 인식의 일단에 접근해 보기로 하겠다. 먼저 1920년대 중반 이래 김두봉이 한국유일독립당 상해촉성회 및 한국독립당관내촉성회연합회 활동에 적극 참여한 사실은 그의 사고의 일단을 시사한다.

즉 이들 단체가 진보적 민족주의노선을 표방하였고, 조선공산당 및 사회주의계열의 인물들이 집행위원 등으로 참여하였던 사실을 감안할 때, 이 시기 그의 사고는 공산주의자와 대좌하여 협의할 용의를 갖춘 중도적 성향의 민족주의 정도로 분류될 수 있을 것이다.[45]

특히 당시의 상황이 "공산주의자를 어쩌다 한번 만나기만 하면 영원

43) 『現代日報』 1946년 2월 25일.
44) 民戰事務局 편, 1946, 『朝鮮解放年報』, 文友印書館, 146쪽, 심지연, 앞의 책, 96쪽에서 재인용.
45) 김영범, 1997, 『한국근대민족운동과 의열단』, 창작과비평사, 247쪽.

히 원수가 되는"[46] 판국이었다는 회고를 감안할 경우, 그의 민족운동관
은 반공 입장을 견지한 임정중심의 우익세력과는 구분되는 것이었다. 또
한 이는 1920년대 초반 고려공산당 활동에 참여하였던 사실과 후일 화
북지역의 중국공산당 관할구역으로 들어가는 사실과 연계선상에서 파악
될 수 있을 것이다.

다음으로 1930년대 중반 그는 항일민족운동의 방향에 대하여

> (한국혁명은) 민족혁명民族革命을 제일로 한다. 한민족은 모름지기 일본제국
> 주의의 철제鐵蹄로부터 완전히 이탈하여 영구하고 또 완전한 독립을 회복하
> 는 것을 긴급한 선결문제로 해야 한다. 이를 위하여 한국청년들은 혁명군인이
> 될 것을 요구한다. … 평소에는 일반민중과 같이 있다가 한번 전시를 만나면
> 무無를 화化하여 철鐵로 하는 것과 같이 당당한 군대를 조직할 것이니, 이것이
> 혁명자 및 혁명군인의 본령이다.[47]

라고 함으로써, 일본제국주의 타도를 최급선무로 하는 한국혁명은 '산업
또는 사회제도의 혁명'에 앞서, 해방을 목표로 하는 '민족혁명'이어야
하며, 일반민중을 혁명군의 주력으로 견인하는 무력혁명이어야 한다는
뜻을 밝히고 있었다.

또 그는 3·1운동의 원인으로 첫째, 국권피탈 이래 1910년대 일제의
무단 폭압정치와 경제적 약탈이 가혹하였던 점. 둘째, 한·일 양 민족 간
의 역사적 원한 관계와 식민지배 이후 일제의 민족모욕과 학대. 셋째,
동학농민운동과 의병운동 등 하층 민중혁명운동과 갑신정변·갑오경장·
독립협회 등 상층 개혁운동을 통해 축적된 혁명전통. 넷째, 중국의 신해
혁명, 소련의 10월혁명, 독일·오스트리아의 공화혁명, 이집트·인도의 민
족독립운동 등 세계대혁명 사조의 영향을 꼽았다. 아울러 민족자결주의

---

46) 具益均, 1994, 『새역사의 여명에 서서』, 일월서각, 100쪽.
47) 朝鮮總督府 警務局 保安課 편, 『高等警察報』 5, 86쪽.

와 고종 독살설이 3·1운동 폭발의 동기로 작용하였다[48]고 설명하였다.

이를 통해 보면, 그는 근대민족운동의 역량을 갑신정변·갑오개혁·독립협회 활동으로 이어지는 부르주아 민족운동의 흐름과, 동학농민운동에서 의병운동으로 이어지는 민중적 민족운동의 흐름이라는 두 갈래로 파악하였다. 또 중국의 신해혁명·러시아 10월혁명 및 전세계 피압박민족운동 등 1910년대 국제정세의 흐름에 대해서도 나름대로의 이해체계를 갖추고 있었다.

또 "3·1운동은 조선혁명의 하나의 전환점이다. 3·1운동 이전 조선혁명의 대상은 국내의 부패한 통치자에 반대하는 것이었으나," "3·1운동은 여기에 일본제국주의에 대한 반대가 더해져, 3·1운동 이후 조선의 민족혁명은 전세계 피압박민족의 독립해방 쟁취의 일환으로 변하였다"[49]고 평가하였다.

즉 3·1운동 이전의 민족운동을 반봉건 투쟁의 성격으로 파악한 반면, 3·1운동 이후 근대민족운동의 성격을 전세계 피압박민족의 해방운동이라는 세계사적 보편성에 부합 일치하는 것으로 이해함으로써, 3·1운동을 근대민족운동의 전환점으로 설정하였다.

또 1929년 인성학교 교장 재직 시, 공산주의자들이 집회를 위해 인성학교의 사용을 요청하자, 그는 "신성한 교육장소를 일반집회에 쓰는 것이 적합하지 않을 뿐 아니라, 천진한 아동의 머리속에 그런 정치적 투쟁의 악습관을 길러주는 것은 차마 못할 일"[50]이라는 이유를 들어 거절하였다.

단편적이지만, 이 사실로 미루어 보건대, 그는 공산주의를 사상적·이론적으로 신봉하는 '주의자'는 아니었던 것 같다. 그의 공산주의에 대한

<hr />

48) 金白淵, 「三一運動的槪況及經過」『解放日報』1943년 3월 1일.
49) 「朝鮮獨立運動二十一周年紀念大會」『新華日報』1940년 3월 2일.
50) 이윤재, 앞의 글, 14쪽.

개방적인 입장은 차라리 진보적 학자 및 외곬 지식인의 지적 탐구 또는
호기심 등으로 설명되는 것이 어울릴 것이다.

4. 혁명대오에서 권력투쟁의 무덤으로

온갖 어려움 끝에 귀국한 김두봉은 소련군의 주도하에 새로운 권력구
조가 구축되고 있음을 목격하였다. 항일투쟁 과정에서 고뇌하며 다듬어
왔던 이상을 펼치고 싶었지만, 기대와 희망은 산산이 조각났다. 옌안시
절 익숙하였던 국제적 연대라고 하는 것이 현실정치에서는 더 이상 통용
되지 않음을 깨달았다.

생사고락을 같이 하였던 무정·박일우·김창만·허정숙 등이 조선공산
당朝鮮共産黨에 입당함으로써, 혁명가의 외투를 벗어던지는 정치현실을
목도하며, 김두봉은 독립동맹의 정치단체로의 변신이 불가피하다고 판
단하였다.

이러한 상황에서 신탁통치 문제가 해방정국의 최대 현안으로 부상하
였고, 독립동맹이 북한의 정치무대로 진입할 수 있는 계기가 마련되었
다. 독립동맹은 삼상회의 결정사항을 지지함으로써, 삼상회의 결정에 반
대한 우익진영의 자리를 메워 나갔다.[51] 신탁통치에 반대하는 조선민주
당의 조만식曺晩植이 연금 상태에 처한 상황에서, 독립동맹과 김두봉은
소련의 협력자로서 김일성의 지지자로서, 북한의 정치무대에 등장하였
던 것이다.[52]

---

51) 김두봉은 모스크바 삼상회의 결정을 지지하며, "後見은 주권이 我國에 있고, 信
    託은 주권을 타국에 讓하는 것"으로, 신탁통치란 말은 '후견'이란 말이 와전된 것
    이라 주장하고, 전민족이 노력하여 5년간의 후견기간을 단축시켜 독립을 촉진해
    나가자고 호소하였다(『朝鮮人民報』 1946년 1월 10일 및 1월 14일).
52) 심지연, 앞의 책, 106쪽.

1946년 1월 14일 독립동맹은 「조선동포에 고함」이라는 성명서를 발표하고, 본격적인 정치활동에 들어갔다. 2월 16일 전체대회를 열어 조선신민당朝鮮新民黨으로 개편하였고, 그는 중앙집행위원회 위원장에 선임되었다. 독립동맹이 명칭을 변경하고 새출발을 다짐함으로써, 만주에 남아 있는 조선의용군과의 연계는 단절되었다.

2월 8일에는 '북조선 각 정당 사회단체 각 행정국 및 각 도·시·군 인민위원회대표 확대협의회'가 소집되었다. 그가 개회를 선언했으며, 김일성은 임시인민위원회의 창설을 강조하였다. 이튿날 회의에서는 북조선임시인민위원회北朝鮮臨時人民委員會 위원장에 김일성, 부위원장에 김두봉을 선출하였다. 이로써 그는 북한정권의 '제2인자' 자리를 차지하였다.

미소공동위원회가 휴회하자, 7월 22일 '북조선 민주주의 정당·사회단체 대표회의'가 소집되어, 북조선 민주주의민족통일전선 위원회北朝鮮民主主義民族統一戰線委員會(이하 '북조선민전')가 결성되었다. 그는 "김일성이 제시한 20개 정강에 충실하고, 이를 중심으로 민주역량이 총집결할 경우에만 임시인민위원회를 진정한 정권으로 발전시킬 수 있다"고 강조함으로써,[53] 김일성에 대한 지지와 충성을 다짐하였다.

북조선민전 결성에 이어 조선공산당과 조선신민당의 합당작업이 시작되었다. 8월 28일부터 3일간 평양에서 북조선노동당北朝鮮勞動黨(이하 '북로당') 창당대회가 개최되었다. 그는 "민주주의 과업의 수립과 통일전선의 강화에 있어 합당은 불가피한 과정인 동시에, 민주역량을 단결하고 반동파를 분쇄하는 데 있어 가장 시의적절한 조치"라고 주장하였다.[54]

창립대회에서 김두봉은 위원장에 선출되었다. 하지만 그가 보고를 마치면서 '우리의 지도자 김일성 장군 만세'를 외쳤던 것처럼, 당의 실권

---

53) 김두봉, 「인민위원회와 민주주의 민족통일전선」, 『인민』 1, 19쪽, 심지연, 앞의 책, 294~295쪽에서 재인용.
54) 국토통일원 편, 1986, 『조선노동당대회자료집』 1, 30~38쪽, 심지연, 앞의 책, 261쪽에서 재인용.

은 부위원장으로 선출된 김일성이 장악하였다. 10월 1일에는 김일성종합대학이 개교하였고, 그는 총장직을 겸하였다.

11월 3일 북한은 도·시·군 인민위원회 선거를 실시하여, 독자적인 정권 수립을 위한 절차를 밟았다. 그는 평양 제18선거구에서 당선되었고, 기회가 있을 때마다, 인민위원회 위원장으로 선출된 김일성에 대한 지지를 표명하였다. 이렇게 함으로써 그는 자신의 권력과 지위를 보장받을 수 있었겠지만, 역설적으로 이는 스스로 자신의 입지를 제한하는 부메랑으로 되돌아 왔을 것이다.

1947년 2월 17일 북한의 최고정권기관인 북조선인민회의北朝鮮人民會議(이하 '인민회의')가 창설되었다. 인민회의는 김일성을 인민위원회 위원장으로 추대하고, 인민위원회人民委員會 조직을 위임하였다. 그는 인민위원회에는 참여하지 않았는데, 김일성과 김두봉이 행정과 입법 업무를 분담하는 과도기적 상황이 연출된 셈이다.

1947년 2월 21일 제1차 인민회의는 김두봉을 상임위원회 의장으로 선출하였다. 그는 취임사에서, "지난 1년간 민주주의 과업을 실천하여 위대한 성과를 획득했는데, 이는 우연한 소득이 아니라 김일성의 영명한 영도로써만 가능하므로, 김일성 주위에 튼튼히 단결하여 통일적인 임시정부 수립에 매진해야 한다"고 강조하였다.

1947년 11월 18일 제3차 인민회의는 조선임시헌법초안제정위원회의 조직을 결의하고, 위원장에 그를 선출하였다. 북한정권은 인민군을 창건하여 군사력을 강화하였고, 북로당 제2차 전당대회를 소집하여 당을 정비하였다. 이 과정에서 그는 김일성을 정점으로 하는 체제 구축에 전력을 기울였다. 어느새 그는 김일성의 교시와 조선노동당의 결정을 대독하는 앵무새로 변해갔다.

이 무렵 김두봉은 인공기人共旗의 제정을 주도하였던 것으로 전한다. 일찍이 그는 "태극의 푸른색과 붉은색은 즉 자유와 평등, 힘과 사랑을 표시함이니, 이 양자는 우리민족의 전통적인 국민성이다. 힘 있는 곳에 자유가 있고, 사랑이 있는 곳에 평등이 있나니, 양자는 서로 함께 하고 떨어질 수 없는 것이므로 원안의 곡선으로 서로 껴안도록 하니라. 이러한 자유와 평등의 양대 이상을 기초로 삼은 우리민족의 영광은 세계 사방에 퍼져야 할지니, 4괘卦는 이를 나타냄"[55]이라고 태극기의 이치를 설명하였다.

그는 "일제시대에는 우리에게 다른 국기가 없었습니다. 태극기太極旗만이 우리의 것이었습니다. 그러므로 우리인민들은 이 기를 사용하고 동경하였습니다. 그러나 우리는 해방이후 2년 유여 동안 민주국가 건립의 토대를 닦아 놓았습니다"라고 전제한 다음, 태극기가 "첫째, 우리가 새로 건립한 민주국가의 성격에 맞지 않으며, 태극기의 유래가 비과학적이며 미신적"이기 때문에, 새 국가를 세울 때에는 새 법령이 필요한 것과 같이 새 국가에 알맞는 국기가 필요하다고 주장하였다.[56] 반면에 인공기의 의미를 '전도양양한 신흥국가의 상징' '부강화평한 민주국가의 상징' '광명 발전할 행복한 국가의 상징'으로 설명하였다.[57]

1948년 4월의 남북연석회담 때에도 그는 김구와 김규식의 파트너 역할을 맡아, 북한정권 수립을 향한 시나리오에 충실하였다. 4월 19일 첫째 날 회의에서 그는 축사를 통해, "미국의 식민지 팽창정책과 이승만·김성수 등의 책동으로 조국이 식민지화의 중대한 위기에 처하였다"고 주장하였다.[58]

연석회의가 끝난 후 김구·김규식·김두봉·김일성의 4자 회담이 열렸다. 김구·김규식과는 중국에서 함께 생활하면서 쌓은 인연의 끈이 서로

---

55) 『獨立新聞』 1919년 12월 25일.
56) 국사편찬위원회 편, 1990, 『北韓關係史料集』 8, 332~337쪽.
57) 안성규, 1993, 「인공기는 어떻게 만들어졌나」 『바로 잡아야 할 우리역사 37장면』 2, 역사비평사, 247쪽.
58) 국사편찬위원회 편, 1988, 『북한관계사료집』 6, 65~66쪽.

를 끌어당겼을 것이다.[59] 많은 사람이 이들의 재회에 기대를 걸었지만,
4월 28일 인민회의 특별회의가 열렸고, 김두봉의 보고대로 북한헌법이
통과되었다.

8월 25일 최고인민회의 대의원선거 시에는 탄광지대인 사동 제7선거
구에서 당선되었다. 9월 2일 개최된 최고인민회의는 그를 상임위원회 위
원장으로 선출하였다. 그는 김일성의 수상 선임을 제의하며, "민족의 절
세의 애국자이며 영웅"으로 치켜세웠다.[60] 중앙과 지방의 정권기관을 완
비하고 난 후, 조국통일민주주의전선祖國統一民主主義戰線(이하 '조국전선')이
결성되었고, 남로당과 북로당을 조선노동당朝鮮勞動黨으로 통합하였다.

그는 조국전선 의장단의 일원으로서, 또 입법기관의 대표로서 대남
평화통일 공세에 앞장섰다. 이는 1950년 6월 25일의 전쟁도발로 이어졌
다. 그는 최고인민회의 상임위원장으로서 인민군人民軍의 사기를 진작시
키는 연설도 했고, 한국군의 북침을 역설하였다.

휴전협상이 진행 중이던 1952년을 맞이하여, 김두봉은 최고인민회의
와 정부·당을 대표하여 신년사를 발표하였다. 펑덕화이[彭德懷]를 사령관
으로 한 중국지원군의 후광으로 그의 위상이 그 어느 때보다 높았던 상
황에서, 입법부와 행정부 그리고 당을 대표한 신년사였다.

하지만 그의 부상은 권력투쟁에서의 승리에 의한 것이 아니라, '중화

---

59) 다음의 일화는 이 시기 김두봉의 일면을 들춰주고 있다. 1948년 4월 평양에서 개
   최된 南北諸政黨社會團體代表者連席會議에 참석하였던 張建相은 5월 초 남측
   대표단이 귀경할 즈음, 자신에게 귀경금지 조처가 내려져 있음을 알았다. 그가
   "서울에서 근민당 사무실에 나갈 때, 정백이 김일성을 너무 칭찬하길래, 김일성이
   뭣이 그렇게 큰 영웅이라고 그러느냐고 면박을 했었는데, 이것이 보고되어 있었
   다"는 것이다. 이때 김두봉이 "애를 많이 써서" 보름 쯤 후 장건상은 최동오(김일
   성의 소학교 선생)와 함께 서울로 돌아올 수 있었다는 것이다(『혁명가들의 항일회
   상』, 245~246쪽).
60) 국토통일원 편, 1988, 『北韓最高人民會議資料集』, 117쪽, 심지연, 앞의 책, 172
   쪽에서 재인용.

인민공화국'이라고 하는 외부요인에 의한 일시적인 것이었다. 전쟁이 끝나면서 김일성은 독재권력을 더욱 강화하기 시작했고, 김두봉도 용도 폐기되는 운명을 맞게 된다.

누군가가 패전의 책임을 지지 않으면 안 되는 상황이었다. 종파주의宗派主義에 대한 투쟁이 강조되었고, 남로당계열의 숙청이 시작되었다. 이어서 김일성은 교조주의 및 형식주의의 퇴치와 '주체의 확립'을 강조하였다. 이는 후일 주체사상主體思想으로 발전하는 계기가 되었다. 소련 것의 무조건적인 모방에 대한 비판이 제기되었고, 소련파와 연안파延安派가 권력의 핵심으로부터 점차 배제되었다.

1955년 12월 당중앙위원회 전원회의에서 박일우朴一禹의 몰락과 함께, 연안파 숙청의 서곡이 울려퍼졌다. 1957년 12월 소집된 평양시당열성자대회는 병상에 있는 김두봉을 강제로 참석시켜, 출당을 결의하였다.

"우리의 영도자 김일성 수상의 가장 친근하고 진실한 전우로서"[61] 북한정권의 수립과 김일성의 권력기반 구축에 기여한 그의 공로는 모두 소멸되었다. 1958년 3월 6일 조선노동당 제1차 대표자대회에서, 김일성은 그를 '반당 종파분자反黨宗派分子'로 지목하였다.

> 김두봉의 죄가 참 큽니다. 그는 적지 않은 젊은 사람들을 못 쓰게 만들었습니다. 당과 국가에서는 순진한 사람들에게 당의 임무를 주어서 최고인민회의 상임위원회에 가서 일하라고 보냈는데 많은 사람들이 거기서 못쓰게 되었습니다.[62]

당에서 제명된 후 그는 벽지의 협동농장으로 전출되어, 1969년 피살된 것으로 알려진다. 해방 후 귀국 과정에서 조선의용군이 소련군에 의해 무장해제 당했을 때, 국제정치의 냉혹함을 깨달았던 그는 김일성의

---

61) 『함남로동신문』1949년 3월 20일, 심지연, 앞의 책, 183쪽.
62) 조선로동당출판사, 1968, 『김일성저작선집』2, 126쪽, 심지연, 앞의 책, 231쪽.

권력기반을 강화하는데 기여함으로써, 자신의 존립기반을 연명해 갔다. 한때 그는 '이상적인 정치지도자'의 한 유형으로써 스포트라이트를 받기도 하였지만, 유일체제 확립을 위한 조역을 마감하고, 쓸쓸히 퇴장해 주는 것이 그의 정치적 숙명이었던가 보다.

맺음말

그는 주시경周時經의 음운이론을 이어받고, 현대 일반음성학을 처음으로 우리말의 소리연구에 적용함으로써 국어음성학의 수준을 끌어 올렸고, 한글 맞춤법의 정착에도 크게 이바지하였다는 평가를 받고 있다. 하지만 시절이 그로 하여금 펜을 던지고 항일전선으로 나서게 만들었기 때문에, 우리는 그의 항일역정을 통해 근대 지식인의 겨레사랑과 좌절을 더듬어 볼 수 있었다.

그런데 그가 1920년대 초 상하이에서 고려공산당과 임정이라는 대척적인 이미지의 두 단체에 참여하였던 사실은 당시 상하이지역 한인독립운동의 정황을 함축하고 있다. 수립 직후 임정은 좌우협동전선 성격이 강하였고, 같은 배경 하에서 고려공산당 또한 전업적인 사상투쟁단체의 모습을 띠지는 않았다. 때문에 그에게 양자는 택일의 대상이 아니라, 선택의 여지였다.

우리는 김두봉의 선택을 통하여 고려공산당과 임정이라는 상극적인 간극을 뛰어넘어, 자신의 항일역정을 찾고자 하였던 진보적 혁명가의 자유의지를 발견할 수 있을 것이다.

다음으로 1942년 봄 그가 중국 싼시성陝西省 중국공산당 항일근거지로 들어간 배경으로써, 그의 개성의 측면을 주목하고 싶다. 1941년 봄 조선의용대 주력의 중국공산당 관할구역으로의 이동을 계기로 조선민족

혁명당의 당세는 위축되었고, 임정의 주도세력이기도 한 한국독립당 등
우파 민족주의자들의 시선도 차갑게 느껴졌을 것이다.

덧붙여 아내와 과년한 딸들의 자유분방함은 세인의 입에 회자되었을
것이고, 이는 그의 선비적 자존심에 상처를 입혔을 것이다. 이러던 차에
다가온 중국공산당 측의 '모시기 공작'의 유혹은 현실의 무게에 가위눌
려 있던 그로 하여금 옌안행[延安行]을 결심하도록 이끌었을 것이다.

그러나 해방 후 북한현대사에 비친 그의 또 다른 모습은 우리로 하여
금 착잡함과 안타까움에 젖게 만든다. 우리는 현실 참여를 통해 자신의
이상에 가까이 가려 하다가 오히려 현실의 덫에 걸려 허우적거리던 군상
을 봐왔기에, 그의 인생유전에 대한 연민과 함께 한국현대사의 폭력성을
발견하게 된다.

유자명의 아나키즘 수용과 실천

머리말

일제 식민지라는 조건 하에서 아나키즘이 수용됨으로써, 한국근대사
에 있어서 아나키즘Anarchism은 민족주의와 결합하여 '저항적 민족주
의'의 색채를 띠게 되었다. 그리하여 아나키즘은 민족해방운동의 이론인
동시에 구체적인 실천강령으로 기능하였다.[1] 따라서 일제하 한인아나키
즘운동은 국제주의로서의 보편적인 측면과 더불어, 한인독립운동의 한
축이라는 개별성도 견지하였다.

아나키스트Anarchist로서 유자명柳子明이 남긴 발자국은 일제하 한인
아나키즘운동의 보편성과 개별성의 양면을 살피는 데 유용한 대상이 될
수 있다. 수원농림학교 졸업생으로서 농학 및 자연과학 지식과 아나키즘
을 비롯한 근대사회과학에 대한 교양을 갖춘 선비풍의 면모는 진보적인
중국인들과 인연을 맺게 해 주었다.

농촌에 대한 애정과 농학 소양은 중국농촌이라는 의외의 공간에서 그
의 삶의 한 부분을 열게 만들었고, 중국인들과의 유대를 가꿔나갈 수 있
도록 이끌었다. 중국농민들과 함께 만들고자 한 공동체는 그가 그리려
한 아나키즘의 이상사회였을지도 모른다.

그가 항일운동의 한 방편으로써 아나키즘을 수용함에 있어 주목할 만

◇ 이 글은 「유자명의 아나키즘 이해와 한·중 연대론」(『동양정치사상사』 7-1, 2008.
　3. 31)을 보완한 내용이다.
1) 구승회 외, 2004, 『한국 아나키즘 100년』, 이학사, 11쪽.

한 사실은 아나키즘의 기본이념인 '상호부조'의 상대로 중국의 항일운동 세력 및 농민과 농촌사회를 상정하였다는 점이다. 이 경우의 상호부조는 아나키즘사회 건설과 항일운동이라는 목표 아래 '서로에게 도움이 되는' 즉 상생을 지향하는 협조·합작·연대의 의미로 해석될 수 있을 것이며, 유자명의 한·중 연대론도 이 같은 이해의 바탕 위에서 도출될 수 있었다. 상호부조론이 한·중 연대론의 이론적 전거가 되었으리라는 가설이다.

이와 같은 이해를 토대로, 이 글에서는 유자명이 다듬어 나간 아나키즘의 모습을 통해, 일제침략기 중국대륙을 무대로 전개되었던 한인아나키즘운동의 한 부분을 재구성해 보고자 한다.[2]

1. 아나키즘 수용의 사상적 배경

그가 아나키즘에 관심을 갖게 된 배경으로, 1920년대 초반 식민지 한국사회에 대한 진단을 주목할 수 있다. 3·1운동 직후 국내 민족주의진영 일각에서 제기되는 개조론改造論에 대한 비판을 주 내용으로 한 그의 글에 따르면, 식민지 한국사회의 모순을 통해, 당시 세계질서와 국제체제에 회의를 느꼈음이 엿보인다.

"현 사회에서 유산계급有産階級과 무산계급無産階級이 서로 알력 중"에 있음은 '명백한 사실'이고,[3] "현대세계의 불안·혼란한 상태는 전 시기

---

2) 이 글의 주제와 관련되는 연구성과로는 김성국, 2003, 「유자명과 한국 아나키즘의 형성」『한국사회사상사연구』(화양 신용하교수 정년기념논총), 나남과, 이호룡, 2004, 「류자명의 아나키스트 활동」『역사와현실』53이 대표적이다. 이 글을 작성함에 있어서, 아나키즘의 이념·원리 등에 대한 포괄적인 이해와 서술은 오장환, 1998, 『한국 아나키즘운동사 연구』, 국학자료원과 이호룡, 2001, 『한국의 아나키즘: 사상편』, 지식산업사로부터 큰 도움을 받았다.

3) 柳友槿(寄), 「內的 改造論의 檢討」(一)『東亞日報』1920년 4월 28일. 그는 유산계급이 재산과 권력을 함께 갖고 있으며, 무산계급은 "현 사회제도로 인하여 불이익을 받"고 있으며, "현 사회제도에 대하여 불만과 반항심을 품"고 있다고 진

의 경제조직이 자가당착과 자가알력으로 인하여 근본적으로 무너지는 징조요 과정"에 있다. "현실사회의 인류생활은 현실사회를 만든 자본주의 경제조직과 그 기초 위에 형성된 모든 문화가 결정한 생활이다. 즉 사유재산제도 분위기에서 내가 생활하는 것이다."[4] 이 표현에서는 일제 식민지배정책을 통해 이식된 자본주의 체제하의 한국사회에 대한 자조적인 감정이 느껴진다.

자본주의 체제에 대한 실망은 "현 사회제도로 인하여 이익을 받는 유산계급이 사회제도의 개조를 바라기는 고사하고, … 반대할 것은 이론상 필연"[5]으로 귀결되리라는 전망으로 이어졌다. 그는 개조론이 곧 유산계급 즉 일제 식민지배체제에 순응하는 일부세력이 대다수 민중을 현혹시키고자 하는 기만적인 논리임을 간파하였다. 유산계급이 말하는 '개조'란 소위 '민족동화' 곧 '민족말살'을 가리킨다는 사실을 지적한 것이다.

이 글로 미루어 보면, 그는 1920년대 전반기 국내민족주의진영 일각에서 제기된 개조론·참정론·타협론이 일제 식민지배체제를 인정하는 반민족적인 논리라는 사실을 경계하였다. 일제 식민지배체제의 다른 모습이었던 자본주의체제에 부정적이었다.

특히 일제에 의해 강요되고 있던 학교를 통한 식민지교육이 "민중 자체의 생장발육을 목적으로 한 것이 아니며," '정치의 일 이용기관' '유산계급의 전용물'이 되었다고 보았다. 뿐 만 아니라 "현실정치와 기타 모든 제도의 현상유지의 방편으로 이용되"고 있다[6]고 파악하였다. 이는 지배체제의 도구로 역할하는 제도와 기구에 대한 거부감과 비판의식을 의미하는 것으로, 이러한 입장은 아나키즘에 근접한다.

또 "아무리 정의와 인도로써 말하고 생산과 분배의 불공평하고 불합

단하였다(「內的 改造論의 檢討」(二) 『동아일보』 1920년 4월 29일).
4) 柳友槿(寄), 「內的 改造論의 檢討」(二) 『동아일보』 1920년 4월 29일.
5) 柳友槿(寄), 「內的 改造論의 檢討」(一) 『동아일보』 1920년 4월 28일.
6) 柳友槿(寄), 「內的 改造論의 檢討」(三) 『동아일보』 1920년 4월 30일.

리한 것을 말하여, 현사회의 결함을 말하고 신사회의 이상을 고취한다고
하더라도, 그들에게는 다만 알지 못할 수수께끼나 또한 한 치인痴人의 몽
상에 불과하게 느낄 것"[7]이라고 하였다. 공산주의자들이 주장하는 '분
배의 정의'를 구현하자는 구호의 모순점을 간파하였다.

나아가 "자기가 속한 계급의 이해관계에서 초월하여 진정한 의미로
인류를 위하여 진리와 정의를 위하여 분투·노력하는 자가 있다 하면, 그
것은 한갓 예외로 위대한 양심의 소지자라고 하겠다"[8]라고 하였다. 이
대목에서는 강자와 약자 간의 지배와 복종 관계로 이루어지는 인간사회
에 대한 짙은 회의가 읽혀진다.

반면에 "민중의 정력으로 하여금 무익한 방면에 향하여 소비하게 하
는 것처럼, 사회 진전에 대하여 막대한 손실을 주는 것이 없다"[9]고 하는
표현으로 미루어 보면, 식민지 한국사회의 미래와 관련하여, 민중의 힘
과 역량을 중시하고, 그들의 역할에 대한 기대감이 확인된다.

다음으로 그가 좌·우파 간 대립·갈등의 불씨가 되어버린 민족주의에
염증을 느끼고, 아나키즘에 대한 확신이 깊어진 데에는 중국 제1차 국공
합작國共合作의 파국이 끼친 영향도 적지 않았던 것 같다.

> "소위 '적赤'은 거짓 적赤이었다. 세 군벌의 구두口頭로 만들어진 적赤이었
> 다. 그러나 장제스[蔣介石]의 토적討賊은 정말 적赤이다. 그리고 그 수단도 좀
> 더 철저하였다."[10]

> "지도자의 열列에 있는 자까지도 혁명革命이 어떠한 것인지를 모르고, 민
> 중民衆을 위하고 혁명을 위한다는 구실 하에서 실제로는 민중과 혁명을 자기

---

7) 柳友槿(寄), 「內的 改造論의 檢討」(二) 『동아일보』 1920년 4월 29일.
8) 柳友槿(寄), 「內的 改造論의 檢討」(二) 『동아일보』 1920년 4월 29일.
9) 柳友槿(寄), 「內的 改造論의 檢討」(一) 『동아일보』 1920년 4월 28일.
10) 廣東에서 柳子明, 「赤色의 悲痛: 4월 15일 이후의 사실」(상) 『朝鮮日報』 1927년
5월 13일.

의 이익을 위하여 희생시키려는 자가 있는 것이다."11)

"혁명의 세력이 정당政黨으로써 분할되는 때에, 혁명 그것은 좌절되고 정권을 얻은 정당은 타세력 앞에서보다도 더욱 참화慘禍를 당하는 것은 역사가 가르치는 사실이다."12)

"중국민중이 혁명을 장제스 일파보다도 좀 더 앞으로 끌고 나가려는 것은 사실이다. 또 좌파의 정책이 우파의 것보다 진보된 것으로 다수 민중의 요구에 좀 더 응하는 것도 사실이다. … 그네가 농공정책農工政策을 운위하며 농민과 노동자를 지도하려는 것은 농민·노동자 민중의 이익을 위하는 것보다도, 농민·노동자 민중이 과도한 요구를 할까 두려워서 협조적 태도로 진압하려고 하는 것이다. 농민군·노동자군에게 기관총을 들이대면서 농민·노동자 민중의 이익을 위한다는 농민노동자정책이다."13)

"중국공산당의 정책이 중국의 혁명을 어느 정도까지 끌고 가려는 것인지? 과연 20년 내에 레닌식 공산주의를 실시하자는 것인지? 또는 공산당의 요인들이 겉으로 발표하듯이 중국은 아직 공산주의[레닌식]로 가는 도정途程에 있어서, 이번 혁명은 진정한 민주공화民主共和를 실시하는데 있다는 것인지는 알 수 없으나, 장제스蔣介石 일파의 행동이 혁명을 좌절시키는 행동인 것은 더 말할 여지가 없다.

또 이후로 '좌파의 세력이 능히 장재스 일파를 처치하고, 장쮜린[張作霖]을 타도하고 혁명을 좀 더 앞으로 끌고 나아가게 되는지?' 또 '중도에서 실패에 그치고, 다시 흑암黑暗한 세력이 중국을 지배하게 되는지?'는 앞으로 주의할 일이다."14)

---

11) 廣東에서 柳子明, 「赤色의 悲痛: 4월 15일 이후의 사실」(중) 『朝鮮日報』 1927년 5월 14일.
12) 廣東에서 柳子明, 「赤色의 悲痛: 4월 15일 이후의 사실」(중) 『朝鮮日報』 1927년 5월 14일.
13) 廣東에서 柳子明, 「赤色의 悲痛: 4월 15일 이후의 사실」(하) 『朝鮮日報』 1927년 5월 15일.
14) 廣東에서 柳子明, 「赤色의 悲痛: 4월 15일 이후의 사실」(하) 『朝鮮日報』 1927년 5월 15일.

"어제의 동지가 오늘은 원수로 변하고, 어제의 혁명자가 오늘은 반혁명자
가 되었다."[15]

위의 글에는 민족주의와 공산주의, 좌파와 우파, 중국국민혁명세력의
탐욕과 부도덕이 뒤엉켜 있는 제1차 국공합작의 파국을 바라보는 허탈
감과 고뇌가 드러나 있다. 목전에 외세를 두고 벌어지는 이른바 '중국국
민혁명'세력 간의 헤게모니 쟁탈전을, 그는 실망과 좌절을 느꼈다. 이 같
은 정황이 그로 하여금 아나키즘으로 기울게 하는 시대적 배경이었음을
유추할 수 있다.

2. 아나키즘과의 접목 과정

1919년 여름 상하이로 건너간 유자명은 강태동姜泰東이란 인물의 소
개로 김한金翰을 만났다. 그는 김한을 통해 공산주의 사상에 관심을 갖게
되었다. 하지만 이론적으로는 김한과 대립하였다. 그는 계급투쟁의 관점
에 동의할 수 없었다. 그는 "당시의 조선혁명투쟁은 매국주의賣國主義에
대한 애국주의愛國主義의 투쟁으로 일관되는 것"[16]이라고 생각하였다.
그리하여 그의 진보적 사고는 공산주의가 아닌 아나키즘으로 모습을 갖
추게 되었다.[17]

그의 공산주의에 대한 부정적인 관점은 의열단義烈團 활동 과정에서도

---

15) 류자명, 1984, 『나의 회억』, 심양: 료녕인민출판사, 98쪽.
16) 독립기념관 한국독립운동사연구소 편, 1999, 『유자명 수기: 한 혁명자의 회억록』,
    한국독립운동사자료총서 제14집, 68쪽.
17) 유자명 본인의 회고에 의하면, 1920년 1월 10일 발생한 동경대 경제학부의 森戸
    辰男 교수가 「크로포트킨의 사회사상연구」(1920. 1, 『경제학연구』 창간호, 동경
    대 경제학부)논문을 발표하여 구속된 사건을 계기로, 大杉榮과 크로포트킨이 쓴
    아나키즘관련 글에 심취하였다고 한다(1999, 『유자명 수기: 한 혁명자의 회억록』,
    70~71쪽.).

확인된다. 1923년 여름 의열단이 항일운동 노선의 전환을 모색하는 과정에서 적기단赤旗團과의 합작 문제가 거론되었다. 이 때 그는 "적기단의 모조직인 고려공산당이 코민테른에 종속되었다"는 이유로 반대 입장이었다.[18] 그는 「공산당선언」의 "과거의 모든 역사는 계급투쟁의 역사"라는 관점에 동의하지 않았다. 그는 민족보다 계급을 우선시하는 공산주의를 받아들일 수 없었다.[19]

그가 아나키즘에 관심을 갖게 되는 또 다른 배경으로 중국인 아나키스트들과의 관계[20]를 상정할 수 있다. 재중 한인아나키스트들은 급진적 민족주의 성향을 띤 특징이 있는데, 이는 중국 아나키스트들 중, 급진적이고 민족적 성향이 강하였던 파리그룹과 주로 교류했기 때문으로 평가된다.[21]

그의 관심이 아나키즘으로 기울게 되는 데에는 크로포트킨(Pierre. Kropotkine)의 저작이 큰 몫을 하였다. 유자명은 크로포트킨의 영향이 절대적이었음을 고백하면서, 그의 『한 혁명가의 회억』의 영향이 컸다고 하였다. 일본어로 번역된 러시아 소설 『처녀지』 『아버지와 아들』 『새폭군』과 『부활』 『전쟁과 평화』를 읽고,[22] 아나키즘에 대한 이해의 폭이 넓어졌다.

---

18) 김영범, 1997, 『한국근대민족운동과 의열단』, 창작과비평사, 124쪽.
19) 김성국, 「유자명과 한국 아나키즘의 형성」 『한국사회사상사연구』, 294쪽.
20) 이을규·이정규 형제가 李石曾·蔡元培 등 파리그룹 인물의 영향을 받은 사실, 신채호가 李石曾·吳稚暉 등과 교분을 나누었으며 이들의 재정적인 도움을 받았던 사실, 魯迅으로부터 영향을 받았다는 정화암의 증언, 유자명과 巴金·程星齡 등 중국인 아나키스트의 우정 등이 시사점을 제공한다. 이러한 작업의 성과로서 박철홍, 2003, 「중국 아나키즘의 수용과 전개」 『한국민족운동사연구』 37이 많은 도움을 줄 수 있을 것이다.
21) 구승회 외, 『한국 아나키즘 100년』, 207~208쪽. 유자명이 아나키즘을 수용하고 다듬어가는 과정에서 중국아나키즘이 끼친 영향에 대해서는 추후 탐색되어야 하겠다.
22) 『유자명 수기: 한 혁명자의 회억록』, 74쪽.

"끄로뽀뜨낀의 저작은 철학·경제학·생물학·문학예술 등 광범한 내용을 포괄하고 있었다. 그가 쓴 「윤리학」은 인생철학을 서술한 것이고, 「상호부조론」은 생존경쟁이 생물진화의 동력이라고 인정하는 다윈의 「진화론」과 반대로, 상호부조가 생물진화의 주요 인소라고 주장하였다. 당시 구라파 각국의 제국주의자들은 다윈의 생존경쟁의 학설을 저들의 식민침략전쟁을 변호하는데 이용하였다. 그러나 끄로뽀뜨낀의 「상호부조론」은 침략을 반대하는 근거로 된다고 나는 생각하였다"23)고 하였다. 이는 크로포트킨이 그에게 끼친 영향이 지대하였음을 뒷받침한다.

또 유자명은 중국관내지역 한인독립운동 진영에 아나키즘을 전파하는 역할을 한 것으로 밝혀진다. 1920년 가을에서 겨울 사이, 유자명과 이회영李會榮이 만났고,24) 1919년 6월 이후 12월 이전의 시기 상하이에서 "나는 신채호선생의 강연을 들은 때로부터 신선생과 친밀한 관계가 생기게 되었다."25) "1923년 가을 나는 이때로부터 우당선생과 친밀하게 지내게 되었다"26)는 본인의 회상으로 뒷받침되듯이, 이회영·이정규李丁奎·이을규李乙奎·신채호申采浩 등이 아나키즘에 관심을 갖고 몰입한 데에는 그의 역할이 적지 않았던 것으로 파악된다.27)

이런 맥락에서 신채호에 앞서 아나키즘에 접하였으며, 그와 신채호의 교류 사실 등으로 미루어 보면, 신채호가 작성한 「조선혁명선언朝鮮革命宣言」에도 그의 의견이 적극 반영되었으리라는 유추도 가능할 것이다.28)

---

23) 『유자명 수기: 한 혁명자의 회억록』, 71~72쪽. 1928년부터 재중국무정부공산주의자연맹의 기관지의 이름인 『탈환』이 크로포트킨의 『빵의 탈환』에서 운용한 사실도 한인아나키스트들에게 끼친 크로포트킨의 영향력을 함축하고 있다.
24) 이정규·이관직, 1985, 『우당 이회영 약전』, 을유문고, 67쪽.
25) 『유자명 수기: 한 혁명자의 회억록』, 52쪽.
26) 『유자명 수기: 한 혁명자의 회억록』, 98쪽.
27) 박환, 2003, 「1920년대 전반 북경지역 한인아나키즘」『한국민족운동사연구』37, 21쪽.
28) 오장환, 「해제」『한 혁명자의 회억록』, 000쪽.

3. 아나키즘에 대한 이해와 내용

1) 상호부조론에 대한 이해

크로포트킨(Пётр Алексéевич Кропóткин, 1842~1921)의 「상호부조론相
互扶助論」은 다윈(Charles Robert Darwin, 1809~1882)의 『종種의 기원起源』에서
제시한 생물계의 적자생존適者生存이 진화進化의 주요원리임을 인정하였
고, 상호부조 역시 생물계의 진화에 중요한 요소였음을 과학적·논리적
으로 증명하였다.

이는 생물계의 상호부조를 인간사회에 확대 적용한 것으로서, 개별투
쟁을 가능한 한 적게 하고, 상호부조적 습관을 가장 많이 발달시킨 종種
또는 種族들이 가장 번성했으며, 진보할 수 있었다는 요지이다. 인간사회
역시 상호부조에 따른 '자유연합自由聯合'의 상태가 최선이라고 주장하였
다.[29]

크로포트킨의 상호부조론은 아나키즘에 생물학적인 기초를 부여하였
다는 평을 듣는데, 생존경쟁과 더불어 상호부조의 원리가 중요한 생물계
의 진화 요소로 작용한다는 논리를 사회현상에 적용한 것이었다. 이는
맑스의 계급투쟁 이론을 넘어서는 것으로, 사회제도 근저에 있는 상부상
조相扶相助의 원리를 강조한 것이었다.[30]

크로포트킨에 따르면, 국가란 국민에 대한 지배권력과 인민의 착취를
보장하기 위해 지배계급 상호간에 맺어진 '보험회사'와 같은 것에 불과
하였다.[31] 아나키스트들은 인간 본능을 기본으로 하는 사회는 무강권無
強權·무지배無支配의 사회이며, 강권이 지배하는 한 영원한 평화는 존재

---

29) 오장환, 1998, 『한국 아나키즘운동사 연구』, 국학자료원, 34쪽.
30) 구승회 외, 『한국 아나키즘 100년』, 41쪽.
31) 함용주, 「민족해방운동과정에서 아나키즘의 역할에 대한 연구: 정치사상적 측면
을 중심으로」, 서강대 석사학위논문, 34쪽.

할 수 없다고 생각하였다.[32] "인류는 몇 천 년 몇 백 년 동안 전제와
강박에도 불구하고, 그 바닥에 흐르는 상호부조적·창조적·자주적 정신
으로 영위해 왔다"[33]는 것이다. 유자명은 크로포트킨의 상호부조론이
— 제국주의국가들의 식민지 침략전쟁을 변호하던 데 이용하던 — 생존
경쟁론生存競爭論을 극복할 수 있으리라고 기대하였다.[34]

그런데 유자명이 상호부조론을 적극적으로 해석하고 수용한 사실의
정신적 토양을 한국사회에 강하게 남아있는 공동체적 의식 및 관습과도
연관지어 볼 수 있다.[35] 두레·향약·계·품앗이와 같은 공동체적 유제는
상부상조의 정신을 바탕으로 삼고 있다. 그가 한국인의 의식 속에 흐르
는 상부상조 의식을 아나키즘의 상호부조론과 서로 통하는 것으로 받아
들였을 수도 있다.

실례로 신채호나 이회영 등은 전통사상을 부정하지 않았으며, 유교적
교양을 바탕으로, 아나키즘을 수용하였다는 평가를 받는다. 이회영이
"나의 사고와 방책이 현대적인 사상적 견지에서 볼 때, 무정부주의자들
이 주장하는 것과 상통되니까 그럴 뿐이지, 지금이 옳고 어제가 잘못되
었음을 깨닫는 식으로, 본래는 딴 것이었던 내가 새로이 방향을 바꾸어
무정부주의자가 된 것은 아니"[36]라고 한 것은 아나키스트로서 행동철학
을 유교적 교양에서 구하고 있음을 의미한다.

신채호 또한 "책에서 얻은 이론으로 아나키스트가 되었던 것이 아니
고, 자신의 인간적 요구에 의한 것"[37]이라고 하였다. 이 역시 그가 유교
적 소양을 간직한 채 아나키스트로 전환하였음을 밝혔다.

---

32) 「무정부주의운동의 현실성을 강조함」, 『黑色新聞』 제31호(1934. 8. 29).
33) 姜昌, 「我等の解放はアナキズムだ」, 『自由聯合新聞』 제47호(1930. 5. 1).
34) 『유자명 수기: 한 혁명자의 회억록』, 72쪽.
35) 이러한 측면에 대해서는 이덕일, 2003, 「우리 역사 전통 속의 아나키즘적 요소」
    『한국민족운동사연구』 37이 대표적인 연구성과이다.
36) 李乙奎, 1963, 『是也金宗鎭先生傳』, 韓興印刷所, 42쪽.
37) 『自由聯合新聞』 제36호(1929. 6. 1).

이렇게 본다면, 농촌에서의 성장 배경, 대가족 또는 부락 단위의 공동 협업을 통한 생산과 경작의 농사경험이 있는 그로서는 상호부조론에 적극 공감할 수 있었을 것이다.

2) 자유연합 이론에 대한 접근

한인 아나키스트들이 지향한 '자유연합' 이론의 실체를 이해할 수 있는 사례로 이회영이 김종진金宗鎭에게 해준 설명이 도움을 준다. "자의식自意識이 강한 이 운동자들에게 맹목적인 복종과 추종이란 있을 수 없으며, 있다면 거기에는 오직 운동자들의 자유합의自由合意가 있을 뿐이니, 이것이 이론으로도 당연한 것이다. 그러니까 강권적인 권력중심의 명령조직으로서 혁명운동이나 해방운동이 이루어진 예는 없는 것이다. … 설혹 합의되지 않는 사람들이 있다 치더라도, 공통된 동일한 목적을 가지고 있는 만큼 양보·관용하여, 소수인 자기들의 의견을 양보하거나 보류하고 협력하는 것이 일반적인 예이다. … 소위 '해방운동'이나 '혁명운동'은 자유와 평등을 추구하는 운동이고, 운동자 자신들도 자유의사·자유결의에 의한 조직운동이었으니까 형식적인 형태는 여하튼지, 사실은 다 자유합의의 조직적 운동이었던 것이다."[38] 이로 보면, 이회영은 모든 헌신적이고 희생적인 운동은 자발적인 참여로 이루어져야만 성공할 수 있다고 확신하고 있다.[39]

이 같은 자유연합의 원리를 토대로, 아나키스트들이 염원한 '자유연합사회'란 억압이나 강제에 의한 것이 아니라, 개인의 자유의지에 따른 연합에 의해 모든 인간이 자유롭게 살아가는 이상사회를 의미하였다. 그리고 자유연합사회의 건설은 어느 누구의 지도나 대리혁명에 의해서는 불가능하고, 오직 민중의 직접행동에 의해서만 가능하다고 보았다.[40]

---

38) 李乙奎, 1963, 『是也金宗鎭先生傳』, 韓興印刷所, 43~44.
39) 오장환, 『한국 아나키즘운동사 연구』, 135쪽.

자유연합에 대한 유자명의 이해 정도를 밝혀주는 직접적인 자료는 눈
에 띠지 않지만, 이회영의 관점을 통해 유자명의 그것을 유추할 수는 있
을 것이다. 유자명 역시 여타 한인 아나키스트들처럼 자유의지에서 비롯
되는 자유연합 원리를 공통분모로 하여, 중국인 아나키스트들과 교유할
수 있었을 것이다. 여기에 농학자로서, 농부로서, 이상주의자로서, 의열
투쟁 논리의 신봉자로서 갖고 있는 자유개성이 접착제 역할을 하였을 것
이라고 유추해 본다.

3) 의열투쟁과 민중직접혁명론의 전거

민중이 테러를 수단으로 한 의열투쟁義烈鬪爭의 주체가 되어야 하고,
테러가 민중을 각성시키는 수단이 되어야 한다는 논리는 유자명의 아나
키즘 행동양식을 뒷받침하였다. 이와 같은 이해는 「조선혁명선언」의 논
리로 대변되었다고 해도 무리는 아니다. 그의 의열투쟁론 및 민중직접혁
명론은 크로포트킨의 주장을 이론적 원형으로 삼았다.

크로포트킨은 혁명에 있어서 민중民衆의 역할을 강조하였다. 그에 따
르면, 혁명이란 인위적인 것이 아니라, 역사의 거대한 흐름 속에서 돌출
되었다. 그러나 혁명에 직접적으로 불을 지피는 일은 민중의 몫이었다.
그는 민중을 독자적으로 모든 사회기관을 사회화하고 운영할 능력을 가
진 존재로 평가하였다. 또 혁명에서 중요한 점으로 모든 정책은 실질적
인 사회평등社會平等을 지향해야 한다고 지적하였다.[41]

이러한 지향을 달성하기 위한 수단과 과정으로써, 크로포트킨은 "말
에 의한, 문서에 의한, 단도에 의한, 총탄에 의한, 다이나마이트에 의한
반항 … 우리에게는 이 모든 것이 정당하다"[42]고 하였다. 목적이 수단

---

40) 이호룡, 『한국의 아나키즘: 사상편』, 256쪽.
41) 구승회 외, 『한국 아나키즘 100년』, 41쪽.
42) 다니엘 게랭Daniel Guerin, 하기락 역, 1993, 『현대아나키즘』, 신명, 146쪽.

을 정당화시킨다는 논리로써, 테러·폭동 등 아나키스트들의 모든 행동
을 정당화하고 있다.

이들은 테러라는 수단을 통하여 아나키즘을 선전하고 민중을 각성시
켜, 그들로 하여금 폭동·봉기·총파업 등을 일으키도록 하고, 그것을 통
해 일제를 타도하고 아나키즘사회를 건설하려 하였다. 직접행동이 곧 테
러를 지칭하는 것은 아니었지만, 폭동·봉기·총파업 등의 실력행사나 무
력행동이 불가능한 상태에서 취할 수 있는 방법은 테러뿐이었다.

다시 말해 아나키스트들에게 테러는 그 자체가 목적이 아니라, 테러
를 통해 민중을 각성시키는 것이 목적이었다. 테러행위는 '사실에 의한
선전'43) 수단 가운데 하나였다. '춘추대의春秋大義'를 내세운 명분론과
아나키즘의 '사실에 의한 선전'론이 결합되면서 암살이 널리 행해졌으
며, 아나키즘에 대한 이해의 정도도 점차 깊어졌던 것으로 파악된다.44)

즉 선각자들이 행하는 테러 등의 '사실에 의한 선전'을 통해 각성된
민중의 힘으로 사회혁명을 완수할 수 있으며, 비로소 절대적인 자유가
보장되는 진정한 무계급사회無階級社會가 건설될 수 있다는 설명이었
다.45)

이로 보면, 유자명의 의열단 활동 참여는 의열투쟁을 통해 민중의 항
일의지를 고양·분기시키고, 이를 민중의 역량을 강화하는 계기로 활용
함으로써, 궁극적으로 민중이 주체가 된 직접혁명의 단계로 이끌려 한
아나키즘 운동론의 실천으로 간주될 수 있다.

---

43) '事實에 의한 宣傳'은 민중들로 하여금 봉기·폭동·총파업 등을 일으키도록 하기
  위해서는 민중에게 아나키즘을 선전하고 그들을 각성시켜야 하는데, 그 수단으로
  직접행동을 택해야 한다는 요지이다. '직접행동'은 민중이 자신의 自由意志에 따
  라 스스로 행하는 행동을 의미하지만, '사실에 의한 선전'수단으로서의 '직접행
  동'은 주로 '테러'를 지칭하였다(이호룡, 2004, 「류자명의 아나키스트 활동」『역
  사와현실』 53, 229~230쪽).
44) 이호룡, 『한국의 아나키즘: 사상편』, 73~74쪽.
45) 이호룡, 「류자명의 아나키스트 활동」『역사와현실』 53, 230쪽

4. 독립운동과 아나키즘 투쟁논리의 합일

1) 아나키스트로서의 항일운동 참여

1951년 마오저뚱[毛澤東]의 지시로 시행된 중국의 이른바 '지식분자의 사상개조운동' 과정에서 유자명은 자신이 구현하고자 한 아나키즘의 가치에 대해 언급하였다. 그에 따르면, 아나키즘은 개인個人을 기초로 개인을 해방시킨 다음에, 군중群衆을 해방하자는 이론이었다. 따라서 군중을 기초로 하여, 군중을 해방한 후 비로소 개인個人의 해방이 뒤따른다는 맑시즘과는 합치될 수 없었다.

같은 글에서 그는 일제침략기를 "일체는 국가의 해방을 위하여, 일체는 민족의 해방을 위하여" 투쟁한 시기로 파악하였다. 때문에 "일체가 군중을 위하여" 운동하고 투쟁하는 공산주의자와 아나키스트는 구분되어야 한다고 주장하였다.[46] 명시적으로 언급하지는 않았지만, 그는 일제침략기 자신의 아나키즘활동을 독립운동 선상에서 설명하려 한 듯하다.

1920년대 전반기 그는 의열단을 항일투쟁의 둥지로 삼아 「조선혁명선언」의 작성과 발표에 참여하였고, 일제밀정 김달하金達河 처단과 나석주의거羅錫疇義擧를 주도하였다. 그는 의열단의 활동에 아나키즘의 투쟁이론을 제공하였다. 그의 영향 하에, 의열단의 의열투쟁은 아나키즘의 '사실에 의한 선전'론에 입각한 민족해방운동으로 발전해 갔다.[47]

그러나 1924년을 전후하여 의열단이 좌경화하면서, 유자명은 단원의 신분을 유지한 채 아나키스트로서 독자적인 행보를 모색하였다. 의열단의 좌경화는 곧 창립 이념과 정신의 포기를 의미하는 것이었으므로, 그는 반대의사를 분명히 하였다. 유자명 등은 의열단의 좌경화를 "공산주

---

46) 『유자명 수기: 한 혁명자의 회억록』, 407∼422쪽.
47) 이호룡, 「류자명의 아나키스트 활동」 『역사와현실』 53, 230쪽

의 이용자의 애매한 사대사상事大思想"이라고 비판하였다.[48]

이처럼 유자명은 의열단 차원의 암묵적인 합의를 거스르며 독자적인 행동을 취하였다. 노선 전환 결정에 대한 반발이나 저항의 뜻으로 해석될 소지도 있으나, 아나키즘운동의 대의大義에 대한 집착의 표현으로 이해될 수 있을 것이다. 의열단원이기 전에 아나키스트라는 정체성이 그로 하여금 스스로 의열단의 주변인周邊人으로 행동하도록 이끌었다고 하겠다.[49] 그는 의열단의 항일투쟁 노선이 공산주의 쪽으로 기울고 있다는 사실을 용납할 수 없었던 것 같다.

1923년에는 이규준李圭駿·이규학李圭鶴·이성춘李性春 등이 주도한 다물단多勿團의 조직을 지도하였는데, 이 또한 좌경화하고 있던 의열단에 대한 아쉬움과 의열투쟁 노선에 대한 집착의 한 표현으로 이해될 수 있을 것이다. 더불어 1924년 베이징에서 이을규·이정규·이회영 등의 주도 하에 결성된 재중국조선무정부주의자연맹에 참여하지 않은 사실[50]은 당시 그가 신채호와 함께 테러활동을 통한 직접투쟁노선을 견지하였던 사실과 관련이 있을 것이다.

1930년 4월에는 상하이에서 유기석·장도선·정해리 등과 남화한인청년연맹南華韓人靑年聯盟을 결성하였다. 또 1931년 11월에는 중국인 아나키스트들과 항일구국연맹抗日救國聯盟 결성에도 참여하였고, 선전 잡지인 『자유自由』의 주필을 맡았다. 1933년 3월 17일 '흑색공포단黑色恐怖團' 명의로 결행된 중국주재 일본공사 유길명有吉明 암살 의거 시에는 거사 자금을 마련하였고, 거사선언문을 작성하였다. 1937년에는 난징에서 유기석·정화암·나월환·이하유 등과 남화한인청년연맹을 조선혁명자연맹

---

48) 김성국, 「유자명과 한국 아나키즘의 형성」『한국사회사상사연구』, 305∼306쪽.
49) 김영범, 『한국근대민족운동과 의열단』, 143∼144쪽.
50) 정화암은 유자명이 참여한 것으로 회고하였으나(정화암, 1982, 『이 조국 어디로 갈 것인가』, 자유문고, 61∼62쪽), 이규창은 유자명이 참여하지 않은 것으로 기록 하였다(이규창, 1992, 『운명의 여진』, 보련각, 72∼73쪽).

朝鮮革命者聯盟으로 개편하여 위원장에 선임되었다.

이처럼 유자명이 항일투쟁과 독립운동을 표방하던 아나키즘단체의
활동에 참여한 사실은 아나키스트로서 그의 정체성이 항일민족운동 내
지는 독립운동의 범주 안에서 이해될 수 있음을 뜻한다. 여기에서 그를
포함한 한인아나키스트들이 믿고 지향하였던 아나키즘의 제약과 특징을
함께 찾을 수 있을 것이다.

2) 아나키즘 논리의 독립운동 방략으로의 발전

아나키스트들은 '민족국가民族國家'란 절대다수인 일반민중의 의지와
무관하게 일부 사회엘리트의 이해를 위해 존재한다고 생각하였다. 그럼
에도 불구하고, 적지 않은 아나키스트들은 민족해방투쟁이 유용하다고
믿었다. 민족국가의 독립이 기본적으로 권위적이지만, 제국주의 열강이
식민지를 억압하고 착취하는 것보다는 낫다고 생각했기 때문이다.[51]

일제 식민지배체제라는 환경에서, 지배권력의 주체로서 '국가'에 대
한 부정은 곧 일제 식민지배권력 타도로 이어졌다. 따라서 아나키즘운동
도 반제국주의 성격을 띠게 되었고, 제국주의세력은 최대의 강권으로 규
정되었다. 여기에서 아나키즘과 항일운동이 결합될 수 있는 여지를 발견
할 수 있다.

그리고 이른바 '파시즘과 반파시즘의 대결시대'로 규정되는 1930년대
에 들어서면서 반제국주의 논리는 반파시즘 논리로 발전하기에 이르렀
다. 아나키스트들의 눈에는 파시즘이란 자본주의를 유지하기 위한 최후
의 이데올로기로서, 민중에 대한 탄압을 한층 강화하는 지배체제에 불과
하였다. 이 같은 파시즘세력에 대한 이해와 평가가 재중 한인아나키스트
들이 적극적으로 항일독립운동전선에 참여하게 되는 논리와 명분을 제

---

51) 조세현, 2005, 『동아시아 아나키즘, 그 반역의 역사』, 책세상, 118쪽.

공하였다.

그 결과 아나키스트들이 항일민족운동에 참가하는 것은 강권으로써 한국민족을 억압하고 있는 식민지배권력을 타도하고, 한국민족을 해방시켜 자유로운 삶을 영위할 수 있도록 하기 위함이었다. 또 하나의 억압기구가 될 수 밖에 없는 국가를 건설하기 위한 것은 아니었다.

식민지 및 반식민지 상황에서 가장 억압적인 기구가 바로 식민지배권력이었으므로, 식민통치 국가나 기구는 모든 강권과 억압에 반대하는 아나키스트들의 일차적인 타도대상이 될 수 밖에 없었다. 또 아나키스트들이 강조하는 민족은 국제사회를 구성하는 단위주체로서 민족이지, 민족주의에서 내세우는 배타적인 민족을 의미하는 것은 아니었다.[52]

유자명 역시 아나키즘이 정치권력이나 강제를 부정하고, 개인의 완전한 자유와 독립이 보장되는 사회의 건설을 목표로 하고 있음을 이해하였다. 그리고 이 목표를 달성하기 위하여 폭동이나 암살·폭파 등의 수단을 취할 수 있다고 생각하였다. 그러기에 일본이 한국을 식민지화하고 한국인을 탄압·학살하는 상황에서, 국가권력에 반대하는 일은 곧 일제에 반대하는 것이며, 일제 수괴를 암살하고 일제 통치기관을 파괴하는 일이 곧 반일 애국운동이라고 인식하였던 것이다.[53]

결국 강한 민족주의적 정서를 갖고 있으면서, 현실 타개의 방편으로 항일투쟁의 방법을 아나키즘적 테러활동에서 찾았다고 할 수 있다. 이런 면에서 유자명을 포함한 재중 한인아나키스트들을 '민족주의적 아나키스트'라고 부를 수 있을 것이다.

영국인 학자 존 크럼John Crump은 한국의 아나키즘운동을 중국·일본의 그것과 비교하여, 민족주의 색채가 너무 짙다고 하면서, 그 원인을 일제 식민통치에서 찾고 있다. 그리하여 한국의 아나키즘은 민족주의에서 출

---

52) 이호룡, 『한국의 아나키즘: 사상편』, 205쪽.
53) 류자명, 1984, 『나의 회억』, 심양: 료녕인민출판사, 53쪽.

발했고, 민족주의 때문에 타락했다고 비판하였다. 이러한 지적처럼, 한
인아나키스트의 내면에는 강렬한 민족주의 의식과 정치지향적인 경향이
내재되어 있었다.[54]

5. 민족협동전선운동 참여와 한·중 연대론으로의 발전

1) 중일전쟁 이후 노선 전환과 협동전선운동 참여

일반적으로 아나키스트들은 민족협동전선운동에 부정적이었던 것으
로 확인된다. 신간회 창립에 대해 "일본과 대항한다는 명분아래 국내 자
본계급과 타협하는 것에 불과할 뿐"이라는 주장이나, 임시정부 각료들
에 대한 비난[55] 등의 사실이 그러하다.

조선민족전선연맹과 조선의용대의 주요한 이론가로 활동한 이달李達
은 민족주의가 "진정한 혁명 앞에 골동화하였으며," 한인애국단·한국혁
명당·한국독립당·조선혁명당·의열단 등 민족주의단체들은 자신들의 권
력욕을 채우기에만 급급한 지방파벌에 불과하였다고[56] 비판하였다.

또 "부르주아지든지 프롤레타리아든지 농민이든지 모두 반드시 민족
적으로 일치단결하지 않으면 안 된다고 하는 것은 공상空想"[57]이라는 비
판처럼, 아나키스트들은 좌우합작 즉 민족주의와 공산주의세력의 연합
을 의미하는 민족협동전선운동에도 비판적인 입장이었다.

그러나 1935년 제7차 코민테른대회에서 국제 반파시즘 노선과 인민전

---

54) 조세현, 『동아시아 아나키즘, 그 반역의 역사』, 117쪽. 신채호가 아나키즘을 수용
    한 다음에도 여전히 전통문화에 대한 선별적인 비판을 통해 조선의 특색과 서양의
    아나키즘을 결합하려 했다는 평가(같은 책, 121쪽)도 이같은 지적을 뒷받침한다.
55) 楊子秋, 「同志白貞基君을 回想함」, 『黑色新聞』 제26호(1928. 6. 1).
56) 李達, 「재중 조선민주주의운동의 객관적 해부」 『黑色新聞』 제34호(1934. 12. 28).
57) 柳絮, 鎌田恙吉 역, 「東洋に於ける我等」 『黑旗』 1930년 1월호.

선 전술이 채택되었고, 1936년에 들어 스페인과 프랑스에서 인민전선세
력이 약진한 사실을 계기로, 재중 한인아나키스트들의 생각도 바뀌었다.

"유럽에서의 인민전선의 승리는 국제적인 반향을 일으켰으며, 식민지
혹은 반식민지에서는 민족의 총단결이 민족해방운동의 최선의 책략이라
는 것을 계시하는 동시에, 각 당·각 파의 반성과 각오를 촉성하고 있
다"58)는 설명은 인민전선 정부의 수립 사실이 중국관내지역에서 활동하
던 한인아나키스트들의 인식 전환에 상당한 영향을 끼쳤음을 일러준다.59)

이 같은 1930년대 중반기 국제정치 환경을 배경으로 하고, 또 아나키
즘운동의 부진을 극복하기 위한 시도의 일환으로, '민족전선론'이 제창
되었다. 일제의 식민지배로부터 민족을 해방시키는 과제가 아나키즘사
회 건설을 위한 선결조건이었기에, 항일민족운동세력의 연대가 불가피
해졌다. 효율적인 항일투쟁을 위한 전제로서 대단결을 통한 항일투쟁 진
용의 결집이 불가피하였던 조건을 감안한 결정이었다.

그러나 이는 국가와 정부 및 중앙집권적 조직 등의 존재를 인정하는
것으로써, 아나키즘의 본령에서 벗어나는 것이기도 하였다.60) 일제 침략
기 중국관내지역을 무대로 전개된 한인아나키즘운동의 노선 전환과 성
격 변화의 전기가 되었던 셈이다.

같은 시기 유자명의 아나키즘 이해에도 변화가 일어났다. 그에 따르
면, 한국독립운동은 "일본제국주의의 정치압박과 경제착취가 중첩된 고
통으로부터 해방을 요구하는 혁명"이기 때문에, 한인독립운동 진영은

58) 舟, 「민족전선의 가능성」『南華通訊』제1권 10기(1936. 11), 社會問題資料硏究
會 편, 『思想情勢視察報告集』3, 京都: 東洋文化社, 1976, 482쪽.
59) "조선민족의 독립운동을 하는 데 있어서도, 정치적·경제적·사회적 자유평등을 탈
환하고, 萬人共榮의 이상적 사회를 건설하는 데에 있어서도, 먼저 최대의 적 일본
제국주의를 타도하지 않고서는 어떠한 운동도 전개할 수 없다"[有, 「민족전선 결
성을 촉구한다」『南華通訊』제1권 11기(1936. 12), 『思想情勢視察報告集』3,
491쪽]는 인식 또한 그 예이다.
60) 이호룡, 『한국의 아나키즘: 사상편』, 294쪽.

계급·당파를 막론하고, 전민족이 단결해야 한다고 주장하였다.[61]

즉 항일독립의 문제는 독립운동세력간의 이념·노선의 상이함에 우선하는 민족 차원의 과제이므로, 협동전선 또한 민족적 과제를 해결하는 차원에서 접근되어야 한다는 것이었다. "현대에 있어서 세계 어느 민족의 存亡安危 문제는 모든 인류의 흥망성쇠와 상관관계가 있는 것이므로, 한국민족의 문제 역시 세계적 문제의 일환이며, 특히 한국문제는 중·일 및 러·일 관계라는 동아시아 국제관계의 측면에서 주요한 지위를 차지하고 있다"[62]는 인식이었다.

한국독립운동을 세계사적 관점에서 이해하고, 국제정치환경의 틀에서 살펴야 한다는 의미이다. 세계사적 보편성의 시야로 한국민족주의운동이라는 개별적이고 배타적인 가치를 보려는 것이다. 유자명의 아나키즘 이해가 민족주의와의 접목을 통해 의연을 확대하고 있었다.

2) 협동전선론의 내용과 의미

민족협동전선운동에 대한 그의 리더십은 조선민족전선연맹朝鮮民族戰線聯盟의 결성 과정에서 유감없이 발휘되었다. 그는 '민족혁명'을 통하여 일본제국주의를 타도하고, 조선민족의 자유독립을 완성해야 한다[63]고 주장하였다. 유자명은 조선민족전선연맹을 "주의와 사상을 달리하는 단체들이 자신의 입장과 조직을 견지하면서, 일정한 공동정강 아래 연합 형식으로 결성된" 협동전선으로 의미 부여하였다. 또 전선연맹을 전민족적 협동전선의 '출발점'으로 규정하였다.[64]

---

61) 子明, 「創刊辭」 『朝鮮民族戰線』 창간호(1938. 4. 10), 1쪽.
62) 子明, 「創刊辭」 『朝鮮民族戰線』 창간호, 1쪽.
63) 조선민족전선연맹의 창립선언문에서는 "조선혁명은 民族革命이고, 그 전선은 階級戰線이나 人民戰線이 아닐 뿐 아니라, 프랑스나 스페인의 이른바 國民戰線과도 엄격히 구별되는 … 民族戰線"임을 천명하였다(「朝鮮民族戰線聯盟創立宣言」 『朝鮮民族戰線』 창간호, 14~15쪽).

그런 다음, 한인독립운동세력의 단결을 토대로 규정하고, 중국항일전쟁을 발판으로 삼아, 한국독립운동을 국제 반파시즘투쟁의 차원으로 끌어 올리는 것이 그가 구상한 협동전선론의 지향점이었다.

그는 조선민족전선연맹이 한인세력의 대표성을 견지하며 중국항일전쟁에 참가해야 한다고 역설하였다. 아울러 중국관내지역을 범위로 하는 협동전선운동의 외연을 확대하여 국내의 민중 및 독립운동세력까지 포괄하도록 요구하였다.[65]

그는 조선민족전선연맹을 구심점으로 하여, 중국내 한인독립운동세력의 통일과 단결을 완수하고, 한인세력의 대표로서 중국항일전쟁에 참가함으로서, 조선민족전선연맹을 국내외 독립운동세력의 총영도 기관으로 확대·발전시키고자 하였던 것이다. 그가 국내와의 연계관계를 중시한 사실은 그가 독립과 해방을 성취하는 관건으로써 국내의 민중세력 및 독립운동세력의 역량을 중시하였음을 일러 준다.

이 같은 사실은 그의 아나키즘에 기반한 국제주의적 관점이 재중 한인독립운동이 처하였던 시대적·정치적 환경 변화에 조응해 나아가는 과정으로 이해될 수 있으며, 그의 협동전선론은 한인독립운동세력의 세계관 및 국제정치관의 이해 폭을 넓히고, 사고의 유연성을 더하는 데 보탬이 되었을 것이다.

또 그는 민족협동전선운동의 요체가 "어떠한 단체를 연합할 수 있는지"에 달려 있다고 하였다. 어떠한 독립운동단체라도 일본제국주의에 대항한다는 민족적 명제를 거부할 수는 없다. 그렇기 때문에 마땅히 협력할 수 밖에 없다고 전제한 다음, 인민전선론人民戰線論이 "코민테른의 사주에 의한" 것이라는 비판을 반박하였다.

그에 의하면, 인민전선이 코민테른의 책동에 의한 것이라는 주장은

---

64) 子明, 「朝鮮民族戰線聯盟結成經過」『朝鮮民族戰線』 창간호, 3~5쪽.
65) 柳湜, 「爲朝鮮革命力量統一而鬪爭」『朝鮮民族戰線』 제4기(1938. 5. 25), 14쪽.

"3·1운동이 윌슨의 민족자결 주장에 의해 일어났다"고 하는 것과 같은 피상적인 논리라고 비판하면서, 인민전선의 결성은 프랑스나 스페인의 경우처럼, 사회 민중내부의 조건이 성숙되었기 때문에 가능한 필연이라고 설명하였다.

그는 "인민전선 자체가 조직 형식이자 통제 방법이며, 인민전선 정강 자체가 즉 일종의 신념이기 때문이다. … 누가 주의·주장을 불문하고, 공동 일치해야 한다고 하였는가"라고 개탄하면서, '좌경소아병'이나 '우경병' 따위의 상극적인 가치의 대립 갈등은 "주의·사상의 죄가 아니라, 그 민족의 (발전수준) 정도와 혁명역사의 깊이가 결정하는 것"이라고 강조하였다.[66]

그가 제시하는 협동전선의 형태가 "일본제국주의에 대항한다는 민족적 명제"에 입각한 민족전선이며, 인민전선·국민전선·계급전선은 각기 그 민족이 처한 민족적 명제에 순응·부합하는 역사적 소산이라는 설명이었다.[67]

그는 민족협동전선의 논리와 형태로써 인민전선·민족전선이 선택의 대상으로 인식되는 것을 경계하였다. 그것은 전 세계 각개 피압박민족이 직면한 정치·사회적 조건에 따른 선택의 여지이지, 옳고 그름의 배타적인 가치가 아니라는 설명이었다.

그런데 아나키즘의 원리라는 측면에서 보면, 모든 당파와 계급을 단결시켜 광범위한 대중적 기초 위에서 결성된 민족전선은 '혁명세력의 연합전선'이라는 점에서, 아나키즘의 '자유연합' 조직원리에 위배되지 않는다고 할 수 있었다. 민족전선이 구성단체의 해체를 요구하지 않는다는

---

66) 瑾, 「民族問題에 대한 冷心君의 疑問에 답함」『南華通訊』 1937년 11월호, 『思想情勢視察報告集』 3, 486~488쪽.

67) 이러한 설명은 "조선인민의 앞에는 일본제국주의의 침략을 반대하는 민족해방투쟁이 중요한 과업으로 나섰으므로, 민족모순이 중요한 것이다"(『나의 회억』, 50쪽)라는 그의 사고로도 뒷받침된다.

점에서도, 자유연합의 원칙이 고수되었던 셈이다.[68]

민족운동노선과의 합류를 통해 범주를 확대한 그의 아나키즘 이해는 급기야 국가와 政府의 존재 뿐 만 아니라 사유재산제까지 인정하는 단계에 이르렀다. 또 협동전선의 형태로 '민주집권제民主集權制'를 채택한다는 조선민족전선연맹의 투쟁강령을 놓고 보면, 아나키즘의 조직원리인 자유연합주의自由聯合主義마저 폐기된 듯하다.

'조선혁명자연맹' 명의로 천명된 '민족혁명'은 "가장 광범한 민주주의제도를 건립하는" 일이었고, '가장 광범한 민주주의제도'라 함은 자산계급의 민주가 아니며, 무산계급의 독재도 아니었으며, 공산주의자들의 '민주공화국' 구호와도 부합할 수 있는 여지를 남겨놓았다.[69]

이렇듯 한인아나키스트들이 아나키즘의 본령을 일탈하면서까지 협동전선운동에 참여한 것은 민족전선의 결성을 통해 민족혁명을 일차적으로 달성하고, 그 후 아나키즘사회를 건설한다는 단계론적 구상에서 비롯되었다고 볼 수 있다.

하지만 '민족국가 수립'을 목표로 하는 민족혁명을 '제1차 혁명'으로 규정함에 따라, 국가와 정부의 존재를 인정할 수 밖에 없는 딜레마에 직면하였다. 이들은 '정부와 국가'는 '전민족이 자율적으로 조직한 기관'으로, '강권적 기구'를 의미하지 않는다[70]는 논리로 모순을 극복해 갔다.

3) 한·중 연대론과 연대활동

(1) 한·중 연합 공동 항일투쟁론

그에게 있어서 한·중 연대는 "한·중 양 민족의 공동투쟁은 역사가 우

---

68) 김성국, 「유자명과 한국 아나키즘의 형성」『한국사회사상사연구』, 311쪽.
69) 「韓國黨派之調査與分析」(1944. 4. 22), 추헌수 편, 1976,『資料韓國獨立運動』2, 연세대출판부, 77쪽.
70) 이호룡,『한국의 아나키즘: 사상편』, 311쪽.

리에게 부여한 결정적인 사명"⁷¹⁾이었기에, "한국민족의 모든 운명이 중
일전쟁과 밀접한 관계가 있었다."⁷²⁾ 따라서 중국항일전쟁은 "한국혁명
에 순리적인 조건을 만들어 주었고, 한국혁명세력의 통일 기회를 조성
한"⁷³⁾ 계기였다.

그러기에 "중국항전이 실패하면 한국민족의 해방 또한 기약될 수 없
게 될 것이며, 한국민족의 노력 여부 또한 중국민족의 최후승리에 영향
을 끼칠 수 있는"⁷⁴⁾ 상관관계에 있었다.

비록 중국이 위기에 처해 있지만, 중국민이 일치단결하여 '항전 필승
抗戰必勝' '건국 필성建國必成'을 이룰 수 있을 것이며, 나아가 아시아 피
압박민족을 '수심화열水深火熱'로부터 구해냄으로써, "진정한 평화를 실
현시킬 수 있을 것"⁷⁵⁾이라는 믿음이 있었다.

그에 따르면, 중일전쟁 이후 일제의 전시동원체제는 한민족의 부담과
고통을 가중시켰으며, 중일전쟁이 장기화될 경우, 한국은 일본의 '심복
지환心腹之患'이 될 것이었다.⁷⁶⁾ 이 같은 전시동원체제 하에서 한인의 급
선무는 민족의식을 잃지 말고, '민족적 생존의 욕구'를 잊어서는 아니
된다고 역설하였다.⁷⁷⁾

그의 한·중 연대를 통한 공동항일 주장은 동아시아 반일 국제연대 형
성으로 발전하였다. "과거 중·한 양 민족이 당한 치욕과 손실은 마땅히
공동으로 책임져서, 공동의 적을 타도하고 동아시아 평화를 다져야 하

71) 子明,「創刊辭」『朝鮮民族戰線』창간호, 1쪽.
72) 柳子明,「朝鮮情勢一班」『朝鮮義勇隊通訊』제23기(1939. 9. 1), 12쪽.
    또 다른 글에서 그는 "모든 한국인들은 특히 혁명분자들은 중국항일전쟁을 자신
    의 '생사의 관건'으로 여기지 않는 이가 없기 때문에, 중국항일전쟁에 직접 참가
    하였다"고 강조하였다(子明,「創刊辭」『朝鮮民族戰線』창간호, 1쪽)
73) 柳湜,「爲朝鮮革命力量統一而鬪爭」『朝鮮民族戰線』제4기, 14쪽.
74) 子明,「創刊辭」『朝鮮民族戰線』창간호, 1쪽.
75) 子明,「革命的五月」『朝鮮民族戰線』제3기(1938. 5. 10), 1쪽.
76) 柳子明,「朝鮮情勢一班」『朝鮮義勇隊通訊』제23기, 1쪽.
77) 柳子明,「朝鮮情勢一班」『朝鮮義勇隊通訊』제23기, 4쪽.

는"[78] 것이 한·중 양 민족의 공동사명이라고 확인하면서, 중국민족을 중심으로 하고 한국·타이완[臺灣] 및 소련이 주요세력으로 참여한 동아시아 반일 국제통일전선의 결성을 제안하였다.

이러한 입장에서, 1938년 3월 9일 중국국민당 임시대표대회에서 공포된 「항전건국강령抗戰建國綱領」이 한국 및 타이완 민족의 앞길에 행운을 제시하며, 또한 동아시아 장래의 영구평화를 담보해 줄 것으로 기대하였다.[79]

그리하여 국제적 반일통일전선의 결성 방안으로 첫째, 중국국민당의 주도아래 일본제국주의에 반대하는 제민족의 연합기구를 수립하고, 모든 반일민족이 연합하여 국제적 반일운동을 확대한다. 둘째, 독자적인 한인무장부대를 조직하고, 이를 '조선독립군의 기본세력'으로 양성한다는 의견을 제시하였다.[80]

이렇듯 그가 구상한 한·중 연대는 한국독립운동의 전략·전술 차원에 머물지 않고, '세계 모든 피압박민족의 연합전선' 범주로 확대된 것이었다. 중국민족과 연합한 후에 "일본제국주의를 타도하여, 진정한 동아시아의 평화를 실현시켜야 하는 것이다. 이렇게 되면 이는 또한 세계평화 및 인류행복의 실현을 실천하게 되는 것"[81] 이었다.

이렇게 보면, 그의 한·중 국제연대론은 아나키즘의 '개방적 민족주의' 이념에 입각한 민족 간의 연합주의를 통한 국제주의國際主義 혹은 사해동포주의四海同胞主義(cosmopolitanism) 지향[82]에서 비롯하였다고 평가할 수 있겠다.

---

78) 子明,「創刊辭」『朝鮮民族戰線』 창간호, 1쪽.
79) 子明,「中國國民黨大會的歷史的意義」『朝鮮民族戰線』 제2기(1938. 4. 25), 1쪽.
80) 子明,「中國國民黨大會的歷史的意義」『朝鮮民族戰線』 제2기, 1쪽.
81)「朝鮮民族戰線聯盟創立宣言」『朝鮮民族戰線』 창간호, 15쪽. 같은 관점에서 그는 "중국의 독립이 보장되어야, 동아시아의 영구적인 평화가 비로소 가능한 것이다"(子明,「中國國民黨大會的歷史的意義」『朝鮮民族戰線』 제2기, 1쪽)라고 주장하였다.
82) 김성국,「유자명과 한국 아나키즘의 형성」『한국사회사상사연구』, 301쪽.

(2) 중국 농촌계몽활동 참여

그의 한·중 연대 활동의 또 다른 영역은 중국인 아나키스트들과의 우
정·신뢰를 바탕으로 한 농촌계몽운동이었다. 아나키즘의 반강권反強權
논리는 종족주의種族主義의 틀을 넘어서 약소민족의 국제연대를 통해 반
제국주의를 주장한다[83]는 점에서, 상호부조의 원리와 함께 유자명으로
하여금 중국인 아나키스트들과의 교류와 연대를 중시하도록 이끌었을
것이다.

1927년 남창기의南昌起義와 광주기의廣州起義의 소용돌이를 피해 난징
[南京]으로 옮긴 다음 중일전쟁 때까지, 그는 난징·상하이·취앤저우[泉州]
등지를 무대로 중국의 이상촌 건설운동에 몰두하였다.[84] 1929년에는 중
국인 친구 위앤샤오시엔[袁紹先]의 요청으로 한복염열사기념농장韓復炎烈
士紀念農場에서 농업생산을 지도하였고, 1930년에는 천판위[陳範豫]의 요
청으로 푸젠성[福建省] 취앤저우의 여명고중黎明高中에서 생물학을 가르치
는 한편, 취앤저우 지방의 열대식물을 연구하였다.

1930년부터 1935년까지 중국의 유명한 교육자인 쾅후성[匡互生]이 설
립한 상하이 입달학원立達學院에서 농업과목과 일본어를 가르쳤으며, 이
후에도 동류실험농장東流實驗農場·복건원예시험장福建園藝試驗場·광시성[廣
西省]의 영조농장靈棗農場 등지에서 원예작물을 연구하였다.

1933년에 발표된 글을 통해, 그가 중국 농촌계몽활동에 참여하게 된
계기를 살필 수 있다. "자본주의 경제제도 하에서 농업은 쇠퇴할 수 밖
에 없고, 농촌 역시 파산될 수 밖에 없다"는 전제 위에서, "중국처럼 왜
적의 침입을 받아 국난에 처한 시기에 있어서는, 농촌부흥이 곧 구국의

---

83) 조세현, 『동아시아 아나키즘, 그 반역의 역사』, 110쪽. 일반적으로 아나키스트들
   은 민족주의나 국수주의를 또 하나의 권력을 생산하려는 시도로 바라보기 때문
   에, 국제주의를 옹호한다(같은 책, 118쪽).
84) 유자명의 중국 농촌계몽운동 참여는 이정규·이을규 등 여타 한인아나키스트들의
   농촌계몽운동과 대비적으로 검토함으로써 보다 명확해 질 수 있을 것이다.

근본방침이 되는 것"이라고 하였다.[85]

이렇듯 농촌을 부흥시키는 일이 나라를 구하는 길이라고 할 만큼 농촌사회와 농민에 대해 애정과 우려를 함께 갖고 있었다. 농학자로서의 세계관이 반영되었고, 당시 중국 및 한국이 농업사회 구조였던 사실에서 비롯된 것으로 유추된다.

더불어 이에는 농촌을 아나키즘이 실현하고자 하는 이상사회의 무대로 설정하고, 농민을 아나키즘혁명의 추동세력으로 기대하는 아나키즘 이해가 반영된 결과였다고 하겠다.

1934년 봄 그는 쾅후성의 친구이자 호종남부대胡宗南部隊 참모장인 장싱보[張性伯]로부터 난징근교 칭룽산[靑龍山]에 있는 제일농장第一農場 관리를 요청받았다. 그는 입달학원 고등과정의 농촌청년과農村靑年科 3학년생 5명을 데리고, 1년여 동안 제일농장에서 농사를 지었다. 칭룽산에서 훈련 중이던 의열단이 운영하는 조선혁명군사정치간부학교 입교생들에게 강연하기도 하였다.

1935년에는 입달학원을 떠나 중국국민당정부(이하 '중국정부') 건설위원회國民政府建設委員會의 동류실험농장東流實驗農場으로 가서 원예를 지도하였다. 건설위원회 아래에 농촌부흥과가 있었고, 동류실험농장은 그 관할하에 있었다. 유자명은 원예 생산을 확대하기 위하여 온실을 만들고, 일본으로부터 화분과 감상식물을 들여오기도 하였다.[86]

1940년 3월 선중쥬[沈仲九] 등 중국인 친구들의 주선으로, 중국인 아내 류저중[劉則忠]과 더루[得櫓, 1939년생, 북경과학기술대학 재료물리학과 교수 정년퇴임]·잔훼이[展輝, 1942년생, 호남대학 건축학과 교수 정년퇴임] 두 아이를 데리고, 푸젠성정부 농업개진처農業改進處의 원예시험장 원예과 주임으로 부임하였다.

---

85) 子明, 「朝鮮農村破産的一斑」 『革命公論』 제1호(1933. 7. 1), 15쪽.
86) 『유자명 수기: 한 혁명자의 회억록』, 195~217쪽 참조.

1941년 12월 충칭에 피난와 있던 푸단대학[復旦大學] 마종룽[馬宗融] 교수의 요청으로 궤이린[桂林]으로 가서, 산지를 개간하여 회교구국협회[回教救國協會]가 주관하는 영조농장[靈棗農場]의 농업기술인력을 양성하였다. 이후 충칭과 궤이린을 무대로 전개된 독립운동에도 참여하였다.[87]

1944년 가을에는 푸젠성정부의 초청으로, 다시 푸젠성 용안[永安]으로 이사하였다. 당시 중국정부 요직에 있던 청싱링[程星齡]이 각지에 강락신촌[康樂新村]을 개설하였는데, '제2촌'인 푸안현[福安縣] 계병농장[溪柄農場] 준비처의 주임에 유자명이 임명되었다.[88]

위의 행적으로 뒷받침되듯이, 1920년대 말 이래 그는 중국인 지인(아나키스트 포함)들과의 우의와 연대를 통해 농촌계몽운동에 적극 참여하였다. 그가 중국 농촌지역에 건설하고자 한 '이상촌'은 아나키즘이 지향하는 콤뮨의 이미지와도 부합될 수 있었을 것이다.

그런데 그의 이상촌 건설운동은 아나키즘의 '혁명근거지 건설론'[89]과 맥락을 같이 하였던 것으로 유추할 수 있다. 중국관내지역에서 활동한 한인아나키스트들은 '혁명근거지 건설론'에 입각하여, 중국정부나 한인독립운동세력과 연합하여 활동하였다.

'혁명근거지 건설론'의 주창자들은 ―아나키스트사회로 이행하는 과도기에서는 국가의 존재를 인정할 수도 있다는 인식아래― 민족국가 수립을 목표로 설정하였다. 그 점에서 민족주의자들과 공감대를 형성하였고, 이를 기반으로 상호연합이 가능하였던 것이다.[90]

---

87) 『유자명 수기: 한 혁명자의 회억록』, 239~264쪽 참조.
88) 『유자명 수기: 한 혁명자의 회억록』, 309~323쪽 참조.
89) 이호룡은 '혁명근거지 건설론'을 "어느 한 지역에 아나키스트사회를 건설하고, 그 지역을 근거지로 하여 아나키즘을 전지역으로 확대시킨다"는 것으로 정의하고, '농민자위조직의 건설'과 '민족해방운동기지의 건설' 형태로 전개되었다고 하였다(이호룡, 2001, 「재중국 한국인 아나키스트들의 민족해방운동: 혁명근거지 건설을 위한 활동을 중심으로」 『한국독립운동사연구』 16, 269~270쪽).
90) 이호룡, 『한국의 아나키즘: 사상편』, 213쪽.

이와 함께 중국정부가 지휘하는 항일전쟁에 참여하고 있던 중국인 아나키스트들과 연계하여 활동한 사실 또한 민족주의자들과의 연합을 가능하도록 도왔다고 할 수 있다. 함께 중국정부의 지원을 받는다는 현실을 공유하며, 동류의식同類意識마저 갖게 되었고, 이는 민족주의자들에 대한 비판의식을 희석시켰을 것이다.[91]

유자명이 참여하였던 중국농촌지역을 무대로 한 '이상촌 건설운동'은 자유합작의 이상농촌건설조합理想農村建設組合을 만들고, 이를 통해 공동경작·공동소유 형태의 마을을 건설하자는 것이었다. 애당초 이상촌 건설운동은 중국인 아나키스트나 중국정부와의 합작을 통해 아나키즘혁명의 근거지를 건설하기 위한 운동이었기에, '민족해방'이 주된 목표는 아니었다. 이는 아나키즘의 세계주의적 속성에서 기인하는 것이기도 하였다. 그러나 이에 참여하였던 한인 아나키스트들은 결코 민족독립운동을 부정하지 않았다.

반파시즘 국제통일전선의 결성이라는 국제정치의 역학관계를 배경으로, 아나키즘사회 건설을 위한 한 과정으로써 항일운동 및 한·중 연대의 공동항일은 필연적이었다. 또 중국농촌의 계몽과 농민의 생활수준을 향상시키는 일은 아나키즘운동의 인적·물적 기반을 확보하는 작업이기도 하였다.

한인 아나키스트들이 중국인 아나키스트들과의 인간적 연대를 중시하고, 중국 농촌지역을 무대로 한 이상촌 건설운동에 참여한 사실은 아나키즘운동과 항일독립운동의 근거지 및 기반 확보가 용이하지 않았던 재중 한인아나키스트들의 자구적인 노력의 측면과 더불어, 이들의 개방적이고 적극적인 비젼을 확인시켜 주었다.

---

91) 이호룡, 『한국의 아나키즘: 사상편』, 214쪽.

맺음말

1920년대 초반 유자명은 공산주의자 김한과의 만남이나 의열단 활동을 통해, 민족주의 및 공산주의 노선이 주도하는 근대민족운동의 패러다임을 뛰어넘으려 하였다. 그는 아나키즘을 통해 자신의 항일진로와 근대민족운동 방향을 찾고자 하였다.

그는 민족 단위의 좁고 배타적인 세계관을 극복하고, 아나키즘에 입각한 새로운 사회의 건설을 염원하였다. 부단히 중국농촌을 무대로 한 이상촌 건설운동에 동참하였던 사실이 이를 뒷받침한다. 그러면서도 항일민족운동을 아나키즘에 우선하는 가치로 받아들였다.

이는 식민지 상황의 한국사회를 해방하는 일이 아나키즘사회 건설의 선결과제라는 인식에서 비롯되었다. 이 같은 그의 사고는 재중 항일독립운동의 토양을 두텁게 하고, 외연을 확대하는 데 기여하였다.

1930년대 중반 이래 독립운동세력의 단결과 한·중 양 민족의 연대를 주장한 그의 사상적 기반은 아나키즘의 상호부조론에서 찾을 수 있을 것이다. 중국관내지역을 무대로 중국인들과의 연대와 협조 없이 독자적인 활동이 용이하지 못한 상황에서, 아나키즘에 호의적이고 자신에게 우호적인 중국인 지인들은 소중한 연대대상이자 지원자였다. 중국인 지인들과의 동지적 관계는 그 나름대로 상호부조 논리를 구현해 가는 과정이었던 것 같다.

조선민족전선연맹 결성 과정에서, 그는 국가의 존재를 일부 인정하였지만, 대한민국임시정부가 독립운동을 총괄해야 한다고는 생각하지 않았다. 그리하여 조선민족전선연맹이 임정에 통합하고, 그 또한 임시의정원 의원에 선출되기도 하였으나, 임정 활동에 적극 가담하지는 않았다.

그는 "조선민족전선연맹을 기초로 하여 조선 전민족의 각 당파를 포

괄하는 하나의 통일된 조선혁명의 민족당을 만들고, 이 민족당에 한국민
족해방운동의 영도를 맡기자"고 제안하였다.[92] 통일전선의 형태로 '민
족당'을 상정한 데에는, 모든 세력을 아우르기 위한 절충과 합의의 의지
가 엿보이지만, 아나키스트로서 '정부' 형태에 대한 거부감도 반영된 것
으로 유추된다.

이는 그가 중국인 아나키스트들과 함께 이상촌 건설운동에 적극 참여
하였고, 임정 활동에 유보적이었던 사실과 더불어, 자신의 정체성을 아
나키즘의 가치에서 찾고 싶어 하였던[93] 유자명의 세계관을 반영하는 것
일 터이다.

끝으로 일제침략기 적지 않은 진보적인 지식인과 혁명가들이 근대민
족운동의 좌표로 공산주의를 선택하였던 데 반하여, 그는 공산주의가 아
닌 아나키즘 노선을 택하였다. 그 배경은 그의 혁명관 및 세계관을 이해
하는 데 중요하다.

일반적으로 공산주의는 세상을 '소유所有와 비소유非所有'의 문제로 보
고, 아나키즘은 '지배支配와 피지배被支配'관계로 본다고 한다. 이 같은
명제를 전제로 할 경우, 멸망한 조선왕조가 남긴 신분제사회의 유산을
극복하는 과제는 '양반과 상놈'으로 대별되는 지배와 피지배 문제의 해
결을 뜻하였다.

양반제도라는 지배와 피지배 관계를 부정·극복함으로서, 반봉건이라
는 근대민족운동의 과제 해결을 목표로 삼았던 근대민족운동세력의 입

---

92) 柳湜, 「爲朝鮮革命力量統一而鬪爭」『朝鮮民族戰線』 제4기, 14쪽.

93) 이같은 지향은 그의 일생을 꿰뚫는 인생관이 되었는지도 모르겠다. 1982년 11월
　　12일자로 李重之(李達의 아들)에게 보낸 편지에서, 유자명이 "1931년부터 1935
　　년 사이에 南翔의 立達學園 농촌교육과에서 근무하고 있을 때, 너의 아버지와 알
　　게 되었다. 그때 … 그와 나는 무정부주의의 동지였기에 사이가 친밀하여, 형제같
　　이 지냈다"(유자명 자료집 간행위원회 편, 2006, 『유자명 자료집』 1(독립운동편),
　　충주시·충주MBC, 168쪽)라고 회상하고 있는 사실은 아나키스트로서 그의 正體
　　性을 되짚어 보게 만든다.

장에서 보면, 공산주의보다 아나키즘의 논리가 설득력이 컸을 것임은 상상이 된다. 또 공산주의가 '민족'의 가치를 부정한 사실은 항일독립운동의 주체적인 담당자로서 민족의 존재가치를 부정하는 궤변으로 치부될 수 있었을 것이다. 이렇듯 그의 아나키즘에 대한 이해는 근대사회로의 이행이라는 세계사적 보편성에 대한 이해와, 외세 침략에 맞서야 하는 저항적 민족주의 의식이 합치하여 정제된 결과였던 것이다.

항일전쟁이 종료되었으나, 그는 귀국하지 못하고, 공산주의체제에서 자신의 삶을 영위할 수밖에 없었다. 항일투쟁기 아나키스트로서 공산주의에 거부감을 가졌던 그였기에, 이상과 현실의 엇갈림 속에서 자신의 정체성에 곤혹스러워 하였을 모습이 떠오른다.

한·중 연대의 국제주의자, 유자명

머리말

무정부주의 남화한인청년연맹南華韓人靑年聯盟 간부, 난징[南京] 동류진[東流鎭] 동류농장東流農場 기사, 키는 158cm정도, 앞니 두 개가 금니, 난징에 거주하며 난샹[南翔] 입달농학원立達農學院 교사로 봉직하여, 월 3·4회 왕래하고 있다.[1)]

위의 기록은 상하이 주재 일본총영사관 경찰부 제2과에서 조사한 - 1937년 12월 12일 현재 - 유자명의 신상에 관한 내용이다.

유자명柳子·明(1894. 1. 13~1985. 4. 17)은 임시의정원 의원·의열단 단원·조선혁명자연맹 대표·조선민족전선연맹 이사·조선의용대지도위원회 위원 등으로 활동한, 중국관내지역 독립운동의 대표적인 지도자 중의 한 사람이었다.

1919년 상하이로 건너가 독립운동에 투신한 그는 근대사회과학 지식을 수용하여, 자신의 민족운동관을 체계화해 갔고, 중국의 진보적 지식인들과 폭넓게 교류하였다. 그리하여 중국관내지역 한인독립운동 진영을 대표할 수 있는 이론가의 한 사람이 되었다.

특히 1937년 중일전쟁이 일어난 후에는 한인독립운동 진영의 통일운동을 이끄는 한편, 중국항일전쟁을 민족해방과 조국독립을 위한 절호의

◇ 이 글은 「한·중 연대의 국제주의자 / 유자명」(『한국근현대인물강의』, 국학자료원, 2007)을 보완한 내용이다.
1) 社會問題資料硏究會 편, 1974, 『思想情勢視察報告集』 9, 京都: 東洋文化社, 121쪽.

기회로 파악하고, 한·중 연대 공동항일의 이론적 근거를 제시하였다.

그는 중국인사회로 들어가 그들과 함께 생활하며, 반제·반일이라는 정치적 지향 이전에, 인간으로서의 자유와 평등의 정의를 실현하고자 하는 삶에 대한 공감과 연민을 공유하였다. 이와 같은 면모는 지사志士적인 풍모를 보여준 인품과, 농학자 및 사회과학도로서의 수준 높은 지식과 학자적인 탐구자세 등이 밑받침되었기 때문에 가능한 일이었다.

일반적으로 중국대륙에서 활동한 대다수의 독립운동가들이 중국어에 능통하지 못하고, 중국인사회 속의 외국인으로서 고립적인 삶을 살아갔던 데 반하여, 유자명은 중국어 회화와 문장에 능숙하였고, 중국인 친구 및 동지들과 국적을 초월하여 인간적인 신뢰를 나눌 수 있었다. 청싱링·바진 등 거물급 인물들과의 우정과 신뢰는, 외국인이라는 제약을 딛고 중국사회 내에서도 지도적인 역할을 할 수 있는 힘이 되어 주었다.

이러한 유자명의 중국사회 적응력은 눈여겨보아야 할 대목이다. 아나키즘과의 만남, 중국측 인사들과 교류하고 그들과의 활동에 적극 동참함으로써 자신의 활동공간을 넓혀갔던 사실, 일제 패망 후 중국사회에서 새로운 자신의 삶의 궤적을 남길 수 있었던 사실 등은, 자신의 앞길에 펼쳐지는 새로운 상황에 적응하며 이를 앞질러 나가려 하기까지 한 그의 진취적이고 적극적인 세계관의 반영으로 해석될 수 있다. 이 같은 유자명의 면모는 '세계화·국제화' 시대로 일컬어지는 오늘의 우리에게 새롭게 다가오고 있다.

1. 독립운동 투신

유자명은 1894년 음력 1월 13일 충주군 이안면利安面 삼주리三洲里(현재의 영평리 이류면)에서, 부친 유종근柳種根과 모친 이씨李綺魯의 삼남매 중

막내로 태어났다. 어릴 때 이름은 홍갑興甲이며, 학생 때의 이름은 홍식興湜이었다. '자명'이란 이름으로 널리 알려져 있는데, 호는 우근友槿이었다. 우생友生·이청李淸·홍준興俊·홍근興根이란 이름도 사용하였다.

1910년 11월 이난영李蘭永과 혼인하였다. 슬하에 기용·기형 형제를 두었고, 손주 인광·인호·경자·인탁·인상·영희·인각·인문·인국·근식을 두었다. 1911년 충주공립보통학교(현재의 충주교현초등학교)를 졸업하고, 서울의 연정학원研精學院을 거쳐, 1912년 수원농림학교水原農林學校에 입학하였다. 1916년 졸업 후 충주간이농업학교(현재의 충주농업고등학교) 교원으로 취직하여, 보통학교 4학년 농업과 담임을 맡았다. 3·1운동이 일어나자 만세운동을 계획하였으나, 충주경찰서에 탐지됨에 따라, 보통학교 동창 황인성黃仁性의 도움을 받아 서울로 피신하였다.

1919년 6월 신의주를 거쳐 상하이로 건너가, 여운형呂運亨의 소개로 신한청년당新韓靑年黨 비서로 활동하였다. 그는 신채호申采浩의 「임진왜란과 이순신 장군에 관한 역사」강연을 듣고, 크게 감명 받고, 이후 신채호를 존경하며 친밀한 관계를 유지하였다.[2]

또 크로포트킨의 『상호부조론相互扶助論』, 『한 혁명가의 회억』, 『러시아 문학의 현실과 이상』 등을 읽으면서, 아나키즘에 공감하였다. 그는 크로포트킨의 상호부조론이 일제침략에 반대하는 근거가 된다고 생각하였으며, 당면한 한국사회는 계급모순보다 민족모순이 우선이라고 생각하였다.

1) 의열단 활동 참여

1922년 4월경 그는 베이징北京으로 가서 신채호·이회영李會榮 등과 교

---

2) 그는 「朝鮮的愛國歷史學者申采浩」『世界史硏究動態』 1981년 제2기에서, "신채호는 역사를 연구하는 것이 애국주의사상을 드높이는 중요한 지름길이라고 생각"했으며, "개개인이 자기조국의 찬란한 역사를 인식하여야 비로소 애국주의사상을 발양할 수 있다고 강조하였다"고 평가하였다.

유하였으며, 그해 겨울 영어를 배우기 위해 톈진天津으로 갔다. 이 곳에서 의열단의 김원봉金元鳳·이종암李鍾岩과 인연을 맺게 되었다. 그는 『의열단간사義烈團簡史』를 저술하여 의열단의 정체성 확보에 일조하는 한편, 통신연락 및 선전활동을 주관하였다.

이 시기 유자명의 의열단 활동에 대해, 김성숙金星淑은 "김원봉은 앞에 내세운 사람이고 실제 일을 한 사람은 그 사람"이라고 회고하였다.[3] 정화암鄭華岩도 이 무렵 의열단에서 발표한 문건은 대부분 유자명이 작성한 것이라고 증언함으로써,[4] 유자명의 역할과 영향력이 지대했음을 지적하였다.

그는 "일제가 한국을 식민지화하고, 인민을 탄압·학살함에 있어서는 국가권력에 대한 반대는 일제에 대한 반대를 의미하며, 일제 침략원흉의 암살과 일제 통치기관의 폭파는 곧 반일 애국행동"이라는 논리로, 의열단의 투쟁노선을 정당화하였다.

유자명은 의열단원의 진보적인 사고 형태를 아나키즘적인 것으로 이끌었다. 이는 「조선혁명선언朝鮮革命宣言」을 통해 그 일단이 드러난다. 1922년 겨울 김원봉은 베이징의 신채호를 방문하여, 의열단의 행동강령 및 투쟁목표를 성문화해 주도록 요청하였다. 김원봉의 신채호 방문은 유자명의 조언이 주효했던 것으로 알려진다. 유자명은 신채호의 「조선혁명선언」 집필도 도왔다.

1924년 1월 중국국민당의 제1차 전국대표대회가 개최되어, 김원봉이 광둥성廣東省에서 의열단원의 황포군관학교黃埔軍官學校 및 중산대학中山大學 입학을 모색하던 무렵에는, 그가 의열단의 의열투쟁을 주도하였다. 1925년 3월의 일제밀정 김달하金達河 처단과 1926년 12월의 나석주의거羅錫疇義擧는 그의 지도하에 결행되었다.

---

3) 이정식 면담, 감학준 편집·해설, 1988, 『혁명가의 항일회상』, 민음사, 80쪽.
4) 위의 책, 281쪽.

2) 중국국민혁명 체험

「광주廣州를 떠나면서」二三5)에 따르면, 그는 1924년 1월 중국의 제1
차 국공합작國共合作의 성립과, 그 소산으로 설립된 황포군관학교黃埔軍官
學校의 개교에 기대감을 가졌다. 그는 "북벌北伐을 시작한 뒤로 혁명군이
일사천리의 세勢로 장강長江 이북까지 승승장구하고, 강남 각지에 청천
백일기靑天白日旗가 휘날리며, 도처에서 민중이 환호하게 된 것은 북벌군
이 '황포정신黃埔精神'을 발휘한" 결과라고 평가하였다.

그는 황포정신을 "죽기를 무서워하지 않고, 돈을 사랑하지 않고, 사람
을 강제로 징발하지 않고, 군량미를 징수하지 않고, 민가에 들어가지 않
고, 하나로써 백을 대적하는 정신"이라고 설명하였다.

그러나 1927년 4월 12일 중국국민당 우파세력이 좌파 및 공산당 세
력을 제거하는 정변을 일으키고 남경국민정부南京國民政府를 수립하자,
당시 김원봉金元鳳과 함께 광저우廣州에 머물던 그는 "맑게 개었던 하늘
에 돌연히 검은 구름이 감돌고, 천지가 암흑으로 변하는 것을 본 나는
비통한 감정을" 품었다고 하였다. 또 "어제 날의 동지가 오늘은 원수로
변하고, 어제 날의 혁명자가 오늘은 반혁명자로 되었다"6)고, 제1차 국공
합작의 파국과 중국국민혁명의 동족상잔을 안타까워하였다.

"계엄은 연일 계속되고 백색테러는 날로 농후하여진다. 계엄사령부의
포고와 공안국公安局(경찰국)의 포고는 하루에도 두 세 번씩 갈아 붙고, 신
문지·게시판·벽·전주·가로수에는 '타도 공산당' '숙청 공산당'의 표어·
구호가 '타도 장작림' '타도 제국주의'의 표어·구호에 대체되고, 어느 대
학 기숙사에서는 학생이 얼마 잡히고, 어느 공회工會(노동조합)에서는 공인
工人(노동자)이 몇 십 명·몇 백 명이 죽었고, 어느 농민군은 반항을 어떻게
하고, 스추안四川에서는 공산당을 어떻게 숙청하고, 쥬장九江·난창南昌에

---

5) 『조선일보』 1927년 6월 5·6일, 석(夕).
6) 류자명, 1988, 『나의 회억』, 심양: 료녕민족출판사, 98쪽.

서는 공산당을 어떻게 처치하였다는 소식이 날마다 들린다."

"중국의 혁명은 이것이 정正히 위기에 있다. 어제에 공동 협력하여 적을 대하던 혁명군은 오늘 벌써 서로 반혁명으로써 죄를 가하게 되고, 총부리를 서로 마주대게 된다."[7]는 소회처럼, 국민당 우파의 공산당 탄압을 목도한 그는 심한 좌절감과 비통함을 느꼈던 것 같다.

기대가 컸던 만큼 실망도 컸으리라. "혁명세력이 정당으로써 분할되는 때에 혁명 그것은 좌절되고, 정권을 잃은 정당은 구세력 아래에서보다도 더욱 참화慘禍를 당하는 것은 역사가 가르치는 사실이다"[8]라는 지적은 동족상잔의 현장에서 느낄 수 있는 센티멘탈리즘을 뛰어넘어, '혁명이 곧 정치'였다는 사실을 일깨워 주는 듯하다.

그의 비통함은 중국국민당에 대한 신랄한 비판으로 이어졌다. 그러하기에 "국민당에 들어가는 것으로 일종의 승관발재陞官發財의 길로 삼고, 삼민주의三民主義를 문무관 시험의 하나의 과제로 학습하는 당원이 다수인 것은 사실이다. 지도자의 열列에 있는 자까지도 혁명이 어떠한 것인지를 모르고, 민중을 위하고 혁명을 위한다는 구실 하에서 기실은 민중과 혁명을 자기의 이익을 위하여 희생시키려는 자가 있는 것이다"[9]라고 분노하였던 것이다.

3) 중국의 이상촌 건설운동 참여

이후 그는 우한武漢으로 이동하였는데, 1927년 여름 우한에는 유자명·김원봉·이검운李檢雲·권준權晙·안재환安載煥 등의 의열단원 및 진보적 인물들이 집결해 있었다. 그는 중국·인도·한국의 반제·반일민족운동가

---

7) 廣東에서 柳子明, 「적색(赤色)의 비통(悲痛): 명 15일(明十五日) 이후(以後) 사실 (事實)」上, 『조선일보』 1927년 5월 12일 夕.

8) 위와 같음.

9) 위와 같음.

들이 결성한 동방피압박민족연합회東方被壓迫民族聯合會에, 김규식金奎植·
이검운과 함께 '한국대표'로 참가하였다.[10]

1928년 2월 28일 이튿날로 다가 온 '3·1운동 기념'을 위한 회의 도
중, 그는 우한경찰국에 체포되었다. 무한주재 일본영사관에서 "공산당들
이 회의를 하고 있다"고 거짓 신고하였다고 한다. 8월 말 임정과 한인교
민단체의 노력으로 석방된 그는 곧 난징[南京]으로 옮겼다.[11]

이후 중일전쟁 발발 때까지, 그는 난징·상하이·취앤저우[泉州] 등지를
무대로 아나키즘운동의 일환으로서 중국의 '이상촌理想村 건설운동'에
몰두하였다. 1929년에는 중국인 친구 위앤샤오시엔[袁紹先]의 요청으로
'한복염열사기념농장韓復炎烈士紀念農場'에서 농업생산을 지도하였고, 1930
년에는 천판위[陳範豫]의 요청으로 푸젠성[福建省] 취앤저우의 여명고중黎
明高中에서 생물학을 가르치는 한편, 취앤저우지방의 열대식물에 대하여
연구하였다.

1931년 봄부터는 유명한 교육자 쾅후성[匡互生]이 상하이에 설립한 입
달학원立達學院에서 농업과목과 일본어를 가르쳤다. 당시 입달학원에는
주광치앤[朱光潛]·저우웨이췬[周爲群]·류쉰위[劉薰豫]·펑즈카이[豊子愷]·샤
가이준[夏丏尊]·예성타오[葉聖陶]·샤옌[夏衍]·후위즈[胡愈之]·저우위통[周豫
同]·류다바이[劉大白]·천즈포[陳之佛]·주즈칭[朱子淸]·선옌빙[沈雁冰]·정전두
어[鄭振鐸]·선중쥬[沈仲九]·천판위 등의 저명인사들이 교편을 잡고 있었는
데, 이들과의 동지적 연대관계는 이후 유자명의 중국생활에 큰 도움이
되었다고 한다.[12]

입달학원 시기 그의 모습을 전하는 내용으로, 「파금巴金과 '머리칼의
이야기'」에는 다음과 같은 대목이 있다.

---

10) 『나의 회억』, 101~102쪽.
11) 류전휘, 2010, 「나의 아버지 류자명에 대한 회억: 한 한국인사가 호남과 맺은 인
     연」 『중원문화연구』 14, 충북대 중원문화연구소, 310쪽.
12) 위의 글, 311~312쪽.

입달학원 농촌교육과 학생들은 나를 '신비한 사람'이라고 하였다. 특히 나
는 머리칼이 일찍 희어져 사람들은 나를 '백발청년'이라고 불렀다. 나를 동정
하는 학생들은 아무래도 내가 일제놈들의 압박을 너무 받고 간고한 생활을
하였기에 머리칼이 일찍 흰 모양이라고 하였다.[13]

입달학원에 근무하며, 그는 유기석柳基石·정해리鄭海理·안공근安恭根
등과 함께 남화한인청년연맹南華韓人靑年聯盟을 결성하였다. 유자명은 남
화한인청년연맹의 의장 겸 대외책임자로 선출되었다. 1931년 11월 중순
에는 동방무정부주의자연맹東方無政府主義者聯盟 간부 왕야차오[王亞樵]와
화쥔스[華均實]의 제안으로 결성된 항일구국연맹抗日救國聯盟에도 참가하
였다.

1934년 봄 그는 쾅후성의 친구이자 호종남胡宗南부대 참모장인 장싱
보[張性伯]로부터 난징근교 칭룽산[靑龍山]에 있는 제일농장第一農場 관리
를 요청받고, 입달학원 고등학교 교육과정의 농촌청년과 3학년생 5명을
데리고, 1년여 동안 제일농장에서 농사를 지었다. 이때 칭룽산에서 훈련
중이던 의열단이 운영하는 조선혁명군사정치간부학교朝鮮革命軍事政治幹
部學校 입교생들을 상대로 강연을 하기도 하였다. 1935년 6월 입달학원
을 떠나 난징으로 가서, 중국정부 건설위원회建設委員會 산하의 농촌위원
회에서 마련한 동류실험농장東流實驗農場으로 옮겨 원예를 지도하였다.

2. 중일전쟁기 독립운동과 한·중 연대활동

1937년 7월 7일 중일전쟁이 발발하자, 한인들은 이를 민족해방과 조
국광복의 '호기好機'로 판단하였다. 그들은 중국의 승전이 한국의 독립을
담보해 줄 것으로 믿었다. 한인독립운동 진영에서는 중국 측에 대해 항

---

13) 『나의 회억』, 159쪽.

일투쟁의 성과 및 혁명역량 등을 선전하며, 한·중 연대의 항일투쟁을 역
설하였다. 같은 시기 중국정부측에서도 중일전쟁의 확대와 장기화에 대
비하여 한인들의 항일투쟁 역량을 수용하기로 결정하였다.

한인 진영 내부에서는 협동과 단결의 통일운동이 시도되었고, 새로운
협동전선의 조직을 추진한 결과, 조선민족혁명당朝鮮民族革命黨·조선민족
해방동맹朝鮮民族解放同盟·조선혁명자연맹朝鮮革命者聯盟의 좌파 민족주의
자그룹은 12월 초순 한커우[漢口]에서 조선민족전선연맹朝鮮民族戰線聯盟
을 창립하였다.

같은 시기 한국국민당韓國國民黨·'재건' 한국독립당韓國獨立黨·조선혁
명당朝鮮革命黨 등 우파 민족주의자그룹은 한국광복운동단체연합회韓國光
復運動團體聯合會를 결성하였다.

유자명은 자신이 쓴 조선민족전선연맹 창립선언문에서 "조선혁명은
민족혁명이고, 그 전선은 '계급전선階級戰線'이나 '인민전선人民戰線'이 아
닐 뿐 아니라, 프랑스나 스페인의 이른바 '국민전선國民戰線'과도 엄격히
구별되는 … 민족전선民族戰線"[14]임을 천명하고, 한·중 연대를 통한 항
일투쟁역량의 집중, 국제적 반일세력과의 연대를 강조하였다.

조선민족전선연맹의 최고기구는 이사회였는데, 김원봉이 자금과 지휘
를 맡았고, 유자명(선전부)·한빈韓斌(정치부)·이춘암李春岩(경제부) 등이 중심
역할을 하였다. 또 중국군사위원회 정치부 인원 4명과 조선민족전선연
맹 대표 김원봉·김학무·김성숙·유자명으로 구성된 조선의용대 지도위
원회朝鮮義勇隊指導委員會의 일원으로서, 조선의용대 활동 전반에 대해 기
획하고 결정하였다.

그는 독립운동세력 간에 반목·대립하는 현실을 지적하여, "혁명운동
의 확대에 수반되는 이러한 현상도 점차 감소할 것으로 확신한다. 다만
이 같은 과도기적 현상이 전혁명에 미치는 영향이 적지 아니하므로 이

---

14)「朝鮮民族戰線聯盟創立宣言」『朝鮮民族戰線』창간호(1938. 4. 10), 14쪽.

과도기를 단축시키기에 노력해야 할"[15] 것이라고 촉구하며, 그 자신 민족협동전선운동에 적극 참여하였다. 그리고 이를 위한 방안으로써 한·중 연대에 기반한 항일역량의 집중, 국제적 반일세력과의 연대를 강조하였다.

『조선민족전선』「창간사」의, "조선민족의 문제도 또한 전세계 문제의 일환이다. 더구나 중·일 양국 간과 러·일 양국 간의 국제관계에서, 이는 특별하고도 중요한 지위를 차지하는 것이다. 1894년의 중일전쟁 및 1904년의 러일전쟁은 모두가 조선 문제가 도화선이 되었다. 그리고 중국과 러시아의 패배는 조선이 일본에게 병합되는 결정적인 조건이 되었다."[16]

"중국의 항전이 만약 실패한다면, 조선민족의 해방은 기대할 수 없을 정도로 막막하게 될 것이고, 조선민족의 노력 여하도 또한 중국민족의 최후 승리에 영향을 줄 것이다. 과거 중국과 조선 양 민족이 받은 치욕과 손실은 반드시 우리들이 공동으로 책임져야 하므로, 공동의 적을 타도하고 동아시아의 평화를 정립시켜야 하는 것도 중국과 조선 양 민족의 공동적인 사명이다"라는 내용은 그의 국제정세 인식의 일단을 보여준다.

중국·일본·러시아로 대표되는 동북아시아 강대국 간의 이해관계가 '조선 문제朝鮮問題' 즉 한반도의 정치상황과 밀접한 관계가 있음을 간파한 그의 식견은 성리학적 지식체계에 기반한 지식인이나 농학자의 면모를 뛰어넘고 있다.

제국주의 침략 및 강대국 간의 영토 분할이라는 국제질서의 기본이치를 깨닫고 있었던 그는 중국항일전쟁 승리를 한국의 해방과 독립을 담보해줄 수 있는 결정적인 요인으로 설정하였다. 따라서 한·중 연대의 공동 항일 투쟁노선에 입각한 한인 진영의 통일과 중국항일전쟁에의 적극 참

---

15) 위의 글, 15쪽.
16) 「創刊辭」, 『조선민족전선』 창간호(1938. 4. 10), 1쪽.

여는 곧 중일전쟁 이후 일제 말기 재중 한인독립운동이 나아가야 할 방향이었던 것이다.

이와 함께 "절대로 이 연맹을 조선 혁명대중의 상위 영도단체로 만들려는 것이 아니고, 단지 연맹을 가장 완전하고 만족할만한 통일전선의 한 출발점으로 만들 생각이며, 이로써 장차 전선의 통일운동에 더욱 노력하고자 하는 것이다. 그리하여 가장 원만한 통일전선을 실현하기를 기대하는 것이다."[17]

"다른 하나는 우리는 이러한 통일전선이 일본제국주의를 타도하는 투쟁과정 속에서 지지를 얻어낼 수 있다고 깊이 믿을 뿐만 아니라, 장차 독립·자유·행복한 국가를 건립할 때, 또한 각 당·각 파의 공동노력이 필요하다고 본다. 왜냐하면 이렇게 함으로써 비로소 조선민족의 진정한 자유와 행복한 생활을 가져올 수 있다고 보기 때문"[18]이라는 견해는 협동전선운동관의 핵심을 잘 보여주었다.

독립운동세력의 단결과 협동은 일본제국주의를 물리치고, 자주적인 민족국가를 건설하기 위한 관건關鍵과도 같은 조건이었던 셈이다.

1938년 겨울 헝산[衡山]·헝양[衡陽]·사오양[邵陽]을 거쳐 궤이린[桂林]에 도착한 다음, 1940년 3월 다시 아내 류저중[劉則忠]과 더루[得櫓, 1939년생, 북경과학기술대학 재료물리학과 교수 정년퇴임]·잔훼이[展輝, 1942년생, 호남대학 건축학과 교수 정년퇴임] 두 아이를 데리고, 선중쥬[沈仲九] 등 중국인 친구들이 있는 푸젠성[福建省]으로 갔다. 그리하여 푸젠성정부 농업개진처農業改進處의 원예시험장 원예과 주임으로 근무하였다.

1941년 12월 충칭[重慶]의 푸단대학[復旦大學] 교수 마종롱[馬宗融]으로부터, 회교구국협회回教救國協會에서 농업기술원을 양성하기 위해, 궤이린[桂林]의 산지를 개간하여 영조농장靈棗農場을 만들려 하는데, 이를 지

---

17) 위와 같음.
18) 「朝鮮民族戰線聯盟結成經過」, 『조선민족전선』 창간호(1938. 4. 10), 2쪽.

도해달라는 요청을 받고, 다시 궤이린으로 갔다. 이후 충청을 무대로 전개된 독립운동에도 참여하였다.

1944년 가을 궤이린이 함락될 위기에 처하자, 푸젠성정부 비서장으로 있던 청싱링이 푸젠성은행 궤이린지점 측에 유자명 가족을 데리고 나올 것을 부탁하여, 간신히 위기에서 벗어날 수 있었다고 한다.[19]

당시 청싱링[程星齡]이 강락신촌康樂新村을 각지에 개설하여 푸안현[福安縣] 계병농장溪柄農場을 '제2촌'으로 삼고, 유자명을 그 준비처 주임으로 임명하였다. 당시 주민들의 기억에 의하면,

> 누구도 유 선생이 화를 내거나 한 마디라도 큰 소리 치는 것을 본 적이 없다. '염燄'이라는 이름의 어린아이가 있었는데, 일찍이 유 선생의 방문을 두드리며 '할아버지, 할아버지'(당시 유 선생의 머리는 이미 전체가 은실과 같아서, 아이들은 습관적으로 그를 그렇게 불렀다)하고는 부르면, 그는 문을 열고 어린아이를 안고 들어가 요람에 뉘었다. '할아버지 흔들어 주세요' 하고 재촉하면, 유 선생은 '허허' 웃으며 흔들어 주었다. 그는 언제나 아이들을 그렇게 대하였다.
> 또 사람들은 그의 부인 류저중을 '사모님'이라고 불렀고, 아이들은 그녀를 '큰 사모님'이라고 불렀다. 그녀는 광동인으로 유 선생과 함께 동분서주하였다. 어릴 때부터 그녀는 아주 민첩하고 꼼꼼하게 일하였다. 그녀와 유 선생은 모두 순박하게 손님들을 맞이하였는데, 오래동안 만나지 못했던 친구가 찾아오면 친히 향기롭고 달콤한 케익을 만들어 대접하였다.[20]

이렇듯 유자명은 고상한 인격의 소유자로서 늘 성실하였으며, 인도주의 정신으로 중국인민을 사랑하였고, 그 또한 중국 인민의 사랑을 받았다. 어려웠을 때 그와 교류했던 청싱링은 "그는 중국인민의 가장 친밀한 벗이었다." "유자명 선생의 숭고한 애국주의정신과 국제주의정신은 영원히 우리들이 배워야 할 가치가 있다"고 평가하였다.

---

19) 류전휘, 앞의 글, 314~314쪽.
20) 謝眞, 1995, 「深切懷念柳子明先生」, 載蔣剛·王江水 主編, 『懷念集選編』, 泉州平民中學, 民生農校校友會, 66쪽.

3. 일제 패망 후 원예학 연구와 망향의 세월

1945년 8월 그는 푸안현에서 광복을 맞이하였다. 그때의 심정을 "나는 비록 동포들과 한자리에서 해방의 기쁨을 나누지 못하였지만 서울에서, 나의 고향에서 해방의 기쁨을 이기지 못하여 감격의 눈물을 흘릴 나의 동지들, 나의 동포 형제들을 생각하면 가슴이 뜨거웠다"고 회고하였다.

1978년 심극추沈克秋에게 보낸 편지[21]에서, 그는 "일본이 투항할 때 중경의 동포들과 함께 귀국하지 못했습니다"라고 하면서, 자신이 모국으로 돌아가지 못하였음을 가슴 아파하였다. 일제패망 시, 그는 푸젠성에 있었기 때문에 귀국 노선을 찾을 수 없었고, 부득불 동지들과 함께 타이완[臺灣]으로 떠났던 것이다.

절친한 친구인 선중쥬[沈仲九]가 타이완 행정장관공서의 고문으로 발령이 나면서, 유자명도 천이[陳儀] 행정장관으로부터 타이완 농림처 농사실험장 원예학과 주임으로 초청받아, 타이완으로 건너가게 되었던 것이다.[22]

1946년부터 1950년 6월까지 대만성 농림처 기술실주임·합작농장관리소 주임 등으로 근무하면서 타이완의 농업개혁 방안을 모색하였다. 이시기 그는 「합작농장과 농업합작의 여러 가지 형식」[23] 등의 논문을 발표하였다.

타이완 체류 시절 유자명은 한국영사관 총영사 민석린閔石麟(민필호)과 자주 접촉을 가졌고, 1950년 1월 정화암과 함께 귀국 신청을 하였다. 하지만 원적이 '난징[南京]'으로 되어있는 관계로, 반년 후에야 비자를 발급

---

21) 유자명 자료집 간행위원회 편, 2006, 『유자명 자료집』 1, 독립운동편, 충주시·충주MBC, 175쪽.
22) 류전휘, 앞의 글, 315쪽.
23) 「合作農場與農業合作的種種形式」, 『臺灣農林』 제1기.

받을 수 있었다.

당시 타이완에서는 5호연보제五戶聯保制를 실시하여, 가정마다 '국민
신분증國民身證'이 있어야 했기에, 유자명은 '중국인' 신분으로 신청하
여 신분증을 수령하였다. 그러기에 한국으로의 귀국을 위해서는 국민신
분증을 취소하고 출국증을 받아야 했는데, 이 수속을 밟는데 무려 반년
이 소요되었다고 한다.[24]

1950년 6월 25일 25일 저녁, 천신만고 끝에 그의 가족은 서울로 들어
가는 비행기를 타기 위해 홍콩에 도착하였다. 하지만 한국전쟁이 이들의
귀국을 가로막았다. 조국과 고향을 가슴속에 묻을 수 밖에 없었던 그는
세 가지 선택의 기로에 섰다. 타이완으로 돌아가는 것, 홍콩에 눌러앉는
것, 그리고 중국대륙으로 돌아가는 것 중에서, 그는 중국대륙으로 돌아
가는 길을 택하였다.

후난성 부성장을 지내는 청싱링 등의 도움으로, 7월 그의 가족은 창
사[長沙]에 도착하였다. 이후 그는 호남농학원湖南農學院 교수로 새로운 삶
을 시작하여, 저명한 농학자로 다방면에서 커다란 연구성과를 거두었다.
그의 '벼의 기원에 대한 연구'는 세계농학계의 인정을 받았다. 1972년
그는 농학부와 원예학부 교수들을 거느리고 창사 마왕퇴한묘馬王堆漢墓
에서 출토한 벼의 종자를 고증하는 한편, 중국 벼 재배의 기원에 대하여
여러 측면에서 분석하였다.

그는 또한 저명한 원예전문가였다. 1942년에는 「항일전쟁과 원예」[25]
란 글을 발표한 바 있었고, 「중국의 장미와 세계의 장미」[26]에서는 중국
장미의 유럽전파, 중국장미와 유럽장미의 교잡 과정 등에 대하여 논술하
였다. 또한 그는 중국의 남방은 포도를 재배할 수 없다는 견해를 극복하

---

24) 류전휘, 앞의 글, 316쪽.
25) 「抗戰與園藝」『福建農業』 1942년판.
26) 1964, 「中國的薔薇和世界的薔薇」『中國園藝學報』 제3권 제4기.

고자 심혈을 기울여 놀라운 성과를 거두었다. 그가 재배한 포도는 베이징박람회에서 호평을 받았고, 우수한 품종으로 뽑혔다. 그의 연구성과에 따라 포도 생산이 중국남방의 여러 지역에 보급되었고, 특히 후난성 지역에서는 대단위 재배를 시작하여 경제발전에 이바지하였다.

1957년 그는 또한번 선택의 순간을 맞이하였다. "한국전쟁 후 회복과 나라 건설에 대량인력을 필요"로 한 북한정권이 그를 비롯한 해외한인의 귀국을 종용하였다. 즉시 귀국 준비에 착수한 그를 후난성 당국과 호남농학원에서 만류하고 나섰다. 청싱링 후난성 부성장이 나서서 중국정부의 외교경로를 통해 북한정부의 양해를 얻어냈다. 유자명도 고심 끝에 창사에 머물러, "본인과 한국, 조선인민의 은인인 중국인민을 위하여 복무하고, 아울러 이미 진행 중이던 농업교육과 농업과학 연구사업을 계속하기로" 결정하였다.[27]

하지만 나이가 들수록 고향에 대한 그리움은 더하였다. 1979년 5월 8일 심극추에게 보낸 편지에서 그는 "3·1운동 그 해에 나라를 떠나서 이젠 60년이 됩니다. 집이 남조선에 있기에 줄곧 고향에 편지를 못해 봅니다. 만일에 남북이 민족 대단결 회의를 열게 되면 나도 돌아가서 참가하고 싶습니다"[28]라고 적었다. 그의 딸 유더루의 회상에 의하면, 명절이 되면 술을 한잔 마시고 혼자서 '아리랑'을 조용히 불렀다고 한다.[29]

1983년 2월 25일 그의 90세 생일날 호남농학원에서 성대한 축하잔치가 열렸으며, 후난성의 주요 지도자들이 참석하였다. 호남성인민정부 부성장·제5기 인민대의원·호남성정치협상회의 주석이며, 유자명의 생사지교生死之交인 청싱링은 "유자명의 숭고한 애국주의 정신과 국제주의 정신은 영원토록 우리의 훌륭한 본보기가 될 것이다"라고 칭송하였다.

---

27) 류전휘, 앞의 글, 318쪽.
28) 『유자명 자료집』 1, 176쪽.
29) 위의 책, 368쪽.

중국 중앙국제방송국에서 이 사실을 뉴스로 방송하였는데, 이 소식을 들은 한국의 후손들이 방송국에 유자명의 연락주소를 문의하였다고 한다. 이리하여 그는 한국의 후손에 대해 알게 되었다. 그때 그는 집에서 안절부절하며, 한국에 가야겠다고 자주 말했다고 한다.

1977년 그는 심극추에게 보낸 편지에서 "나는 조국을 사랑하고 중화인민공화국을 사랑합니다. 우리 집의 네 식구 중에서 나 혼자 국제우호 인사이고, 자식들과 외손자는 모두 중국인민입니다"[30]라고 하였듯이, 그는 끝내 중국국적을 갖지 않고 '조선인'으로 살았다.

1985년 4월 17일 후난성 창사[長沙]에서 일생을 마쳤다. 1968년 대한민국정부는 대통령 표창을 수여하였고, 1991년에는 건국훈장 애국장을 추서하였다. 1978년 북한정부도 3급 국기훈장을 수여하였다.

4. 중국인들의 마음 속에 살아 있는 유자명

그에게는 중국인 지기知己가 많았다. 저명한 교육자 쾅후성[匡互生]·마종룽[馬宗融]·천판위[陳範豫] 등과, 정치가 청싱링[程星齡]·선중쥬[沈仲九], 작가 바진[巴金]·뤄스미[羅世彌], 제자 수통[粟同]·리류화[李毓華] 등을 꼽을 수 있다.

특히 바진과 유자명은 60여년 동안 우정을 나누었다. 늘 서로의 속마음을 얘기하였고, 서로를 보살피며 지냈다. 심용철沈容澈(심용해의 동생)은 "유자명과 바진의 교류가 비교적 많았던 시기는 1930년부터 1935년 사이였다. 그 무렵 자명은 난샹[南翔] 입달학원 농촌교육과에 있었고, 마종룽·뤄스미와 교사 숙소에서 함께 지냈다. 바진 역시 마종룽과 뤄스미의 친구로, 늘 상하이에서 리다[立達]에 왔다. 자명과 바진은 무릎을 맞대고

---

30) 위의 책, 172쪽.

이야기를 나누는 기회가 많았다"[31]라고 회고하였다.

바진은 "난징 부자묘夫子廟의 어느 찻집에서 점심 겸 뭘 조금 먹었다. 모인 사람은 다섯이었는데, 상해전쟁의 앞날에 대한 얘기에 이르자, 나와 한국인친구는 격렬하게 논쟁을 시작하였다. 이 논쟁은 나로 하여금 주위의 모든 것을 잊어버리게 만들었다"[32]고 하였다.

또 다른 작품에서는 "내가 작은 배에 나는 듯이 올라탔을 때, 우연히 옆에 정박해 있는 목선의 남색 중국옷을 입은 중년남성이 눈에 띄었다. 그 사람은 내 친구와 몹시 닮았다. … 그는 지금 한국인 친구들과 함께 활동하고 있다고 하였다. 그 목선에는 여러 명의 한국인 남녀의 그림자가 보였다. … 나는 몸을 흔들거리며 작은 배에 서서, 놀랍고 기쁜 마음으로 친구의 이름을 불렀다. 식사를 하고 있던 사람들은 모두 놀란 것 같았다. 중년부인 한 사람이 대나무 의자에서 일어나며, 깜작 놀라며 '바진!'하고 외쳤다. 그녀는 그 친구의 아내였다"[33]고 적었다.

위의 두 대목에서 말하는 한국인 친구는 유자명을 가리킨다. 또

"이 친구는 성이 유柳이고, 원예가이고 수십 년이래 여러 학교와 농장에서 일하고, 중국을 위하여 많은 원예가를 길렀다. 그는 당시 한국인 유망객流亡客 가운데에서도 위엄과 인망이 있었다. 내가 상하이나 꿰이린·충칭·타이베이에 있을 때, 늘 그와 만났다. 지금도(1980년 1월 당시) 연락이 끊어지지 않고 있다. 그는 호남농학원湖南農學院에서 가르치고 있으며, 때때로 사람을 시켜 나에게 호남의 명산물을 보내준다.

나는 40수년전 그가 일본인의 추격이 엄하여 상하이에 오면 언제나 마종롱의 집에 은거하였는데, (이러한 불안한 생활을 하는 것이)여러 달 지남에 따라, 그의 머리카락은 완전히 하얗게 되어버렸다고 생각하고 있다. 그 집의 주부가 나중에 단편소설 「생인처生人妻」를 발표한 작가 뤄수[羅淑]이다. 항전 초기 뤄수가 병으로 죽어, 우리들이 꿰이린과 충칭에서 만났을 때, 함께 죽은 친구를

---

31) 沈容澈(克秋), 『我的回顧』, 미출간.
32) 「從南京回上海」, 1932.
33) 「民富渡上」, 1938.

　　그리워하였다. 나는 그가 몇 번이나 머리를 숙여 눈물을 닦는 것을 보았다.
　　친구 유는 이미 80세를 넘겼지만, 그는 아직 창사[長沙]에서 일을 하고 있
　　다. 나는 그의 은발 머리가 태양 아래에서 번쩍번쩍 빛나고 있는 것을 보는
　　것 같다.[34]

고 회고하였다. 1983년 유자명은 그의 자서전에서 "지금까지 나와 바진
사이의 통신연계는 그칠 사이가 없었다"라고 적었다.[35] 그런가 하면 바
진은 늘 유자명을 형님으로 모셨다. 유자명은 자신의 한문 회고록을 바
진에게 보내 수정을 부탁했으며, 바진은 열심히 읽고 수정의견을 제시하
였다. 유자명이 타계하자 바진은 즉각 조문을 보내기도 하였다.

　　이와 함께, 문화대혁명文化大革命 시기 학생 및 제자들이 유자명의 집
방문에 "국제우인國際友人 유자명 선생 댁이므로, 들어가 소동을 피우지
말라"는 표어를 붙여놓았던 사실이나, 1983년인가 84년인지 중국의 '인
민작가人民作家'로 추앙받는 바진[巴金]이 베이징에 왔을 때, "아버지가 그
얘기를 듣고 바진 선생한테 전화를 했대요. '네가 북경에 왔으니까 내가
당연히 너를 찾아보겠다' 했더니, 바진 선생님이 그러셨대요. '내가 동생
인데, 어떻게 형이 우리 집에 올 수 있겠느냐' 그러면서 직접 찾아 왔대
요"[36]하는 딸의 얘기를 통해서는, 중국인사회 속에서 당당하게 살아 갈
수 있었던 그의 인품과 신망信望을 헤아릴 수 있을 것이다.

　　또 "굉장히 엄격한 아버지셨어요. 하지만 때리거나 욕설을 하지는 않
았어요. 굉장히 엄격하셨어요. 그러한 엄격한 중에서도 성장의 기틀을
마련해 주셨어요. 어렸을 때, 장난감 같은 것을 사준 적은 없어요. 아버
지가 외출을 하시면 가는 데가 서점 밖에 없었어요. 서점에서 돌아오실
때에는 책을 몇 권씩 사다주신 기억이 납니다"[37]라는 딸의 말로 미루어

---

34) 1980, 「關於火」.
35) 『나의 회억』, 163쪽.
36) 『유자명 자료집』 1, 371쪽.
37) 위의 책, 373~374쪽.

보면, 그는 영락없는 한국의 아버지였다.

아들 류잔훼이는 한국이 광복한 이후에도 항상 부친이 조국과 고향에 대해 그리움 같은 것을 지니고 있었고, 그리고 분단된 조국이 언젠가는 꼭 통일되기를 바라는 마음뿐이었다고 하였다.

호남농과대학의 제자인 뤄저민[羅澤民]은 "유자명 선생은 농업은 입으로 말만하는 것이 아니라고 했습니다. … 선생님이 수업하실 때는 말하는 학생이 한 명도 없었고, 결석하는 학생도 없었습니다. 유자명 선생이 학교에서 강의하시는 것은 얻기 어려운 기회였고, 진실되었습니다."

"선생님은 비교적 낡은 한국어로 된 지도를 갖고 계셨습니다. 지도를 가리키면서 저에게 알려주셨습니다. 그때 평양의 상황은 별로였고, 부산이나 대구보다 못하다고 하셨습니다. 저는 왜 여러 해 동안 한국으로 안 돌아 가시냐고 물었습니다. 나는 한국인이지만 우매한 중국을 사랑한다고 하셨습니다"[38]라는 증언은, 중국 국적의 취득을 거부하고 끝내 '한국인과 조선인'으로 살았지만, 중국인보다 더 중국을 사랑한 '외국인 선생님'의 교육에 대한 열정과 조국사랑을 전해준다.

끝으로 오랜 시간 그의 곁에서 회고와 증언을 듣는 기회를 가졌던 전기(『훈장을 단 원예학자』) 작가[39]의 "유자명 선생은 자기감정을 쉽게 표현하지 않았지만, 애국열정이 넘쳐났습니다. 선생님이 감격하셨을 때는, 목소리는 평범하시지만 얼굴이 붉어졌습니다. 그는 항상 지나간 생각을 더듬으셨는데, 제가 살며시 문을 열고 들어갔을 때, 창가에 서서 멀리 바라보시면서 고향생각을 하신다는 것을 저는 압니다. 때로는 선생님께서 가족들을 생각하시면서 눈물을 머금으실 때도 있으셨습니다"[40]라는 증언은, 남몰래 조국과 고향에 두고 온 얼굴을 떠올리며 살다간 '민족주의자

---

38) 위의 책, 230쪽.
39) 安奇, 1994, 『戴勳章的園藝學家 – 柳子明傳』, 中國農業出版社.
40) 『유자명 자료집』 1, 304쪽.

이며 국제주의자’인 그의 참모습을 알려주는 것일게다.

맺음말

한국인으로서, 농촌 출신의 유교지식인으로서, 그리고 아나키스트로서의 정체성을 견지하며, 아나키즘의 상호부조와 자유연합의 원리에 토대하여, 한·중 연합이라는 시대적 과제를 헌신으로 보여주었던 그의 민족운동관이 갖는 현재적 의미는 대체로 다음과 같이 정리할 수 있다.

첫째, 유자명에게 있어서, ‘민족’은 그가 존경했던 신채호나 의열단 등의 예에서 보이는 것처럼, 자신의 삶을 담보해주는 가장 근원적인 가치였다. 즉 민족이라는 울타리가 무너진 상황에서, 울타리(즉 민족)를 되살리고 지켜 나가는 일은 곧 자신의 생존과 삶의 가치를 지켜나가는 일이 되는 것이다. 때문에 민족의 해방과 자유의 확보는 다른 어느 것과도 바꿀 수 없는, 반드시 도달해야 하는 최고의 최후의 목표였던 것이다.

그리고 유자명의 민족관은 폐쇄적이고 고립적인 가치로 한정되지 않았다. 일반적으로 아나키즘은 민족이라는 개별성을 부정하는데 반해, 그는 민족의 가치를 지키고 다듬어 나가는 방편으로써 아나키즘을 수용하였다.

둘째, 그는 전통적인 중화관념의 틀을 뛰어넘어 우리민족의 독립과 해방을 도와줄 수 있는 유력한 국제적 동반자로서 중국과 중국민족을 바라보았다. 즉 한·중 관계를 서로 보탬이 되고, 도움을 줄 수 있는 동반자적인 관계로 파악하였다.

청싱링 후난성 부성장과의 우정이나, 유명한 소설가 바진이 그를 소재로 한 소설을 쓴 사실 등은, 중국인들이 유자명을 어떻게 평가하였는지 뒷받침해 주고 있다.

셋째, 그의 항일역정은 "국제주의國際主義와 더불어 걸어 간 민족주의
民族主義의 길"이라고 할 수 있다. 요컨대 민족주의라는 감성적이고 방어
적인 닫힌 공간을 뛰어넘어, 한·중 양 민족의 우호협력 나아가 동아시아
피압박민족의 국제적 연대를 통해 민족주의의 진로를 모색하였다고 평
가할 수 있을 것이다.

제4장
광복 후의 국가건설운동과 현실인식

임정그룹 출신 독립운동가 박건웅의 미군정기 현실 참여
중간파 민족주의자 박건웅의 정치사상과 국가건설론
민족문화 재건 논의의 내용과 방향
민족국가 건설 구상과 독립운동의 계승의식

임정그룹 출신 독립운동가 박건웅의
미군정 현실 참여

머리말

일제말기 임정을 축으로 협동전선을 형성하였던 충칭의 독립운동 세
력들은 1945년 11월 말 이래 귀국하여 독자적인 정치세력을 구축해 갔
다. 대체로 이들은 미·소 양국의 간섭을 배제한 자주적인 통일민족국가
수립을 목표로 하였다. 그러나 미·소 양국의 한반도점령 체제는 고착화
되어 갔고, 냉전체제가 한국현대사의 주요한 국제환경으로 작용하였다.
이러한 상황 하에서 독립운동 세력의 변신은 다양하게 시도되었다.

박건웅朴建雄은 미군정의 영향력 하에서 출범한 좌우합작위원회와 남
조선과도입법의원에 참여하여, 친일파 처리문제 등을 둘러싸고 반민족
세력과 대결하였다. 그는 미·소의 개입을 인정하는 현실인식을 토대로,
좌우합작에 의한 자주적 통일민족국가의 수립을 위해 진력하였다.

이 같은 정치적 행보는 같은 충칭[重慶]임정그룹인 김구 및 김원봉 등
과도 다른 것이었다. 그는 김규식과 여운형을 중심으로 한 좌우합작 세
력의 일원으로서 자주적인 통일정부수립 노선을 견지하였다.

그는 1926년 중국 황포군관학교를 졸업하고, 1927년의 광주기의에도
참여하였다. 1920년대 말에는 베이징에서 김원봉·안광천 등과 조선공산

◇ 이 글은 「박건웅의 미군정기 현실참여와 정치활동의 성격」(『한국사연구』 107,
  1999. 12. 31)을 보완한 내용이다.

당 재건운동을 전개하였고, 1931년 만주사변 이후에는 한국대일전선통일동맹을 무대로 한 협동전선운동에 참여하였다. 1935년 이후에는 김성숙·김산 등과 함께 조선민족해방동맹을 결성하였으며, 일제말기에는 임정 의정원의원 등으로 활동하였다. 그의 독립운동 노선은 대체로 중간좌파적인 성향으로 분류될 수 있으며, 해방정국기 그의 국가건설론과 정치사상은 일제하 항일운동 과정에서 축적된 역사의식의 소산이었다.

그러나 해방정국기 국가건설운동 과정에서는 또 다른 모습으로 자신의 정치역정을 개척해 갔다. 좌우합작위원회 위원·남조선과도입법의원의원·민족자주연맹 중앙집행위원 등의 직함이 시사하듯이, 그는 미군정체제라는 정치환경에 적응하면서, 미·소 양군의 철군과 남북한 총선거를 통한 자주적 통일정부 수립을 위해 노력하였다.

그는 자기주장을 유려한 문장으로 논리화한 학자가 아니었으며, 달변의 정치가도 아니었다. 미·소 냉전체제의 그늘이 짙어가던 정국변화에 현실적 합리적으로 대응하려 노력한 실천적 유형의 인물이었다. 근년에 들어 해방정국기 중간세력의 정치사상에 관한 연구가 적극화되었고, 그결과 배성룡·이순탁·강진국처럼 자신의 중간노선을 글로 남긴 인물에 대한 조명작업이 시도되었다.[1] 반면에 박건웅은 자신의 지적체계를 정리된 문장으로 남기지 못하였지만, 이것이 그의 실천적 민족주의운동을 살피는데 한계성으로 작용해서는 아니될 것이다.

그는 이론과 명분을 뒤쫓기보다, 민족적 요구와 민중의 희구를 대변

---

1) 이들의 정치사상에 관한 연구성과는 다음의 것들이 대표적이다.
김기승, 1994,『한국근현대사회사상사연구: 배성룡의 진보적 민족주의론』, 신서원.
방기중, 1993,「해방정국기 중간파노선의 경제사상: 강진국의 산업재건론과 농업개혁론」,『경제이론과 한국경제』, 최호진박사 강단50주년 기념논문집, 박영사.
홍성찬,「일제하 이순탁의 농업론과 해방정국 입법의원의 토지개혁법안」, 위의 책 ; 1996,「한국 근현대 이순탁의 정치경제사상 연구」『역사문제연구』창간호, 역사문제연구소.

하는 데에 정치활동의 촛점을 맞추었다. 그의 민족의식은 주로 친일파처
리문제·'정치범석방문제' 등을 통해 표출되었고, 국가건설론은 외세의
간섭을 배격한 민족자주적 정치공간의 확충, 사회민주주의적 경제제도
의 확립, 미·소 양군 철수를 통한 자주적인 통일정부 수립으로 구체화되
었다.[2]

　이 글에서는 미군정기 박건웅의 정치활동을 통해 일제하 독립운동 세
력이 민족국가건설 세력으로 변모해 가는 과정을 재구성하는 데에 초점
을 맞추었다. 이러한 시도는 일제하 항일민족운동과 해방정국기 통일민
족국가 수립운동의 계기성을 확인해 줄 것이다. 또 이를 통해서는 근대
민족운동이 미·소 냉전체제라는 또다른 외인에 의해 굴절되는 단면을
엿볼 수도 있을 것이다.

1. 미군정 체제 내 정치활동

1) 좌우합작운동의 전개

　미군정자료에 의하면, 박건웅은 1946년 3월 귀국하였다.[3] 해방정국

---

2) 이 글의 작성에 참고된 주요 연구성과로는 다음의 것들이 있다.
　안정애, 1988, 「좌우합작운동의 연구과정」, 최장집 편, 『한국현대사』 I, 열음사.
　조성훈, 1991, 「좌우합작운동과 민족자주연맹」 『백산박성수선생화갑기념 한국독
　립운동사인식』.
　도진순, 1992, 「1947년 중간파의 결집과정과 민족자주연맹」 『수촌박영석교수화
　갑기념 한국사학논총』 하.
　서중석, 1992, 「해방후 주요정치세력의 국가건설방안」 『대동문화연구』 27, 성대
　대동문화연구소.
　심지연, 1994, 「미소공동위원회」 『국사관논총』 54, 국사편찬위원회.
　정병준, 1993, 「1946～1947년 좌우합작운동의 전개과정과 성격변화」 『한국사론』
　29, 서울대국사학과.
　김영미, 1994, 「미군정기 남조선과도입법위원의 성립과 활동」 『한국사론』 32.

에서 그의 정치활동의 시작은 민주주의민족전선民主主義民族戰線(이하 '민전') 참여로 확인된다. 1946년 2월 15일 민전 결성대회일 오후 발표된 민전 중앙위원 305명의 명단에는 그의 이름이 포함되어 있었다.4) 이때는 박건웅이 미처 귀국하기 이전인데, 그의 민전 중앙위원 선임은 김성숙金星淑과 더불어 조선민족해방동맹朝鮮民族解放同盟의 대표성을 인정받은 결과였을 것이다.

임정 국무위원으로 귀국한 김성숙은 이미 1월 하순 임정을 탈퇴하고 민전결성에 합류하였다. 4월 초에는 민전 상임위원에 보선되기도 하였다.5) 그러나 그의 민전 활동은 적극적이지 않았던 것으로 추정되며, 본격적인 활동은 좌우합작위원회左右合作委員會(이하 '합위')를 통해 그 모습을 드러냈다.

1946년 5월 8일 이후 미소공동위원회美蘇共同委員會(이하 '미소공위')는 무기한 휴회 상태에 돌입하였고, 김규식과 여운형을 중심으로 한 온건우익과 온건좌익 세력은 좌우합작을 추진하였다. 이들은 자율적인 민족통일과 자주적인 정부 수립을 위해서는 미·소와의 협조가 필요하다는 인식을 갖고 있었고, 이는 미군정의 이해판단과도 일치하였다.

이들은 미·소 양군이 진주한 상황 하에서, 좌우합작을 민족문제 해결의 관건으로 생각하였다. 이들은 좌우분립 현상의 타파와 미·소 양군의 조기철수를 주장하였으며, 미소공위를 통한 '임시정부' 수립을 목표로 하였다.6) 중간파中間派라는 독자적인 세력이 형성되었다.,

합위의 구성은 좌우합작 필요성에 대한 사회적 요구와 하지(John R.

---

3) 정용욱 편, 1994, 『解放直後政治社會史資料集』 3 (이하『정용욱자료집』으로 약칭), 다락방, 458쪽.

4) 민주주의민족전선 선전부, 1946.2.25, 『民主主義民族戰線結成大會議事錄』, 105쪽, 김남식·이정식·한홍구 편, 1986, 『韓國現代史資料叢書』 12, 돌베개, 668쪽.

5) 『서울신문』 1946. 4. 9, 국사편찬위원회 편, 『資料大韓民國史』 2, 366~367쪽.

6) 서중석, 1992, 『韓國現代民族運動研究』, 역사비평사, 388~390쪽.

Hodge) 사령관의 공개적인 지지표명 등을 배경으로 급속히 진전되었다.[7]
7월 25일 제1차 정식회담이 미소공위 미국측 대표단 본부인 덕수궁에서
개최되었다.[8] 여운형은 합위의 목적으로 미군정 경찰의 재조직과 부패
척결, 정치범석방, 테러방지 등 정치현안의 개혁과 이를 위한 우익세력
의 지지 확보를 꼽았다.[9]

　발족 당시 합위대표는 우측; 김규식·원세훈·안재홍·김붕준·최동오,
좌측; 여운형·허헌·정노식·이강국·성주식이었다. 그러나 8월 이래 조선
공산당 활동의 불법화와 좌익세력의 재편과정을 거치며, 합위활동은 정
체되었다.

　8월 26일 재개된 회의에는 '반박헌영反朴憲永' 계열의 인물들이 좌측
대표로 참석하였다. 여운형呂運亨·장건상張建相·박건웅·황진남黃鎭南·강
순姜舜·여운홍呂運弘 등 좌측대표들은 중간좌파 지향이 강한 인물들인데,
이는 좌우합작운동이 중간세력의 결집과정이었음을 알려준다. 중간우파
성향을 띠었던 원세훈元世勳의 한국민주당 탈당 사실도 이를 뒷받침한
다.[10]

　그는 8월 26일 이래, 8월 30일·9월 7일·9월 23일·9월 27일·9월 28
일·10월 4일 회의에 줄곧 참여하였다.[11] 9월에는 합위 선전부장에 선임
되었고, 합작 7원칙 서명에도 참여하였다.[12] 그의 좌측대표 발탁 배경은

---

7) 중간파는 후일 합위 결성의 의미를 "국내·국제정세에 의하여, 민족적 지상명령으
　　로 좌우합작과 남북통일로써 우리의 독립전취와 자주권의 획득을" 위한 것이었다
　　고 자평하였다(『中央新聞』1947. 12. 16).
8) 합위 성립과정에 대해서는 정병준, 앞의 글, 263～267쪽 참조.
9) 박갑동, 1991,『통곡의 언덕에서』, 서당, 256쪽.
10) 안정애, 앞의 글, 299쪽 및 서중석, 앞의 책, 409～413쪽 참조.
11) 좌측대표의 변경과정에 대해서는 정병준, 앞의 글, 278～286쪽 참조.
12) 『정용욱자료집』3, 458쪽.
　　『서울신문』1946. 10. 9 기사는 "서명에 참여한 양측대표는 김규식·여운형·박건
　　웅·장권·원세훈·안재홍·김붕준·최동오였고, 조선공산당·남조선신민당·조선민족
　　혁명당 대표는 참가하지 않았다"고 보도하였다(『자료대한민국사』3, 470쪽).

명확히 밝혀지지 않지만, 남로당측 대표들을 배제하고, 온건좌익 인물로 좌측대표를 구성하려 한 미군정의 의도로 추정된다.

그러나 박건웅 등의 좌익대표성은 좌익세력의 비판을 야기하였다. 조선공산당朝鮮共產黨의 한 당원은 "자칭 좌익대표라는 것은 과연 한심한 인물들로써 정식대표가 되지 못한다. 여운형·박건웅·장건상·백남운·이여성·이임수·장권·황진남·김찬 등이 서로 번갈아 등장하는 것인데, 여운형 씨를 제외한 여타의 인물이란 좌익을 대표하였다고 볼 수 없는 타락분자가 아니면, 일종 정치브로커들로서 미군정 예찬자에 불과한 무리들이다"라고[13] 비난하였다.

남조선신민당南朝鮮新民黨은 "좌우합작회담에 참가한 장건상·박건웅·장권張權 3씨는 좌익대표는 될 수없는 것이다. 좌익정당 단체의 최고협의기관인 민전에서 이를 부인하고 가결치 않은 것을 자칭 좌익측 대표인 척하는 것은 옳지 못한 것이다"라는 담화를 발표하였다.[14] 좌익 대표성을 둘러싼 논쟁을 계기로 중간세력과 좌익세력의 차별성이 현실화되었다.

김성숙은 '조선민족해방동맹 중앙서기장' 명의로 발표한 「합작 7원칙에 관한 우려」라는 제목의 성명서에서, "공산주의자들은 하등 반대할 이유가 없다. 미소공위개회 촉구·임정수립·친일파 민족반역자배제·언론출판 집회 결사자유의 확보·정치범석방·토지개혁·민생문제 등은 우리 공산주의자들의 가장 긴급하고 중대한 임무이기 때문이다. 20년 이래 공산주의의 승리를 위하여 분투해 온 동지 박건웅을 조선공산당에서 브로커라고 지목하는 것은 착오이다. 박 동지는 본래 조선공산당 의사에 의하여 좌우합작을 추진시켜 오던 바"이며, "박건웅 동지는 처음부터 개인 자격으로 합작을 추진시켰고, 좌익을 대표한 일은 없다. 그러나 지금 와

---

13) 而丁, 『남조선입법의원』(1946. 11. 7), 6~7쪽, 『정용욱자료집』 12 수록.
14) 『東亞日報』 1946. 10. 10, 『자료대한민국사』 3, 483쪽.

서 본 동맹은 박동지의 합작에 관한 활동을 승인하고 지지한다"[15]고 천명하였다.

그런데 김성숙의 이 성명은 김성숙과 박건웅 두 사람의 관계 뿐 아니라 이들의 공산주의관을 이해하는데 도움을 줄 수 있다. 즉 김성숙은 "중일전쟁이 일어나기 전입니다. … 나는 이때부터 특히 박건웅과 아주 가까워져, 해방 뒤 국내에 들어와서도 일을 같이해 박헌영파와 싸웠어. 해방 뒤 내가 박헌영파와 싸우게 되지 않았으면 나는 아예 공산주의자로 뛰었을 것같아. 그러나 박헌영파와 싸우다 보니, 나는 도저히 공산주의자가 될 수 없더군"이라고 회상하였다.[16]

이는 해방 후 공산주의와 결별하고 근로인민당·민주혁신당 등 이른바 '혁신계' 정치활동의 중심역할을 하였던 김성숙의 정치노선을 이해하는 데 보탬을 준다. 그리고 이 같은 김성숙의 정치행로는 일제말기 이래 그와 동지적 유대관계를 견지하였던 그의 해방정국기 정치노선과 사상을 이해하는 데에도 많은 시사점을 제공하고 있다.

그러나 김성숙의 옹호가 박건웅과 좌익세력 사이의 균열을 메울 수는 없었다. 그의 조선공산당과 민전에 대한 입장은 비판적으로 바뀌어 갔다. 하지만 이는 박헌영·허헌 등 좌익 지도부와의 갈등을 뜻하는 것으로 서,[17] 그는 합위와 입법의원 내에서 '좌익대표'를 자임하였다.

아마도 이때부터 미군정체제의 현실상황에서 독자적인 정치노선을

---

15) 『朝鮮日報』 1946. 10. 13 ; 『자료대한민국사』 3, 537쪽.
16) 이정식 면담, 김학준 편집·해설, 1988, 『혁명가들의 항일회상: 김성숙·장건상·정화암·이강훈의 독립투쟁』, 민음사, 98~98쪽.
17) 이같은 박건웅과 박헌영 및 허헌 사이의 갈등 추정은 후일 북로당 측이 박헌영·허헌 주도 하의 남로당측과 별도로 개설한 협의대상 인물 중의 하나로 박건웅이 선정되었던 사실로도 어느정도 뒷받침된다. 근년에 채록된 증언에서는, 1946년 12월 이후 본격화된 북로당의 대남정치공작 과정에서 김일성이 성시백의 정치공작 상대로 '박헌영이 차버린 사람들'을 지목하였다고 한다(유영구, 1992, 「거물간첩 成始伯프로젝트」상, 『월간중앙』 6월호, 642~643쪽).

330 제4장 광복 후의 국가건설운동과 현실인식

추구하였을 것으로 추정된다. 미군정은 합위대표의 개인성향 분석에서 그를 '좌익대표'로 분류하였는데, 이는 미군정이 박건웅을 '대화 가능한' 좌익인물로 인식하였음을 의미한다.[18]

어쨌든 10월 7일 '합작 7원칙'의 제시를 계기로, 남한정국은 큰 변화를 맞게되었다. 즉 남로당과 민전은 합위에서 완전 이탈하였고, 남로당의 극좌모험주의 노선에서 이탈한 중간좌파와 한민당 탈당세력을 중심으로 한 중간우파가 결집하여, '제3의 정치세력'을 형성하기에 이르렀다. 이는 좌우합작운동의 의의로 평가되는 점이기도 하며, 미군정은 이들을 대상으로 남조선과도입법의원南朝鮮過渡立法議院(이하 '입법의원')의 개설을 구상하였다.

한편 합위는 '10월 인민항쟁'의 수습을 위해 미군정측과 공동으로 조미소요공동대책위원회朝美共同騷擾對策委員會를 구성하였다. 미국측 대표는 브라운(Albert E. Brown) 미소공위 미국측대표·러치(Archer L. Lerch) 미군정장관·번스(Arthur C. Bunce) 하지중장 고문·웨커링(John Weckerling)·존슨(Alexis Johnson)·헬믹(G. Helmick) 등이었고, 합위측 대표는 김규식·원세훈·최동오·김붕준·안재홍·박건웅·장권·여운홍 등이었다.

박건웅은 10월 23일 부터 12월 10일까지의 27차례 회의 전과정에 참석하였다.[19] 주요의제는 미군정의 경찰행정과 식량정책의 실패, 경찰의

---

18) 미군정자료는 그를 '김철수 중심그룹에 속하지않는' '반박헌영과 공산당의 주요인물'로 분류하였다(『정용욱자료집』 3, 458쪽). 하지의 경제고문인 키니와 번스는 1946년 11월 26일 관선의원 45명 추천명단을 브라운 군정장관에게 제출하였는데, 박건웅은 여운형·장건상·김철수·허헌·백남운·김원봉·고경흠·김성숙·이여성 등과 '좌익측'의원으로 추천되었다(정병준, 앞의 글, 294~295쪽). 또 1948년 4월 20일 남북협상 시점에서, 미군정자료는 그를 '온건좌익'으로 분류하였다(한림대아시아문화연구소 편, 1990, HQ. USAFK, G2 Weekly Summary『駐韓美軍週刊情報要約』V, 176쪽, 이하『한림대자료집』으로 약칭).

19) Joint Korean American Conference Minutes of Meetings, Nos 1~277(이하 「한미대책회의회의록」으로 약칭), 『정용욱자료집』 12, 13쪽.
당시 신문은 김규식·원세훈·최동오·김붕준·안재홍을 '좌우합작대표'로, 장권(사

불법적 고문, 친일파등용문제, 통역정치의 폐해, 군정관리의 부패 등이
었다.

경무부장 조병옥·수도경찰청장 장택상·수사국장 최능진·미국인고문
맥그린 대령 등을 상대로 경찰의 불법행동과 미군정의 친일파 기용문제
등을 추궁하였지만, "1946년 말부터 남한이 경찰의 세상이라는 것은 바
보가 아니면 누구나 아는 명백한 사실"이었다.[20]

합위 위원들은 '10월 인민항쟁'의 원인 규명과 대책 마련을 위한 개
혁을 강력히 요구하였다.[21] 이들의 주장은 묵살되었고, 역설적으로 경찰
은 확고한 정치권력으로서 자리매김하였다.[22]

이후 합위는 11월 10일의 회의에서 "좌우합작을 적극적으로 추진할
방안을 토의하였"으나,[23] 민선 입법의원선거라는 미군정의 새로운 카드
에 맞닥뜨리게 되었다. 미군정은 간접선거를 통해, '바람직하지 못한 사
람들을 제거하고', 우익세력 중심의 입법의원을 탄생시켰다.

이로 인해 합위는 중간우익의 '개인동지들로 구성된 정치위원회' 또
는 '일종의 중간정당'이 되어버렸다. 더욱이 합위위원들이 대다수 관선
입법의원 의원에 선임됨에 따라, 합위는 독자적인 활동이 불가능해졌

회당)을 '중간측대표'로, 여운형(대리 이임수)과 박건웅을 '左方側代表'로 분류하
였다. 이외에 통역 아펜젤러와 합위비서 황진남 등도 참석하였다(『朝鮮日報』
1946년 10월 24일 ; 『자료대한민국사』 3, 621쪽).

이 회담의 개최에는 입법의원 설립에 적극 협조하는 중간세력을 격려 조직화하기
위한 의도도 개재되어 있었다(김운태, 1992, 『미군정의 한국통치』, 박영사, 237쪽).

20) 리처드 로빈슨, 정미옥 옮김, 1988, 『미국의 배반』, 과학과사상, 145쪽.
미군정 경찰조직의 불합리성에 대해서는, 당시 주한 미국인기자 조차 "어째서 미
군정은 부패하고 탐욕하다고 알려진 경찰고관에 대하여 관대한가를 이해할 수 없
다"고 개탄하였다(리처드 E. 라우터 백, 국제신문사출판부 역, 1983, 『한국미군정
사』, 돌베개, 123쪽).

21) 송남헌, 1985, 『解放三年史』 II, 까치, 386~387쪽.

22) 도진순, 앞의 글, 504~505쪽.

23) 『朝鮮日報』 1946년 11월 12일 ; 『자료대한민국사』 3, 782쪽.

다.[24)]

그는 중도우익 성향이 강화되는 합위와 우익 주도의 입법의원이라는 미군정이 설정한 정치환경에 직면하게 되고, 그의 '좌방측左方側' 성향도 탄력성을 발휘하기에 이르렀다.

12월 4일 기자들과 만난 그는 "합위는 삼상회의에 의한 전국통일의 임정수립에 적극 노력하는 동시에 목전의 민생문제를 위하여 주의 민주화主義民主化의 투쟁을 포기할 수 없다" "앞으로 개원되는 입법의원에는 다수의 애국자가 들어가서 군정 각 부문으로부터 친일파 등 일체 불량분자를 심사 숙청하기를 희망한다"는 기대감과 더불어, "합위는 좌우대표로 구성된 것이었으나, 이제는 좌우를 구별하지 않고 민주주의 애국자와 혁명가로 구성할 것을 주안으로 한다"고 피력하였다.[25)]

이는 그가 입법의원 참여를 통해, 민족문제 해결에 역점을 둘 것이며, 합위 또한 '민주주의 애국자와 혁명자' 세력의 집결체로 성격을 전환해야 할 것임을 제기한 것이었다. 이는 그가 친미군정 세력 대 반미군정 세력 간의 갈등구도를 초래하였던 합위체제의 제약성을 극복하고, 입법의원 중심의 정국구도를 친일파 및 민족반역자 처리를 통한 자주적인 국가수립운동 구도로 전환시키고자 하였음을 뒷받침한다.

그가 "입의는 결코 남조선 단독정부는 아니고, 다만 임정수립 전까지 미군정하 입의로 그 성격 임무가 있는 것이며, 본 합위는 가급적 입의로 하여금 민의에 의하여 그 직능을 발휘하도록 할 뿐이다"고 설명하였지만,[26)] 입법의원 출범을 계기로 합위에 집중되었던 좌우합작을 통한 통일정부 수립의 기대감은 약화되어 갔다. 민전은 입법의원의 개원을 '남조선 단독정부 혹은 통일정부 수립운동'으로 규정하고, 그의 회원 자격

---

24) 도진순, 앞의 글, 505쪽.
25) 『中外新報』 1946년 12월 5일.
26) 『朝鮮日報1』 1947년 1월 9일 ; 『자료대한민국사』 4, 34쪽 .

을 박탈하였다.[27]

합위는 1947년 초반 반탁운동의 재개와 함께, 또 다시 좌우 양측의 공격에 직면하였다. 우익측은 합위 위원의 소환을 결정하였고,[28] 좌익측은 합위를 "기회주의적인 노선과 관제합작적 성격"의 '일개 우익분파정당'으로 비난하였다.[29] 1월 23일 박건웅은 합위 선전부장 자격으로 "합위는 정당이 아니라, 그들의 사명이 중대함을 이해하고 있는 대표들로 구성된 정치적인 위원회이다"라고, 기성정당과의 차별성을 강조하였다.[30] 하지만 이는 합위가 이미 독자적인 정치세력화하였음을 의미하였다.

정국의 초점이 입법의원으로 옮겨지고 미소공위가 장기휴회에 돌입함에 따라, 합위를 축으로 한 합작운동의 추동력은 약화되어 갔다.[31] 이후 합위 멤버들은 합위 개편을 통한 중간세력의 결집을 도모하였던 것 같다.[32] 1947년 초 미소공위의 재개가 전망되던 시점에서, 중간세력들

27)『朝鮮日報』 1947년 1월 5일 ;『자료대한민국사』 4, 12쪽.
28) 우익측은 대표소환의 변으로, "합위는 애초의 의도와는 전혀 다른 조직으로 변해 버렸으며, 진정한 의무를 외면하고 엉뚱한 사명을 수행하고 있다. 합위의 이른바 신탁통치에 대한 태도는 지극히 불분명하다. 그래서 우리는 우리측 대표를 철수시키기로 결정했다"고 성명하였다(리처드 로빈슨, 앞의 책, 173쪽). 그러나 당시 이승만은 미국에서 단독정부 수립운동을 전개하고 있었으므로, 우익측의 합위철수는 우익과 중간세력의, 즉 단독정부 수립세력과 통일정부 수립세력과의 결별로 이해될 수 있다.
29)『獨立新報』 1947년 1월 29일.
30)『한림대자료집』 II, 574쪽.
31) 미소공위 개최에 맞춰 재개된 반탁운동의 영향으로, 미소공위 미국측 대표단은 합위측과의 협의없이 회의에 참석하였다. 이같은 미국측의 처사는 합위의 위상 실추에 일조하였다(리처드 로빈슨, 앞의 책, 220쪽).
32) 이러한 움직임을 전하는 당시 신문보도는 "좌우 쌍방에서 그 존재가치를 비난받고 있는 합위는 그 존재가 자못 주목되고 있던 바, 수일 전부터 삼청동 김규식박사 숙소에서 수차 합작위원이 회합하여 그 타개책을 궁구하려고 노력하고 있다 하는데, 결국 좌우 양진영의 배경을 가지지 못한 현재의 합위로서는 도저히 최초에 의도한 합작목적을 달성할 수 없게 되었으므로, 새로 그 명칭과 인적 구성을 개편하여 中間路線的 民族統一戰線으로 재출발하게 되리라고 한다"고 전망하였다(『大東新聞』 1947년 1월 23일).

은 미·소 또는 좌우측에 의존하던 입장에서 탈피하여 민족자주적 입장
에서의 단결을 강조하였다.

하지만 당시 합위는 중간우파의 집결체적인 성격이 강하였기 때문에,
좌우합작과 민족통일의 주체를 자임하기에는 한계가 있었다. 그리하여
이들은 합위의 확대와 입법의원을 통한 좌우합작, 민족통일전선으로의
개편, 독자적인 제3전선의 결성 등을 모색하였다.

1월 29일 그의 담화는 이 같은 움직임을 예측케 한다. 그는 "전민족이
총단결하여 시급한 민생문제를 해결하자는 요구 하에서 합위가 성립되
었으며, 민주개혁과 동시에 미소공위 재개로 조선의 완전한 임시정부를
수립하려고 노력하고 있다. 우리는 친일파·민족반역자를 제외한 민주정
당·단체·유력한 개인을 총망라하여 명실상부한 민주통일전선이 결성됨
으로서 합위의 사명은 완수된다고 생각하는 바이며, 불원한 장래에 결성
되리라고 믿는다"고,[33] 새로운 중간노선 정치단체의 출현을 시사하였다.

이후 중간세력의 동향은 합위를 중심으로 한 11개 정당사회단체의 통
합모색과 건민회健民會를 중심으로 한 '제3전선'의 결성 움직임으로 구
체화되어, 1월 21일 준비위원회가 결성되었다.[34] 반면에 박건웅·김붕
준·원세훈·여운홍 등은 합위의 민족통일전선으로의 개편을 계획하였다.
이들은 중간세력의 독자적인 결집운동은 "혼란을 가중시키는" 것으로
비판하고, 합위의 "민족반역자를 제외한 각 정당·사회단체대표와 개인
을 망라한" 민족통일전선으로의 재편을 주장하였다.[35]

---

33) 『大東新聞』 1947년 1월 30일.
34) 『自由新聞』 1947년 2월 4일.
35) 『京鄕新聞』 1947년 1월 30일 ; 『자료대한민국사』 4, 145쪽.
　　 "근간에 와서 내외정세의 긴박한 요구에 의하여, 소위 제3전선이 대두하고 있는
　　 것은 사실이다. 본 합위는 이와같이 제3(중간)노선은 아니나, 그 운동의 성공을 바
　　 란다. 그러므로 합작을 지지하는 각 정당·단체 및 유력한 개인들이 총단결하여
　　 民主主義民族統一戰線을 결성하게 될 때에 본 합위의 사명은 완수된다"(『漢城
　　 日報』 1947년 1월 30일)고 한 합위의 성명은 이들의 의향을 대변한다.

그는 "신전선의 운동방향이 좌와 우를 배격한 제3의 혹은 중간전선이 아니고, 반드시 좌우의 대립투쟁을 지양하고 진정한 민족통일전선을 재편성하는 운동이어야 한다"고[36] 제3의 중간노선 단체 출현에 반대하였다. 이는 합위를 둘러싼 합작지지 세력이 좌우합작의 명분을 고수하려는 입장과 새로운 합작노선을 추진하려는 세력으로 분화되었음을 의미한다.

1947년 4월 미소공위 재개에 즈음하여, 그는 "우리민족이 기대하던 미소공위는 이제 미·소 양국의 세계평화 수립을 위한 우호협조로 … 재개하게 되었다. 우리민족은 모름지기 민족내부의 통일단결을 강화하여 … 공위가 성공되도록 필사 노력하여야 할 것이다"라는[37] 소감을 피력하였다. 미소공위는 임시정부 수립문제를 논의하였고, 모두가 낙관하였듯이 임시정부가 수립되면 중간파는 임시정부 내에서 상당한 영향력을 확보할 수 있었을 것이다.

중간파의 입장에서 볼 때, 미소공위의 성공은 곧 자신들의 정치적 입지 강화를 의미하였기 때문에, 공위의 성공을 적극 희망하였을 뿐만 아니라, 이의 실현을 위해 여러 차원에서의 측면적인 지원을 모색하지 않을 수 없었다.[38] 때문에 박건웅은 중간파의 단결을 통해, 미소공위의 성공을 도와야 한다고 생각하였던 것이다.[39]

합위의 성격변화를 전하는 당시 신문보도에 의하면, "입법의원 성립을 계기로 그 사명을 다한 좌우합작위원회는 그 후 일부에서 정당화했다는 비난까지 받게되고, 과거에 합위를 적극 추진시켜 온 미군정까지 이제는 합위의 지방조직 불필요성을 주장하였다 하는데, 이같이 합위의 무

---

36) 『漢城日報』 1947년 2월 6일.
37) 『朝鮮日報』 1947년 4월 25일 ; 『자료대한민국사』 4, 597쪽.
38) 이동현, 1990, 『한국신탁통치연구』, 평민사, 191쪽.
39) 『中外新報』 1947년 4월 19일. 이 무렵 그는 여운형·백남운·장건상·김성숙 등과 '주식회사 中外新報社 발기회 준비위원'으로 참여하였다. 중외신문사는 중간좌파 노선을 표방하였고, 여운형이 사장에 취임하였다.

용론이 대두하게 되어, 최근에 이르러서는 합위는 실질상 그 기능을 상
실하고 박건웅 선전부장·원세훈 기획부장·이병헌李炳憲 조직부장 등 합
위중진이 속속 사표를 제출하였다."[40]

5월 21일 재개된 제2차 미소공위는 '민주주의 조선임시정부'의 구조
와 원칙에 대해 합의하였다. 그러나 협의대상 단체를 표면상의 이유로
결렬수순을 밟게된다. 미국은 이미 3월 12일 발표한 '트루만 독트린'에
서 대소 강경정책을 천명하였던 바, 미국이 미소공위 재개에 응한 것은
한국문제의 단독처리에 앞선 명분쌓기 측면이 강하였다.

합위는 6월 18일 여운홍의 근로인민당, 안재홍을 중심으로 한 한국독
립당 내 미소공위 참여파, 이극로 등 민주주의 독립전선의 일부세력, 종
교·노동·청년 등 사회단체를 영입하였다.[41] 보강된 위원들은 대부분 중
간정당 내지는 중간 성향의 사회단체 소속이었다.[42]

또 이들은 미소공위에의 적극 참여를 위한 시국대책협의회時局對策協
議會를 결성하였는데, 박건웅도 김규식·여운형·안재홍·홍명희·최동오·
원세훈·손두환 등과 함께 발기인의 한 사람으로 참여하였다.[43]

하지만 2차 미소공위는 실패로 귀결되었고, 이는 미소공위를 통한 임
시정부 수립을 목표하였던 좌우합작운동의 의미가 상실되었음을 뜻하였
다.[44] 미소공위의 결렬은 미·소 냉전과 남한에서의 반공체제 구축이 본
격화됨을 의미하였다. 좌익세력에 대한 탄압이 강화되었고, 중간세력 또
한 세력유지 조차 힘겨운 상황에 처하였다.

반면에 우익세력의 정국 주도권이 강화되어 갔다. 결국 합위는 한반

40) 『東亞日報』 1947년 5월 10일.
41) 『朝鮮日報』 1947년 6월 19일 ; 『자료대한민국사』 4, 874쪽.
42) 이 시기 합위의 성격변화와 관련하여, 서중석교수는 "이때는 중도우파위원회라고
부르는 것이 더 적절할 것이다"라고 평가하였다(서중석, 앞의 책, 577쪽).
43) 『漢城日報』 1947년 7월 5일.
44) 안정애, 앞의 글, 297쪽.

도 문제의 유엔이관 국면에 직면하여, 12월 16일 해체를 선언하였다.[45)]
합위 활동을 주도해 온 중간세력들은 민족자주연맹民族自主聯盟을 결성하
였고, 정국의 구도는 단독정부수립 세력과 통일정부수립 세력, 분단고착
세력과 통일지향 세력의 대결로 그 양상이 바뀌어 갔다.

2) 남조선과도입법의원 활동

12월 6일 하지는 관선의원 45명의 명단을 발표하며, "조선독립을 위
하여 희생적으로 오래 동안 투쟁해 온 지도자들의 실력과 경험에 대하여
특별히 고려하였다"고 강조하였다. 관선의원 중 김규식·최동오·김붕준·
박건웅·강순은 합위 출신이었다.[46)]

'10월 인민항쟁'의 여파로 미군정의 좌익세력 탄압 하에서 강행된 선
거 결과, 한국민주당과 독촉국민회를 비롯한 우익세력이 압도적으로 당
선되었다. 여운형의 반발 속에 임명된 관선의원은[47)] 대체로 우익 성향
의 인물들이었다. 의장단에는 김규식·최동오·윤기섭 등 좌우합작세력이
선출되었으나, 우익세력의 우세는 좌우합작운동에도 큰 타격이 되지 않
을 수 없었다.[48)]

---

45) 1947년 12월 16일 발표된 좌우합작위원회 해체선언문에서는 "우리민족의 내정의
    紛糾과 외세의 각축으로 인하여, 소기의 목적을 미달한 가운데서도 합작위원회의
    성립을 계기로 남조선과도입법의원을 탄생시킨 것이 소산의 하나이었다"(『中央
    新聞』 1947년 12월 16일)고 평가하였다.
46) 『中外新報』 1946년 12월 8일.
47) 미군정은 흡사 일제시대 道會·府會 등 조선총독부 자문기구 선거를 본뜬 듯한
    간접선거 방식을 통하여 우익세력의 압승을 예측하고, 온건한 중간좌익 색채를
    띠는 인물을 당선시키기 위해 '관선'이라는 임명제를 채택하였다(김영미, 앞의 글,
    266~268쪽).
    당시 서울주재 미국인 기자는 미군정이 입법의원 내의 세력균형을 취하기 위하여
    45명의 관선의원을 선거함에 있어서, 김규식박사 및 여운형씨의 지지자를 임명하
    였다고 분석하였다(라우터 백, 앞의 책, 111쪽).
48) 강만길, 1985, 「좌우합작운동의 경위와 그 성격」, 『한국민족운동사론』, 한길사, 50쪽.

입법의원은 1946년 12월 12일 개원하여 1948년 5월 20일까지 33개의 법률을 심의하였다.[49] 그의 입법의원 참여는 그가 미군정체제라는 현실 참여를 통해 자신의 정치이상을 실현하려 의도하였음을 뜻한다. 그리고 좌우합작에 주력해 온 중간파의 입법의원 참여는, 이들이 입법의원 내에서의 좌우합작을 통해 남북통일정부 수립을 지향하였던 것으로 이해될 수 있다.

입법의원의 첫 회의는 1946년 12월 11일 오전 11시 군정청 제1회의실에서 소집되었다. 회의에서는 김규식金奎植을 의장으로 선출하였고, 이튿날 정오 개원식이 거행되었다. 김규식 의장은 개회사에서 입법의원을 '초보적 과도입법의원'으로 전제하고, "가장 빠른 기간 내에 남북이 통일된 총선거 방식으로 선출된 입법의원을 산출하는 제2단계로 들어가야 할 것이고" "가장 빠른 기간 내에 우리의 손으로 우리를 위한 우리의 임시정부를 산출하여, 안으로는 완전 자주독립의 국가를 건설해야 하며," "이 의원이 결코 미주둔군사령장관이나 미군정의 자문기관으로 행사할 것은 아니며, 또 미군정을 연장시키기 위한 것도 아니다." "남에 있는 미군정이나 북에 있는 어떠한 군정이나 그 존재를 단축시키려는 것이다." 또 "지방으로부터 국민자치제를 실행케 할 것이요" "일체 행정권을 한인으로서 이양받도록 노력할 것이다." "우리의 일은 우리의 손으로 하며, 우리에게 대한 법령제정도 우리의 손으로 하고, 우리의 운명을 우리로서 자정自定하는 데 매진할 것이다"라고 다짐하였다.[50]

하지만 김규식의 발언은 하지와 군정장관 대리 헬믹에 의해 즉각 부인되었고, 미군정은 입법의원이 군정청의 한 부서임을 강조하였다. "우리 독립국가가 가질 수 있는 모든 법규를 제정하여 국가의 기본조직을

당시 미군정에 참여하였던 한 미국인은 민선의원 45명 중 42명이 이승만을 지지하는 우익인물이었다고 평가하였다(리차드 로빈슨, 앞의 책, 173쪽).

49) 입법의원에 대한 개괄적인 정리에는 金榮美, 앞의 글이 참조된다.

50) 『南朝鮮過渡立法議院速記錄』 2 (이하 『속기록』으로 약칭) (1946. 12. 12), 2쪽.

확립하며, 미주둔군 당국과 화충공제和衷共濟하여 행정권의 이양을 받아 민족자주의 실實을 거擧하며, 정치의 쇄신과 경제의 재건으로써 민생문제民生問題를 해결"할 것을 선서한[51] 그는 제2·3차 예비회의 '임시비서국 의원'으로서,[52] 의정활동을 시작하였다.

제2차 예비회의에서 그는 북조선인민위원회와 소련주둔군사령관에 대한 입법의원 개원을 알리는 인사전문 발송을 제안하면서, "입법의원을 반대하는 인사에 대해 이것이 많은 설복공작이 되고, 우리가 적극성을 보여 그들로 하여금 합작에서 정권통일이 생기는 것을 보입시다"고 하였다.[53] 이 제안은 그가 미·소 군정체제를 극복하고, 입법의원과 북한 임시인민위원회를 주체로 한 남북통일정부의 수립을 지향하였음을 알려 준다.

개원일인 12일 입법의원은 북조선임시인민위원회에 미소공위 재개와 통일정부 수립을 위해 공동투쟁하자는 전보를 발송하였다.[54] 이처럼 김규식 등 중간파 의원들은 남한의 입법의원과 북한의 임시인민위원회의 협력을 통해 남북통일의 모색이 가능하리라 기대하였다.[55]

이들의 주장은 "우선 남조선과도입법의원으로써 남조선 사법권·행정권의 이양을 받아 민족자주의 결실을 거두며, 나아가 남북통일 민주정신을 집결하여 먼저 본원을 남북을 통한 총선거로 된 입법의원으로 확대한 후 전국통일적 임시정부를 빠른 시일 내에 수립하기로" 한다는 것이었다.[56]

---

51) 『속기록』 2, 3쪽.
52) 『속기록』 3(1946. 12. 12), 15쪽 ;『속기록』 4(1946. 12. 13), 19~24쪽.
53) 『속기록』 3, 6쪽.
54) 『속기록』 3, 15~16쪽.
55) 『서울신문』 1946년 12월 22일 ; 『자료대한민국사』 3, 1140~1141쪽.
　　중간파 의원들은 입법의원이 미군정으로부터 행정권을 이양받아, 북한인민위원회와 합작하기를 희망하였다.
56) 『속기록』 8(1946. 12. 27), 19쪽.

1947년 1월 6일 그는 안재홍·원세훈·김붕준·여운홍·백관수 등과 각 위원회 위원 선거를 위한 15인 전형위원으로 선출되었다.[57] 이튿날 회의에서 그는 산업노농위원 및 외무국방위원,「부일협력자·민족반역자·전범·호상배好商輩에 대한 특별법률조례」기초위원에 선임되었다.[58] 그리고 1월 13일에는 산업노농위원장에 선임되었다.[59]

1947년 1월 10일에는 그의 주도 하에 강순·황진남·정이형·신기언·여운홍·김약수 등 13명의 명의로「정치범 석방에 관한 제의안을 즉시 통과할 것」이라는 제목의 의안을 제안하였다.

이 의안에서는 "해방 1년 반 이래 친일파·민족반역자·모리배 등의 발호 작란은 날로 더욱 심하고 그 반면에 혁명자·애국자는 무허가집회·군정반대·민중선동·치안방해·포고령위반죄 등 죄명 혹은 예비검속의 명목 하에 체포 투옥되는 이가 일가월증日伽月增하여, 지금 철창 속에서 신음하고 있는 죄수의 수가 일제시대보다 더많은 것이 사실이다. 이는 해방조선의 큰 치욕이고, 해방은인인 연합국 주둔군의 영예상 큰 오점이다. 대중의 원성과 각 정당·사회단체의 물의가 비등하고 있으므로" "해방이래 모든 정치범을 석방하여 정치쇄신의 열매를 거두며, 그들 다수의 민주전사로 하여금 하루바삐 독립 건국대업에 공동 참가케 할 것을" 요구하였다.[60]

당시 남한의 정치상황은 우익공세 하의 좌우익 대립구도로 고착화되어 갔고, "미국은 우익만을 지지해 주기 때문에" "미국 데모크라시를 생생하게 설명함으로써 납득시킬 수도 있고, 또 획득할 수도 있었을 건전

---

57)『속기록』11, 13쪽.
58)『속기록』12(1947. 1. 9), 13~14쪽. 같은 날 그는 산업노농위원회 소집책임자로 선임되었고, 1월 11일 외무국방위원회 회의에서는 제2분과 (국방담당)에 호선되었다[『속기록』14(1947. 1. 13), 5쪽].
59)『속기록』15(1947. 1. 14), 5쪽.
60)『속기록』13(1947. 1. 10), 27쪽.

한 좌익의 일부를 미군정에서 멀리 떨어져 가게 했다.” “미군정 관리로
부터 제외되고 또 김구 씨·이승만 씨는 물론 김규식에서까지 배격받은
많은 한국인들은 점점 더 좌익에게로 밀려가게 되고, 공산주의자들에게
더욱 밀접해지게 되었다”[61]고 분석한, 주한 미국인기자의 기록은 미군
정 극우반공 정책의 허상을 잘 보여준다.

그는 무허가집회·예비검속·포고령위반·군정반대 및 10월 인민항쟁
등의 죄명으로 체포된 인물들을 ‘정치범’으로 분류하였다. 그는 “일본제
국주의의 조선에 대한 정치에 항쟁하고 여러가지로 삼천만 인민을 속히
해방시키기 위해 자기자신이 자기가족과 일체의 행복을 저버리고 분투
노력한 혁명자”를 참된 애국자로 규정하였다.

그는 “해방이후의 조선사람은 혁명자들의 정신과 혁명자들로서 옹호
되어야 하겠다는 것을 알아야” 할 것이지만, “친일파·기회주의자들이
군정관계에 아부해서 해방이후의 애국자들이 많이 투옥”되었다고 주장
하였다.[62] 나아가 “일본놈이 있을 때에도 그렇지 못했는데, … 일본을
위해서 협력한 자들이 혁명자를 옥에 잡아넣고 있다”고, 미군정의 친일
파 등용이 정치범 양산의 원인임을 지적하였다.[63]

이 같은 우익주도의 정치상황은 1947년 초 재개된 반탁운동 과정에
서 또 한번 확인되었다. 우익의원들은 1월 14일 반탁결의안을 상정하였
다. 반탁결의안의 통과 과정은 입법의원 진로에 대한 우려와 긴장감을
야기시키기에 충분하였다.

“극단적으로 보수적인 한민당 지도자들이 의원들과 얘기를 나누면서,
의사당 내를 돌아다녔다. 이 안에 대해 거부의사를 표시하는 의원들을
설득하는 일을 지원하기 위해 수도경찰청장 장택상과 그의 호송부대들

---

61) 라우터 백, 앞의 책, 118쪽.
62) 『속기록』 15, 33쪽.
63) 『속기록』 15, 34쪽.

이 나타났다. 우익청년들이 관람석을 꽉 채우고 결정에 지지하는 사람들의 연설에서는 미친 듯이 환호의 함성을 질러댔다. 반대를 제기하는 사람들에게는 야유와 고함을 퍼부었다. 마침내 중도좌익과 중도우익의 대표자들이 혐오스러워 하며, 의사당을 떠났다." "반탁 결정안이 열렬한 환호 속에서 통과되었다. 결과는 44대 1이었다. 중도우익이며 합위위원인 원세훈이 외로운 반대표를 던졌다."[64] 표결 결과는 의원의 절반 이상이 이승만과 한민당의 지지자 또는 동조자가 될 것임을 알려주었다.

2월18일 박건웅은 전재동포원호회 중앙본부戰災同胞援護會中央本部(위원장 조소앙)가 제출한 '전재동포구제대책에 관한 건의안'의 소개의원으로서, 강순·장자일의원과 함께 긴급건의서를 제출하였다.[65] 그는 '전재동포' 즉 일제 하 중국관내 및 동북지역 등지로 이주하였던 한인들의 귀국문제와 그들에 대한 사회·경제적 지원대책 마련에 노력하였다. 그리고 전재동포 구제를 전담할 국가기구로 국가원호처國家援護處와 전재민 원호사업처戰災民援護事業處의 설치를 주장하였다.[66]

한편 정치범 석방에 관한 제의안이 논란을 거듭하자, 1947년 3월 3일 그는 다음과 같은 재수정안을 제안하였다. 그 요지는 첫째, 무허가집회·예비검속·행정위반·치안방해·포고령위반 등의 죄명 하에 투옥되고 있는 사람은 원칙상 정치범으로 인정하고, 살인·방화·강간 등의 분자를 제외하고 전부 석방할 것. 둘째, 악질을 제외한 폭동선동범죄자는 관대히 처리하며, 갱생의 길을 열어주도록 할 것. 셋째, 모든 보통죄수들도 감형할 것. 넷째, 정치범석방을 원만히 실행하기 위하여 조정위원회를 조직하여, 실행대책을 강구할 것 등이었다.[67]

그러나 이 제의안은 3월 4일 부결 처리되었고,[68] 관선과 민선, 좌익

---

64) 리차드 로빈슨, 앞의 책, 174쪽.
65) 『속기록』 26(1947. 2. 25), 13~14쪽.
66) 『속기록』 26, 22~23쪽.
67) 『속기록』 28, 10쪽.

과 우익 그리고 중간파 간의 입장차이가 표출되었던 정치범석방에 관한
제의안 논의는 종결되어 버렸다.

3월 1일에는 김도연·이순탁 등 6인과 함께 「잠사업 부흥책蠶絲業復興
策」을 제안하였고,[69] 11일 에는 그의 주도 하에 12의원이 재일동포 재
산의 반입을 통한 산업재건 기반 확충을 목표한 「재일교포의 권리·보호
에 관한 건의안」을 제출하였다.[70]

그런데 우익의원들과 중간파 의원들의 대립은 보통선거법 제정에서
표출되었다. 1947년 초반 미군정은 "완전히 새로운 입법부를 구성하기
위한" 보통선거법의 제정을 계획하였다. 이승만과 한민당 등도 이러한
미국의 정책 전환을 감지하고, 단독정부 수립을 겨냥한 선거법의 제정에
주안점을 두었다.

이에 반해 중간파들은 선거법 제정에 앞서 '친일파처벌법'의 제정을
주장하였다. 이들은 남한지역 만의 총선거는 우익세력의 승리를 보장할
것임을 예측하고, 이를 견제하기 위해 '친일경력이 있는' 우익의 등장을
제지하려 하였다.[71]

이해 3월 중순 군정장관 러치는 보통선거법 초안을 입법의원에 회부
하였다. 미군정은 이에 앞서 상정된 친일파처벌법과 무관하게 7월 1일
이전 총선거 실시 의지를 표명하였다.[72] 입법의원 초안의 주요내용은
선거권; 만 20세 이상, 피선거권; 만 25세 이상으로 하는 것과 함께, 선
거용지에 투표자가 지지하는 후보의 이름을 직접 기재하는 것이었다.[73]
이러한 조항은 당시 인구의 7할 이상이 문맹인 현실을 무시한 것으로,[74]

---

68) 『속기록』 29(1947. 3. 4), 22쪽.
69) 『속기록』 33(1947. 3. 11), 2쪽.
70) 『서울신문』 1947년 3월 26일 ; 『자료대한민국사』 4, 405쪽.
71) 김영미, 앞의 글, 283쪽.
72) 『서울신문』 1947년 3월 14일 ; 『자료대한민국사』 4, 416쪽 및 『서울신문』 1947
    년 5월 9일 ; 『자료대한민국사』 4, 662쪽.
73) 『속기록』 41(1947. 3. 25), 12·14쪽.

"노동자·농민을 선거에서 배제시키려는" 의도로 비난받았다.[75]

5월 13일 본회의에 상정된 선거법수정안에서는 선거권; 25세 이상, 피선거권; 만 30세 이상으로 상향되었다.[76] 5월 21일 77차 회의에서는 보통선거법 초안심의가 있었는데, 그와 김호·장자일의원 등은 우익의원 들이 선거권의 상향조정을 통해 좌익세력의 영향력이 미치고 있는 젊은 층을 배제시키려 의도하고 있음을 간파하고, 선거권 연령의 하향을 주장 하였다.[77]

중간파 의원들의 반대와 미군정의 중간파 지지를 배경으로 선거권; 만 23세 이상, 피선거권; 만 25세 이상으로 조정된 보통선거법안이 6월 28일 통과되어,[78] 9월 3일 공표되었다.

한편 미군정기 국가건설운동의 선결과제로 대두되었던 친일파처벌법 의 초안이 1947년 3월 7일 본회의에 제출되었다. 그는 정이형·윤기섭 등과 함께 초안 작성에 참여하였다. 초안에서는 '일제에 협력한 사람·민 족반역자·전쟁범죄자·간사한 방법으로 부당이익을 취한 자' 등을 친일 파로 규정하였다. 중간파 의원들을 중심으로 작성된 초안은 친일파의 범 위를 구체적으로 적시한 '강력한' 내용이었다.

이 안은 우익측의 반발은 물론 "민족현실을 무시한 관념론"이라는 비 판마저 야기하였고, 박건웅 등은 "친일파의 범위를 축소한" 수정안을 마

---

74) 『속기록』 41, 24쪽.
75) 『서울신문』 1947년 3월 21일 ; 『자료대한민국사』 4, 445쪽.
76) 『서울신문』 1947년 5월 14일 ; 『자료대한민국사』 4, 686쪽.
77) 박건웅 등은 "진정한 민주정치를 하려면 가장 정열적인 청년층의 가담없이는 안 된다. 또한 문자를 해독하는 자도 주로 청년층이다. 그런데 이 청년층을 제외하려 는 것은 보수적인 생각과 어떤 정치적 모략이 있다"고 지적하며, 선거연령을 20 세로 낮출 것을 주장하였다(『서울신문』 1947년 5월 23일 ; 『자료대한민국사』 4, 728쪽). 미군정의 한 미국인관리도 우익측의 주장은 "압도적으로 좌익을 많이 지 지한다고 믿어지는 청년들이 선거권을 가지지 못하도록 하려는 목적에 기초한 것 이었다"고 분석하였다(리차드 로빈슨, 앞의 책, 203쪽).
78) 『서울신문』 1947년 8월 13일 ; 『자료대한민국사』 5, 210쪽.

련하였다. 그러나 이 안 역시 우익의원들의 반대에 봉착하였고,[79] 결국 "해석 여하에 따라 적용이 달라질 수 있는 모호한" 내용의 재수정안은 "친일파들이 빠져나갈 수 있는" 통로를 마련해 주었다.[80] 7월 2일 최종안이 통과되었지만, 이 역시 미군정의 반대로 사장되었다.

그런데 「부일협력자 및 민족반역자·간상배에 대한 특별법」의 통과과정은 중간세력 국가건설론의 성격을 잘 보여주었다. 대체로 중간파들은 민족문제가 계급문제에 우선하는 것으로 파악하였다. 그리고 통일된 민족국가의 건설이 민족문제의 궁극적인 해결책이 될 것임을 감안하면, 민족자주성을 견지하면서, 미·소 양국의 군대를 철수시키는 방안 일이 주요 임무였다.[81]

그러나 중간파들은 국가건설에 집착함으로 친일파 및 민족반역자를 제외한 지주까지 계급동맹의 대상으로 포괄하였다. 그 결과 친일파·민족반역자의 처리는 입법기구를 통해 심리 결정한다는 내용으로 후퇴되었다.

이러한 '건국 우선建國于先'의 사고는 "36년간의 일제통치 기간을 감안할 때 일률적으로 친일파를 규정하는 것은 무리이며, "새로운 결심으로 건국운동에 분투하는 인물은 친일파의 누명을 벗게 될 것이며, 공명엄정한 입장에서 악질반역자를 분별하여 최소한에 한정되도록 해야 한다"는[82] 논리로 발전함으로써, 친일세력에 대한 엄정한 숙청을 통한 민족문제 해결이라는 요구와는 상치되는 방향으로 나아갔다.

---

79) 5월 8일 제69차회의에서, 박건웅은 민족반역자의 정의를 둘러싼 논쟁에서, 장자일·강순의원 등과 함께 "외국과 통모하거나 영합 협력하여 云云?"이라는 내용의 포함을 주장하였으나, 표결 결과 부결되었다(『京鄕新聞』 1947년 5월 10일 ; 『자료대한민국사』 4, 661쪽).

80) 김영미, 앞의 글, 290쪽.

81) 서중석, 앞의 책, 570~571쪽.

82) 김규식, 1946, 「좌우합작7원칙에 대하여」, 鄭時遇 편, 『獨立과 左右合作』, 三義社, 59쪽.

합위도 친일세력의 입법의원 혹은 미군정기관의 등용에는 반대하면서도, "죄상이 현저하지 않고 건국사업에 공헌이 있을 때에는 채용해도 무방하다"는[83] 견해를 표명하였다. 이는 좌우합작을 이끌어내려는 중간파들의 고심을 알려주는 것으로, 친일세력이 다수 포함된 우익세력에게 좌우합작 참여 여지를 제공하려 한 현실조건의 절충 결과였던 것이다.[84]

5월에는 "적산관리敵産管理 운영을 한층 적정하게 하기 위하여" 조미공동고문회朝美共同顧問會가 설치되었는데, 그는 김호·김도연과 함께 입법의원 대표로 선임되었다.[85] 5월 22일 회의에서는 미소공동위원회 대책위원으로 선임되었다.[86] 그러나 대책위원 간에도 의견 차이가 있었으며,[87] "미소공위로 말하면 우리들의 독립 문제를 말하면서도, 우리는 도무지 알 바가 없는"[88] 회의로 끝나고 말았다.

9월 25일 그는 산업노농위원장 자격으로 축산정책 확립안 및 축우도살 제한법안에 대한 심사결과를 설명하였다. 8월 18일 산업노농위원회의 최종심의안으로 통과된 이 안건에 대한 설명에서, "농촌을 진흥하는 데에는 농산물을 증산케 할 것이 제일조건입니다. 그런데 농산물을 증식시키는 데에는 토지개혁문제로 인한 농가의 안도성安堵性과 수리사업으로 인한 농지확충과 농기구 개량에 의한 노력경제화勞力經濟化와 비료증식에 의한 축류확보 등의 문제가 다 조건이 될 것"이라고 하였다.[89]

---

83) 송남헌, 『解放三年史』Ⅱ, 379~380쪽.

84) 1947년 중반 제2차 미소공위 개회 시점에서 중간세력의 결집체인 時局對策協議會는 "친일파 처벌은 극악한 친일분자에 국한시킬" 것이라고 하였다(서중석, 「해방후 주요정치세력의 국가건설방안」, 『대동문화연구』 27, 242쪽).

85) 이 기구는 안재홍 민정장관 (회장), 미군정의 운수·농무·체신·상무·재무·사법부장, 미국무성 대표, 미국인 재무고문, 경제위원회 대표, 입법의원 대표로 구성되었다(『서울신문』 1947년 5월 10일 ; 『자료대한민국사』 4, 677쪽).

86) 선출된 대책위원은 申翼熙·李琮根·金護演·徐相日·崔鳴煥 (이상 민선)·金乎·張子一·黃信德·金法麟·朴建雄 (이상 관선)의 10인이었다.

87) 『속기록』 116, 15쪽.

88) 『속기록』 116, 15·16쪽.

그는 산업·경제재건을 위한 제도적 기반으로서 토지개혁의 필연성을 인식하고 있었다. 입법의원 개원 직후부터 시작된 토지개혁법안 심의 과정에서, 그는 산업노농위원회 위원장 자격으로 이에 주도적으로 참여하였다.

1947년 2월 입법의원 적산대책위원장 김호金乎 및 미군정 농무부장 이훈구李勳求, 번스(하지중장의 최고경제고문)·키니(미군정청 특별경제고문, 農商局 책임자)·앤더슨(중앙경제위원회 고문) 등과 토지개혁법안의 제정에 대해 협의하였다.[90] 그리하여 2월 20일경 산업노농위원회시안을 작성하였고, 27일에는 이훈구 농무부장 등 미군정 당국과 협의를 가졌다. 3월 30일에는 조미토지개혁연락위원회朝美土地改革連絡委員會가 구성되었다.[91]

회의는 4월 초부터 5월 말까지 개최되었고, 그는 이 회의의 소집 및 주재자 역할을 하였다. 5월 초에는 '10년 내지 15년부 상환'의 유상분배 원칙이 정해졌다.[92] 이후 미소공위의 재개와 결렬을 거치며, 10월에 들어 그의 주재 하에 이순탁 등 토지개혁법안 작성전문위원들에 의해, 법안이 완성되었다. 주요내용은 "매년 2할 씩 15년부 상환을 조건으로 소유권을 주는" 것이었다.[93]

1947년 12월 22일 토지개혁법안이 본회의에 상정되었다. 이 법안은 해방 후 남한에서 제안된 최초의 구체화된 토지개혁법안으로서 이후 등장하는 각종 농지개혁법안의 지침이 되었다.[94] 박건웅은 산업노농위원장 자격으로 제안설명을 하였다.[95]

---

89) 『속기록』 151(1947. 9. 25), 3쪽.
90) 『속기록』 190(1947. 12. 22), 5쪽.
91) 미군정 측의 번스·키니·앤더슨·프랭크린 등과 산업노농위원회의 姜舜·洪性夏·李順鐸·尹錫龜·柳來琬의원이 대표로 선임되었다.
92) 『京鄕新聞』 1947년 5월 8일 ; 『자료대한민국사』 4, ?쪽.
93) 『東亞日報』 1947년 10월 11일 ; 『자료대한민국사』 5, 496쪽.
94) 홍성찬, 앞의 글, 134쪽.
95) 『속기록』 190(1947. 12. 22), 4~9쪽 참조.

완성된 법안은 우익의 입장을 수용한 유상매수·유상분배안을 주요
내용으로 하였으나, 그나마 보류 끝에 폐기되고 말았다. 이러한 좌절은
입법의원이 중간파들의 근거지가 될 수 없음을 반증하였다.[96] 보수와
진보, 관선과 민선, 통일정부수립과 남한단독정부 수립 세력 간의 대립
과 갈등이 내연되던 입법의원의 구조적 취약성은 그 한계를 드러냈다.

그런데 그의 입법의원 활동 중 주목되는 사실은 산업재건과 공업진흥
의 제도적 기반을 마련하기 위한 조선산업재건협의회朝鮮産業再建協議會
활동이었다. 1947년 9월 19일 창립된 이 기구는 입법의원 소속의 공식
적인 하부조직은 아니었지만, 사무실이 산업노농위원실 내에 설치되었
듯이, 실질적인 산하기구로서 역할하였다.[97]

박건웅이 회장이었고, 실무책임자는 강진국姜辰國이었다.[98] 그는 이
기구의 산업정책연구팀과 토지개혁법안 입안팀을 유기적으로 운영하면
서, 산업노농위원회 경제정책안의 입법화를 추진하였다.[99]

이후 1948년 1월 22일 조선산업재건협의회에서 마련한 「산업 긴급부
흥 기본요강」이 본회의에 회부되었다. 이는 그를 비롯한 산업노농위원
회의 중간파 의원들의 국가건설론을 반영하는 것이었으나, 본회의에 상
정되지 못하고 폐기되었다. 그것은 미군정의 후원 하에 경제적 기초를
마련코자 한 중간세력의 정치적 한계를 입증하였다.[100]

그러나 이 과정에서 박건웅은 이순탁李順鐸의 토지개혁론과 강진국의
산업재건론에 공명하고, 그들로부터 많은 영향을 받았을 것으로 판단된
다.[101] 이 요강의 폐기는 사회민주주의적 산업경제제도의 구축을 목표

---

96) 조성훈, 앞의 글, 408쪽.
97) 방기중, 앞의 글, 163쪽.
98) 발기인으로는 경제계 30여 명, 기술계 수명, 공업계 수명, 박건웅·김호·이순탁
    등 산업노농위원회 소속 입법의원 10여 명, 이극로·배성룡·안재홍·미군정 경제
    고문 등이 참여하였다.
99) 방기중, 앞의 글, 164쪽.
100) 방기중, 앞의 글, 164~165쪽.

로 하였던 그의 국가건설론이 남한 만의 단독정부 수립이라는 정치현실에 의해 좌절되는 시대적 상황을 함축하고 있었다.

이어서 정치상황은 단독선거 정국으로 급전하였다. 1948년 2월 19일 서상일 등 43명의 우익의원은 "유엔조선임시위원단 감시 하의 가능한 지역만의 총선거 실시"를 촉구하는 긴급동의안을 제출하였다. 이 동의안은 "우선 남부만이라도 총선거 실시를 감시하고, 국제적으로 승인된 법적 자주독립 통일정부의 수립을 협조하야 유엔의 일원국—員國으로 참가케"한다는 요지였다.[102] 재적의원 과반수를 상회하는 입법의원 내 남한단독정부 수립세력의 활동이 공식화되었으며, 이는 결국 입법의원 활동의 종언으로 이어졌다.

그는 단독정부 수립에 반대하며, "남조선에서 정부를 조직해 가지고는 아무리 해도 유엔에 참가 못할 것은 국제지식의 초보를 가졌던 사람은 다 가지고 있을 것입니다. 이사회의 추천으로 가입하는 것인데, 이사회에서는 5대 강국이 부인권을 가지고 있어요." "북조선에서는 소련이 있어 가지고 딴 정부를 세웠는지 모르나, 남조선에서만 정부가 서고 있는 이유가 없는데, 어떻게 국제연합국에 참가가 됩니까."

"우선 가능한 지역 만에 총선거를 실시해 가지고 … 법적인 자주독립 통일정부를 수립할 수 있다면 왜 하루바삐 안 합니까" "지금 남조선만 하면 가능도 하지 않고 옳지 않습니다." "이러한 안이 43명의 제안자로서 별안간 나오게 되었으니, 우리는 꿈을 꾸고 있는지 … 어떻게 해야

---

101) 이 점에 대해 홍성찬교수는 "박건웅은 입법의원 産業勞農委員會, 朝美土地改革連絡委員會는 말할 것도 없고, 1947년 9월 19일에 창립한 朝鮮産業再建協議會를 통해서도 줄곧 이순탁과 행동을 같이 하면서, 이순탁이라는 경제브레인을 측근으로 두고, 그로부터 해방직후의 각종 경제현안에 대한 관점과 지식을 공급받아 온 터였다"고 평가하였다(홍성찬, 「한국근현대 이순탁의 정치경제사상 연구」, 앞의 책, 106쪽).
102) 『속기록』 209(1948. 2. 19), 8~9쪽.

될 것인지 모르겠습니다." "양참의洋參議를 그만 둘지언정, 이러한 협박을 안받습니다"라고 울분을 토로하였다.[103]

그는 이 안건을 '국토를 양분하는 안'으로[104] 규정하고, 원세훈·김규식·여운홍 등과 함께 2/3출석 의결정족수 적용을 주장하였다. "현의원 83인 중의 43인이 비공식적 토의회의에서 입을 맞춰 가지고 내놓은"[105] 남한단선안은 "국가와 민족의 운명을 결정하는"[106] 분기점이 되어버렸다.

김규식의 동의와 여운홍의 제청으로 상정된 '2/3출석 출석인원 과반수 찬성안'이 부결됨에 따라, 20명의 단선반대 의원들이 퇴장하였다.[107] 이들은 성명서를 발표하고,[108] 의원직사퇴서를 제출하였다. 이후 입법의원은 신익희·백관수 등 우익세력의 주도 하에 운영되었으며, 2월 23일 206차 회의에서 백관수 임시의장의 사회로 「남조선선거 촉진에 관한 결의안」이 가결되었다.[109]

이어서 사퇴서 제출 의원들에 대한 징계처분이 의결되었고, 3월 19일 박건웅 등 19명에 대한 제명처분이 가결되었다.[110] 이렇게 자주독립 통

---

103) 『속기록』 209, 22쪽.
104) 『속기록』 210(1948. 2. 22), 4쪽.
105) 『속기록』 210, 7쪽.
106) 『속기록』 210, 9쪽.
107) 확인되는 퇴장의원들은 金若水·鄭伊衡·申基彦·朴建雄·金志侃·金돈·嚴雨龍·高昌一·張子一·吳夏英·元世勳·金朋濬·呂運弘·卓昌赫·申義卿·文武術·許珪·姜舜·申肅·金益東 등 20명과 의장단의 金奎植·尹琦燮·崔東昕이다[『속기록』 213(1948. 3. 4), 11쪽].
108) 이들은 단선안이 "우리 스스로 국토를 양분하고, 민족을 분열케 할 위험성이 있음"에도 불구하고, 신익희 등 43인의 연서자가 이 안을 급속히 통과시키려 함에 "民族과 國土의 自相分裂을 야기시킬 책임을 共負하기 不敢하여" 퇴장하였다고 밝혔다(『朝鮮日報』 1948년 2월 26일 ; 『자료대한민국사』 6, 81쪽).
109) 『속기록』 210(1948. 2. 23), 29쪽.
110) 제명처분된 의원은 신기언·박건웅·김지간·김약수·정이형·김돈·엄우룡·고창일·탁창혁·장자일·오하영·원세훈·김봉준·여운홍·문무술·허규·강순·신숙·신의경

일정부의 수립의 주체를 자임하였던 입법의원은 파국을 맞았다. 남한 만의 단독선거 실시 50일 전이었다.

2. 통일민족국가 건설운동 참여

1) 평양정치세력과의 통일정부 수립 모색

1947년 5월 제2차 미소공위 활동이 실패로 끝남에 따라, 박건웅은 그간 주력해 온 합위를 통한 좌우합작운동과 별도로 북로당측과의 제휴를 통한 남북한 통일정부 수립을 시도하게 된다. 좌우합작 세력은 남한에서의 좌우합작이 달성되면, 남북한 정치세력의 합작을 추진하려는 계획을 갖고 있었다.

그러나 남한에서의 좌우합작이 실패로 끝남에 따라, 합작세력은 이를 단독정부 수립세력과 통일민족국가 수립세력의 분화로 인식하고, 통일민족국가 건설운동 차원에서 평양세력과의 합작을 시도하였다.

5월 21일 미소공위의 재개에 맞추어 그는 "합작위원회의 본래의 사명이 공위의 재개에 있었던 만큼, 앞으로는 남한의 좌우합작운동을 강화하여 북한지도자와의 남북합작에 매진하겠다"고 언급하였다.[111]

6월 4일에는 "남북통일 임시민주주의정부 수립을 위하여 합위에서는 근일 중 북조선요인들과 일당—堂에 모여 좌우합작운동의 강화를 중심으로 여러가지를 토의할 터이다"라고 함으로써,[112] 남북한 정치세력의 직접교

의원이었다(『속기록』 215, 10～11쪽).

111) 송남헌, 앞의 책, 476쪽.
당시 신문기사는 "미소공위가 재개되는 이때에 있어서 전민족의 일치합작으로써 합작단결운동을 확대 강화할 것. 특히 북조선지도자들과 합석하여 일체문제를 협상하기로 하고 그 실현보조를 관계방면과 협의 중이다"고 보도하였다(『東亞日報』 1947년 5월 22일 ; 『자료대한민국사』 4, 744쪽).

112) 『東亞日報』 1947년 6월 5일 ; 『자료대한민국사』 4, 810쪽.

섭을 통한 통일임시정부 수립을 위한 활동에 매진할 것임을 시사하였다.

트루만 독트린 선언 이후 냉전체제가 강화됨에 따라, 단독정부수립 반대세력 내부에서는 남북협상의 기운이 고조되었다. 우익의 한국독립당과 중간파 정당들은 남북연합의 불가피성을 호소하였다. 북로당의 남한내 정치공작원과 우익 및 중간세력의 접촉도 잦아졌다.[113]

북로당은 11월 중순 중앙위 10차 전원회의에서 "단선·단정을 거부하는 남한내 민족주의 세력과의 연합을 모색하는" 등, 남북연석회의에 대한 기본대책을 결정하였다. "남한내 비선秘線의 물밑 움직임이 속도를 더했고, 이에 따라 남한 중도·좌익진영의 수뇌들이 38선을 들락거렸다."[114]

근년에 공개된 한 증언에 의하면, 1947년 11월 유엔조선임시위원단 설치안 통과 이후 그는 평양을 방문하여 통일임시정부 수립문제를 협의하였다.[115] 그의 단독정부 수립 저지와 통일정부 수립을 위한 행보 중에는 성시백成始伯과의 접촉 가능성이 짙게 암시된다. 1946년 이래 서울에서 대남사업을 펴고 있던 북로당 정치공작원 성시백은 일제말기 중국의 시안[西安]과 충칭[重慶] 등지에서 항일운동에 참여한 중국공산당中國共産黨 당적을 가진 인물이었다.

한 회상기에 의하면, 성시백은 18세에 중국공산당에 입당하여, 일제말기 서안지구 중국공산당 정보기관의 책임자로 활동하였다. 그는 딩샹밍[丁向明]이라는 이름으로 서안에 주둔 중이던 호종남부대胡宗南部隊의 사령관 참모로 근무하며, 중국공산당을 위해 활동하였다.[116] 그는 충칭

113) 중앙일보특별취재반, 1993, 『秘錄·조선민주주의인민공화국』하, 중앙일보사, 316쪽.
114) 『秘錄·조선민주주의인민공화국』하, 310~311쪽.
115) 서용규씨는 "당시 북로당은 남로당측 뿐만 아니라 남한의 일부 정치세력 즉 근로인민당 위원장 洪命熹·인민공화당 위원장 金元鳳·민족자주연맹 상임위원 朴建雄 등을 몰래 평양으로 불러들여 의견을 나눴다"고 회고하였다(『秘錄·조선민주주의인민공화국』하, 299쪽).
116) 당시 胡宗南部隊는 "장개석총통의 직계이며, 장비가 제일 우수하였다. 그들의

시절의 인연을 바탕으로 안우생安偶生·엄항섭嚴恒燮 등 한국독립당 계열
뿐 만 아니라 박건웅과도 밀접한 관계였다고 한다.[117]

또 남북협상을 위한 김구·김규식의 대북서한이 북로당에 전달된 시
점인 1948년 2월 말, 남북협상과 관련한 남한의 정치상황 파악을 목적
으로 서울에 파견된 북로당 대남연락부장 임해林海가 박건웅과 만났다.
임해도 월북 후 보고에서, "김구·김규식의 남북협상 제의는 그들의 애국
적 결단"이라고 평가하고, "그 이면에는 민족자주연맹의 홍명희·박건
웅·권태양 등의 노력이 적지않게 작용했다"고 덧붙였다. 또 3월에는 백
남운·홍명희·김원봉·이영 등과 권태양·박건웅이 평양을 내왕하였다는
증언도 제시되었다.[118]

이러한 회고와 증언은 그가 북로당의 "주로 남조선노동당의 박헌영
일파로부터 배제된 자들을 포섭해" 이들을 미군정을 비롯한 각 정당사
회단체에 대한 프락치공작 및 정보수집공작에 동원하는 데에 유용한 인
물로 평가되었을[119] 개연성을 시사하는 것으로, 조심스러운 확인작업이
요구된다. 하지만 이러한 사실은 그의 중간노선과 이에 입각한 정치적
처신의 일단을 잘 보여주는 것임에는 분명하다.

이 같은 그의 개성은 일제하 독립운동 과정에서 부터 발견되었다. 일

주임무는 일본군과 싸우는 것이 아니고, 八路軍을 견제하고, 토벌하는" 것이었
다(太倫基, 1975, 『回想의 黃河』, 甲寅出版社, 245~248쪽). 그는 중국공산당의
에이전트로서 국민정부 정예부대에 침투해 있었던 것이다.
117) 서용규씨는 엄항섭과 성시백은 중경시절부터 서로 안면이 있는 사이였으며, "당
시 성시백은 중국공산당원 자격으로 중경에서 지하공작을 하면서, 한국독립단체
에 대한 공작도 했는데, 그 과정에서 엄항섭을 만났다"고 증언하였다(유영구, 앞
의 글, 653·651쪽).
또 성시백과 박건웅의 관계에 대해서는, "두 사람은 중국에서 부터 막역한 사이
여서, 성시백이 서울에서 활동하면서 부터는 뗄래야 뗄 수 없는 관계로 발전했
지요"라고 증언하였다(『秘錄·조선민주주의인민공화국』 하, 320~321쪽).
118) 『秘錄·조선민주주의인민공화국』 하, 326~327쪽).
119) 유영구, 앞의 글, 649쪽.

제말기 충칭에서 김성숙·박건웅·김재호·신정완 등 조선민족해방동맹 구성원들의 모습을 지켜본 정정화鄭靖和는 "대부분의 좌파인사들은 이들을 오히려 기회주의자이며, 분파분자로 몰아세우기도 했었"지만, "조선민족해방동맹은 중경에서 유일하게 공산주의를 표방하는 단체였다"고 평가하였다.[120]

이와 관련하여 김성숙은 "공산주의 보다 조국의 해방이 더욱 중요하다고 보았"지만, "다른 사람들이 이 단체를 공산주의 단체로 본 것은 사실입니다. 임정에서도 우리를 그렇게 인정했습니다." "나는 민족문제의 해결이 공산주의의 실현보다 중요하다고 생각했어요"라고 증언하였다.[121]

이들이 공개적으로 공산주의자를 자임한 사실은 차라리 낭만주의자적인 풍모로 평가되는 것이 진실에 근접하는 것일지도 모르겠다. 물론 이들의 '소박한' 공산주의 신념은 일제말기 충칭의 정치현실과는 별개의 문제였겠지만.

이러한 사실과 더불어 그의 이상주의자적인 면모는 1945년 8월 23일 임시의정원 회의에서 확인되었다. "나는 공산주의자와 합작하여 잘 해오자고 하였습니다"라는 임시의정원에서의 마지막 발언처럼,[122] 그는 좌파도 우파도 아닌 협동전선론자를 자임하였던 것이다. 이러한 이해는 해방정국 그의 행동양식을 이해하는 데에도 보탬이 될 수 있다.

2) 민족자주연맹 활동과 남북연석회담 참가

1947년 가을 미국은 중간파 연합정책과 미소공위를 통한 한국문제

---

120) 정정화, 1987, 『녹두꽃』, 미완, 162쪽.
　　검증을 필요로 하는 사실이지만, 중국학자의 조사에 의하면, 박건웅은 이 무렵 延安을 방문, 朝鮮獨立同盟 인물들과 접촉하였다고 한다.
121) 『혁명가들의 항일회상』, 100쪽.
122) 대한민국국회도서관 편, 1974, 『대한민국임시정부의정원문서』(이하『의정원문서』로 약칭), 570쪽.

해결 시도가 실패하였음을 인정하고, 한반도문제를 유엔에 이관키로 결정하였다. 이에 따라 중간세력을 중심으로 미군정이 추진해 온 좌우합작운동도 종언을 고하였다. 중간파들은 "미군정으로부터 합당한 대우와 원조를 받지 못해 위신이 손상되었다고 불만을 갖게 되었고," 자주노선의 모색을 한층 적극화하였다.[123]

민족자주연맹民族自主聯盟(이하 '민련')의 결성은 1947년 7월 19일 여운형암살 이후의 위기상황을 극복하려 한 중간파 통합운동의 결실로도 이해된다. 7월 20일 중간파와 좌익진영의 광범위한 연합을 목표로 한 구국대책위원회救國對策委員會가 결성되었다.[124] 미군정은 이를 강력하게 탄압하였고, 김규식 등 중간우익은 합류를 거부하였다.

이러한 상황에서 제2차 미소공위의 결렬과 이승만의 남한단정론 대두는 중간파의 정치적 위기의식을 심화시켰다. 8월 6일 민족통일진영 재편성준비위원회民族統一陣營再編成準備委員會가 구성되었고, 그는 준비위원회 연락위원으로 선임되었다.[125] 이후 중간파의 결집은 민주독립당·민족자주연맹·정당협의회 결성으로 진전되었다.

1947년 10월 1일 민련 발기대회가 미군정청 제1회의실에서 거행되었다. 이날 대회에는 각 단체대표 120여 명이 참석하였고, 김규식·김붕준·정이형·배성룡·이극로·박건웅·홍명희·원세훈·안재홍·손두환·여운홍·최동오·윤기섭·신기언 등 30명이 결성준비위원으로 선출되었다.[126]

그러나 준비위원회 발족 후에도 주력정당이라 할 민주독립당의 결성

---

123) 조성훈, 앞의 글, 410쪽.
124) 이러한 움직임과 관련되는 미군정자료에 의하면, 여운형 사망 후 근로인민당의 지도력 장악을 위한 경쟁에서 가장 유력한 인물은 백남운이었다. 그러나 '이상적 공산주의자'인 그는 주목할 만한 관심을 끌지는 못하였고, 그는 박헌영을 극도로 미워하였다. 백남운은 이영·최익한·정백·박건웅·김성숙 등 반박헌영 세력을 결집하는 회의를 소집하려 하였다(『한림대자료집』Ⅲ, 469쪽).
125) 『朝鮮中央日報』 1947년 8월 9일.
126) 『朝鮮中央日報』 1947년 10월 3일.

과 중간파 정당들의 '12정당협의회' 참여 등으로 인해, 공식출범은 지연
되었다. 그러던 중 12정당협의회 활동이 난관에 봉착하는 11월 중순 이
후 민련의 결성이 본격화되었다.

12월 20일 경운동 천도교강당에서 거행된 결성대회에서는 결성선언
과 강령 등을 채택하였다. 그는 중앙집행위원 선출을 위한 전형위원에
선임되었고,[127] 최동오·신기언·김붕준·김약수·김호·정이형·김성숙 등
과 93인 중앙집행위원의 한 사람으로도 선출되었다.[128]

민련의 기본이념은 결성선언에 함축되어 있는데, 이는 중간노선의 전
형을 보여준다. 즉 "독립을 갈망하고 평화를 사랑하는 우리민족은 어디
까지나 자주적 입장을 고수하면서 국제간 더욱이 미·소간의 조화에 노력
하여야 할" 것이며, "금일의 조선에는 독점자본주의사회도 무산계급사회
도 건립될 수 없고, 오직 조선의 현실이 지시하는 조선적인 민주주의사회
의 건립만이 가능하다." "그러므로 우리는 조선을 민주주의화할 뿐만 아
니라, 또한 민주주의를 조선화하여야 할 것이다"고 선언하였다.[129]

즉 민련은 우익이 주장하는 자본주의사회나 좌익이 표방하는 공산주
의사회가 아닌, '조선화朝鮮化'한 민주주의사회, 사회민주주의 체제에 근
접하는 통일민족국가의 수립을 지향하였던 것이다.

민련에서는 한국문제가 유엔에 상정된 1947년 10월 이래, "남북통일
중앙정부의 조속한 수립을 위하여" 남북정치단체대표자회의의 개최를
주장하였다.[130] 1948년 1월 8일 유엔조선임시위원단이 서울에 도착하
였고, 민련은 유엔조선임시위원단에 대해 남북요인회담의 주선을 요청
하였다. 2월 4일 정치위원·상무집행위원 연석회의에서는 남북요인회담

---

127) 『朝鮮中央日報』 1947년 12월 21일. 전형위원으로는 박건웅 외에 유석현·이극
   로·원세훈·홍명희·여운홍·손두환·배성룡·이용·신기언·김붕준 등이 선임되었다.
128) 『서울신문』 1947년 12월 30일 ; 『자료대한민국사』 5, 912쪽.
129) 송남헌, 앞의 책, 444~445쪽.
130) 『漢城日報』 1947. 12. 21.

의 개최를 촉구하는 서신을 김일성과 김두봉에게 발송키로 의결하였다.

남한 만의 단독선거 실시에 관한 유엔 소총회 의결이 임박한 1948년 2월 18일 민련은 민족자주 원칙에 입각한 유엔에서의 조선문제 해결, 미·소의 이해관계에 의한 조선문제 해결 반대, 미·소 양군의 조기철군을 위한 협정의 필요성 등을 강조하였다.[131]

2월 26일 유엔소총회는 '한반도 가능지역 선거' 결의안을 통과시켰다. 미·소는 전면대치 상태로 들어갔고, 남한의 정치세력은 단선 찬성세력과 반대세력으로 분화되었다. 종래의 찬·반탁 구도가 분단과 통일세력 간의 갈등구조로 바뀌었다.

김규식은 주석직 사임과 정계은퇴를 표명하였고, 가맹원들은 단선 '참여파' '관망파' '불참파'로 나뉘었다. 그러나 다수세력은 단선반대와 남북연석회의 개최를 추진하였다. 홍명희洪命熹 등을 중심으로 한 남북연석회담 추진세력은 2월 29일 단선불참을 선언하였다.

3월 8일에는 정치·상무위원 연석회의를 소집하여 남한 만의 단독선거 실시에 관한 입장을 정리하였다. 선전국장 김붕준은 "남조선의 선거 실시는 국토를 양단하고, 민족을 분열할 우려가 있으므로, 본맹은 이러한 선거에 참가하지 않겠다"는 최종결의를 성명하였다.[132]

민련을 축으로 한 남북연석회담 추진세력은 김구·김규식·홍명희를 중심으로 결집을 꾀하였다. 3월 12일에는 '7거두 성명'을 발표하여, 민족자결의 남북회담을 주장하였고, 4월 3일에는 남북협상 참가세력의 결집체로서 통일독립운동자협의회統一獨立運動者協議會가 결성되었다. 민련은 4월 15일 정치·상무위원 연석회의에서 남북협상대표 18명을 선출하였다.

4월 19일 밤 10시 평양방송을 통해, 김일성에게 제시하였던 선행조건

---

131) 『朝鮮中央日報』 1948년 2월 19일.
132) 『大東新聞』 1948년 3월 10일.

이 수락된 것으로 인정한 김규식은 20일 민련 간부회의에서, 21일 아침 북행을 결정하였다. 21일 아침 6시 30분경 김규식·원세훈·김붕준·최동오·박건웅·신기언·강순·송남헌 등 16명은 종로경찰서 차량의 에스코트를 받으며 북행길에 올랐다.

정오경 개성을 통과, 건국실천원양성소 청년들과 38선 경비대원들의 환송을 받으면서, 북쪽 여현礪峴에 도착하였다. 하지만 일행의 도착이 예정보다 늦어진 관계로 대기 중이던 열차가 남천南川역으로 돌아가 버렸기 때문에, 이들은 평양에서 보내온 소련제 지프를 타고 남천으로 갔다. 그리고 22일 새벽 1시 남천을 떠나 특별열차편으로 平壤에 도착한 때가 아침 6시 경이었다.[133]

4월 22일의 신문보도는 "남북협상에 참가하기 위하여 북행한 한독·민련·민독 등의 인원수는 50여 명에 달하며, 그 대부분은 중경요인重慶要人들이라고"하며, 박건웅의 남북협상 참가를 확인하였다.[134]

김규식 일행은 상수리초대소로 안내되었다. 이곳에는 먼저 도착한 김구와 홍명희·조완구 등이 묵고 있었다. 김규식·송남헌·권태양 등을 제외한 일행은 평양시내 고려호텔에 여장을 풀었다.[135]

---

133) 송남헌, 앞의 책, 556쪽.
   김규식은 출발 전 성명에서 "나는 오직 남북정치지도자가 한자리에 앉아서 성의껏 相討하는 것만이 통일 단결의 기본공작이라는 신념에서 북행을 결심하였다"고 (『朝鮮日報』1948년 4월 22일 ;『자료대한민국사』6, 822쪽) 소회를 토로하였다.

134)『東亞日報』1948년 4월 22일에 보도된 참가인물은 민족자주연맹: 金奎植·元世勳·孫斗煥·崔東昨·金朋濬·申肅·金性馨·申基彦·宋南憲·姜舜·朴建雄·權泰陽·裵成龍·申轍圭·韓台圭·潘日炳·李炳熙·呂運弘·金是鎌 외 수행원 수명, 민주독립당: 洪命憙·河萬鏑·金昌曄·金逢和·朴明煥·洪鐵憙·柳駿烈·朴炳直·崔成數·金武森 외 수행원 수명, 한국독립당: 金九·趙素昂·嚴恒燮·趙琬九·金毅漢·申昌均·趙一文·崔錫鳳 외 수행원 6명이었다(『자료대한민국사』6, 828~829쪽).

135) 김광운, 1995,『통일독립의 현대사』, 지성사, 225쪽. 한편 張建相선생은 "남쪽에서 올라간 대표들은 대부분 삼일여관에서 묵었다"고 회상하였다(『혁명가들의

회의 3일째인 이날 회의에 김규식은 참석하지 않았고, 김구·조소앙·조완구가 주석단으로 추가 선출되었다. 김구는 "조국을 분열하고 민족을 멸망케 하는 단선단정을 반대할 뿐만 아니라" "이것을 철저히 방비하지 않으면 아니 될 것"이라는 연설을 하였다.[136]

회의기간 동안 그의 활동이나 행적은 밝혀지지 않고 있으나, 남측대표들의 동정을 전하는 기록을 통해 그 일단을 유추해 볼 수는 있겠다. 이들은 4월 25일 '남북연석회담 축하' 군중대회에 참석하였고,[137] 26일에는 혁명자유가족학원과 국립영화촬영소를 시찰하였다.[138] 이외의 일정으로는 황해제철소와 평양의 탁아소·김일성대학 방문 사실이 알려지고,[139] 5월 1일에는 평양역광장에서 거행된 '5·1절 군중기념대회'에 참석하였다고 한다.[140]

남북 제정당사회단체 연석회의南北諸政黨社會團體連席會議에 참가하였던 일행 60여 명은 5월 4일 평양을 출발하였다. 김구와 김규식 일행은 자동차편으로, 여타 대표들은 열차편으로 개성에 도착하여 하룻밤을 묵었다.[141] 5일 오후 1시 김구 승용차를 선두로 38선을 통과하여, 하오 8시 서울로 돌아왔다.

그는 여현의 38선을 통과하며 가진 기자 인터뷰에서 "동포에게 통일단결의 신념을 튼튼히 갖게 하는 동시에, 조선민족이 통일민족이라는 것을 세계에 알릴 수 있는 기회였다"고 남북협상의 의미를 적극적으로 평

항일회상』, 244쪽).

136) 국사편찬위원회 편, 1988, 『北韓關係史料集: 1945~1948』6, 117쪽.

137) 崔成福, 1948, 「平壤南北協商의 印象」『新天地』4월호, 65쪽, 『한국현대사자료총서』8 재수록.

138) 溫樂中, 1948.8, 『北朝鮮紀行』, 조선중앙일보출판부, 81쪽, 『한국현대사자료총서』11 재수록.

139) 최성복, 앞의 글, 65·67쪽.

140) 최성복, 앞의 글, 69~70쪽 및 온낙중, 앞의 책, 98~102쪽 참조.

141) 曺圭河·李庚文·姜聲才, 1972, 『南北의 對話』, 한얼문고, 351~352쪽.

가하였다.[142]

김구와 김규식 또한 5월 6일 발표한 공동성명에서 "조국의 위기를 극복하며, 민족의 생존을 위하여서는" "주의와 당파를 초월하여 단결할 수 있다는 것을 또 한번 행동으로서 증명한 것이다"고 평가하였다.[143] 그러나 남북협상에 참여하였던 대다수 인물의 소회는 분단의 우려가 현실로 다가오고 있음에 대한 안타까움과 우려였다.

'남북협상을 끝마치고 귀남歸南한 중간파요인들'의 동향을 전하는 신문기사에 의하면, "그들은 회담내용을 10인 10색으로 말하고 있으나, 결론에 들어가서는 실패라는 것을 의미하고 있으며, 김일성파의 냉정하고도 비협조적인 동시에 소련의 연방화하려는 의도와 현실을 감지한 그들은 불만의 의사를 가지고 남북협상을 재추진할 기색은 보이지 않는데, 앞으로 취할 그들의 태도가 주목되고 있다"고 보도하였다.[144]

이들은 민족과 국토가 분단되는 막다른 골목에서 극좌와 극우의 극한적 대립을 지양하고, 민족자결권을 요구하는 이외의 다른 방도를 찾기가 용이하지 않았던 것이다. 뿐만 아니라 통일된 민족국가를 희구하고 동족상잔의 비극을 두려워하는 민중과 지식인의 기대가 너무나 컸기 때문에, 남북지도자회의를 제창하였고, 남북협상에도 참가하였던 것이다.[145]

5·10 총선거는 시행되었고, 분단의 우려는 어느덧 현실로 다가와 있었다. 자주독립 통일정부 수립을 지향해 온 정치세력들의 선택은 더욱 좁아졌다. 하지만 이들은 남북협상을 통한 통일정부 수립의 열망을 포기

---

142) 『自由新聞』 1948년 5월 7일.
　　　金星淑도 같은 날의 인터뷰에서, "북조선은 경제면·문화면에 완전한 토대가 잡혀 있었다. 민중이 너무 기계적으로 化하고 있음은 유감이었다"는 소감을 남겼다. 그는 북한지도부를 포함한 정치면에 대한 평가는 보류하였고 전체주의화해가는 북한사회를 우려하였다.
143) 『京鄕新聞』 1948년 5월 7일 ; 『자료대한민국사』 7, 30~31쪽.
144) 『東亞日報』 1948년 5월 3일 ; 『자료대한민국사』 7, 15쪽.
145) 서중석, 앞의 책, 694쪽.

하지 못하였다. 이들의 염원이 회한으로 변하게 되는 또한번의 기회가 다가왔다.

이해 8월 말 해주海州에서 소집될 남조선인민대표자대회南朝鮮人民代表者大會를 앞두고, 그는 권태양權泰陽 등과 함께 대회참여를 주장하였다. 그것은 남한만의 단독정부 수립에 대한 북한정권의 정치공세인 동시에, 북한정권의 출범을 위한 수순이기도 하였다.

이 대회를 맞이하는 그의 입장은 파악되지 않지만, "우여곡절 끝에 민련대표 일행 30명은 해주회의에 참가하기 위해 북행길에 올랐다. 두 패로 갈라져 한 팀은 권태양이 인솔하여 8월 14일 '성시백루트'를 통해서 38선을 넘어 8월 15일 신천信川온천으로 안내되었다.

다른 한 팀은 다음날 밤 박건웅朴建雄이 데리고, 같은 루트로 38선을 넘어 신천온천에서 합류하였다. 이들은 19일까지 휴식을 취하고, 20일 해주로 가서 21일부터 남조선인민대표자대회에 참가하였다."[146]

이상의 사실들은 분단이라는 현실상황 보다 통일이라는 이상을 최고의 가치로 신봉하였던 그의 민족주의를 설명해 준다. 더불어 이는 통일을 민족지상의 과제로 여기던 '통일독립'의 민족주의 세력이 분단체제의 도래를 막으려 한 마지막 안간힘이었다. 이들의 발버둥과 상관없이 남북한에는 각기 그들의 정부가 수립되었고, 자주통일을 외치던 중간파들은 설 땅을 잃어버렸다.

3) 통일독립촉진회 활동

5월 10일 총선거로 단독정부 수립은 돌이킬 수 없는 사실이 되어버렸

---

146) 김광운, 앞의 책, 260쪽.
　　귀경 후 박건웅은 9월 4일 안재홍과 더불어 민련 상무위원에 보선되었다(『漢城日報』1948년 9월 7일). 그리고 그의 민련 활동은 1950년 6·25전쟁 시까지 지속된 것으로 알려진다.

고, 자주독립통일정부 수립세력은 통일운동의 또다른 구심체의 결성을
모색하였다. 그 결과 김구와 김규식을 중심으로 한 통일독립촉진회統一
獨立促進會 결성대회가 7월 21일 소공동 조선연무관에서 개최되었다.[147]

이날 회의에서는 주석 김구, 부주석 김규식과 중앙집행위원 83명·감
찰위원 20명을 선출하였다. 그는 김붕준·여운홍·배성룡·엄항섭·신기
언·홍기문·원세훈 등과 함께 중앙집행위원에 선임되었다.[148]

분단정권 수립 후 남한의 통일정부 수립세력은 평화적 방법을 통한
완전한 통일정부 수립을 목표로 하였다. 이들의 활동은 우선 통일독립촉
진회의 역량 강화 노력으로 나타났다. 그는 권태양·강병찬 등과 통일독
립촉진회 사업에 적극 참여하였던 것 같다.[149]

9월 23일에는 유엔조선임시위원단을 통해 "통일이 없으면 독립이 없
고, 독립이 없으면 생존할 수 없는 것은 삼천만 한인이라 이해하고 있습
니다." "귀회에서 한국문제의 좀 더 정당하게 해결하기 위해서는 한인들
자신의 의사를 충분히 청취하길 요청하는 바입니다. 본회는 한국민족의
입장에서 통일과 독립과 평화의 조국을 건립하기 위하여 남북을 통한 진
정한 민주주의정부를 조직하리라 믿고 있습니다"라는 요지의 유엔에 보
내는 서한을 전달하였다.[150]

그런데 정부수립 시 강진국姜辰國의 농림부 농지국장 취임과 관련한
한 에피소드는 박건웅의 현실인식을 이해하는데 보탬이 될 수 있다. 이
미 살폈듯이, 그와 강진국은 1947년 9월 이래 입법의원 산업노농위원회
산하기구인 조선산업재건협의회 활동을 통해 국가산업재건과 자주적인
경제정책 수립에 공감대를 유지해 왔다. 강진국은 "나는 단정수립에 반
대 입장이었기 때문에 거절했는데, 박건웅 씨가 열심히 권해서 (농지국장)

---

147) 『自由新聞』 1948년 7월 22일.
148) 『自由新聞』 1948년 7월 28일.
149) 김광운, 앞의 책, 271쪽.
150) 『自由新聞』 1948년 9월 29일.

취임을 승락하였다"고 회고하였다.[151]

주지하다시피 그는 남한 단독정부 수립에 반대하며, 미·소 냉전체제를 극복하고 자주적인 통일민족국가의 건설을 위해 매진해 왔다. 이런 그가 강진국에게 단독정부 참여를 권유한 사실은 어떻게 해석되어야 할까.

먼저 이 사실은 그가 남한 단독정부 수립을 기정사실로 받아들이는 지극히 현실중심 사고를 갖고 있었던 것으로 해석될 수 있다. 둘째, 그가 강진국의 농업개혁론을 높게 평가하였기 때문에, 그의 전문지식과 식견을 정책적으로 구체화하는 것이 그들의 중간노선을 구현하는 결과가 될 것이라고 생각하였을 것이라는 추측이다. 즉 비록 분단체제 하이기는 하지만, 그가 신봉하고 있는 사회민주주의적인 경제체제 건설을 실현하기 위해 강진국의 분단정부 참여를 적극 권유하였을 것이다.

이는 그의 국가건설론의 혼돈을 보여주는 것이 아니라, 부과된 객관적인 조건을 수용하는 토대 위에서 출발하는 중간파의 사고의 단면을 엿보이고 있는 것으로 평가하고 싶다. 다시 말해 분단정부 수립 이후에도 그는 분단이라는 차선의 가치를 보완하면서, 통일민족국가 건설이라는 최선의 가치구현을 포기하지 않는 이상론적인 관념의 소유자였음을 드러내고 있다 하겠다. 그리고 역사는 이상론적인 관념은 왕왕 현실적 조건에 의해 왜곡·붕괴되었음을 보여주었다.

그러나 이승만정권의 공안통치 체제 하에서 분단극복과 자주적인 통일정부의 수립이라는 구호는 국기를 문란시키는 반정부·반국가적 소요 행위로 취급되었고, 극우적인 정치환경은 빠른 속도로 고착화되어 갔다. 정부수립 직후 남한이 정치적 환경을 다룬 미국의 아시아문제 전문가의 논평을 인용한 한 신문기사는 이 시기 남한이 정치상황과 중간파의 몰락을 다음과 전하고 있다.

---

151) 「중앙청: 농지개혁(2)」 『中央日報』 1982년 4월 23일 ; 방기중, 앞의 글, 166쪽.

미국은 전후의 점령지 정책에 있어서 중간노선의 정권을 수립하려고 노력한 것으로 볼 수 있으나. 미소의 정치적 알력이 격화됨에 따라, 소위 '방공진영 강화'에 주력을 두는 느낌이 최근 일층 노골화하여지고 있다. 특히 아시아의 방공권 구성은 군사적 의의가 잠재하고 있는 것으로써, 미소 양군이 직접 대치하고 있는 조선에서도 남한에 우익정권을 수립하여 중간정치가 몰락되었고, 따라서 좌우의 대립 격화를 전제로 하였다고 볼 수 있는 것이다. 이러한 미국정책에 관하여 아시아문제의 권위자인 크리스챤 사이언스 모닝타임즈의 극동총무국장인 고든 워커 씨는 일본사태와 관련하여, 다음과 같이 논평하였다. "남한에서는 중간정부 수립에 대한 노력이 불성공에 돌아가고 말았기 때문에, 그 결과 남한에서는 중간주의적인 정계지도자는 대부분이 그 정치적 지위를 상실하였고, 이로 인하여 정계의 세력은 강력한 우익정당과 공산당 및 그 지배하에 있는 각종의 좌익정당단체로 양분되어 좌우 양익 간의 날카로운 대립이 발생되고 있다."[152]

분단 고착화를 향한 극우적인 정치환경은 급기야 김구암살이라는 분단시대의 비극을 초래하였고, 이는 중간노선의 말로를 재촉하였다. 1949년 9월 30일 헌병사령관과 서울시경찰국장은 공동성명을 발표하여 한국독립당을 '사이비한 애국정당단체'로 규정하고, "좌익계와 마찬가지로 취급하겠다"고 선언하였다.[153]

한국독립당에 대한 메카시즘적 공세는 분단극복·민족통일을 지향하는 우익세력의 존립기반 조차 파괴시키려는 위협이었고, 이러한 정치적 환경 하에서, 생존의 문제와 직결된 극도의 위기감이 그와 같은 중간파들을 엄습하였을 것이다. 투항과 은둔의 선택을 강요받던 이들은 이듬해 제2대 국회의원선거 참여를 통해 분단시대의 극복을 향한 반전을 기도하게 된다.

미·소 냉전체제의 고착화, 중국의 공산정권 수립 등의 상황에서 "남북협상에 다녀온 많은 사람들은 주위정세나 국내사정으로 보아 남북한

152) 『自由新聞』 1948년 9월 19일.
153) 『自由新聞』 1949년 10월 1일.

의 통일정부 수립이 어렵다"고 판단하였다. 남북협상이라는 것은 이상일 뿐이었으므로, 남북협상에 참가했던 인물들도 남한과 북한의 분단정부를 기정사실로 받아들였다.[154]

1950년 5월 30일 실시되는 제2대 국회의원선거에는 민족자주연맹 소속의 박건웅(용산을)·원세훈(중구갑)·최동오(중구을)·김붕준(성동갑)·유석현(종로갑)·김찬(용산갑) 등을 비롯하여, 조소앙(성북)·윤기섭(서대문을) 등 독립운동의 경력을 가진 남북협상파들이 입후보하였다.[155]

당시 선거관리위원회의 입후보자 조사 자료에 의하면, 입후보자 중 절반 이상이 무소속이었으며, 그 이유 중의 하나는 "무소속을 표방하는 중간파가 많음을 의미한다"고 분석하였다.[156] 기자들의 '중간파 출마에 대하여'라는 질문에 대한 이시영 부통령의 "과거 5·10총선거에 참가 안 했을지라도 유능한 인사들이 심경을 바꾸어 나오게 됐다는 것은 좋은 현상이다"는[157] 대답은 중간파 출마에 대한 사회적 기대감을 반영한다 하겠다. 그 결과 5·30선거는 보수·혁신세력의 정치적·이념적 대결양상을 띠었다.

그러나 박건웅·최동오 등은 입후보 등록이 취소되었다. 5월 25일 서울지검에서는 '북로당 남반부정치위원회 사건北勞黨南半部政治委員會事件' 일명 '성시백사건成始伯事件' 제2차 발표가 있었다.

발표문에는 "북로당은 협상파로 입후보한 박건웅·김성숙·장건상·김붕준·김찬·유석현·윤기섭·조소앙·원세훈 등을 포섭대상자로 결정하여, 미화 1만 4800달러를 선거비용으로 지급할 예정"이라는 내용이 포함되어 있었다.[158] 서울시경에서는 서울지검 지휘 하에 5월 28일 하오 8시

---

154) 『녹두꽃』, 231쪽.
155) 중앙선거관리위원회, 1967, 『역대국회의원선거상황』, 95~99쪽.
156) 『自由新聞』 1950년 5월 9일.
157) 『自由新聞』 1950년 5월 3일.
158) 『朝鮮日報』 1950년 5월 26일 ; 서중석, 1996, 『한국현대민족운동연구』 2, 역사

를 기해 조소앙·최동오·김붕준·원세훈·유석현·김찬·박건웅·윤기섭 등
을 소환 심문하였다.[159]

5월 29일자 신문들은 남·북로당프락치 입후보자 검거사건 관련 피검
자 진술 등에 의거하여, 조소앙·최동오·김붕준·원세훈·유석현·김찬·박
건웅·윤기섭 등이 불구속으로 취조받고 있다고 보도하였다.[160]

그러나 선거 결과 조소앙·안재홍·원세훈·윤기섭·오하영 등의 민족주
의 좌파와 장건상·여운홍 등 사회주의계열 등 중간파 지도자의 진출이
현저해졌다. 이와 함께 무소속이 전체 의석수(210석)의 2/3에 해당하는
126인이 당선되었다. 이는 기성정당에 대한 국민들의 실망감을 반영하
는 것이었다. 당시 북한정권은 5·30 총선거의 결과를 '정부로부터의 국
민의 이반' 현상으로 평가하였고, 이러한 판단은 한국전쟁 발발 원인의
하나로 기능하였다.[161]

1950년 6월 25일 북한군의 침략으로 인한 전쟁이 시작되었다. 박건웅
은 미처 서울을 벗어나지 못하였다. 북한군의 서울 점령기간 동안 김규
식·조소앙·조완구·엄항섭·윤기섭·최동오·김붕준 등 임정출신 인물들
이 불안한 나날을 보내고 있을 때, 민련계통 인물들은 민족상잔을 종식
시키기 위한 '한강을 경계로 한 휴전과 유엔이관 해결'을 결의하였고,
그는 최능진崔能鎭과 이 결의문을 서울시인민위원장 이승엽李承燁에게 전
달하였다고 한다.

또 그는 권태양·최백근·강병찬·신기언·김홍곤·김기환 등 중간파 인
물과 함께 7월 20일 트럭편으로 서울을 떠나 다음날 평양에 도착하였다.
이후 이들은 한 달여 동안 하루 8~10시간 씩 사상개조 교육을 받은 다
음, 8월 20일 서울로 돌아왔다.[162]

비평사, 315쪽 재인용.

159) 『自由新聞』 1950년 5월 30일.

160) 『朝鮮日報』 1950년 5월 29일 ; 서중석 앞의 책, 315쪽 재인용.

161) 중앙선거관리위원회, 1968, 『대한민국선거사』, 347쪽.

그리고 배성룡·권태양 등과 통일독립촉진회를 중심으로 한 잔류인사들의 결집을 도모하고, 서울시인민위원회 측으로부터 이들의 안전을 보장받기 위해 노력하였다.[163]

9월 24일 유엔군의 서울탈환이 임박한 시점에서, 북한군의 이른바 '모시기공작'에 의거하여, 북행길에 올랐다. 건강이 좋지 않았던 김규식·조소앙·조완구·유동열 등은 군용지프를 탔고, 대부분 분단정부 수립에 반대해 왔던 40여 명의 납북인사들은 트럭 두 대에 나뉘어 서울을 빠져나갔다.[164]

3. 정치활동의 특징과 성격

해방정국기 박건웅의 정치활동의 특징으로는 첫째, 해외독립운동세력 중 미군정 정치체제에 참여한 드문 경우라는 점. 둘째, 미군정체제 참여 사실이 일제하 독립운동 과정에서 표방되었던 정치노선과 상치되는 것 같지만, 그 내면에는 일관된 논리가 발견된다는 점을 꼽을 수 있다. 그는 자신의 진보적인 정치사상을 공산주의로 표현하는데 주저하지 않았지만, 그것은 조선공산당의 그것과는 궤도를 달리하는 것이었다. 그의 반외세 정치활동을 살피는 데에는 김성숙의 설명이 실마리를 제공한다.

1946년 10월 그가 조선공산당 등 좌익 측으로부터 좌우합작위원회 좌측대표성을 공격받을 때, 김성숙은 그의 합위 참여는 좌익대표로서가 아니라, 개인자격으로 이루어진 것이며, "박건웅은 조선공산당 의사에 의하여 좌우합작을 추진시켜 왔다"는 요지의「합작 7원칙에 관한 우려」성명을 발표하였다. 김성숙의 성명은 이들의 공산주의관을 이해하는데

---

162) 김광운, 앞의 책, 311~312쪽.
163) 김광운, 앞의 책, 314쪽.
164) 김광운, 앞의 책, 318쪽.

보탬이 된다. 김성숙은 "중일전쟁이 일어나기 전입니다. … 나는 이때부터 특히 박건웅과 아주 가까워져, 해방 뒤 국내에 들어와서도 일을 같이해 박헌영파와 싸웠어. 해방 뒤 내가 박헌영파와 싸우게 되지 않았으면, 나는 아예 공산주의자로 뛰었을 것 같아. 그러나 박헌영파와 싸우다 보니, 나는 도저히 공산주의자가 될 수 없더군"이라고 회상하였다.[165]

김성숙이 재건파 조선공산당에 반대한 데에는 이들의 배타적 독주가 한 원인이었던 것 같다. 그러나 재건파 조선공산당에 대한 반대가 좌익세력과 거리를 두게 되는 이유만은 아닐 것이다. 결별의 본질은 그가 견지해 온 공산주의노선이 해방정국기 조선공산당의 그것과 상치되기 때문이었다.

그는 한인공산주의운동의 독자성이 상실된 1930~40년대 중국의 중국정부 관할구역에서 '조선공산주의운동'의 독자적인 존재가치를 지키기 위해 노력하였다. 그는 민족해방을 위한 항일민족운동의 방편으로서 공산주의노선을 신봉하였고, 또 스스로를 '민족적' 공산주의자로 자부하였다.[166] 모스크바의 지시에 의해, 하룻밤 사이에 반탁구호를 찬탁구호

---

165) 『혁명가들의 항일회상』, 98~98쪽. 김성숙의 논리는 "나는 극좌·극우를 다 반대한다. 미·소에 대해서는 평등하게 대해야 한다." "그때 박헌영이 하고 만나보니 기가 막힌 극좌파예요. … 그저 공산당·소련 이런 생각만 하지, 도무지 다른 안목이 없어." "그 사람들 영어하나 똑똑하게 하는 놈이 없더군요. 그래 가지고서 어떻게 정치를 하느냐 말이에요"라고 이어졌다(이정식 대담, 앞의 글, 367·369쪽). 두 사람과 남로당 지도부의 갈등은 후일 북로당 측이 남로당 측과 별도로 개설한 협의대상 인물 중에 박건웅이 포함되었던 사실로도 어느 정도 뒷받침된다. 근년에 채록된 증언에서는, 1946년 12월 이후 본격화된 북로당의 대남정치공작 과정에서 김일성이 성시백의 정치공작 상대로 '박헌영이 차버린 사람들'을 지목하였다고 한다(유영구, 앞의 글, 642~643쪽).
166) 김성숙은 "나는 민족적 공산주의다"라고 하면서, "우리나라의 사회주의자들과 공산주의자들이 민족주의라는 것을 무시해 버렸거든요." "민족이 독립된 후에야 공산주의고, 사회주의고 무엇이든 되지, 민족독립없이 무엇이 되느냐." "우리가 독립하기 위해서는 … 민족주의와 합작해서 자본주의와 싸워야 된다는 것이 대개 주가 되는 것이었지요"라고 설명하였다(이정식 대담, 앞의 글, 355쪽).

로 바꾸는 조선공산당의 모습은 그가 꿈꾸어 온 공산주의상共産主義像이
아니었다.

이 같은 김성숙의 정치행로는 박건웅의 정치노선과 활동을 이해하는
데에도 많은 시사점을 제공한다. 그는 외세로부터의 독립을 선결과제로
설정하였기 때문에, 합위에서 좌측대표를 자임할 수 있었고, 조선공산당
이나 남로당의 국제추종노선으로부터 자유로운 입장에 설 수 있었던 것
이다. 이러한 사고는 '미국과 소련의 영향력으로부터 자유'로 발전하게
된다.

그 자유개성自由個性은 일제하 독립운동 과정에서부터 발견되었다. 일
제말기 중경에서 조선민족해방동맹원들의 모습을 지켜본 정정화는 "대
부분의 좌파인사들은 이들을 오히려 기회주의자이며, 분파분자로 몰아
세우기도 했었"지만, "조선민족해방동맹은 중경에서 유일하게 공산주의
를 표방하는 단체였다"고 기억하였다.[167]

이와 관련하여 김성숙은 "공산주의보다 조국의 해방이 더욱 중요하다
고 보았"지만, "다른 사람들이 이 단체를 공산주의단체로 본 것은 사실
입니다. 임정에서도 우리를 그렇게 인정했습니다." "나는 민족문제의 해
결이 공산주의의 실현보다 중요하다고 생각했어요"라고 증언하였다.[168]
이들의 '소박한' 공산주의 신념은 일제말기 충칭의 정치현실과는 별개의
문제였겠지만, 적어도 이들이 중국공산당과는 별개의 한인공산주의노선
을 견지한 것만은 틀림이 없었다.

그의 정치활동을 꿰뚫고 있는 것이 있었다. 그것은 중국공산당도 미·
소도 아닌, '조선공산주의운동'으로 표현되었던 한인민족국가의 독자성
실현이었다. 이러한 논리 위에서 조선민족해방동맹의 결성도 '중국공산
당을 위해서가 아닌' '조선의 혁명에 몸 바치려는' 조선인공산주의자들

---

167) 정정화, 1987, 『녹두꽃』, 미완, 162쪽.
168) 『혁명가들의 항일회상』, 100쪽.

의 결집체로서 의미가 부여되었던 것이다.[169] "중국 내부의 모든 마찰 혹은 정치의견의 분열에 대해 엄정 중립적인 태도를 엄정하게 취하고, 조선민족의 특수입장을 단호하게 지킨다"는 표현은[170] 박건웅의 자주적인 민족운동관의 본질을 알려준다.

그는 통합임정 체계 내에서, 임시의정원 약헌수개위원約憲修改委員 등으로 활발한 활동을 펼쳤다. 그는 "한국의 사회주의혁명은 민족해방 이후에 하여야 한다"는 논리로써, 임정 참여를 합리화하였다.[171] 그는 임정을 3·1운동의 역사적 소산으로서, 대외적으로 전민족 의사를 대표하는 국제교섭의 유일한 대상이며, 통일전선적 혁명영도기구로 평가하였다.[172] 어느덧 그는 임정이라는 현실의 울타리 안으로 깊숙이 들어 와 있었다.

충청에서의 그의 정치노선과 현실인식은 통합임정체제의 적극적 동참을 바탕으로 한 것이었다. 1945년 8월 23일 임시의정원 회의에서 그의 면모가 확인되었다. "나는 공산주의자와 합작하여 잘 해오자고 하였습니다"라는 자신의 항일역정을 평가하는 듯한 마지막 발언처럼,[173] 그

---

169) 김성숙은 "우리 공산주의자들이 전부 중국공산당원이 되어버렸다. 조선공산당이 중국공산당이 되었다. 이래서는 안된다. 나 혼자 만이라도 중국공산당에 들지 말고, 조선혁명을 하도록 노력해 보자. 그런데 나 말고도 중국공산당에 들어가지 않은 채 조선의 공산운동이나 조선의 혁명에 몸 바치려는 동지들이 있지 않느냐. 이들이 일할 곳을 만들자"는 취지에서, 조선민족해방동맹을 결성하였다고 술회하였다(『혁명가들의 항일회상』, 100쪽).

170) 朴建雄, 1938, 「對於中韓民族同盟抗日的一点意見」『朝鮮民族戰線』 4기, 5. 25, 23쪽.

171) 박건웅은 "반일역량을 집중하기 위하여 모든 단체는 결합하여 공동으로 임시정부 아래에서 현단계 중 우선 민족해방운동을 완성하고, 한국의 사회주의혁명은 민족해방운동 이후에 하여야 한다"는 전제 하에, 일제말기 임정활동에 참여하였다(胡春惠, 辛勝夏 역, 1978,『中國안의 韓國獨立運動』, 단국대출판부, 211~212쪽).

172) 朴建雄, 「'三一'大革命與韓國臨時政府」『新華日報』 1943년 3월 2일.

173) 대한민국국회도서관 편,『大韓民國臨時政府議政院文書』, 1974, 570쪽.

는 일제하 항일운동 과정에서 좌파도 우파도 아닌 협동전선론자를 자임하였던 것이다.

해방정국기 미군정체제 참여를 통해 '민족적' 좌익대표로서의 정치노선을 견지하였던 그의 정치활동은 일제말기 충칭임정 참여 사실의 연장선상에서 이해될 수 있는 것이었다.

또 그는 '우리나라의 대외관계의 기본원칙'으로서, '자존自存과 공존共存의 원칙'이라는 표현을 사용하였다. 이는 "자기의 생존과 발전을 확보"하기 위한 기본입장이었다.[174] 그리고 이 입장은 미·소라는 외부 규정력에 의해 지배되던 미군정기 그의 현실참여를 밑받침한 논리로 발전하였다고 하겠다.

아울러 그와 좌익세력의 결별을 공식화해준 민전의 제명 사실은, 오히려 그의 정치행보를 자유롭게 해주는 계기가 되었을 것이다. 이로써 그는 별도의 자기변민 과정을 거치지 않고 좌익세력과의 간극을 벌릴 수 있었을 것이다.

이러한 상황은 이른바 '민족적' 공산주의세력의 성격을 드러낸 것인 동시에, 또 다른 측면에서는 미군정체제라는 현실조건과의 타협 결과이기도 하였다. 그의 변모는 미·소 냉전체제의 고착화로 인해 현실적 선택의 여지가 좁아지면서, 중간우파적인 모습마저 띠어 갔다.

이러한 우경현상은 1947년 하반기 한국문제의 유엔이관을 분수령으로 하여, 또한번 굴절되었다. 남한단독정부 수립이 현실화됨에 따라, 그는 통일민족국가 건설 주장을 강화하면서, 분단체제를 뛰어넘어 남북협상 길에 오르게 된다. 이는 그의 정치활동이 미·소 군정체제라는 외부 규정력을 극복하고, 자주적인 통일정부 수립으로 귀결되었음을 보여주었다.

---

174) 박건웅, 「우리나라 대외관계의 기본원칙을 논함」 『獨立新聞』 2호, 1944년 8월 15일 ; 독립운동사편찬위원회, 1973, 『독립운동사자료집』 8, 75쪽.

맺음말

그는 일제하 중국지역에서의 항일운동 과정에서 한국대일전선통일동맹·조선민족전선연맹·한국혁명운동통일7단체회의 등을 통해, 협동전선운동의 가치를 인식해 왔다. 그리고 1942년 충칭임정으로의 통합 이후에는 임시의정원 의원 및 약헌수개위원 등으로 활동하며, 한독당과 민혁당의 대립 구도 속에서 완충적 역할을 수행하였다. 미군정기 해방공간에서의 정치행보 역시 항일운동기 그가 견지하였던 협동전선운동 혹은 중간노선의 맥락에서 구체화된 것이었다.

해방정국기는 분단국가 형성의 기점으로도 설명될[175] 수 있기 때문에, 통일민족국가 건설을 지향한 독립운동 세력에게 있어서 미군정기는 뛰어넘어야 할 또 하나의 골이었다. 미군정기 국가건설을 위한 도정에는 두 갈래의 선택이 가로놓여 있었다. 하나는 미·소를 극복해야 할 투쟁의 대상으로 설정하는 것이고, 다른 하나는 미·소 냉전체제의 현실을 인정하며, 이들과의 절충과 타협을 통해 민족과제를 해결하려는 것이었다.

김구를 중심으로 한 충칭임정그룹은 대체로 전자를 택하였고, 김규식·여운형 등은 후자를 택하였다. 이러한 시대적 조건은 박건웅에게 있어서도 예외는 아니었고, 그는 후자의 접근 방식을 취하였다. 그는 미군정의 존재를 인정하는 현실인식의 바탕 위에서, 자신의 국가건설론을 추구하였다.

미군정기 박건웅의 정치활동을 살펴보면, 미·소 냉전체제라는 한반도 정세변화에 조응하면서 분단체제의 출현을 막고, 민족통일국가 건설을 위해 고심하였음을 알 수 있다. 그는 합위를 통한 타협과 절충의 과정을 존중하였으며, 또 입법의원 내에서 진보적개혁적 제도를 마련하고, 이를

---

175) 김광식, 앞의 글, 19쪽.

기반으로 한 자주적인 민족국가의 건설을 지향하였던 것으로 평가될 수
있다. 그러나 이러한 그의 구상은 미·소 냉전체제의 고착화와 남북한의
독자적인 정부수립이라는 정세변화로 인해 허물어져 갔다.

그는 조선공산당에 참여하지 않은 '반박헌영反朴憲永 좌익그룹'으로
분류되었고, 좌우합작운동에 대한 그의 관여도가 심화되면서, 남로당이
나 박헌영에 대한 반대의 수위도 높아져 갔다. 그러면서도 그는 합위와
입법의원 활동과정에서 '좌익대표'를 자임하였다. 그는 조직의 방침이나
명령에 맹종하는 기계적인 성원이 아니라, 자유의지와 개성의 발휘를 존
중하는 유형의 인물로 분류될 수 있을 것이다. 그는 좌우세력의 질서와
견제에 크게 구애받지 않고 분단극복과 자주적인 통일정부 수립이라는
민족적 명제의 달성을 일관되게 지향하였다.[176]

그의 정치적 견해는 미·소 등 외세의 간섭이 배제된 자주적인 남북통
일민족국가 수립으로 대표될 수 있다. 그리고 이 목적을 달성하기 위해서
는 미·소와의 타협과 절충을 최선의 현실적 조건으로 생각하였다. 신탁
통치 실시에 대한 찬성과 미·소 양군의 철수라는 이율배반적인 추구의
공존이 그의 구상을 뒷받침한다. 그리고 그는 미·소라는 외세 규정력에
의해 개별화의 과정을 치닫는 남북한 정치세력을 하나로 묶고, 민족동질
성을 유지할 수있는 통일민족국가의 틀로써 사회민주주의 체제를 염두
에 두었다. 그는 유상몰수·유상분배의 토지개혁, 대기업과 대생산기관의
국유화 및 중소기업의 사유화라는 상호보완적 제도 구축을 통해 계급갈

---

176) 이러한 활동성향을 이해하는 데에는, 다음의 설명이 참조된다. 즉 재미한족연합
위원회는 "그들은 좌우 양파의 욕을 먹으면서도 건국에 대해 무엇이나 공헌하려
는 성의를 가지고 꾸준한 활동을 계속하고 있다. … 좌우 간 동족상잔에 가담되
어 싸우지 않고 오직 국가독립과 민족의 만년대계를 노심하는 사람들이 뭉치여
있는 것을 중간파라 하며, 그들의 노선은 기본적으로 중간노선이라고 하는데,
그것은 정치적 의식으로 돌발된 표현이 아니며, 조선현실에 있어서 사람마다 민
족적 양심으로 판단되는 길을 찾게 됨에, 자연적으로 성립된 노선이라고 한다"
고 설명하였다(재미한족연합위원회, 『해방조선』 1948. 11. 20, 22쪽).

등을 극복할 수있는 평등과 통합의 국가체제가 새로 건설될 민족국가의
기본골격이 되어야 한다고 염원하였다.

중간파 민족주의자 박건웅의 정치사상과 국가건설론

머리말

박건웅은 일제말기 충칭 임정에서 활동하였으며, 1946년 초 귀국 이래 미군정체제 참여를 통해 자신의 정치적 구상을 실현코자 하였다. 1946년 전반기의 시점에서 박건웅의 미군정체제 참여는 작은 이변이었다. 해외독립운동 출신세력의 대다수가 미군정 측과 긴장관계를 유지하던 상황이었고, 더욱이 그의 일제하 민족운동 노선은 민족주의 좌파 성향이 강하였기에, 그의 미군정체제 참여는 의아함마저 불러 일으켰을 것이다.

좌우합작위원회(이하 합위)와 남조선과도입법의원(이하 입법의원)을 고리로 한 미군정체제 참여와 결별, 그리고 북로당 측과의 연계를 통한 분단저지 노력 등은 그의 자유의지와 실천적 개성을 반영하였다.[1]

중국황포군관학교 졸업, 조선공산당재건운동과 조선민족해방동맹 활동 등의 이력은 그의 근대민족운동관 내지는 정치사상의 성격을 짐작할 수 있게 한다. 이러한 활동과정에서 그는 반제국주의적이고 비자본주의

◇ 이 글은 「해방정국기 박건웅의 정치사상과 국가건설론」(『한국근현대사연구』 13, 2000. 8. 1)을 보완한 내용이다.

1) 미군정기 박건웅의 정치활동과 그 성격에 대해서는 한상도, 1999, 「박건웅의 미군정기 현실참여와 정치활동의 성격」『한국사연구』 107을 참조할 수 있다.

적인 사회과학 지식체계와 접촉하는 기회를 가졌을 것이며, 그의 인생관
및 혁명관 또한 진보적 민족주의 노선으로 형상화되었으리라는 추측은
비약이 아닐 것이다.

해방정국기 그의 정치사상이나 국가건설론은 일제하 독립운동 과정
에서 축적된 지적 기반을 토대로 하였다. 그는 미·소 점령체제를 수용할
수 밖에 없다는 현실판단 위에서, 외세를 극복하는 민족자주국가의 수립
을 시도하였다. 이율배반적인 두 가치를 아우르다가, 좌절과 굴절을 경
험해 간 그의 정치행로는 약소민족 국가건설운동세력의 피할 수 없는 운
명과도 같은 것이었다.

그의 정치사상政治思想과 국가건설론國家建設論을 살펴보는 일은 일제
와 미군정이라는 외부 규정력에 맞서 자주적인 통일국가를 건설하려 하
였던 한국근현대 진보적 민족주의세력의 해방을 향한 정치역정을 살필
수 있다는 점에서 그 의미를 찾을 수 있을 것이다.

이 글의 작성에는 합위와 입법의원 등의 활동과정에서 피력된 그의
정치적 견해와 발언이 주된 자료로 이용되었고,[2] 그와 함께 국가체제의
제도적 기반 마련작업에 동참하였던 이순탁·강진국의 정치사상을 살핀
연구성과[3]가 보탬이 되었다.

---

2) 합위 선전부장이나 입법의원 산업노농위원회 위원장이라는 공식신분의 발언을 엄
   밀한 검증 절차 없이, 자연인 박건웅의 정치적 견해로 수용하는 데에는 적지 않은
   무리가 따를 수 있다. 하지만 박건웅은 이들 기관이 자신의 국가건설론 구현에
   보탬이 되리라는 전망 하에서 기꺼이 참여하였을 것이다. 물론 단체나 기관의 공
   론이 구성원 개인의 그것과 일치하지 않는 경우도 있었을 터이지만, 그 공론은
   구성원의 의사 결정에 영향을 미쳤다. 그는 공론이 자신의 의사와 상치됨을 자각
   한 다음에는 결연히 결별을 선언하고, 자신의 정치행로를 개척하였다. 한 인물을
   통해 미군정기 한국현대사의 단면을 스펙트럼시켜 본다는 측면에서도, 이러한 접
   근은 무의미한 일이 아닐 것이다.
3) 홍성찬, 1993, 「일제하 이순탁의 농업론과 해방정국 입법의원의 토지개혁법안」
   『경제이론과 한국경제』, 최호진박사 강단50주년 기념논문집, 박영사 ; 1996, 「한
   국 근현대 이순탁의 정치경제사상 연구」『역사문제연구』 창간호, 역사문제연구소.

1. 식민지체제 극복을 위한 구상

그는 자주적인 민족국가 건설에는 식민잔재의 청산이 선행되어야 한다고 인식하였다. 때문에 미군정 당국에 대해 친일파·모리배의 추방을 우선적으로 요구하였다. 1946년 가을 '10월 인민항쟁'의 수습을 위해 구성된 조미소요공동대책위원회朝美騷擾共同對策委員會에서는 친일파의 범주로 '일제하 지방의회·시의회·각 부처 기관의 장' '자발적으로 일본군에 복무한자' '악명 높은 매국노와 그 직계자손' '정치범(독립운동가; 필자)을 체포하였던 경찰관과 실형을 선고한 재판관' '군대 및 노역을 징발하였던 자' '식량공출과 인력 혹은 모든 민중징발 계획에서 부당한 역할을 한 자' '군수품 제공자와 대규모 기부자들' '비록 일제기관의 공식적인 직책에 있지는 않았지만, 대중을 상대로 스파이 역할을 한 일제밀정' 등을 설정하였다.

박건웅은 이들 외에 '대중에게 영향력이 있었던 문화 분야의 인물들'과 '해방이후 자신의 이익을 위해 부당한 이득을 추구하는 자'의 포함을 제안하였다.[4] 특히 경찰조직 내의 친일세력 제거가 민족국가건설 과정에서 갖는 의미를 중시하였다. 그는 "이전 일본의 영향권 내에 있던 경찰을 소멸시키지 않는 한, 더 이상의 진보적인 작업의 진전을 기대할 수

방기중, 「해방정국기 중간파노선의 경제사상: 강진국의 산업재건론과 농업개혁론」, 『경제이론과 한국경제』.

4) 「제7차 한미대책회의 회의록」, 3쪽, 정용욱 편, 1994, 『해방직후정치사회사자료집』(이하『정용욱자료집』) 12, 다락방, 53~54쪽.
박건웅이 설정한 친일파의 범주는 민족주의세력 일반의 관념과 대동소이하였다. 그가 추가로 지목한 '문화분야의 친일세력' 조항은 민전이나 여타 단체의 규정에는 빠진 내용이었고, 1947년 7월 입법의원에서 통과된 「친일파처벌법」에도 포함되지 않았다. 이는 그가 입법의원 「친일파처벌법」 초안 및 수정안 작성에 주도적으로 참여하였던 사실과 함께, 그의 친일파 처벌을 통한 식민체제 극복의 집념을 보여준다.

없다. 경찰의 동조자들이 북에서 내려와 합류하여, 방해물을 형성하였다. 일제하의 경찰을 면직하는 일은 당연한 것이다"고 주장하였다.

때문에 그는 일본인에 의해 훈련된 지방정부 및 경찰기구의 책임자와 그들 휘하에 있던 자들의 축출을 요구하였다. 그에 의하면, 친일파출신 경찰의 사퇴는 곧 "그들의 자리에 애국자를 배치한다는 증거로써 제시되는" 것이며, 이를 통해 "민중으로 하여금 그들의 해방자와 연합국에 대해 신뢰감을 갖도록 하자"는 것이었다. 즉 이러한 조처는 미군정의 현안 해결과 합위에 대한 민중의 지지를 확보할 수 있는 방안으로서도 고려되었던 것이다.5)

그는 "친일파와 기회주의자들이 미군정에 아부함으로 인해, 애국자들이 많이 투옥"되었으며, "해방 이후의 조선이 이렇게 된 것은 우리 오천 년 역사 중의 큰 불행이고, 큰 수치이다. 이와 같은 수치는 없다. 일본놈이 있을 때에도 그러지 못했는데, 지금에 와서는 정정당당하게 일본을 위해서 협력한 자들이 혁명자를 옥에 잡아넣고 있다"6)고 분노하였다.

친일세력의 척결을 민족국가 건설을 위한 기반 조성으로 삼고자 하였던 것이다. 그의 친일세력 숙청 의지는 한미대책회의韓美對策會議에서 개진된 미군정 내의 친일세력 추방과 식량대책 문제에 대한 발언에 축약되어 있다. 1946년 11월 21일 회의에서 그는 미군정경찰 내에 기식해 있는 친일세력 문제에 관하여

첫째, 경찰에 대한 적대감은 그들이 친일파였기 때문이다. 둘째, 그들의 견해는 정치적으로 편파적이다. 셋째, 그들의 사고는 상당히 부정직하고 불법적이다. 우리는 경찰과 미군정의 취약성에 대하여 다루어 왔다. 선동가들이 성공한 이유는 이러한 관점을 적절히 이용하였기 때문이다. 합위의 어려움도 선동가들이 이러한 약점을 이용하였기 때문이다. 우익과 좌익 그리고 미군정

---

5) 「제5차 한미대책회의 회의록」 4쪽, 『정용욱자료집』 12, 43쪽.
6) 『남조선과도입법의원속기록』(이하『속기록』) 15 (1947. 1. 14), 33~34쪽.

은 모두 이러한 선동의 결과를 느꼈다. 좌익은 이러한 이유로 그들이 합위에 참여할 수 없다고 느꼈다. 애국자들은 합위에서의 노력조차 봉쇄당하였다.

이 회의의 목적은 이러한 취약점에 대하여 올바른 기준을 마련하는 것이 다. 조병옥박사는 한국민주당의 멤버이고, 이전의 일본경찰을 고용한 바 있 다. 따라서 그는 야기되고 있는 상황에 대해 책임이 있다. 그는 원인을 제거 하지 않았고, 그들을 퇴진시키는 데 실패한 책임을 감수해야 한다. 경찰의 책 임은 계속 간과되었고, 선동가 박헌영의 활동으로 이는 일상화되었다. 수뇌들 이 계속 책임 있는 위치에 남아서 민중의 원성을 높인 뿌리가 되었음은 본회 의의 목적에도 위배된다. 우리는 이러한 큰 원인을 우선 제거해야 한다. 나아 가 우리는 친일모리배들이 미군정 내에 채용되지 않도록 해야 하며, 이는 미 군정이 오직 애국지사만을 중용한다는 앞으로의 교훈이 될 것이다.[7]

라고 적시하였다. 이와 함께 친일파 추방을 미군정의 정치쇄신이라는 차 원에서도 접근하였다. 즉 "군정청이 기술 방면으로 쓰던 비애국자"와 "과거 부일협력자였던 비애국자"의 '정치 애국자' 및 '민주전사'로의 교 체를 주장하였다.[8]

그런데 친일세력의 축출은 과거청산 뿐 만아니라, 새로운 민족사회의 건설을 위한 정지작업으로서의 의미가 큰 과제였다. 그와 함께 신국가 경제정책의 구상에 골몰하였던 강진국도 "미군정이 비애국적이고 악질 적인 모리배와 통역을 적산 관리인으로 임명하고, 양심적인 경영인을 추 방함으로써 직장은 날로 파괴상태에 빠지고, 생산능률이 극도로 저하되 고 있다"고 지적하였다.

또 강진국은 미군정의 행정력을 장악하고 산업행정을 농단하는 '외력 의존자'와 '비애국·애족적 만성 양심마비 환자' 등을 친일파 및 민족반 역자로 규정하고, "이들에 의해 자주독립과 민족통일·산업재건이 해결 되지 못하고 있다"고 강조하였다.[9] 이렇듯 식민잔재의 청산은 자주독립

---

7) 「제18차 한미대책회의 회의록」 10~11쪽, 『정용욱자료집』 12, 192~193쪽.
8) 『속기록』 28 (1947. 3. 3), 7~8쪽.
9) 방기중, 앞의 글, 170~171쪽.

의 민족국가 수립을 위한 전제조건이었다.

1946년 11월 25일 회의에서, 그는 "일제의 영향권 안에 있는 경찰이나, 부관들과 비민주적인 과거기록이 있는 자들을 제거하는 단계로 나아갈" 것을 제의하였고,[10] 11월 26일 회의에서는

> 좌익을 고려한다고 해도, 그들에 대해 언급할 관점을 찾을 수 없다. 심지어는 우익조차도 미군정과 일하기에 부담을 느낀다. 우리가 미국의 자유와 문화의 거대한 영향력을 인식함에도 불구하고, 무엇이 이렇게 어렵게 만들었는가를 물어본다면, 그 대답은 미군정의 잘못된 인식이다. 가장 큰 오류는 바로 이것이다. 왜 미군정은 친일파를 중용하는가? 이것이 바뀌기 전에는 좌익이든지 우익이든지 애국자들은 미군정을 위해 일할 욕구가 일어나지 않는다는 점이다. 우리의 조사에 의하면, 미군정의 가장 큰 실수로 친일파를 다시 고용한 점을 들 수 있다. 경찰서에, 정부에, 심지어는 귀속재산 관리국에까지, 모리배와 불법적인 이득을 추구하는 자들이 널려 있다. 해외에서 조국을 위해 일하다가 귀국한 애국자들은 거주할 방 한 칸조차 구하기 힘든 실정이다. 모리배들이 모두 차지해 버렸다.
>
> 전쟁과 해방의 결과로써, 사람들은 미국이 우리에게 안겨준 민주주의의 장점을 잘 인식하고 있다. 물론 그 수효는 많지 않지만, 지식인과 역사를 아는 사람들은 미국이 민주주의 이념을 실현하려 하는 것을 알고 있다. 하지만 이곳에서는 이것들이 시들어버린 이상에 지나지 않는다. 우리는 미국을 너무 찬양하고 있다. 히틀러·뭇솔리니나 일본인들과는 달리, 미국이 작은나라에 그들의 자유를 심어주려 한다고 믿고 또 이해한다. 그들이 도착하였을 때, 이곳에는 아는 사람이 거의 없었기 때문에 약간의 친일파를 기용한 것은 이해할 만하다.
>
> 그러나 우리는 이러한 사실이 바뀔 것을 기대한다. 아무 것도 이행되지 않는다면 어찌 우리가 의지를 가질 수 있겠는가. 설혹 지금 아무것도 이루어지지 않더라도, 나중에는 실행될 것이다. 합위를 고려할 때 우리는 친일모리배를 용서할 수 없다. 만일 우리의 제안이 받아들여지지 않는다면, 이 위원회에 대한 대중의 존경심은 줄어들 것이다. 만일 친일파가 계속 공직에 남는다면, 우리와 같은 진정한 애국자의 진지한 노력을 곤란하게 만들 것이다. 나는 모든 애국자들이 나의 표현처럼 느낄 것으로 믿는다.[11]

---

10) 「제20차 한미대책회의 회의록」, 4쪽, 『정용욱자료집』 12, 218쪽.

고, 미군정의 부당한 인사정책이 미국이 표방하는 자유민주주의 이념을 '시들어버린 이상'으로 전락시킬 것이라고 비판하며, 친일파 출신 한인 관리의 퇴진을 촉구하였다.

한편 미군정의 귀속재산 불하는 미군정 관재정책의 본질을 드러낸 것으로서 인사정책과 더불어 경제 파탄의 주요인이었다. 이는 친일파 및 민족반역자와 결탁한 모리 기업가의 사리만을 채워주고, 공장시설의 파괴를 촉진시키며, 궁극적으로 산업재건의 기반을 파괴하는 것이었다.[12]

아울러 식량정책 또한 실패작으로 평가되었는데, '풍년기근의 기현상'이 일어날 만큼 식량정책의 부조리가 심화된 것은 일부 모리배의 매점과 함께, '불건전한 미곡수집,' '반신불수적 통제 형태,' '비합리적 가격 조치' 등이 주원인으로 꼽혔다.[13] 11월 29일의 22차 회의에서, 그는 식량문제를 미군정 인사문제와 관련지어, 다음과 같이 말하였다.

> 모리배들이 높은 가격으로 쌀을 사서 해외에 팔고 있다. 해안경비대와 수사원들이 이를 막아보려 하지만, 여전히 자행되고 있다. 경찰과 모리배 그리고 해안경비대가 한 통속이기 때문이다. 전라남도 도지사는 이처럼 높은 가격으로 사들이는 모리배들의 압력 때문에, 쌀 수집에 있어 많은 어려움을 겪었다. 그는 좌익이 아니다. 애국자들이 이 쌀 프로그램에 투입되어야 한다.
> 우리는 반드시 인사문제를 해결해야 한다. 농업부와 식량부 등의 수반은 애국지사들이 맡아야 한다. 여러 지역의 경찰과 해안경비대의 책임자도 애국지사들이 임명되어야 하는데, 그렇지 못하다. 이러한 근본적인 문제가 해결되지 않는다면, 그 성과도 없을 것이다. … 기술적인 전문가들이 우리보다는 훌륭하게 식량부서를 이끌 수 있다. 그러므로 쌀 모으기가 성공하느냐 실패하느냐는 전적으로 인사문제의 조정에 달려있는 것이다.[14]

---

11) 「제21차 한미대책회의 회의록」, 7~8쪽, 『정용욱자료집』 12, 225~226쪽.
12) 이에 대해 강진국은 귀속재산의 모리기업가에 대한 독점적 지배권 부여가 "자립적 산업재건은 물론 통일조선의 민족과업까지 그르칠 것"이라고 우려하였다(방기중, 앞의 글, 171쪽).
13) 강진국, 「식량정책재고」 (1) (2), 『東亞日報』 1947년 11월 14·15일, 방기중, 앞의 글, 171쪽.

그의 지적처럼, 친일모리배의 준동은 민생도탄의 주원인이었고, 자주
국가 건설의 장애였다. 이들은 기득권의 유지를 위해 저항하였다. 제1경
찰청 수사과장 이해진李海鎭이란 인물은 1947년 4월 10일자『자유신문自
由新聞』에「제1선 봉직자 제형에게 피력함」이란 글을 기고하였는데, 이
는 친일세력의 친일파 처리를 위한 특별법 제정 봉쇄 의도를 잘 보여주
었다.15)

그는 이해진의 행위를 '전민족을 위해 친일파·민족반역자와 싸우는
문제'로 규정하였다. 그는 친일세력에게 냉소적인 경고를 보냈다. "경찰
관 중에는 전직자들이 많이 있는데, 그들을 선동하는 것은 배후에 무슨
의도가 반드시 있을 것"이라며, 이해진의 행위는 '팟쇼자유'이므로, "아
무리 민주·자유·평등이라고 하지만, 팟쇼자유는 결코 진정한 … 자유가
못된다." "어떠한 사상·주의를 막론하고 팟쇼자유에는 절대 반대한다"
고 비난하였다.16)

이 같은 논리 위에서 '민족정기의 쇄신과 신형 친일파 및 민족반역자
의 출현 방지, 공고한 민족장래의 반석 건설'을 위한 친일파와 민족반역
자의 처벌을 강조하였던 것이다. 그리하여 친일세력의 참정권 제한과 보
통선거 실시 이전의 부일협력자·민족반역자에 대한 재판을 제안하였
다.17)

---

14)「제22차 한미대책회의 회의록」, 12~13쪽,『정용욱자료집』12, 244~245쪽.
15) 이해진은 특별법 제정을 "지극히 비열한 질시에서 동족을 분열시켜, 민생을 일층
   도탄에 빠지게 하는 비양심적 후안무치인 무리들의 음모"로 비난하고, 특별법 제
   정 추진세력을 "친일파와 민족반역자 처단을 구실삼아 사리사욕을 획책하는 기생
   충"이라고 매도하였다. 이 글에는 이승만·조병옥 등의 친일파 옹호론과 윤치호·
   이광수 등의 친일행위 변호론이 잘 요약되어 있었다(서중석, 1992,『한국현대민족
   운동연구』, 역사비평사, 581쪽).
16) 입법의원 발언에서 박건웅은 "친일파로서 정당이나 또는 군정청에서 최고부문에
   있는 자들은 최고부서로부터 나가서 가만히 앉아 있으라." "가만히 있으면 문제
   가 없습니다. … 그렇지 않아도 바쁜데 누가 문제로 하겠소"라고 힐난하였다(『속
   기록』35, 1947. 3. 14, 14쪽).

그는 「부일협력자·민족반역자 등 처벌에 대한 특별법안」이 통과되면, "각 당파간의 합작 단결과 각종의 민주건설 사업이 비교적 순조롭게 될 것"이라고 전망하였다.[18] 그는 식민잔재의 청산이 민족국가 건설세력의 대동단결을 위한 관건이라는 신념을 가졌다고 하겠다.

다음으로 그는 "애국자와 혁명자가 민중의 의사를 대변 실현하는 것"이 해방의 진정한 의미라고 규정하였다.[19] 그는 애국자와 혁명가를 민족자주국가의 정치주체로 상정하였다. 그의 설명에 따르면, 이들은 "민족해방을 위해 싸웠고," 해방 이후에도 "연합국이나 우파세력과 합작하여 완전한 구성국가構成國家를 찾기 위해서 싸운 인물로" 평가되었다.

그리고 이들이 정치범으로 구속되어 있는 현실을 개탄하며, 정치범을 '미군정 하에 갇혀있는 죄 없는 사람' '죄 없는 민주전사民主戰士'로 정의하였다. 정치범의 석방은 미군정 정치쇄신의 첫 번째 과제로서, "정치애국자·민주전사로 하여금 더욱 건국에 힘쓰도록" 하는 기회의 부여를 의미하였다.[20]

이 같은 논리는 일제말기 임정의 국가건설 방안 논의 과정부터 견지되어 온 것이었다. 1943년 5월 22일 소집된 임시의정원 개헌위원회 제

---

17) 그는 친일파의 숙청이 선행되지 않은 보통선거는 무의미하다고 역설하며, "우리 민족의 민주화는 이번 실시되는 보선으로 인해 제일보를 내딛게 되는데, … 친일파의 보선 참가를 소홀히 하였다가는 우리 후예들에게 큰 후회를 남기게 될 것이다. 미군 주도하에서는 선거를 백번 하더라도, 결과에 있어서는 입법의원 대의원 명부가 변경될 따름이요, 별다른 효과를 기대할 수 없을 것이다"라고 하였다(『새한민보』 1~10, 1947년 10월 상순, 김남식·이정식·한홍구 편, 1986, 『한국현대사 자료총서』 7, 돌베개, 485쪽).
18) 『東亞日報』 1947. 4. 10, 『자료대한민국사』 4, 533~534쪽.
19) 『속기록』 15, 34쪽.
    같은 발언에서 그는 '애국자'를 "일본제국주의의 조선에 대한 정치에 항쟁하고 여러 가지로 삼천만 인민을 속히 해방시키기 위해서 자기 자신과 자기가족과 일체의 행복을 저버리고 분투노력한 혁명자"로 규정하였다.
20) 『속기록』 28, 1947. 3. 3, 7~8쪽.

13차 회의에서, 그는 "전민족 각 당파 각 계급을 단결하고, 동원할 수 있고, 또 정부의 행정 효율을 제고하도록 … 혁명자의 권력을 존중하고, 혁명자의 대표자를 의원과 정부에 집중시키도록 … 혁명자 주권이라는 원칙 하에서 일체를 설상하고 규정해야 한다"[21]고 주장한 바 있었다.

그의 주장에는 임정의 위상을 둘러싼 한국독립당 등 우파세력과 조선민족혁명당 등 좌파세력간의 정치적 다툼이라는 당시 충칭 한인세력 내부의 상호견제와 경쟁이라는 정황이 배경으로 드리워져 있었다. 즉 한국독립당 등 임정 여당세력에 대한 견제 의도가 엿보이기는 하지만, 일제 패망 후 건설될 민족국가의 권력주체 설정 문제까지 염두에 두었음을 암시한다. 이 혁명자 주권론이 미군정체제라는 타율적 정치환경에 직면하여 친일세력의 청산을 위한 논리로서 발현되었던 것이다.

그의 견해에 근거하면, 미군정하에서의 정치범 발생은 필연적이었다. "외국사람이 통치하는 그 밑에서 정치범이 없다면, 그곳에는 외국의 주구만 살고 있지, 민족정신은 없는 것"이며, "완전한 자주독립을 찾기 전에는, 조선 땅에서 외국군대가 나가기 전에는, 적어도 그 힘이 우리정치에 작용을 하는 시간까지는, 정치범이 없지 아니 할 것"이므로, "해방조선의 진정한 지도자인 혁명자와 애국자들이 하루바삐 감옥에서 나와 피전유랑避轉流浪의 고통에서 벗어나, 자유롭게 독립·민주·행복의 신조선 건설을 위해 노력하게 해야 한다"[22]는 설명으로 이어졌다.

그가 이해하는 바에 의하면, 미군정이라는 외세 통치체제하에서의 정치범은 곧 민족주의자를 가리켰다. 이들은 민족정신의 건재함을 반증하는 존재였다. 외국군대의 완전 철병에 의한 자주독립국가 건설에 이르기 전까지, 정치범이라 함은 곧 반외세 민족자주세력을 의미하였다.

---

21) 대한민국국회도서관 편, 1974, 『대한민국임시정부의정원문서』(이하『의정원문서』), 343쪽.
22) 『속기록』 28, 10쪽.

때문에 그는 '정치범석방' 문제를 민족문제와 사회모순 해결의 전제
로 인식하고, 입법의원에서 「정치범석방 건의안」의 제안을 주도하였던
것이다. 그는 이 건의안의 채택이 좌익세력의 입법의원에 대한 신임을
유도하는 계기가 되리라는 기대감마저 갖고 있었다.[23]

30여 년간 항일투쟁 대열에 섰던 그에게, '정치범' 체포는 반외세 자
주세력에 대한 탄압으로 받아들여졌을 것이다. 그는 정치범의 석방을
"우리민족의 좌·우 지도자간의 합작과 전민족의 총단결이 완성되고, 다
른 모든 문제가 순조롭게 해결될"[24] 수 있는 전제로 파악하기도 하였다.

2. 좌우합작을 통한 자주국가 건설

"미군정과 대립하여서는 아무 일도 할 수 없었던" 정세 하에서, "좌우
익간의 대립을 완화시켜 정치적 안정을 얻기" 위해, 중간파들은 좌우합
작운동을 추진하였다.[25] "미소공위가 깨어진 1946년 늦봄에 좌우의 합
작을 이룬다는 것은 무지개의 끝을 찾아 보배단지를 찾겠다는 것보다도
더 허황한 꿈"이었지만,[26] 중간파들은 좌우익이 타협점을 찾아 합작에
성공하는 것이 미소공위로 하여금 '균형 잡힌 임시정부'를 수립하게 만
드는 근거가 될 것이라고 판단하였다.[27]

합위 참여 동기도 이와 대동소이하였을 것이다. 그는 독립운동 과정
에서부터 좌우합작운동에 적극적이었다. 그의 좌우합작론左右合作論은 항
일운동시기 민족협동전선론을 계승하였으며, 좌우합작을 통한 반외세

---

23) 『속기록』 28, 9쪽.
24) 『大東新聞』 1947년 1월 16일.
25) 이동화, 1978, 「몽양 여운형의 정치활동」 하, 『창작과 비평』 가을호, 133쪽.
26) 이정식, 1974, 『김규식의 일생』, 신구문화사, 141쪽.
27) 이호재, 1994, 『한국인의 국제정치관: 개항 후 100년의 외교논쟁과 반성』, 법문
    사, 443쪽.

민족국가의 건설이 지향점이었다.

그는 1939년의 한국혁명운동통일 7단체회의에 참가한 이래, 임정을 축으로 전개된 일제말기 협동전선운동에 적극 동참한 바 있었다. 그는 임시의정원 의원 등으로 활동하면서, "한국은 민족주의 정당과 사회주의 정당이 반일과 민주주의적 혁명강령 및 공동책임이란 원칙 아래, 지금의 합작관계를 더욱 공고히 하고 확대해야 할 것이다"[28]고 한인세력의 단결을 강조하였다.

그는 한인세력 간의 반목과 분열 사실이 연합국으로부터 임정의 승인을 획득하는 문제와 상관관계가 있다고 지적하였다.[29] 그리고 "각 당파의 의견을 존중하는 것이 통일을 달성하는 것"[30]이라고 역설하였다. 미군정기 좌우합작운동 참여도 일제하 협동전선운동의 연장선상에서 이해되어야 할 사실이었다.

그는 좌우합작운동의 근본취지로써 미군정체제 당면과제의 민주적 해결과 자주독립을 설정하였으며,[31] 행정권의 완전 이양과 입법의원의 민주화를 위한 좌우합작의 시급성을 강조하였다.[32] 입법의원 출범 직후의 견해에서는, 그의 정치사상이 중간노선에 기반함이 엿보인다. 그는 '합작정신'을 '조선을 영도하는 정신'으로 표현하며, "극좌나 극우는 결

---

28) 박건웅, 「동북으로부터 한국으로 진격하자: 9·18사변 13주년을 기념함」, 『독립신문』 4호 (1944. 10. 8), 독립운동사편찬위원회 편, 1974, 『독립운동사자료집』 8, 177쪽.

29) 1943년 11월 28일 36차 임시의정원 회의에서, 그는 독립운동세력의 개별적인 대중국정부 활동을 지양하고, 이를 임정으로 통일시키자는 요지의 「외교통일안」을 제안하며, "임시정부가 현재 외교통일보다도 민족운동에 통일이 못되었다고 봅니다. 이런 만큼 우리정부 승인에 곤란할 것입니다"라고 지적함으로써(『의정원문서』, 378쪽), 한인세력의 분열 사실이 연합국의 임정 승인문제에 장애요인이 되고 있음을 지적하였다.

30) 『의정원문서』, 355쪽.

31) 『京鄕新聞』 1947년 1월 23일, 『자료대한민국사』 4, 115쪽.

32) 『大東新聞』 1947년 2월 13일.

코 조선을 영도하는 정신이 아니다"[33]라고 하였다.

그는 국가건설의 관건으로 "중요한 문제를 처리하는 데 있어서 … 극좌나 극우의 태도를 버려야 한다"[34]고 지적하였다. 그는 좌우합작운동의 주체로서 '무산계급無產階級과 애국적 자산계급資產階級'을 상정하였다.[35] 그가 말하는 '애국적 자산계급'이라 함은 대체로 중소기업가·자영농민·상인·소시민 등을 가리키는 것으로, 친일대지주·대기업 자본가를 배제한, 양심적 소자산층과 대중이 합작운동의 주체가 되어야 함을 뜻하였다.[36]

그는 입법의원을 좌우합작의 결실로 평가하고, 좌·우익세력의 합작을 통해 '조선문제'를 해결하는 것이 그 임무였다.[37] 또 입법의원의 다수를 차지한 우익세력을 '중간파'로, 좌익세력을 '가짜좌익'으로 분류하고, "될 수 있는대로 극좌·극우를 합해서," "우리의 민족과업인 조선민족통일을 해 나아가자"[38]고 주장하였다.

이는 그의 좌우합작론이 좌·우익세력의 편향성을 극복하는 중간노선에 바탕하였음을 함축하고 있다. 박건웅이 '조선민족통일'의 주체로서 중간세력의 존재를 주목한 것은 좌우익의 이념적 대립을 해소할 수 있는, 대안적 대체세력으로서 중간파의 역할을 강조한 것으로 이해된다.

1947년 3월의 입법의원 발언에서는, "관선은 우익이 절대 다수를 가지게 되었습니다. 이 관선에서 우익이 다수 있게 된 대개 이유는 합위에 있어서 좌익측이 절름발이가 된 까닭이고, 좌익대표로는 저 하나 밖에 없었습니다"[39]라고 하였다.

---

33) 『속기록』 28, 7쪽.
34) 『속기록』 28, 9쪽.
35) 『中外新報』 1946년 12월 5일.
36) 유사한 견해로, 박건웅과 함께 합위활동에 적극적이었던 합위 기획부장 元世勳은 "상층부 합작은 전망이 없으니, 하부 합작운동을 전개해야 할 것이다"고 토로하였다(『朝鮮日報』 1946년 11월 3일, 『자료대한민국사』 3, 699쪽).
37) 『속기록』 28, 7쪽.
38) 『속기록』 28, 7쪽.

이는 좌익세력이 불참한 입법의원에서, '좌익대표'를 자임하며, 그들의 주장을 대변코자 하였음을 알려준다. 이는 그의 정치적 사고가 감성적이고 이상주의적인 면모를 띠었으며 중간좌파적인 지향이 투영되어 있음을 시사하였다.

또 좌우합작의 성립을 위해서는 정치세력간의 민주주의 원칙에 입각한 이해와 협조가 중요하다고 보았다. 1947년 초반 미소공위 재개 시점의 '신통일전선' 결성 논의과정에서는, 이를 "좌우의 반민족주의를 지양하는 동시에 좌우의 민주주의 의무를 총망라한 권위있는 조직"으로 평가하였다. 그리고 '민주주의 의무'를 "민주주의 정신으로 남북이 통일된 임시정부를 조속히 건립시킨다는 정신"[40]이라고 표현하였다.

이와 함께 "사상의 자유 … 이것을 얻기 위해서는 민주주의 신념 밖에 없다. 어느 민족이든 자유가 없는 나라에 있어서는 민주라는 생각도 할 수 없다"[41]고 하였는데, 그가 지칭하는 '민주주의 의무'라 함은 좌·우익 양측의 독단에 대한 비판적 의미를 담고 있으며, 통일된 민족국가의 건설을 위해 좌우익이 견지해야 할 양보·타협·절충 노력 등의 의미로 해석될 수 있었다.[42]

그가 그렸던 민족국가의 모습은 "결코 남조선 단독정부가 아니었다."[43] 때문에 "본원의 회기는 남북이 통일되어 전국적 보선에 의한 확대 입법기구가 성립될 때까지로 한다"는 입법의원법의 내용에도 반대하였다. 그는 남북을 통일하고, 자주독립을 전취하여, 민의를 대표한 의회를 성

---

39) 『속기록』 28, 9쪽.
40) 『속기록』 37 (1947. 3. 18), 28쪽.
41) 『속기록』 34 (1947. 3. 13), 17쪽.
42) 미소공위에서의 경우, 민주주의 개념을 미국 측에서는 '언론·출판·집회의 자유'로 규정하였다. 반면에 소련 측은 이를 '대중의 복지'라는 의미로 해석하였다. 양측은 민주주의를 각기 자유와 개혁이라는 상반되는 개념으로 사용하였다(이동현, 1990, 『한국신탁통치연구』, 평민사, 124~125쪽).
43) 『속기록』 8, 1946. 12. 27, 13쪽.

립시키기 위해서는, 미소공위의 속개를 통한 임시정부 수립이 필수적이라고 생각하였다.[44]

나아가 보통선거법 제정에도 반대하였다. 그는 미소공위의 실패를 전제한 우익세력이 보통선거를 통해 그들이 장악하는 정부 수립을 기도한다고 판단하였다. 남한만의 보통선거 실시로 인한 민족분열의 위험성을 우려하였던 것이다.[45]

요컨대 그의 국가건설론의 요체는 남북한 정치세력의 좌우합작을 통한 자주적 통일정부의 수립이었다. 그러하기에 임시인민위원회를 모체로 한 북한정권의 일제잔재 청산 및 토지개혁 등을 긍정적으로 평가하였다.[46] 나아가 그는 북한주민 및 소련군정 당국·북한임시인민위원회에 대한 입법의원의 우의 표명을 제안하였다.[47]

북한정권의 존재를 현실적으로 인정하고, 남북한 정치세력의 공동 노력이 외세의 간섭이 배제된 통일정부 수립에 필수적이라고 생각하였기 때문이었다. 이러한 사고체계 위에서, 좌우합작운동이 난관에 봉착하자, 평양정권과의 직접적인 접촉을 통해 남북통일정부의 수립을 시도하였던 것이다.

---

44) 『속기록』 10, 1946. 12. 30, 50쪽.

45) 미소공위 실패를 전제로 한 우익세력의 선거 실시 주장에 대한 그의 우려는 선거법 제정 과정에서도 표출되었다. 그는 우익세력이 선거권 부여대상자를 25세 이상으로 제한하려는 데 대하여, "조선에 진정한 민주정치를 하려면 가장 정열적인 청년층의 가담이 없이는 안 된다. 또한 문자를 해독하는 자도 주로 청년층이다. 그런데 이 청년층을 제외하려는 것은 보수적인 생각과 어떤 정치적 모략이 있다"고 지적하였고, 20여 명의 우익의원이 이 발언에 반발하여 퇴장하는 소동이 벌어지기도 하였다(『서울신문』 1947. 5. 23, 『자료대한민국사』 4, 728쪽).

46) 1946년 12월 12일 입법의원 발언에서 그는 "북조선에 있어서는 현재 민주개혁에 노력하고 있으며, 아직도 군정이지만 한편으로는 인민위원회의 독립한 조직을 세워 민주개혁을 하고 있습니다"라고 평가하였다(『속기록』 3, 1946. 12. 12, 6쪽).

47) 그는 "평양에 있는 인민위원회가 현재 북조선을 영도하고 있는 것은 사실입니다. 그러니까 … 입법의원이 중대하다는 것을 전달할 이유가 있습니다"라고 하였다(『속기록』 3, 11쪽).

3. 국제정세 및 미·소에 대한 인식

그는 일제의 패망과 한국의 독립이 연합국에 의해 이루어진 것으로 파악하였다.[48] 따라서 미·소 냉전체제하에서 자주독립국가 건설은 미·소와의 협조적 관계 수립이 요긴하다는 입장이었다. 이는 미·소의 주도권에 의한 타율적인 통일·독립을 지향하는 것이 아니라, 미·소 양군의 진주 상황 하에서도 한민족의 주체적인 노력에 의해 통일국가의 수립이 가능하다는 인식이었다.[49]

하지만 미·소의 한반도에 대한 이해관계가 상치하므로, '조선의 일치한 의견' 정립이 우선적으로 요청된다고 생각하였다.[50] 민족주체적인 정치환경을 마련한 토대 위에서, 외세에 대응코자 한 그의 대외관은 해외독립운동 시기부터 견지되어 온 것이었다.

그는 일제말기 연합국의 한반도 처리 문제에 대처하는 임정 및 독립운동세력의 원칙으로서 '자존과 공존의 원칙'을 제시하였다. 그리고 대

---

48) 그는 "우리가 2차 대전에 얼마나 공헌을 하였느냐 하면, … 우리민족의 적인 일본 제국주의를 우리민족 단독의 힘으로 격파하지 못한 것만은 사실입니다"는 견해를 갖고 있었다(『속기록』 190, 1947. 12. 22, 4쪽).

49) 이러한 생각의 일단을 엿볼 수 있는 사실로, 박건웅은 1947년 4월 16일 합위 선전부장 자격으로 발표한 담화에서 "미·소 양국은 莫府協定에 의한 남북통일 민주임시정부를 수립하도록 군대를 원조한 것이며, 공약을 이행하기 위하여 반드시 협력 합작할 것으로 믿는다"라고 하였다(『中外日報』 1947년 4월 17일). 이는 미·소와의 우호적 관계를 통하여 임시정부를 수립하려 한 중간세력의 의도를 짐작케 한다.

50) 그는 입법의원 발언을 통해, "나 개인으로는 공위가 결렬되지 않고 임정을 세워주리라 믿습니다만, 그들이 조선을 보는 관점이 다르고, 또 순전히 조선의 이익만 생각하는 것이 아니라, 자기네 그 무엇도 고려하기 때문에, 우리조선의 일치한 의견이 없으면 반드시 공위가 성공하리라고는 지금 생각할 수도 없습니다. 그러니 만치 우리조선의 일치한 의견이 없으면 안될 것으로 생각"한다고 밝혔다(『속기록』 116, 1947. 7. 21, 15쪽).

외관계의 기본입장을 "자기의 생존과 발전을 확보하는" 것이라 하였다. 그리하여 연합국들이 "우리들의 기본입장을 승인하든 않든, 그들이 우리와 합작을 원하든 않든, 우리는 대단히 열렬히 그들이 우리와 합작하기를 요구하며, 또한 대단히 열렬하게 그들을 지원한다"고 함으로써, 연합국과의 교섭에 있어서 주체적인 자세와 통일된 입장의 확립을 역설하였다.

이어서 "한국민족은 자신의 생존과 발전을 요구할 뿐만 아니라, 세계의 모든 민족국가와 공동으로 생존하고, 공동으로 발전하려고 하는 것이다. 이것이 바로 우리나라 대외관계의 기본입장과 원칙이다"라고 하였듯이, 그는 미·소와의 대등한 국제관계 하에서 우리민족의 역량에 의한 자주적인 통일민족국가 수립을 염원하였던 것이다.[51]

1947년 전반기의 미·소 냉전체제 구축 등 국제정치 상황의 변화에 직면하여, 그의 국제정세 인식은 미·소에 대한 등거리 견지와 민족자주적인 입장이 강화되는 방향으로 진전되었다. 미소공위의 속개를 앞두고 중간파의 재편성이 시도되던 상황 하에서, 중간파의 재편성이 "좌우대립을 지양한 진정한 통일전선의 개편운동"이 되어야 한다고 역설하면서, '친미반소' '친소반미' 입장을 모두 비판하였다. 그는 "사대주의를 배격하고," 상호신뢰와 협조의 친애정신으로서만 좌우합작운동이 성공할 수 있으리라 전망하였다.[52]

제2차 미소공위 참가단체 자격 문제가 주요 정치현안이었던 정황을 배경으로 한 합위 선전부장 자격의 위 담화는 그의 대외관을 뒷받침한

---

51) 박건웅, 「우리나라 대외관계의 기본원칙을 논함」 『독립신문』 2호, 1944. 8. 15, 『독립운동사자료집』 8, 75~79쪽.
52) 『大東新聞』 1947년 2월 6일.
   이러한 관점은 중간파의 공감대이기도 하였다. 일례로 김규식은 친미반소와 친소반미 노선을 "우리민족의 자주적 입장을 망각한 것이며, 민족적 통일 단결을 파괴하는 것"으로 파악하였다(『朝鮮日報』 1947년 1월 4일, 『자료대한민국사』 4, 5쪽).

다. 그는 우익세력의 친미반소 입장과 좌익진영의 친소반미 입장을 '반
연합국적'인 외세의존의 사대주의적인 태도로 비판하였다. 그는 등거리
입장에서의 친미친소親美親蘇 입장이 자주적인 민족국가 건설에 유익하
리라는 정세인식을 가졌다.[53]

그런데 그의 인식은 남북한 통일정부의 수립을 지향하는 여타 인물의
그것과 맥락을 같이하였다. 예컨대 김구金九는 "미·소·중·영·법 등 동맹
국과 다같이 친밀한 관계를 세워야"[54] 하며, "미·소의 어느 편으로든지
편향하는 날이면 외국의 간섭을 더욱 조장하고 외군 철퇴를 더욱 지연시
키는 것 밖에 아무 것도 아니"[55]라는 입장에서, 반탁운동 과정에서도
미·소에 대한 비난을 자제하였다.

김규식金奎植의 경우는, "일국 편향으로 흘러 일국세력에 의지하여 일
국세력을 배제하려는 망상을 버리고," "미·소 양 우방에 대하여 동등 동
일적 선린 우호정신으로 국제적 협조를 촉진시키고, 역사적 현단계에 있
어 미소공위 속개와 통일자주정부 수립을 실현하는 선결요령으로 절대
적인 좌우의 행동통일을 요청"[56]하였다.

같은 선상에서 여운형呂運亨은 "우리는 지금 두 손님을 모시고 있다.
북쪽에 소련 그리고 남쪽에 미국이라는 손님이 와 있는데, 이들에게 잘
대접해 보내줘야 한다. 그것이 우리의 현명한 길이다"라는 미소관을 가

---

53) 이러한 박건웅의 입장은 국제 냉전체제의 본질을 제대로 이해하지 못한 이상주의
   적·환상적인 측면으로 비쳐질 수도 있다. 일례로 그는 일제말기 연합국의 신탁통
   치 결정 사실이 중경임정에 전해졌을 때, "루즈벨트가 참여하였는데 조선을 먹자
   고는 말이 아니 되었을 것입니다. 뿐만 아니라 소련의 국책이 약소를 幇助하는(지
   원하는; 필자) 것입니다. 그런데 그렇게 의심한다면 우리 독립은 무슨 파악을 가
   지고 하느냐"라는(『의정원문서』, 434쪽) 반응을 보임으로써, 미·소의 한반도정책
   의 본질을 간과하고 있었다.
54) 『서울신문』 1945년 12월 20일, 『자료대한민국사』 1, 627쪽.
55) 엄항섭 편, 1948, 『김구주석최근언론집』, 삼일출판사, 97쪽.
56) 『東亞日報』 1946년 9월 9일, 『자료대한민국사』 3, 315쪽.

졌으며,[57] "정치적으로는 이들 양국에 대하여 절대적 중립이었으며, 그가 갖고 있던 유일의 목적은 미·소 양국으로 하여금 가급적 빨리 한국으로부터 물러가게 하는 일이었다."[58]

김성숙金星淑도 "미국 및 소련과의 협력을 통해 각기 배타적인 자신들의 정부를 수립하려" 하는 좌우익의 자세를 비판하여, 자주·민주·통일·독립의 4대 원칙을 제시하였다. 그리고 민족내부의 자주적 총단결을 강조하며, "친소반미의 독립도 반대하고, 친미반소의 독립도 반대"하였다. 그는 이러한 정치적 입장을 "당시의 사회에서는 중간파中間派 사상이라고 불렀다"[59]고 회상하였다.

박건웅은 미·소를 '협조하는 진정한 국제친우'라고 표현하였다. "반소반미反蘇反美의 태도를 근신하고, 공위에서 임정을 원만하게 수립하도록 각 정당·사회단체는 삼상 결정을 일치 지지하여야 할 것이다"는[60] 견해는 그의 국제관 내지 미·소관을 잘 설명해 준다. 그는 이 같은 자세를 '국제민주노선'에 입각한 '독립·민주의 공동강령'으로 규정하였다.[61]

그리하여 남한만의 단독정부 수립설이 재차 대두되던 1947년 3월의 시점에서도 "조선은 삼상회의 결정에 의해 남북통일정부가 수립될 것이지, 단선은 결코 수립될 전도가 없다"고 믿었다. 이러한 이해의 틀 안에서, 미국의 대한 경제원조 계획을 ─ 좌익의 '단정수립을 위한 각본'이

57) 곽상훈 외, 1966, 『사실의 전부를 기술한다』, 희망출판사, 425쪽.
58) 랭던, 「서문」, 여운홍, 1967, 『몽양 여운형』, 청하각, 12쪽.
59) 이정식 대담, 김학준 편집·해설, 1988, 『혁명가들의 항일회상』, 민음사, 133쪽.
60) 『漢城日報』 1947년 4월 24일.
61) 『大東新聞』 1947년 2월 6일.
  이 같은 논리는 중간파의 공감대로 뒷받침되었다. 예컨대 박건웅과 함께 입법의원 토지개혁법안 작성에 참여하였던 이순탁도 미국의 자본주의와 소련의 사회주의 체제 어느 한쪽도 일방적으로 무시해서는 아니 될 것으로 생각하였다. 그는 미국식 민주주의와 소련식 민주주의를 절충 합작하여 통일민주국가를 세워야 한다고 보았다(홍성찬, 「한국 근현대 이순탁의 정치경제사상 연구」, 앞의 책, 100~101쪽).

라는 비난에도 불구하고 – '산업재건을 위한 것'으로 수용하기도 하였다.[62]

그의 미·소에 대한 인식은 다음의 발언에도 그 일단이 감추어져 있다. 그는 "반탁운동이 민족내부의 분열과 외국인들의 조소를 불러온 것밖에 없다"고 평가하고, "우리는 연합국을 비판 상대하기 전에 우리민족 내부를 단결하여 공위를 재개하고 임정을 수립하도록 노력하는 것이 상책이다.

전국 통일적 임정이 수립된 후에 전민족이 일개의 강고한 단체로서 연합국에 대하여 협력할 것은 협력하고, 투쟁할 것은 투쟁하는 것이 옳고 유리하다고 생각한다"[63]고 피력하였다. 같은 날짜 또 다른 신문은 그의 발언을 다음과 같이 보도하였다.

> 한국에 대한 신탁통치의 확정된 계획이 무엇인지는 아무도 모른다. 그러므로 신탁통치 반대운동이야말로 오로지 정치적 이득만을 위한 정치운동인 것이다. 또한 모든 한국인들은 작년에 벌어졌던 반탁운동의 결과를 잘 알고 있으리라 믿는다. 한국의 통일정부가 수립된 후 한국을 위해 우리의 협력이 필요하다면 연합국과 협력할 것이지만, 어떠한 것이든지 한국에 해가 된다면 우리는 단호하게 반대할 것이다.[64]

위 내용은 그가 미·소와의 협조와 타협을 통한 임시정부 수립 방안을 중시하였음을 확인해 준다. 같은 선상에서 모스크바 삼상회의의 신탁통치 결정에 찬성하고,[65] 우익의 반탁 논리를 정치적 이득추구 행위로 비

---

62) 『中外新報』1947년 3월 27일.
63) 『京鄉新聞』1947년 1월 23일, 『자료대한민국사』4, 115쪽.
64) 『서울신문』1947년 1월 23일, 『정용욱자료집』5, 264쪽.
   이 같은 입장은 여운형의 견해로도 뒷받침될 수 있다. 여운형은 반탁운동이 결국은 통일정부수립 반대운동이 될 것을 경고하며, 친미·친소하는 중립적 입장을 견지하면서, 미소공위의 성공을 위해 적극적으로 협력할 것을 역설하였다(이호재, 앞의 책, 440쪽).

판하였던 것이다.

"임시정부가 설립된 후에 신탁문제는 민족자결주의에 의해서 해결하자"는 김규식의 주장처럼, 박건웅을 포함한 친미친소親美親蘇·비미비소非美非蘇 노선의 자주국가 건설 주창자들은 "신탁문제에 집착하여 극한투쟁으로 나아간다면, 한국민족과 미·소 양국 간에는 대립적인 관계가 성립될 것이고, 임시정부의 수립도 그만큼 지연될" 것이라고 우려하였다.[66] 이처럼 그는 미소공위 협조를 통해 남북통일정부의 수립을 성사시킨 다음, 신탁통치 문제를 논의할 수 있으리라는 전망과 기대감을 가졌던 것으로 확인된다.

그의 입장은 합위 선전부장 및 입법의원 산업노농위원회 위원장 신분을 반영하였으며, 이는 외세의존주의와 구별되는 현실주의적 국제인식으로 평가되어야 하겠다. '미국 편도 아니고, 소련 편도 아닌' 국제관은 배타적 민족주의가 아닌, 민족의 이익을 위한 평등한 국제관계의 지향으로 해석될 수 있겠다.

이러한 인식선 상에 있었기 때문에, 친일파 기용 및 민족반역자 포용 정책에도 불구하고, 미군정 자체에 대해서는 우의적인 입장을 견지하려 노력하였으며,[67] 때로는 옹호하는 듯한 모습조차 보였던 것이다.[68]

---

65) 1947년 초반 남로당측은 박건웅의 견해를 "탁치는 결정적이요, 임시정부 수립 후에 제기될 것은 탁치수리 형태이다"라고(『獨立新報』 1947년 1월 29일) 파악하였다. 이와 함께 미군정은 1947년 4월 말의 시점에서 박건웅을 "그는 비록 정도에 있어서는 시간에 따라 조금씩 차이가 있기는 하지만, 일반적으로 김규식박사보다 모스크바 결정의 적극적인 추종자로 여겨진다"고 평가하였다(『정용욱자료집』 5, 264쪽).

66) 이들은 "임시정부가 강력히 신탁을 반대한다면, 신탁문제도 한국민족의 뜻대로 될지도 모른다고 계산하였다"(이정식, 앞의 책, 133쪽).

67) 입법의원의 '미군정법 준수 의무'에 대한 논의 과정에서, 그는 "미군정이 과거 1년 동안 여러 가지 착오로 인하여 민생문제 등 모든 것을 적절하게 해결하지 못했"지만, "우리가 미군정을 옳게 협력하는 의미에 있어서," "미군정 당국에서 선포한 법령에 의지해서 진행되는 것이니까, 그 법대로 하는 것이 합법이라고 생각

굴욕적인 자세로 비쳐질 여지마저 있었던 유연성은 미·소 냉전체제
하 약소민족의 현실인식으로 이해된다. 박건웅을 비롯한 좌우합작파 내
지 중간파들은 국가건설이라는 목표에 도달하는 방안의 실현 과정을 중
시하였으며, 그 결과가 친미·반소·친소·반미노선의 지양을 통한 국제냉
전체제의 극복 노력으로 나타났던 것이다.[69] 그러나 이와 같은 이해는
냉전체제의 고착화로 인해, 정확한 현실인식을 결여한 이상론으로서 파
편화되고 말았다.

이들은 한반도문제가 국제환경에 의해 규정되기 때문에, '국내적인'
힘만으로는 역부족이라고 판단하였다. 때문에 미군정과의 대립이 민족
국가 건설에 무익하다는 인식을 갖고 있었다. 따라서 그들의 친미적 입
장은 좌우합작을 통한 통일정부 수립을 위한 현실적인 대응이라는 면에
서 취해진 것이었고, 그 자체가 목적이 될 수는 없었다.[70] 그의 미군정
체제 참여 논리도 이 같은 관점에서 이해되어야 할 사실이었다.

그는 자신의 국가건설론을 실현하기 위한 방도로써, 미군정체제라는
현실조건과의 절충을 중시하였다. 그것은 자주독립을 밑받침할 민족역

됩니다"라고 하였다[『속기록』 4(1946. 12. 13), 16쪽]. 이러한 사고는 미군정체제
라는 현실조건을 수용하는 실용적 관점에서 비롯된 것으로 이해할 수 있으며, 중
간노선의 일면을 잘 보여준다.

68) 1947년 1월 10일 목포 발 서울행 열차 안에서 발생한 미군의 한국여인 폭행사건
에 대해서조차, 그는 "미군정의 한 기관으로 된 이 입법기관으로서 미군정 당국하
고 외모상에 반감을 주는 것은 피했으면 좋겠다고 생각하며," "더 큰일을 하기 위
해서 미군정 최고당국의 체면도 유지시키기 위해서," "하지중장의 체면을 봐서,"
그리고 "다른 문제를 해결짓는 데도 도움이 되리라"는 판단에서, 입법의원에서의
공론화에 반대하였다[『속기록』 16(1947. 1. 20), 12~13쪽].

69) 이러한 이해에 대해, 서중석 교수는 "미·소 양국이 남북에 주둔하고 있었으며, 일
제통치의 악영향이 잔존하는 상황에서는 국가건설 방안보다도, 방안을 실현시키
는 과정에서 나타나는 태도가 더 중요할 수 있었다"고 평가하였다(서중석, 앞의
책, 243쪽).

70) 김광식, 1985, 「8·15직후 정치지도자들의 노선비교」, 『해방전후사의 인식』 Ⅱ, 한
길사, 145쪽.

량의 결집이 불가능한 정세 하에서의 불가피한 선택이었다. 그러하기에 자주적 민족국가 건설의 장애물인 미군정을 타도대상 혹은 적대적인 상대로 설정하지 않고, 우리민족 스스로의 힘으로 극복해야 할 과제로 보았던 것이다. 이러한 인식 하에서 미군정체제 참여는 모순이 아닌 현실방안으로서 수용될 수 있는 것이었다.

그의 미군정에 대한 관점은 "미군의 모든 행정권·사법권·입법권은 물론이고, 그것을 하루바삐 우리 조선사람의 의사대로 운용할 수 있게 하고 접수하느냐"[71]라는 시각에서 비롯되었다. 여기에서는 행정권의 이양을 통한 건국에 역점을 두었던 중간파의 국가건설 구상을 엿볼 수 있다.

그는 "미군정이 조선인에게 행정권을 이양하는 방법으로 위원회 혹은 행정원 등의 조직체가 출현된다면, 모든 애국자들은 이에 참가하여 민주주의 실현을 위하여 투쟁하지 않으면 안 될 것이다"[72]라고 하였다. 이는 미군정과의 협조관계 구축을 통해 통치권을 이양받겠다는 구상의 단면을 보여준다.

그러나 미국과 소련이 한국문제 해결의 계기를 마련하지 못하였고, 장애가 되는 외세에 지나지 않음을 자각한 후에는 "우리 문제는 우리 손으로" 해결할 수 밖에 없다는 입장으로 선회하였다. "미국과 소련 어느 쪽에 치우치지 않고 쌍방의 협조를 얻어 독립을 얻자"는 논리는 "우리 힘만으로 해결하자"는 외침으로 발전할 수 밖에 없었던 것이다.[73]

그 결과 1947년 11월 유엔소총회의 남한단독선거 실시 결정을 또 하나의 전환점으로 삼아, 통일정부 수립세력은 미·소 양군의 동시철병을 주장하게 되는 것이다. 이같은 그의 입장은 "조선의 완전 자주독립을 어떻게 하면 속히 찾느냐. 미국군대·소련군대를 조선영토로부터 쫓아내

---

71) 『속기록』 16(1947. 1. 20), 12쪽.
72) 『서울신문』 1947년 4월 3일, 『자료대한민국사』 4, 507쪽.
73) 이호재, 앞의 책, 358쪽.

어" 통일된 정부를 건설하는 것이라는 견해로 설명된다.[74)]

4. 사회민주주의 국가체제의 수립

독립운동 과정에서 박건웅은 "어떤 나라들은 다만 특수계급 즉 재벌·군벌·귀족·관료 등 소수인의 이익을 대표하고, 어떤 나라들은 이와 상반하니, 즉 전체 혹은 절대 다수인민의 이익을 대표한다. 우리들은 전자의 입장을 반대하고, 후자의 입장을 견지한다"[75)]는 계급관념을 표명한 바 있었다.

그의 사고는 독립운동세력 일반의 국가건설론을 대변하는 것이었다. 1930년대 초반이래 중국관내지역의 독립운동정당은 공통적으로 토지의 국유화 및 농민분배, 대규모 생산기관의 국유화 등을 통한 분배의 정의와 계급적 평등의 구현을 민족국가의 덕목으로 꼽았다.[76)] 이들의 국가건설론은 미·소 군정체제하에서 굴절·퇴조 상황에 봉착하기는 하였으나, 그를 포함한 일군의 중간세력에 의해 재정립되었다.

그는 '해방'의 사회경제적 의미를 "수천 년 봉건제도와 일제 자본세력의 착취로부터, 대다수 인민대중이 민주주의 자유원칙 하에서 경제적·사회적으로 벗어나게 된" 것으로 설명하였다.[77)] 그에게 있어, 절대 다수 인민의 이익을 대표할 수 있는 사회경제체제를 구축하는 일은 민족

---

74) 이러한 생각을 대변하는 것으로, 그는 입법의원 발언 가운데, "지금 남조선하고 북조선이 38도를 경계로 양 군정 하에 조선을 두 나라로 만들어 놓고 있으며, 그 고통은 그네들이 받는 것이 아니라, 우리 동포들이 받고 있습니다"라고 술회하였다(『속기록』 3, 11쪽).
75) 박건웅, 「우리나라 대외관계의 기본원칙을 논함」, 앞의 책, 76쪽.
76) 독립운동정당의 사회민주주의적 이념 지향에 대해서는 한상도, 1999, 「이동시기 임시정부 독립운동정당의 활동과 변천」 『대한민국임시정부수립 80주년기념 논문집』, 국가보훈처, 617~619쪽이 참조된다.
77) 『속기록』 190(1947. 12. 22), 5쪽.

中間派 민족주의자 박건웅의 정치사상과 국가건설론 399

국가 건설의 기본조건이었다.

1) 토지개혁론

그는 자주적인 통일국가의 물적 기반 조성을 위해서는 자립경제체제의 구축이 관건이라고 생각하였다. 이에는 식민체제의 극복을 통한 민족경제의 복원이 요구되었으며, 토지제도의 개혁과 대기업의 국영화 등을 통한 산업재건이 우선과제로 제기되었다.

"수천 년래의 봉건토지제도를 타파하고, 민주주의 경제원칙 하에서 새로운 토지제도를 수립하여, 농민을 사회적으로 해방하며, 자경자작의 원칙 위에서 농가경제를 자립하게 만들며, 농민의 생활을 향상시키며, 농촌문화를 발전시키며, 동시에 농업생산력을 증가시켜야" 한다는 주장은 그의 사회경제관을 엿볼 수 있게 한다. 더불어 토지개혁의 완성은 제2차 세계대전 승리와 '조선 민주·자유·해방'의 "역사적·필연적 발전의 결과"이며, '자본주의 사회발전에 있어 가장 필요하고 또 필연적인 일'로써, "결코 공산당이나 무산계급의 슬로건이 아닌 자본계급의 슬로건"이라고 규정하였다.[78]

그의 토지개혁 논리는 농촌사회의 안정화를 전제로 하였다. 혼돈과 불안 상황에 처한 농촌의 안정화는 민심을 안정시키는 것이며, 이는 정치적 관계로서의 '사람과 사람의 관계'를 안정시키는 것으로 의미 부여되었다. 때문에 농민에게 토지소유권을 되돌려 주는 일은 '토지의 파손'을 막는 것이며, 농업생산에 대한 열정과 의욕을 고취시킬 수 있는 방안이었다.[79]

---

78) 『속기록』 190, 4~7쪽.
79) 이와 관련하여, 그는 "제일 먼저 토지는 누구의 것이라는 것을 정해 주어야, 토지로부터 생산물을 많이 만들면 자기 것이 된다는 생각을 갖게 해서, 소작인들로 하여금 생산에 열정을 내게 할 것 같으면, 적어도 현재의 토지를 보호할 수 있는 것이고, 한걸음 나아가 중산의 목적에 도달할 수 있는" 것이라고 하였다(『속기록』

토지의 농민소유를 통해 농촌사회의 안정을 이룩하려 한 토지개혁 구
상은 입법의원 발언에서도 확인된다. 그는 토지개혁법안의 내용과 성격
을 설명하면서,

> 이 법은 토지개혁을 주로 했지, 지주의 지가로 다른 산업을 운영하는 데에
> 주안을 둔 것은 아닙니다. … 본 위원회로서는 결코 지주의 지가 운영을 중요
> 안으로 한 것은 아닙니다. 지주의 착취를 당하고 있던 농민으로 하여금 토지
> 를 자기의 것으로 만드는 것으로 말미암아, 농촌이 진흥되고 생활이 향상되고
> 농업생활이 증가하느냐 하는 것을 주안으로 했습니다.[80]

라고 하였는 바, 토지의 농민 소유화를 통해 농촌경제의 안정과 농민생
활의 향상을 도모하려는 구상이었다. 이와 함께 그는 농촌경제의 진흥을
위해서는 농산물의 증산이 필요하며, 토지개혁을 통한 '농가의 안도성
확보'가 농산물 증산에 긴요하다고 주장하였다. 농촌경제 향상의 방안으
로는 수리사업을 통한 농지확충, 농기구 개량에 의한 노동력의 경제화,
비료증산에 의한 축산업 발전 등을 제시하였다.[81]

또 산업노농위원회에서 마련한 토지개혁법안의 심의보고 과정에서는
"도·시·군·섬·읍·면 및 부락에 토지개혁위원회土地改革委員會라는 특수
기관을 설치하고, 중앙토지개혁행정처中央土地改革行政處로 하여금 … 영
농원조 지도를 항구적으로 수행케" 하며, "농지금고農地金庫를 창설하여
토지개혁에 부수된 경리관계 사무를 취급케 하는 동시에, 농민의 영농상
필요한 금융 등의 편의를 주게 한" 것을 주요 특징으로 꼽았다.[82]

190, 9쪽).
80) 『속기록』 192(1948. 1. 12), 27∼28쪽.
81) 『속기록』 151(1947. 9. 25), 3쪽.
  중간파가 제시한 농촌경제 향상 방안의 일례로, 배성룡은 농업의 기계화, 농촌의
  전력공급체제 완비, 영농자금의 공급 등을 제의하였다(김기승, 1994, 『한국근현대
  사회사상사연구』, 신서원, 295쪽).
82) 『속기록』 190, 11쪽.

보고 요지는 지주의 과다보유 농지를 유상으로 매수 분배함으로써 중
소농제를 확립하고, 또 특수금융기관의 설립을 통해 중소농을 보호하려
한 이순탁의 구상과 동일한 취지였다.[83]

그의 토지개혁론을 파악하는 데에는, 그가 주재한 조미토지개혁연락
위원회朝美土地改革連絡委員會의 토지개혁법안이 참고된다. 주요 내용은 자
경하지 않는 농지와 3정보를 초과한 소유농지는 유상으로 정부가 매상
하여, 소작농·영세자작농·고용농에게 유상으로 분배하고, 가산농지家産
農地로 지정 국가가 특별 관리한다"는 것이었다.[84]

여기에서 눈에 띠는 것은 해방정국 초기 그가 공감하였던 '유조건 몰
수·체감매상·무상분배'안이 '유상매상·유상분배'로 바뀐 점이다. 이에
는 극우·극좌세력의 대립된 주장을 절충해서라도, 좌우합작에 의한 원
만한 토지개혁을 시행하려 한 중간파의 고충이 숨겨져 있었다. 입법의원
의 다수세력인 우익세력의 이해관계와 상충되는 현실적 제약을 제거하
기 위함이었다.[85]

토지개혁법안의 작성 과정을 더듬어 보면, 그는 미군정 및 우익세력
과의 합의 과정을 거쳐 지주제를 타파하고, 중소농민을 중핵으로 하는
사회민주주의 농업체제의 토지개혁을 달성코자 한[86] 것으로 유추된다.
이러한 입장에는 점진적·합리적 방법의 개혁을 중시하는 좌우합작 내지

---

83) 홍성찬, 「일제하 이순탁의 농업론과 해방정국 입법의원의 토지개혁법안」, 앞의
   책, 153쪽.
84) '가산농지'란 "토지개혁법으로 매수되지 않는 농지 즉 3정보 이내의 자작지와 중
   앙토지개혁행정처가 농가에 분배한 농지"로서, '하나의 경제단위'인 농가가 소유
   경작하며, "가산으로서 계승해 가는 농지"였다(홍성찬, 앞의 글, 152쪽).
85) 이 같은 상황은 "이순탁 선생은 이 법안 작성을 위해 모든 회의에 늘 참가하셨고,
   또 김도연선생께서도 수시로 늘 의논해 왔습니다. 김도연선생 역시 속히 우리 남
   조선과도입법의원에서 통과될 수 있을 정도로 생산 증가 상 아니하는 것보다 나
   은 정도로 하면 좋다고 하신 것같이 생각됩니다"라는 그의 법안작성 경과보고를
   통해서도 추정이 가능하다(『속기록』 190, 9쪽).
86) 홍성찬, 앞의 글, 158쪽.

중간세력의 성향이 반영되어 있다.

이와 더불어 토지개혁은 산업진흥 및 공업발전의 전제조건이었다. 그
는 "공업이 발전하자면 반드시 농민이 해방되어야 하고, 농촌이 진흥하
지 않으면 안 된다"고 하였다.[87] 토지개혁이 자본주의 경제체제의 건설
을 위한 필수조건으로서 제기되었다.[88]

당시 중간세력은 농업자본의 산업자본으로의 전환 방안을 고려하였
는데, 배성룡裵成龍의 경우, 지주에게 지급된 토지배상 대금이 산업자금
으로 전환되어 산업발전에 기여하기를 기대하였다.[89] 이러한 논의는 농
업부문에 편중된 산업구조를 산업 및 공업중심의 경제구조로 개편하기
위한 제한적인 선택의 하나였다.

2) 산업재건론 및 공업진흥론

그가 상정한 국가경제체제의 기본구도를 구축하기 위한 또 다른 과제
는 산업제도와 생산시설의 재건·정비였다.[90] 그는 '토지제도상의 변혁
과 대기업체 소유 및 관리상의 변혁'을 '경제해방'이란 개념으로 표현하
였다.[91]

그리고 경제해방을 위한 체제의 마련에는 미군정 행정권의 이양이 선

---

87) 『속기록』 190, 7쪽.
88) 입법의원 토지개혁법안 작성에 중추적인 역할을 수행한 이순탁의 논리에 의하면,
    토지개혁은 자본주의 발전의 선결과제로서, '자본계급의 슬로건'이었다(홍성찬,
    앞의 글, 153쪽).
89) 김기승, 앞의 책, 294쪽.
90) 1947년 4월의 시점에서, 언론은 산업재건 정상화를 위한 시책이 요망되며, "투자
    의 대부분이 무역·토건·상업부문에 국한되어 있고, 생산부문에는 등한시되어" 있
    다고 경제구조의 취약성을 지적하였다(『경향신문』 1947년 4월 23일, 『자료대한
    민국사』 4, 594쪽).
91) 그는 대기업의 대부분이 "일본제국주의 국가의 이익을 위한 국영 또는 일본 개인
    자본가를 위한 대기업체"였다고 평가하였다(『속기록』 190, 6쪽).

결과제라고 생각하였다. '남조선의 민주개혁'을 위한 행정권의 이양은[92] 산업행정의 '자주성 확보'를 위한 긴급과제였으며, "미군정으로부터 친일파·모리배를 내쫓고 혁명자·애국자를 등용"하자는[93] 주장과 직결되는 사안이기도 하였다.

박건웅의 경제재건론의 관점은 귀속재산 처리에 그 일단이 드러난다. 귀속재산의 처리는 미군정 산업경제정책의 파행성을 드러냈고, 이는 해방정국기 경제파탄의 주요인이었다. 중간세력은 귀속재산의 합리적 처리가 산업재건의 체계적인 방향을 결정하는 초석이 될 뿐 아니라, 남북통일 및 자주독립의 필수적 조건이라고 간주하였다.[94]

그는 귀속재산歸屬財産의 규모를 '전조선의 반수 이상'으로 파악하고,[95] 귀속재산 처리의 의미와 목적이 "공평하게 산업을 부흥시키며, 생활을 안정하게" 만드는 데 있다고 지적하였다.[96] 그는 귀속재산이 장차 수립될 정부의 소유가 될 것이라고 전망하였다. 그리하여 미군정 측과 중간세력의 의견이 근접하였던 대기업체의 국영, "개인의 능력으로 운영할 수 있는" 중소기업의 개인불하 혹은 임대차 방안을 지지하였다.[97]

일찍이 임정의 헌법 개정 과정에서, "진정한 민주공화국을 건설하는 데"에는 "철저한 민주주의와 사유제 부인의 입장에서"[98] 국가건설론이 마련되어야 한다고 주장하였던 그는 일제하의 대기업 및 대단위 생산시설이었던 귀속재산의 국유화를 주장하였던 것이다. 이는 분배의 공평성을 중시하는 사회민주주의社會民主主義적인 관점으로 이해될 수 있다.

그는 귀속재산의 범위도 토지와 여타 동산의 구분을 주장하였다. "영

---

92) 『속기록』 3, 6쪽.
93) 『속기록』 15, 34쪽.
94) 방기중, 앞의 글, 169쪽.
95) 『속기록』 22(1947. 2. 18), 19쪽.
96) 『속기록』 118, 52쪽.
97) 『속기록』 190, 5쪽.
98) 『의정원문서』, 324쪽.

토와 주권과 인민은 한 나라를 구성하는 데 필요 불가결한 요소이기 때문에, 영토는 적산이 아니다." "만일 적산으로 취급할 것 같으면, 일본이 … 제국주의 방법으로써 약탈하고 착취한 것을 합법화시켜 주는 것"이 되므로, "토지를 적산敵產과 아산我產으로 나눌 수 없다"는 그의 견해에 의하면, 귀속재산은 "우리국토의 자원을 이용하고, 우리민족의 고혈을 착취하여 건설 유지된" '해방조선의 국재國財'로써, '경제재건의 절대요소'였다.[99] 즉 귀속재산의 공정한 처리와 활용이 산업재건의 시금석이 될 것[100]이라는 강진국의 경제재건 방안과 같은 맥락에서 이해될 수 있는 것이었다.

다음으로 그는 산업재건을 위한 시책으로 기술인력의 양성을 중시하였다. 그리하여 노동 기술인력의 양성을 국가경쟁력 제고의 필수적인 조처로 꼽고, 14세이하 미성년자의 노동금지와 15세 이상 청소년에 대한 기술훈련의 실시를 제안하였다.[101] 그리고 산업재건을 위한 시설 및 재정기반 마련 방안의 일환으로, 재일동포의 재산 및 설비의 국내반입을 제기하였다. 그의 주도 하에 1947년 3월 11일 입법의원에 제출된 「재일교포의 권리 보호에 관한 건의안」을 통해 그 구상을 엿볼 수 있다.

"재일동포在日同胞의 일체 대우는 재일 각 연합국민과 동등히 할 것. 각종 죄목 하에 재일동포에게 불법 처벌 혹은 강제 귀국의 처분을 가하는 일체의 학대정책을 즉시 중지 엄금케 할 것. 특히 공업시설을 조선으로 운반하려는 동포에게는 모든 편의를 주도록 할 것"을 요청하는[102] 내용이었다. 재일동포의 경제력을 국내로 이입하여, 이를 산업재건의 재

---

99) 『속기록』 190, 9쪽.
100) 방기중, 앞의 글, 169~170쪽.
101) 그는 기술인력 양성의 필요성을 강조하여, "노동기술을 잘 마련해 가지고, 훈련하는 것으로써 산업을 진흥시킬 수 있다." "좋은 노동자를 만들어야 된다. 그래야 남과 경쟁할 수 있다. 조선의 공업을 진흥시킬 수" 있다고 하였다[『새한민보』 1~10(1947, 상순), 앞의 책, 485쪽].
102) 『서울신문』 1947년 3월 26일, 『자료대한민국사』 4, 405쪽.

정 및 시설기반으로 활용코자 의도하였던 것이다.

이러한 구상은 입법의원 산업노농위원회 소속 의원 및 중간파의 산업 재건 방안을 반영한 것이기도 하였다. 그와 함께 산업노농위원회의 「산업 긴급부흥 기본요강」 작성을 주도한 강진국姜辰國은 산업재건을 위한 산 업시설과 자원 확보를 위해 귀속사업과 공장시설에 대한 전반적인 재편 성, 남북조선 물자의 무조건 교류, 대일배상문제의 조속한 해결, 재일동 포재산·설비의 무조건 반입 등을 미군정 측에 요구한 바 있었다.

하지만 재일동포 재산·설비의 국내반입이나 귀속재산 처리의 실현에 는 남북한 통일정부의 수립이라는 대전제가 가로놓여 있었고, 현실적으 로도 미군정 권력과의 타협이 필수적이었다.[103] 산업행정의 자주성 확 보를 겨냥한 박건웅의 미군정 행정권 이양 주장에는 이같은 구조적 한계 를 타파하기 위한 고심이 깔려 있었던 것이다.

맺음말

"설혹 지금 아무 것도 이루어지지 않더라도, 나중에는 실현될 것이 다"[104]는 발언은 미군정체제 참여를 통해 자주적인 통일국가 건설이라 는 도정을 선택할 수 밖에 없었던 그의 정치사상을 잘 드러냈다.

아울러 "우리민족의 자유·독립을 찬성하고 원조하는 사람들은 모두 우리민족의 벗이다. 반대로 우리민족의 자유·독립을 반대하고 파괴하는 사람들은 모두 우리민족의 적이다"[105]는 규정은 유동적인 한반도의 정 치환경에 대응코자 한 이상과 현실의 절충 결과라 할 수 있다. 그의 국 제정세관은 친미나 친소도 아니고, 반미나 반소도 아닌, '우리민족의 자

---

103) 방기중, 앞의 글, 174·187쪽.
104) 「제21차 한미대책회의 회의록」, 『정용욱자료집』 12, 226쪽.
105) 박건웅, 「우리나라 대외관계의 기본원칙을 논함」, 앞의 책, 76쪽.

유와 독립'이라는 기준 위에서 균형적인 자세를 견지하려는 것이었다.

그의 정치사상은 식민잔재 청산, 좌우합작론, 미·소의 영향력을 배제한 자주적인 민족국가 건설론으로 요약된다. 첫째, 그는 미군정 경찰 내 친일세력 척결을 포함한 식민잔재의 청산을 민족국가 건설세력의 단결과 좌우합작의 관건으로 중시하였다. 그리고 식민체제를 극복할 주도집단으로 혁명자와 애국자를 상정하였다. 그는 중경임정시기부터 '혁명자 주권'이라는 논리로 민족국가의 주체설정 문제에 접근하였는데, 이 주장이 친일세력의 청산과 혁명자·애국자 주권론으로 발전한 것으로 이해된다.

둘째, 국가건설운동의 주력으로는 중소기업가·자영농민·상인·소시민 등의 애국적 자산계급과 무산계급을 꼽았다. 이들이 중심이 된 좌우합작을 통해 자주독립국가의 건설이 이루어져야 한다는 믿음을 가졌으며, 좌우합작의 견인세력으로는 중간세력을 지목하였다. 그는 좌우합작의 성공 조건으로 민주주의 의무에 입각한 이해와 협조를 꼽았다. 이 경우 민주주의 의무라 함은 이념적 편차를 극복한 민족본위의 양보와 타협, 절충의 노력이라는 뜻으로 해석될 수 있었다.

그의 좌우합작론은 - '민주주의적 혁명강령 및 공동책임'이라는 원칙 하에서 민족주의 정당과 사회주의 정당의 협동전선 결성을 주장하였던 - 일제말기 협동전선론의 연장선상에서 제시된 것이었다.

셋째, 그는 모스크바 삼상회의 결정에 기반한 임시정부의 수립을 통해 주체적인 정치공간을 확충한 정치환경 하에서, 신탁통치 문제도 해결될 수 있으리라는 기대감을 가졌던 것으로 드러난다. 신탁통치에 대한 찬성과 미·소 양군의 철수 주장이라는 이율배반적인 공존이 이 같은 구상을 뒷받침한다. 따라서 그의 '친미친소' 혹은 '비미비소'의 국제관은 민족의 이익을 우선가치로 삼는 전제 위에서 호혜적인 국제관계의 설정을 추구한 것으로 해석될 수 있다.

이 같은 국제인식은 자주독립을 밑받침할 민족역량의 결집이 불가능한 상황에서의 불가피한 선택이었다. 이러한 논리 위에서 그의 미군정체제 참여를 통한 자주국가 건설의 모색도 자기모순이 아닌 현실적·실용적 방안으로서 이해될 수 있는 것이었다.

넷째, 그는 분배의 정의와 평등의 가치가 존중되는 국가체제를 선호하였다. 농촌경제의 안정화를 중시한 그는 토지의 농민분배에 입각한 개혁을 주장하는 동시에, 지주제의 타파와 중소농민을 중핵으로 하는 농업체제의 건설을 지향하였다. 또 산업재건 및 공업진흥의 시급함을 강조하며, 미군정의 행정권 이양 및 귀속재산 처리의 공정성 확보를 주장하였다. 귀속재산의 처리 방법으로는 대기업의 국영화, 중소기업의 개인불하 혹은 임대차 방안을 지지하였다.

요컨대 그의 정치사상과 국가건설론은 외세 규정력에 의해 파편화되는 남북한의 정치세력을 하나로 묶는 통일국가의 수립을 지향하며, 사회경제 구조로는 사회민주주의체제를 염두에 둔 것으로 평가된다. 그리하여 유상몰수·유상분배의 토지개혁, 대기업과 대생산기관의 국유화 및 중소기업의 사유화라는 상호보완적 제도의 구축을 통해 민족의 동질성이 유지되는 민족사회의 건설이 가능하리라고 전망하였다.

일제 하 독립운동 과정 이래 미군정시기까지 그의 정치사상을 관통한 중심가치는 외세 영향력으로부터의 초월과 계급 및 민족 갈등의 극복이었다. 그리고 이에 기반한 평등과 통합의 사회체제가 민족국가의 기본골격이 되어야 한다는 신념이 국가건설론의 중핵을 이루었다고 하겠다.

민족문화 재건 논의의 내용과 방향

머리말

해방정국기에 제기되었던 민족국가 건설의 과제로는 일제 식민통치
의 잔재 청산, 외세의 개입 차단, 이데올로기의 갈등을 극복한 민족통합,
봉건적 사회·경제체제의 청산, 단절되었던 민족문화의 재건 등을 꼽을
수 있다.

이 중에서도 민족문화民族文化의 비중이 컸다. 민족문화는 전환기인
해방정국기의 진로를 가늠하는 방향타와도 같았다. 전통문화의 복원과
새로운 민족문화의 건설을 통해 사회적 일체감을 도출하고, 민족정신을
구심점으로 새로운 사회 건설의 앞날을 열어야 했다.[1] 이는 일제 식민
통치의 잔재를 청산하고, 자주적인 민족국가를 건설해야 하는 해방정국
기解放政局期[2] 한국현대사의 과제와 표리 관계에 있었다.

◇ 이 글은 「해방정국기 민족문화 재건 논의의 내용과 성격」(『사학연구』 89, 2008.
3. 30)을 보완한 내용이다.

1) "정당이나 단체를 물론하고 민주주의의 간판을 걸지 않은 것을 볼 수 없었고, …
그들이 표방하는 정강이나 정책을 훑어보면 으레 문화 발전에 대해 그들의 의사
가 결코 粗忽치 않다는 것을 표시하고 있다. … 이렇듯 '민주주의' '문화발전의
보장'은 금일 하나의 유행적인 간판인 것이다"(金南天, 「간판과 문화정책」 『現代
日報』 1946년 4월 2일)라는 내용을 통해, '문화'에 대한 사회적 수요를 짐작할
수 있다.

2) 일제의 패망과 해방→미·소 군정의 실시→좌우합작운동 및 통일민족국가 건설운
동→남북한 정부 수립→분단체제의 도래로 이어지는 1945년 8월 15일 부터
1948년 8월 15일까지를 가리킨다.

그러나 해방공간은 이데올로기를 잣대로 '적과 동지 관계'로 나뉘고, 민족문화 재건이라는 명제도 정치적 논리에 변질되었다. 한반도가 냉전체제의 최전선이 되어버린 상황에서, 민족문화 재건은 국제질서에 대처하면서 새로운 민족국가의 지평을 여는 일이기도 했다. 전통문화에서 계승과 창조의 모델을 찾아내고 외래문화에서 지혜를 받아들여, 세계문화의 일원인 민족문화를 재건해야 했던 것이다.[3]

민족문화의 재건은 복고주의를 뜻하는 것이 아니었고, 새 것을 숭상한다는 의미도 아니었다. 문화유산을 계승하면서, 인류문화의 발전에 기여하여야 했다. 이와 함께 일제 식민지배 하에서 훼손된 민족문화를 복구해야 한다는 사회적 합의도 필요하였다. 그러기에 민족문화 재건 논의의 내용과 성격을 살피는 일은 '자주'와 '개방' 사이에서 혼란스러워 하는 현대한국사회의 진로 모색에도 도움이 될 수 있다.

이 글에서는 '민족문화 재건'을 둘러싼 논의가 해방정국기 국가건설운동 과정에서 차지하는 의미를 파악하려 한다. 이를 위해 주요 정치세력의 민족국가 건설론의 내용을 검토해 보고, 그것이 해방정국기 정치환경 및 독립운동시기의 민족문화 수호 노력과 어떤 관계에 있는지 등에 대해 살펴보기로 하겠다.[4]

---

3) 이 글의 주제와 관련한 연구성과로는 국문학 분야의 권영민, 1989, 『해방직후의 민족문학운동연구』, 서울대학교출판부가 대표적이고, 이지원, 2007, 『한국 근대 문화사상사 연구』, 혜안은 일제 침략기의 민족문화 인식과 수호·건설운동을 종합적으로 살폈다.

4) 그런데 이 논문의 주제와 관련하여, 이용 가능한 자료를 일별하면, '민족문화 재건'에 대한 정치적 해석과 이슈화 과정에서, 좌익세력이 주도력을 발휘한 반면에, 우익세력의 입장은 상대적으로 약했던 것으로 비친다. 이는 좌익세력이 일제 식민지시대의 부일·반민족 행위 문제 및 과거 청산의 측면에서 상대적으로 자유로웠고 적극적인 입장이었던 사실과 함께, 공산주의체제의 국가를 건설하려는 정치적 목적에서, 논의의 주도권을 장악하려 의도하였던 사실과도 관련이 있을 것이다.

1. 민족문화 재건론의 대두

1) 민족문화의 개념 재정립

민족문화 재건 논의는 '민족' '문화' '민족문화'에 대한 개념의 정립으로부터 시작되었다. 이는 민족문화의 본질과 가치를 재음미함으로써, 새로운 민족문화의 정신적·관념적 기초를 확립하려는 작업이었다.

'민족民族'은 대체로 "동일 혈통·동일 지역에서 언어·의복·풍속·기타 동일한 문화 등을 가지고, 동일한 민족의식 하에 민족의 명맥을 유지해 온" 단일민족單一民族이란 뜻으로 이해되었다.[5] 민족의식의 동질성을 중시하며, 같은 맥락에서 지역적 공통성과 역사공동체로서 민족의 개념이 강조되었다.[6] 동일한 환경조건 및 역사적 경험을 통해 형성된 역사의식이 민족의 성립조건으로 중요하다는 얘기이다.

즉 민족의 성립 조건으로 문화적 요소가 중시되는 셈인데, 문화공동체는 전승傳承과 전통傳統을 통해 형성되는 법이다. 또 민족은 '존재'하는 것이라기보다는 '의식'되는 것으로써, 역사적으로 같은 문화적 분위기에서 생장하는 것이 중요하였다. 자신을 민족이라고 의식할 때 비로소 민족일 수 있는 것이 문화공동체文化共同體였다.[7]

따라서 민족문화를 건설한다는 것은 전민족을 포용할 수 있는 문화공동체를 만들어 내는 일이며, 문화공동체가 완성될 때 비로소 민족이라는 이름 밑에서 하나가 될 수 있었다.[8]

---

5) 孫晋泰, 「國史教育建設에 대한 구상」, 『새교육』 1948년 9월호, 60쪽.
6) 李仁榮, 「민족의 정의」 『大潮』 1947년 8월호, 13쪽. 그는 민족을 혈연·지연·언어의 공통성, 경제·문화생활의 공동성, 전통적 심리의 공통성 등을 공유하는 집단으로 규정하였다.
7) 朴致祐, 「文化共同體와 民族의 成立」, 『中外新報』 1946년 4월 19일.
8) 朴致祐, 「민족문화 건설과 세계관」 『新天地』 1946년 6월호, 11쪽. 같은 필자의 주장은 "피를 강조하는 데에서 단일·통일민족으로서의 동포의식이 생기는 것이

'문화文化'에 대한 해석도, 문명文明과의 관련 속에서 폭이 확장되었다. 문화라는 것은 사회의 이상을 목표로 만들어지고 가꾸어진 모든 생활의 표현이요, 문명은 인류의 욕망 속에서 만들어진 지적소산知的所產이라 할 수 있을 것이다. 따라서 건전한 문화의 기초가 서지 않으면 받아들인 문명은 민족발전의 앞날을 그르칠 수 있는 것이며, 해독을 끼칠 수도 있다. 단순한 문명의 흡수는 문화의 건전성에 위배될 수 있으며, 문화의 가치를 저하시킬 수도 있는 것이다. 따라서 "역사적 발전의 방향에 부합하는 문명만이 참으로 문화의 값있는 것이오, 또한 이러한 방향이 세워진 문명은 새로운 조선문화朝鮮文化의 풍부한 요소가 되고, 또한 건전한 민족문화 속에서만 새로운 문명이 세계를 위하여 생겨날"[9] 수 있었다.

문명을 '인간의 욕망과 지혜의 소산'으로, 문화를 '사회적 이상의 실현'으로 구분하고, 점증되는 물질문명의 비중과 영향력이 한국사회의 올바른 발전을 저해할 수 있다는 우려와 함께, 물질문명이 정신문화로서 민족문화 발전에 보탬이 되어야 한다는 설명이다.

이러한 사고를 바탕으로, 민족문화에 대한 이해의 폭도 넓어질 수 있었다. 예컨대 '진실성 있는 문화'는 "시대와 국가와 민족을 초월하여 전 인류를 위하는 불멸의 빛을 가져야" 했는데, 시기에 따라 형태는 다르지만, "기본정신은 일관하게 인간정신의 솔직한 고백이어야" 했다. 이렇듯 문화의 이념은 '초시대적·초계급적·초사회적' 가치였다.[10]

이러한 민족과 문화에 대한 이해는 신민족주의新民族主義 이념에서 비

아니라, 문화적으로 다같이 한 식구로서 인색한 차별이 없이 共有同立할 수 있을 때에만 조선민족은 비로소 참으로 하나이고, 둘일 수가 없게 될 것"(朴致祐, 「文化共同體와 民族의 成立」『中外新報』 1946년 4월 19일)이라고 이어지는데, 이는 남북화해와 민족통일의 여정이 또 하나의 문턱을 넘어서는 오늘날에도 여전히 유효할 듯하다.

9) 「건국도상의 문화운동」(사설), 『自由新聞』 1946년 1월 15일.
10) 金瑢俊, 「민족문화 문제」『新天地』 1947년 1월호, 130~131쪽.

롯되었다. 일제 말기 손진태孫晉泰·이인영李仁榮·안재홍安在鴻 등에 의해
제시된 이 이론은 저항적 민족주의 차원을 넘어서서, 새로운 세계질서에
조응할 수 있는 방향으로 우리민족의 진로를 설정하고, 다른 민족과 국
가에 대해 개방적이고 친화적인 자세를 취하도록 주문하고 있다.[11]

　민족사의 개별성個別性과 함께 세계사의 보편성普遍性을 강조하는 신
민족주의 이론에서는 '민족이 민중'이며, '민중民衆이 곧 민족民族'이라고
파악하였다. 따라서 귀족문화에 대비되는 일반민중의 문화를 민족문화
로 정의하였다.[12] 신민족주의 논리가 영향력을 발휘한 사실은, 민족문화
라는 개별성과 독창성에 기초하되, 세계문화로서의 보편성도 아울러야
한다는 공감대를 반증한다.

　손진태는 "사실을 종합·비판하여 거기서 민족의 참된 행복의 길을 발
견하고, 겸하여 인류사회의 발전·향상과 평화를 이룩할 수 있는 이론과
방법을 터득하는 것이 역사학이 이루어야 할 최고의 목적일 것이다"[13]
라고 하였다.

　"고증考證만으로 만족하지 않고, 새로운 이론을 창조해 내야"[14]하는
일이 역사학의 임무라는 얘기이다. '새로운 이론'을 창조하는 일이란
'민족의 참된 행복의 길'을 찾은 다음, '인류사회의 발전·향상과 평화'를
이룩하는 작업을 가리켰으며, 그것이 곧 역사학의 책무로 정의되었다.
전통문화를 새롭게 해석하고 다듬어서, 민족문화를 미래지향적이고 발
전적인 모습으로 가꾸어나가야 한다는 주문이었다.

　이 같은 신민족주의의 논리가 민족문화 재건 논의에 수용됨으로써,

---

11) 김용섭, 1979, 「우리나라 근대역사학의 발달」『한국의 역사인식』하, 창작과비평
　　사, 492쪽.
12) 손진태, 1948, 「自序」『朝鮮民族文化의 硏究』, 을유문화사.
13) 손진태, 1948, 『朝鮮民族史槪論』, 을유문화사, 2쪽.
14) 이기백, 1979, 「新民族主義史觀論」『韓國의 歷史認識』하, 창작과비평사, 526
　　쪽.

민족문화의 고립성과 폐쇄성을 극복할 수 있고, 그 결실로써 민족문화가 개방적이고 융합적인 모습을 띨 수 있으리라는 기대였다.

그렇다면 개별성과 보편성을 함께 갖춘 민족문화의 모습은 어떤 것이었을까? 먼저 우리민족의 개성을 존중하면서, 세계사적 연관성을 갖는 "우리의 특수한 문화의 정당한 유산을 계승하면서, 인류문화의 일익이며 그 발전을 위하여 추진력이 되는 새로운 문화형태"[15)가 한 예로 제시되었다.

같은 맥락에서, 새로운 민족문화는 대중적·과학적·민족적이어야 하였다. 민족문화가 특권층의 전유물이 아니며, 봉건적 성격을 탈피하고, 우리민족의 염원과 희망이 담겨야 한다는 의미이다. 그러면서도 민족문화는 배타성을 극복해야 했다. 민족문화는 전통문화의 유산을 정당하게 계승하고, 해외문화를 비판적으로 섭취하는 토대 위에서 건설되어야 했다.[16)

"민족의 독립자주, 민족내의 계급타파" 주장에서 한 걸음 나아가, '대외친선'을 통한 '민족문화의 향상'이 목표가 되어야[17) 했던 것이다. 민족문화로서 독자성을 갖추기 위해서는 세계정세의 변화에 조응할 수 있어야 한다는 지적이다.

이처럼 민족문화라는 개념은 방어적이고 내향적인 해석에서 벗어나, 외향적이고 적극적인 방향으로 틀이 확대되었다. 나아가 이데올로기의 대결장이라는 한반도의 지정학적 환경과 맞닥뜨리면서 더욱 개방적이고 포용적인 방향으로 나아가야 한다는 당위성에 직면하게 되는 것이다.

2) 좌익의 민족문화 재건론

민족문화 건설은 "노동인민의 주체적 영도에 의하여, 공영의 미래를

---

15) 邊斗甲, 「民族文化의 冒瀆」 『光明日報』 1947년 5월 20일.
16) 金台俊, 「民主主義와 文化」 『民主主義十二講』, 文友印書館, 1946, 51쪽.
17) 李仁榮, 「민족의 정의」 『大潮』 1947년 8월호, 13쪽.

약속하는 곳에서만 가능"하며, 또 "봉건잔재의 청소투쟁을 통하여서만
가능한 것"18)이라는 선동적 구호에는 좌익세력의 입장이 잘 드러나 있
다. 여기에서는 주체로 노동인민을, 방법으로 반제·반파시즘투쟁을 상정
함으로써, 민족문화 건설을 프롤레타리아 계급혁명의 한 단계로 설정하
였다.

　장차 건설될 문화는 사회주의 혹은 프롤레타리아적인 문화가 아니라,
반제국주의적·반봉건적인 민주주의 민족문화요, 무산계급의 반자본주의
적 문화가 아니다. 전통문화의 장점을 계승하고, 외국의 진보적인 문화
를 비판적으로 섭취하여 우리민족의 특성을 발휘하는 문화를 세워야 한
다고 했다. 또 관점이나 연구방법에 있어서는 변증법적 유물론의 입장과
방법을 취해야 한다고 하면서도, 민족문화는 계급적 문화가 되어서는 아
니 된다. "사회주의 정치·경제의 토대가 서있지 않기 때문에" "사회주의
를 내용으로 하고, 형식에 있어서 민주적인" 민족문화는 아직 성립될 수
없다고 했다.19)

　'조선공산당 중앙위원회' 명의로 발표된 위의 내용은, 1946년 초 조
선공산당朝鮮共産黨이 미군정과의 관계 악화를 자제하며, 정치적 주도권
을 탐색하던 시기의 입장이었던 점을 염두에 두어야 할 듯하다. '장차
건설될 문화'의 형태가 '사회주의 혹은 프롤레타리아적인 문화'나 '반자
본주의적인 문화' '계급적 문화'가 아니라는 것이다. 그 이유로 "사회주
의체제의 정치·경제 토대가 마련되어 있지 못한" 사실을 지적하면서도,
"관점이나 연구의 방법에 있어서는 변증법적 유물론의 입장과 방법을
써야 한다"고 한 점 등은 좌익의 기본입장을 잘 보여준다.

　같은 시기 남조선신민당南朝鮮新民黨도 강령에 신문화를 건설하기 위

---

18) 申南澈, 「民族文化 再建의 方向」『光明日報』1947년 5월 1일.
19) 朝鮮共産黨中央委員會, 「朝鮮民族文化建設의 路線」,『人民』1946년 3월호, 72~
　　74쪽 참조.

하여 민족문화의 우수한 유산을 계승 발전한다. 과학적 지식의 철저한
보급을 통해 전국민의 문화수준을 향상시킨다. 과학자·예술가·교육자의
사회적 지위를 법적으로 보호하는 동시에, '신조선 민주주의 문화' 건설
의 선구적 담당자로서 임무를 다 하도록 적극 협력한다는 내용[20]을 담
았다.

'과학자·예술가·교육가'들을 민족문화 건설의 주체로 상정하고 있는
남조선신민당 역시 미군정과의 갈등·대립 관계 이전에는 공산주의노선
을 노골적으로 드러내지 않았다. 그러나 미군정의 좌익 탄압이 강화됨에
따라 정치적 색채 또한 짙어졌다.

1946년 9월 조선공산당·근로인민당·남조선신민당의 좌익 3개 정당
이 합당하여 출범한 남조선노동당南朝鮮勞動黨의 문화정책에서는, 재건해
야 할 민족문화의 형태를 "근로 인민대중의 이익에 봉사하는 민주주의
적 문화"로 규정하였다. 반면에 '민족주의적 문화'를 "지주와 자본가들
이 일제에 이어서 근로인민을 착취압박하려는 특권사상의 표현에 불과
한 것"이라고 비난하였다. 그리고 '근로인민'이 모든 문화기관을 관리하
며, "문화의 정치로부터의 고립·중립적 문화주의가 민족문화 건설의 본
질과 모순된다는 사실을 부단히 지적하여, 문화운동과 대중운동의 엄밀
한 결합을" 시도해야 한다고 주장했다.[21]

문화와 정치의 분리를 부정하고, 문화운동의 범주를 프롤레타리아 인
민정권 수립을 목표로 하는 대중운동의 한 방편으로 한정했다. 민족문화
재건의 명제가 공산주의국가 건설을 위한 수단으로 이용되고 있다.

한편 독립운동시기 좌파 민족주의 노선을 지향하였던 조선민족혁명
당朝鮮民族革命黨의 민족문화 재건론은 조선공산당이나 남조선신민당과
차이가 있었다. "조선의 새 문화는 반드시 민족·민주적 문화라야 할 것

---

20) 『서울신문』 1946년 3월 7일.
21) 『일간예술통신』 1946년 11월 16일.

이다. 다시 말하면, 우리민족 고유의 문화전통을 계승하는 동시에, 세계
각국의 진보한 민주 건설에 적응되는" "민족자유·정치자유·경제자유·
사상자유의 신민족주의를 중심으로 한" 신문화 건설을 내세웠다. 당면
과제로는 문화·교육기관의 보호와 증설, 문화·교육기관의 전제적 관리
반대, 민주적 문화공작자 우대, 봉건 및 일제 파시즘문화 잔여세력의 숙
청 등을 꼽았다.[22]

조선민족혁명당이 표방한 '신민족주의' 원리가 손진태 등이 제시한
신민족주의와 동일한지는 검토되어야 하겠지만, 전통문화 계승의 토대
위에 세계적으로 보편화된 진보문화를 수용해야 한다는 내용은 일치한
다. 특히 '문화·교육기관의 전제적인 관리 반대'는 좌익이 제시한 '문
화·교육기관의 국유화 내지는 공적 관리'와 구별된다.

이와 유사한 논리로, 좌익 일각에서는 '공산주의'라는 보편성에 바탕
하여 한국문화의 개별성을 강조하는 주장이 제시되었다. 1946년 초의
시점에서, '신민주주의문화新民主主義文化'라는 이름으로 제시된 논리를
살펴보면, 러시아식 사회주의문화의 건설, 중국의 이른바 '신민주주의문
화' 건설 등을 맹목적으로 모방하고 따를 일이 아니라, "조선인민의 실
제 수요를 기초로 한 비판적 섭취"를 위한 노력이 필요하다는 요지이
다.[23] 소련공산당·중국공산당과는 일정한 거리를 유지하며, 한반도의
정세와 환경에 효과적으로 조응할 수 있는 독자적이고 개별적인 자세를
견지하도록 주문하고 있다.

---

22) 『일간예술통신』 1946년 11월 7일.
23) 安漠, 「民族文化建設의 基本任務」 ②, 『中央新聞』 1946년 2월 10일. 같은 글에
　　서는 "신민주주의적 민족적 문화는 무산계급적 문화가 영도하는 반제국주의적·
　　반봉건주의적 문화이며, 민족적·과학적·인민대중적 문화이고, 일체의 자본주의
　　문화를 반대하는 문화는 아니다."(「民族文化建設의 基本任務」 ①, 『中央新聞』
　　1946년 1946년 2월 9일) "현단계에 있어서, 건립될 조선사회는 … 무산계급 專政
　　의 사회주의사회는 아닌 것이다"(「民族文化建設의 基本任務」 ③, 『中央新聞』
　　1946년 1946년 2월 11일)라고 주장하였다.

이렇듯 좌익 내부의 입장 차이는 해방정국기 정치상황과 관련이 있었
다. 즉 미군정의 좌익 탄압이 강화되고 나아가 남북한의 분단정부 수립
이 가시화되면서, 민족문화 재건론 또한 계급적·정치적 색채가 짙어졌
다. 물론 조선민족혁명당이나 좌익 일각에서 조선공산당과는 구별되는
독자적인 재건 방안을 견지하려 하였던 사실을 아마추어적인 모습으로
치부할 수도 있을 것이다. 하지만 이는 해방정국기 민족주의 열기를 배
경으로, 좌익진영 또한 '민족'이라는 단어가 갖는 중량감을 경시할 수
없었던 상황을 반증하는 것이기도 하다.

3) 우익의 민족문화 재건론

우익세력의 민족문화 재건론은 김구金九를 통해 그 요체에 접근할 수
있다. "오직 사랑의 문화, 평화의 문화로 우리 스스로 잘 살고 인류 전체
가 의좋게 살도록 하는 일을 하자는 것이다." "문화의 힘은 우리 자신을
행복하게 하고, 나아가서는 남에게 행복을 주겠기 때문이다." "인류가
현재에 불행한 근본이유는 인의仁義가 부족하고, 자비慈悲가 부족하고,
사랑이 부족한 때문이다. … 인류의 이 정신을 배양하는 것은 오직 문화
다. 나는 우리나라가 … 높고 새로운 문화의 근원이 되고, 목표가 되고,
모범이 되기를 원한다"[24]는 '나의 소원'에서 천명된 민족문화 재건론은
그 자체로서 달성해야 할 목표이자, 도덕적 이상이었다.

독립운동시기부터 정통 우파 민족주의세력을 자임한 한국독립당韓國
獨立黨은 민족문화의 재건을 민족국가 완성의 관건으로 설정하고, "종縱
으로 민족의 고유문화를 순화·양양하고, 횡橫으로 세계문화와 회통융화

---

24) 김구, 「나의 소원」 『白凡逸志』(백범학술원총서 ②, 2002, 나남출판), 436·443∼
444쪽. 독립운동 과정에서 이미 그는 "고유문화를 발양하며, 독립·자유·평등의
새로운 한국을 건립"하는 데에서 한국독립운동의 근본의의를 찾을 수 있다(金九,
「韓國獨立與東亞和平」 『韓民』 1기 1호, 1940. 3. 1, 7쪽)고 의미 부여한 바 있었다.

會通融和함으로써," 민족문화를 건설해야 한다고 했다.[25] 선전부장 엄우룡嚴雨龍이 "안재홍이 신민주주의와 신민족주의에서 우리 당 문화정책의 근본이념을 논술하였다"[26]고 언급했듯이, 한국독립당의 재건론은 신민족주의 논리를 수용하였다.

독립운동 기간에는 삼균주의三均主義에 기반한 국가건설론을 표방하였던 한국독립당이 신민족주의 이념을 수용하고 있음은 주목할 만한 사실이다. 고립적이고 저항적인 민족주의의 틀을 극복하고, 평등과 화합을 지향하는 열린 민족주의를 지향하는 데에서, 양자의 이념적 유사성이 발견된다.

특히 한국독립당의 선전부장이 '문화정책의 근본이념'으로 신민족주의를 언급하고 있음은, 신민족주의 이념에 민족문화 재건 방향의 보편적인 가치가 담겨있음을 알려줄 뿐 아니라, 해방정국기라는 새로운 정치환경에 직면하여, 삼균주의 이념의 넓이를 확장하려는 노력이 신민족주의와의 이념적 결합으로 시도되었음을 확인할 수 있는 것이다.

위의 한국독립당의 경우를 통해서는, 독립운동시기의 민족문화 보존·수호 의지의 연장선에 있었음을 알 수 있었다.[27] 그 예를 거슬러 올라가 찾아보면, 한국독립당과 더불어 대표적인 임정옹호세력이었던 한국국민당韓國國民黨의 선전지에 실린 글에서는 민족문화를 근대민족운동의 기반 및 저력으로 파악하였다. 즉 문화를 개인이 아닌, 민족전체의 개별적 혹은 집단적 노력의 결실로 이해하였다.[28]

또 "한 민족의 고유문화는 그 민족의 생존 상 가장 필요한 조건"이라

---

25) 『일간예술통신』 1946년 11월 9일.
26) 『일간예술통신』 1946년 11월 9일.
27) 독립운동세력의 경우, 민족문화 수호와 관련한 의지와 표현은 우파 민족주의세력의 관련자료에서 주로 발견되고, 좌파 민족주의세력의 입장이 상대적으로 적은 것 같다. 공산주의 혁명의 관점에서 보면, '민족문화 수호'라는 주제는 관념적이고 무용한 것으로 평가되었을지도 모른다.
28) 南實, 「우리 運動은 웨 進展이 없는가」 『韓靑』 제1권 3기(1936. 10. 27), 22쪽.

고 강조한 다른 필자는 민족의 멸망을 구하려면 그 민족의 고유문화가 몰락하는 것을 막아야 한다고 주장했다. 민족의 고유문화는 민족의 '생존 상 가장 필요한 조건'인데, 유태인은 세계 각국에서 정치·경제적인 영향력을 보유하고 있지만, 공통의 문화를 상실했기 때문에, 개별민족으로서의 자격을 상실하였다는 것이다.[29]

반면에 아일랜드와 폴란드인들이 유랑 처지에도 불구하고, 300여 년 동안 투쟁할 수 있었던 배경은 "간난한 환경 속에서 갖은 고초를 다 겪어가면서도 꾸준히 노력하여 문화적으로 자신을 향상시키기에 게으르지 않았"고, "문화적 정수를 종합하여 위대한 힘을 발휘할 수 있었"기 때문[30]이라고 평가하였다. 민족문화의 성립조건으로 계기적이고 지속적인 보존과 전승이 요구된다는 지적이다.

또 다른 인물은 각 민족의 문화가 최고수준에 이를 때, 비로소 전세계 민족의 참된 통일과 '세계대동世界大同'이 실현될 수 있으리라고 전망하였다.[31] 세계문화의 일원으로서 민족문화의 가치를 의식하고 있었던 것이다. 독립운동기에도 문화적 역량이 민족국가의 핵심가치로 평가되었음을 알 수 있다.

또 다른 독립운동가는 민족문화의 중요성을 제창하면서, "혁명의식을 선동·환기시키고, 사상과 이론을 발전시켜 민중의 문화수준을 제고시킴으로써, 한국의 독립 완성을 단축하고, 보다 용이하게 만들 수 있을 것"[32]이라고 기대감을 표시하였다. 민족문화를 독립운동의 구심점으로

---

29) 元突吾, 「民族聯合戰線과 組織方法에 대한 管見」, 『韓靑』 제2권 3기(1937. 3), 22·24쪽.

30) 南實, 「우리 運動은 웨 進展이 없는가」, 『韓靑』 제1권 3기, 24쪽.

31) 夢巖, 「鬪爭과 眞理」, 『韓靑』 제1권 5기(1936. 12. 15), 24쪽.

32) 金炎, 「空谷傳聲」, 『韓靑』 제2권 1기(1937. 1), 23쪽. 같은 글에서 그는 "민족의식을 격발시키고 강화시키기 위하여 우리의 문화를 제창하고, 문학의 필요를 느끼는 것"이라고 하였다. 그에 따르면, 민족문화의 제창을 통하여 민족의식을 격발·강화시킬 수 있으며, 강렬한 민족의식은 곧 독립운동의 원동력이며 출발점이 된다.

삼음으로써, 독립운동의 역량을 강화할 수 있으리라는 설명이다. 독립운동기의 민족문화 수호와 보존에 대한 자각이 해방정국기에 들어서는 민족문화 재건 노력으로 이어졌던 것이다.

이와 함께 우익의 민족문화 재건 논의에 함축되어 있는 사실로써 착목해야 할 것은 좌익의 주장에 비해 관념적리고 추상적인 모습을 띠었고, 논의 과정에서도 역동성이 떨어졌다는 점이다. 좌익의 경우, '식민잔재 청산'은 '민족문화 재건' 구호와 함께, 정치활동의 일환으로 활용하였다. 반면에 우익의 경우에는 구호 수준에 그치고, 추동력이 제대로 발휘되지 않았다.

이 같은 사실은 우익으로 분류될 수 있는 문화계 인물 가운데 상당수가 '식민잔재 청산' 주장, 즉 일제 말기 부일附日 행적에 대한 평가로부터 자유로울 수 없었던 현실과 연계시킴으로써, 비로소 이해될 수 있을 것이다.

4) 민족문화 재건 논의의 정치적 성격

민족문화 재건 논의에 함축된 시대적 의미는 좌우익 간의 정치적 주도권 장악을 위한 경쟁의 일환이었던 사실에서 실마리를 찾을 수 있다. 민족문화 재건 논의의 정치적 함의를 간과할 수 없다는 뜻이다.[33]

"강력하고 새로운 토대와 주체를 획득하는 데, 문화운동은 필연적으로 정치와 연결되지 않을 수 없다"[34]는 주장이나, "문화는 민주주의를 위한 무기임을 명심하여야 할 것이다. 동시에 이 운동은 전국적인 규모

---

33) 해방정국기에 '민족문화'라는 개념을 사용함에 있어서는, 문화의 주체로서 민족이 강조됨으로써, 문화 자체에 대한 논의는 뒷전으로 밀려났다. 그 결과 민족이 앞세워짐으로써, 민족문화가 추상화되고 관념화되어 버렸다는 평가(권영민, 1989,『해방직후의 민족문학운동연구』, 서울대학교출판부, 44쪽)는 민족문화 재건 논의가 정치적 성격을 띠었음을 알려준다.

34) 玉明燦,「文化固有의 戰線을 급속히 확립하자: 文化와 政治」『中外新報』1947년 3월 24일.

에서 한 개의 운동으로 전개되어야 할 것"이라는 내용[35]이 그러한 속성
을 대변한다.

먼저 '민족문화 재건' 구호는 사회적 일체감을 유도하는 데 유용하였
다. 민족문화 재건을 매개로 한 정치적 움직임은 좌익에 의해 시작되었
다. 해방 이튿날인 1945년 8월 16일 백남운白南雲 등이 조선학술원朝鮮學
術院을 설립하였고, 18일에는 임화林和를 중심으로 조선문화건설협의회
朝鮮文化建設協議會가 발족하였다. 두 단체는 일제 식민잔재 청산, 봉건적
잔재 청산, 국수주의 배격 등을 기본강령으로 채택하고, '문화전선의 통
일'을 주창하였다.[36]

이들은 일제 식민잔재를 '문화반동文化反動'으로 지목하고, 새로운 민
족문화는 '인민적 기반'에 서야 하며, '인민적 협동'과 '문화의 통일전
선'을 요구하였다.[37] '문화전선의 통일' 혹은 '문화의 통일전선'이라 함
은 민족문화 재건의 이슈화를 통한 좌익세력의 조직화를 가리켰다. '민
족문화 재건' 구호가 공산주의세력의 선전구호로 차용되었다.

"문화는 정치·경제로부터 분비된 반영물인 동시에, 정치 및 경제의
성장과 발전을 위한 사도使徒인 것이다. 그리하여 문화의 성격과 임무는
정치·경제가 규정하는 것"[38]이라는 백남운의 인식은 유물론唯物論에 바

---

35) 姜聖宰, 「문화운동의 당면과제」(하), 『文化日報』1947년 4월 13일.
36) 李源朝, 「문화 1년간 동향」 『獨立新報』1946년 8월 15일.
37) 조선문화건설중앙협의회는 민족문화 재건 방침으로 첫째, 일본제국주의에 의한
    모든 야만적이고 기만적인 문화정책의 잔재를 소탕하고, 이에 침윤된 문화반동에
    대해 가책없는 투쟁을 전개한다. 둘째, 문화에 있어서의 철저한 인민적 기반을 완
    성하기 위해 일체의 봉건적 문화의 요소와 잔재, 특권계급적 문화의 요소와 잔재,
    반민주적 지방주의적 문화의 요소와 잔재의 청산을 위해 활발한 투쟁을 전개한
    다. 셋째, 세계문화의 일환으로서 민족문화의 계발과 앙양을 위하여 필요한 모든
    건설사업을 설계한다. 넷째, 문화전선에 있어서의 인민적 협동의 완성을 기하여
    강력한 문화의 통일전선을 조직한다는 원칙을 제시하였다(「문화활동의 기본적 일
    반방침에 관하여」 『文化戰線』1945년 11월 15일).
38) 白南雲, 1946.7.15, 『朝鮮民族의 進路』, 新建社, 47쪽. 이어지는 글에서는 "문화

탕하였다. 이들이 말하는 민족문화란 계급적·물질적인 관점에서 접근하는 것이었기에, 문화의 관념적이고 정신적인 측면은 무시되었다.

1946년 2월 24일 조선문화단체총연맹朝鮮文化團體總聯盟 결성대회의 식순에는 근로인민당·조선공산당 대표 등의 축사가 포함되었다.[39] 또 4월 15일부터 닷새 동안 열린 조선문화단체총연맹 주최 민족문화건설전국회의民族文化建設全國會議에서는 「민족문화와 세계관」 「민족문화 건설에 있어서 문화유산 계승문제」 등의 주제 발표에 이어, '미소공동위원회와 연합국에 보내는 메시지'를 채택하였다.[40] 이는 '민족문화 재건' 구호가 문화계를 대상으로 한 세력화의 도구로 동원되었음을 확인할 수 있다.

"새로운 문화의 건설은 한갓 혁명적인 투쟁이 없이는 불가능하다는 것을 결코 망각해서는 안된다. 건설적인 문화는 투쟁적·혁명적 문화이어야 한다"[41]는 주장이나, '자주적인 정치권력의 수립'을 "민족문화 발전의 전제조건이요, 민족문화를 옳은 궤도 위에 놓기 위한" 수단으로[42] 파악하는 인식 또한 민족문화 재건 논의의 정치적 측면을 뒷받침한다.

나아가 민족문화 재건운동은 "정치노선에 적응하려는 당연한 움직임"이면서, "인민 각층의 문화적 요구를 재빨리 표현하고자 하는 가장 옳은 방향"이라는 글에서는, 그것이 '정치와 떨어진 분야'인 것 같지만,

---

의 역사적 범주가 그 모체인 생산관계의 반영인 만큼, 그 생산관계의 역사적 성격의 전환을 따라서 문화 형태도 결국은 소멸되는 것이 원칙"(49쪽)이라고 하여, 문화를 사회경제적 '생산관계'에 종속되는 가치로 파악하였다.

39) 조선문화단체총연맹의 강령에서 "민주주의 민족문화의 건설을 위하여, 고유문화의 정당한 계승과 세계문화의 비판적 섭취, 특히 진보된 과학의 수입·연구와 그 이론의 확립과 인민의 비민주주의적 문화경향의 배제를 기한다"고 명시하였다(『解放日報』 1946년 2월 26일).

40) 『서울신문』 1946년 4월 16일.

41) 金午星, 「建國과 文化運動」 『新朝鮮報』 1945년 10월 13일.

42) 金秉德, 「民族文化建設의 方途」, 『新天地』 1947년 1월호, 66쪽. 또 같은 글 70쪽에서는 "무지한 조선인민 대중이 스스로 민족운명을 타개토록 그들의 의식을 높이는 데에서, 민족문화 건설의 방도를 발견"해야 한다고 하였다.

민족통일전선 노선과 기본정신이 같다고 평가하였다.[43]

'민족문화 재건'의 슬로건은 정치운동단체들의 정체성을 과시하고 대중적 리더십의 도덕성을 확보하는 데 유용하였을 뿐 만 아니라, 정치활동을 통한 지지기반 확보와 조직화를 꾀하는 데에도 보탬이 되었던 것이다.

하지만 "좌우익으로 갈리어 각자의 조직을 가지려는 것은 결코 민주주의 문화운동을 위하여 옳은 길이 아니"[44]라는 우려처럼, 민족문화 재건 논의는 좌우익간 갈등의 골에 함몰되어 버렸다.

한 걸음 나아가, 1948년 4월 하순 평양에서 개최된 '남북 제정당 사회단체 대표자 연석회의'에 참석하였던 한 인사가 전하는 "마침 옆에 앉았던 성악가 모씨가 흥분해서, 대체 남조선에서는 때가 어느 때라고 '춘희椿姬' 따위를 공연하곤 우쭐해 하는 거요, 우리는 '견우직녀'를 벌써 정통적으로 가극화시켰고, 요즘은 '춘향'이를 창작했소. 한번 가 봐요 하고 나를 꾸중하다시피 대들었다"[45]는 일화는 남과 북이 제각기 자신의 민족문화 재건의 길을 찾아 나섰음을 일러준다.

3. 민족문화 재건 논의의 내용

1) 일제 식민잔재의 청산

1946년 10월 23일 "일본 통치시대의 창씨제도創氏制度에 의하여, 일본식 '씨명氏名'을 변경된 '조선성명朝鮮姓名'으로 간이복구簡易復舊를 목적으로 한" 미군정청 법령 122호 「조선 성명 복구령」이 공포되었다.[46] 일제 식민잔재 청산 의지를 보여주는 상징적인 사실이다. 덧붙여 연극동맹

---

43) 金南天, 「민족문화 건설의 태세 정비」『新天地』1946년 8월호, 135쪽.
44) 「민주주의와 문화운동」(사설), 『自由新聞』1946년 3월 26일.
45) 崔成福, 「평양 남북협상의 인상」『新天地』1948년 4월호, 69쪽.
46) 『大東新聞』1946년 10월 29일.

과 극예술동호회에서는 용어제정위원회를 구성하여, 무대용어와 무대장치 및 연출관련 용어를 우리말로 바꾸고자 한 사실[47]은 우리 말·글·이름을 되찾기 위한 작업의 사례였다.

일제 식민잔재를 청산하자는 주장에는, 일제잔재를 극복하지 않고는 '해방조선'의 민주화가 불가능하리라는[48] 인식이 반영되어 있었다. 지난 역사에 대한 비판적인 반성과 민족의 진로에 대한 주체적인 각성이 촉구되었던 것이다.[49]

그리고 청산 대상으로서의 식민잔재에는 왜색문화倭色文化만이 아니라, 모든 전근대 봉건적인 사회·문화요소도 포함되었다. 즉 일제 식민통치가 남긴 피해와 그 흔적은 사회 각 분야에 남아 있는 제도와 기구 등 가시적인 것만을 가리키는 것이 아니라, 당시 한국인의 의식구조에 배어 있는 전근대적인 사고·인습·관행·문화 등과 개인의 인생관, 나아가 세계관마저 포괄되었다. 식민지배 체제를 청산하는 일은 과거청산過去淸算 작업에 국한되지 않고, 근대사회로의 이행에 필요한 사회·문화적 기반을 마련하는 일이기도 하였기 때문이다.

식민지배 체제로 인해 "다른 민족이 역사적 단계로 경과하는 봉건사회문화封建社會文化에서 시민사회문화市民社會文化, 즉 민족문화民族文化로 넘어오지도 못하였을 뿐만 아니라, 모든 문화유산이 파괴당하고 새문화의 싹 조차 짓밟혀 버렸다." 때문에 새로운 민족문화를 건설하기 위해서는 일제 식민잔재와 더불어 봉건적 잔재 또한 극복되어야 한다고 강조되었다.[50]

---

47) 『大東新聞』 1947년 4월 30일.

48) 李北滿, 「朝鮮의 民主化와 日帝殘滓 肅淸問題」 『새한민보』 1～5, 1947년 8월 중순, 24쪽.

49) 권영민, 1989, 『해방직후의 민족문학운동연구』, 서울대학교출판부, 40쪽.

50) 李源朝, 「民族文化發展의 槪觀: 三一蜂起와 文化革命의 現階段」 『民鼓』 1946년 5월호, 18쪽. 이와 관련하여, 당시 일간신문은 "봉건이조로 부터 일본의 압정하에 들어가, 근대국가로서의 정상한 발전을 보지 못한 우리 조선은 그 문화도 역

새로운 '민족문화'는 근대시민문화를 의미하였다. 때문에 봉건잔재를 청산하는 일은 새로운 민족문화 건설을 위한 전제가 되었다. "시민사회가 봉건사회를 타도하는 … 이론적 무기는 봉건사회의 사대사상事大思想을 공격하는 민족문화의 자각과 수립이었다"[51]는 이해처럼, 민족문화 재건의 주장에는 반봉건 요구가 강하게 담겨 있었다.[52]

민족문화 재건은 "일본문화를 쫓아낸 자리에 그대로 들어앉는 단순한 자리바꿈이 아니라, 일본문화의 영향을 몰아내는 동시에, 벌써 몇 십 년 전에 수행되었어야 할 과제인 봉건유제로부터의 탈각을 달성하는" '혁명의 과정'이 되어야 하였다.[53]

그런데 식민잔재의 청산이 그 자체로서 최고의 목표가 되었더라면, 민족문화의 재건은 배타적이고 국수적인 모습을 띠었을지도 모른다. 그러나 전통문화傳統文化의 소중함을 재인식하는 과정을 거쳐, 다시 세계문화世界文化의 수용으로 나아감으로써, 식민잔재 청산의 논리에 숨어있는 배타적이고 국수적인 제약을 극복해 나갈 수 있을 것으로 믿었다.[54] 일

시 총체적으로 체계 있는 발전의 길을 밟지 못하고, 일부 문화인의 피 묻은 국부적 투쟁으로 간신히 명맥을 이은 채, 1945년 8월 15일을 맞이하였다"(「문화건설의 애로 타개책은」, 『중외신문』 1946년 11월 28일)라고 썼다.

51) 李源朝, 「국수주의 배격의 의의」(上), 『自由新聞』 1946년 1월 1일.

52) "오늘 우리의 민족문화를 건설하는 데 있어서, 최대의 적은 첫째, 중국잔재라고 우리는 단언한다. 사람들은 흔히 일제잔재의 무서운 것만을 말하면서, 이 중국잔재의 봉건성과 반동성을 간과하는 것이다"(「문맹퇴치의 문제와 관련하야」(사설), 『중외신보』 1947년 4월 16일)라는 글에서는 '중화문화=봉건적 잔재'로 파악하여, 재건될 민족문화의 조건으로서 '반봉건'을 강조하고 있다. 전통문화 속에 녹아있는 中華文化의 영향을 인정하지 않을 수 없음을 상기할 때, 민족문화 재건 논의에 깔려 있는 국수적인 열기가 느껴진다.

53) 李源朝, 「民族文化發展의 槪觀: 三一蜂起와 文化革命의 現階段」, 『民鼓』 1946년 5월호, 19쪽.

54) 새로운 민족문화의 건설을 "재래 일본적인 악영향에서의 이탈과 조선의 전통적 유산의 재인식과, 세계적 신요소의 섭취" 등으로 해석한 논설(「朝鮮美術의 再建」 (사설), 『自由新聞』 1946년 1월 30일)이 한 예가 된다.

제 식민지배 체제의 유산 및 봉건적 잔재를 청산·극복하는 일은 민족문화의 '르네상스 시대'를 열기 위한 정지작업과도 같은 것이었다.

그러나 분단체제가 고착화됨에 따라, 일제잔재의 청산 작업은 좌절되었다. 친일세력은 미군정의 행정관료로 변신하였고, 새로운 여론주도층으로 성장하였다.[55] 합리적인 절차를 통한 과거사 정리 작업이 불가능해짐에 따라, 민족문화의 재건이라는 비전도 빛을 잃었다. 이는 일제 식민잔재 청산작업이 분단체제라는 국제정치적 역학관계와 분리되어 이해될 수 없으며, 민족문화 재건 논의 또한 미·소의 한반도정책의 틀 안에 한정될 수 밖에 없었음을 알려준다.

2) 전통문화의 계승과 복원

식민잔재 청산의 당위성을 확인하는 논리는 전통문화의 계승과 복원 움직임으로 이어졌는데, 이를 위해서는 "고전을 옹호하고 고전에서 가치 있는 문화를 계승하고 그것을 새로운 높은 단계로 발전시키려는" 노력이 확산되어야 했다.[56] 1946년 11월 25일 '왜성대 왜정치기념관'에서 "40년간 왜적의 압정으로 산재된 국보적 보물과 우리선조가 일상 사용하는 석기시대부터 이조말까지의 2천 5백여 점의" 민족문화 유품을 전시하는 국립민족박물관國立民族博物館 개관식이 거행된 사실 등이 예가 될 수 있다.[57]

---

55) 1947년 여름 제2차 미소공동위원회 활동이 좌절되고, 여운형 암살사건이 발생하는 시점에 발표된 "모든 사람은 막연히 친일파·민족반역자를 숙청하라고 떠들었고 … 친일파·민족반역자는 단결했고, 새로운 방어수단을 발견했으며," "그들의 진영은 점차 커갔다. 좌익지도자들이 그들을 길러준 것이다. 이곳에 일제잔재가 아니라, 한 큰 요새이게 한 원인이 있는 것이다"(李北滿, 「조선의 민주화와 일제잔재 숙청 문제」『새한민보』1~5, 1947. 8. 25쪽)라는 글은 친일파 청산작업의 좌절을 안타까워 하고 있다.
56) 「民族文化에 대하야」(사설), 『獨立新報』1946년 11월 21일. 1946년 3월 21일 미군정청 학무국에 '고전문화의 부흥과 계승'을 표방한 飜譯課가 설치되었다.

　전통문화 복원에 대한 사회적 공감은 한글날 기념행사에서 확인할 수
있었다. 1945년 10월 9일 조선어학회朝鮮語學會 주관으로 거행된 제499
회 한글날 기념식은 "조선사람에게 조선말을 가르치지 못하고, 한글을
가르치지 못해 온 설움의 날은 영원히 가고" "한글이 세계에 활갯짓할
날은 오고야 말 것"이라면서, 국어사용의 기쁨을 만끽했다. 그리고는 한
글의 생명력이 새롭게 약동하기 시작하고, 새로운 역사가 출발하는[58]
날임을 선언하는 자리가 되었다.

　한글날 제정의 예처럼, 새로운 민족문화 재건의 초석을 놓는 작업은
전통문화의 참모습을 되살리는 일로부터 시작되어야 했다. 이를 위해서
는 계승·발전시켜 가야 할 자산으로서 전통과, 벗어던져야 할 대상으로
서 인습因習을 가릴 줄 아는 안목과 기준이 요구되었다.[59] 이는 민족문
화 재건의 방향을 설정하는 일과도 관련이 있었다.

　한 필자는 전통문화의 복원을 '르네쌍스'라 지칭하였는데, '민족문화
의 르네쌍스'는 전통의 비판적 계승을 가리키는 것이지, 단순한 복고復古
를 뜻하지 않는다고 했다. 그에 따르면 "조선을 사랑하기 때문에, 무비
판적으로 조선 것이면 다 좋다는 식으로 일체를 찬양해서는 아니"되었
다. "르네쌍스가 아니고서는 조선의 문화를 '신新'자에 해당하게 하지 못
할 것이며, 또 그것을 세계문화에 연결시키고, 그 수준에 도달케 하지도

---

57) 『大東新聞』 1945년 11월 25일.
58) 『每日申報』 1945년 10월 10일. 한글 반포 500주년이 되는 1946년 10월 9일을
　　기념하여, 미군정청에서 이 날을 법정공휴일로 제정한 사실이나, 같은 날 덕수궁
　　에서 "廣壯里로부터 훈민정음 원본을 받들고 달려 온 마라톤 패자 손기정 선수의
　　반가운 입장으로" 기념식 행사가 시작된 사실(『동아일보』 1946년 10월 10일) 등
　　도 같은 예다.
59) "과거로부터 이어져 오는 것을 객관화하고, 또 비판을 통해 걸러진 현재의 문화적
　　창조에 이바지할 수 있는 것만을 전통으로 불러야 할 것이다. 이런 점에서 민족문
　　화의 전통으로서 계승되는 것이 과거의 인습을 타파하고 새로운 것을 창조하려는
　　노력의 결정이었다"는 지적(李基白, 1983, 『民族과 歷史』, 一潮閣, 149~150쪽)
　　은 계승해야 할 가치로서 '전통'의 의미를 설명하고 있다.

못할" 것[60]이라고도 우려했다. 민족문화를 세계문화의 반열로 끌어 올
릴 수 있는 전통문화의 복원이 창조적으로 이루어져야 한다는 바램이 컸
던 것이다.

과거 역사에 속하는 내용이 모두 전통이 아니며, 과거의 것으로서 현
재까지 전해와서, 현재를 반추할 수 있는 것만 전통이 될 수 있다[61]는
설명이었다. 그렇다고 해서 민족의 고유성이 곧 전통이 되는 것은 아니
었다. 민족의 고유한 것 중에서 현대적 의미를 가진 것만이 전통으로서
가치 부여될 수 있었다. 곧 전통이라는 것은 현대적 의미를 갖추어 미래
에 살 수 있는 긍정적 계기를 가진 문화유산을 의미하였다. 이런 의미에
서 전통이 민족문화 재건에 있어서 주요한 자리를 차지해야 하는 것이
다.[62]

바꿔 말하면 "전통傳統을 갖는다는 것과 전통에 붙잡힌다는 것은 결코
같은 일이 아니다. 민족문화는 전통을 가져야 하거니와, 그렇다고 해서
전통에 붙잡혀서는 안 된다"[63]는 경고와도 같았다. 현대적 의미를 상실
해 버린 사실을 들추어내는 일은 '골동취미'에 불과하였다.[64] 때문에 재

---

60) 宋完淳, 「民族文化建設의 任務: 그의 르네쌍스적 의의」, 『人民』 1946년 4월호,
   81·83쪽. 유사한 예로 "해방조선은 모든 문화에 있어서 바로 르네상스시대이다"
   (「南朝鮮文化의 恐怖時代」(사설), 『獨立新報』 1947년 3월 11일)라는 표현도 있
   었다.
61) 白鐵, 「文學建設의 方向」, 『開闢』 1946년 1월호, 81쪽. 그에 따르면, 전통은 금
   일의 민족생활의 추진력이 되는 생명적인 부분이요, 결코 과거 전부를 의미하는
   것이 아니었다(78쪽). "과거는 과거인 동시에, 현대의 우리 민족생활에 그대로 생
   명이 되고, 계속되고 있는 부분"이며(80쪽), "과거의 역사에 속하는 것으로서, 현
   대의 역사에 사는 우리에게 주어지는 것"이 '문화적 소산'이 될 수 있다고 하였다
   (81쪽).
62) 金秉德, 「民族文化建設의 方途」, 『新天地』 1947년 1월호, 69쪽. "전통이란 것은
   현대적 의미를 갖추어, 미래에 살 수 있는 긍정적 계기를 가진 문화유산"이라고
   하였다.
63) 金基錫, 「민족문화의 구조와 세계문화」, 『開闢』 1947년 8월호, 24쪽.
64) 金秉德, 「民族文化建設의 方途」, 『新天地』 1947년 1월호, 69쪽.

건해야 하는 대상으로서 전통문화를 판별하는 데에는 엄정한 기준이 필
요하였다.

"수 백 년 동안 이조 조선에 행하여 온 계급독재는 유교儒敎, 그 중에
서도 주자학파朱子學派의 철학을 기초로 한 것이어서, … 이 독재정치 밑
에서 우리민족의 문화는 소멸되고, 윤기는 마멸된 것이었다. … 우리나
라가 망하고, 민력民力이 쇠잔하게 한 가장 큰 원인이 실로 여기에 있었
다. … 자유의 나라에서만 인류의 가장 크고 가장 높은 문화가 발생할
것"65)이라는 김구의 말은 재건대상으로서 전통문화의 범주를 시사한다.

그것은 차별적 신분의식과 봉건적 사고를 극복함으로써, 전통문화의
참모습을 되찾는 일이어야 했다. 되찾을 전통문화의 참모습을 토대로,
새로운 민족문화의 창조가 가능해지리라는 기대감이 느껴진다.

이렇듯 민족문화의 재건 혹은 부흥은 단순한 복고주의復古主義에 국한
되어서는 아니 되었고, 새 것과 남의 것을 숭상하는 상신모외尙新慕外적
인 입장으로 기울어도 아니 되었다.66) '새로운 문화'는 "우리 땅에 축적
되어 있던 문화재 중에서 가치있는 것을 비판적으로 섭취하고," 한층 더
발전시켜야67) 건설할 수 있는 가치였다.

이상에서 살폈듯이, 시간적·공간적 흐름을 뛰어넘는 보존하고 계승할
가치가 있는 것만 민족문화의 범주에 넣을 수 있었다. 전통은 창조적 계
승과 비판적 수용의 과정을 통해 빚어진 문화유산을 가리키지만, 전통문
화 그 자체가 민족문화의 본질로 평가될 수는 없는 일이었다.68) 새로운
문화는 자기한계를 극복하는 과정을 통해 만들어지는 법이므로, 전통적

---

65) 김구, 「나의 소원」『白凡逸志』(백범학술원총서 ②, 2002, 나남출판), 438쪽.
66) 金基錫, 「朝鮮文化의 復興과 創造」『開闢』1948년 5월호, 39쪽.
67) 李北滿, 「민족문화 건설과 비판」『獨立新報』1946년 5월 1일.
68) 김철준, 1983, 『한국문화전통론』, 세종대왕기념사업회, 12~19쪽 참조. 즉 "앞 시
    대의 문화경험의 한계성과 오류를 솔직히 인정하고, 다시 출발하는 기개를 갖는
    일이 전통의 창조적 계승에 있어서는 매우 중요하다"고 하였다.

인 문화체질 가운데에서 현대화할 수 있는 잠재능력을 발견하는 일이 중
요할 것이다.

3) 세계문화의 수용과 접목

전통문화의 복원과 계승을 토대로 하여, 재건될 민족문화가 갖추어야
하는 또 다른 조건은 "세계문화의 전통 속에 깃들어야 하는"[69] 것이었
다. 자국문화自國文化의 특수성을 자각하는 바탕 위에서 타국문화他國文化
의 특수성에 대한 인식 및 평가가 심화·증대되지 않으면 안되는[70] 것으
로, 이를 테면 포용과 융합의 과제였다[71]고 할 수 있다.

"아무리 아름다운 문화라 해도, 그것이 한 민족의 세계사적 발전에 도
움이 못되고, 도리어 이것을 저지하는 질곡으로 화하게 되고마는 한, 문
화는 남아도 민족은 망한다"고 폐쇄적인 사고를 경계한 필자는 "덮어놓
고 순수·고유만 찾을 것이 아니라, 선진문화국의 수준을 따라 갈 현실적
인 제조건의 준비에 전력을 다 하는 것이" 급선무라고 역설하였다.[72]

흔히 "역사적 변혁기에 있어서 이민족의 이질문화가 고유문화에 미치
는 영향은 지대한 것이니, 문화적 교류가 급격한 가운데에서의 국제적

---

69) 「變革期의 文化」(사설), 『東亞日報』 1945년 12월 24일.
70) 「문화시찰의 임무」(사설), 『自由新聞』 1946년 4월 17일. "조선문화가 청산을 요
구하고 있는 중요하고 긴급한 문제는 일본정신의 영향 이외의 … 동양문화의 지
상주의적 경향 또는 서양문화 지상주의적 경향 내지 모든 외래 문화사조에 대한
극단적 반동으로 발동되어 있는 현금 조선 내부의 극단적 국수주의적 경향 등이
그것이다"(金周經, 「문화건설의 기본방향: 소극성 문화와 적극성 문화의 특질에
관한 고찰」, 『春秋』 1946년 2월호, 58쪽)라는 우려 역시 민족문화로서 갖추어야
할 개방성과 보편성의 문제를 지적하고 있다.
71) "민족마다 최선의 국가를 이루어, 최선의 문화를 낳아 길러서 다른 민족과 서로
바꾸고 서로 돕는 일이다"[김구, 「나의 소원」, 『白凡逸志』(백범학술원총서 ②),
2002, 나남출판), 435쪽]라는 김구의 말도 민족문화 재건의 조건으로 개방성과 포
용성을 지적하고 있다.
72) 朴致祐, 「민족과 문화」, 『漢城日報』 1946년 3월 4일.

섭취가 필요한 것은 말할 것도 없다." "고유문화의 주체적 육성 없이 세계문화에의 공헌을 기대할 수 없다"는[73] 지적은 외래문화의 수용을 통해, 세계문화의 일원으로서 조건을 갖추어야 한다는 당위성을 강조하고 있다.

이렇듯 자국문화의 특수성을 자각하는 토대 위에서 타국문화에 대한 인식 및 평가를 심화·증대하지 않으면 아니되었다. 그렇기에 서양문화의 피상적인 면만을 모방해서는 우리문화의 발전에 유해할 뿐 아니라, 외국문화의 진수眞髓도 파악할 수 없었다.[74]

"세계문화와 인류평화의 이념을 구명하여, 이의 일환으로 조선문화를 발전시키자"[75]는 조선문필가협회朝鮮文筆家協會의 강령처럼, 세계문화에 대한 적극적인 이해와 수용은 곧 민족문화 발전을 위한 중요한 요소였다. 비록 불교문화나 유교문화의 발상지는 외국이지만, 우리나라에 이식되어 그것을 통해 문화적 욕구를 표현하고, 문화적 향수를 충족시켰다면, 우리 민족문화의 일부분이라고 해야[76] 하는 것이다.

다음으로 세계문화世界文化를 수용하기 위해서는 국제적 교류를 통해, "외래적인 것을 받아들여 그 근원을 북돋우고, 그 체계를 꾸림으로 해서, 자신의 새로운 전통을 개척 형성"해야 했다.[77] '문화적 배타주의'나 '문화적 쇄국주의'를 배격하고, 외국문화의 과학성과 합리주의를 받아들여 민족문화를 세계문화 차원의 기초 위에 재건함으로써, 독자적인 지위를 확보하는 노력이 필요하다는 제안이다.[78]

---

73) 「變革期의 文化」(사설), 『東亞日報』 1945년 12월 24일.

74) 「문화시찰의 임무」(사설), 『自由新聞』 1946년 5월 17일.

75) 『동아일보』 1946년 3월 11일.

76) 李源朝, 「民族文化發展의 槪觀: 三一蜂起와 文化革命의 現階段」 『民鼓』 1946년 5월호, 20쪽.

77) 金基錫, 「朝鮮文化의 復興과 創造」 『開闢』 1948년 5월호, 38쪽.

78) 金永鍵, 「外國文化의 섭취와 民族文化」 『新天地』 1946년 8월호, 54쪽. 유사한 주장으로 "조선문화의 진실한 근원은 조선문화의 전통 속에 있으면서, 아울러 세

또 세계적 조류의 문화를 흡수하여, 민족문화의 체질과 성격에 부합하는 종합적인 문화로 발전시켜 나가면서도, 보편성을 잃지 않도록 유의해야 하였다. 이렇게 함으로써 비로소 독자적인 문화가 산출될 것이고, 세계평화에도 기여할 역할을 할 수 있을[79] 것이라는 뜻이다. 이렇듯 민족문화는 세계사의 흐름을 수용하는 개방적이고 미래지향적인 모습을 갖추어야 했다.

1946년 봄 '민족문화 재건'을 내걸고 소집된 민족문화전국대회民族文化全國大會에 대한 기대감과 우려를 표시하는 글에서는 민족문화의 과제가 "세계문화 선상에서 가장 뒤떨어진 우리문화가 … 격렬한 목적의식 투쟁을 통해서, 세계적 수준에 도달하는" 것이라고 하였다. 이어지는 글은 민족문화가 "민족고유의 개성과 동시에 보편적인 세계성世界性을 통합한 형태로 나타나야 할 것"이며, 이를 위해서는 민족문화 재건운동 또한 "가장 민족적인 문화는 가장 세계적인 문화"라는 명제에서 출발해야 한다[80]고 조언하였다. 세계문화와의 접목을 통해 독창적인 문화로서의 가치 또한 확보할 수 있다는 인식이다.[81]

같은 맥락에서, "민족문화는 민족으로서의 특수성과 함께, 문화로서

계문화의 전통 속에도 깃들어 있는 것이다." 이는 민족문화의 본질이 "많은 모습과 많은 빛깔을 보이면서 연면히 흘러 나아가는 창조적이고 세계적인" 것이며, "부단히 새로운 남과의 매개를 통하여 구성되는 조선문화의 전통 속에는 어제의 전통을 오늘의 전통으로 이끄는 많은 새로운 밖에서 흘러들어온 물줄기가 있음"을 뜻하는 것이다. 따라서 민족문화를 재건한다는 것은 세계문화를 일으키는 작업이 된다(金基錫, 「朝鮮文化의 復興과 創造」『開闢』 1948년 5월호, 38~42쪽 참조)는 논리도 있었다.

79) 呂運亨, 「建國과 政治·文化」『文化創造』 1945년 12월호, 7쪽.
80) 「민족문화전국대회에 寄함」『現代時報』 1946년 4월 15일.
81) 해방 직후 민족문화 재건운동의 선도적 역할을 자임하였던 조선문화건설중앙협의회의 "新朝鮮文化의 건설! 그것은 자유와 독립의 정신 위에서 세계문화의 일환으로서의 새 조선문화를 건설하는" 것이라는 傳單의 내용(국사편찬위원회 편, 1970, 『자료대한민국사』 1, 22쪽)도 같은 예이다.

의 일반성을 가진다. 민족문화가 민족의 폐쇄성에 붙잡혀 문화의 개방성
을 던져버린다고 하면, 이 고루한 문화는 민족의 문화라고 불릴 길조차
없다.” “민족문화라고 해서 민족에게 붙잡히는 문화가 되어서는 아니 된
다. 민족문화는 세계문화의 하나의 구체적인 현상 형태”[82]라는 논문 역
시 민족문화가 개방과 수용의 과정을 통해 세계문화의 일원으로 발전해
야 하는 당위성을 지적하고 있다.[83]

한편 외래문화外來文化의 수용 및 민족문화와의 접목 과정에서는 “스
스로의 사회적 욕구에 알맞는 것을 받아들이는”[84] 변별력이 요구되었
다. 실제로 “미국적인 문화가 그들의 진주와 함께 많은 영향을 대중생활
에 끼치고 있는 것이 사실이다.” “대중의 무비판한 모방과 흠모의 대상
이 되고,” “잘못된 섭취로 말미암아 다대한 과오의 원천이 되고 있으며,
위험한 저돌의 동기를 이루고 있는 것이 적지 아니하다.” “그들의 생활
표면에 나타난 행태만을 배우기에 급할 것이 아니요,” “민주주의적 사회
를 건설한 노력과 과학적 교양에서부터 배움을 노력하지 아니하면”[85]
안되었던 것이다.

---

82) 金基錫,「民族文化의 構造와 世界文化」,『開闢』1947년 8월호, 23쪽. 같은 글에
    서는 민족문화와 세계문화의 상관관계를 “한 민족문화가 다른 민족문화에 대하여
    굳게 문을 닫고, 또 서로 다투고 싸우기를 일삼아서는 아니된다”(23쪽). “민족문
    화가 … 단순한 민족을 넘어서는 문화가 되어야 하는 것과 함께, 세계문화는 이
    세계로서의 일반성을 구체화해야 한다”(25쪽). “세계문화라고 해서, 현실의 민족
    문화를 떠나서 또 단순한 그 부정으로 나타나는 것이 아니다. 민족문화가 그대로
    세계문화를 표현한다”(25쪽)고 부연하였다.

83) 독립운동 과정에 쓰어진 “민족은 타민족과의 상대적 관련을 가지면서도, 그 민족
    자신의 특수성을 또한 갖고 있다.” “모든 문화의 결과가 절대성 또는 개인의 독자
    성을 갖고 남아날 수 없고, 언제든지 상대적이기 때문이다”라는 글(南實, 1936.
    10.27,「우리 運動은 웨 進展이 없는가」『韓靑』제1권 3기, 23~24쪽)은 세계문
    화의 일원으로서 민족문화로서 갖추어야 할 개별성과 보편성의 문제를 의식하고
    있었음을 알려준다.

84) 李基白, 1983,『民族과 歷史』, 일조각, 157쪽.

85)「구미문화의 섭취」(사설),『自由新聞』1946년 2월 27일.

하지만 해방정국기의 한반도는 자유민주주의와 공산주의의 세계관이 충돌하고 융합하는 소용돌이의 현장으로 변해갔다. 불안정한 정치환경은 민족문화의 다변화와 다양화에 필요한 토양을 제공할 수도 있었을 것이다. 폐쇄적·고립적 속성이 강한 민족문화가 자유민주주의·자본주의와의 접목을 통해, 새로운 가능성을 발견할 수 있으리라는 희망 섞인 전망도 있었을 것이다. 하지만 경제적·물질적 생산력이 가치 판단의 기준이 되어버린 상황에서, '민족문화'라는 관념적인 가치를 사회통합과 단결의 구심점으로 자리매김하기란 쉬운 일이 아니었다.

> 건전한 문화의 기초가 서지 아니하면, 받아들이는 문명은 도리어 민족발전의 전도를 그르치는 것이오, 해독을 끼치는 것이다. 문명은 … 일부인의 사유물로 되어, 타인을 착취하는 도구가 되며, 또한 그 자신을 몰락시키는 타락의 요인이 되는 수도 있는 것이다. 그러므로 단순한 문명의 흡수는 문화의 건전성에 배반되는 수가 있으며, 어떠한 문화를 저하시키는 수도 있는 것이다.[86]

위의 글에서는 물질문명의 무비판적 수용으로 민족문화가 왜곡되고 파괴될 수 있음을 경계하며, 동시에 물질문명을 민족문화 건설을 위한 자원으로 활용하려는 자각을 촉구하고 있다. 그러기에 '물질만능' 풍조에 대한 경계의 고삐를 늦출 수 없었던 것이다.

외국문화의 존중이 곧 자국문화의 망각을 의미하는 것은 아니겠지만,[87] 자국문화의 입장에서, 타국문화에 대한 인식 및 평가를 심화해야 한다는 지적이다. 그럼으로써 외국문화와 자국문화의 비교가 성립될 수 있을 것이며, 자국문화에 대한 비하의시기에 젖지 않도록 이끌 수 있다[88]는 일종의 경고음과도 같았다.

즉 세계문화의 수용과 섭취가 민족문화의 독자성을 말살하는 것은 아

---

86) 「建國途上의 文化運動」(사설), 『自由新聞』 1946년 1월 15일.
87) 「國際的 文化交流에 대하여」(사설), 『自由新聞』 1946년 2월 10일.
88) 「文化視察의 任務」(사설), 『自由新聞』 1946년 4월 17일.

니었다. 세계문화와 교류함으로써 세계적인 기초 위에 설 수 있고, 새로운 세계에서 독자적인 지위를 확보할 수 있는 일이었다.[89]

3. 민족문화 재건의 방향과 실천

"어느 정당이나 조직을 막론하고 그 정강이나 정책에 민족문화 건설에 대한 관심을 표현하지 않은 곳이 없었다. … 그러나 민족문화 건설이란 구호만을 내걸거나, 좋은 의도만을 가지고 있으면, 스스로 달성되고 건설되는 것은 아니었다."[90] 민족문화 재건이 구호에 그칠 것이 아니라, 구체적인 실천이 필요하다는 지적이다.

그러면 민족문화 재건을 이끌어 갈 추동력은 무엇인가? 그 원천은 민중의 자각과 국민의식의 성장이었다. 이를 위한 우선적인 작업이 친일파 및 민족반역자의 퇴치였다. 그러나 이에 선행하는 과제가 있었으니, 그것은 '몽매와 무지'를 쫓아내는 일이었다. "우리에게 무지와 몽매가 있는 이상은 친일파도 있고, 민족반역자도 있는 것이다. 친일파가 그대로 옛날의 번영을 누리고자 하는 것도, 조선민중의 지식수준이 올라와 있지 않기 때문이다. 친일파를 배척할 줄 모르는 민족을 깨우지 않으면 안되는"[91] 이유가 여기에 있었던 것이다.

이 설명은 민족문화 재건의 주체이자 후원세력인 민중이 세상의 변화에 적응·대처할 수 있는 안목과 능력을 갖추어야 한다는 지적이었다. 민족문화의 현실화에 대한 예리한 과학적 비판과 과감하고 진정한 파악이 있을 때, 비로소 문화재건에 대한 본질적인 백년대계百年大計의 방도가 확립[92]될 수 있는 것이다.

---

89) 金永鍵, 「外國文化의 섭취와 民族文化」, 『新天地』 1946년 8월호, 54쪽.
90) 「民族文化에 대하야」(사설), 『獨立新報』 1946년 11월 21일.
91) 洪曉民, 「民族解放과 藝術解放」, 『藝術運動』 1945년 12월호, 23쪽.

다음으로 언론매체 등을 통해 제시된 실천방안을 보면, 모든 국민이
참여할 수 있는 문화기관과 시설을 만든다. 모든 국민이 혜택을 받을 수
있도록 문화의 보급사업과 대중화 정책을 실시한다. 문맹의 퇴치 없이는
민족문화 발전을 생각할 수 없으므로, 문화 보급을 위한 대중화정책을
시행한다. 연구와 발표의 자유가 보장되어야 한다. 개인 혹은 단체가 소
장하고 있는 도서 및 연구자료와 문화기관을 무료로 공개하고, 자유롭게
이용할 수 있도록 설비를 갖춘다. 도서관·미술관·박물관·과학관 등을
확장 설치한다. 문화인의 생활을 보장해 주며, 국가나 공공기관에서 그
경비를 부담한다는 요지이다.[93]

재건될 민족문화는 일부 계급 및 계층의 전유물이 아닌, 개방적이고
대중적인 체제가 구축되어야 했다. 새로운 민족문화의 성립조건으로 대
중성이 중시되고 있다. 민족문화 재건운동이 자연발생적인 대중화운동
차원에 머물러서는 아니되고, 국가적·사회적 합의를 토대로 추진력을
발휘하고 조직화해야 한다는 뜻이다.

이어서 - 1947년 여름 제2차 미소공동위원회에 제출한 '임시정부
수립'에 대한 답신안의 내용을 토대로 - 주요 정치세력의 실천 방향과
방안을 살펴보겠다. 먼저 좌익의 핵심기구인 민주주의민족전선民主主義民
族戰線은 "직장과 농촌에 광범하게 문화구락부를 창설하여, 인민의 문화
생활과 문화 향상을 촉진하고, 문화 대중화운동을 적극 전개할"[94] 것을
제안하였다.

우익의 임정수립대책협의회臨政樹立對策協議會는 종합적인 교화운동체
敎化運動體의 조직, 사업지도자 훈련, 기관지 발행, 도서관·박물관·고문화
보존기관 및 각종 민족문화 연구기관 정비, 연구비의 국가보조 등을 제

---

92) 高裕燮, 1948, 「卷尾 跋」, 『韓國塔婆의 硏究』, 을유문화사.
93) 『週報民主主義』 23, 1947년 6월 28일, 20쪽.
94) 새한민보사, 1947. 7, 『임시정부 수립대강: 미소공위 자문안 답신집』, 119쪽.

시하였다.[95]

우익의 입장은 한 신문의 사설 내용이 구체적인데, 첫째, 각 기능의 권위자를 망라한 문화회의文化會議를 상설기구로 설치한다. 둘째, 각 기능의 연구기관·교육기관·발표기관에서 최고 문화정책을 수립하며, 국민을 상대로 선전활동을 전개한다. 셋째, 각 기능단체간의 횡적인 연계와 상호 자극과 도태를 유도하기 위하여 종합적인 수상제授賞制를 실시하자는 의견이다.[96]

여기에서 주목되는 것은 시상제도를 통한 경쟁체제의 도입이다. 좌익의 방안이 '자료의 무료공개' '국가의 문화인 생활보장' 등 사회주의이념에 기반한 데 반하여, 우익의 그것은 경쟁과 과 '시장의 원칙'에 입각한 발전 방안을 구상하고 있는 셈이다.

중간파中間派가 주축이 된 시국대책협의회時局對策協議會에서는 종합교화운동 조직체의 구성, 순회 교화강연과 영화 상영, 도서관·박물관 등 고문화 보존기관 및 민족문화 연구·조사기관 정비, 연구비의 국가보조 등을 주요 내용으로 하였다. 이외에 남조선과도입법의원에 제출한 답신안의 내용 또한 대동소이하였다.[97]

이상의 내용을 종합해 보면, 국가 및 공공기관 주도로 문화제도 및 시설 마련, 전문인력 양성, 연구기구의 효율적 운영, 연구활동 진흥을 위한 재정지원 등에 대한 공감대가 형성되어 있었음을 알 수 있다.

이와 함께 민족문화 재건에 필요한 소양을 기르는 것을 목표로 한 '새교육'의 필요성도 강조되었다. 굳이 "국민성을 보전하는 것이나, 수정하고 향상하는 것이 문화와 교육의 힘이요, 산업의 방향도 문화와 교육으로 결정됨이 큰 까닭"[98]이라고 한 김구의 '나의 소원'을 들먹이지 않더

---

95) 『임시정부 수립대강: 미소공위 자문안 답신집』, 38~39쪽.
96) 『동아일보』 1946년 2월 19일.
97) 『임시정부 수립대강: 미소공위 자문안 답신집』, 72~73·100쪽.
98) 『白凡逸志』, 442쪽.

라도, 교육의 중요성을 강조하는 일은 전통문화의 재건과 새로운 문화의
창조에 요구되는 인적기반 구축과 직결되는 과제였다.

　또한 이는 일제의 민족말살정책으로 우리글을 읽고 쓸 줄 모르는 해
방직후 한국사회의 현실을 극복하는 일인 동시에, 미래 한국사회의 주역
을 양성하는 일이기도 하였다.[99] 새교육의 실천방안으로는 문맹의 퇴치
가 일차적으로 거론되었다. '성인문맹의 철저한 박멸'이 시급하기에,
"일제유물의 8할이나 되는 문맹과 무지의 완전 타파를 위해 총궐기하지
않으면 안 되었다." 문맹을 퇴치함으로써 개개인이 "신국가 건설의 위대
한 일꾼이라는 것을 자각케 하여야 한다"[100]는 주장이 그것이다.

　성인교육은 한글을 깨우치고, 우리역사를 제대로 알도록 하며, 나아
가 건전한 국민도덕을 세움으로써 "우리글을 통하여 우리의 국민정신을
함양"[101]하자는 것이었다. 또 미군정에서 조선교육심사위원회朝鮮敎育審
査委員會를 구성하여, '홍익인간'의 건국이념에 기초한 '민주국가의 공민'
양성을 주요목표로 하는 교육이념을 제정한 사실[102]도 '새로운 교육'의
틀과 내용을 마련하기 위한 조처였다.

　교육의 필요성은 사회적 차원으로 확산되었다. 예컨대, 신문 지면에

---

99) 예컨대 "지금 국문을 모르는 젊은 세대의 수가 얼마나 다수인가? 이제 이들에게
　　한글을 가르치고, 한글문화를 발전시키는 것은 우리나라를 완전히 독립시키고, 우
　　리 국가를 세계적 수준에까지 끌어 올리는 정치적인일과 한 가지로 중대한 건설
　　적인 사업이 아닐 수 없다"(「한글창제 기념일」(사설), 『新朝鮮報』 1945년 10월
　　10일)는 신문기사가 한글교육의 중요성에 대한 사회적 공감대를 대변하고 있다.
100) 趙勁, 「朝鮮建國과 敎育」 『新世代』 1946년 3월호, 37~38쪽.
101) 『大東新聞』 1947년 6월 3일.
102) 『동아일보』 1946년 12월 20일. 함께 마련된 교육방침은 첫째, 민족적 독립자존
　　의 기풍과 국제적 우호협조정신을 고루 갖추도록 국민의 품성을 닦는다. 둘째,
　　實踐躬行과 勤勞力作 정신을 강조하고, 충실한 책임감과 상호부조의 公德心을
　　발휘토록 한다. 셋째, 고유문화를 순화·앙양하고, 과학기술의 독자적 창의로써
　　인류문화에 공헌토록 한다. 넷째, 국민의 體位 향상을 도모하여 堅忍不拔의 기
　　백을 함양토록 한다. 다섯째, 숭고한 예술의 감상창작을 高調하여 醇厚圓滿한
　　인격을 기른다는 내용이었다.

「우리 글자와 력사, 집에서도 가르키자」라는 제목으로, 각 가정에서 자녀들에게 우리글과 역사를 가르치도록 권장하는 글이 실리고,[103] '한글의 시급한 보급'을 목적으로, 한글문화보급회(1945. 9. 26)와 국어문화보급회(1946. 2. 12)가 결성된 사실 등은 한글의 보급과 교육을 위한 노력의 일환이었다.[104]

한국사 부분에서도, 삼국사기三國史記 등 한국사관련 자료의 번역과 보급을 표방한 사학연구회史學研究會가 결성되고,[105] "일인들이 왜곡한 억지 내선일체內鮮一體를 근본적으로부터 새로운 사관史觀에서 국사國史를 수사修史하기" 위하여, "우리의 역사는 우리의 손으로 찾을 수 있게 하는 시설과 기구"[106]로서 국사관國史館이 미군정 문교부의 산하기관으로 설치된 사실 또한 민족문화 재건을 위한 실천작업의 일환이었다고 할 것이다.[107]

맺음말

일본천왕의 항복 방송과 함께 전쟁은 끝났다. 그러나 해방과 광복의 기쁨이 열매를 맺기 위해서는 자주적인 민족국가가 건설되어야 했고, 민

---

103) 『조선일보』 1945년 11월 23·24일.
104) 國語文化普及會는 설립취지로 "훈민정음의 근본정신을 옳게 이해하여 통일된 국어의 연구·보급에 힘쓰는 동시에, 옳은 민주주의 노선 위에서 크게 국어문화를 일으키어 세계문화 발전에 이바지"할(『서울신문』 1946년 2월 12일) 것을 표방하였다.
105) 『매일신보』 1945년 10월 4일.
106) 『동아일보』 1946년 5월 4일.
107) 식민주의 역사학을 극복하고 새로운 근대 역사학을 수립하기 위한 역사학계의 노력과 그 경과에 대해서는 김용섭, 1979, 「우리나라 근대역사학의 발달」 『한국의 역사인식』 하, 창작과비평사 ; 이기백, 「신민족주의사론」, 같은 책 등을 참조할 수 있기에, 서술을 생략하였다.

족문화 또한 올바르게 복구·재건되어야 하였다. 민족문화 재건은 국가 건설의 한 과정이었던 셈이다.

민족문화의 재건은 복고주의를 의미하거나, 새 것만을 숭상하는 것이 아니었다. 문화유산을 정당하게 계승하고, 인류문화의 발전을 위한 추진 동력이 되어야 했다. '새로운 문화'는 "우리 땅에 축적되어 있던 문화재 중에서 가치 있는 것을 비판적으로 섭취하고," 한층 더 발전시켜야 건설할 수 있었다. 시간적·공간적 흐름을 뛰어넘어 보존하고 계승할만한 가치가 있는 것만이 민족문화의 범주에 포함될 수 있다는 의미였다.

이에 수반하여 민족문화의 개념도 외향적이고 적극적인 방향으로 틀이 확대되었고, 신민족주의新民族主義에 의해 밑받침되었다. 민족사의 개별성과 함께 세계사의 보편성을 강조하는 신민족주의 이론이 영향력을 발휘한 사실은, 민족문화라는 개별성과 세계문화의 일원이라는 보편성을 아울러야 한다는 공감대를 반증한다. 전통문화에서 계승과 창조의 교훈을 찾아내고, 외래문화로부터 지혜를 받아들여, 새로운 민족문화를 건설하자는 합의였다고 하겠다.

민족문화 재건에는 일제 식민잔재와 봉건적 잔재의 극복이 우선적으로 요구되었다. 새로운 민족문화는 근대시민문화를 가리켰기 때문에, 식민잔재 및 봉건잔재 청산은 대전제였던 셈이다.

주목되어야 할 사실로써, 식민잔재의 청산이 그 자체로서 최고의 목표가 되었더라면, 민족문화의 재건은 배타적이고 국수적인 모습으로 진전되었을지도 모른다. 그러나 전통문화의 소중함을 재인식하는 바탕 위에서 세계문화를 수용하는 단계로 나아감으로써, 식민잔재 청산 논리에 도사리고 있는 배타적이고 국수적인 한계를 극복할 수 있으리라고 믿었다.

한편 좌우익 정치세력은 민족문화의 재건을 자주적인 민족국가 수립의 선결과제로 상정하였다. '민족문화 재건'이라는 슬로건은 정치세력으로서의 정체성을 과시하고 대중적 리더십을 확보하는 데 유용하였다. 그러기에 민족문화 재건운동은 정치운동의 속성이 강하였다.

이들은 외국문화로부터 수용한 과학성과 합리주의를 토대로, 민족문화를 세계문화 차원에서 재건함으로써, 국제사회에서 위상을 확보해야 한다고 강조했다. 국제정치 환경의 변화에 대처할 수 있는 능력을 갖추는 일이 세계문화의 일원으로서 민족문화의 관건임을 깨닫고 있었다.

또 재건될 민족문화는 일부 계급 및 계층의 전유물이 아닌, 개방적이고 대중적인 체제를 갖추어야 한다고 인식하였다. 그러기에 민족문화 재건운동이 국가적·사회적 합의를 토대로 하여, 조직적·중장기적으로 추진되길 기대하였다.

하지만 일제 식민잔재의 청산 작업은 미·소 양국의 점령정책과 맞닥뜨리며 어긋나버렸다. 식민잔재 청산 작업이 끝나기도 전에, 냉전체제의 현실이 덮쳤다. 이성적인 접근을 통한 과거사 정리 작업은 불가능해졌고, 민족문화의 재건 또한 비전을 상실했다. 일제 식민잔재 청산작업은 미·소의 한반도정책과 분리될 수 없었으며, 민족문화 재건운동 또한 국제정치적 역학관계로부터 자유로울 수 없었던 것이다.

민족문화 재건을 위한 논의와 노력이 결실을 맺지 못한 한계는 분단체제의 도래와 맞물려서, 올바른 민족문화 재건에 대한 우려를 심화시켰다. 자유민주주의와 공산주의 체제라는 융합할 수 없는 분단의 현실 하에서 우리 글과 말의 편차는 더욱 커졌고, 예술·문화 등 제방면에 있어서 이질화 또한 급속도로 진행되었다. 민족문화 재건 논의는 여전히 숙제로 남아 있는 것이다.

민족국가 건설 구상과 독립운동의 계승의식

머리말

참여정부에 들어 뜨겁게 달아오른 보수와 진보의 갈등은 역사적 사실에 대한 이해에 있어서도 적지않은 편차를 드러냈다. 현재적 관점에서 바라보고 있기에, 독립운동시기와 해방정국기에 대한 평가도 엇갈리고 있다.

『고등학교 한국근현대사』 교과서(2006년 당시) 서술내용을 둘러싼 근년의 논쟁은 현재의 관점에서 과거로 거슬러 올라가, 현재의 입장을 통해 과거의 사실을 되짚어 보는 양상을 띠고 있다. 따라서 또 하나의 과거사 정리 공방의 차원에서 다루어지고 있는 듯한 느낌을 지울 수 없다.

이는 현재적이고 다분히 주관적인, 나아가 의도된 논리의 틀 안에서 과거의 사실을 들여다보게 될 소지와 우려를 낳는다. '현재의' 그리고 '나'의 입장에서, 과거의 사실을 되짚어 보는 태도를 경계하고, 인과관계에 바탕한 접근과 이해의 중요성이 환기되어야 한다.

일반적으로 독립운동시기 내지는 식민지시기에 잉태되었던 사실들은 해방정국기에 이르러 그 귀결로써 모습을 드러내기에 이르렀다고 할 수 있다. 따라서 해방 이후의 사실을 독립운동 과정에서 발생하였던 사실의

◇ 이 글은 「민족국가의 건설과 독립운동의 계승」(『한국근현대사 교과서의 '독립운동사' 서술과 쟁점』, 2006년 역사학회 하계 심포지움, 경인문화사, 2006. 12. 30)을 보완한 내용이다.

결과(또는 결실)로써 파악하는 접근이 필요하다.

이 글에서는 일제침략기 독립운동정당의 국가건설 구상을 살펴보고, 이어서 일제 패망 후 독립운동이 종료되고,[1] 새롭게 민족국가 건설운동 단계로 나아가는 해방정국기(혹은 미군정기)에 시도되었던 '민족국가 건설'을 위한 노력과, 이후 한국현대사의 정치적 굴곡과 정통성 시비의 와중에서 제기된 '독립운동의 계승'이 갖는 의미에 대해 살펴보기로 하겠다.

1. 독립운동세력의 국가건설론

여기에서는 일제침략기 독립운동세력이 구상하고 준비하였던 민족국가 건설론民族國家建設論의 내용과 성격을 살핌으로써, 독립운동이 저항적 민족주의 차원에 국한 된 것이 아니고, 근대민족국가 건설운동 과정이었음을 살펴보고자 한다.

한국독립당·민족혁명당·한국국민당·신한독립당 등의 존재에서 알 수 있듯이, 1930년 이후 중국관내지역에서 활동한 대다수 독립운동단체는 '정당政黨' 명칭을 사용하였다. 이는 중국국민당과 중국공산당의 경쟁관계를 동력으로 삼아 전개되던 중국현대사의 영향과 함께, 정당의 정치적 이념에 대한 국민의 지지에 따라, 정권의 향방이 결정되는 근대민주정치 원리가 반영된 결과라고 하겠다. 때문에 독립운동정당은 항일민족운동의 토대인 동시에, 근대민족국가 건설을 위한 정치활동의 기반으로서 역할하였다.

또 독립운동세력들이 서로 소속감 및 연대의식을 갖고 있던 단체의 명칭으로 '당'을 사용한 사실은 이들의 정체성과도 관련이 있다. 즉 정당 명칭의 사용과 그 구성원으로서 독립운동세력은 항일운동가·독립운

---

1) 물론 일제의 패망과 민족의 해방을 '독립운동의 종료'라고 단정할 수 있는가?하는 문제는 또 다른 논의를 필요로 할 것이다.

동가·혁명가·투쟁가로서의 세계관 및 혁명관에서 한 걸음 나아가, 권력과 정권을 차지하여 자신이 지배주류가 되고자 하는 정치가로서 민족국가 건설과 집권의 의지를 갖고 있었고, 또 그것을 향해 전진하는 정치세력으로서의 정체성이 강화되는 것을 의미한다.

다음으로 독립운동정당의 이념적 지향을 살펴보면, 다음과 같은 특징을 발견할 수 있다. 진보적 좌파 민족주의노선을 지향하였던 조선민족전선연맹 소속의 조선민족혁명당·조선혁명자연맹·조선민족해방동맹 뿐 아니라, 보수적 우파노선을 견지하였던 한국광복운동단체연합회의 한국국민당·'재건'한국독립당·조선혁명당의 정강·정책 및 국가건설론 역시 우파적인 성격의 것으로는 평가되지 않는다. 또 임정의 건국강령이나 임시헌법 그리고 화북조선독립동맹의 정강·정책 등에도, '토지의 국유화國有化'와 '대기업의 국유화'가 명시되어 있다.

1) 민족국가의 체제와 기본이념

먼저 광복 후 민족국가의 체제로는, 혁명적 방법이 아닌 국가의 적극적인 개입을 통한, 계급과 계층의 차이를 극복하는 정치·경제·교육의 기회가 균등均等한 사회체제, 보통선거를 통한 의회주의議會主義 제도 등을 중시하였다. 이러한 정치적 이념은 '상해'한국독립당을 필두로 조선민족혁명당·한국국민당·'중경'한국독립당에 이르기까지, 독립운동정당의 대다수가 당의黨義나 당강黨綱에서 명문화하였다.

먼저 '상해' 한국독립당의 당의에서는 혁명적 수단을 통한 국토와 주권의 광복, 정치·경제·교육의 균등을 기초로 한 신민주국가新民主國家 건설, 균등사회의 실현과 민족과 민족·국가와 국가의 평등 실현을 통한 '세계일가世界一家' 건설을 지향하였다. 당강에서는 토지 및 대생산기관의 국유화, 의무교육의 시행 등을 규정하였다.[2]

한국독립당이 표방한 정치이념은 삼균주의三均主義였다. 삼균주의에 입각한 '신민주국가'라 함은 "민중을 우롱하는 자본주의 데모크라시도 아니며, 무산자독재를 표방하는 사회주의 데모크라시도 아닌, 범한민족 凡韓民族을 지반으로 하고 범한국국민凡韓國國民을 단위로 한 전민적 데모크라시"로 설명된다.[3]

한국독립당의 정치이념과 독립운동노선은 조선민족혁명당·한국국민당·'통합'한국독립당 등의 이념으로 계승되었고, 1941년 11월 발표된 「대한민국 건국강령」으로 귀결되었다.

만주사변 후 만주지역에서 관내지역으로 이동해 온 조선혁명당도 대체로 민주공화국의 건설과 민주집권제民主集權制의 채택, 토지의 국유화 및 농민분배, 대규모 생산기관의 국유화 등을 지향하였을 것으로 판단된다.[4]

중일전쟁 후 발표한 「조선혁명당 선언」에서는 "안으로는 모든 국민생활의 평등 존영을 확보하고, 밖으로는 우리국가에 평등한 민족과 공동 분투하여 인류공영에 협조 병진한다"고 선언하였다. 또 정강에서는 '인민동권人民同權'의 민주공화국 건설을 표방하였다.[5]

---

2) 당강에서는, ― 普選制를 실시하여 국민의 참정권을 평등하게 하고, 기본권리를 보장할 것. ― 토지 및 대생산기관을 국유로 하여 국민의 생활권을 평등히 할 것. ― 생활상 기본지식과 필요기능을 修得케 하기 위해 충분한 의무교육을 公費로써 실시하여, 국민의 受學權을 평등하게 할 것 등을 명문화하였다.

3) 삼균학회 편, 1979, 『素昻先生文集』上, 횃불사, 216쪽.

4) 재만 조선혁명당에서는 1932년에 개정한 黨義에서, "진정한 民主共和國을 건설하여 국민전체 생활의 평등을 확보하며, 나아가 세계인류의 평등과 행복을 촉진한다"고 하였다. 또 黨綱에서는 ― 봉건세력 및 일체 반혁명세력을 숙정하고 民主集權制의 정권을 수립한다. ― 소수인이 다수인을 삭탈하는 경제제도를 삭멸하고, 국민생활의 一群을 단위로 하는 地方自治制를 실시한다. ― 토지는 國有로 하고, 농민에 분급한다. ― 대규모 생산기관과 독점적 기업은 國營으로 한다. ― 국민의 모든 경제적 활동은 國家의 計劃 하에 통제한다. ― 勞農運動의 자유를 보장한다. ― 누진율의 교육과 직업교육은 국가의 경비로 실시한다. ― 양로·육영·구제 등 공공기관을 설립한다고 명문화하였다(「朝鮮革命軍ノ狀況二關スル件」).

1934년 2월 한국혁명당과 재만 한국독립당의 합당을 통해 남경에서 창당된 신한독립당은 중앙집권제의 민주공화국 건설을 표방하며, 토지와 대생산기관의 국유화 등을 당강으로 채택하였다.[6]

조선민족혁명당은 당의에서 "정치·경제·교육평등에 기초한 민주공화국의 건설" 등을 제시하였고, 당강에서는 기본권 보장, 대규모 생산기관과 독점적 기업의 국유화 및 농민분배 등을 통한 민주집권제를 도입하였다.[7] '민주집권제'라 함은 당내 민주주의와 중앙집권제로의 통일을 의미하였다.

1930년대 중·후반기 김구의 세력기반이었던 한국국민당도 당의에서

---

5) 정강은 - 정치적으로는 진정한 人民同權의 민주정치 즉 국민각개가 일률 평등하게 선거권과 피선거권을 갖고, 民主集權制에 의해 국가정치 제반의 제도를 건립하여 일체의 국무를 담당하는 民主共和政治를 실현하며, 국민전체가 정치적으로 평등한 권리를 향유하고 平等福榮을 도모한다. - 경제적 평등제도를 확립하여 국민의 生活平等을 실현한다. - 국민의 기본교육과 國計民生에 수요되는 정치·경제·군사·직업 등 일체의 교육을 國營으로 하고, 전체경비를 국가에서 부담한다는 내용이 전한다(內務省警報局保安課, 『特高外事月報』1937년 8월분, 127~128쪽).

6) 黨綱의 주요내용은 - 中央集權制의 民主共和國을 건설한다. - 단체대표의 一院制를 설립한다. - 토지와 대생산기구를 國有로 하고, 국가경영의 대작업을 실시한다. - 국민의 생산소비 등 일체의 경제적 활동을 통제하고, 재산의 私有를 한정하여 生活의 平衡을 확보한다. - 민족적 固有文化를 발양하고 국민의 기본교육과 인재양성은 국가부담으로 한다. - 국민의 노동·학습·혼인·언론·집회·파업 등에 관한 자유권을 보장하고, 병역·조세·수학·공작 등에 관한 절대의무를 이행한다는 것 등이었다(대한민국국회도서관 편, 1976, 『韓國民族運動史料: 中國篇』, 876~877쪽).

7) 당의에서는, "정치·경제·교육의 평등에 기초를 둔 진정한 民主共和國을 건설하여, 국민전체의 生活平等을 확보하고, 나아가 세계인류의 평등과 행복을 촉진한다"고 제시하였다. 당강의 내용은, - 소수인이 다수인을 삭탈하는 경제제도를 소멸하고, 국민생활상 평등의 제도를 확립한다. - 토지는 國有로 하여 농민에게 분급한다. - 대규모의 생산기관 및 독점적 기업을 國營으로 한다. - 국민일체의 경제적 활동은 국가의 계획 하에 통제한다. - 노농운동의 자유를 보장한다. - 누진율의 세칙을 실시한다. - 의무교육과 직업교육은 국가의 경비로써 실시한다. - 양로·육영·구제 등 공공기관을 설립한다는 것 등이었다.

삼균주의에 입각한 '신민주공화국新民主共和國'의 건설을 기본이념으로 설정하였고,8) 민중적 반항과 무력적 파괴를 독립운동의 주요방법으로 제시하였다. 광복 후 국가건설론으로는 토지와 대생산기관의 국유화 및 국민의 평등생활권 보장 등을 지향하였다.

'재건' 한국독립당 또한 삼균주의를 기본이념으로 채택하였고, 광복 후 민족국가의 모습으로 '신민주국가'를 제시하였다. 이들이 표방한 신민주국가의 이념적 기반은 신민주주의新民主主義였다.

이들은 '신민주주의'를 "프랑스·미국 등의 자본주의적 지부계급智富階級으로 구성된 부르주아지독재도 반대하지만, 러시아의 소비에트 무산독재無産獨裁도 반대하는" '자치 기능에 충실한' 독립정부 수립을 위한 정치적 이념으로 설정하였다.9)

또 "민중을 우롱하는 자본주의 데모크라시도 아니며, 무산자독재를 표방하는 사회주의 데모크라시도 아닌 범한민족을 지반으로 하고 범한국민을 단위로 한 데모크라시"로 정의하였다.10)

이외 일제말기 중국 싼시성 중국공산당 항일근거지에서 결성된 조선독립동맹은 전국민의 보통선거에 의한 민주정권 수립, 일본제국주의자의 모든 재산과 토지를 몰수, 일제와 밀접한 관련이 있는 대기업의 국영

---

8) 당의의 내용은, "정치·경제 및 교육의 균등을 기초로 하는 신민주공화국을 건설하여, 안으로는 국민 각자의 균등생활을 확보하고, 밖으로는 민족 대 민족, 국가 대 국가의 평등을 실현하고, 세계일가의 진로를 향해 나아간다"는 것 등이었다.
9) 여기에서 말하는 신민주주의는, "삼균제도의 건국으로써 歐美派의 舊民主主義의 결함을 補救하고 獨裁를 부인하는 것으로써, 독재제도의 맹아를 뽑아내고 러시아의 민주주 결점을 보구하려는 것이기 때문에, 우리민족 대다수의 행복을 소중히 하기 위하여, 우리민족의 소원대로 우리민족 대다수의 집체적 총기관을 설립하려고 하는 것이다. 소수가 다수를 통치하는 착취기계인 國家 또는 政府를 근본적으로 부인하고, 다수 자신이 다수 자신을 옹호하는 自治 기능의 임무를 충실히 실천하지 않을 수 없는 獨立政府를 수립하려는 것"이었다(社會問題資料研究會 편, 1976, 『思想情勢視察報告集』 2, 京都: 東洋文化社, 169쪽).
10) 『소앙선생문집』 상, 218쪽.

화, 토지분배, 국비 의무교육제도 등을 강령으로 채택하였다.[11]

같은 시기 국내에서 일제패망 후를 준비하고 있던 조선건국동맹도 노동자를 위한 세제개혁, 토지의 농민소유, 중요 생산·교통·통신기관과 중요기업 및 상업기관의 국유화, "근로자를 중심으로 한 기업관리 실시" 등을 강령에서 밝혔다.[12]

2) 민주사회주의 이념의 지향

위에서 살폈듯이, 일제말기 임정에 참여한 세력을 포함한 중국관내지역 독립운동세력은 '봉건세력 및 일제 식민잔재의 청산' '선거권 및 피선거권의 보장' '남녀평등' '지방자치제의 실시' '전세계 피압박민족과의 연대' '언론·출판·결사·집회의 자유 등 국민기본권 보장' '국민의 수학권受學權 인정'을 기본으로 한 민주집권제의 민주공화국 건설을 공통적으로 표방하였다.

특히 '평등平等의 정의正義'를 실현할 수 있는 경제제도로서 토지 및 대생산기관의 국유國有를 경제정책의 핵심내용으로 꼽고 있는 사실은 독립운동 세력이 구상한 민족국가의 모습을 암시한다.

즉 생산수단의 국유화를 기반으로 하여, 생산과 분배의 불균형에서 야기되는 사회적 갈등의 극복을 위해 '공공이익이 사적이윤에 우선하는 체제'를 건설해야 하며, 이를 위해서는 생산이 국민전체의 이익을 위해 계획되어야 하는 것이었다. 그리고 이러한 계획은 소수에 의한 경제력

---

11) 『晉察冀日報』 1942년 8월 25일자, 국가보훈처 편, 1992, 『해외의 한국독립운동 사료』 5, 250쪽.

12) 이외에 실습·양로·疾癃保險 등 각종 사회보험의 실시, 공영탁아소·유치원·양로원·임산부保養所의 설립 확충, 교육기관의 대확장·근로자교육 실시와 그 교육비의 국가 보조 또는 부담, 진료기관의 공유화와 사회위생시설의 확충, 공영주택·공영식당의 증설 등의 내용이 포함되었다(편집부 편, 1988, 『강령·정책: 한국의 주요 정당·사회단체』, 시인사, 315~316쪽).

집중을 제도적으로 막아야 하며, 이는 국유를 통한 관리를 통해 가능하다는 점에서, 민주사회주의民主社會主義[13]적인 지향으로 평가될 수 있을 것이다.

아울러 국비의무교육('상해' 한국독립당·조선혁명당), 생계·문화의 독립(신한독립당), 양로·육영·구제를 위한 공공기관 설립(조선민족혁명당) 등의 명문화는 '복지'에 대한 개념을 인식하였음을 암시한다. 그리고 제도의 실현방법으로 의회주의와 보통선거제를 염두에 두고 있는 점 또한 민주사회주의적인 성격을 뒷받침한다.

일부 정당은 '무산대중의 일상이익 투쟁을 지지한다'(신한독립당). '토지는 국유로 하며 농민에게 분급한다' '노농운동의 자유를 보장한다'(조선민족혁명당). '소수가 다수를 통치하는 착취기계인 국가 또는 정부를 근본적으로 부인'하는('재건'한국독립당) 내용을 채택하는 등, 이념적으로 계급적 성향을 강조하였지만, 중국관내지역에는 현실적인 계급토대가 존재할 수 없었기 때문에, 엄격한 의미의 계급정당은 존재하지 않았다고 할 수 있다.

그렇다면 독립운동정당의 국가건설론이 민주사회주의적인 지향을 띠게 된 배경은 무엇일까? 이는 '파시즘과 반파시즘의 대결'로 정의되는 1930·40년대 세계정세의 영향, 즉 '자유민주주의와 공산주의의 제휴' 또는 '자본주의와 사회주의의 타협'으로 설명될 수 있는 '반파시즘 국제통일전선'의 일원으로서 자아 인식 등을 배경으로 하여, 독립운동세력의

---

13) 여기에서 말하는 '민주사회주의'라 함은 사회주의체제에 기반을 두고, '민주' 즉 자유민주주의체제의 가치를 보완적으로 수용하려는 정치노선을 뜻한다. 흔히 사회민주주의와 통용되지만, 사회민주주의는 민주주의(즉 자유민주주의, 자본주의, 경쟁)의 가치를 본체로 삼고, 사회주의적 요소(예컨대, 평등, 분배 등)를 수용·가미하여, 민주주의체제의 제약을 보완·극복하려는 정치이념으로 이해할 수 있다. 이런 관점에서 본다면, 독립운동정당이 지향한 정치체제의 형태는 '사회민주주의' 보다 '민주사회주의'에 가까웠던 것으로 판단된다.

정치·경제적 관점도 자본주의와 공산주의의 접합점으로서 민주사회주의적인 경향을 띠기에 이르렀으리라는 설명이 가능할 것이다.

우선 일제 식민지잔재 청산과 민족국가 건설을 위한 전제조건으로써 식민지 대지주·대자본가 소유체제를 해소시켜야 하는 과제를 해결하기 위해서는 반민족적 자본을 무상몰수해야 하고, 이는 사유제의 부정과 국유제 관철을 필요로 하였을 것이다.

3) 국제정세 인식과 국가건설 구상

다음으로 국제정치적 환경에 대한 객관적인 안목과 관련이 있을 것이다. 이 시기 독립운동단체의 기관지 등에서 쉽게 확인되듯이, 독립운동세력은 일본제국주의의 침략을 가능케 한 원동력이 자본주의 생산력에서 도출되었음을 잘 알고 있었다.

또 일제의 지속적인 발달과 팽창이 가능하기 위해서는 일본자본주의 발달을 뒷받침해 줄 수 있는 시장 및 자원과 노동력의 공급지를 확보하는 일이 관건이 될 것이라는 인식에 이르렀다. 따라서 자본주의 생산의 지속을 위해 끊임없는 일제의 침략이 불가피하리라는 이해에 도달하였다.

미국에 대한 인식 또한 같은 맥락에서 형성되었던 것같다. '태프트-카스라 밀약'이래 일본의 한반도 침략을 뒷받침한 국제정치 환경의 한 축에는 미국의 용인과 암묵적 양해가 존재하였음을 이해하고 있었을 것이다.

물론 태평양전쟁의 발발로 미국과 일본이 전쟁상태로 돌입하면서, 미국에 대한 인식에도 변화가 일어났다. 반일·반파시즘전쟁의 주역으로서 미국은 일제의 패망과 한국의 독립을 가져다 준 절대적인 힘 그 자체로 인식되었다. 일제패망기 임정을 비롯한 독립운동세력의 미국에 대한 입장이 우호적이고 의존적인 모습으로 강화되어 갔던 사실이 이를 말해준다.

아울러 독립운동세력은 인도·월남·이집트·이디오피아 등에 대한 유럽 자본주의국가의 제국주의 침략 사실을 인지하고 있었으며, 또 자본주

의 사회·경제체제 내에서 필연적으로 초래되는 경제력의 집중, 분배의
불공정으로 인한 계급의 분화와 계급 간의 갈등 등을 우려하고 있었다.

때문에 자본주의 생산력을 제국주의 침략의 동력으로 평가하는 동시
에, 이에서 파생될 민족모순 및 계급갈등을 자주적인 민족국가 건설의
최대 장애요인으로 지목하였다. 그리하여 반제국주의·반침략·반일 독립
운동을 통해 되찾아 건설할 민족국가는 자본주의의 제약성을 극복·보완
할 수 있는 대안적 형태가 되어야 하리라는 인식이었다. 그 결과 미국식
자본주의도 소련식 사회주의도 아닌 굳이 말하자면, 민주사회주의적인
체제로 공감대가 형성되었다고 유추할 수 있겠다.

이 같은 지향과 공감의 표현이 종합된 것이 임정의 국가건설론이라
할 수 있는 「대한민국 건국강령大韓民國建國綱領」이었다. 총론에서는, 우
리나라의 고유한 역사성과 건국정신이 삼균제도에 있음을 지적하였다.

사회·경제 부문에 관한 내용[14]을 살펴보면, 토지와 대생산기관의 국
유화는 물론, 독점될 기업과 기간산업까지도 국유화할 것을 규정하고 있
다. 반면에 중소기업은 사영私營으로 둔다고 명시하였다. 그리고 일본인
소유의 모든 토지와 자본뿐 만아니라, 친일파와 민족반역자의 소유도 몰
수하여 국유로 할 것을 내세웠다.

토지의 매매와 상속 등을 금지하고, 두레농장·국영농장 등을 조직 확
대할 것을 규정함으로써, 경제 부문 특히 농업 부문에서의 사회주의적
정책을 구체적으로 제시하였다.

또 "토지는 자력 경작인에게 분급함을 원칙으로 하되, 원래의 고용
농·자작농·소지주·농중·지주농 등 농민의 지위를 보아, 저급低級으로부
터 우선권을 줌"이라 하여, 토지는 경작인에게 분급할 것을 내세우고 있
으나, 경작하지 않는 지주의 토지를 어떤 형태로 환수할 것인가에 대한
입장은 유보하였다.

---

14) 『소앙선생문집』 상, 152~153쪽.

한편 "노공老工·유공幼工·여공女工의 야간노동과 연령·지대地帶·시간
의 불합리한 노동을 금지함." "노동자와 농민의 면비의료免費醫療를 보시
普施하며, 질병 소멸과 건강 보장을 려행勵行함"이라 하여, 불합리한 노동
을 금지하고 있을 뿐 만 아니라, 노동조건의 개선을 규정하고 있다.[15)

2. 해방정국기 중간파의 국가건설론

한편 임정과 그 기반으로서 독립운동단체의 이념적·정치적 지향은
일제 패망 후 미·소의 한반도 정책과도 연관지워 살펴 볼 수 있다. 즉
"8·15해방 후 미국이 임시정부의 환국을 거부한 속셈에는 미국자본주의
안목에서는 임시정부의 이념이 석연치 않았다는 점도 고려되었을 가능
성을 배제할 수 없었을 것이다." "그러니까 (관내지역 한인세력들은) 극우의
미국이나, 극좌의 소련으로부터 함께 외면 또는 배척당하고, 분단정부가
수립될 때, 남이나 북에서 각기 미국과 소련이 믿을 수 있는 정권 수립
이 추진되었다고 하겠다." "따라서 중국에서 전개된 독립운동은 외지적
종결로 끝나야 했던 것이다"라는 평가[16)가 그러한 개연성을 제기하고
있다.

어쨌든 독립운동이라는 틀 안에 국한한다면, 독립운동세력의 민주사
회주의적 지향은 '복국復國' 후 '건국建國'과정에서 필연적으로 제기될
민족국가 건설을 향한 '마지막' 협동전선을 성사시킬 수도 있는 최대공
약수 역할을 할 수 있었을지 모를 일이다.

그러나 독립운동세력의 민주사회주의적 지향의 국가건설론은 냉전체
제의 도래, 미·소 군대의 진주라는 한반도의 국제정치환경 변화에 직면

---

15) 노경채, 1996, 『한국독립당 연구』, 신서원, 124~125쪽 참조.
16) 조동걸, 「中國關內地方에서 전개된 한국독립운동」 『한국독립운동의 지역적 특성』
   (한국독립운동사연구소 제7회 학술심포지움 주제발표문, 1993년 8월 13일), 67쪽.

하여, 결과적으로 좌절과 파탄의 길로 들어서고 만다.

김규식을 비롯하여 박건웅 등 임정 출신의 이른바 '중간파' 정치세력에 의한 좌우합작운동과 민주사회주의적인 사회개혁론 및 국가건설론은 독립운동기 임정의 「대한민국 건국강령」과 일제 말기 충칭을 무대로 좌우합작에 성공하였던 독립운동그룹의 공통된 국가건설론을 계승한 것이었다.

중간파中間派의 정치사상은 식민잔재 청산, 좌우합작론, 미·소의 영향력을 배제한 자주적인 민족국가 건설론으로 요약된다. 그리고 국가건설운동의 주력으로는 중소기업가·자영농민·상인·소시민 등의 애국적 자산계급과 무산계급을 꼽았다. 이들이 중심이 된 좌우합작左右合作을 통해 자주독립국가의 건설이 이루어져야 한다는 믿음을 가졌으며, 스스로 좌우합작의 견인세력을 자임하였다.

또 모스크바 삼상회의 결정에 기반한 임시정부의 수립을 통해 주체적인 정치공간을 확충한 정치환경 하에서, 신탁통치 문제도 해결될 수 있으리라는 기대감을 가졌던 것으로 드러난다. 신탁통치에 대한 찬성과 미·소 양군의 철수 주장이라는 이율배반적인 공존이 이 같은 구상을 뒷받침한다.

이들의 '친미친소親美親蘇' 혹은 '비미비소非美非蘇'의 국제관은 민족의 이익을 우선가치로 삼는 전제 위에서 호혜적인 국제관계의 설정을 추구한 것으로 해석될 수 있다. 이 같은 국제인식은 자주독립을 밑받침할 민족역량의 결집이 불가능한 상황에서의 불가피한 선택이었다. 이러한 논리 위에서, 미군정체제 참여를 통한 중간파의 자주국가 건설 모색은 자기모순이 아닌 현실적·실용적 방안으로서 이해될 수 있는 것이다.

일반적으로 중간파의 정치사상과 국가건설론은 외세 규정력에 의해 파편화되는 남북한의 정치세력을 하나로 묶는 통일국가의 수립을 지향하며, 사회경제 구조로는 사회민주주의체제를 염두에 둔 것으로 평가된다.

그리하여 유상몰수·유상분배의 토지개혁, 대기업과 대생산기관의 국유화 및 중소기업의 사유화라는 상호보완적 제도의 구축을 통해 민족의 동질성이 유지되는 민족사회의 건설이 가능하리라고 전망하였던 것이다.

하지만, 이상과 희망은 현실과 힘에 의해 압도되었다. 일제하 독립운동세력을 기준으로 해서 보면, 해방정국기의 민족국가 건설운동은 그들의 입장과 역량이 약화되고, 소외되어 가는 국면으로 진전되었다고 할 수 있다.

미·소의 대립이라는 새로운 국제질서에 봉착하면서, '반파시즘 국제통일전선'이라는 ─자유민주주의와 공산주의의 연대를 골간으로 하였던─ 1930·40년대 세계사를 배경으로 하였던 독립운동세력의 국가건설론은 그 소임을 다하기에 이르렀던 것이다. 냉전체제와 분단체제의 벽에 부딪혀, 독립운동세력이 구상하였던 민족국가의 건설도 좌절되었다.

3. 대한민국의 독립운동 계승 천명

1) 헌법 전문에 담겨 있는 3·1운동 계승의식

대한민국헌법 전문前文의 내용 중에서, 역대 정부의 '독립운동 계승' 의지가 표현되어 있는 부분을 살펴보겠다.

ⓐ… 우리들 대한국민大韓國民은 기미己未 3·1운동三一運動으로 대한민국大韓
民國을 건립하여, 세계에 선포한 위대한 독립정신을 계승하여, 이제 민주독
립국가民主獨立國家를 재건함에 있어서 … 정치·경제·사회·문화의 모든 영
역에 있어서 각인各人의 기회를 균등히 하고 … 안으로는 국민생활의 균등
한 향상을 기하고, 밖으로는 항구적인 국제평화의 유지에 노력하여 … 〔제
정, 1948. 7. 17, 1차, 일부 개정, 1952. 7. 7, 2차, 일부 개정, 1954. 11. 29,
3차, 일부 개정, 1960. 6. 15, 4차, 일부 개정, 1960. 11. 29〕

ⓑ… 우리 대한국민大韓國民은 3·1운동의 숭고한 독립정신을 계승하고, 4·19 의거와 5·16혁명의 이념에 입각하여 새로운 민주공화국民主共和國을 건설 함에 있어서 … 정치·경제·사회·문화의 모든 영역에 있어서 각인의 기회 를 균등히 하고 … 안으로는 국민생활의 균등한 향상을 기하고, 밖으로는 항구적인 세계평화와 인류공영에 이바지함으로써 … 〔5차, 전문 개정, 1962. 12. 26, 6차, 일부 개정, 1969. 10. 21〕

ⓒ… 우리 대한국민大韓國民은 3·1운동의 숭고한 독립정신과 4·19의거 및 5· 16혁명의 이념을 계승하고, 조국의 평화적 통일의 역사적 사명에 입각하여 자유민주적 기본질서를 더욱 공고히 하는 새로운 민주공화국民主共和國을 건설함에 있어서, 정치·경제·사회·문화의 모든 영역에 있어서 각인의 기회 를 균등히 하고 … 안으로는 국민생활의 균등한 향상을 기하고, 밖으로는 항구적인 세계평화와 인류공영에 이바지함으로써 … 〔7차, 전문 개정, 1972. 12. 27〕

ⓓ… 우리 대한국민大韓國民은 3·1운동의 숭고한 독립정신을 계승하고, 조국 의 평화적 통일과 민족중흥의 역사적 사명에 입각한 제5공화국의 출발에 즈음하여 … 정치·경제·사회·문화의 모든 영역에 있어서 각인의 기회를 균등히 하고 … 안으로는 국민생활의 균등한 향상을 기하고, 밖으로는 항 구적인 세계평화와 인류공영에 이바지함으로써 … 〔8차, 전문 개정, 1980. 10. 27〕

ⓔ… 우리 대한국민大韓國民은 3·1운동으로 건립된 대한민국임시정부의 법통 과 불의에 항거한 4·19민주이념을 계승하고, 조국의 민주개혁과 평화적 통 일의 사명에 입각하여 … 정치·경제·사회·문화의 모든 영역에 있어서 各人 의 기회를 균등히 하고 … 안으로는 국민생활의 균등한 향상을 기하고, 밖 으로는 항구적인 세계평화와 인류공영에 이바지함으로써 … 〔9차, 전문 개정, 1987. 10. 29〕

위의 헌법 전문의 내용으로 미루어 보면, 역대 정부는 동일하지 않은 정치환경과 정권 출범의 정치상황을 배경으로 하면서도, 3·1운동에서 표현된 독립정신을 대한민국의 기본이념으로 설정하였다.

그런데 "정치·경제·사회·문화의 모든 영역에 있어서 각인의 기회를 균등히 하고," "안으로는 국민생활의 균등한 향상을 기"한다는 내용은 삼균주의 이념과 상통한다. 헌법 제정 단계부터 「대한민국 건국강령」의 기본 이념인 삼균주의가 헌법정신의 요체로서 반영되었고, 이후에도 계승적으로 확인되었던 것이다.

2) 헌법 전문에 담겨 있는 대한민국임시정부 계승의식

그럼에도 불구하고, 임정의 법통을 계승한다는 의지는 1987년의 제10차 헌법에 이르러서야 비로소 명문화되었다. 이에는 한국현대사의 아이러니가 깔려 있다고 하겠다. 임정 주석 김구와 부주석 김규식이 남한만의 단독정부 수립에 반대하여 남북협상 길에 오르고, 대한민국정부 수립을 위한 5·10 총선거에 불참한 상황에서 수립된 대한민국이 임정의 정치적 계승 관계를 표방하기에는 어색한 상황이었을 것이다.

제정 헌법에서 "3·1운동으로 대한민국을 건립"하였다고 표현함으로써 '임정'을 건너뛸 수 밖에 없었던 데에는, 해방정국기 민족국가 건설 과정에서의 곤혹스러움이 배어 있었던 것이다.

물론 대한민국정부의 초대 대통령에 선출된 이승만李承晩은 일찍이 임정의 초대 대통령이었고, 임정 구미외교위원부 위원장 자격으로서, 임정을 대표하여 외교활동을 펼친 경력의 소지자였다. 따라서 이승만 대통령이나 제1공화국 정부가 적극적으로 임정의 계승을 표방하였더라도 논리적으로 틀렸다고 할 수 없을 것이다.

그런데 왜? 이승만 대통령이나 제1공화국 정부는 임정 법통론法統論에 소극적 내지는 부정적이었을까? 여러 정치상황과 연관지워 깊은 검토가 요구되지만, 아마도 이승만 대통령은 김구의 이미지와 겹치는 임정과의 단절을 확실히 함으로써, 자신이 그려 온 새로운 '자신의 조국'을 건설하고자 하였을 것이다. 또 정치가 이승만 대통령의 현실적이고 잠재적인 경쟁자가 될 가능성이 높은 김구와 김규식을 견제·봉쇄하려는 의도도

함축되어 있을 개연성을 생각해 볼 수 있다.[17]

1987년의 이른바 '6·10항쟁'과 '6·29선언'으로 이어지는 민주화운동의 열기가 반영된 결과로 이해될 수 있는 제9차 헌법의 전문에 자리잡은 '임정법통론'은 '독립운동 계승'이라는 다소 관념적인 가치가 구체적으로 그 모습을 갖추었음을 의미하였다.

임정이 3·1운동의 결실로서 자리매김된 것은 임정에 독립운동의 최고가치를 부여한 셈이다. 이후 '문민정부' '국민의 정부' '참여정부'로 내려오면서, 임정법통론은 적극적으로 강조되고 확인되었다. 매년 맞이하는 3·1운동 기념식과 광복절 기념식에서는 임정의 가치에 대한 의미부여가 강화되고, 그 해석의 외연이 확장되었다.

군사독재체제와의 결별, 역사 바로 세우기, 남북한 화해와 통일에의 전망 제시, 과거사 정리 등으로 대변되는 '개성적인' 국정지표는 독립운동의 계승을 표방함으로써 논리의 정당성을 확보하고, 대국민 설득력을 강화하고자 하는 -궁극적으로 정권기반 강화와 국민의 지지 확보를 위한- 정치적 목적과도 무관하지 않았던 것이다.

〈표〉 헌법 전문에 담겨 있는 독립운동 계승의식

헌법	제·개정 일시	주요 내용
(제정)	1948. 7. 17	우리들 大韓國民은 己未 三一運動으로 大韓民國을 건립하여, 세계에 선포한 위대한 독립정신을 계승하여, 이제 民主獨立國家를 재건함에 있어서 … 정치·경제·사회·문화의 모든 영역에 있어서 各人의 기회를 균등히 하고 … 안으로는 국민생활의 균등한 향상을 기하고, 밖으로는 항구적인 국제평화의 유지에 노력하여 …
1차	1952. 7. 7	우리들 大韓國民은 己未 三一運動으로 大韓民國을 건립하여,

---

17) 독립운동 시기 이승만은 임정의 최고 지도자로서 위상을 유지하였고, 스스로도 최고지위를 자임·자칭하였다. 또 임정의 주석인 김구로부터도 깍듯한 예우를 받았다. 그럼에도 불구하고, 그는 임정요인들의 세계관이나 독립운동관 그리고 차후의 국가경영 능력에 대해 냉소적이었고, 그들을 경원시하였다.

(일부 개정)		세계에 선포한 위대한 독립정신을 계승하여, 이제 民主獨立國家를 재건함에 있어서 … 정치·경제·사회·문화의 모든 영역에 있어서 各人의 기회를 균등히 하고 … 안으로는 국민생활의 균등한 향상을 기하고, 밖으로는 항구적인 국제평화의 유지에 노력하여 …
2차 (일부 개정)	1954. 11. 29	우리들 大韓國民은 己未 三一運動으로 大韓民國을 건립하여, 세계에 선포한 위대한 독립정신을 계승하여, 이제 民主獨立國家를 재건함에 있어서 … 정치·경제·사회·문화의 모든 영역에 있어서 各人의 기회를 균등히 하고 … 안으로는 국민생활의 균등한 향상을 기하고, 밖으로는 항구적인 국제평화의 유지에 노력하여 …
3차 (일부 개정)	1960. 6. 15	우리들 大韓國民은 己未 三一運動으로 大韓民國을 건립하여, 세계에 선포한 위대한 독립정신을 계승하여, 이제 民主獨立國家를 재건함에 있어서 … 정치·경제·사회·문화의 모든 영역에 있어서 各人의 기회를 균등히 하고 … 안으로는 국민생활의 균등한 향상을 기하고, 밖으로는 항구적인 국제평화의 유지에 노력하여 …
4차 (일부 개정)	1960. 11. 29	우리들 大韓國民은 己未 三一運動으로 大韓民國을 건립하여, 세계에 선포한 위대한 독립정신을 계승하여, 이제 民主獨立國家를 재건함에 있어서 … 정치·경제·사회·문화의 모든 영역에 있어서 各人의 기회를 균등히 하고 … 안으로는 국민생활의 균등한 향상을 기하고, 밖으로는 항구적인 국제평화의 유지에 노력하여 …
5차 (전문 개정)	1962. 12. 26	우리 大韓國民은 3·1運動의 숭고한 독립정신을 계승하고, 4·19의거와 5·16혁명의 이념에 입각하여 새로운 民主共和國을 건설함에 있어서 … 정치·경제·사회·문화의 모든 영역에 있어서 各人의 기회를 균등히 하고 … 안으로는 국민생활의 균등한 향상을 기하고, 밖으로는 항구적인 세계평화와 인류공영에 이바지함으로써 …
6차 (일부 개정)	1969. 10. 21	우리 大韓國民은 3·1運動의 숭고한 독립정신을 계승하고, 4·19의거와 5·16혁명의 이념에 입각하여 새로운 民主共和國을 건설함에 있어서 … 정치·경제·사회·문화의 모든 영역에 있어서 各人의 기회를 균등히 하고 … 안으로는 국민생활의 균등한 향상을 기하고, 밖으로는 항구적인 세계평화와 인류공영에 이바지함으로써 …
7차 (전문 개정)	1972. 12. 27	우리 大韓國民은 3·1運動의 숭고한 독립정신과 4·19의거 및 5·16혁명의 이념을 계승하고, 조국의 평화적 통일의 역사적 사명에 입각하여 자유민주적 기본질서를 더욱 공고히 하는 새로

		운 民主共和國을 건설함에 있어서, 정치·경제·사회·문화의 모든 영역에 있어서 各人의 기회를 균등히 하고 … 안으로는 국민생활의 균등한 향상을 기하고, 밖으로는 항구적인 세계평화와 인류공영에 이바지함으로써 …
8차 (전문 개정)	1980. 10. 27	우리 大韓國民은 3·1運動의 숭고한 독립정신을 계승하고, 조국의 평화적 통일과 민족중흥의 역사적 사명에 입각한 제5공화국의 출발에 즈음하여 … 정치·경제·사회·문화의 모든 영역에 있어서 各人의 기회를 균등히 하고 … 안으로는 국민생활의 균등한 향상을 기하고, 밖으로는 항구적인 세계평화와 인류공영에 이바지함으로써 …
9차 (전문 개정)	1987. 10. 29	우리 大韓國民은 3·1運動으로 건립된 대한민국임시정부의 법통과 불의에 항거한 4·19민주이념을 계승하고, 조국의 민주개혁과 평화적 통일의 사명에 입각하여 … 정치·경제·사회·문화의 모든 영역에 있어서 各人의 기회를 균등히 하고 … 안으로는 국민생활의 균등한 향상을 기하고, 밖으로는 항구적인 세계평화와 인류공영에 이바지함으로써 …

맺음말

2006년 당시 사용되던 고등학교 한국근현대사 교과서의 내용을 살펴보면, 먼저 '민족국가의 건설'에 관한 서술에서는 1980년대 이후 한국사회의 변화와 미국에 대한 인식의 전환 사실이 반영되어 있음을 발견할 수 있었다.

이는 집필자의 상당수가 한국전쟁 후 세대로서 전체주의적인 체제하에서 청소년기를 보냈고, 1980년대 '민주화' 과정에서 대학 또는 대학원 과정을 보낸 개인적인 성장 경험 등과도 연관이 있을 듯하다. 이들은 미국의 한반도정책과 역대 군사정권에 대한 입장에 의구심을 품고 있는 세대이다.

해방정국기의 자주적인 민족국가 건설 노력이 좌절되는 원인을 냉전체제 즉 미·소의 한반도 분할점령의 탓으로만 돌리는 듯한 서술을 지양

해야 한다. 과거의 과오와 부족함을 되비쳐 봄으로써 똑같은 잘못과 착
오를 범하지 않는 교훈과 지혜를 깨닫게 하는 데 역사교육의 궁극적인
뜻이 있는 것이라면, 당시 우리의 역량의 한계와 착오 등에 대한 적극적
이고 비판적인 지적이 함께 제시될 때, 비로소 피해의식으로부터도 자유
로워질 수 있을 것이다.

'건국 구상과 준비'에 관한 서술에 있어서는, 제2차 세계대전의 종료
→반파시즘 국제연대 하의 자유민주주의와 공산주의세력의 협력체제 붕
괴→미·소의 체제경쟁 시작→냉전체제의 도래 등으로 이어지는 국제환
경의 변화를 배경으로, '통합 임정' 체제로 대변되던 중국지역 독립운동
세력의 좌우합작체제에도 균열이 생겼고, 그 여파로 민주사회주의 이념
에 입각한 민족국가 건설론도 그 효용성을 상실하였다.

그 대신 미·소의 대립→냉전체제→이데올로기 시대로의 이행에 따른
새로운 국가건설론이 요구되었다. 변화한 국제질서에 조응할 수 국가건
설론이 요구되었고, 국가건설운동의 주도권 경쟁구도도 재편되기에 이
르렀던 것이다.

독립운동 과정의 '민주사회주의적인' 지향은 광복 후의 국제정치 환경
에서도 여전히 유효할 수는 없었다. 냉전시대와 이데올로기시대에 적응
할 수 있는 대안적인 가치체계가 요구되었던 사실을 지적해야 할 것이다.

다음으로 대한민국정부 수립이후 역대정부의 '독립운동의 계승'에 관
한 표방에 대해 살펴보면, 제헌헌법이래 현재의 헌법에 이르기까지, 전
문에서는 모두 3·1운동의 역사적 가치를 계승의 본보기로 자리매김하고
있다. 그러나 '3·1운동의 소산'으로 수립된 것으로 평가되는 대한민국임
시정부에 대한 계승적 의지는 1987년 '6·10항쟁'의 결과가 반영된 10차
헌법에 이르러 공식적으로 표현되었다. 이는 역설적으로 그 이전 시기의
정권들이 정통성의 취약성 및 체제의 모순을 안고 있었음을 반증한다고
하겠다.

덧붙여, 9차 헌법 이후 역대정부의 대한민국임시정부에 대한 과열된 관심과 애정 또한 제자리를 찾아야 할 것이다. '김구와 대한민국임시정부'의 역사성이 정치현실과 '남북통일'이라는 명제에 볼모가 된 듯한 모습 또한 그다지 아름답지는 않을 것이다.

【참고】 3·1절 및 광복절 경축사에 담겨 있는 계승의식

역대 정부	주요 내용
이승만 대통령 정부	30년 전 오늘에 13도 대표인 33인이 비밀히 모여서 독립을 선언하고 대한민주국의 탄생을 세계에 공포하였든 것입니다. 우리 선열들이 勇嚴스럽게 이 일을 행한 환경이 140여 년 전에 미국 독립선언을 盟誓하던 그때의 형편만 못지않게 어려웠던 것입니다. 우리가 지금 건설하는 민주국은 탄생한 아직 1년이 못되었으나, 사실은 30세의 생일을 맞이하게 된 것입니다. 그러므로 이 민주국은 해방 후 미군정의 힘으로 성립된 것은 아닙니다. 우리는 오직 미국이 모든 방면으로 우리 민주국 탄생을 위하여 노력한 것을 기념합니다. 〔1949년 3·1절 기념사〕
	기미 3월 1일에 만세운동을 주창한 애국선배들에게 선언하는 바는, 여러 선배들이 시작한 싸움을 지금 우리가 싸워 나가는 것입니다. 그 역사적 기회에 선언한 목적을 우리가 아직도 다 성공치 못했으나, 우리가 날로 성취해 나가는 중입니다. 1919년의 膽量과 결심이 1950년 이 해에 여전히 살아있는 것입니다. 만세혁명에 일어난 자유전쟁에 우리는 우리의 몸을 또다시 새로이 공헌하는 것입니다. 〔1950년 3·1절 기념사〕
	1919년 3월 1일에 우리 애국지도자 33 대표가 독립선언서에 서명하여, 이를 세계에 공포한 것입니다. 그때에 공포된 독립의 정신이 실지상으로 출현되어, 1948년 8월에 대한민주국이 탄생된 것이니 … 기미년 3월 1일에 선포한 우리 독립선언서의 한 구절은 33년 전에 적합한 것이 오늘에 와서도 적합한 것입니다. 〔1952년 3·1절 기념사〕
	3월 1일은 우리가 다 아는 바와 같이, 우리 민국이 정신적으로 탄생한 날입니다. … 세계역사에 처음되는 비폭력·무저항 혁명운동이 시작되었던 것이니, 이것은 한국에서 처음 발명된 혁명 방식입니다. 〔1957년 3·1절 기념사〕
윤보선 대통령 정부	돌이켜 보건데, 우리 역사상에 있었던 항일운동의 과업이 헛되지 않아서, 세계 제2차 대전의 승리의 연합국들은 우리나라의 독립을 약속하면서, 8·15의 해방을 가져왔던 것입니다. 지금부터 15년 전 8·15의 해방은 결코 우연한 것이 아니었고, 수많은 애국동포와 순절한 선열들의 투쟁운동의 보답이었습니다. 〔1960년 광복절 기념사〕
	지금으로부터 42년 전, 우리 애국동포들은 3월 1일의 오늘을 기하여 민족의 자유와 독립을 부르짖고 열화와 같이 궐기하여, 단결의 위력을 과시하였던 것입니다. 우리민족은 이와 같은 정신과 용기를 가지고 불행과 절망에 처하여 항상 그 힘을 발휘하였으며, 이것을 능히 타개하고 극복하는데 가장 용감하였다는 것을 우리는 깊이 명심해야 하겠습니다. 지금 난국에 있어 우리가 다 같이 생각하고 믿는 것은 우리 스스로의 힘을 의지하는 길이며, 일치단결하지 않으면 안 된다고 생각합니다. 자유와 독립을 위한 3·1정신은 오늘에 와서 이 나라의 재건과 번영을 위하여, 다시한번 이

윤보선 대통령 정부	국민의 위대한 힘이 되기를 바라는 바입니다. 　민족의 자유와 번영을 위하여 우리민족과 선열들이 희생을 각오하고 용감하였던 것이 3·1정신이라면 우리가 현실에서 우리의 장래와 후대를 위하여 용감하게 이 난국을 타개하는 것이 가장 중대한 조건이며 3·1정신을 올바르게 계승하는 길이라고 확신합니다. 〔1961년 3·1절 윤보선 대통령 기념사〕 40년여 년의 간격을 두고 자연발생적으로 폭발한 3·1운동과 4·19혁명이라는 두 민중봉기는 우리나라 사람이 얼마나 독립적이고, 또 얼마나 민권수호에 용감하였는가를 실증해주는 민족혼의 燦然한 발로요 精華인 점에서, 길이 청사에 빛날 것은 두말할 필요도 없습니다. 전자는 우리민족의 자주독립을 쟁취하기 위한 대외적 혁명을, 후자는 민족의 민주적 발전을 확보하기 위한 대내적 혁명을 성취한 점에서, 우리의 영원한 광명을 던져주는 민족발전의 획기적 지표라고 아니할 수 없습니다. 　오늘 우리는 또 한번 돌아온 이 3·1절을 축하함에 있어 예년과는 다른 새로운 각오가 있어야 하겠습니다. 지금까지 회고적 축하에서 진일보하여, 작년에 이룩한 민주혁명을 더욱더 추진시킬 수 있는 전진적 자세가 절실히 요구되기 때문입니다. … 　물론 우리는 앞으로도 많은 난관을 예상하여야만 합니다. 그러나 그 난관이 어떻게 크고 또 어떻게 벅찰지라도 우리가 3·1운동과 4·19혁명에서 보여준 그 패기, 그 애국심을 가지고 임한다면 멀지 않아 삼천리 금수강산은 다시 통일되어 온 민족의 기름진 안식처가 되고, 일터가 될 것을 굳게 믿어 마지않습니다. 〔1961년 3·1절 장면 총리 기념사〕
박정희 대통령 정부	또다시 8·15를 맞이하면서, 우리는 이제 그 누구를 탓하고 그 누구의 잘못으로 돌려 그 암울하였던 지난날을, 그리고 이 불만족스러운 현실을 변명하고 또 그 무엇으로 애국선열의 유업에 보답할 것입니까? 새삼 8·15 이전의 역사로 거슬러 올라가 선조의 前非를 論難한들, 또 지난 19년 정쟁과 혼란과 부패의 수치스러웠던 발자취를 회고하여, 한없는 회오와 자책과 그리고 부질없는 입씨름 속에 내일을 비관한들, 우리가 당면한 산적된 문제를 해결할 수 있는 실마리는 풀려나올 수 없는 것입니다. 오직 우리의 현실 속에서 밝고 희망적인 '발전의 싹'을 찾아내어 이를 기어이 가꾸어 나가겠다는 비상한 결심이 선다면, 우리에게도 잘 살 수 있는 길이 반드시 트일 것을, 나는 확신하는 바입니다. … 8·15 19주년이야말로 우리에게 광명과 번영을 위한 힘찬 새 발전을 다짐하는 고무적인 전기가 될 것을 기원하면서, 끝으로 조국광복을 위해 쓰러진 수많은 애국선열의 명복을 비는 바입니다. 〔1964년 광복절 기념사〕 평화가 우리겨레의 전통적인 염원이요, 참뜻이란 것을 만방에 선언하고, 그것을 삭탈하려는 침략자에 대해서는 피로써 항쟁하는 것이 우리겨레의 특성이요, 기질임을 중외에 과시한 3·1정신이야말로, 정녕 이 나라 민족혼의 절규요, 긍지요, 상징이 아닐 수 없습니다. 그러나 3·1의 참다운 의의는 이 민족의

역사와 함께 그때마다 새로운 가치와 방향을 제시해주는 현재의 3·1이요, 미래의 3·1인 점에 있는 것입니다. … 나는 온국민과 더불어 자주와 자립번영과 평화의 3·1정신을 받들어, 조국의 근대화와 세계평화를 향한 민족의 단합과 힘찬 전진을 거듭 다짐하는 바입니다. 〔1966년 3·1절 기념사〕

박정희 대통령 정부	국민여러분과 더불어 그 전날 의로운 독립투쟁의 제단 위에 산화한 애국선열들의 명복을 빌고, 3·1의 역사적 교훈을 되살려 민족중흥을 위한 우리들의 새로운 분발과 노력의 지표로 삼고자 합니다. … 3·1운동은 바로 이러한 전통 중에서도 가장 으뜸가는 거족적 구국투쟁의 금자탑이었습니다. 타민족에 의한 예속의 쇠사슬을 끊어버리고, 조국광복의 영광을 쟁취하려 했다는 점에서 3·1은 바로 자주독립의 발로였고, 침략자의 총칼에 맨주먹으로 대결하여 민족의 생존과 긍지를 지키려 했다는 점에서, 3·1은 또한 자존자위 정신의 구현이었으며, 우리 스스로의 노력과 역량으로 새로운 역사를 개척하려 했다는 점에서, 3·1은 그대로 자조 자립정신의 발현이었습니다. 비록 51년 전 그날, 우리 조상들은 장렬한 희생에도 불구하고 비원의 목적을 성취하지 못한 채 천추의 유한을 남기기는 하였지만, 3·1의 역사적 장거는 조국의 영광과 더불어 불멸의 빛을 남길 우리의 자랑이 아닐 수 없으며, 어제보다는 오늘에 더욱 큰 뜻을 지닌 3·1정신은 바로 대대로 되살려 나가야 할 민족정신의 귀감인 것입니다. 오늘 3·1운동의 51주년을 맞이하여, 우리는 일찍이 우리 조상들이 발휘했던 자주독립, 자존자위, 그리고 자조자립의 정신을 본받아, 일면 건설, 일면 국방으로 자립경제, 자주국방의 보루를 더욱 굳건히 하고, 우리세대의 숙원이요 사명인 통일대업을 이룩하고야 말겠다는 굳센 결의를 다시한번 가다듬어야 하겠습니다. … 우리조상들이 민족수난의 1910년대의 항일구국운동의 금자탑을 남겼듯이, 다가온 70년대의 조국의 역사위에 민족중흥의 이정표를 세웁시다. 〔1970년 3·1절 기념사〕
	지금부터 54년 전, 우리의 선인들이 반일독립운동으로 표시한 민족의 위대한 단결정신을 다시한번 엄숙히 상기하면서, 오늘 이 자리가 단순한 의식에 그칠 것이 아니라, 민족의 단결, 총화정신을 올바르게 계승, 발전시킬 수 있는 뜻깊은 계기가 되어야 한다는 것을 강조하고자 합니다. … 우리는 3·1운동에서 국난을 극복하고 민족의 생존권을 수호하기 위한 민족단결의 위대한 승리를 볼 수 있습니다. 기미년 3월 1일을 기하여 삼천리 방방곡곡에 울려 퍼진 독립만세는 어느 한 계급이나 종파의 만세소리가 아닌 만인의 만세소리, 온 민족의 만세소리였습니다. 3·1운동에는 계급도 없었고, 당파도 없었습니다. 그것은 흩어진 민족이 아니라, 하나로 굳게 뭉친 대한민족만이 있었습니다. 산간벽지의 이름 없는 촌부로부터 서울의 명문거족에 이르기까지 2천만 동포가 모두 주체였고 동지였습니다.

	우리 선인들은 이 운동을 통해서 근대사상 최초로 지위, 감정, 당파, 성별, 연령을 초월하여 모두가 운명공동체로서 일체감을 가지고, 국난극복을 위해 일치단결했던 것입니다. 그리고 독립만세를 우렁차게 외치면서, 일제의 폭압 속에서 마멸되어 가던 민족의 자아를 크게 각성시켰던 것입니다. 나는 이 점에서 3·1정신이야말로 격동의 70년대에 사는 우리들이 반드시 이어받아야 할 귀중한 정신사적 유산이라고 믿는 것입니다. … '10월 유신'은 우리 민족의 위대한 자아를 발판으로 해서, 당파와 계급을 초월하여 온 국민이 일치단결, 국력배양에 매진함으로써, 안정과 번영을 우리 스스로의 힘으로 이룩하여 민족의 영광을 드높이려는 데, 그 목적이 있는 것입니다. 그렇기 때문에 '10월 유신'은 3·1정신을 계승한 또 하나의 위대한 구국운동입니다. 따라서 나는 오늘 우리가 기념하는 이번 3·1절은 그 의의가 어느 때보다도 진지하고 크다는 것을 강조하지 않을 수 없습니다. 나는 이 자리를 빌어서, 우리 5천만 동포가 3·1정신에 표상된 그 용기와 단결을 기본으로 하는 올바른 민족사관을 굳건히 정립하고, 이를 바탕으로 삼아 유신과업 완수에 더욱 힘찬 전진을 계속하도록 강력히 촉구하는 바입니다. 〔1973년 3·1절 기념사〕
박정희 대통령 정부	나는 이 뜻 깊은 날을 맞이하여 동포 여러분과 더불어 선인들의 애국충정과 헌신의 발자취를 되새기면서, 민족의 숙원인 조국통일의 결의를 굳게 다짐하고자 합니다. 세계가 다 알다시피 3·1운동은 외세의 압제에 시달리던 우리겨레가 국권을 되찾고자 감연히 궐기하여, 민족자결의 열화같은 의지를 만천하에 천명했던 구국의 투쟁입니다. 우리는 3·1운동에 서려있는 선인들의 애국정신을 이어받아, 조국의 평화통일을 향한 민족중흥의 새 역사 창조에 가일층 합심 분발해야 하겠습니다. … 이 숭고한 사명을 다하기 위해, 우리 모두 빛나는 3·1정신을 오늘의 발전과 창조의 의지로 승화시켜 우렁찬 전진을 계속합시다. 〔1978년 3·1절 기념사〕
	광복 33주년을 맞이하여, 국민 여러분과 더불어 8·15해방 그날의 감격을 되새기며 진심으로 경축해 마지않는 바입니다. 오늘은 또 우리 대한민국정부수립 30주년이기도 하며 감회가 더욱 새롭습니다. 지난 30년 동안 고난과 시련을 뚫고 전진해 온 발자취를 돌이켜보면서, 오늘의 눈부신 발전을 생각할 때 우리는 무한한 긍지와 자부를 느끼게 됩니다. … 8·15해방 당시 끝없는 감격 속에서 온 겨레가 한결같이 꿈꾸었던 부강한 조국은 지금 우리 손으로 착착 건설되고 있습니다. 우리의 집념과 노력은 조국의 평화적 통일과 민족중흥의 대업완수까지 줄기차게 계속될 것입니다. 우리에게 강인한 의지와 단결된 힘이 있고 중단 없는 전진이 있으니, 영광의 그날은 반드시 오고야 말 것입니다. 〔1978년 광복절 기념사〕
·	3·1운동이야말로 우리들의 5천년 민족사에 찬연히 빛나는 자주정신의 금자탑인 동시에, 애국애족의 뚜렷한 발자취입니다. 우리는 이 뜻 깊은 날을 맞이

최규하 대통령 정부	하여 선인들의 거룩한 호국정신을 기리면서, 다시한번 겨레의 슬기와 역량을 합일하여 오늘의 난국을 극복하고, 내일의 보다 알찬 나라의 발전을 위하여 다함께 분발해 나갈 것을 다짐해야 하겠습니다. … 자유와 단결, 그리고 애국으로 집약되는 3·1운동의 이념이야말로 우리가 항시 간직해야 할 민족정신의 정화입니다. … 우리 모두 선인들의 드높은 애국애족의 충절을 받들어, 희망에 찬 위대한 조국건설을 향하여 다 같이 전진할 것을 다시한번 굳게 다짐합시다. 〔1980년 3·1절 기념사〕
전두환 대통령 정부	일본식민주의의 굴레 속에 우리겨레의 이러한 국난극복의 전통과 민족정기가 발현된 것이 3·1운동이었습니다. 3·1독립선언은 민족자결주의의 보편적 원리를 천명하고 있을 뿐만 아니라, 어떠한 외세의 지배도 결코 용납하지 않으려는 우리겨레의 줄기찬 저항정신의 표상입니다. 그러나 3·1운동은 단순히 이민족통치를 배척, 부정한 저항운동에 그치지 않고, 아울러 평화와 자유와 발전을 추구한 전향적인 민족운동이었습니다. … 우리 모두 3·1운동의 열화 같은 민족의 에너지를 조국의 건설을 위해 쏟아 넣을 것을 다 같이 굳게 다짐합시다. 〔1981년 3·1절 기념사〕
	3·1운동을 통해 겨레가 기록한 이러한 자기발견의 役事는 오늘의 전진을 이룩하는 데 있어, 크나큰 정신적 토대가 되고 있습니다. 자주자립정신을 드높이고, 국민적 단결을 튼튼히 하는 가운데, 세계 속의 한국으로 부상하고 있는 오늘의 모습을 볼 때, "民族自存의 正權이 永有"하기를 그토록 바랐던 선인들도 기뻐하리라고 본인은 믿어 의심치 않는 바입니다. … 민족통일의 正道를 개척하는 데 있어서, 우리는 3·1운동이 제시한 역사적 교훈을 매우 중시해야 한다고 본인은 생각하는 바입니다. … 독립의 열망이 매우 간절했고, 또 그 열망이 매우 정당했음에도 불구하고, 우리가 그것만으로 독립을 쟁취하지는 못했던 것을 우리는 기억해야 할 것입니다. 〔1982년 3·1절 기념사〕
	8·15광복의 참다운 의미는 조국통일을 성취하고 번영의 선진국을 건설하는 위대한 새 역사 개척의 召命에 있는 것입니다. 우리는 그 동안 이 엄숙한 소명에 따라 세대를 잇는 창조의 헌신과, 영원을 내다보는 번영의 의지로써 민족의 저력을 가꾸어 나온 것입니다. 민족사의 단절 36년을 복원하는 광복이 하필이면 누천년 단일민족을 남북으로 분단시키는 고통의 시발이 되었는가를 생각하면, 그것은 분명 통탄스러운 비극이 아닐 수 없습니다. 〔1983년 광복절 기념사〕
	3·1운동은 우리민족이 무엇을 지향해야 하며, 우리민족이 어떻게 행동해야 하는가를 가르쳐 준 민족의 지표였습니다. … 우리는 지금 3·1정신을 우리 모두의 행동지표로 하여, 민족의 도약을 이룩하려는 과업에 혼신의 힘을 다해 나가고 있습니다. … 우리가 3·1운동의 유업을 완성하는 길은 바로 민족통일의 성업을 이룩하는 데 있음을 한시도 잊어서는 안되겠습니다. … 3·1운동이 우리에게 부하하고

	있는 책무를 다하여 선진 통일조국을 완성하는 날, 우리는 빛나는 민족의 영원한 영광을 구가할 수 있을 것입니다. 〔1984년 3·1절 기념사〕
전두환 대통령 정부	3·1운동은 침략주의의 쇠사슬에 묶인 나라의 독립을 되찾아, 겨레의 자존을 영원토록 간직하고 정의와 평화의 대의에 합당한 세계질서를 세우려는, 자기건설과 세계개조의 一大 壯擧였습니다. 　우리 선조들은 나라 없는 민족은 한시도 살 수 없음을 인류에게 증거하고, 민족자결의 정당한 권리를 지킬 것을 자손만대에 가르친 것입니다. 우리는 또한 언제나 기쁨과 괴로움을 함께 하는 한 민족으로 뭉쳐 살아야 하며, 어떤 일이 있더라도 우리의 일을 남에게 의탁해서는 안된다는 준엄한 당부 역시 3·1운동의 큰 뜻임을 깨닫지 않을 수 없습니다. … 3·1운동이야말로 인류사에 길이 남을 민족의 자랑이며, 만세에 찬연히 빛날 민족해방의 금자탑이 아닐 수 없습니다. … 민족적 전진의 노력에서 지표로 삼아야 할 것은 3·1정신이 가르치고 있는 바와 같이, '운명은 스스로의 의지와 힘으로 개척해야 한다.'는 민족자결과 주체의식의 실천이라고 본인은 굳게 믿고 있습니다. … 더욱이 민족성업인 통일을 이룩하는데 있어 남에게 의지하려는 事大依他의 자세는 단연코 배격되어야 하며, 그것은 3·1의 자주정신에 비추어서도 결코 온당한 방법이 될 수 없습니다. 우리는 민족자결과 평화주의에 입각한 대화와 통일을 이룩함으로써, 3·1운동의 역사적 과업을 완수하는데 배전의 노력을 기울여 나가야 하겠습니다. 애국이라는 명제를 두고 온 겨레가 주인으로서 단합했던 3·1운동의 정신을 오늘에 더욱 가다듬어, 다함께 선진발전과 통일성취의 민족적 과업에 힘찬 전진을 가속화할 것을 다짐하면서, 국민적인 합심과 동참을 바라는 바입니다. 〔1985년 3·1절 기념사〕
	3·1운동이 우리에게 주는 교훈은 수없이 많지만, 그 중에서도 이 시대를 사는 우리가 무엇보다 먼저 본받아야 할 것은, 국난극복을 위한 동참의 자세라고 할 수 있을 것입니다. … 우리는 오늘 3·1정신을 대동단합과 국력의 총집결로 구현하여, 선진조국을 향한 민족적 대사의 성공적인 수행에 매진해 나가야 하겠습니다. 〔1986년 3·1절 기념사〕
노태우 대통령 정부	3·1운동으로 모아진 민족의 광복의지는 그 이후 대한민국임시정부의 수립과 해방의 그날까지 줄기찬 독립운동으로 이어졌습니다. 〔1989년 3·1절 기념사〕
	3·1운동을 계기로 상해에서 대한민국임시정부가 수립되었고, 국내외의 독립투쟁은 더욱 줄기차고 뜨거워졌으며, 빼앗긴 나라를 되찾기 위한 민족의 역량을 더욱 커졌습니다. … 임시정부헌법은 대한민국이 민주공화국임을 밝히고 있습니다. … 자유와 번영의 힘을 넘치게 하여 통일의 날을 앞당겨야 합니다. 이것만이 선열의 거룩한 희생에 보답하며, 3·1정신을 완성하는 길일 것입니다. 〔1990년 3·1절 기념사〕

노태우 대통령 정부	3·1운동으로 모아진 불길은 우리민족과 비슷한 운명에 있던 다른 약소민족들에게도 희망의 빛이 되었습니다. … 3·1운동을 금자탑으로 국내외에서 광복투쟁이 그칠 줄 몰랐기에, 나라를 잃었으나 민족은 우뚝한 정체성 속에 살아있었습니다. … 남북의 동포들이 민족의 광장에 함께 모여 통일의 환호를 소리높이 외치는 날, 우리는 선열들의 숭고한 뜻을 이 땅 위에 이루게 될 것입니다. 〔1991년 3·1절 기념사〕
김영삼 대통령 정부	격동의 시대를 거치며 우리민족은 두 번의 위대한 투쟁을 거쳐 왔습니다. 우리의 애국선열들은 끈질긴 독립항쟁으로 나라를 되찾았습니다. 그리고 우리국민은 30여 년에 걸친 끈질긴 민주화 투쟁으로 마침내 진정한 국민의 정부를 탄생시켰습니다. … 민족자결과 함께 국제정의와 인류행복을 추구했던 3·1정신은 세계로 뻗어가는 우리나라의 정신적 지주가 되고 있는 것입니다. 〔1993년 3·1절 기념사〕
	대한민국임시정부는 1919년 3·1운동을 계기로 수립된 세 곳(서울, 露領, 상해)의 임정이 통합된 단일 민주정부입니다. 민주공화정을 표방하고, 3권 분립이라는 민주주의 원리를 도입, 대한민국의 법통을 세웠습니다. 대한민국헌법은 상해 임시정부의 법통을 잇는다는 것을 前文에 명백히 하고 있습니다. 더욱이 새 정부는 상해 임시정부의 문민적인 정통을 이어받고 있습니다. 〔임시정부 애국선열 유해 봉환에 즈음한 담화문, 1993. 8. 5〕
	모진 식민통치 속에서도 선열들은 독립운동의 횃불을 높이 들어, 겨레의 앞길을 밝혔습니다. 이국땅에서 대한민국임시정부를 세워 근대국가의 주춧돌을 놓았습니다. 자유·평등·인권이 보장되는 민주공화국 건설에 나섰던 것입니다. 새 문민정부는 이같은 임시정부의 빛나는 정통성을 이어받고 있습니다. … 문민정부는 우리겨레의 빛나는 독립운동과 우리국민의 자랑스런 민주화운동정신을 이어받고 있습니다. 선열들의 꿈과 이상에 더욱 충실한 나라를 만드는 것이 문민정부의 소명입니다. 이를 위해 우리는 지금 '제2의 광복운동'에 나서고 있습니다. 〔1993년 광복절 기념사〕
	3·1운동을 계기로 상해에 대한민국임시정부를 수립하였고, 끝내 조국의 해방을 쟁취했습니다. 임시정부의 법통을 이어받은 정통성 있는 문민정부는 위대한 3·1정신을 올바로 구현하기 위해 노력하고 있습니다. … 선진국과 어깨를 나란히 할 수 있는 나라를 만드는 것이 순국선열들의 희생에 보답하는 길입니다. … 금년 한 해 동안 국가경쟁력 강화에 우리 모두의 역량을 모읍시다. 이것이야말로 선열들의 고귀한 희생에 보답하는 것이며, 3·1정신을 완성하는 길이라 믿습니다. 〔1994년 3·1절 기념사〕
	그 날의 의거는 억눌려 있던 민족의 얼을 다시 일깨웠습니다. 민주공화제의 임시정부가 세워져, 대한민국의 주춧돌이 놓였습니다. … 우리 모두 3·1정신을 오늘에 되살려 통일과 선진의 21세기 일류국가라는 겨레의 소망을 기어이

	이루어 냅시다. 〔1995년 3·1절 기념사〕
	우리는 오늘 옛 조선총독부를 철거하는 역사적 작업을 시작하였습니다. … 여기에는 식민잔재를 깨끗이 청산하고 우리의 민족정기를 회복하자는 온국민의 뜻과 의지가 함께 담겨 있습니다. … 그것은 우리 모두의 의식 속에 남아 있는 그릇된 역사의 잔재로부터 진정으로 해방되는 것을 뜻합니다. … 나라와 민족을 위해 모든 것을 바치신 선열들의 애국애족정신은 우리가 이어받아 후대에 전해야 할 소중한 유산입니다. 〔1995년 광복절 기념사〕
김영삼 대통령 정부	3·1독립운동으로 모아진 민족의 힘은 상해 대한민국임시정부의 탄생으로 열매를 맺었습니다. 오늘의 우리 대한민국을 세울 주춧돌을 놓은 것입니다. … 통일조국과 세계중심국가 건설을 향해 다 함께 전진합시다. 그것이 우리의 오늘을 있게 한 애국선열들의 희생에 보답하는 길이요, 3·1정신을 완성하는 길이 될 것입니다. 〔1996년 3·1절 기념사〕
	3·1정신은 … 독립운동에 이어 조국광복을 이끈 횃불이 되었습니다. 나아가 건국 이후 우리 모두가 피땀 흘려 이룩한 민주와 번영의 정신적 지주가 되었습니다. … 3·1정신을 21세기로 나아가는 민족의 동력으로 승화시켜야 하겠습니다. 오늘 이 뜻 깊은 3·1절을 맞아 우리 모두 세계와 미래를 행해 뜻을 다시 세웁시다. 〔1997년 3·1절 기념사〕
김대중 대통령 정부	3·1운동은 대한제국 말엽부터 시작된 우리민족이 독립과 영광을 지키고자 하는 운동의 정점이요, 자랑스러운 상징이었습니다. … 우리국민은 대한제국이 멸망한 후 9년 만에 일어난 3·1운동의 결과 대한민국임시정부를 상해에서 수립했습니다. 그런데 놀라운 것은 새로 수립된 정부가 왕정복고를 지향한 정부가 아니고, 민주주의를 지향한 민주공화국인 '민국'이었다는 사실입니다. … 대한민국임시정부는 국민에 의해서 세워진 것입니다. 그리고 국민에 의해서 지켜졌습니다. 1919년부터 1945년 대한민국임시정부가 귀환할 때까지 26년간, 일본의 중국침략 와중에서, 중국대륙을 떠돌면서도, 끝내 대한민국의 이름을 수호한 이것 또한, 세계에서 예가 없는 놀라운 독립정신을 보여준 것입니다. … 지금 우리국민은 3·1운동의 국난극복정신을 그대로 계승해서, 오늘날 금융위기라는 국가의 존폐가 걸린 경제난국을 극복하는 데 다함께 나서고 있습니다. … 이 정부는 여러분이 만든 정부입니다. 3·1선열들에 의해서 수립된 대한민국임시정부의 정통성을 받드는 유일한 합법정부입니다. 〔1998년 3·1절 기념사〕
	중국의 5·4운동과 인도의 반영운동에도 영향을 준 3·1운동은 비폭력 평화운동이었으며, 민중이 자발적으로 궐기한 민중의 운동이었습니다. … 3·1정신으로 구현된 우리 선조들의 얼을 굳게 지켜, 우리민족이 세계의 선진대열에 당당히 참여할 수 있어야 합니다. 이것만이 우리가 3·1절을 맞이해서, 진심으로 선열의 위대한 정신과 업적에 보답하는 길이 될 것입니다. 〔1999년 3·1절 기념사〕

	우리는 치욕스러운 식민지국가로 전락해 버린 것입니다. 그러나 우리 국민은 끝까지 좌절하지 않았습니다. 나라를 잃은 그 순간부터 해방을 날까지 독립을 위한 무장투쟁을 벌였습니다. 마지막까지 임시정부의 법통과 간판을 지켰습니다. 이러한 일들은 세계 식민지사에서 유례를 찾아볼 수 없는 일입니다. 〔1999년 광복절 기념사〕
김대중 대통령 정부	3·1운동은 중국·인도 등 세계의 많은 식민지에 큰 영향을 주었습니다. 2차 대전 말기 카이로선언에서 한국의 독립을 결정할 때에도, 3·1운동과 선열들의 계속된 투쟁이 결정적 영향을 주었던 것입니다. … 3·1운동을 진심으로 기념하는 길은 전국민이 하나가 되어, 오직 국가와 민족을 위해 힘을 합치는 것이라고 저는 강조해 마지않습니다. 〔2000년 3·1절 기념사〕
	지금 우리에게 필요한 것은 무엇이겠습니까? 그것은 바로 오늘의 일시적 어려움을 재도약의 기회로 바꾸려는 용기입니다. 자신감입니다. 다시한번 3·1운동과 같은 민족적 저력을 보여줄 때입니다. … 후손들에게 영광되고 찬란한 미래를 물려주는 자랑스러운 조상이 됨으로써, 3·1정신을 계승하고 선열들의 희생에 보답합시다. 〔2001년 3·1절 기념사〕
	우리는 세계에 유례없는 빛나는 광복투쟁의 역사를 가지고 있습니다. 선열들은 일제하의 전 식민지 기간에 걸쳐 하루도 쉬지 않고 무장투쟁을 계속했으며, 3·1운동 이후 수립된 임시정부의 법통을 지켜 냈습니다. 〔2001년 광복절 기념사〕
	21세기는 우리민족의 웅비를 약속한 세기입니다. 3·1정신이 꽃피고 열매 맺을 세기입니다. 〔2002년 3·1절 기념사〕
	35년간 일본제국주의의 식민지 지배를 받는 동안에도, 끝까지 저항하며 나라의 명맥과 법통을 이어 왔습니다. … 광복을 쟁취해 낸 선열들의 그 기백과 정신으로, 우리국민의 땀과 눈물 위에 오늘의 자랑스러운 대한민국은 발전한 것입니다. 〔2002년 광복절 기념사〕
노무현 대통령 정부	기미년 오늘, 우리는 일제의 총칼에 맞서 맨주먹으로 분연히 일어섰습니다. 대한독립만세 소리가 전국 방방곡곡을 뒤덮었고, 우리는 자주독립의 의지를 세계만방에 알렸습니다. 3·1운동을 계기로 국내외의 독립투쟁은 더욱 힘차게 전개되었습니다. 상해에 대한민국임시정부가 세워졌고, 우리는 마침내 빼앗긴 국권을 되찾았습니다.
	84년 전 오늘, 우리의 선열들은 한마음 한뜻으로 독립운동에 나섰습니다. 빈부와 귀천, 남녀와 노소, 지역과 종교의 차이는 없었습니다. 나라의 독립과 민족의 자존심을 되찾는 데 하나가 되었습니다. 오늘을 사는 우리도 지역과 계층과 세대를 넘어 하나가 되어야 합니다. … 지금이야말로 3·1정신을 되돌아보며 역사의 교훈을 되새겨야 할 때입니다. 〔2003년 3·1절 기념사〕
	하나로 어우러졌던 그 가운데에는, 우리민족의 자주독립의 정신이 있었습니다. 혼이 있었습니다. 그리고 자유와 평등이라는 인류사회의 보편적 대의가 있었습니다. 이 가치는 아무리 시대가 변해도 아무리 세월이 흘러도 결코 달라질 수

	없는 불변의 가치입니다. 그 후 상해 임정이 수립되고 독립운동은 더욱 치열해졌고, 세계만방에 한국인의 정신과 의지를 널리 떨쳤습니다. … 우리국민들이 3·1운동에서 하나가 돼서 목숨을 걸고 이렇게 떨쳐 일어나지 않았더라면, 아마 우리 한민족은 전후처리에서 잊혀졌을지도 모르고, 따라서 오늘 우리 한국은 독립국가로서 성립되지 못했을지도 모릅니다. 3·1운동은 우리역사의 기본입니다. 오늘 우리가 헌법에서 그 법통을 상해 임시정부에서 잇고 있지만, 바로 그것은 3·1운동의 정신에서 출발된 것입니다. … 3·1운동 때 85년 전 전국민이 모든 차이를 극복하고 하나가 됐듯이, 우리 후손에게 물려줄 우리의 미래를 위해서 다시 한번 차이를 극복합시다. 〔2004년 3·1절 기념사〕
	불의와 압제에 굴하지 않고 일제에 맞서 싸운 선열들의 빛나는 정신이 있었기에, 지금 우리는 당당할 수 있습니다. 선열들의 희생과 공로가 오늘의 대한민국을 있게 했습니다. 〔2004년 광복절 기념사〕
노무현 대통령 정부	인간의 자유와 평등, 나라의 자주와 독립의 권리를 천명한 3·1정신은, 지금도 인류사회와 국제질서의 보편적인 원리로 존중되고 있습니다. 또한 상해임시정부에서 오늘의 참여정부에 이르는 대한민국 정통성의 뿌리가 되었습니다. 이러한 3·1운동의 위대한 정신을 이어 나가고, 다시는 100년 전과 같은 잘못을 되풀이하지 않는 것이 애국선열에 대한 도리이자, 3·1절에 되새기는 우리의 다짐입니다. … 3·1운동의 정신을 되새기면서, 선열들이 꿈꾸었던 선진한국의 미래를 향해 힘차게 나아갑시다. 〔2005년 3·1절 기념사〕
	우리가 역사에서 물려받은 분열의 상처는 친일과 항일, 좌익과 우익, 그리고 독재시대 억압과 저항의 과정에서 비롯된 것입니다. 이를 극복하기 위해서는 그 시대 역사에 대한 올바른 정리와 청산이 이루어져야 합니다. … 광복 60주년을 경축하는 오늘 이 자리를 진정한 화해와 통합의 출발점으로 삼읍시다. 〔2005년 광복절 기념사〕
	3·1운동의 위대한 정신은 상해 임시정부 수립으로 이어졌고, 나라 안팎의 독립투쟁을 더욱 뜨겁게 달구었습니다. 그리고 마침내 우리는 나라를 되찾았습니다. … 3·1운동 당시 온 겨레가 함께 외쳤던 그날의 함성과, 그날 하나가 되었던 우리민족의 혼을 기억합시다. 그렇게 하나 된 힘으로 선진한국의 꿈을 반드시 이뤄냅시다. 우리 후손들이 자랑할 만한 영광스런 대한민국의 역사를 만들어 갑시다. 〔2006년 3·1절 기념사〕
이명박 대통령 정부	89년 전 오늘, 우리 민족은 위대했습니다. 우리 선조들은 빼앗긴 나라를 되찾기 위해 분연히 떨치고 일어섰습니다. 남녀와 노소, 신분과 계층을 가리지 않았습니다. 빈부와 종교, 이념과 지역을 뛰어넘어 모두 하나가 되었습니다. 3·1운동의 하나 된 함성은 대한민국 임시정부를 중국 상해에 세웠습니다. 좌우이념을 넘어 하나의 항일기지가 만들어졌습니다. 한민족이 살아있음을 세계만방에 알렸습니다. 마침내 우리는 조국의 광복을 이루어냈습니다. 건국 이후 60년, 우리는 세계가 기적이라고 부르는 성공의 역사를 만들어왔

습니다. 전쟁의 잿더미 위에서 가난에 고통 받던 나라가 세계 10위권의 경제 대국으로 우뚝 섰습니다. 그 짧은 기간에 민주화도 이루어냈습니다. 이제 대한민국의 힘은 아시아를 넘어 세계로 뻗어가고 있습니다. …

선열들이 공동의 목표를 향해 차이를 극복하고 힘을 합쳤듯이, 선진 일류국가라는 시대사적 공동과제를 달성하기 위해 국민통합의 길을 뚜벅뚜벅 걸어가겠습니다. 편협한 민족주의가 아니라 국제사회와 교류하고 더불어 살면서, 세계와 함께 호흡하는 열린 민족주의를 지향해 나가야 합니다.

남북문제도 배타적 민족주의로는 해결할 수 없습니다. 민족 내부의 문제인 동시에 국제적 문제로 보아야 합니다. 세계 속에서 한민족의 좌표를 설정하고, 더 넓은 시각에서 해결 방법을 찾아야 합니다. 이것이 진정, 3·1정신인 민족자주와 민족자존을 실현하는 길입니다.

존경하는 국민 여러분, 이제 새로운 전진은 시작되었습니다. 3·1정신을 오늘에 되살린다면 우리는 반드시 선진화의 꿈을 현실로 만들어낼 수 있을 것이라고 확신합니다. 그 동안의 노력으로 `받는 나라'에서 `주는 나라'가 되었다면 이제는 `세계사의 흐름을 따라가는 나라'가 아니라, `세계사의 흐름을 바꾸고 이끌어가는 나라'로 만듭시다. 모두가 하나 되어 대한민국의 새로운 성공신화를 만들어 나갑시다. 〔2008년 3·1절 기념사〕

이명박 대통령 정부	60년 전 오늘, 바로 이 자리에서 대한민국 정부 수립이 선포되었습니다. 5천 년 한민족의 역사가 임시정부와 광복을 거쳐 대한민국으로 계승되는 순간이었습니다. … 4·19 혁명과 5·18 민주화운동, 6·10 항쟁을 거치며 인권과 민주주의는 굳건히 뿌리를 내렸습니다. … 대한민국 건국 60년은 '성공의 역사'였습니다. '발전의 역사'였습니다. '기적의 역사'였습니다. 〔2008년 광복절 기념사〕
	3·1 운동의 희생과 애국정신은 임시정부 수립과 항일 투쟁으로 계승되었고 조국 광복의 초석이 되었습니다. 항일 독립운동과 조국 광복이 있었기에 우리 대한민국의 건국이 가능했습니다. 광복 후에는 숱한 고난과 역경에도 불구하고, '성취와 기적의 역사'를 만들어 낸 원천이 되었습니다. 위대한 국민 여러분, 우리 헌법은 대한민국이 3·1운동으로 건립된 임시정부의 법통을 계승하고 있음을 분명히 밝히고 있습니다. 올해는 도쿄 2·8독립선언과 3·1운동, 그리고 임시정부 수립 90주년이 되는 해이며, 광주학생의거 80주년, 안중근 의사 의거 100주년이 되는 뜻 깊은 해입니다. 정부는 이런 계기를 잘 살려 독립과 광복을 위해 순국한 선열들의 희생과 애국정신을 더욱 선양해 나갈 것입니다. 금년은 임시정부 수립 90주년에 맞추어 독립유공자 유해 봉환 행사를 열 것입니다. 저는 오늘의 상황을 보면서 새삼 3·1운동의 정신을 되새기게 됩니다. 위기 앞에서 온 민족을 하나 되게 한 3·1정신은 우리 국민의 고귀한 자산이기 때문입니다. 3·1 운동에서 선열들이 보여주었던 자기희생과 화합의 정신은 지금 우리에게 요구되는 시대정신이라고 하겠습니다.

	자기만 잘 되겠다는 개인과 집단의 이기주의로는 어려움을 극복할 수 없습니다. 이 어려움을 극복하기 위해서는, 너와 내가 따로 있을 수 없습니다. 우리 모두가 함께 상생할 수 있는 방안을 모색해야 합니다. 백범 김구 선생의 말씀과 같이, "사랑의 덕과 법의 질서가 우주 자연의 법칙과 같이 준수되도록" 해야 합니다. 증오와 투쟁의 정신을 버리고 사랑과 화합을 실천해야합니다. … 3·1 정신의 가르침대로, 남과 북이 만나서 한민족의 도약을 위해 합심해야 합니다. 〔2009년 3·1절 기념사〕
	90년 전, 나라를 잃은 우리의 지도자들은 낯선 땅 상해에서 피눈물을 삼키며 임시정부를 만들었습니다. 우리나라가 결코 다른 나라의 지배를 받을 수 없는 독립 국가임을 만천하에 알렸습니다. 64년 전 오늘, 삼천리 방방곡곡은 감격과 환희의 물결로 뒤덮였습니다. 막혔던 혈관이 뚫리고, 감겼던 눈이 활짝 떠지는 날이었습니다. 온 겨레가 하나 되는 날이었습니다. 61년 전 오늘, 이곳 광화문에는 자랑스런 태극기가 펄럭였습니다. 이승만 초대 대통령은 떨리는 목소리로 우리나라 대한민국 정부가 수립되었음을 선언하였습니다. … 임시정부 수립 90년, 광복 64년, 건국 61년을 맞아 우리 모두 다짐합시다. 세계 속에 우뚝 선 대한민국을 만들자고 다짐합시다. 〔2009년 광복절 기념사〕
이명박 대통령 정부	91년 전 오늘, 우리 민족은 일제의 혹독한 강압에 굴하지 않고, 조선의 자주 독립과 '동양의 영구한 평화', '세계평화 인류 행복'의 대의를 선포했습니다. 우리의 독립을 뛰어넘어 아시아와 세계를 아우르는 원대한 꿈을 세계만방에 선포했습니다. 건국의 길에서는 민주공화제를 채택하여 대한민국을 세웠습니다. 분단과 전쟁의 과정에서는 자유 민주주의와 시장경제를 선택하여, 자유와 번영을 향한 길을 걸어왔습니다. 광복과 건국, 그리고 분단으로 이어지는 고난과 영광의 역사 속에서 우리 민족은 세계에서 가장 빠르고 성공적으로 산업화와 민주화의 꿈을 이뤄냈습니다. 이 모든 것을 피와 땀으로 성취해 낸 우리의 선열들, 모든 아버지와 어머니께 감사와 존경의 마음을 바칩니다. 선열들의 헌신과 희생이 있었기에, 이 나라가 있고 오늘의 우리가 있습니다. … 돌이켜 보면, 3·1운동은 우리 민족의 위대한 각성이었습니다. 3·1운동은 모든 사람의 자유와 평등을 선언했습니다. 이것이 대한민국 자유민주주의의 첫출발입니다. 〔2010년 3·1절 기념사〕
	100년 전 우리는 나라를 잃었습니다. 광화문이 가로막혔습니다. 민족의 정기가 막혔습니다. 그러나 나라는 잃었지만 민족은 살아 있었습니다. 독립을 향한 노력과 투쟁은 면면히 이어졌습니다. 65년 전 우리는 그토록 갈망했던 광복을 맞았습니다. 대한민국의 건국으로 우리 민족은 인류사의 보편적 길로 나아갈 길을 열었습니다. 자유민주주의와 시장경제를 두 바퀴로 삼아 '발전의 신화'를 창조할 토대를 닦았습니다. 〔2010년 광복절 기념사〕

이명박 대통령 정부	33인의 민족대표들은 조선의 독립국임과 조선인의 자주민임을 선언"했습니다. … 우리는 오로지 '대한국인'이었습니다. 모든 인간이 본래 자유인이듯 대한 사람이 자유인임을 선언했습니다. 민주공화제의 이상으로 대한민국임시정부를 수립하여, 근대국가의 깃발을 높이 들었습니다. … 3·1운동은 '대한민국'의 첫 출발이자 자주독립 정신의 마르지 않는 샘물이 되었습니다. 〔2011년 3·1절 기념사〕
	66주년 광복절을 여러분 모두와 함께 경축합니다. 광복이 있었기 때문에 오늘 우리는 자유의 공기를 만끽할 수 있습니다. 광복이 있었기 때문에, 우리는 민족의 운명을 우리의 손으로 개척할 수 있었습니다. 이 자리에서 저는 조국을 위해 몸 바친 애국선열들의 꿈을 되새겨 봅니다. 압제와 가난의 질곡을 벗고 나라를 세워 사람답게 사는 것, 이것이야말로 그분들과 우리 모두의 꿈이었습니다. 그 꿈은 헛되지 않았습니다. 광복 이후 60여 년 대한민국은 천지개벽과 같은 변화를 일구어냈습니다. 분단과 전쟁의 참화 속에 가장 가난한 나라였던 대한민국의 모습은 이제 찾아볼 수 없습니다. 〔2011년 광복절 기념사〕

참고문헌

신문·잡지·자료집

『獨立新聞』

『民族革命』 창간호(1936. 1. 20)/제2호(1936. 4. 15)

『民族革命黨黨報』 1호(1935. 10. 1)/2호(1935. 10. 18)/5호(1935. 12. 25)

『新朝鮮』 5(1942. 1. 1)

『新韓民報』

『앞길』 6호(1937. 4. 5)

『우리들의 길』 3·4기 合刊('國恥紀念號', 1936. 8. 29)

『韓民』 3호(1936. 5. 25)

『韓聲』 3호(1933. 11)

『革命公論』 창간호(1933. 7. 1)

姜德相, 1967, 『現代史資料』 25·26(朝鮮 Ⅰ·Ⅱ), 東京: みすず書房

警務局保安課 편, 『特高月報』 1943년 1월분

高等法院 檢事局 思想部 편, 1940.3, 『思想彙報』 22

국가보훈처, 1999, 『韓國獨立運動史料: 楊宇朝篇』,

_____, 2002, 『3·1운동 독립선언서와 격문』(영인본)

_____ 편, 1992, 『해외의 한국독립운동사료』 5

_____ 편, 1996, 『대한민국임시정부 관련 要視察人名簿(1925)』

국사편찬위원회, 1968, 『韓國獨立運動史』 자료 4, 임정편 Ⅳ

_____ 편, 1988, 『한민족독립운동사자료집』 5·6(大同團事件 Ⅰ·Ⅱ)

_____ 편, 1990, 『北韓關係史料集』 8

_____ 편, 1994, 『한국독립운동사』 자료 26, 임정편

_____ 편, 2005, 『대한민국임시정부자료집』 2(임시의정원 Ⅰ)

內務省警報局 편, 1972, 『社會運動の狀況』 8(1936), 東京: 三一書房

內務省警報局保安課 편, 『特高外事月報』 1938년 6월분

대한민국국회도서관 편, 1974, 『大韓民國臨時政府議政院文書』

_____ 편, 1976, 『韓國民族運動史料: 中國篇』

대한민국국회도서관 편, 1978, 『한국민족운동사료: 3·1운동편』其一·二·三

도산안창호선생기념사업회·도산학회 편, 2005, 『미주국민회자료집』 21, 경인
　　　문화사

독립기념관 한국독립운동사연구소, 2004, 『大韓民國臨時政府公報』(한국독립
　　　운동사자료총서 19집)

독립운동사편찬위원회, 1971, 『독립운동사』 2, 삼일운동사(상), 독립유공자사
　　　업기금운용위원회

　　　　　　　　　　　　, 1972, 『독립운동사자료집』 5(3·1운동 재판기록)

　　　　　　　　　　　　, 1977, 『독립운동사자료집』 13(학생독립운동사자료집)

潘石英 主編, 1993, 『深厚的友誼』, 北京: 世界知識出版社

민주주의민족전선 선전부, 1946.2.25, 『民主主義民族戰線結成大會議事錄』

백범학술원 편, 2004, 『白凡 金九先生 言論集』 상·하, 나남출판

　　　　　　　　, 2005, 『白凡 金九先生의 편지』, 나남출판

社會問題資料硏究會 편, 1976, 『思想情勢視察報告集』 3, 京都: 東洋文化社

三均學會 편, 1979, 『素昻先生文集』 上

신주백 편, 1989, 『日本外務省特殊調査文書』 28, 高麗書林 영인

楊昭全等編, 1987, 『關內地區朝鮮人反日獨立運動資料匯編』下, 瀋陽: 遼寧民族
　　　出版社

유자명 자료집 간행위원회 편, 2006, 『유자명 자료집』 1, 충주시·충주MBC

이정식·한홍구 편, 1986, 『韓國現代史資料叢書』 12, 돌베개

전국농민조합총연맹 서기부 편, 1946, 『全國農民組合聯盟結成大會會議錄』, 조
　　　선정판사

정용욱 편, 1994, 『解放直後政治社會史資料集』 3 다락방

朝鮮總督府警務局 편, 1966, 『最近に於ける朝鮮治安狀況: 昭和 8년』(復刻),
　　　東京: 巖南堂書店

　　　　　　　　　　 편, 1984, 『朝鮮の治安狀況: 昭和 2年版』, 東京: 不二出版

　　　　　　　　　　 편, 1988, 『軍官學校事件ノ眞相』, 1934, 한홍구·이재화 편,
　　　『韓國民族解放運動史資料叢書』 3, 京沅文化社

中國國民黨中央委員會 黨史委員會 편, 1992, 『尹呈輔先生訪問記錄』, 臺北: 近
　　　代中國出版社

中央研究院 近代史研究所 편, 1988, 『國民政府與韓國獨立運動史料』, 臺北

추헌수 편, 1971, 『資料韓國獨立運動』 1, 연세대출판부
편집부 편, 1988, 『강령·정책: 한국의 주요 정당·사회단체』, 시인사
한림대 아시아문화연구소 편, 1990, HQ. USAFK, G2 Weekly Summary 『駐韓美
　　　軍週刊情報要約』 V
한시준 편, 1999, 『大韓民國臨時政府法令集』, 국가보훈처

회고록, 증언, 수기

具益均, 1994, 『새 역사의 여명에 서서』, 일월서각
김　구, 『백범일지』(백범학술원판, 2002, 나남출판)
金光洲, 1965, 「上海時節回想記」 上 『世代』 12월호
金星淑, 1968, 「嗚呼! 臨政 30년만에 解散하다」 『月刊中央』 8월호
金在明, 1985, 「金星淑선생의 墓碑銘」 『政經文化』 10월호
김재명, 2003, 「김성숙: 민족해방과 통일을 위해 바친 자의 묘비명」 『한국현대
　　　사의 비극: 중간파의 이상과 좌절』, 선인
金俊燁, 1989, 『長征』 1·2, 나남
김학철, 1995, 『최후의 분대장』, 문학과지성사
독립기념관 한국독립운동사연구소 편, 1999, 『유자명 수기: 한 혁명자의 회억
　　　록』, 한국독립운동사자료총서 제14집
박갑동, 1991, 『통곡의 언덕에서』, 서당
신규식, 1971, 『韓國魂』, 보신각
安炳武, 1988, 『七佛寺의 따오기』, 범우사
양우조·최선화 지음, 김현주 정리, 1999, 『제시의 일기』, 혜윰
禹昇圭, 1978, 「怒甲移乙의 '左傾'」 『나절로漫筆』, 탐구당
이광수, 1964, 「나의 告白」 『이광수전집』 13, 삼중당
이규창, 1992, 『운명의 여진』, 보련각
李乙奎, 1963, 『是也金宗鎭先生傳』, 韓興印刷所
이정규·이관직, 1985, 『우당 이회영 약전』, 을유문고
이정식 대담, 1988, 「金星淑 회고록: 韓國現代史, 중도좌파의 비극적 종말」 『新
　　　東亞』 8월호

이정식 면담, 김학준 편집해설, 1988,「金星淑」『혁명가들의 항일회상: 김성
　　　숙·장건상·정화암·이강훈의 독립투쟁』, 민음사
이정식·한홍, 1986구 엮음,『항전별곡』, 거름
鄭靖和, 1987,『여자 독립군 정정화의 낮은 목소리: 녹두꽃』, 미완
정화암,『이 조국 어디로 갈 것인가』, 자유문고,
趙擎韓, 1979,『白岡回顧錄』, 한국종교협의회
朱耀翰 편, 1963,『安島山全書』, 삼중당
池憲模, 1949,『靑天將軍의 革命鬪爭史』, 삼성출판사
太倫基, 1975,『回想의 黃河』, 甲寅出版社
허은, 1995,『아직도 내 귀엔 서간도 바람소리가』, 정우사

연구논저

1. 저서

강만길, 1991,『조선민족혁명당과 통일전선』, 화평사
고정휴, 2004,『이승만과 한국독립운동』, 연세대출판부
교과서포럼 편, 2005,『한국현대사의 허구와 진실: 고등학교 근·현대사 교과서
　　　를 비판한다』, 두레시대
구대열, 1995,『한국 국제관계사 연구』2, 역사비평사
구승회 외, 2004,『한국 아나키즘 100년』, 이학사
권영민, 1989,『해방직후의 민족문학운동연구』, 서울대학교출판부
김광식, 2007,『민족불교의 이상과 현실』, 도피안사
김광운, 1995,『통일독립의 현대사』, 지성사
김기승, 1994.,『한국근현대사회사상사연구: 배성룡의 진보적 민족주의론』, 신
　　　서원
김영범, 1997,『한국근대민족운동과 의열단』, 창작과비평사
　　　　, 2010,『혁명과 의열: 한국독립운동의 내면』, 경인문화사
金午星, 1946,「金枓奉論」,『指導者群像』, 대성출판사
김운태, 1992,『미군정의 한국통치』, 박영사
노경채, 1996,『한국독립당 연구』, 신서원

다니엘 게랭Daniel Guerin, 하기락 역, 1993, 『현대아나키즘』, 신명

로버트 폴 볼프, 임홍순 옮김, 2001, 『아나키즘 - 국가권력을 넘어서』, 책세상

리처드 E. 라우터 백, 국제신문사출판부 역, 1983, 『한국미군정사』, 돌베개

마이클 테일러, 송재유 옮김, 2006, 『공동체, 아나키, 자유』, 이학사

박찬승, 1997, 『한국근대정치사상사연구』, 역사비평사

반민족문제연구소 엮음, 1993, 『친일파 99인』 3, 돌베개

방영준, 2006, 『저항과 희망, 아나키즘』, 이학사

서중석, 1992, 『韓國現代民族運動硏究』, 역사비평사

石源華 편저, 1995, 『韓國獨立運動與中國』, 上海人民出版社

孫科志, 2001, 『上海韓人社會史: 1910~1945』, 한울

신복룡, 2003, 『大同團實記』, 선인

심지연, 1993, 『김두봉연구: 잊혀진 혁명가의 초상』, 인간사랑

염무웅, 2008, 『분화와 심화 어둠 속의 풍경들』, 민음사

염인호, 2001, 『조선의용군의 독립운동』, 나남

오장환, 1998, 『한국 아나키즘운동사 연구』, 국학자료원

이동현, 1990, 『한국신탁통치연구』, 평민사

이지원, 2007, 『한국 근대 문화사상사 연구』, 혜안

이호룡, 2001, 『한국의 아나키즘: 사상편』, 지식산업사

이호재, 1994, 『한국인의 국제정치관』, 법문사

장세윤, 2005, 『중국동북지역 민족운동과 한국현대사』, 명지사

정용욱, 2004, 『해방 전후 미국의 대한 정책』, 서울대출판부

조세현, 2005, 『동아시아 아나키즘, 그 반역의 역사』, 책세상

중앙백년사편찬위원회 편, 2008, 『中央百年史』, 중앙교우회

중앙일보특별취재반, 1993, 『秘錄·조선민주주의인민공화국』 하, 중앙일보사

차배근·오진환·정진석·이광재·임준수·신인섭, 2000, 『우리신문 100년』, 현암사

최기영, 1997, 『한국근대계몽운동연구』, 일조각

추헌수, 1989, 『대한민국임시정부사』, 한국독립운동사연구소

폴 애브리치, 하승우 옮김, 2004, 『아나키스트의 초상』, 갈무리

한만수, 2007, 『그들의 문학과 생애: 박세영』, 한길사

한상도, 1994, 『한국독립운동과 중국군관학교』, 문학과지성사

_____, 2000,『한국독립운동과 국제환경』, 한울

한원영, 2008,『한국신문전사』, 푸른사상

胡春惠, 辛勝夏 역, 1978,『中國 안의 韓國獨立運動』, 단국대출판부

홍순일·정진석·박창석, 2003,『한국영어신문사』, 커뮤니케이션북스

　　2. 논문

고정휴, 2003, 「샌프란시스코회의(1945)와 얄타밀약설: 이승만의 반소·반공노
　　　　선과 관련하여」, 연세대학교 국학연구원 편,『미주 한인의 민족운동』
　　　　(미주 한인 이민 100주년 기념논집), 혜안

김광식, 1985, 「8·15직후 정치지도자들의 노선비교」『해방전후사의 인식』Ⅱ,
　　　　한길사

김성국, 2003, 「유자명과 한국 아나키즘의 형성」『한국사회사상사연구』(화양
　　　　신용하교수 정년기념논총), 나남

김영미, 1994, 「미군정기 남조선과도입법위원의 성립과 활동」『한국사론』32

도진순, 1992, 「1947년 중간파의 결집과정과 민족자주연맹」『수촌박영석교수
　　　　화갑기념 한국사학논총』하

박걸순, 1988, 「3·1운동기 국내 비밀결사운동에 대한 시론」『한국독립운동사
　　　　연구』2

박찬승, 2008, 「3·1운동기 지하신문의 발간경위와 기사내용」『한국학논집』
　　　　44, 한양대 한국학연구소

박철홍, 2003, 「중국 아나키즘의 수용과 전개」『한국민족운동사연구』37

방기중, 1993, 「해방정국기 중간파노선의 경제사상: 강진국의 산업재건론과 농
　　　　업개혁론」,『경제이론과 한국경제』, 최호진박사 강단50주년 기념논문
　　　　집, 박영사

徐丙坤, 1946.3, 「白淵 金枓奉 主席의 鬪爭史」『新天地』제1권 제2호

서중석, 1992, 「해방후 주요정치세력의 국가건설방안」『대동문화연구』27, 성
　　　　대 대동문화연구소

손세일, 2007, 「한국민족주의의 두 유형: 이승만과 김구」(68),『월간조선』11
　　　　월호

水野直樹, 1992, 「東方被壓迫民族連合會(1925∼1927)について」『中國國民
　　　　革命の研究』, 京都大學人文科學研究所

신용하, 2004, 「광복 직전 한국민족독립운동과 민족연합전선(1943~1945)」『백범과 민족운동 연구』 2, 백범학술원

심지연, 1994, 「미소공동위원회」『국사관논총』 54, 국사편찬위원회

안정애, 1988, 「좌우합작운동의 연구과정」, 최장집 편, 『한국현대사』 I, 열음사

염인호, 1999, 「1940년대 재중국 한인좌파의 임시정부 참여: 조선민족혁명당의 사례를 중심으로」, 한국근현대사학회 편, 『대한민국임시정부 수립 80주년 기념 논문집』(하), 국가보훈처

유영구, 1992, 「거물간첩 成始伯프로젝트」 상, 『월간중앙』 6월호

이덕일, 2003, 「우리 역사 전통 속의 아나키즘적 요소」『한국민족운동사연구』 37

이현주, 2003, 「3·1운동기 서울에 배포된 전단과 정치적 영향: 3·1운동 독립선언서와 격문을 중심으로」『인하사학』 10

이호룡, 2001, 「재중국 한국인 아나키스트들의 민족해방운동: 혁명근거지 건설을 위한 활동을 중심으로」『한국독립운동사연구』 16

_____, 2004, 「류자명의 아나키스트 활동」『역사와현실』 53

장석흥, 1993, 「1920년대 초 국내 비밀결사의 성격」『한국독립운동사연구』 7

정병준, 1993, 「1946~1947년 좌우합작운동의 전개과정과 성격변화」『한국사론』 29, 서울대국사학과

_____, 1999, 「해방 직전 임시정부의 민족통일전선운동」, 한국근현대사학회 편, 『대한민국임시정부 수립 80주년 기념 논문집』(하), 국가보훈처

_____, 2008, 「해방 후 백범김구의 건군 구상과 광복군의 활동」『백범과 민족운동 연구』 6

정용욱, 1999, 「태평양전쟁기 임시정부의 대미외교」, 한국근현대사학회 편, 『대한민국임시정부 수립 80주년 기념 논문집』(하), 국가보훈처

정용욱·박진희, 2000, 「해방전후 미국 대한정책의 변화와 임정의 대응」『역사와현실』 37

정일준, 2005, 「지구시대 한미관계와 한국민족주의: 성찰적 민족주의를 위하여」『역사교육』 94

조동걸, 2003, 「'국호'·'국기'·'국가'·'국화'는 언제 어떻게 만드는가」『한국근현대사연구』 27

조성훈, 1991, 「좌우합작운동과 민족자주연맹」『백산박성수선생화갑기념 한
    국독립운동사인식』
한상도, 1999, 「독립운동세력의 3·1운동 인식과 계승의식」『한국독립운동사
    연구』13
한시준, 1995, 「1940년대 전반기의 민족통일전선운동」『대한민국임시정부의
    좌우합작운동』, 한울
홍성찬, 1993, 「일제하 이순탁의 농업론과 해방정국 입법의원의 토지개혁법안」
    『경제이론과 한국경제』, 최호진박사 강단50주년 기념논문집, 박영사

찾아보기

ㄴ

ㄷ

경인한국학연구총서

*대한민국학술원 우수학술 도서　　　**문화체육관광부 우수학술 도서